독자의 1초를
아껴주는 정성을
만나보세요!

세상이 아무리 바쁘게 돌아가더라도 책까지 아무렇게나 빨리 만들 수는 없습니다.
인스턴트 식품 같은 책보다 오래 익힌 술이나 장맛이 밴 책을 만들고 싶습니다.
땀 흘리며 일하는 당신을 위해 한 권 한 권 마음을 다해 만들겠습니다.
마지막 페이지에서 만날 새로운 당신을 위해 더 나은 길을 준비하겠습니다.

딥러닝 파이토치 교과서
Deep Learning with PyTorch

초판 발행 · 2022년 3월 5일
초판 4쇄 발행 · 2024년 12월 27일

지은이 · 서지영
발행인 · 이종원
발행처 · (주)도서출판 길벗
출판사 등록일 · 1990년 12월 24일
주소 · 서울시 마포구 월드컵로 10길 56(서교동)
대표 전화 · 02)332-0931 | **팩스** · 02)323-0586
홈페이지 · www.gilbut.co.kr | **이메일** · gilbut@gilbut.co.kr

기획 및 책임편집 · 안윤경(yk78@gilbut.co.kr) | **디자인** · 최주연 | **제작** · 이준호, 손일순, 이진혁
마케팅 · 임태호, 전선하, 차명환, 박민영, 지운집, 박성용 | **영업관리** · 김명자 | **독자지원** · 윤정아, 최희창

교정교열 · 김윤지 | **전산편집** · 여동일 | **출력 및 인쇄** · 예림인쇄 | **제본** · 예림바인딩

▶ 잘못 만든 책은 구입한 서점에서 바꿔 드립니다.
▶ 이 책은 저작권법에 따라 보호받는 저작물이므로 무단전재와 무단복제를 금합니다. 이 책의 전부 또는 일부를 이용하려면 반드시 사전에 저작권자(©서지영, 2022)와 (주)도서출판 길벗의 서면 동의를 받아야 합니다.

ISBN 979-11-6521-894-2 93000
(길벗 도서번호 080289)

정가 36,000원

독자의 1초를 아껴주는 정성 길벗출판사

길벗 | IT단행본, IT교육서, 교양&실용서, 경제경영서
길벗스쿨 | 어린이학습, 어린이어학

페이스북 · www.facebook.com/gbitbook
예제 소스 · https://github.com/gilbutITbook/080289

7.5 LSTM 393

7.5.1 LSTM 구조 393

7.5.2 LSTM 셀 구현 398

7.5.3 LSTM 계층 구현 410

7.6 게이트 순환 신경망(GRU) 417

7.6.1 GRU 구조 418

7.6.2 GRU 셀 구현 420

7.6.3 GRU 계층 구현 427

7.7 양방향 RNN 434

7.7.1 양방향 RNN 구조 434

7.7.2 양방향 LSTM 구현 435

8장 성능 최적화 …… 441

8.1 성능 최적화 442

8.1.1 데이터를 사용한 성능 최적화 442

8.1.2 알고리즘을 이용한 성능 최적화 443

8.1.3 알고리즘 튜닝을 위한 성능 최적화 443

8.1.4 앙상블을 이용한 성능 최적화 445

8.2 하드웨어를 이용한 성능 최적화 445

8.2.1 CPU와 GPU 사용의 차이 445

8.2.2 GPU를 이용한 성능 최적화 447

8.3 하이퍼파라미터를 이용한 성능 최적화 461

8.3.1 배치 정규화를 이용한 성능 최적화 462

8.3.2 드롭아웃을 이용한 성능 최적화 466

8.3.3 조기 종료를 이용한 성능 최적화 482

9장 자연어 전처리 ····· 505

9.1 자연어 처리란   506
- 9.1.1 자연어 처리 용어 및 과정   506
- 9.1.2 자연어 처리를 위한 라이브러리   511

9.2 전처리   519
- 9.2.1 결측치 확인   519
- 9.2.2 토큰화   523
- 9.2.3 불용어 제거   527
- 9.2.4 어간 추출   527
- 9.2.5 정규화   530

10장 자연어 처리를 위한 임베딩 ····· 541

10.1 임베딩   542
- 10.1.1 희소 표현 기반 임베딩   542
- 10.1.2 횟수 기반 임베딩   543
- 10.1.3 예측 기반 임베딩   548
- 10.1.4 횟수/예측 기반 임베딩   559

10.2 트랜스포머 어텐션   564
- 10.2.1 seq2seq   568
- 10.2.2 버트(BERT)   587

10.3 한국어 임베딩   600

11장 클러스터링 ····· 613

11.1 클러스터링이란 614

11.2 클러스터링 알고리즘 유형 614
- 11.2.1 K-평균 군집화 614
- 11.2.2 가우시안 혼합 모델 628
- 11.2.3 자기 조직화 지도 630

12장 강화 학습 ····· 637

12.1 강화 학습이란 638

12.2 마르코프 결정 과정 639
- 12.2.1 마르코프 프로세스 639
- 12.2.2 마르코프 보상 프로세스 641
- 12.2.3 마르코프 결정 과정 645

12.3 MDP를 위한 벨만 방정식 647
- 12.3.1 벨만 기대 방정식 647
- 12.3.2 벨만 최적 방정식 652
- 12.3.3 다이나믹 프로그래밍 654

12.4 큐-러닝 655
- 12.4.1 큐-러닝 655
- 12.4.2 딥 큐-러닝 658

12.5 몬테카를로 트리 탐색 674
- 12.5.1 몬테카를로 트리 탐색 원리 674
- 12.5.2 몬테카를로 트리 탐색을 적용한 틱택토 게임 구현 675

13장 생성 모델 ····· 681

13.1 생성 모델이란 682
- 13.1.1 생성 모델 개념 682
- 13.1.2 생성 모델의 유형 683

13.2 변형 오토인코더 683
- 13.2.1 오토인코더란 684
- 13.2.2 변형 오토인코더 695

13.3 적대적 생성 신경망(GAN)이란 708
- 13.3.1 GAN 동작 원리 710
- 13.3.2 GAN 구현 712

13.4 GAN 파생 기술 723
- 13.4.1 DCGAN 724
- 13.4.2 cGAN 727
- 13.4.3 CycleGAN 728

부록 ····· 733

A.1 코랩 734
- A.1.1 코랩이란 734
- A.1.2 코랩에서 예제 파일 실행 735

A.2 캐글 742
- A.2.1 캐글이란 742
- A.2.2 캐글 시작 743

마무리 750

찾아보기 752

6.2 객체 인식을 위한 신경망　341

6.2.1 R-CNN　342

6.2.2 공간 피라미드 풀링　345

6.2.3 Fast R-CNN　346

6.2.4 Faster R-CNN　347

6.3 이미지 분할을 위한 신경망　349

6.3.1 완전 합성곱 네트워크　349

6.3.2 합성곱 & 역합성곱 네트워크　350

6.3.3 U-Net　352

6.3.4 PSPNet　354

6.3.5 DeepLabv3/DeepLabv3+　355

7장　시계열 분석 ⋯⋯ 359

7.1 시계열 문제　360

7.2 AR, MA, ARMA, ARIMA　361

7.2.1 AR 모델　361

7.2.2 MA 모델　361

7.2.3 ARMA 모델　362

7.2.4 ARIMA 모델　362

7.3 순환 신경망(RNN)　367

7.3.1 RNN 계층과 셀　371

7.4 RNN 구조　372

7.4.1 RNN 셀 구현　374

7.4.2 RNN 계층 구현　387

5장 합성곱 신경망 I ····· 165

5.1 합성곱 신경망 166
5.1.1 합성곱층의 필요성 166
5.1.2 합성곱 신경망 구조 167
5.1.3 1D, 2D, 3D 합성곱 176

5.2 합성곱 신경망 맛보기 179

5.3 전이 학습 200
5.3.1 특성 추출 기법 200
5.3.2 미세 조정 기법 228

5.4 설명 가능한 CNN 229
5.4.1 특성 맵 시각화 230

5.5 그래프 합성곱 네트워크 240
5.5.1 그래프란 241
5.5.2 그래프 신경망 241
5.5.3 그래프 합성곱 네트워크 242

6장 합성곱 신경망 II ····· 245

6.1 이미지 분류를 위한 신경망 246
6.1.1 LeNet-5 246
6.1.2 AlexNet 269
6.1.3 VGGNet 284
6.1.4 GoogLeNet 311
6.1.5 ResNet 312

서지영 지음

딥러닝
파이토치
교과서

DEEP LEARNING
WITH PYTORCH

지은이의 말

딥러닝이 궁금한가요? 파이토치를 이용해서 딥러닝을 구현해 보고 싶은가요?

이 책은 딥러닝뿐만 아니라 파이토치(PyTorch) 입문자를 위한 책으로 다음과 같은 분들이 보면 좋습니다.

- 딥러닝과 파이토치를 처음 접하는 분
- 딥러닝에 대한 기본 지식은 있지만, 파이토치를 이용한 구현 경험은 없는 분
- 파이토치는 다룰 수 있지만, 딥러닝 지식은 없는 분

책에서는 딥러닝에 대한 이론뿐만 아니라 파이토치를 이용한 구현 방법도 함께 설명합니다. 따라서 순차적으로 매 장을 따라가면서 실습하다 보면 어렵지 않게 딥러닝과 파이토치에 익숙해질 수 있습니다. 실습할 때는 예제 코드를 내려받아 실행하는 것보다는 직접 코드를 입력하고 실습해야 좀 더 실력이 빨리 향상됩니다.

딥러닝은 범위가 방대하고, 내용을 이해하는 것도 쉽지 않습니다. 따라서 입문자들이 쉽게 접근할 수 있게 하는 데 중점을 두고 집필했습니다. 특히 딥러닝과 파이토치를 처음 접하는 분들이 어려워서 포기하지 않도록 처음부터 끝까지 난이도를 조절하는 데 중점을 두었습니다.

1~4장은 머신 러닝과 딥러닝에 대한 기본적인 내용뿐만 아니라 파이토치 실습을 위한 환경 설정 방법을 다룹니다.

5~11장은 딥러닝의 핵심적인 신경망을 배웁니다. 합성곱 신경망, 순환 신경망 및 자연어 처리와 관련된 다양한 신경망을 다룹니다. 또한, 모델 성능을 향상시킬 수 있는 방법도 알아봅니다.

12~13장은 강화 학습과 생성 모델을 배웁니다.

책 한 권에 딥러닝 전체를 아우를 수 있는 내용을 담으려고 노력하다 보니 신경망별로 깊이 있는 내용은 부족합니다. 대략적인 개요를 익힌 후 개별적인 신경망에 대해 깊이 있게 학습하려면 많은 논문을 살펴보는 것이 좋습니다. 논문에서 딥러닝 관련 지식이나 신경망이 어떻게 발전되고 있는지 흐름을 살펴볼 수 있습니다. 특히 머신러닝국제학회(International Conference on Machine Learning, ICML)와 표현학습국제학회(International Conference on Learning Representations, ICLR)에서 발표되는 논문들을 눈여겨보면 좋습니다.

더불어 파이토치에 대한 꾸준한 관심도 필요합니다. 이 책을 집필하는 동안에도 파이토치 버전이 업그레이드되어 많은 부분을 수정했을 정도로 기술이 빠르게 변화하고 있습니다. 파이토치의 새로운 버전 관련 내용은 https://pytorch.org/tutorials에서 지속적으로 확인하면 좋습니다.

또한, 딥러닝을 실무에 적용해 보기 위해서는 논문의 내용을 파이토치로 구현해 보는 연습을 해야 합니다. 물론 처음에는 어려울 수 있습니다. 하지만 책 내용을 완전히 숙지한 후 파이토치 코드가 제공되는 논문들을 찾아서 연습하고 제공되지 않는 논문들은 직접 코드로 구현해 보는 단계적 노력이 필요합니다.

이 책이 여러분이 딥러닝 세계에 입문하는 데 도움이 되면 더 바랄 것이 없을 것 같습니다.

이 책을 집필할 수 있도록 도움을 주신 길벗출판사 안윤경 차장님과 임직원 모두에게 감사드리며, 집필하는 동안 저를 믿고 도와준 부모님께 사랑한다는 이야기를 전하고 싶습니다.

2022년 2월

서지영

이 책의 활용법

PYTORCH

예제 파일 내려받기

이 책에서 사용하는 예제 파일은 길벗출판사 웹 사이트에서 도서 이름으로 검색하여 내려받거나 깃허브에서 내려받을 수 있습니다.

- **길벗출판사 웹 사이트**: http://www.gilbut.co.kr
- **길벗출판사 깃허브**: https://github.com/gilbutITbook/080289

예제 파일 구조 및 참고 사항

 chap02

 chap03

 chap05

...

- 파이토치 1.10.1을 기준으로 합니다(주피터 노트북과 코랩용 파일 제공).

- 책에서는 가상 환경을 만들어 실습합니다. 책의 환경과 다를 경우 버전 관련 오류가 있을 수 있습니다.

- 대용량 데이터셋은 깃허브에 올라가지 않습니다. 따라서 다음 안내에 따라 데이터를 내려받은 후 각 폴더에 넣어 사용합니다.

    1) 10장 wiki.ko.vec만 별도로 내려받습니다(약 2GB).
       https://fasttext.cc/docs/en/pretrained-vectors.html 에서 Korea의 txt 파일
       내려받은 wiki.ko.vec 파일은 10장의 data 폴더 〉 wiki.co 폴더에 넣어서 사용합니다.

    2) 다음 링크에서 glove.yb.100d.txt를 내려받습니다. 10장의 data 폴더에 넣어 실습하세요.
       https://nlp.stanford.edu/projects/glove/

- 데이터셋은 파이썬과 코랩 모두 동일하게 사용하며, 일부 압축 파일은 코랩 실습용입니다.

- 8장부터는 코랩에서 '런타임 유형'을 'GPU'로 설정하고 실습하는 것이 좋습니다(실행 시간 단축).

실습 후기

PYTORCH

파이썬 및 머신 러닝에 대한 기초 지식이 있는 상태에서 처음 딥러닝을 접하는 분들에게 훌륭한 길잡이가 되어 줄 책이라고 생각합니다. 머신 러닝은 딥러닝을 이해하는 데 필요한 수준으로 다루고 있으며, 주로 딥러닝을 비교적 최신 이론까지 다양하면서도 상세하게 기술했다는 점이 좋았습니다. 게다가 이론을 학습한 후 파이토치를 통해 실습해 볼 수 있는데 코드에 대한 내용을 상세하게 잘 설명하고 있어서 파이토치를 처음 다루어 보는 분들도 어려움 없이 따라갈 수 있도록 구성되어 있습니다. 특히 다양한 실습들은 현업 개발자 혹은 연구원분에게 도움이 될 것이라고 생각됩니다.

- **실습 환경** Windows 10, Google Colab

윤지태_디셈버앤컴퍼니 핀트플랫폼개발팀

기초 지식 없이 파이토치만 바로 설명하지 않고, 머신 러닝/딥러닝 이야기부터 차분히 소개하고 들어가니 처음 머신 러닝/딥러닝을 학습하고자 하는 초급자분들에게도 좋은 기본서가 될 것 같습니다. 저자의 다른 책인 《딥러닝 텐서플로 교과서》를 학습한 독자라면 책 구성이 기존 책과 동일하기 때문에 이론적인 내용이 있는 세 개의 장은 겹치는 부분이 있지만, 동일한 예제를 텐서플로와 파이토치 코드로 어떻게 다르게 구현하고 사용하는지 비교할 수 있는 흥미로운 경험을 할 수 있습니다.

번역서가 아니다 보니 설명이 좀 더 자연스럽고, 실습 코드가 파이썬과 구글 코랩(Colab) 두 가지로 제공되어 쉽게 테스트해 볼 수 있습니다. 특히 설명 부분에서는 적용, 진행 절차를 표로 요약해서 제공하는 부분이 마음에 들었습니다. 현재 내가 어느 부분을 진행하고, 그다음 어떤 부분을 주의 깊게 보아야 하는지를 상기할 수 있어 좋았습니다. 딥러닝을 시작하고, 좀 더 많은 학습을 하기에 좋은 책입니다.

- **실습 환경** macOS Catalina, 아나콘다 환경과 Google Colab을 병행하여 진행

박찬웅_SW 개발자

책 제목에 교과서라고 되어 있어 딱딱할 줄 알았는데 그림과 코드로 설명이 잘되어 있어 편하게 읽을 수 있었습니다. 요즘 딥러닝 개발에서 대세인 파이토치를 다루고 있기 때문에 딥러닝을 공부하는 데 적합한 책이라고 생각됩니다. 중간중간 파이썬과 파이토치에서 꼭 알아야 하는 함수나 용어가 나오면 지나치지 않고 친절히 설명해 줍니다. 그래서 파이토치 코드에 친숙해질 수 있었습니다. 특히 CNN 부분에서는 초기의 쉬운 네트워크부터 기능들을 하나씩 추가해 가면서 단점들을 극복해 나가는 과정이 인상 깊었습니다. 이 책을 다 읽고 나면 딥러닝과 파이토치를 다루는 데 수월해질 것입니다. 파이토치와 딥러닝을 처음 접하는 초급자들과 중급자들에게 추천하고 싶습니다.

- **실습 환경** Windows 11 Pro 21H2, NVIDIA GeForce RTX 3060 Laptop GPU, Google Colab, VSCode, Python 3.9.9, PyTorch 1.10.2, cuda 11.3

심주현_삼성전자 MX 사업부 SW 엔지니어

말 그대로 파이토치의 '교과서'가 될 책이 나온 것 같습니다. 책의 초반에는 파이토치의 구조와 텐서플로의 차이점 등 간과할 수 있는 내용부터 탄탄히 담아냈고, 이후에는 딥러닝 지식들을 파이토치 코드와 함께 전달해 줍니다. 예를 들어 ResNet 기법이 등장한 배경과 특징 등을 설명하고, 모델의 구조를 코드를 통해 자세히 살펴봅니다. 특히 코드에 대한 설명은 도식화가 아주 잘되어 있어서 단순히 글만 보았을 때는 헷갈렸던 부분들을 코드와 그림을 통해 잘 이해할 수 있었습니다. 이 책은 처음으로 딥러닝을 경험해 보고자 하는 입문자보다는 간단하게나마 이론 공부를 끝낸 초보자 또는 현장에서 파이토치를 사용하는 실무자에게 적극적으로 추천합니다.

- **실습 환경** Windows 10, Google Colab

정민철_핏투게더 데이터사이언티스트

3장 머신 러닝 핵심 알고리즘 ····· 089

3.1 지도 학습   090
   3.1.1 K-최근접 이웃   091
   3.1.2 서포트 벡터 머신   095
   3.1.3 결정 트리   101
   3.1.4 로지스틱 회귀와 선형 회귀   107

3.2 비지도 학습   118
   3.2.1 K-평균 군집화   119
   3.2.2 밀도 기반 군집 분석   125
   3.2.3 주성분 분석(PCA)   128

4장 딥러닝 시작 ····· 137

4.1 인공 신경망의 한계와 딥러닝 출현   138

4.2 딥러닝 구조   141
   4.2.1 딥러닝 용어   141
   4.2.2 딥러닝 학습   147
   4.2.3 딥러닝의 문제점과 해결 방안   149
   4.2.4 딥러닝을 사용할 때 이점   157

4.3 딥러닝 알고리즘   158
   4.3.1 심층 신경망   158
   4.3.2 합성곱 신경망   159
   4.3.3 순환 신경망   160
   4.3.4 제한된 볼츠만 머신   161
   4.3.5 심층 신뢰 신경망   162

4.4 우리는 무엇을 배워야 할까?   163

목차

PYTORCH

1장 머신 러닝과 딥러닝 …… 017

1.1 인공지능, 머신 러닝과 딥러닝 018

1.2 머신 러닝이란 020
    1.2.1 머신 러닝 학습 과정 020
    1.2.2 머신 러닝 학습 알고리즘 023

1.3 딥러닝이란 025
    1.3.1 딥러닝 학습 과정 026
    1.3.2 딥러닝 학습 알고리즘 029

2장 실습 환경 설정과 파이토치 기초 …… 033

2.1 파이토치 개요 034
    2.1.1 파이토치 특징 및 장점 034
    2.1.2 파이토치의 아키텍처 038

2.2 파이토치 기초 문법 042
    2.2.1 텐서 다루기 042
    2.2.2 데이터 준비 046
    2.2.3 모델 정의 050
    2.2.4 모델의 파라미터 정의 054
    2.2.5 모델 훈련 056
    2.2.6 모델 평가 057
    2.2.7 훈련 과정 모니터링 058

2.3 실습 환경 설정 061
    2.3.1 아나콘다 설치 061
    2.3.2 가상 환경 생성 및 파이토치 설치 066

2.4 파이토치 코드 맛보기 069

1장 머신 러닝과 딥러닝

1.1 인공지능, 머신 러닝과 딥러닝

1.2 머신 러닝이란

1.3 딥러닝이란

1.1 인공지능, 머신 러닝과 딥러닝

인공지능(Artificial Intelligence, AI)은 인간의 지능을 모방하여 사람이 하는 일을 컴퓨터(기계)가 할 수 있도록 하는 기술입니다. 인공지능을 구현하는 방법으로 머신 러닝(machine learning)과 딥러닝(deep learning)이 있습니다.

인공지능과 머신 러닝, 딥러닝의 관계는 다음과 같습니다.

인공지능 > 머신 러닝 > 딥러닝

이를 정리하면 다음 그림과 같습니다.

▼ 그림 1-1 인공지능과 머신 러닝, 딥러닝의 관계

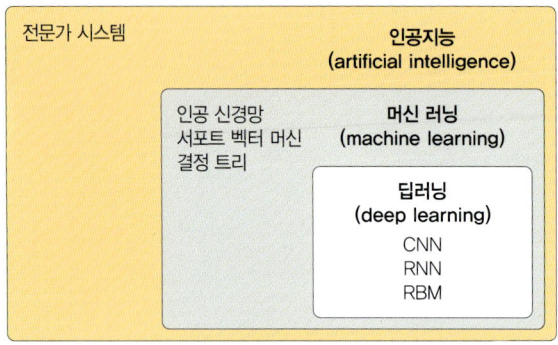

목적과 주어진 환경에 맞게 데이터를 분석하려면 머신 러닝과 딥러닝 차이를 명확하게 이해해야 합니다.

머신 러닝과 딥러닝 모두 학습 모델을 제공하여 데이터를 분류할 수 있는 기술입니다. 하지만 둘은 접근 방식에 차이가 있습니다. **머신 러닝**은 주어진 데이터를 인간이 먼저 처리(전처리)합니다. 이미지 데이터라면 사람이 학습(train) 데이터를 컴퓨터가 인식할 수 있도록 준비해 두어야 합니다. 머신 러닝은 범용적인 목적을 위해 제작된 것으로 데이터의 특징을 스스로 추출하지 못합니다. 이 과정을 인간이 처리해 주어야 하는 것이 머신 러닝입니다. 즉, 머신 러닝의 학습 과정은 각 데이터(혹은 이미지) 특성을 컴퓨터(기계)에 인식시키고 학습시켜 문제를 해결합니다. 반면 **딥러닝**은 인간이 하던 작업을 생략합니다. 대량의 데이터를 신경망에 적용하면 컴퓨터가 스스로 분석한 후 답을 찾습니다.

▼ 그림 1-2 머신 러닝과 딥러닝 차이

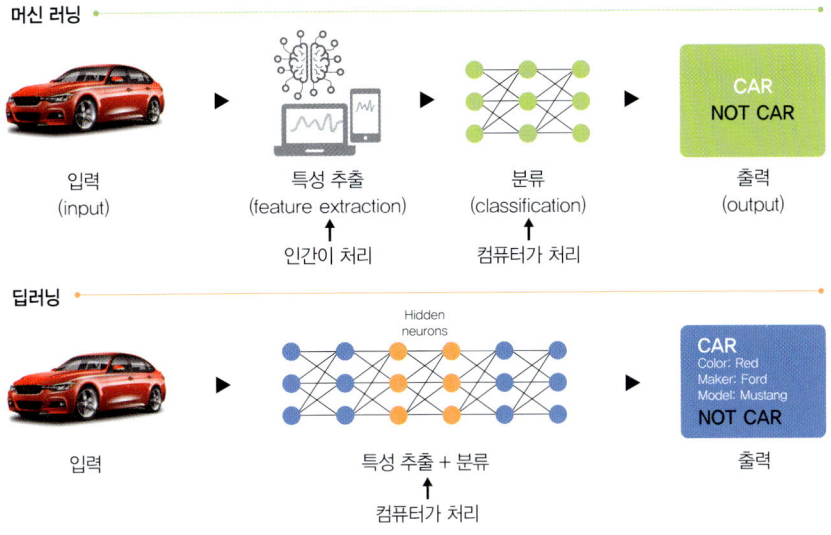

머신 러닝과 딥러닝 차이를 간단히 정리하면 다음 표와 같습니다.

▼ 표 1-1 머신 러닝과 딥러닝

구분	머신 러닝	딥러닝
동작 원리	입력 데이터에 알고리즘을 적용하여 예측을 수행한다.	정보를 전달하는 신경망을 사용하여 데이터 특징 및 관계를 해석한다.
재사용	입력 데이터를 분석하기 위해 다양한 알고리즘을 사용하며, 동일한 유형의 데이터 분석을 위한 재사용은 불가능하다.	구현된 알고리즘은 동일한 유형의 데이터를 분석하는 데 재사용된다.
데이터	일반적으로 수천 개의 데이터가 필요하다.	수백만 개 이상의 데이터가 필요하다.
훈련 시간	단시간	장시간
결과	일반적으로 점수 또는 분류 등 숫자 값	출력은 점수, 텍스트, 소리 등 어떤 것이든 가능

그럼 인공지능을 구현하는 방법인 머신 러닝과 딥러닝을 좀 더 자세히 알아보겠습니다.

1.2 머신 러닝이란

머신 러닝은 인공지능의 한 분야로, 컴퓨터 스스로 대용량 데이터에서 지식이나 패턴을 찾아 학습하고 예측을 수행하는 것입니다. 즉, 컴퓨터가 학습할 수 있게 하는 알고리즘과 기술을 개발하는 분야라고 할 수 있습니다.

1.2.1 머신 러닝 학습 과정

머신 러닝은 다음 그림과 같이 크게 학습 단계(learning)와 예측 단계(prediction)로 구분할 수 있습니다. 훈련 데이터를 머신 러닝 알고리즘에 적용하여 학습시키고, 이 학습 결과로 모형이 생성됩니다. 예측 단계에서는 학습 단계에서 생성된 모형에 새로운 데이터를 적용하여 결과를 예측합니다.

▼ 그림 1-3 머신 러닝 학습 과정

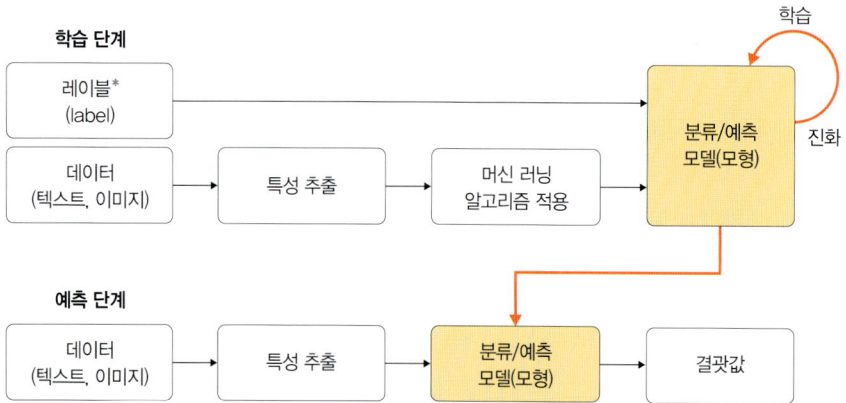

* 레이블은 지도 학습에서 정답을 의미

> **Note** ≡ **특성 추출**
>
> 머신 러닝에서 컴퓨터가 스스로 학습하려면, 즉 컴퓨터가 입력받은 데이터를 분석하여 일정한 패턴이나 규칙을 찾아내려면 사람이 인지하는 데이터를 컴퓨터가 인지할 수 있는 데이터로 변환해 주어야 합니다. 이때 데이터별로 어떤 특징을 가지고 있는지 찾아내고, 그것을 토대로 데이터를 벡터로 변환하는 작업을 특성 추출(feature extraction)이라고 합니다.
>
> ▼ 그림 1-4 특성 추출
>
>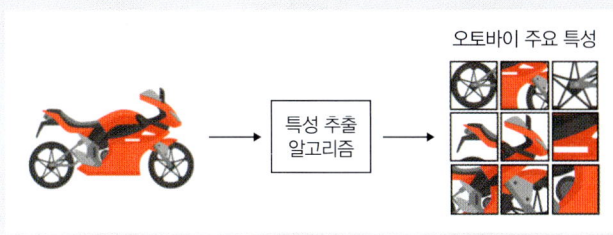

머신 러닝의 주요 구성 요소는 데이터와 모델(모형)입니다.

데이터는 머신 러닝이 학습 모델을 만드는 데 사용하는 것으로, 훈련 데이터가 나쁘다면 실제 현상의 특성을 제대로 반영할 수 없으므로 실제 데이터의 특징이 잘 반영되고 편향되지 않는 훈련 데이터를 확보하는 것이 중요합니다.

또한, 학습에 필요한 데이터가 수집되었다면 '훈련 데이터셋'과 '테스트 데이터셋' 용도로 분리해서 사용합니다. 혹은 '훈련 데이터셋'을 또다시 '훈련 데이터셋'과 '검증 데이터셋'으로 분리해서 사용하기도 합니다. 보통 데이터의 80%는 훈련용으로, 20%는 테스트용으로 분리해서 사용합니다.

모델은 머신 러닝의 학습 단계에서 얻은 최종 결과물로 가설이라고도 합니다. 예를 들어 "입력 데이터의 패턴은 A와 같다."라는 가정을 머신 러닝에서는 모델이라고 합니다. 모델의 학습 절차는 다음과 같습니다.

1. 모델(또는 가설) 선택
2. 모델 학습 및 평가
3. 평가를 바탕으로 모델 업데이트

이 세 단계를 반복하면서 주어진 문제를 가장 잘 풀 수 있는 모델을 찾습니다.

▼ 그림 1-5 머신 러닝의 문제 풀이 과정

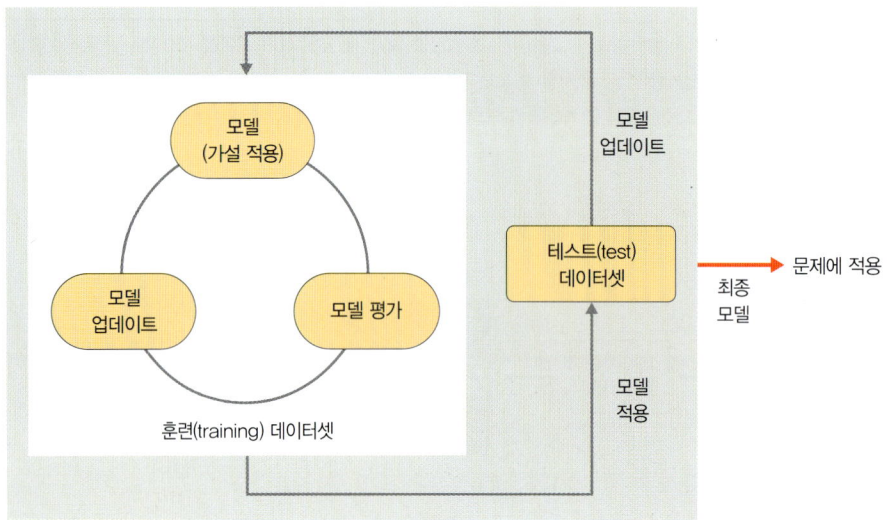

최종적으로 완성된 모델(모형)을 해결하고자 하는 문제에 적용해서 분류 및 예측 결과를 도출합니다.

> **Note** 훈련과 검증, 테스트 데이터셋
>
> 수집된 데이터셋은 크게 훈련(training)과 테스트(test) 데이터셋으로 분리하여 사용됩니다. 하지만 종종 훈련 데이터셋을 다시 훈련과 검증(validation) 용도로 분리해서 사용하는 경우를 볼 수 있는데 이들 간의 차이를 알아봅시다.
>
> ▼ 그림 1-6 훈련과 검증, 테스트 데이터셋
>
> | 전체 데이터셋 | | |
> |---|---|---|
> | 훈련 데이터셋 | | 테스트 데이터셋 |
> | 훈련 데이터셋 | 검증 데이터셋 | 테스트 데이터셋 |
>
> 일반적으로 훈련과 테스트 용도의 데이터셋만 필요할 것 같은데, 검증 데이터셋을 사용하는 이유는 모델 성능을 평가하기 위해서입니다. 즉, 훈련 데이터셋으로 모델을 학습시킨 후 모델이 잘 예측하는지 그 성능을 평가하기 위해서 사용합니다. 하지만 검증 용도의 데이터셋은 훈련 데이터셋의 일부를 떼어서 사용하기 때문에 학습에 사용되는 데이터셋의 양이 많지 않다면 검증 데이터셋을 사용하는 것은 좋지 않습니다.
>
> 그러면 모델 성능의 평가는 왜 필요할까요? 첫 번째는 테스트 데이터셋에 대한 성능을 가늠해 볼 수 있기 때문입니다. 딥러닝의 목적은 새롭게 수집될 데이터에 대해 정확한 예측을 하는 데 있습니다. 이때 검증 데이터셋을 사용해서 새롭게 수집될 데이터에 대해 예측을 평가해 볼 수 있습니다. 두 번째는 모델 성능을 높이는 데 도움을 줍니다. 예를 들어 훈련 데이터셋에 대한 정확도는 높은데 검증 데이터셋에 대한 정확도가 낮다면 훈련 데이터셋에 과적합이 일어났을 가능성을 생각해 볼 수 있습니다. 이 경우 정규화(regularization)를 하거나 에포크(epoch)를 줄이는 방식으로 과적합을 막을 수 있습니다.

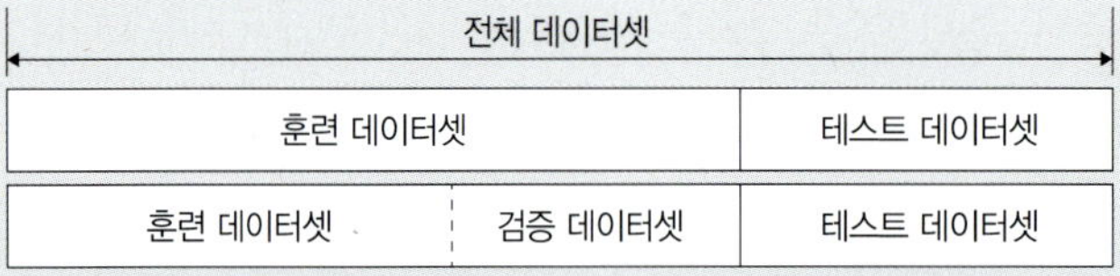

1.2.2 머신 러닝 학습 알고리즘

머신 러닝의 학습 알고리즘으로는 지도 학습, 비지도 학습, 강화 학습이 있습니다. **지도 학습**은 이름에서 알 수 있듯이 정답이 무엇인지 컴퓨터에 알려 주고 학습시키는 방법입니다.

▼ 그림 1-7 지도 학습

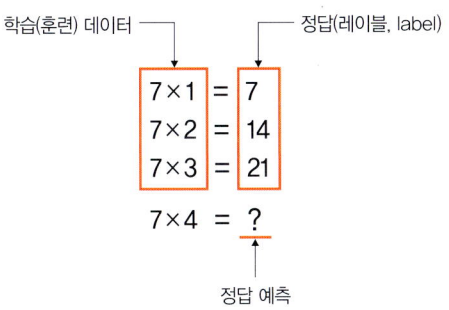

반면 **비지도 학습**은 정답을 알려 주지 않고 특징(예 다리 길이가 짧은 초식 동물)이 비슷한 데이터(예 토끼, 다람쥐)를 클러스터링(범주화)[1]하여 예측하는 학습 방법입니다. 즉, 다음 그림과 같이 지도 학습은 주어진 데이터에 대해 A 혹은 B로 명확한 분류가 가능한 반면, 비지도 학습은 유사도 기반(데이터 간 거리 측정)으로 특징이 유사한 데이터끼리 클러스터링으로 묶어서 분류합니다.

▼ 그림 1-8 지도 학습과 비지도 학습

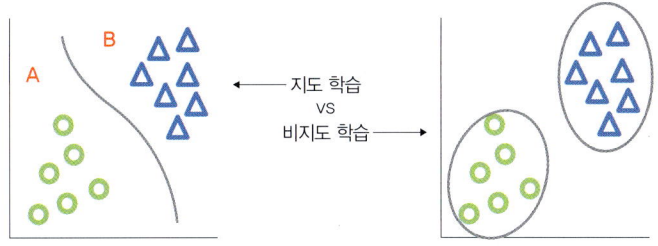

마지막으로 **강화 학습**은 머신 러닝의 꽃이라고 부를 만큼 어렵고 복잡합니다. 분류할 수 있는 데이터가 있는 것도 아니고 데이터가 있다고 해도 정답이 없기 때문입니다. 강화 학습은 자신의 행동에 대한 보상을 받으며 학습을 진행합니다. 게임이 대표적인 사례입니다. 혹시 〈쿠키런〉이라는 국내 게임을 알고 있나요? 쿠키가 에이전트(agent)이며(즉, 게이머가 에이전트가 되겠죠?) 게임 배경이 환경(environment)입니다. 이때 에이전트가 변화하는 환경에 따라 다른 행동(action)을 취하게 됩니다. 동전이나 젤리를 취득하는 등 행동에 따라 보상(몸집이 커짐)을 얻습니다. 강화 학습은 이

---

1 특성이 비슷한 데이터끼리 하나의 그룹으로 묶어 주는 것입니다.

러한 보상이 커지는 행동은 자주 하도록 하고, 줄어드는 행동은 덜 하도록 하여 학습을 진행합니다. 자세한 내용은 '12장 강화 학습'에서 설명합니다.

▼ 그림 1-9 강화 학습(〈쿠키런〉 게임)(출처: https://www.devsisters.com/ko/product/games/)

지도 학습, 비지도 학습, 강화 학습에서 자주 사용되는 알고리즘은 다음 표와 같습니다.

▼ 표 1-2 지도 학습, 비지도 학습, 강화 학습

구분	유형	알고리즘
지도 학습 (supervised learning)	분류(classification)	• K-최근접 이웃(K-Nearest Neighbor, KNN) • 서포트 벡터 머신(Support Vector Machine, SVM) • 결정 트리(decision tree) • 로지스틱 회귀(logistic regression)
	회귀(regression)	선형 회귀(linear regression)
비지도 학습 (unsupervised learning)	군집(clustering)	• K-평균 군집화(K-means clustering) • 밀도 기반 군집 분석(DBSCAN)
	차원 축소 (dimensionality reduction)	주성분 분석 (Principal Component Analysis, PCA)
강화 학습 (reinforcement learning)	-	마르코프 결정 과정 (Markov Decision Process, MDP)

각 알고리즘은 '3장 머신 러닝 핵심 알고리즘'에서 간단히 살펴봅니다.

1.3 딥러닝이란

딥러닝은 인간의 신경망 원리를 모방한 심층 신경망 이론을 기반으로 고안된 머신 러닝 방법의 일종입니다. 즉, 딥러닝이 머신 러닝과 다른 큰 차이점은 인간의 뇌를 기초로 하여 설계했다는 것입니다.

인간의 뇌가 엄청난 수의 뉴런(neuron)과 시냅스(synapse)로 구성되어 있는 것에 착안하여 컴퓨터에 뉴런과 시냅스 개념을 적용했습니다. 각각의 뉴런은 복잡하게 연결된 수많은 뉴런을 병렬 연산하여 기존에 컴퓨터가 수행하지 못했던 음성·영상 인식 등 처리를 가능하게 합니다.

❤ 그림 1-10 인간의 신경망 원리를 모방한 심층 신경망

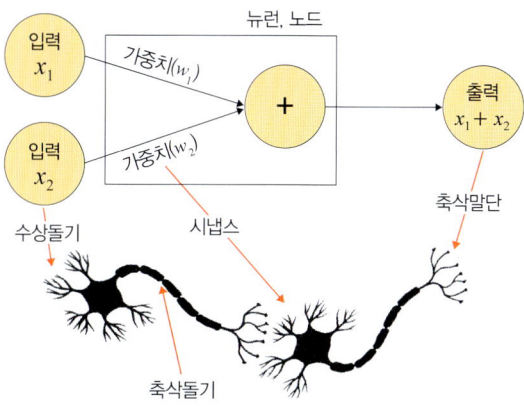

- **수상돌기**: 주변이나 다른 뉴런에서 자극을 받아들이고, 이 자극들을 전기적 신호 형태로 세포체와 축삭돌기로 보내는 역할을 합니다.
- **시냅스**: 신경 세포들이 이루는 연결 부위로, 한 뉴런의 축삭돌기와 다음 뉴런의 수상돌기가 만나는 부분입니다.
- **축삭돌기**: 다른 뉴런(수상돌기)에 신호를 전달하는 기능을 하는 뉴런의 한 부분입니다. 뉴런에서 뻗어 있는 돌기 중 가장 길며, 한 개만 있습니다.
- **축삭말단**: 전달된 전기 신호를 받아 신경 전달 물질을 시냅스 틈새로 방출합니다.

1.3.1 딥러닝 학습 과정

딥러닝의 학습 과정도 머신 러닝과 크게 다르지 않습니다. 물론 자세히 다룬다면 데이터를 구하고 전처리하는 방법부터 튜닝하는 방법까지 포함되겠지만, 세세한 부분까지 작성하고 다루기에는 딥러닝 분야가 너무 넓습니다. 따라서 데이터 준비부터 모델(모형)을 정의하고 사용하는 상위 레벨에서 짚고 넘어갑니다.

▼ 그림 1-11 딥러닝 모델의 학습 과정

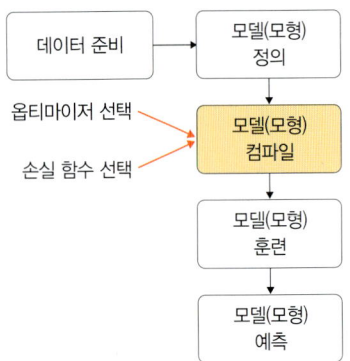

- **데이터 준비**: 초보자가 데이터를 쉽게 구할 수 있는 방법은 두 가지입니다. 첫째, 파이토치(https://tutorials.pytorch.kr/)나 케라스(https://keras.io/)에서 제공하는 데이터셋을 사용하는 것입니다. 제공되는 데이터들은 이미 전처리를 했기 때문에 바로 사용할 수 있으며, 수많은 예제 코드를 쉽게 구할 수 있는 장점이 있습니다. 둘째, 캐글(Kaggle)[2] 같은 곳에 공개된 데이터를 사용하는 것입니다. 물론 국내의 공개 데이터들도 사용할 수 있으나 상당히 많은 전처리를 해야 하기에 가능하면 캐글 같은 플랫폼에 제공된 데이터를 활용하길 권장합니다.

- **모델(모형) 정의**: 모델(모형) 정의 단계에서 신경망을 생성합니다. 일반적으로 은닉층 개수가 많을수록 성능이 좋아지지만 과적합[3]이 발생할 확률이 높습니다. 즉, 은닉층 개수에 따른 성능과 과적합은 서로 상충 관계에 있다고 할 수 있습니다. 따라서 모델 정의 단계에서 신경망을 제대로 생성하는 것이 중요합니다.

---

2 캐글(https://www.kaggle.com/)은 AI 경진 대회 플랫폼으로, 공개된 데이터가 많습니다.
3 훈련 데이터를 과하게 학습하여 훈련 데이터에서는 오차가 감소하지만, 새로운 데이터에서는 오차가 커지는 것을 의미합니다.

- **모델(모형) 컴파일**: 컴파일 단계에서 활성화 함수[4], 손실 함수[5], 옵티마이저[6]를 선택합니다. 이때 데이터 형태에 따라 다양한 옵션이 가능합니다. 훈련 데이터셋 형태가 연속형[7]이라면 평균 제곱 오차(Mean Squared Error, MSE)를 사용할 수 있으며, 이진 분류(binary classification)[8]라면 크로스 엔트로피(cross entropy)를 선택합니다. 또한, 과적합을 피할 수 있는 활성화 함수 및 옵티마이저 선택이 중요합니다.

- **모델(모형) 훈련**: 훈련 단계에서는 한 번에 처리할 데이터양을 지정합니다. 이때 한 번에 처리해야 할 데이터양이 많아지면 학습 속도가 느려지고 메모리 부족 문제를 야기할 수 있기 때문에 적당한 데이터양을 선택하는 것이 중요합니다. 따라서 전체 훈련 데이터셋에서 일정한 묶음으로 나누어 처리할 수 있는 배치와 훈련의 횟수인 에포크 선택이 중요합니다. 이때 훈련 과정에서 값의 변화를 시각적으로 표현하여 눈으로 확인하면서 파라미터[9]와 하이퍼파라미터[10]에 대한 최적의 값을 찾을 수 있어야 합니다. 참고로 모델과 관련하여 훈련과 학습이라는 용어는 의미가 같기 때문에 책에서도 혼용해서 사용합니다.

▼ 그림 1-12 모델 훈련에 필요한 하이퍼파라미터

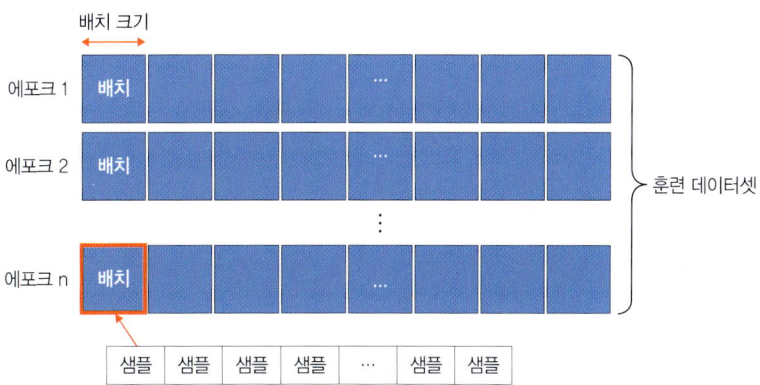

---

4 활성화 함수는 입력 신호가 일정 기준 이상이면 출력 신호로 변환하는 함수로 시그모이드, 하이퍼볼릭 탄젠트, 렐루 등이 있습니다. '4장 딥러닝 시작'에서 자세히 다룹니다.
5 손실 함수는 모델의 출력 값과 사용자가 원하는 출력 값(레이블)의 차이, 즉 오차를 구하는 함수로 평균 제곱 오차(mean squared error)와 크로스 엔트로피 오차(cross entropy error)가 있습니다. '4장 딥러닝 시작'에서 자세히 다룹니다.
6 옵티마이저는 손실 함수를 기반으로 네트워크 업데이트 방법을 결정합니다. 업데이트 결정 방법에 사용되는 것으로는 아담(Adam), 알엠에스프롭(RMSProp) 등이 있습니다. '4장 딥러닝 시작'에서 자세히 다룹니다.
7 연속적인 값을 갖는 데이터입니다.
8 '그렇다/아니다'처럼 두 개로 분류하는 것입니다.
9 모델 내부에서 결정되는 변수입니다.
10 튜닝 또는 최적화해야 하는 변수로, 사람들이 선험적 지식으로 설정해야 하는 변수입니다.

'훈련 데이터셋 1000개에 대한 배치 크기가 20'이라면 샘플 단위 20개마다 모델 가중치를 한 번씩 업데이트시킨다는 의미입니다. 즉, 총 50번(=1000/20)의 가중치가 업데이트됩니다. 이때 에포크가 10이고 배치 크기가 20이라면, 가중치를 50번 업데이트하는 것을 총 열 번 반복한다는 의미입니다. 각 데이터 샘플이 총 열 번씩 사용되는 것이므로 결과적으로 가중치가 총 500번 업데이트됩니다.

> **Note ≡ 성능이 좋다는 의미는?**
>
> 머신 러닝/딥러닝에서 '성능(performance)'에 대한 공식적인 정의는 없습니다. 궁극적으로 모델 성능은 데이터가 수집된 산업 분야와 모델이 생성된 목적에 의존한다고 볼 수 있습니다. 즉, 모델 성능이 좋다는 의미는 다음과 같은 다양한 의미로 사용할 수 있습니다.
> - 예측을 잘합니다(정확도가 높습니다).
> - 훈련 속도가 빠릅니다.

- **모델(모형) 예측**: 검증 데이터셋을 생성한 모델(모형)에 적용하여 실제로 예측을 진행해 보는 단계입니다. 이때 예측력이 낮다면 파라미터를 튜닝하거나 신경망 자체를 재설계해야 할 수도 있습니다.

딥러닝 학습 과정에서 중요한 핵심 구성 요소는 신경망과 역전파입니다. 딥러닝은 머신 러닝의 한 분야이기는 하지만, 심층 신경망(deep neural network)[11]을 사용한다는 점에서 머신 러닝과 차이가 있습니다. 심층 신경망에는 데이터셋의 어떤 특성들이 중요한지 스스로에게 가르쳐 줄 수 있는 기능이 있습니다.

▼ 그림 1-13 신경망과 심층 신경망

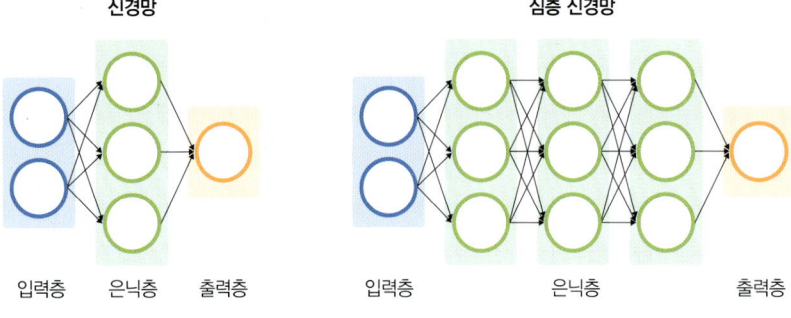

---

11 은닉층이 두 개 이상인 신경망입니다.

또한, 가중치 값을 업데이트하기 위한 역전파가 중요합니다. 특히 역전파 계산 과정에서 사용되는 미분(오차를 각 가중치로 미분)이 성능에 영향을 미치는 주요한 요소라고 할 수 있습니다.

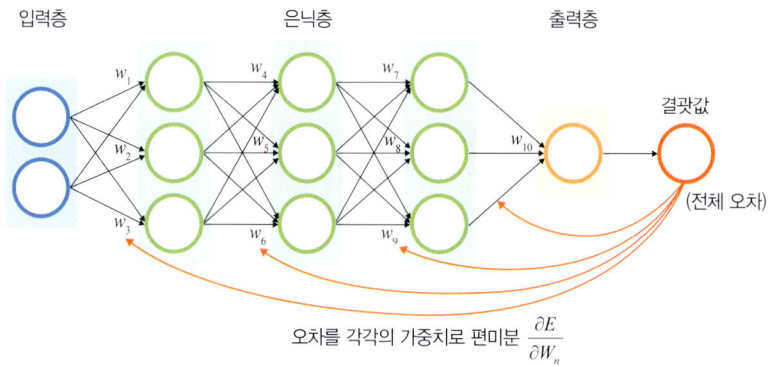

▼ 그림 1-14 역전파 계산

하지만 파이토치 같은 프레임워크를 이용하면 역전파 알고리즘을 자동으로 처리해 주기 때문에 딥러닝 알고리즘 구현이 굉장히 간단해집니다. 즉, 파이토치를 이용하면 딥러닝 알고리즘 구현이 간단하고 편리합니다.

1.3.2 딥러닝 학습 알고리즘

딥러닝 학습 알고리즘은 머신 러닝처럼 간단하지 않습니다. 활용 분야에 따라 지도 학습과 비지도 학습, 전이 학습으로 분류되는데, 먼저 **지도 학습**으로 분류되는 알고리즘을 살펴보겠습니다.

이미지 분류는 이미지 또는 비디오상의 객체를 식별하는 컴퓨터 비전 기술입니다. 컴퓨터 비전에서 가장 많이 사용되는 것이 **합성곱 신경망**(Convolutional Neural Network, CNN)입니다. 합성곱 신경망은 목적에 따라 이미지 분류, 이미지 인식, 이미지 분할로 분류할 수 있습니다. 이미지 분류는 이미지를 알고리즘에 입력하면 그 이미지가 어떤 클래스에 속하는지 알려 주기 때문에 말 그대로 이미지 데이터를 유사한 것끼리 분류할 때 사용합니다. 이미지 인식은 사진을 분석하여 그 안에 있는 사물의 종류를 인식하는 것으로, 의료 이미지에서 질병을 식별하거나 산업 검사 및 로봇 비전 등 다양한 분야에서 활용할 수 있습니다. 그리고 이미지 분할은 영상에서 사물이나 배경 등 객체 간 영역을 픽셀 단위로 구분하는 기술입니다. 이미지 분할은 X-ray, CT(Computer Tomography), MRI(Magnetic Resonance Imaging) 등 다양한 의료 영상에서 분할된 이미지 정보를 활용해서 질병 진단 등에 사용하고 있습니다.

▼ 그림 1-15 이미지 인식(출처: https://www.researchgate.net/figure/Object-detection-in-a-dense-scene_fig4_329217107)

시계열 데이터를 분류할 때 사용되는 것이 **순환 신경망**(Recurrent Neural Network, RNN)입니다. 주식 데이터처럼 시간에 따른 데이터가 있을 때 순환 신경망을 사용하지만, 역전파 과정에서 기울기 소멸 문제가 발생하는 단점이 있습니다. 이러한 문제점을 개선하고자 게이트(gate)를 세 개 추가한 것이 바로 LSTM(Long Short-Term Memory)입니다. 망각 게이트(과거 정보를 잊기 위한 게이트), 입력 게이트(현재 정보를 기억하기 위한 게이트)와 출력 게이트(최종 결과를 위한 게이트)를 도입하여 기울기 소멸 문제를 해결했으며 현재 시계열 문제에서 가장 활발히 사용하고 있습니다.

▼ 그림 1-16 구글과 아마존 주식에 대한 시계열 데이터 사례
(출처: https://www.fool.com/investing/2019/05/26/better-buy-amazon-vs-google.aspx)

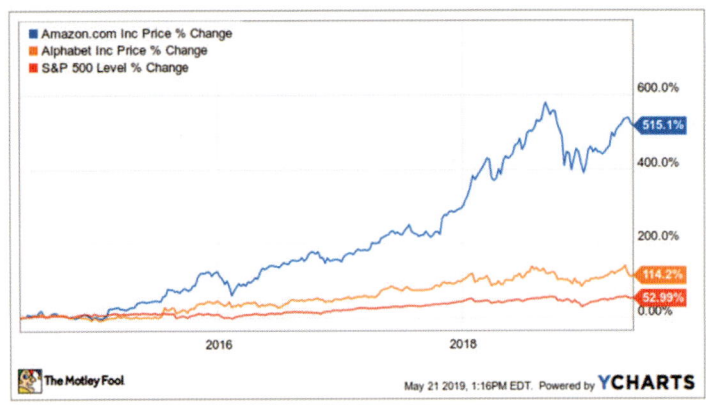

비지도 학습으로는 **워드 임베딩**과 **군집**이 있습니다. 자연어(사람의 언어)를 컴퓨터가 이해하고 효율적으로 처리하게 하려면 컴퓨터가 이해할 수 있도록 자연어를 적절히 변환하는 것이 필요합니다. 이때 워드 임베딩(word embedding) 기술을 이용하여 단어를 벡터로 표현합니다. 워드 임베딩에서는 단어 의미를 벡터화하는 워드투벡터(Word2Vec)와 글로브(GloVe)를 가장 많이 사용하고 있습니다. 워드 임베딩은 자연어 처리 분야의 일종으로 번역이나 음성 인식 등 서비스에서 사용합니다.

▼ 그림 1-17 워드 임베딩을 이용한 워드 클라우드

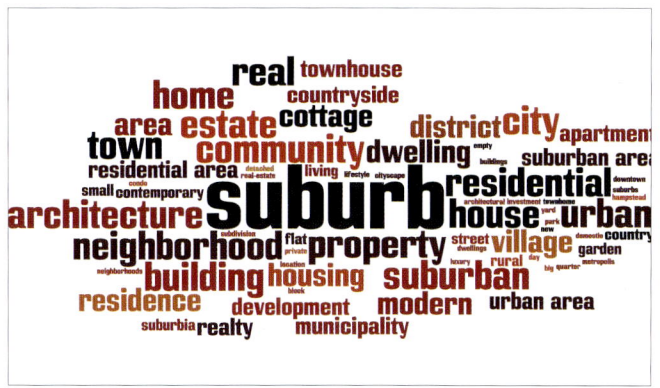

군집은 아무런 정보가 없는 상태에서 데이터를 분류하는 방법입니다. 한 클러스터 안의 데이터는 매우 비슷하게 구성하고 다른 클러스터의 데이터와 구분되도록 나누는 것이 목표입니다. 군집은 머신 러닝의 군집과 다르지 않습니다. 하지만 머신 러닝에서 군집화를 처리할 때 딥러닝과 함께 사용하면 모델 성능을 높일 수 있기 때문에 머신 러닝 단독으로 군집 알고리즘을 적용하기보다 딥러닝과 함께 사용하면 좋습니다(신경망에서 군집 알고리즘 사용).

▼ 그림 1-18 군집

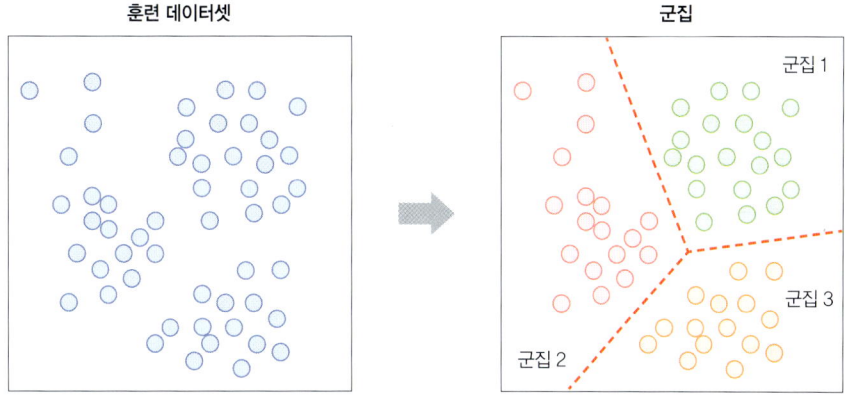

전이 학습(transfer learning)은 사전에 학습이 완료된 모델(pre-trained model)(사전 학습 모델)을 가지고 우리가 원하는 학습에 미세 조정 기법을 이용하여 학습시키는 방법입니다. 따라서 전이 학습에는 사전에 학습이 완료된 모델이 필요하며, 학습이 완료된 모델을 어떻게 활용하는지에 대한 접근 방법이 필요합니다.

사전 학습 모델은 풀고자 하는 문제와 비슷하면서 많은 데이터로 이미 학습이 되어 있는 모델입니다. 일반적으로 많은 데이터를 구하기도 어렵지만, 많은 데이터로 모델을 학습시키는 것은 오랜 시간과 연산량이 필요합니다. VGG, 인셉션(Inception), MobileNet 같은 사전 학습 모델을 사용하면 효율적인 학습이 가능합니다. 따라서 분석하려는 주제에 맞는 사전 학습 모델을 선택하고 활용해야 합니다. 사전 학습 모델을 활용하는 방법으로 특성 추출과 미세 조정 기법이 있는데, '5장 합성곱 신경망 I'에서 자세히 다룹니다.

강화 학습은 머신 러닝과 동일하기 때문에 설명을 생략합니다.

딥러닝에서 지도 학습, 비지도 학습, 강화 학습을 정리하면 다음 표와 같습니다. 단순한 알고리즘만 고려했을 때의 구분이며, 서로 혼합하여 사용하거나 분석 환경에 제약을 둘 경우 구분이 달라질 수 있음에 주의해야 합니다.

▼ 표 1-3 지도 학습, 비지도 학습, 강화 학습

구분	유형	알고리즘
지도 학습(supervised learning)	이미지 분류	• CNN • AlexNet • ResNet
	시계열 데이터 분석	• RNN • LSTM
비지도 학습 (unsupervised learning)	군집 (clustering)	• 가우시안 혼합 모델(Gaussian Mixture Model, GMM) • 자기 조직화 지도(Self-Organizing Map, SOM)
	차원 축소	• 오토인코더(AutoEncoder) • 주성분 분석(PCA)
전이 학습(transfer learning)	전이 학습	• 버트(BERT) • MobileNetV2
강화 학습(reinforcement learning)	-	마르코프 결정 과정(MDP)

머신 러닝과 딥러닝의 개념 및 대략적인 내용을 살펴보았으니 3장에서 머신 러닝을 좀 더 자세히 알아보겠습니다.

2장

실습 환경 설정과 파이토치 기초

2.1 파이토치 개요

2.2 파이토치 기초 문법

2.3 실습 환경 설정

2.4 파이토치 코드 맛보기

2.1 파이토치 개요

파이토치(PyTorch)는 2017년 초에 공개된 딥러닝 프레임워크로 루아(Lua) 언어로 개발되었던 토치(Torch)를 페이스북에서 파이썬 버전으로 내놓은 것입니다. 토치는 파이썬의 넘파이(NumPy) 라이브러리처럼 과학 연산을 위한 라이브러리로 공개되었지만 이후 발전을 거듭하면서 딥러닝 프레임워크로 발전했습니다. 파이토치 공식 튜토리얼에서는 파이토치를 다음과 같이 언급하고 있습니다.

파이썬 기반의 과학 연산 패키지로 다음 두 집단을 대상으로 합니다.

- 넘파이를 대체하면서 GPU를 이용한 연산이 필요한 경우
- 최대한의 유연성과 속도를 제공하는 딥러닝 연구 플랫폼이 필요한 경우

하지만 무엇보다 주목받는 이유 중 하나는 간결하고 빠른 구현성에 있습니다.

2.1.1 파이토치 특징 및 장점

파이토치 특징은 다음과 같이 한마디로 특징 지을 수 있습니다.

GPU에서 텐서 조작 및 동적 신경망 구축이 가능한 프레임워크

그렇다면 GPU, 텐서, 동적 신경망이란 무엇을 의미할까요? 각각의 의미는 다음과 같습니다.

- **GPU**(Graphics Processing Unit): 연산 속도를 빠르게 하는 역할을 합니다.
  - 딥러닝에서는 기울기를 계산할 때 미분을 쓰는데, GPU를 사용하면 빠른 계산이 가능합니다.
  - 내부적으로 CUDA, cuDNN이라는 API를 통해 GPU를 연산에 사용할 수 있습니다.
  - 병렬 연산에서 GPU의 속도는 CPU의 속도보다 훨씬 빠르므로 딥러닝 학습에서 GPU 사용은 필수라고 할 수 있습니다.
- **텐서**(Tensor): 파이토치에서 텐서 의미는 다음과 같습니다.
  - 텐서는 파이토치의 데이터 형태입니다.
  - 텐서는 단일 데이터 형식으로 된 자료들의 다차원 행렬입니다.

- 텐서는 간단한 명령어(변수 뒤에 .cuda( )를 추가)를 사용해서 GPU로 연산을 수행하게 할 수 있습니다.
- **동적 신경망**: 훈련을 반복할 때마다 네트워크 변경이 가능한 신경망을 의미합니다. 예를 들어 학습 중에 은닉층을 추가하거나 제거하는 등 모델의 네트워크 조작이 가능합니다.
  - 연산 그래프를 정의하는 것과 동시에 값도 초기화되는 'Define by Run' 방식을 사용합니다. 따라서 연산 그래프와 연산을 분리해서 생각할 필요가 없기 때문에 코드를 이해하기 쉽습니다.

▼ 그림 2-1 파이토치 'Define by Run'

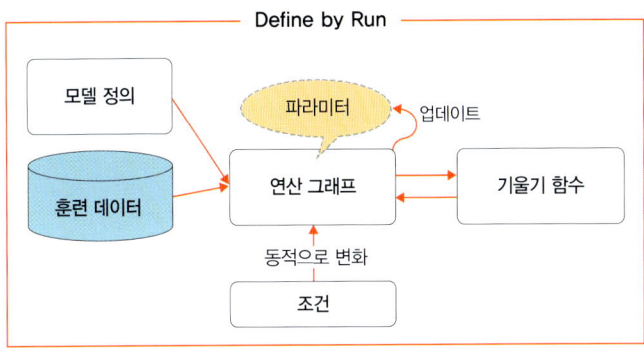

Note ≡ 벡터, 행렬, 텐서

인공지능(머신 러닝/딥러닝)에서 데이터는 벡터(vector)로 표현됩니다. 벡터는 [1.0, 1.1, 1.2]처럼 숫자들의 리스트로, 1차원 배열 형태입니다. 행렬(matrix)은 행과 열로 표현되는 2차원 배열 형태입니다. 이때 가로줄을 행(row)이라고 하며, 세로줄을 열(column)이라고 합니다. 마지막으로 텐서는 3차원 이상의 배열 형태입니다. 이를 정리하면 다음과 같습니다.

- 1차원 축(행)=axis 0=벡터
- 2차원 축(열)=axis 1=행렬
- 3차원 축(채널)=axis 2=텐서

▼ 그림 2-2 벡터, 행렬, 텐서

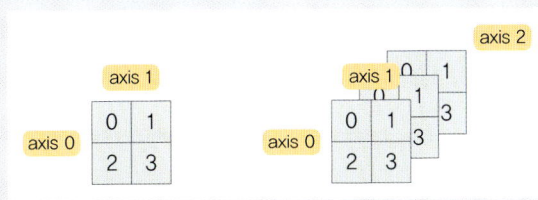

○ 계속

행렬은 복수의 차원을 가지는 데이터 레코드의 집합입니다. 이때 하나의 데이터 레코드를 벡터 단독으로 나타낼 때는 다음과 같이 하나의 열로 표기됩니다.

$$x_1 = \begin{bmatrix} 1.1 \\ 2.7 \\ 3.3 \\ 0.2 \end{bmatrix} \quad x_2 = \begin{bmatrix} 4.5 \\ 1.2 \\ 0.7 \\ 3.5 \end{bmatrix}$$

반면에 복수의 데이터 레코드 집합을 행렬로 나타낼 때는 다음과 같이 하나의 데이터 레코드가 하나의 행으로 표기됩니다.

$$X = \begin{bmatrix} 1.1 & 2.7 & 3.3 & 0.2 \\ 4.5 & 1.2 & 0.7 & 3.5 \end{bmatrix}$$

즉, 행렬의 일반적인 표현은 다음과 같습니다.

$$X = \begin{bmatrix} x_{11} & x_{12} & x_{13} \\ x_{21} & x_{22} & x_{23} \\ x_{31} & x_{32} & x_{33} \end{bmatrix}$$

텐서는 행렬의 다차원 표현이라고 생각하면 쉽습니다. 같은 크기의 행렬이 여러 개 묶여 있는 것으로 다음과 같이 표현할 수 있습니다.

$$X = \begin{bmatrix} x_{11} & x_{12} & \cdots & x_{1n} \\ x_{21} & x_{22} & \cdots & x_{2n} \\ \vdots & \vdots & \ddots & \vdots \\ x_{m1} & x_{m2} & \cdots & x_{mn} \end{bmatrix}$$

파이토치에서 텐서를 표현하기 위해서는 다음 코드와 같이 torch.tensor()를 사용합니다.

```
import torch
torch.tensor([[1., -1.], [1., -1.]])
```

생성된 텐서의 형태는 다음과 같이 표현됩니다.

```
tensor([[ 1., -1.],
        [ 1., -1.]])
```

벡터, 행렬 등 자세한 내용은 선형대수학 도서를 참고하세요.

> **Note** 연산 그래프
>
> 연산 그래프는 방향성이 있으며 변수(예 텐서)를 의미하는 노드와 연산(예 곱하기, 더하기)을 담당하는 엣지로 구성됩니다. 다음 그림과 같이 노드는 변수(a, b)를 가지고 있으며 각 계산을 통해 새로운 텐서(c, d, e)를 구성할 수 있습니다.
>
> ▼ 그림 2-3 파이토치 연산 그래프
>
>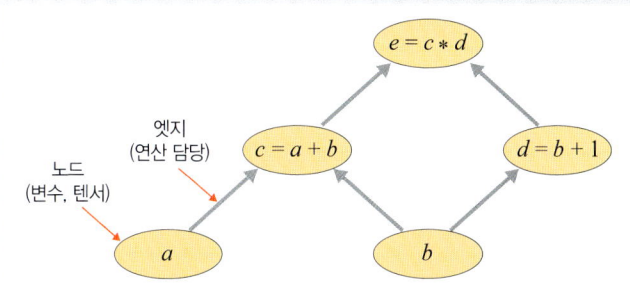
>
> 신경망은 연산 그래프를 이용하여 계산을 수행합니다. 즉, 네트워크가 학습될 때 손실 함수의 기울기가 가중치와 바이어스를 기반으로 계산되며, 이후 경사 하강법을 사용하여 가중치가 업데이트됩니다. 이때 연산 그래프를 이용하여 이 과정이 효과적으로 수행됩니다.

파이토치는 효율적인 계산, 낮은 CPU 활용, 직관적인 인터페이스와 낮은 진입 장벽 등을 장점으로 꼽을 수 있습니다.

- 단순함(효율적인 계산)
  - 파이썬 환경과 쉽게 통합할 수 있습니다.
  - 디버깅[1]이 직관적이고 간결합니다.
- 성능(낮은 CPU 활용)
  - 모델 훈련을 위한 CPU 사용률이 텐서플로와 비교하여 낮습니다.
  - 학습 및 추론 속도가 빠르고 다루기 쉽습니다.
- 직관적인 인터페이스
  - 텐서플로처럼 잦은 API 변경(예 layers → slim → estimators → tf.keras)이 없어 배우기 쉽습니다.

---

1 디버깅이란 오동작되는 현상을 해결하는 것으로, 오류들을 찾아내기 위한 테스트 과정을 의미합니다.

2.1.2 파이토치의 아키텍처

파이토치의 아키텍처는 간단합니다. 크게 세 개의 계층으로 나누어 설명할 수 있습니다. 가장 상위 계층은 파이토치 API가 위치해 있으며 그 아래에는 파이토치 엔진이 있습니다. 파이토치 엔진에서는 다차원 텐서 및 자동 미분을 처리합니다. 그리고 마지막으로 가장 아래에는 텐서에 대한 연산을 처리합니다. CPU/GPU를 이용하는 텐서의 실질적인 계산을 위한 C, CUDA 등 라이브러리가 위치합니다.

▼ 그림 2-4 파이토치의 아키텍처

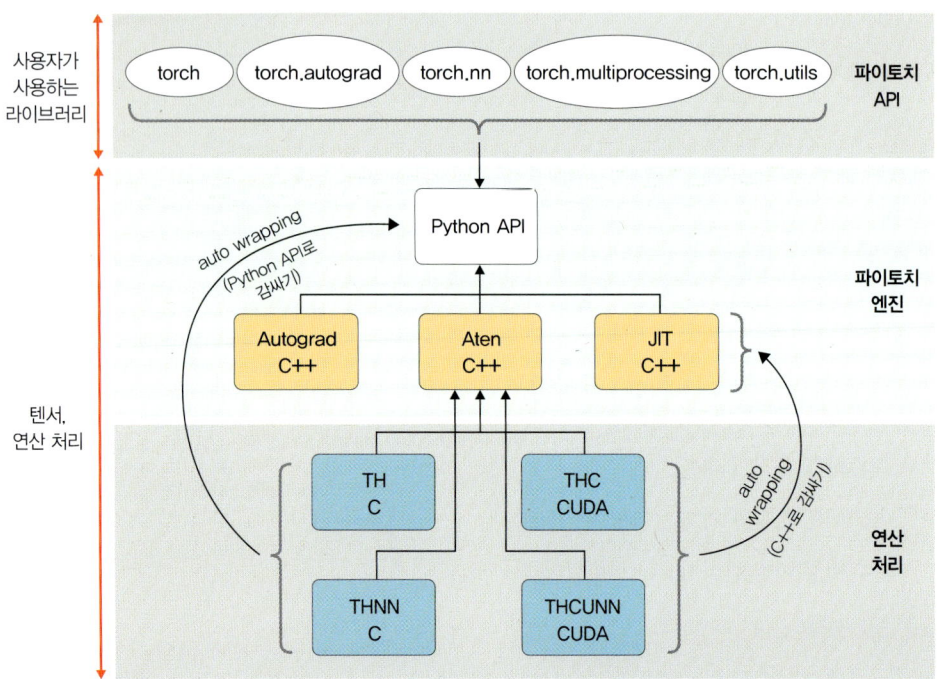

파이토치 API

파이토치 API 계층에서는 사용자가 이해하기 쉬운 API를 제공하여 텐서에 대한 처리와 신경망을 구축하고 훈련할 수 있도록 돕습니다. 이 계층에서는 사용자 인터페이스를 제공하지만 실제 계산은 수행하지 않습니다. 그 대신 C++로 작성된 파이토치 엔진으로 그 작업을 전달하는 역할만 합니다.

파이토치 API 계층에서는 사용자의 편의성을 위해 다음 패키지들이 제공됩니다.

torch: GPU를 지원하는 텐서 패키지

다차원 텐서를 기반으로 다양한 수학적 연산이 가능하도록 합니다. 특히 CPU뿐만 아니라 GPU에서 연산이 가능하므로 빠른 속도로 많은 양의 계산을 할 수 있습니다.

torch.autograd: 자동 미분 패키지

Autograd는 텐서플로(TensorFlow), 카페(Caffe), CNTK 같은 다른 딥러닝 프레임워크와 가장 차별되는 패키지입니다. 일반적으로 신경망에 사소한 변경(예 은닉층 노드 수 변경)이 있다면 신경망 구축을 처음부터 다시 시작해야 합니다. 하지만 파이토치는 '자동 미분(auto-differentiation)'이라고 하는 기술을 채택하여 미분 계산을 효율적으로 처리합니다. 즉, '연산 그래프'가 즉시 계산(실시간으로 네트워크 수정이 반영된 계산)되기 때문에 사용자는 다양한 신경망을 적용해 볼 수 있습니다.

torch.nn: 신경망 구축 및 훈련 패키지

torch.nn을 사용할 경우 신경망을 쉽게 구축하고 사용할 수 있습니다. 특히 합성곱 신경망, 순환 신경망, 정규화 등이 포함되어 손쉽게 신경망을 구축하고 학습시킬 수 있습니다.

torch.multiprocessing: 파이썬 멀티프로세싱 패키지

파이토치에서 사용하는 프로세스 전반에 걸쳐 텐서의 메모리 공유가 가능합니다. 따라서 서로 다른 프로세스에서 동일한 데이터(텐서)에 대한 접근 및 사용이 가능합니다.

torch.utils: DataLoader 및 기타 유틸리티를 제공하는 패키지

모델에 데이터를 제공하기 위한 torch.utils.data.DataLoader 모듈을 주로 사용합니다. 또한, 병목 현상을 디버깅하기 위한 torch.utils.bottleneck, 모델 또는 모델의 일부를 검사하기 위한 torch.utils.checkpoint 등의 모듈도 있습니다.

파이토치 엔진

파이토치 엔진은 Autograd C++, Aten C++, JIT C++, Python API로 구성되어 있습니다. 먼저 Autograd C++는 가중치, 바이어스를 업데이트하는 과정에서 필요한 미분을 자동으로 계산해 주는 역할을 하며, Aten C++는 C++ 텐서 라이브러리를 제공하며, JIT C++는 계산을 최적화하기 위한 JIT(Just In-Time) 컴파일러[2]입니다. 파이토치 엔진 라이브러리는 C++로 감싼(래핑

---

2 JIT(Just In-Time) 컴파일러는 바이트 코드를 컴퓨터 프로세서(CPU)로 직접 보낼 수 있는 명령어로 바꾸는 프로그램입니다. 일반적으로 컴파일러는 최종 사용자를 위한 애플리케이션의 속도를 결정하는 데 핵심적인 역할을 합니다.

(wrapping)) 다음 Python API 형태로 제공되기 때문에 사용자들이 손쉽게 모델을 구축하고 텐서를 사용할 수 있습니다.

이들의 관계를 도식화하면 다음 그림과 같습니다.

▼ 그림 2-5 파이토치 엔진

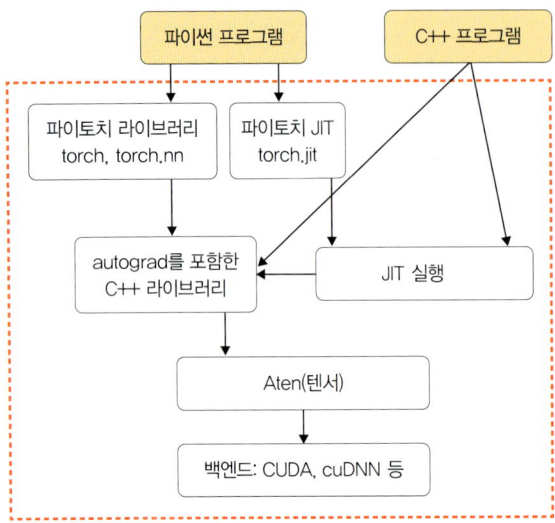

연산 처리

가장 아래 계층에 속하는 C 또는 CUDA 패키지는 상위의 API에서 할당된 거의 모든 계산을 수행합니다. 여기에서 제공되는 패키지는 CPU와 GPU(TH(토치), THC(토치 CUDA))를 이용하여 효율적인 데이터 구조, 다차원 텐서에 대한 연산을 처리합니다.

지금까지 파이토치의 아키텍처에 대한 전반적인 내용을 살펴보았습니다. 이제부터는 torch.tensor에 대해 알아보겠습니다. 계속 언급하고 있지만 파이토치에서는 텐서가 핵심입니다.

> **Note** ≡ **텐서를 메모리에 저장하기**
>
> 텐서는 그것이 1차원이든 N차원이든 메모리에 저장할 때는 1차원 배열 형태가 됩니다. 즉, 1차원 배열 형태여야만 메모리에 저장할 수 있습니다. 그리고 변환된 1차원 배열을 스토리지(storage)라고 합니다. 스토리지를 이해하기 위해서는 오프셋과 스트라이드 개념을 알아야 합니다.
>
> - **오프셋**(offset): 텐서에서 첫 번째 요소가 스토리지에 저장된 인덱스입니다.
> - **스트라이드**(stride): 각 차원에 따라 다음 요소를 얻기 위해 건너뛰기(skip)가 필요한 스토리지의 요소 개수입니다. 즉, 스트라이드는 메모리에서의 텐서 레이아웃을 표현하는 것으로 이해하면 됩니다. 요소가 연속적으로 저장되기 때문에 행 중심으로 스트라이드는 항상 1입니다.

○ 계속

그렇다면 왜 오프셋과 스트라이드라는 내용을 이해해야 할까요? 선형대수학을 배웠다면 전치 행렬이 무엇인지 알고 있을 것입니다.

간단히 전치 행렬을 설명하면 다음과 같습니다. A 행렬에서 첫 번째 열을 첫 번째 행으로 위치시키고, 두 번째 열을 두 번째 행으로 위치시키며, A^T로 표현합니다(동일한 원리를 텐서에 적용할 수 있습니다).

$$A = \begin{bmatrix} 1 & 2 & 3 \\ 4 & 5 & 6 \\ 7 & 8 & 9 \end{bmatrix} \Rightarrow A^T = \begin{bmatrix} 1 & 4 & 7 \\ 2 & 5 & 8 \\ 3 & 6 & 9 \end{bmatrix}$$

그렇다면 이것이 오프셋, 스트라이드와 무슨 관계가 있을까요?

조금 더 극적인 효과를 위해 행과 열의 수가 다른 텐서 A와 A^T를 생성해 보겠습니다. 그리고 A와 A^T를 1차원 배열로 바꾸어서 메모리에 저장시키기 위해 텐서의 값들을 연속적으로 배치해 보겠습니다.

▼ 그림 2-6 3차원 텐서를 1차원으로 변환

$A = \begin{bmatrix} 1 & 2 & 3 \\ 4 & 5 & 6 \end{bmatrix}$ → 1차원 텐서로 변환 → | 0 | 1 | 2 | 3 | 4 | 5 | 6 |

$A^T = \begin{bmatrix} 1 & 4 \\ 2 & 5 \\ 3 & 6 \end{bmatrix}$ → 1차원 텐서로 변환 → | 0 | 1 | 4 | 2 | 5 | 3 | 6 |

$A(2 \times 3)$와 $A^T(3 \times 2)$는 다른 형태(shape)를 갖지만 스토리지의 값들은 서로 같습니다. 따라서 A와 A^T를 구분하는 용도로 오프셋과 스트라이드를 사용합니다.

다음 그림의 스토리지에서 2를 얻기 위해서는 1에서 1칸을 뛰어넘어야 하고, 4를 얻기 위해서는 3을 뛰어넘어야 합니다. 따라서 텐서에 대한 스토리지의 스트라이드는 (3, 1)입니다.

▼ 그림 2-7 A를 1차원으로 변환

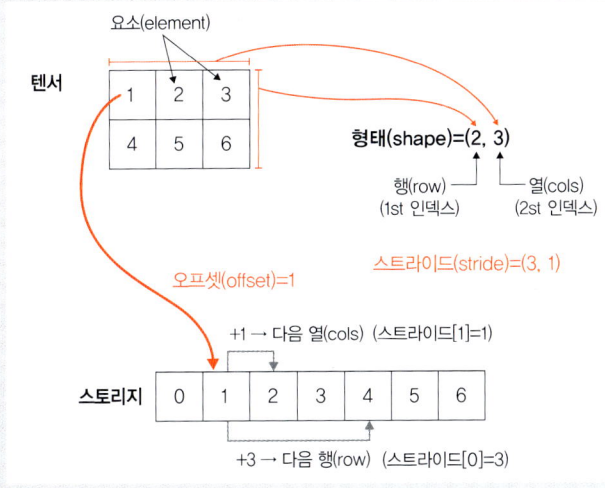

반면에 A의 전치 행렬은 좀 다릅니다. 다음 그림의 스토리지에서 4를 얻기 위해서는 1에서 1칸을 뛰어넘어야 하고, 2을 얻기 위해서는 2를 뛰어넘어야 합니다. 따라서 텐서에 대한 스토리지의 스트라이드는 (2, 1)입니다.

▼ 그림 2-8 A의 전치 행렬을 1차원으로 변환

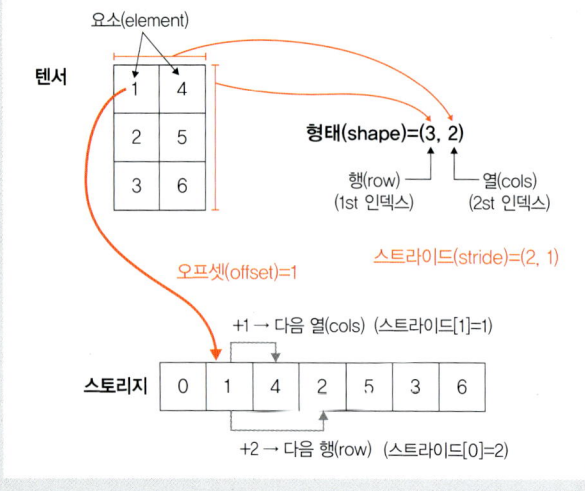

이와 같이 오프셋과 스트라이드는 데이터 자체가 아닌 행렬/텐서를 구분하기 위해 사용합니다.

2.2 파이토치 기초 문법

파이토치는 텐서로 시작해서 텐서로 끝난다고 해도 과언이 아닙니다. 따라서 텐서를 잘 다룰 수 있어야 문제 해결이 가능하고 신경망에서 데이터 입력과 출력도 제어할 수 있습니다. 지금부터 텐서를 다루는 기초적인 문법들을 알아보겠습니다.

2.2.1 텐서 다루기

파이토치를 사용하기 위해서는 텐서의 사용법을 잘 숙지해야 합니다. 먼저 텐서를 생성하는 방법에 대해 알아봅시다.

텐서 생성 및 변환

텐서는 파이토치의 가장 기본이 되는 데이터 구조입니다. 넘파이의 ndarray와 비슷하며 GPU에서의 연산도 가능합니다.

텐서 생성은 다음과 같은 코드를 이용합니다.

```python
import torch
print(torch.tensor([[1,2],[3,4]]))                          # 2차원 형태의 텐서 생성
print(torch.tensor([[1,2],[3,4]], device="cuda:0"))         # GPU에 텐서 생성
print(torch.tensor([[1,2],[3,4]], dtype=torch.float64))     # dtype을 이용하여 텐서 생성
```

다음은 생성된 텐서의 결과입니다.

```
tensor([[1, 2],
        [3, 4]])

tensor([[1., 2.],
        [3., 4.]], dtype=torch.float64)
```

이번에는 텐서를 ndarray로 변환해 보겠습니다.

```python
temp = torch.tensor([[1,2],[3,4]])
print(temp.numpy())                       # 텐서를 ndarray로 변환

temp = torch.tensor([[1,2],[3,4]], device="cuda:0")
print(temp.to("cpu").numpy())             # GPU상의 텐서를 CPU의 텐서로 변환한 후 ndarray로 변환
```

다음은 텐서를 ndarray로 변환한 결과입니다.

```
[[1 2]
 [3 4]]

[[1 2]
 [3 4]]
```

텐서의 인덱스 조작

텐서의 인덱스를 조작하는 방법은 여러 가지가 있습니다. 텐서는 넘파이의 ndarray를 조작하는 것과 유사하게 동작하기 때문에 배열처럼 인덱스를 바로 지정하거나 슬라이스 등을 사용할 수 있습니다. 또한, 텐서의 자료형은 다음과 같습니다.

- `torch.FloatTensor`: 32비트의 부동 소수점
- `torch.DoubleTensor`: 64비트의 부동 소수점
- `torch.LongTensor`: 64비트의 부호가 있는 정수

이외에도 다양한 유형의 텐서가 있습니다.

텐서의 인덱스 조작은 다음과 같은 코드를 이용합니다.

```
temp = torch.FloatTensor([1, 2, 3, 4, 5, 6, 7]) ······ 파이토치로 1차원 벡터 생성
print(temp[0], temp[1], temp[-1]) ······ 인덱스로 접근
print('------------------------')
print(temp[2:5], temp[4:-1]) ······ 슬라이스로 접근
```

코드에서 -1번 인덱스는 맨 뒤에서부터 시작하는 인덱스를 의미합니다.

다음은 인덱스 조작에 대한 결과입니다.

```
tensor(1.) tensor(2.) tensor(7.)
------------------------
tensor([3., 4., 5.]) tensor([5., 6.])
```

텐서 연산 및 차원 조작

텐서는 넘파이의 ndarray처럼 다양한 수학 연산이 가능하며, GPU를 사용하면 더 빠르게 연산할 수 있습니다. 참고로 텐서 간의 타입이 다르면 연산이 불가능합니다. 예를 들어 FloatTensor와 DoubleTensor 간에 사칙 연산을 수행하면 오류가 발생합니다.

다음과 같이 벡터 두 개를 생성하여 사칙 연산을 할 수 있습니다.

```
v = torch.tensor([1, 2, 3]) ······ 길이가 3인 벡터 생성
w = torch.tensor([3, 4, 6])
print(w - v) ······ 길이가 같은 벡터 간 뺄셈 연산
```

다음은 벡터 간 뺄셈 연산에 대한 결과입니다.

```
tensor([2, 2, 3])
```

이번에는 텐서의 차원을 조작해 보겠습니다. 텐서의 차원에 대한 문제는 신경망에서 자주 다루어지므로 상당히 중요합니다.

텐서의 차원을 변경하는 가장 대표적인 방법은 view를 이용하는 것입니다. 이외에도 텐서를 결합하는 stack, cat과 차원을 교환하는 t, transpose도 사용됩니다. view는 넘파이의 reshape과 유사하며 cat은 다른 길이의 텐서를 하나로 병합할 때 사용합니다. 또한, transpose는 행렬의 전치 외에도 차원의 순서를 변경할 때도 사용됩니다.

텐서의 차원을 조작하는 코드는 다음과 같습니다.

```
temp = torch.tensor([
    [1, 2], [3, 4]])  ······ 2×2 행렬 생성

print(temp.shape)
print('----------------------')
print(temp.view(4, 1))  ······ 2×2 행렬을 4×1로 변형
print('----------------------')
print(temp.view(-1))  ······ 2×2 행렬을 1차원 벡터로 변형
print('----------------------')
print(temp.view(1, -1))  ············· -1은 (1, ?)와 같은 의미로 다른 차원으로부터 해당 값을 유추하겠다는
print('----------------------')        것입니다. temp의 원소 개수(2×2=4)를 유지한 채 (1, ?)의 형태를 만
print(temp.view(-1, 1))  ······ 앞에서와 마찬가지로 (?, 1)의 의미로 temp의 원소 개수(2×2=4)를
                                유지한 채 (?, 1)의 형태를 만족해야 하므로 (4, 1)이 됩니다.
```

다음은 텐서의 차원을 조작한 결과입니다.

```
torch.Size([2, 2])
----------------------
tensor([[1],
        [2],
        [3],
        [4]])
----------------------
tensor([1, 2, 3, 4])
----------------------
tensor([[1, 2, 3, 4]])
----------------------
tensor([[1],
        [2],
        [3],
        [4]])
```

텐서의 사용에 대해 알아보았으므로 이제 구체적으로 데이터를 준비하고 신경망을 구축하는 단계로 넘어가겠습니다.

2.2.2 데이터 준비

데이터 호출에는 파이썬 라이브러리(판다스(Pandas))를 이용하는 방법과 파이토치에서 제공하는 데이터를 이용하는 방법이 있습니다. 데이터가 이미지일 경우(이미지 모델을 사용해야 할 경우) 분산된 파일에서 데이터를 읽은 후 전처리를 하고 배치 단위로 분할하여 처리합니다. 데이터가 텍스트일 경우(텍스트 모델을 사용해야 할 경우) 임베딩 과정[3]을 거쳐 서로 다른 길이의 시퀀스(sequence)를 배치 단위로 분할하여 처리합니다.

다음은 파이토치를 이용하여 데이터셋을 불러오는 다양한 방법으로 각각의 방법을 하나씩 살펴보겠습니다. 참고로 2.2절의 코드는 모두 사용 방법에 대한 예시이므로 눈으로만 살펴보세요.

단순하게 파일을 불러와서 사용

판다스 라이브러리를 이용하여 JSON, PDF, CSV 등의 파일을 불러오는 방법입니다. 데이터가 복잡하지 않은 형태라면 단순하고 유용하게 사용될 수 있습니다.

먼저 필요한 라이브러리를 설치합니다. 터미널 커맨드라인(아나콘다 프롬프트)에서 pip 명령어를 사용하여 다음 라이브러리를 설치합니다.

```
> pip install pandas
```

설치가 완료되었으면 예제 진행을 위한 라이브러리를 호출합니다.

```
import pandas as pd       ------ pandas 라이브러리 호출
import torch              ------ torch 라이브러리 호출
data = pd.read_csv('../class2.csv')   ------ csv 파일을 불러옵니다.

x = torch.from_numpy(data['x'].values).unsqueeze(dim=1).float()
y = torch.from_numpy(data['y'].values).unsqueeze(dim=1).float()
```

CSV 파일의 x 칼럼의 값을 넘파이 배열로 받아 Tensor(dtype)으로 바꾸어 줍니다.

CSV 파일의 y 칼럼의 값을 넘파이 배열로 받아 Tensor(dtype)으로 바꾸어 줍니다.

커스텀 데이터셋을 만들어서 사용

딥러닝은 기본적으로 대량의 데이터를 이용하여 모델을 학습시킵니다. 하지만 데이터를 한 번에 메모리에 불러와서 훈련시키면 시간과 비용 측면에서 효율적이지 않습니다. 따라서 데이터를 한 번에 다 부르지 않고 조금씩 나누어 불러서 사용하는 방식이 커스텀 데이터셋(custom dataset)입니다.

---

[3] 사람이 쓰는 자연어를 기계가 이해할 수 있는 숫자 형태인 벡터로 바꾼 결과 혹은 그 일련의 과정 전체를 의미합니다. 자세한 내용은 '10장 자연어 처리를 위한 임베딩'을 참고하세요.

먼저 CustomDataset 클래스를 구현하기 위해서는 다음 형태를 취해야 합니다.

```python
class CustomDataset(torch.utils.data.Dataset):
    def __init__(self):      # 필요한 변수를 선언하고, 데이터셋의 전처리를 해 주는 함수
    def __len__(self):       # 데이터셋의 길이. 즉, 총 샘플의 수를 가져오는 함수
    def __getitem__(self, index):   # 데이터셋에서 특정 데이터를 가져오는 함수(index번째 데이터를 반환하는
                                    # 함수이며, 이때 반환되는 값은 텐서의 형태를 취해야 합니다)
```

커스텀 데이터셋 구현 방법에 대해 예제를 통해 구체적으로 알아보겠습니다.

```python
import pandas as pd
import torch
from torch.utils.data import Dataset
from torch.utils.data import DataLoader


class CustomDataset(Dataset):
    def __init__(self, csv_file):      # csv_file 파라미터를 통해 데이터셋을 불러옵니다.
        self.label = pd.read_csv(csv_file)

    def __len__(self):      # 전체 데이터셋의 크기(size)를 반환합니다.
        return len(self.label)

    def __getitem__(self, idx):      # 전체 x와 y 데이터 중에 해당 idx번째의 데이터를 가져옵니다.
        sample = torch.tensor(self.label.iloc[idx,0:3]).int()
        label = torch.tensor(self.label.iloc[idx,3]).int()
        return sample, label

tensor_dataset = CustomDataset('../covtype.csv')      # 데이터셋으로 covtype.csv를 사용합니다.
dataset = DataLoader(tensor_dataset, batch_size=4, shuffle=True)
                     # 데이터셋을 torch.utils.data.DataLoader에 파라미터로 전달합니다.
```

> **Note ≡ torch.utils.data.DataLoader**
>
> 데이터로더(DataLoader) 객체는 학습에 사용될 데이터 전체를 보관했다가 모델 학습을 할 때 배치 크기만큼 데이터를 꺼내서 사용합니다. 이때 주의할 것은 데이터를 미리 잘라 놓는 것이 아니라 내부적으로 반복자(iterator)에 포함된 인덱스(index)를 이용하여 배치 크기만큼 데이터를 반환한다는 것입니다.

◐ 계속

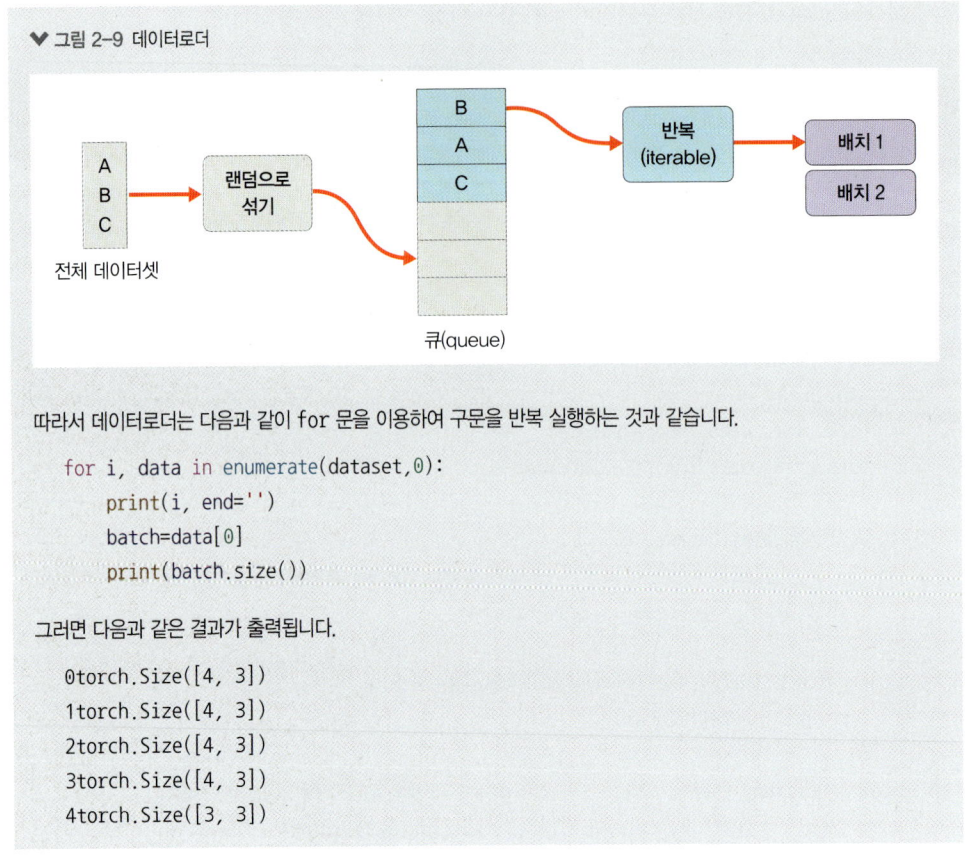

▼ 그림 2-9 데이터로더

따라서 데이터로더는 다음과 같이 for 문을 이용하여 구문을 반복 실행하는 것과 같습니다.

```
for i, data in enumerate(dataset,0):
    print(i, end='')
    batch=data[0]
    print(batch.size())
```

그러면 다음과 같은 결과가 출력됩니다.

```
0torch.Size([4, 3])
1torch.Size([4, 3])
2torch.Size([4, 3])
3torch.Size([4, 3])
4torch.Size([3, 3])
```

파이토치에서 제공하는 데이터셋 사용

토치비전(torchvision)은 파이토치에서 제공하는 데이터셋들이 모여 있는 패키지입니다. MNIST, ImageNet을 포함한 유명한 데이터셋들을 제공하고 있습니다. 다음 URL에서 파이토치에서 제공하는 데이터셋을 확인할 수 있습니다.

https://pytorch.org/vision/0.8/datasets.html

파이토치에서 제공하는 데이터셋을 내려받으려면 먼저 requests 라이브러리를 설치해야 합니다. requests는 HTTP 요청에 대한 처리를 위해 사용하며, 기본 내장 모듈이 아니기 때문에 필요하다면 별도로 설치해야 합니다.

> `pip install requests`

다음은 MNIST 데이터셋을 내려받는 예제입니다.

```python
import torchvision.transforms as transforms

mnist_transform = transforms.Compose([
    transforms.ToTensor(),
    transforms.Normalize((0.5,), (1.0,))
]) ------ 평균이 0.5, 표준편차가 1.0이 되도록 데이터의 분포(normalize)를 조정

from torchvision.datasets import MNIST
import requests
download_root = '../chap02/data/MNIST_DATASET' ------ 내려받을 경로 지정

train_dataset = MNIST(download_root, transform=mnist_transform, train=True,
                      download=True) ------ 훈련(training) 데이터셋
valid_dataset = MNIST(download_root, transform=mnist_transform, train=False,
                      download=True) ------ 검증(validation) 데이터셋
test_dataset = MNIST(download_root, transform=mnist_transform, train=False,
                     download=True) ------ 테스트(test) 데이터셋
```

코드를 실행하면 다음과 같이 출력되면서 데이터셋을 내려받습니다.

```
Downloading http://yann.lecun.com/exdb/mnist/train-images-idx3-ubyte.gz to ../chap02/
data/MNIST_DATASET\MNIST\raw\train-images-idx3-ubyte.gz
100.0%
Extracting ../chap02/data/MNIST_DATASET\MNIST\raw\train-images-idx3-ubyte.gz to ../
chap02/data/MNIST_DATASET\MNIST\raw
Downloading http://yann.lecun.com/exdb/mnist/train-labels-idx1-ubyte.gz to ../chap02/
data/MNIST_DATASET\MNIST\raw\train-labels-idx1-ubyte.gz
102.8%
Extracting ../chap02/data/MNIST_DATASET\MNIST\raw\train-labels-idx1-ubyte.gz to ../
chap02/data/MNIST_DATASET\MNIST\raw
Downloading http://yann.lecun.com/exdb/mnist/t10k-images-idx3-ubyte.gz to ../chap02/
data/MNIST_DATASET\MNIST\raw\t10k-images-idx3-ubyte.gz
100.0%
Extracting ../chap02/data/MNIST_DATASET\MNIST\raw\t10k-images-idx3-ubyte.gz to ../
chap02/data/MNIST_DATASET\MNIST\raw
Downloading http://yann.lecun.com/exdb/mnist/t10k-labels-idx1-ubyte.gz to ../chap02/
data/MNIST_DATASET\MNIST\raw\t10k-labels-idx1-ubyte.gz
112.7%
e:\Anaconda3\envs\pytorch\lib\site-packages\torchvision\datasets\mnist.py:479:
UserWarning: The given NumPy array is not writeable, and PyTorch does not support
non-writeable tensors. This means you can write to the underlying (supposedly non-
writeable) NumPy array using the tensor. You may want to copy the array to protect its
data or make it writeable before converting it to a tensor. This type of warning will
```

```
be suppressed for the rest of this program. (Triggered internally at   ..\torch\csrc\
utils\tensor_numpy.cpp:143.)
  return torch.from_numpy(parsed.astype(m[2], copy=False)).view(*s)
Extracting ../chap02/data/MNIST_DATASET\MNIST\raw\t10k-labels-idx1-ubyte.gz to ../
chap02/data/MNIST_DATASET\MNIST\raw
Processing...
Done!
```

2.2.3 모델 정의

파이토치에서 모델을 정의하기 위해서는 모듈(module)을 상속한 클래스를 사용합니다. 그렇다면 모델과 모듈은 무엇이 다를까요?

- **계층**(layer): 모듈 또는 모듈을 구성하는 한 개의 계층으로 합성곱층(convolutional layer), 선형 계층(linear layer) 등이 있습니다.
- **모듈**(module): 한 개 이상의 계층이 모여서 구성된 것으로, 모듈이 모여 새로운 모듈을 만들 수도 있습니다.
- **모델**(model): 최종적으로 원하는 네트워크로, 한 개의 모듈이 모델이 될 수도 있습니다.

단순 신경망을 정의하는 방법

nn.Module을 상속받지 않는 매우 단순한 모델을 만들 때 사용합니다. 구현이 쉽고 단순하다는 장점이 있습니다.

```
model = nn.Linear(in_features=1, out_features=1, bias=True)
```

nn.Module()을 상속하여 정의하는 방법

파이토치에서 nn.Module을 상속받는 모델은 기본적으로 __init__()과 forward() 함수를 포함합니다. __init__()에서는 모델에서 사용될 모듈(nn.Linear, nn.Conv2d), 활성화 함수 등을 정의하고, forward() 함수에서는 모델에서 실행되어야 하는 연산을 정의합니다.

다음은 파이토치에서 모델을 정의하는 코드입니다.

```
class MLP(Module):
    def __init__(self, inputs):
        super(MLP, self).__init__()
        self.layer = Linear(inputs, 1)      ······ 계층 정의
        self.activation = Sigmoid()         ······ 활성화 함수 정의

    def forward(self, X):
        X = self.layer(X)
        X = self.activation(X)
        return X
```

Sequential 신경망을 정의하는 방법

nn.Sequential을 사용하면 __init__()에서 사용할 네트워크 모델들을 정의해 줄 뿐만 아니라 forward() 함수에서는 모델에서 실행되어야 할 계산을 좀 더 가독성이 뛰어나게 코드로 작성할 수 있습니다. 또한, Sequential 객체는 그 안에 포함된 각 모듈을 순차적으로 실행해 주는데 다음과 같이 코드를 작성할 수 있습니다.

```
import torch.nn as nn
class MLP(nn.Module):
    def __init__(self):
        super(MLP, self).__init__()
        self.layer1 = nn.Sequential(
            nn.Conv2d(in_channels=3, out_channels=64, kernel_size=5),
            nn.ReLU(inplace=True),
            nn.MaxPool2d(2))

        self.layer2 = nn.Sequential(
            nn.Conv2d(in_channels=64, out_channels=30, kernel_size=5),
            nn.ReLU(inplace=True),
            nn.MaxPool2d(2))

        self.layer3 = nn.Sequential(
            nn.Linear(in_features=30*5*5, out_features=10, bias=True),
            nn.ReLU(inplace=True))

    def forward(self, x):
        x = self.layer1(x)
        x = self.layer2(x)
        x = x.view(x.shape[0], -1)
```

```
            x = self.layer3(x)
            return x
model = MLP()  ------ 모델에 대한 객체 생성

print("Printing children\n-----------------------------")
print(list(model.children()))
print("\n\nPrinting Modules\n-----------------------------")
print(list(model.modules()))
```

이 코드를 실행하면 다음과 같이 출력됩니다.

```
Printing children
-----------------------------
[Sequential(
  (0): Conv2d(3, 64, kernel_size=(5, 5), stride=(1, 1))
  (1): ReLU(inplace=True)
  (2): MaxPool2d(kernel_size=2, stride=2, padding=0, dilation=1, ceil_mode=False)
), Sequential(
  (0): Conv2d(64, 30, kernel_size=(5, 5), stride=(1, 1))
  (1): ReLU(inplace=True)
  (2): MaxPool2d(kernel_size=2, stride=2, padding=0, dilation=1, ceil_mode=False)
), Sequential(
  (0): Linear(in_features=750, out_features=10, bias=True)
  (1): ReLU(inplace=True)
)]


Printing Modules
-----------------------------
[MLP(
  (layer1): Sequential(
    (0): Conv2d(3, 64, kernel_size=(5, 5), stride=(1, 1))
    (1): ReLU(inplace=True)
    (2): MaxPool2d(kernel_size=2, stride=2, padding=0, dilation=1, ceil_mode=False)
  )
  (layer2): Sequential(
    (0): Conv2d(64, 30, kernel_size=(5, 5), stride=(1, 1))
    (1): ReLU(inplace=True)
    (2): MaxPool2d(kernel_size=2, stride=2, padding=0, dilation=1, ceil_mode=False)
  )
  (layer3): Sequential(
    (0): Linear(in_features=750, out_features=10, bias=True)
    (1): ReLU(inplace=True)
```

```
  )
), Sequential(
  (0): Conv2d(3, 64, kernel_size=(5, 5), stride=(1, 1))
  (1): ReLU(inplace=True)
  (2): MaxPool2d(kernel_size=2, stride=2, padding=0, dilation=1, ceil_mode=False)
), Conv2d(3, 64, kernel_size=(5, 5), stride=(1, 1)), ReLU(inplace=True),
MaxPool2d(kernel_size=2, stride=2, padding=0, dilation=1, ceil_mode=False),
Sequential(
  (0): Conv2d(64, 30, kernel_size=(5, 5), stride=(1, 1))
  (1): ReLU(inplace=True)
  (2): MaxPool2d(kernel_size=2, stride=2, padding=0, dilation=1, ceil_mode=False)
), Conv2d(64, 30, kernel_size=(5, 5), stride=(1, 1)), ReLU(inplace=True),
MaxPool2d(kernel_size=2, stride=2, padding=0, dilation=1, ceil_mode=False),
Sequential(
  (0): Linear(in_features=750, out_features=10, bias=True)
  (1): ReLU(inplace=True)
), Linear(in_features=750, out_features=10, bias=True), ReLU(inplace=True)]
```

nn.Sequential은 모델의 계층이 복잡할수록 효과가 뛰어납니다.

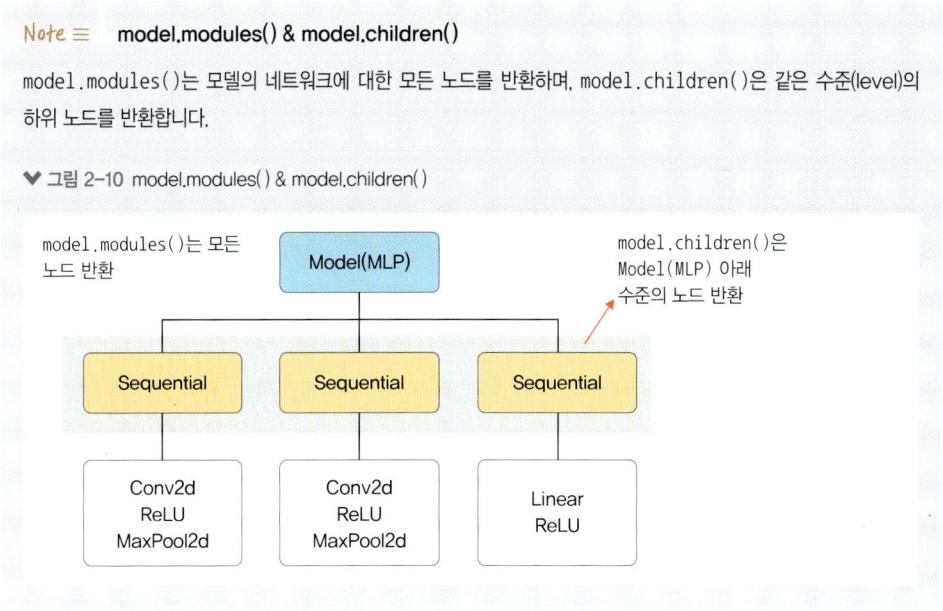

Note ≡ **model.modules() & model.children()**

model.modules()는 모델의 네트워크에 대한 모든 노드를 반환하며, model.children()은 같은 수준(level)의 하위 노드를 반환합니다.

▼ 그림 2-10 model.modules() & model.children()

함수로 신경망을 정의하는 방법

Sequential을 이용하는 것과 동일하지만, 함수로 선언할 경우 변수에 저장해 놓은 계층들을 재사용할 수 있는 장점이 있습니다. 하지만 모델이 복잡해지는 단점도 있습니다. 참고로 복잡한 모델의 경우에는 함수를 이용하는 것보다는 nn.Module()을 상속받아 사용하는 것이 편리합니다.

```python
def MLP(in_features=1, hidden_features=20, out_features=1):
    hidden = nn.Linear(in_features=in_features, out_features=hidden_features,
                      bias=True)
    activation = nn.ReLU()
    output = nn.Linear(in_features=hidden_features, out_features=out_features,
                      bias=True)
    net = nn.Sequential(hidden, activation, output)
    return net
```

ReLU, Softmax 및 Sigmoid와 같은 활성화 함수는 모델을 정의할 때 지정합니다.

2.2.4 모델의 파라미터 정의

모델을 학습하기 전에 필요한 파라미터들을 정의합니다. 사전에 정의할 파라미터는 다음과 같습니다.

- **손실 함수**(loss function): 학습하는 동안 출력과 실제 값(정답) 사이의 오차를 측정합니다. 즉, $wx + b$를 계산한 값과 실제 값인 y의 오차를 구해서 모델의 정확성을 측정합니다. 손실 함수로 많이 사용되는 것은 다음과 같습니다.
    - BCELoss: 이진 분류를 위해 사용
    - CrossEntropyLoss: 다중 클래스 분류를 위해 사용
    - MSELoss: 회귀 모델에서 사용

- **옵티마이저**(optimizer): 데이터와 손실 함수를 바탕으로 모델의 업데이트 방법을 결정합니다. 다음은 옵티마이저의 주요 특성입니다.
    - optimizer는 step() 메서드를 통해 전달받은 파라미터를 업데이트합니다.
    - 모델의 파라미터별로 다른 기준(예 학습률)을 적용시킬 수 있습니다.
    - torch.optim.Optimizer(params, defaults)는 모든 옵티마이저의 기본이 되는 클래스입니다.
    - zero_grad() 메서드는 옵티마이저에 사용된 파라미터들의 기울기(gradient)를 0으로 만듭니다.

- torch.optim.lr_scheduler는 에포크에 따라 학습률을 조절할 수 있습니다.
- 옵티마이저에 사용되는 종류는 다음과 같습니다. 자세한 내용은 '4장 딥러닝 시작'에서 다시 다룹니다.
    - optim.Adadelta, optim.Adagrad, optim.Adam, optim.SparseAdam, optim.Adamax
    - optim.ASGD, optim.LBFGS
    - optim.RMSProp, optim.Rprop, optim.SGD
- **학습률 스케줄러**(learning rate scheduler): 미리 지정한 횟수의 에포크를 지날 때마다 학습률을 감소(decay)시켜 줍니다. 학습률 스케줄러를 이용하면 학습 초기에는 빠른 학습을 진행하다가 전역 최소점(global minimum) 근처에 다다르면 학습률을 줄여서 최적점을 찾아갈 수 있도록 해 줍니다. 학습률 스케줄러의 종류는 다음과 같습니다.
    - optim.lr_scheduler.LambdaLR: 람다(lambda) 함수를 이용하여 그 함수의 결과를 학습률로 설정합니다.
    - optim.lr_scheduler.StepLR: 특정 단계(step)마다 학습률을 감마(gamma) 비율만큼 감소시킵니다.
    - optim.lr_scheduler.MultiStepLR: StepLR과 비슷하지만 특정 단계가 아닌 지정된 에포크에만 감마 비율로 감소시킵니다.
    - optim.lr_scheduler.ExponentialLR: 에포크마다 이전 학습률에 감마만큼 곱합니다.
    - optim.lr_scheduler.CosineAnnealingLR: 학습률을 코사인(cosine) 함수의 형태처럼 변화시킵니다. 따라서 학습률이 커지기도 작아지기도 합니다.
    - optim.lr_scheduler.ReduceLROnPlateau: 학습이 잘되고 있는지 아닌지에 따라 동적으로 학습률을 변화시킬 수 있습니다.
- **지표**(metrics): 훈련과 테스트 단계를 모니터링합니다.

Note ≡ 전역 최소점과 최적점

손실 함수는 실제 값과 예측 값 차이를 수치화해 주는 함수입니다. 이 오차 값이 클수록 손실 함수의 값이 크고, 오차 값이 작을수록 손실 함수의 값이 작아집니다. 그리고 이 손실 함수의 값을 최소화하는 가중치와 바이어스를 찾는 것이 학습 목표입니다.

전역 최소점(global minimum)은 오차가 가장 작을 때의 값을 의미하므로 우리가 최종적으로 찾고자 하는 것, 즉 최적점이라고 할 수 있습니다. 그리고 지역 최소점(local minimum)은 전역 최소점을 찾아가는 과정에서 만나는 홀(hole)과 같은 것으로 옵티마이저가 지역 최소점에서 학습을 멈추면 최솟값을 갖는 오차를 찾을 수 없는 문제가 발생합니다.

○ 계속

▼ 그림 2-11 전역 최소점과 최적점

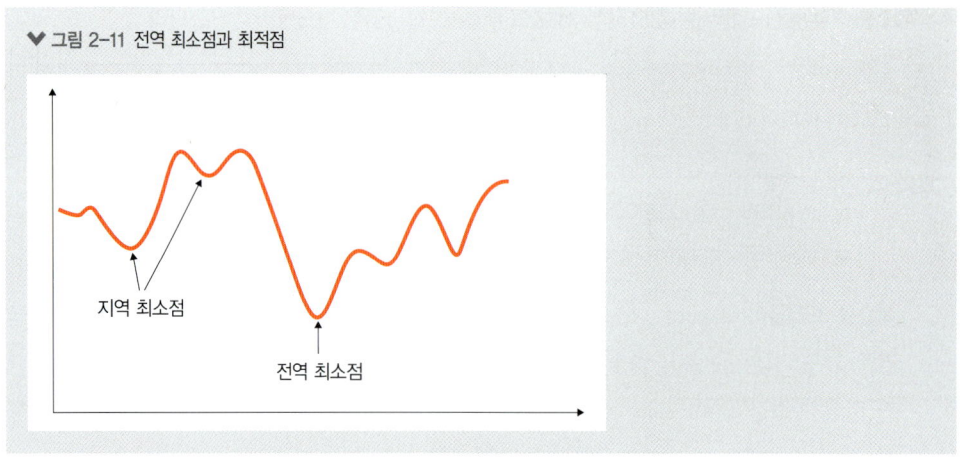

다음은 모델의 파라미터를 정의하는 예시 코드입니다.

```
from torch.optim import optimizer
criterion = torch.nn.MSELoss()
optimizer = torch.optim.SGD(model.parameters(), lr=0.01, momentum=0.9)
scheduler = torch.optim.lr_scheduler.LambdaLR(optimizer=optimizer,
                                  lr_lambda=lambda epoch: 0.95 ** epoch)
for epoch in range(1, 100+1):  ······ 에포크 수만큼 데이터를 반복하여 처리
    for x, y in dataloader:  ······ 배치 크기만큼 데이터를 가져와서 학습 진행
        optimizer.zero_grad()
loss_fn(model(x), y).backward()
optimizer.step()
scheduler.step()
```

2.2.5 모델 훈련

앞서 만들어 둔 데이터로 모델을 학습시킵니다. 이때 학습을 시킨다는 것은 $y = wx + b$라는 함수에서 w와 b의 적절한 값을 찾는다는 의미입니다. w와 b에 임의의 값을 적용하여 시작하며 오차가 줄어들어 전역 최소점에 이를 때까지 파라미터(w, b)를 계속 수정합니다.

구체적으로 훈련 방법에 대해 알아봅시다. 가장 먼저 필요한 절차가 `optimizer.zero_grad()` 메서드를 이용하여 기울기를 초기화하는 것입니다. 파이토치는 기울기 값을 계산하기 위해 `loss.backward()` 메서드를 이용하는데, 이것을 사용하면 새로운 기울기 값이 이전 기울기 값에 누적하여 계산됩니다. 이 방법은 순환 신경망(Recurrent Neural Network, RNN) 모델을 구현할 때 효과적이지만

누적 계산이 필요하지 않는 모델에 대해서는 불필요합니다. 따라서 기울기 값에 대해 누적 계산이 필요하지 않을 때는 입력 값을 모델에 적용하기 전에 `optimizer.zero_grad()` 메서드를 호출하여 미분 값(기울기를 구하는 과정에서 미분을 사용)이 누적되지 않게 초기화해 주어야 합니다.

▼ 그림 2-12 파이토치 학습 절차

딥러닝 학습 절차	파이토치 학습 절차
모델, 손실 함수, 옵티마이저 정의	모델, 손실 함수, 옵티마이저 정의
	`optimizer.zero_grad()`: 전방향 학습, 기울기 초기화
전방향 학습(입력 → 출력 계산)	`output = model(input)`: 출력 계산
손실 함수로 출력과 정답의 차이(오차) 계산	`loss = loss_fn(output, target)`: 오차 계산
역전파 학습(기울기 계산)	`loss.backward()`: 역전파 학습
기울기 업데이트	`optimizer.step()`: 기울기 업데이트

↑ 모델 학습 과정

다음은 `loss.backward()` 메서드를 이용하여 기울기를 자동 계산합니다. `loss.backward()`는 배치가 반복될 때마다 오차가 중첩적으로 쌓이게 되므로 매번 `zero_grad()`를 사용하여 미분 값을 0으로 초기화합니다.

다음은 모델을 훈련시키는 예시 코드입니다.

```
for epoch in range(100):
    yhat = model(x_train)
    loss = criterion(yhat, y_train)
    optimizer.zero_grad() ------ 오차가 중첩적으로 쌓이지 않도록 초기화
    loss.backward()
    optimizer.step()
```

2.2.6 모델 평가

주어진 테스트 데이터셋을 사용하여 모델을 평가합니다. 모델에 대한 평가는 함수와 모듈을 이용하는 두 가지 방법이 있습니다. 먼저 모델 평가를 위해 터미널 커맨드라인(아나콘다 프롬프트)에서 pip 명령어를 사용하여 다음 패키지를 설치합니다.

```
> pip install torchmetrics
```

함수를 이용하여 모델을 평가하는 코드는 다음과 같습니다.

```
import torch
import torchmetrics

preds = torch.randn(10, 5).softmax(dim=-1)
target = torch.randint(5, (10,))

acc = torchmetrics.functional.accuracy(preds, target)   ······ 모델을 평가하기 위해 torchmetrics.
                                                               functional.accuracy 이용
```

다음은 모듈을 이용하여 모델을 평가하는 코드입니다.

```
import torch
import torchmetrics
metric = torchmetrics.Accuracy()   ······ 모델 평가(정확도) 초기화

n_batches = 10
for i in range(n_batches):
    preds = torch.randn(10, 5).softmax(dim=-1)
    target = torch.randint(5, (10,))

    acc = metric(preds, target)
    print(f"Accuracy on batch {i}: {acc}")   ······ 현재 배치에서 모델 평가(정확도)

acc = metric.compute()
print(f"Accuracy on all data: {acc}")   ······ 모든 배치에서 모델 평가(정확도)
```

혹은 사이킷런에서 제공하는 혼동 행렬을 이용하는 방법도 고려해 볼 수 있습니다. 사이킷런의 metrics 모듈에서 제공하는 confusion_matrix, accuracy_score와 classification_report 클래스를 이용하면 쉽게 정확도(accuracy)를 찾을 수 있습니다.

2.2.7 훈련 과정 모니터링

파이토치로 머신 러닝/딥러닝 모델을 만들어 학습해 보면 학습이 진행되는 과정에서 각 파라미터에 어떤 값들이 어떻게 변화하는지 모니터링하기 어렵습니다. 이때 텐서보드를 이용하면 학습에 사용되는 각종 파라미터 값이 어떻게 변화하는지 손쉽게 시각화하여 살펴볼 수 있으며 성능을 추적하거나 평가하는 용도로도 사용할 수 있습니다.

파이토치에서 텐서보드를 사용하는 방법은 간단히 다음과 같습니다. (실습은 뒷장에서 합니다. 여기에서는 간단히 과정만 살펴보세요.)

1. 텐서보드를 설정(set up)합니다.

2. 텐서보드에 기록(write)합니다.

3. 텐서보드를 사용하여 모델 구조를 살펴봅니다.

먼저 모델 학습에 대한 모니터링을 위해 터미널 커맨드라인(아나콘다 프롬프트)에서 pip 명령어를 사용하여 다음 패키지를 설치합니다.

```
> pip install tensorboard
```

설치가 완료되었으면 텐서보드를 사용하기 위한 코드를 작성합니다.

```python
import torch
from torch.utils.tensorboard import SummaryWriter
writer = SummaryWriter("../chap02/tensorboard")  ------ 모니터링에 필요한 값들이 저장될 위치

for epoch in range(num_epochs):
    model.train()  ------ 학습 모드로 전환(dropout=True)
    batch_loss = 0.0

    for i, (x, y) in enumerate(dataloader):
        x, y = x.to(device).float(), y.to(device).float()
        outputs = model(x)
        loss = criterion(outputs, y)
        writer.add_scalar("Loss", loss, epoch)  ------ 스칼라 값(오차)을 기록
        optimizer.zero_grad()
        loss.backward()
        optimizer.step()

writer.close()  ------ SummaryWriter가 더 이상 필요하지 않으면 close() 메서드 호출
```

다음 명령을 입력하면 텐서보드를 실행할 수 있습니다.

```
> tensorboard --logdir=../chap02/tensorboard --port=6006
```

마지막으로 웹 브라우저에서 http://localhost:6006을 입력하면 다음과 같은 웹 페이지가 열립니다.

▼ 그림 2-13 텐서보드

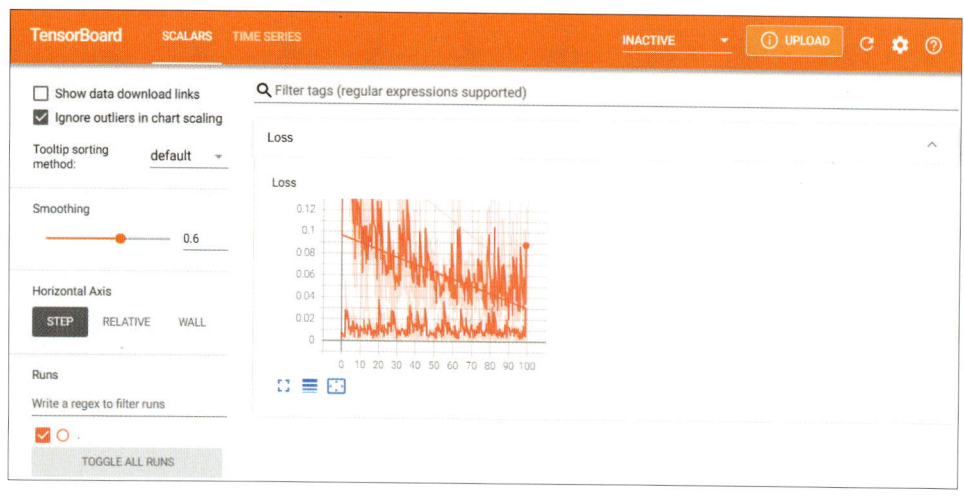

> Note ≡ **model.train() & model.eval()**
>
> - **model.train()**: 훈련 데이터셋에 사용하며 모델 훈련이 진행될 것임을 알립니다. 이때 드롭아웃(dropout)이 활성화됩니다.
> - **model.eval()**: 모델을 평가할 때는 모든 노드를 사용하겠다는 의미로 검증과 테스트 데이터셋에 사용합니다.
>
> model.train()과 model.eval()을 선언해야 모델의 정확도를 높일 수 있습니다.
>
> model.train()은 앞에서 사용해 보았으니, 이번에는 model.eval()에 대한 사용 방법을 알아봅시다.
>
> ```
>     model.eval() ------ 검증 모드로 전환(dropout=False)
>     with torch.no_grad(): ------ ①
>         valid_loss = 0
>
>         for x, y in valid_dataloader:
>             outputs = model(x)
>             loss = F.cross_entropy(outputs, y.long().squeeze())
>             valid_loss += float(loss)
>             y_hat += [outputs]
>
>     valid_loss = valid_loss / len(valid_loader)
> ```
>
> ① model.eval()에서 with torch.no_grad()를 사용하는 이유는 다음과 같습니다.
>
> 파이토치는 모든 연산과 기울기 값을 저장합니다. 하지만 검증(혹은 테스트) 과정에서는 역전파가 필요하지 않기 때문에 with torch.no_grad()를 사용하여 기울기 값을 저장하지 않도록 합니다. 이와 같은 과정을 통해 기울기 값을 저장하고 기록하는 데 필요한 메모리와 연산 시간을 줄일 수 있습니다.

2.3 실습 환경 설정

책의 실습 환경을 만들어 봅시다. 아나콘다를 설치한 후 가상 환경을 만들어 파이토치를 설치할 것입니다.

2.3.1 아나콘다 설치

1. 다음 웹 사이트에서 아나콘다(Anaconda)를 내려받습니다. **Download**를 누른 후 자신에게 맞는 버전을 내려받습니다. 책에서는 윈도를 기준으로 설명하므로 64-Bit Graphical Installer를 내려받았습니다. macOS에서도 동일하게 진행하면 됩니다.

   https://www.anaconda.com/products/individual

▼ 그림 2-14 아나콘다 웹 페이지에서 [Products]-[Download] 클릭

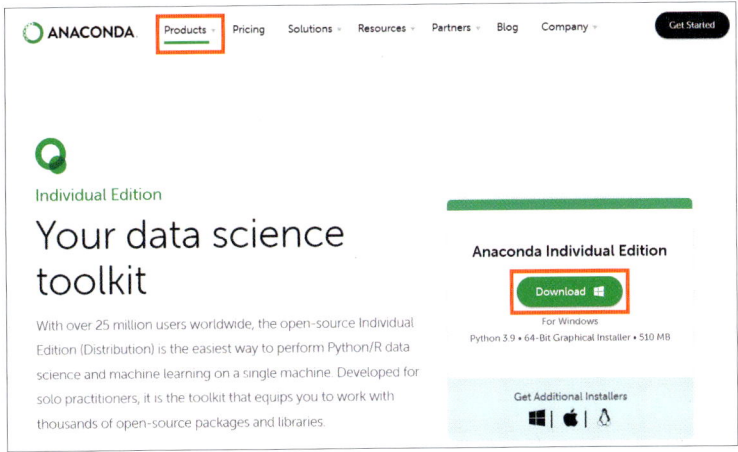

▼ 그림 2-15 설치 파일 내려받기

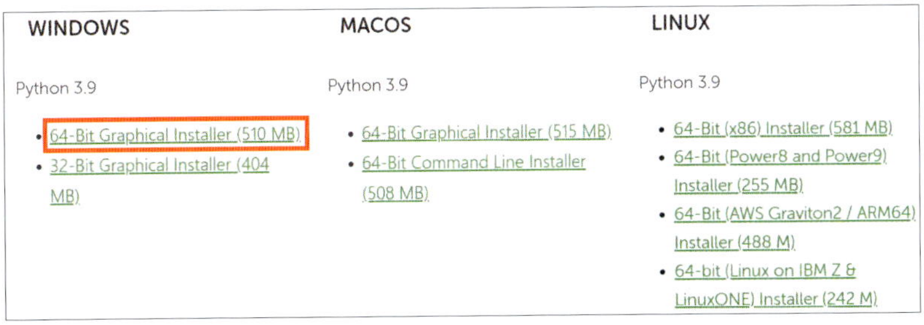

2. 내려받은 설치 파일(책에서는 Anaconda3-2021.11-Windows-x86_64.exe 파일이며, 파일 이름은 다를 수 있음)을 실행하면 설치 화면이 나옵니다. **Next**를 누릅니다.

▼ 그림 2-16 설치 시작

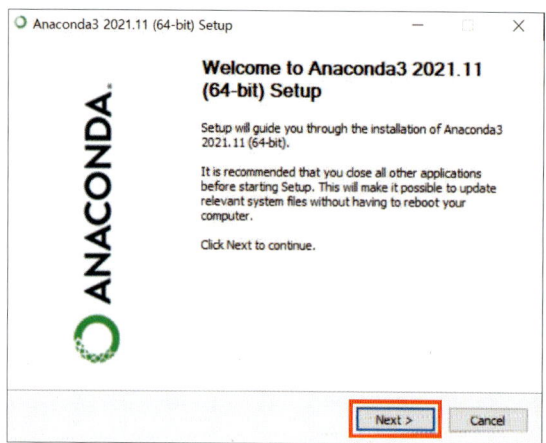

3. 라이선스 동의 화면이 나오면 **I Agree**를 누릅니다.

▼ 그림 2-17 라이선스 동의

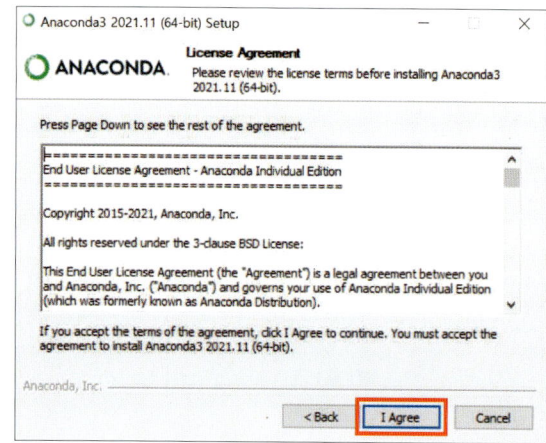

4. 다음 화면이 나오면 Just Me를 선택하고 Next를 누릅니다.

▼ 그림 2-18 설치 유형 선택

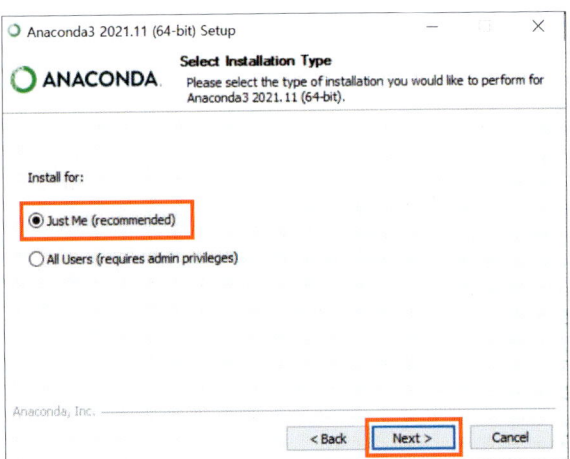

5. 설치 경로를 선택하는 화면이 나오면 기본값으로 두고 Next를 누릅니다. 원하는 경로로 변경해도 됩니다.

▼ 그림 2-19 설치 경로 선택

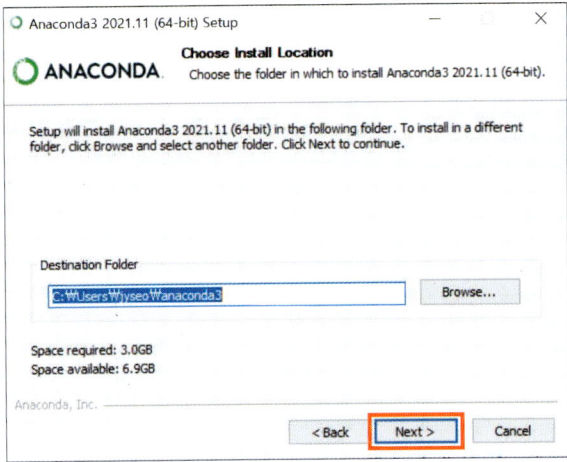

6. 다음 화면이 나오면 옵션 두 개를 모두 체크한 후 Install을 누릅니다. 첫 번째 옵션을 선택하면 아나콘다 환경 변수가 자동으로 등록됩니다.

▼ 그림 2-20 설치 시작

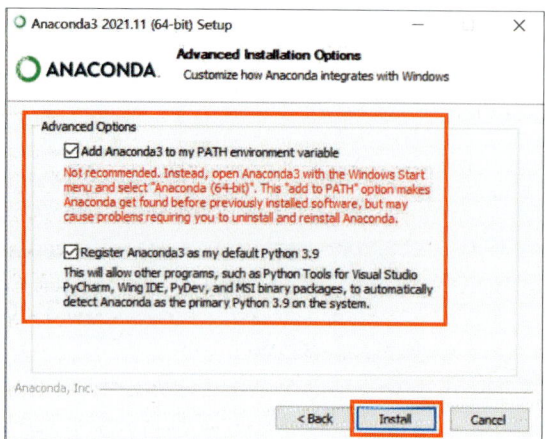

7. 다음과 같이 설치가 시작됩니다.

▼ 그림 2-21 설치 중

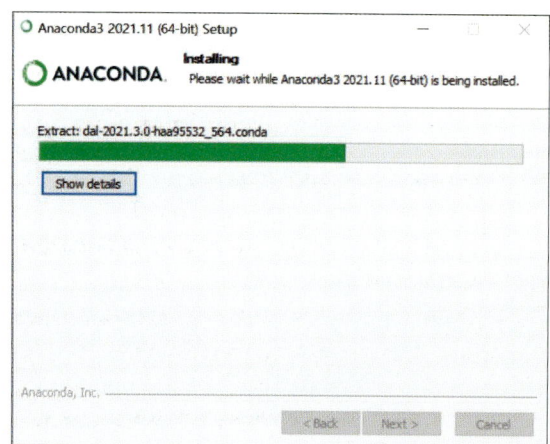

8. 설치를 확인한 후 **Next**를 누릅니다. 완료 화면이 나오면 **Finish**로 설치를 완료합니다.

▼ 그림 2-22 설치 확인 및 PyCharm 안내

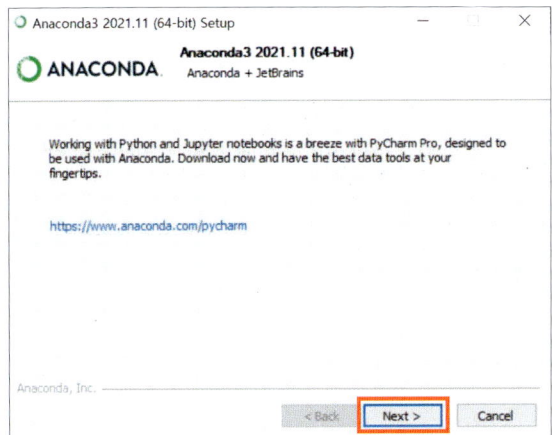

▼ 그림 2-23 설치 완료

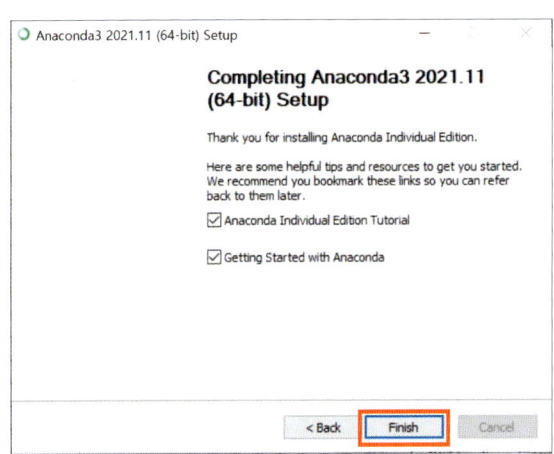

9. 윈도 탐색기에서 내 PC를 마우스 오른쪽 버튼으로 누르고 **속성** > **고급 시스템 설정** > **환경 변수**를 선택하면 다음과 같이 아나콘다 관련 환경 변수가 생성된 것을 확인할 수 있습니다. **6** 과정에서 환경 변수를 자동으로 등록하는 옵션을 선택했기 때문입니다.

❤ 그림 2-24 아나콘다 환경 변수

> **Note** ≡ **환경 변수를 설정한 이유**
>
> 사용자 환경에 따라 환경 변수가 구성되지 않을 경우 다음 오류가 발생할 수 있기 때문에 설치 후에는 환경 변수를 등록하는 것이 좋습니다.
>
> > c:\windows\system32>python
> > 'python' is not recognized as an internal or external command, operable program or batch file

2.3.2 가상 환경 생성 및 파이토치 설치

파이토치는 PC에 직접 설치할 수도 있고, 가상 환경을 만들어 설치할 수도 있습니다. 직접 설치할 경우에는 파이썬과 파이토치를 포함한 라이브러리 버전 관리가 어려울 수 있어 책에서는 가상 환경으로 진행하겠습니다.

가상 환경 생성하기

1. 윈도 메뉴 시작 화면에서 **Anaconda3** > **Anaconda Prompt**를 선택합니다.

   ▼ 그림 2-25 아나콘다 프롬프트

   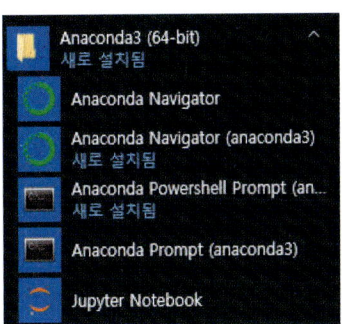

2. 가상 환경을 만들어 보겠습니다. conda create -n 환경이름 python=3.9.0(설치된 파이썬 버전에 따라 다름) 명령을 이용하여 가상 환경을 생성할 수 있습니다. 다음과 같이 입력하여 'torch_book'이라는 이름의 가상 환경을 만들어 주세요. 중간에 설치 여부를 묻는다면 'y'를 입력합니다.

   > **conda create -n torch_book python=3.9.0**

   파이썬 3.10 이상을 설치하면 파이토치와 호환성 문제가 있기 때문에 3.9 버전을 설치합니다.

3. 생성된 가상 환경을 확인합니다. 다음 명령으로 아나콘다의 가상 환경 목록을 확인할 수 있습니다.

   > **conda env list**
   # conda environments:
   #
   base   e:\Anaconda3
   torch_book   e:\Anaconda3\envs\torch_book

   torch_book 가상 환경이 만들어졌네요.

4. 다음 명령을 입력하여 가상 환경을 활성화합니다.

   > **activate torch_book**

   가상 환경을 잘못 만들어서 삭제하고 싶을 때는 다음 명령으로 삭제할 수 있습니다.

```
> conda env remove -n torch_book
```

5. 생성된 가상 환경에 커널을 설치합니다.

```
> conda install ipykernel
```

또한, 가상 환경에 커널(kernel)을 연결하기 위해 다음을 실행합니다.

```
> ipython kernel install --name tf2_book --user
```

이후 주피터 노트북을 접속하기 위해 다음을 실행합니다.

```
> jupyter notebook
```

파이토치 설치하기

아나콘다 프롬프트에서 다음 명령들을 입력하여 파이토치를 설치할 수 있습니다(다음과 같이 특정 버전을 지정하여 설치해도 무방합니다). 책에서는 현재 시점의 최신 버전인 1.9.0 버전을 설치하겠습니다.

사용하는 환경이 CPU라면 다음 명령으로 설치합니다.[4]

```
> conda install pytorch==1.9.0 torchvision==0.10.0 torchaudio==0.9.0 -c pytorch
```

혹은

```
> pip install torch==1.9.0 torchvision==0.10.0 torchaudio==0.9.0
```

마지막으로 주피터 노트북을 설치합니다.

```
> pip install jupyter notebook
```

이제 가상 환경에서 jupyter notebook을 입력하면 주피터 노트북을 실행할 수 있습니다.

```
> jupyter notebook
```

---

4 책의 모든 예제는 독자 여러분의 실습을 고려하여 CPU만으로도 실습 가능하도록 구성했습니다. GPU를 사용하는 독자는 이어지는 노트와 '8장 성능 최적화'를 참고하세요.

> **Note** **코랩일 경우**
>
> 구글 코랩(Colab)은 클라우드 기반의 무료 주피터 노트북 개발 환경입니다. 코랩은 구글 드라이브, 도커, 리눅스, 구글 클라우드로 구성되어 있습니다. 구글 코랩을 사용하는 이유는 사용하는 PC의 성능 한계 때문입니다. 일반적으로 딥러닝 모델을 이용하여 데이터를 분석할 때는 대량의 데이터를 다룹니다. 이때 고성능 PC(혹은 서버)가 필요한데, 고성능 PC 환경을 개인이 갖추기는 어렵기 때문에 코랩을 많이 사용하는 추세입니다.
>
> 코랩 사용법은 '부록'을 참고하세요.

이제 실습을 위한 환경이 완료되었습니다. 본격적으로 학습하기 전에 다음 절에서 파이토치 코드를 간단히 살펴보겠습니다.

2.4 파이토치 코드 맛보기

파이토치를 사용하여 간단한 분류 및 회귀 모델을 개발하는 방법을 살펴보겠습니다. 그대로 따라 해 보세요.

'이 책의 활용법'에서 안내한 대로 예제 파일을 내려받은 후 chap02\data 폴더의 car_evaluation. csv 파일을 데이터셋으로 사용합니다. 데이터셋을 열어 보면 다음과 같이 특성(칼럼) 일곱 개로 구성되어 있습니다.

1. price(자동차 가격)
2. maint(자동차 유지 비용)
3. doors(자동차 문 개수)
4. persons(수용 인원)
5. lug_capacity(수하물 용량)
6. safety(안전성)
7. **output(차 상태)**: 이 데이터는 unacc(허용 불가능한 수준) 및 acc(허용 가능한 수준), 양호(good) 및 매우 좋은(very good, vgood) 중 하나의 값을 갖습니다.

이때 **1~6**의 칼럼 정보를 이용하여 일곱 번째 칼럼(차 상태)을 예측하는 코드를 구현해 보겠습니다.

먼저 필요한 라이브러리를 설치합니다. 터미널 커맨드라인(아나콘다 프롬프트)에서 pip 명령어를 사용하여 다음 라이브러리를 설치합니다.

```
> pip install matplotlib
> pip install seaborn
> pip install scikit-learn
```

이미 설치되어 있다면 다음 명령으로 업그레이드를 진행합니다.

```
> pip install --upgrade matplotlib --use-feature=2020-resolver
> pip install --upgrade seaborn --use-feature=2020-resolver
> pip install --upgrade scikit-learn --use-feature=2020-resolver
```

2020년 10월부터 pip에 대한 종속성 충돌 문제를 해결하는 방식이 바뀌었기 때문에 `--use-feature=2020-resolver`를 사용하지 않으면 오류가 발생할 수 있습니다.

> **Note ≡ 설치한 라이브러리 설명**
>
> 1. **matplotlib**: 수많은 파이썬 라이브러리 중에서 2D, 3D 형태의 플롯(그래프)을 그릴 때 주로 사용하는 패키지(모듈)입니다.
> 2. **seaborn**: 데이터 프레임으로 다양한 통계 지표를 표현할 수 있는 시각화 차트를 제공하기 때문에 데이터 분석에 활발히 사용되는 라이브러리입니다.
> 3. **scikit-learn**: 분류(classification), 회귀(regression), 군집(clustering), 의사 결정 트리(decision tree) 등 다양한 머신 러닝 알고리즘을 적용할 수 있는 함수를 제공하는 머신 러닝 라이브러리입니다.

이제 필요한 라이브러리(혹은 패키지)를 호출합니다.

코드 2-1 필요한 라이브러리 호출

```python
import torch
import torch.nn as nn
import numpy as np      ------ 벡터 및 행렬 연산에서 매우 편리한 기능을 제공하는 파이썬 라이브러리 패키지
import pandas as pd     ------ 데이터 처리를 위해 널리 사용되는 파이썬 라이브러리 패키지
import matplotlib.pyplot as plt
import seaborn as sns
%matplotlib inline
```

내려받은 데이터를 불러옵니다. 데이터는 예제 파일의 car_evaluation.csv입니다. 데이터를 호출하기 위한 경로는 자신의 환경에 맞게 수정해 주세요.

코드 2-2 데이터 호출

```
dataset = pd.read_csv('../chap02/data/car_evaluation.csv') ······ ①
dataset.head() ······ ②
```

① pd.read_csv() 메서드를 이용하여 ../chap02/data에 위치한 car_evaluation.csv 파일을 불러옵니다.

② 데이터프레임(DataFrame) 내의 처음 n줄을 출력해서 데이터의 내용을 확인할 수 있습니다. n의 기본값은 5입니다. 이와 유사한 방법으로 데이터의 내용을 확인할 수 있는 것으로 dataset.tail()이 있습니다. 이것은 데이터프레임 내의 마지막 n줄의 데이터를 출력합니다.

다음은 dataset.head()에 대한 출력 결과입니다. 참고로 인덱스는 0부터 시작합니다.

	price	maint	doors	persons	lug_capacity	safety	output
0	vhigh	vhigh	2	2	small	low	unacc
1	vhigh	vhigh	2	2	small	med	unacc
2	vhigh	vhigh	2	2	small	high	unacc
3	vhigh	vhigh	2	2	med	low	unacc
4	vhigh	vhigh	2	2	med	med	unacc

출력 결과 다섯 개의 행이 단어와 숫자로 구성되어 있는 것을 확인할 수 있습니다. 컴퓨터는 인간의 언어인 단어를 인식할 수 없기 때문에 단어를 벡터로 바꾸어 주는 임베딩(embedding) 처리가 필요합니다.

주어진 데이터셋을 이해하기 쉽도록 분포 형태로 시각화하여 표현하면 다음과 같습니다.

코드 2-3 예제 데이터셋 분포

```
fig_size = plt.rcParams["figure.figsize"]
fig_size[0] = 8
fig_size[1] = 6
plt.rcParams["figure.figsize"] = fig_size
dataset.output.value_counts().plot(kind='pie', autopct='%0.05f%%',
colors=['lightblue', 'lightgreen', 'orange', 'pink'], explode=(0.05, 0.05, 0.05, 0.05))
```

다음 그림은 예제 데이터셋 분포 출력 결과입니다.

▼ 그림 2-26 예제 데이터셋 분포 결과

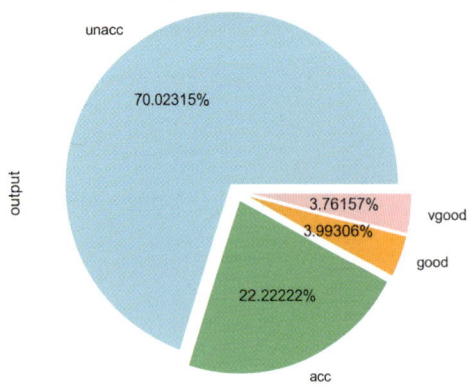

결과에 따르면 대부분의 자동차(70%)는 허용 불가능한 상태에 있고 20%만 허용 가능한 수준입니다. 즉, 양호한 상태의 자동자 비율이 매우 낮은 것을 볼 수 있습니다. 예제 데이터 정보를 확인했으니 본격적으로 데이터에 대한 전처리를 해 봅시다.

딥러닝은 통계 알고리즘을 기반으로 하기 때문에 단어를 숫자(텐서)로 변환해야 합니다. 가장 먼저 필요한 전처리는 데이터를 파악하는 것입니다. 주어진 데이터의 형태를 파악한 후 숫자로 변환해 주어야 하는데, 예제에서 다루는 데이터의 칼럼들은 모두 범주형 데이터(예 성별: 여자, 남자)로 구성되어 있습니다. 다음 코드로 단어를 배열로 변환하는 방법에 대해 간단히 살펴보겠습니다. 이 장의 코드는 맛보기 코드이므로 흐름만 간략히 익히고 넘어갑니다.

이제 분석하기 좋게 데이터를 고치는 데이터 전처리(preprocessing)를 해야 합니다. 먼저 astype() 메서드를 이용하여 범주 특성을 갖는 데이터를 범주형(category) 타입으로 변환합니다. 또한, 파이토치를 이용한 모델 학습을 해야 하므로 범주형 타입을 텐서로 변환해야 합니다. 참고로 이번 예제에서 사용하는 데이터는 모두 범주형 데이터입니다.

코드 2-4 데이터를 범주형 타입으로 변환

```
categorical_columns = ['price', 'maint', 'doors', 'persons', 'lug_capacity', 'safety']  ······ 예제 데이터셋 칼럼들의 목록

for category in categorical_columns:
    dataset[category] = dataset[category].astype('category')  ······ astype() 메서드를 이용하여
                                                                    데이터를 범주형으로 변환

price = dataset['price'].cat.codes.values  ······ ①
maint = dataset['maint'].cat.codes.values
doors = dataset['doors'].cat.codes.values
```

```
persons = dataset['persons'].cat.codes.values
lug_capacity = dataset['lug_capacity'].cat.codes.values
safety = dataset['safety'].cat.codes.values

categorical_data = np.stack([price, maint, doors, persons, lug_capacity, safety], 1) ------ ②
categorical_data[:10] ------ 합친 넘파이 배열 중 열 개의 행을 출력하여 보여 줍니다.
```

① 범주형 데이터를 텐서로 변환하기 위해 다음과 같은 절차가 필요합니다.

범주형 데이터 → dataset[category] → 넘파이 배열(NumPy array) → 텐서(Tensor)

즉, 파이토치로 모델을 학습시키기 위해서는 텐서 형태로 변환해야 하는데, 넘파이 배열을 통해 텐서를 생성할 수 있습니다.

범주형 데이터(단어)를 숫자(넘파이 배열)로 변환하기 위해 cat.codes를 사용합니다. cat.codes는 어떤 클래스가 어떤 숫자로 매핑되어 있는지 확인이 어려운 단점이 있으므로 주의해서 사용해야 합니다.

② np.stack은 두 개 이상의 넘파이 객체를 합칠 때 사용합니다.

> **Note ≡ np.stack과 np.concatenate**
>
> 넘파이 객체를 합칠 때 사용하는 메서드로는 np.stack과 np.concatenate가 있습니다. 이 두 메서드는 차원의 유지 여부에 대한 차이가 있습니다. np.concatenate는 다음 그림과 같이 선택한 축(axis)을 기준으로 두 개의 배열을 연결합니다.
>
> ▼ 그림 2-27 np.concatenate(axis=1)   ▼ 그림 2-28 np.concatenate(axis=0)
>
>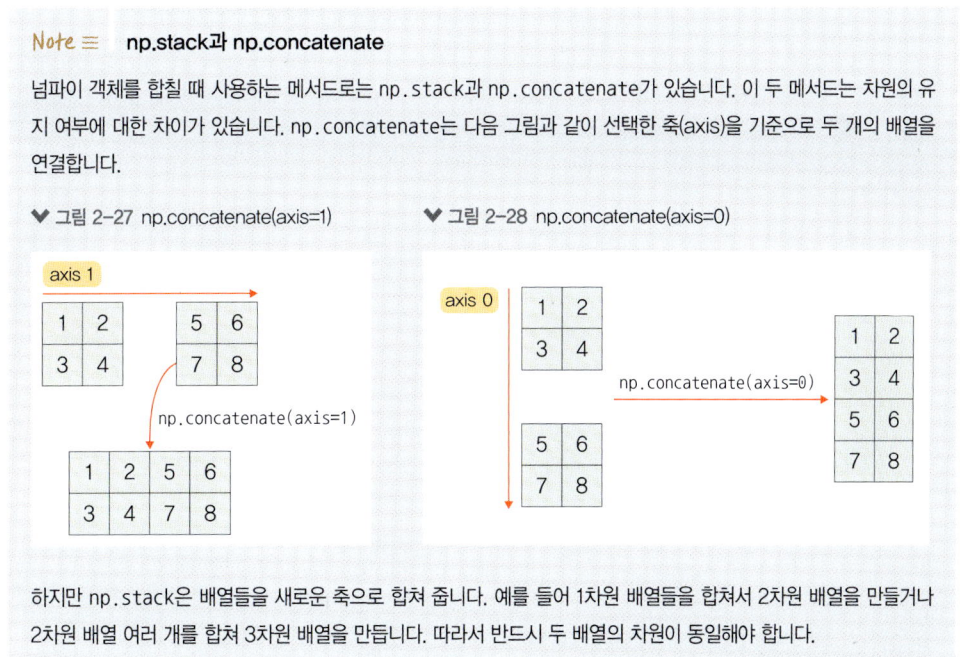
>
> 하지만 np.stack은 배열들을 새로운 축으로 합쳐 줍니다. 예를 들어 1차원 배열들을 합쳐서 2차원 배열을 만들거나 2차원 배열 여러 개를 합쳐 3차원 배열을 만듭니다. 따라서 반드시 두 배열의 차원이 동일해야 합니다.

○ 계속

▼ 그림 2-29 np.stack(axis=1)   ▼ 그림 2-30 np.stack(axis=0)

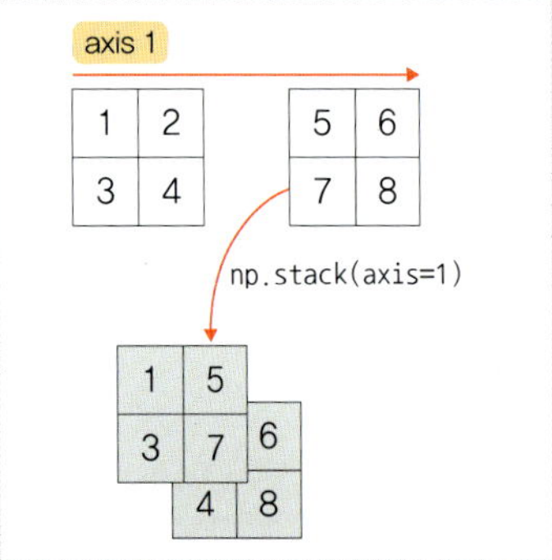

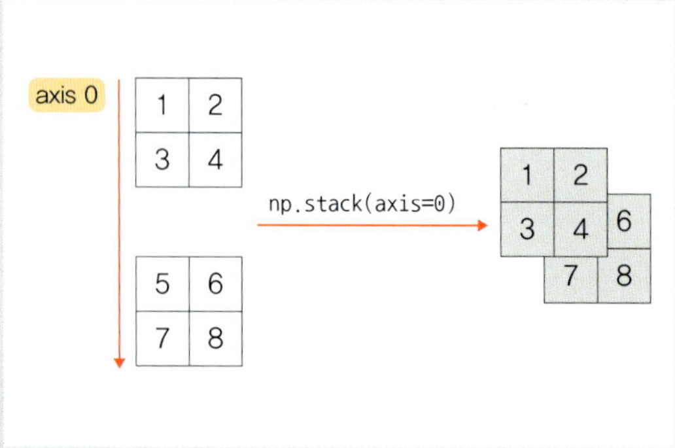

코드를 통해서 둘의 차이를 다시 살펴봅시다.

먼저 임의의 넘파이 배열 a, b, c를 정의합니다. 이때 c는 다른 차원으로 정의합니다. 이후 같은 차원을 갖는 a와 b에 대해 np.concatenate와 np.stack을 적용해 보겠습니다.

```
a = np.array([[1, 2], [3, 4]])  ······ a.shape=(2, 2)
b = np.array([[5, 6], [7, 8]])  ······ b.shape=(2, 2)
c = np.array([[5, 6], [7, 8], [9, 10]])  ······ c.shape=(3, 2)

print(np.concatenate((a, b), axis=0))  ······ shape=(4, 2)
print('------------------------------')
print(np.stack((a, b), axis=0))  ······ shape=(2, 2, 2)
```

다음은 np.concatenate와 np.stack을 적용한 결과입니다. 차원이 같기 때문에 오류 없이 결과를 출력하고 있으며, np.stack의 경우에는 (2, 2, 2)로 차원이 변경된 것을 확인할 수 있습니다.

```
[[1 2]
 [3 4]
 [5 6]
 [7 8]]
------------------------------
[[[1 2]
  [3 4]]

 [[5 6]
  [7 8]]]
```

이번에는 서로 다른 차원을 합쳐 봅시다. 먼저 np.concatenate를 적용합니다.

```
print(np.concatenate((a, c), axis=0))  ······ shape=(5, 2)
```

그러면 다음과 같이 출력됩니다.

```
[[ 1  2]
 [ 3  4]
 [ 5  6]
 [ 7  8]
 [ 9 10]]
```

이번에는 np.stack을 적용합니다.

```
print(np.stack((a, c), axis=0))
```

np.stack은 합치려는 두 넘파이 배열의 차원이 다르기 때문에 오류가 발생합니다.

```
---------------------------------------------------------------------------
ValueError                                Traceback (most recent call last)
<ipython-input-15-d547630d1e7e> in <module>
----> 1 print(np.stack((a, c), axis=0))

<__array_function__ internals> in stack(*args, **kwargs)

e:\Anaconda3\envs\pytorch\lib\site-packages\numpy\core\shape_base.py in stack(arrays, axis, out)
    425     shapes = {arr.shape for arr in arrays}
    426     if len(shapes) != 1:
--> 427         raise ValueError('all input arrays must have the same shape')
    428
    429     result_ndim = arrays[0].ndim + 1

ValueError: all input arrays must have the same shape
```

다음은 배열로 변환된 열 개의 행을 출력한 결과입니다.

```
array([[3, 3, 0, 0, 2, 1],
       [3, 3, 0, 0, 2, 2],
       [3, 3, 0, 0, 2, 0],
       [3, 3, 0, 0, 1, 1],
       [3, 3, 0, 0, 1, 2],
       [3, 3, 0, 0, 1, 0],
       [3, 3, 0, 0, 0, 1],
       [3, 3, 0, 0, 0, 2],
       [3, 3, 0, 0, 0, 0],
       [3, 3, 0, 1, 2, 1]], dtype=int8)
```

이제 torch 모듈을 이용하여 배열을 텐서로 변환합니다.

> **코드 2-5** 배열을 텐서로 변환

```
categorical_data = torch.tensor(categorical_data, dtype=torch.int64)
categorical_data[:10]
```

텐서로 변환된 결과에 대한 열 개의 결과를 살펴보면 다음과 같습니다.

```
tensor([[3, 3, 0, 0, 2, 1],
        [3, 3, 0, 0, 2, 2],
        [3, 3, 0, 0, 2, 0],
        [3, 3, 0, 0, 1, 1],
        [3, 3, 0, 0, 1, 2],
        [3, 3, 0, 0, 1, 0],
        [3, 3, 0, 0, 0, 1],
        [3, 3, 0, 0, 0, 2],
        [3, 3, 0, 0, 0, 0],
        [3, 3, 0, 1, 2, 1]])
```

마지막으로 레이블(outputs)로 사용할 칼럼에 대해서도 텐서로 변환해 줍니다. 이번에는 get_dummies를 이용하여 넘파이 배열로 변환합니다.

> **코드 2-6** 레이블로 사용할 칼럼을 텐서로 변환

```
outputs = pd.get_dummies(dataset.output) ······ ①
outputs = outputs.values
outputs = torch.tensor(outputs).flatten() ······ 1차원 텐서로 변환

print(categorical_data.shape)
print(outputs.shape)
```

① get_dummies는 가변수(dummy variable)로 만들어 주는 함수입니다. 가변수로 만들어 준다는 의미는 문자를 숫자 (0, 1)로 바꾸어 준다는 의미입니다. 예를 위해 성별(gender), 몸무게(weight), 국적(nation)이라는 칼럼을 갖는 배열을 생성해 보겠습니다.

```
import pandas as pd
import numpy as np

data = {
    'gender' : ['male','female','male'],
    'weight' : [72,55,68],
    'nation' : ['Japan','Korea','Australia']
}
```

```
df = pd.DataFrame(data)
df
```

생성된 배열의 형태는 다음과 같습니다.

	gender	weight	nation
0	male	72	Japan
1	female	55	Korea
2	male	68	Australia

성별과 국적을 숫자로 변환하기 위해 get_dummies()를 적용합니다.

```
pd.get_dummies(df)
```

get_dummies()를 적용한 결과는 다음과 같습니다. 원래 숫자의 값을 가졌던 몸무게는 변화가 없고 성별과 국적만 0과 1로 변경된 것을 확인할 수 있습니다.

	weight	gender_female	gender_male	nation_Australia	nation_Japan	nation_Korea
0	72	0	1	0	1	0
1	55	1	0	0	0	1
2	68	0	1	1	0	0

> **Note ≡ ravel(), reshape(), flatten()**
>
> ravel(), reshape(), flatten()은 텐서의 차원을 바꿀 때 사용합니다. 이 메서드들은 다음과 같이 사용할 수 있습니다.
>
> ```
> a = np.array([[1, 2],
>               [3, 4]])
> print(a.ravel())
> print(a.reshape(-1))
> print(a.flatten())
> ```
>
> 코드를 실행하면 다음과 같이 2차원 텐서가 1차원으로 변경되어 출력됩니다.
>
> ```
> [1 2 3 4]
> [1 2 3 4]
> [1 2 3 4]
> ```

코드를 실행하면 앞에서 텐서로 변환한 범주형 데이터와 레이블에 대한 형태가 출력됩니다.

```
torch.Size([1728, 6])
torch.Size([6912])
```

워드 임베딩은 유사한 단어끼리 유사하게 인코딩되도록 표현하는 방법입니다. 또한, 높은 차원의 임베딩일수록 단어 간의 세부적인 관계를 잘 파악할 수 있습니다. 따라서 단일 숫자로 변환된 넘파이 배열을 N차원으로 변경하여 사용합니다.

배열을 N차원으로 변환하기 위해 먼저 모든 범주형 칼럼에 대한 임베딩 크기(벡터 차원)를 정의합니다. 임베딩 크기에 대한 정확한 규칙은 없지만, 칼럼의 고유 값 수를 2로 나누는 것을 많이 사용합니다. 예를 들어 price 칼럼은 네 개의 고유 값을 갖기 때문에 임베딩 크기는 4/2=2입니다.

다음 코드를 이용하여 (모든 범주형 칼럼의 고유 값 수, 차원의 크기) 형태로 배열을 만듭니다.

코드 2-7 범주형 칼럼을 N차원으로 변환

```
categorical_column_sizes = [len(dataset[column].cat.categories) for column in
                            categorical_columns]
categorical_embedding_sizes = [(col_size, min(50, (col_size+1)//2)) for col_size in
                               categorical_column_sizes]
print(categorical_embedding_sizes)
```

다음은 (모든 범주형 칼럼의 고유 값 수, 차원의 크기) 형태의 배열을 출력한 결과입니다.

```
[(4, 2), (4, 2), (4, 2), (3, 2), (3, 2), (3, 2)]
```

데이터셋을 훈련과 테스트 용도로 분리합니다.

코드 2-8 데이터셋 분리

```
total_records = 1728
test_records = int(total_records * .2)    ------ 전체 데이터 중 20%를 테스트 용도로 사용

categorical_train_data = categorical_data[:total_records - test_records]
categorical_test_data = categorical_data[total_records - test_records:total_records]
train_outputs = outputs[:total_records - test_records]
test_outputs = outputs[total_records - test_records:total_records]
```

데이터를 훈련과 테스트 용도로 올바르게 분할했는지 확인하기 위해 레코드 개수를 출력해 보겠습니다.

코드 2-9 데이터셋 분리 확인

```python
print(len(categorical_train_data))
print(len(train_outputs))
print(len(categorical_test_data))
print(len(test_outputs))
```

다음은 훈련 및 테스트 용도의 레코드 개수를 출력한 결과입니다.

1383
1383
345
345

데이터 준비가 끝났으므로, 모델의 네트워크를 생성합니다.

코드 2-10 모델의 네트워크 생성

```python
class Model(nn.Module): ------①
    def __init__(self, embedding_size, output_size, layers, p=0.4): ------②
        super().__init__() ------③
        self.all_embeddings = nn.ModuleList([nn.Embedding(ni, nf) for ni,
                                            nf in embedding_size])
        self.embedding_dropout = nn.Dropout(p)

        all_layers = []
        num_categorical_cols = sum((nf for ni, nf in embedding_size))
        input_size = num_categorical_cols   ------ 입력층의 크기를 찾기 위해 범주형 칼럼 개수를
                                                   input_size 변수에 저장
        for i in layers: ------④
            all_layers.append(nn.Linear(input_size, i))
            all_layers.append(nn.ReLU(inplace=True))
            all_layers.append(nn.BatchNorm1d(i))
            all_layers.append(nn.Dropout(p))
            input_size = i

        all_layers.append(nn.Linear(layers[-1], output_size))
        self.layers = nn.Sequential(*all_layers)   ------ 신경망의 모든 계층이 순차적으로 실행되도록 모든
                                                          계층에 대한 목록(all_layers)을 nn.Sequential
                                                          클래스로 전달
    def forward(self, x_categorical): ------⑤
        embeddings = []
        for i,e in enumerate(self.all_embeddings):
            embeddings.append(e(x_categorical[:,i]))
```

```
        x = torch.cat(embeddings, 1) ------ 넘파이의 concatenate와 같지만 대상이 텐서가 됩니다.
        x = self.embedding_dropout(x)
        x = self.layers(x)
        return x
```

① 클래스(class) 형태로 구현되는 모델은 nn.Module을 상속받습니다.

② __init__()은 모델에서 사용될 파라미터와 신경망을 초기화하기 위한 용도로 사용하며, 객체가 생성될 때 자동으로 호출됩니다. __init__()에서 전달되는 매개변수는 다음과 같습니다.

```
def __init__(self, embedding_size, output_size, layers, p=0.4)
              ⓐ      ⓑ              ⓒ            ⓓ       ⓔ
```

ⓐ self: 첫 번째 파라미터는 self를 지정해야 하며 자기 자신을 의미합니다. 예를 들어 ex라는 함수가 있을 때 self 의미는 다음 그림과 같습니다.

▼ 그림 2-31 self 의미

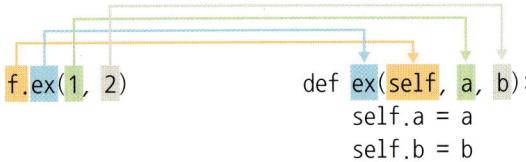

ⓑ embedding_size: 범주형 칼럼의 임베딩 크기

ⓒ output_size: 출력층의 크기

ⓓ layers: 모든 계층에 대한 목록

ⓔ p: 드롭아웃(기본값은 0.5)

③ super().__init__()은 부모 클래스(nn.Module)에 접근할 때 사용합니다.

④ 모델의 네트워크 계층을 구축하기 위해 for 문을 이용하여 각 계층을 all_layers 목록에 추가합니다. 추가된 계층은 다음과 같습니다.

- Linear: 선형 계층(linear layer)은 입력 데이터에 선형 변환을 진행한 결과입니다. 선형 변환을 위해서는 다음 수식을 사용합니다.

$$y = Wx + b$$

(y: 선형 계층의 출력 값, W: 가중치, x: 입력 값, b: 바이어스)

따라서 선형 계층은 입력과 가중치를 곱한 후 바이어스를 더한 결과입니다.

- ReLU: 활성화 함수로 사용
- BatchNorm1d: 배치 정규화(batch normalization)[5] 용도로 사용
- Dropout: 과적합 방지에 사용

⑤ forward( ) 함수는 학습 데이터를 입력받아서 연산을 진행합니다. forward( ) 함수는 모델 객체를 데이터와 함께 호출하면 자동으로 실행됩니다.

모델 훈련을 위해 앞에서 정의했던 Model 클래스의 객체를 생성합니다. 객체를 생성하면서 (범주형 칼럼의 임베딩 크기, 출력 크기, 은닉층의 뉴런, 드롭아웃)을 전달합니다. 여기에서는 은닉층을 [200,100,50]으로 정의했지만 다른 크기로 지정하여 테스트해 보는 것도 학습하는 데 도움이 될 것입니다.

코드 2-11 Model 클래스의 객체 생성

```
model = Model(categorical_embedding_sizes, 4, [200,100,50], p=0.4)
print(model)
```

코드를 실행하면 모델에 대한 구조(네트워크)를 보여 줍니다.

```
Model(
  (all_embeddings): ModuleList(
    (0): Embedding(4, 2)
    (1): Embedding(4, 2)
    (2): Embedding(4, 2)
    (3): Embedding(3, 2)
    (4): Embedding(3, 2)
    (5): Embedding(3, 2)
  )
  (embedding_dropout): Dropout(p=0.4, inplace=False)
  (layers): Sequential(
    (0): Linear(in_features=12, out_features=200, bias=True)
    (1): ReLU(inplace=True)
    (2): BatchNorm1d(200, eps=1e-05, momentum=0.1, affine=True, track_running_stats=True)
    (3): Dropout(p=0.4, inplace=False)
    (4): Linear(in_features=200, out_features=100, bias=True)
```

---

[5] 배치 정규화는 "Batch Normalization: Accelerating Deep Network Training by Reducing Internal Covariate Shift" 논문에서 제안된 개념으로, 신경망 안에서 데이터의 평균과 분산을 조정하는 것입니다. 일반적으로 평균이 0, 분산이 1이 되도록 정규화합니다.

```
    (5): ReLU(inplace=True)
    (6): BatchNorm1d(100, eps=1e-05, momentum=0.1, affine=True, track_running_stats=True)
    (7): Dropout(p=0.4, inplace=False)
    (8): Linear(in_features=100, out_features=50, bias=True)
    (9): ReLU(inplace=True)
    (10): BatchNorm1d(50, eps=1e-05, momentum=0.1, affine=True, track_running_stats=True)
    (11): Dropout(p=0.4, inplace=False)
    (12): Linear(in_features=50, out_features=4, bias=True)
  )
)
```

모델을 훈련시키기 전에 손실 함수와 옵티마이저에 대해 정의해야 합니다. 이번 예제는 데이터를 분류해야 하는 것으로 크로스 엔트로피(cross entropy) 손실 함수를 사용합니다. 또한, 옵티마이저로는 아담(Adam)을 사용합니다.

코드 2-12 모델의 파라미터 정의

```
loss_function = nn.CrossEntropyLoss()
optimizer = torch.optim.Adam(model.parameters(), lr=0.001)
```

파이토치는 GPU에 최적화된 딥러닝 프레임워크입니다. 하지만 GPU가 없다면 CPU를 사용할 수 있도록 지정해 주어야 합니다. 다음은 GPU가 있다면 GPU를 사용하고, 없다면 CPU를 사용하도록 하는 코드입니다.

코드 2-13 CPU/GPU 사용 지정

```
if torch.cuda.is_available():
    device = torch.device('cuda')  ------ GPU가 있다면 GPU를 사용
else:
    device = torch.device('cpu')   ------ GPU가 없다면 CPU를 사용
```

모델 훈련에 필요한 모든 준비가 완료되었습니다. 이제 준비된 데이터를 이용하여 모델을 학습시킵니다.

코드 2-14 모델 학습

```
epochs = 500
aggregated_losses = []
train_outputs = train_outputs.to(device=device, dtype=torch.int64)
```

```
for i in range(epochs):    ······ for 문은 500회 반복되며, 각 반복마다 손실 함수가 오차를 계산
    i += 1
    y_pred = model(categorical_train_data).to(device)
    single_loss = loss_function(y_pred, train_outputs)
    aggregated_losses.append(single_loss)   ······ 반복할 때마다 오차를 aggregated_losses에 추가

    if i%25 == 1:
        print(f'epoch: {i:3} loss: {single_loss.item():10.8f}')

    optimizer.zero_grad()
    single_loss.backward()   ······ 가중치를 업데이트하기 위해 손실 함수의 backward() 메서드 호출
    optimizer.step()   ······ 옵티마이저 함수의 step() 메서드를 이용하여 기울기 업데이트

print(f'epoch: {i:3} loss: {single_loss.item():10.10f}')   ······ 오차가 25 에포크마다 출력
```

코드를 실행하면 25 에포크마다 출력된 오차 정보를 보여 줍니다.

```
epoch:   1 loss: 1.63872778
epoch:  26 loss: 1.46383297
epoch:  51 loss: 1.36062038
epoch:  76 loss: 1.25486016
epoch: 101 loss: 1.11357403
epoch: 126 loss: 0.94361728
epoch: 151 loss: 0.84047800
epoch: 176 loss: 0.74985331
epoch: 201 loss: 0.70034856
epoch: 226 loss: 0.65812957
epoch: 251 loss: 0.63274646
epoch: 276 loss: 0.61346799
epoch: 301 loss: 0.60412955
epoch: 326 loss: 0.59235305
epoch: 351 loss: 0.59519970
epoch: 376 loss: 0.57206368
epoch: 401 loss: 0.57828188
epoch: 426 loss: 0.58816069
epoch: 451 loss: 0.57712984
epoch: 476 loss: 0.57470286
epoch: 500 loss: 0.5725595951
```

학습이 끝났으므로 테스트 데이터셋으로 예측을 진행해 봅시다. 앞에서 준비했던 categorical_test_data 데이터셋을 모델에 적용합니다.

코드 2-15 테스트 데이터셋으로 모델 예측

```
test_outputs = test_outputs.to(device=device, dtype=torch.int64)
with torch.no_grad():
    y_val = model(categorical_test_data)
    loss = loss_function(y_val, test_outputs)
print(f'Loss: {loss:.8f}')
```

코드를 실행하면 테스트 용도의 데이터셋에 대한 손실 값을 보여 줍니다. 이 값은 훈련 데이터셋에서 도출된 손실 값과 비슷하므로 과적합은 발생하지 않았다고 판단할 수 있습니다.

```
Loss: 0.55525565
```

이제 테스트 데이터셋을 이용했을 때 모델이 얼마나 잘 예측하는지 살펴봅시다. 앞에서 모델 네트워크의 output_size에 4를 지정했습니다. 즉, 출력층에 네 개의 뉴런이 포함되도록 지정했으므로 각 예측에는 네 개의 값이 포함될 것입니다.

코드 2-16 모델의 예측 확인

```
print(y_val[:5])
```

모델이 얼마나 잘 예측하는지 확인하기 위해 처음 다섯 개의 값을 출력하면 다음과 같습니다.

```
tensor([[ 2.7215,  1.6601, -2.2784, -2.1693],
        [ 2.8467,  1.7512, -2.3375, -2.2104],
        [ 1.5050,  1.0164, -2.3425, -2.1092],
        [ 2.9343,  1.4001, -5.3671, -5.7565],
        [ 3.7045,  2.1831, -7.9224, -7.9769]])
```

값이 출력되었지만 어떤 의미인지 이해하기 어려워 보입니다. 실제 출력이 0이면 인덱스 0(예 2.7215)의 값이 인덱스 1(예 1.6601)의 값보다 높아야 합니다.

따라서 다음과 같은 코드를 이용하여 목록에서 가장 큰 값을 갖는 인덱스를 알아봅니다. 다시 말하지만 실제 값이 아닌 인덱스를 찾는 것입니다.

코드 2-17 가장 큰 값을 갖는 인덱스 확인

```
y_val = np.argmax(y_val, axis=1)
print(y_val[:5])
```

그러면 y_val에서 처음 다섯 개의 값이 출력됩니다.

　tensor([0, 0, 0, 0, 0])

출력 결과 모두 인덱스 0이 출력되었습니다. 즉, 인덱스가 0인 값이 인덱스가 1인 값보다 크므로 처리된 출력이 0임을 확인할 수 있습니다.

마지막으로 sklearn.metrics 모듈의 classification_report, confusion_matrix, accuracy_score 클래스를 사용하여 정확도, 정밀도와 재현율을 알아봅시다.

코드 2-18 테스트 데이터셋을 이용한 정확도 확인

```
from sklearn.metrics import classification_report, confusion_matrix, accuracy_score
print(confusion_matrix(test_outputs,y_val))
print(classification_report(test_outputs,y_val))
print(accuracy_score(test_outputs, y_val))
```

코드를 실행하면 모델 평가를 실행한 결과가 출력됩니다.

```
[[257   2]
 [ 84   2]]
              precision    recall  f1-score   support

           0       0.75      0.99      0.86       259
           1       0.50      0.02      0.04        86

    accuracy                           0.75       345
   macro avg       0.63      0.51      0.45       345
weighted avg       0.69      0.75      0.65       345

0.7507246376811594
```

신경망에서 필요한 모든 파라미터를 무작위로 선택했다는 것을 감안할 때 75%의 정확도는 나쁘지 않습니다. 파라미터(예 훈련/테스트 데이터셋 분할, 은닉층 개수 및 크기 등)를 변경하면서 더 나은 성능을 찾아보는 것도 학습에 도움이 될 것입니다.

마지막으로 딥러닝 분류 모델의 성능 평가 지표를 알아보겠습니다. 성능 평가 지표로 정확도(accuracy), 재현율(recall), 정밀도(precision), F1-스코어(F1-score)가 있습니다.

정확도를 확인하기 전에 필요한 용어들부터 살펴보겠습니다.

- **True Positive**: 모델(분류기)이 '1'이라고 예측했는데 실제 값도 '1'인 경우입니다.
- **True Negative**: 모델(분류기)이 '0'이라고 예측했는데 실제 값도 '0'인 경우입니다.
- **False Positive**: 모델(분류기)이 '1'이라고 예측했는데 실제 값은 '0'인 경우로, Type I 오류라고도 합니다.
- **False Negative**: 모델(분류기)이 '0'이라고 예측했는데 실제 값은 '1'인 경우로, Type II 오류라고도 합니다.

이러한 용어들을 사용하여 정확도, 재현율, 정밀도, F1-스코어에 대해 알아보겠습니다.

정확도

전체 예측 건수에서 정답을 맞힌 건수의 비율입니다. 이때 맞힌 정답이 긍정(positive)이든 부정(negative)이든 상관없습니다.

$$\frac{True\ Positive + True\ Negative}{True\ Positive + True\ Negative + False\ Positive + False\ Negative}$$

재현율

실제로 정답이 1이라고 할 때 모델(분류기)도 1로 예측한 비율입니다. 따라서 처음부터 데이터가 1일 확률이 적을 때 사용하면 좋습니다.

$$\frac{True\ Positive}{True\ Positive + False\ Negative}$$

정밀도

모델(분류기)이 1이라고 예측한 것 중에서 실제로 정답이 1인 비율입니다.

$$\frac{True\ Positive}{True\ Positive + False\ Positive}$$

F1-스코어

일반적으로 정밀도와 재현율은 트레이드오프(trade-off) 관계입니다. 정밀도가 높으면 재현율이 낮고, 재현율이 높으면 정밀도가 낮습니다. 이러한 트레이드오프 문제를 해결하려고 정밀도와 재현율의 조화 평균(harmonic mean)을 이용한 것이 F1-스코어 평가입니다. 이때 조화 평균은 다음 공식으로 구할 수 있습니다.

$$2 \times \frac{\text{Precision} \times \text{Recall}}{\text{Precision} + \text{Recall}}$$

지금까지 실습 환경 설정 방법과 파이토치 기초에 대해 알아보았습니다. 3장에서 머신 러닝 핵심 알고리즘을 간단히 살펴본 후 4장부터 본격적으로 딥러닝을 학습하겠습니다. 머신 러닝을 잘 안다면 3장은 간단히 살펴본 후 넘어가도 됩니다.

memo

3장

머신 러닝 핵심 알고리즘

3.1 지도 학습

3.2 비지도 학습

1장에서 언급한 머신 러닝 핵심 알고리즘들을 하나씩 살펴보겠습니다. 이 장에서는 간단히 핵심 원리만 이해하고 넘어갈 것입니다.[1]

3.1 지도 학습

지도 학습은 정답(레이블(label))을 컴퓨터에 미리 알려 주고 데이터를 학습시키는 방법입니다. 지도 학습에는 분류와 회귀가 있습니다. 분류(classification)는 주어진 데이터를 정해진 범주에 따라 분류하고, 회귀(regression)는 데이터들의 특성(feature)을 기준으로 연속된 값을 그래프로 표현하여 패턴이나 트렌드를 예측할 때 사용합니다.

분류와 회귀 차이는 다음 표와 같습니다.

▼ 표 3-1 분류와 회귀 차이

구분	분류	회귀
데이터 유형	이산형 데이터	연속형 데이터
결과	훈련 데이터의 레이블 중 하나를 예측	연속된 값을 예측
예시	학습 데이터를 A · B · C 그룹 중 하나로 매핑 예 스팸 메일 필터링	결괏값이 어떤 값이든 나올 수 있음 예 주가 분석 예측

다음 그림을 보면 분류와 회귀 차이를 좀 더 명확히 알 수 있습니다.

▼ 그림 3-1 분류와 회귀

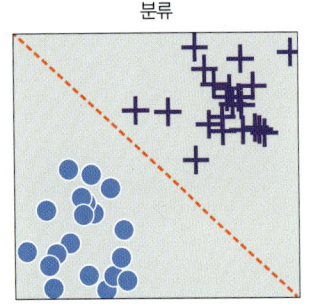
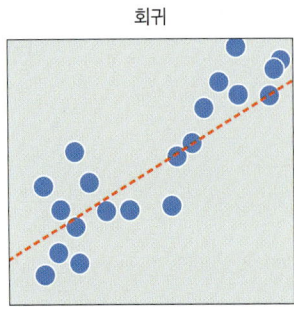

---

[1] 이 책은 딥러닝을 중점적으로 다루므로 독자 여러분이 딥러닝 학습 전에 머신 러닝을 경험한 적 있다고 가정합니다. 딥러닝 학습을 위한 핵심 원리만 이해하는 데는 이 책 내용만으로도 충분합니다. 머신 러닝을 좀 더 자세히 알고 싶다면 다른 머신 러닝 도서를 참고하세요.

지금부터 지도 학습의 알고리즘을 하나씩 살펴보겠습니다.

3.1.1 K-최근접 이웃

▼ 표 3-2 K-최근접 이웃을 사용하는 이유와 적용 환경

왜 사용할까?	주어진 데이터에 대한 분류
언제 사용하면 좋을까?	K-최근접 이웃은 직관적이며 사용하기 쉽기 때문에 초보자가 쓰면 좋습니다. 또한, 훈련 데이터를 충분히 확보할 수 있는 환경에서 사용하면 좋습니다.

K-최근접 이웃(K-nearest neighbor)은 새로운 입력(학습에 사용하지 않은 새로운 데이터)을 받았을 때 기존 클러스터에서 모든 데이터와 인스턴스(instance)[2] 기반 거리를 측정한 후 가장 많은 속성을 가진 클러스터에 할당하는 분류 알고리즘입니다. 즉, 과거 데이터를 사용하여 미리 분류 모형을 만드는 것이 아니라, 과거 데이터를 저장해 두고 필요할 때마다 비교를 수행하는 방식입니다. 따라서 K 값의 선택에 따라 새로운 데이터에 대한 분류 결과가 달라질 수 있음에 유의해야 합니다.

다음 그림과 같이 네모, 세모, 별 모양의 클러스터로 구성된 데이터셋이 있다고 합시다. 신규 데이터인 동그라미가 유입되었다면 기존 데이터들과 하나씩 거리를 계산하고 거리상으로 가장 가까운 데이터 다섯 개(K=5, 임의로 지정)를 선택하여 해당 클러스터에 할당합니다.

▼ 그림 3-2 K-최근접 이웃

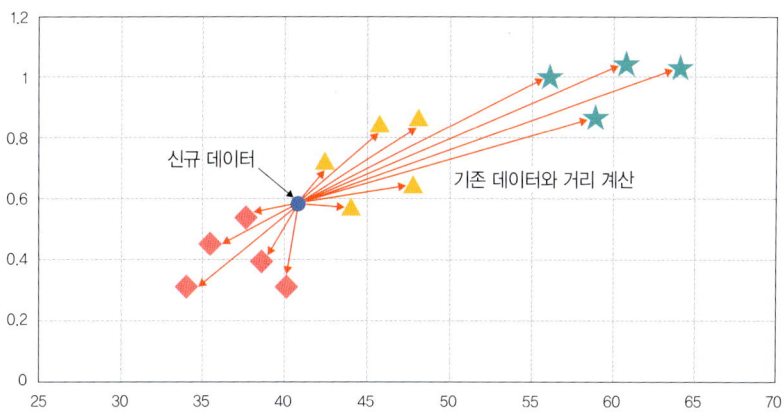

---

2 새로운 데이터가 들어왔을 때 데이터와 데이터 사이의 거리를 측정한 관측치(혹은 데이터 값)를 의미합니다.

예를 들어 다음 그림과 같이 새로운 입력 데이터(빨간색 외각선 원)가 세 개 있을 때 새로운 입력에 대한 분류를 진행해 보겠습니다(K=3).

- **새로운 입력 ❶**: 주변 범주 세 개가 주황색이므로 주황색으로 분류
- **새로운 입력 ❷**: 주변 범주 두 개가 주황색, 한 개가 녹색이므로 주황색으로 분류
- **새로운 입력 ❸**: 주변 범주 두 개가 녹색, 한 개가 주황색이므로 녹색으로 분류

▼ 그림 3-3 K-최근접 이웃 학습 절차

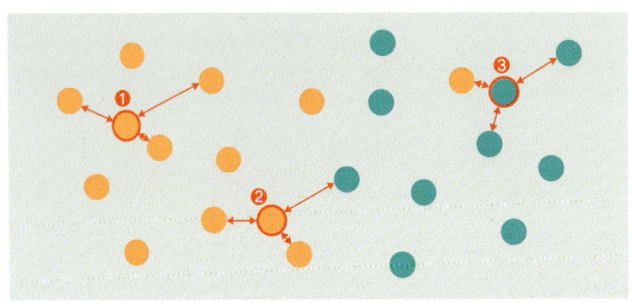

이제 코드에서 구체적으로 확인해 보겠습니다. 예제 목표는 붓꽃에 대한 분류입니다. 참고로 머신러닝 코드는 심층 신경망이 필요하지 않기 때문에 사이킷런(scikit-learn)을 이용합니다.

다음 과정으로 K 값을 예측할 것입니다.

▼ 그림 3-4 K-최근접 이웃 예제

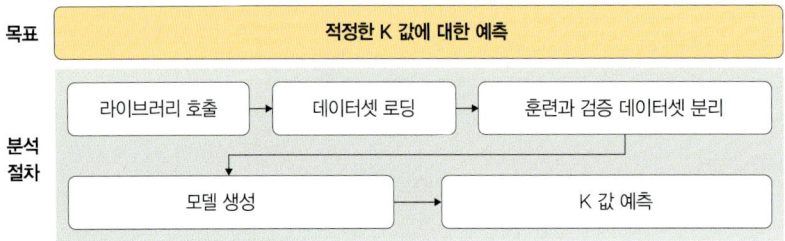

먼저 필요한 라이브러리를 호출하고 데이터를 준비하겠습니다. 데이터는 내려받은 예제 파일의 data 폴더에 있는 iris.data 파일을 사용합니다.[3] iris.data 데이터 경로는 자신의 실습 환경에 맞게 수정해서 사용할 수 있습니다.

---

[3] iris.data 데이터셋은 1936년 논문에서 영국 통계학자이자 생물학자인 로널드 피셔(R. A. Fisher)가 소개한 다변량 데이터셋입니다(https://archive.ics.uci.edu/ml/machine-learning-databases/iris).

코드 3-1 라이브러리 호출 및 데이터 준비

```python
import numpy as np  ······ 벡터 및 행렬의 연산 처리를 위한 라이브러리
import matplotlib.pyplot as plt  ······ 데이터를 차트나 플롯(plot)으로 그려 주는 라이브러리
import pandas as pd  ······ 데이터 분석 및 조작을 위한 라이브러리
from sklearn import metrics  ······ 모델 성능 평가

                                                            데이터셋에 열(column) 이름 할당
names = ['sepal-length', 'sepal-width', 'petal-length', 'petal-width', 'Class']  ······

dataset = pd.read_csv('../chap03/data/iris.data', names=names)  ······
                    데이터를 판다스 데이터프레임(dataframe)에 저장, 경로는 수정해서 진행
```

준비한 데이터를 전처리하고 훈련과 테스트 데이터셋으로 분리합니다.

코드 3-2 훈련과 테스트 데이터셋 분리

```python
X = dataset.iloc[:, :-1].values  ······ 모든 행을 사용하지만 열(칼럼)은 뒤에서 하나를 뺀 값을 가져와서 X에 저장
y = dataset.iloc[:, 4].values  ······ 모든 행을 사용하지만 열은 앞에서 다섯 번째 값만 가져와서 y에 저장

from sklearn.model_selection import train_test_split
X_train, X_test, y_train, y_test = train_test_split(X, y, test_size=0.20)  ······
                X, y를 사용하여 훈련과 테스트 데이터셋으로 분리하며, 테스트 데이터셋의 비율은 20%만 사용
from sklearn.preprocessing import StandardScaler
s = StandardScaler()  ······ 특성 스케일링(scaling), 평균이 0, 표준편차가 1이 되도록 변환
X_train = s.transform(X_train)  ······ 훈련 데이터를 스케일링 처리
X_test = s.transform(X_test)  ······ 테스트 데이터를 스케일링 처리
```

모델을 생성하고 훈련시킵니다.

코드 3-3 모델 생성 및 훈련

```python
from sklearn.neighbors import KNeighborsClassifier
knn = KNeighborsClassifier(n_neighbors=50)  ······ K=50인 K-최근접 이웃 모델 생성
knn.fit(X_train, y_train)  ······ 모델 훈련
```

다음은 모델 생성 및 훈련에 대한 출력 결과입니다.

```
KNeighborsClassifier(n_neighbors=50)
```

모델에 대한 정확도를 측정합니다.

코드 3-4 모델 정확도

```python
from sklearn.metrics import accuracy_score
y_pred = knn.predict(X_test)
print("정확도: {}".format(accuracy_score(y_test, y_pred)))
```

그러면 다음 결과가 출력됩니다.

정확도: 0.9333333333333333

참고로 정확도 실행 결과가 책 결과와 다를 수 있습니다. train_test_split() 메서드는 데이터를 무작위로 분할하므로 코드를 실행할 때마다 정확도에 차이가 있습니다. 여러 차례 실행한 후 평균을 찾는 것이 좋습니다.

K=50일 때 예측 값이 약 93%로, 수치가 높습니다. 그럼 이제 최적의 K 값을 구하고 그것에 대한 정확도를 살펴보겠습니다.

for 문을 이용하여 K 값을 1부터 10까지 순환하면서 최적의 K 값과 정확도를 찾습니다.

코드 3-5 최적의 K 찾기

```python
k = 10
acc_array = np.zeros(k)
for k in np.arange(1, k+1, 1):       # K는 1에서 10까지 값을 취함
    classifier = KNeighborsClassifier(n_neighbors=k).fit(X_train, y_train)  # for 문을 반복하면서 K 값 변경
    y_pred = classifier.predict(X_test)
    acc = metrics.accuracy_score(y_test, y_pred)
    acc_array[k-1] = acc

max_acc = np.amax(acc_array)
acc_list = list(acc_array)
k = acc_list.index(max_acc)
print("정확도", max_acc, "으로 최적의 k는", k+1, "입니다.")
```

다음은 최적의 K와 그에 대한 정확도 결과입니다.[4]

정확도 1.0 으로 최적의 k는 1 입니다.

---

[4] 실행 결과가 책과 다를 수 있습니다.

K 값이 50일 때 정확도가 93%였다면 K 값이 1일 때는 정확도가 100%로 높아졌습니다. 이와 같이 K-최근접 이웃 알고리즘은 K 값에 따라 성능이 달라질 수 있으므로 초기 설정이 매우 중요합니다.

3.1.2 서포트 벡터 머신

▼ 표 3-3 서포트 벡터 머신을 사용하는 이유와 적용 환경

왜 사용할까?	주어진 데이터에 대한 분류
언제 사용하면 좋을까?	서포트 벡터 머신은 커널만 적절히 선택한다면 정확도가 상당히 좋기 때문에 정확도를 요구하는 분류 문제를 다룰 때 사용하면 좋습니다. 또한, 텍스트를 분류할 때도 많이 사용합니다.

서포트 벡터 머신(Support Vector Machine, SVM)은 분류를 위한 기준선을 정의하는 모델입니다. 즉, 분류되지 않은 새로운 데이터가 나타나면 결정 경계(기준선)를 기준으로 경계의 어느 쪽에 속하는지 분류하는 모델입니다. 따라서 서포트 벡터 머신에서는 결정 경계를 이해하는 것이 중요합니다.

결정 경계는 데이터를 분류하기 위한 기준선입니다. 다음 그림과 같이 주황색 공과 녹색 공이 있을 때 이 공들을 색상별로 분류하기 위한 기준선이 결정 경계입니다.

▼ 그림 3-5 서포트 벡터 머신 결정 경계

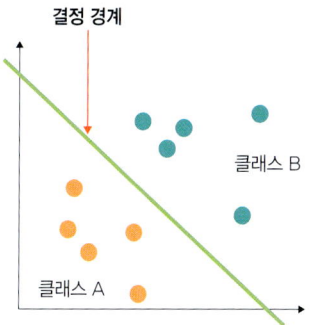

그렇다면 결정 경계는 어디에 위치하면 가장 좋을까요? 그림 3-6의 (a)~(c) 중에서 어떤 그림이 가장 안정적으로 보이나요? (b)가 가장 안정적으로 보이지 않나요?

▼ 그림 3-6 서포트 벡터 머신 결정 경계의 위치 결정

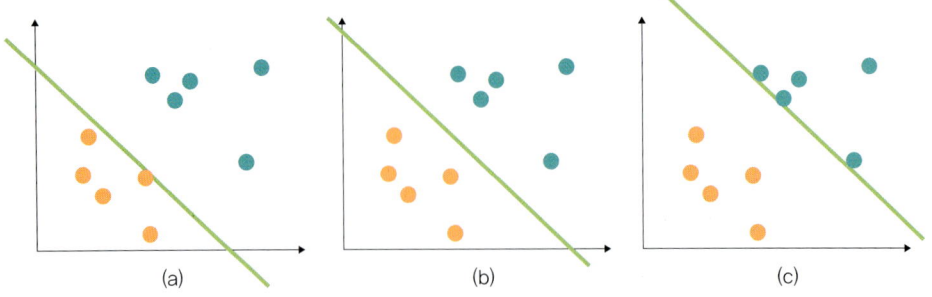

결정 경계는 데이터가 분류된 클래스에서 최대한 멀리 떨어져 있을 때 성능이 가장 좋습니다. 서포트 벡터 머신을 이해하려면 결정 경계 외에도 마진이라는 개념을 이해해야 합니다.

마진(margin)은 결정 경계와 서포트 벡터 사이의 거리를 의미합니다. 그럼 서포트 벡터는 무엇일까요? 서포트 벡터(support vector)는 결정 경계와 가까이 있는 데이터들을 의미합니다. 이 데이터들이 경계를 정의하는 결정적인 역할을 한다고 할 수 있습니다. 즉, 정리하면 최적의 결정 경계는 마진을 최대로 해야 합니다.

▼ 그림 3-7 서포트 벡터 머신의 서포트 벡터

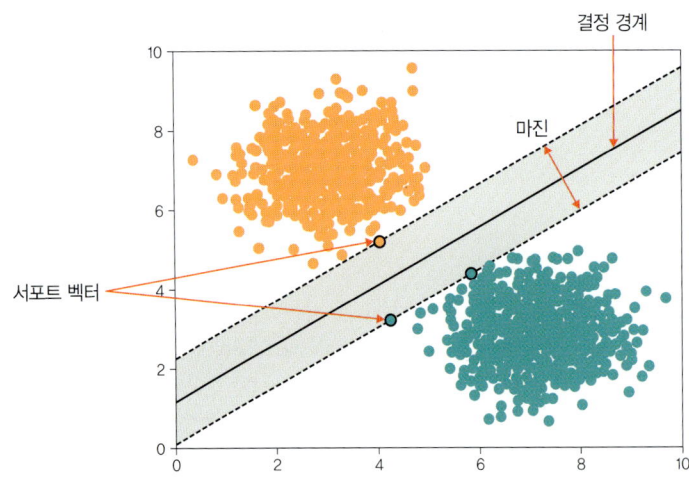

서포트 벡터 머신은 데이터들을 올바르게 분리하면서 마진 크기를 최대화해야 하는데, 결국 이상치(outlier)[5]를 잘 다루는 것이 중요합니다. 이때 이상치를 허용하지 않는 것을 하드 마진(hard margin)이라고 하며, 어느 정도의 이상치들이 마진 안에 포함되는 것을 허용한다면 소프트 마진

---

5 패턴에서 벗어난 값입니다.

(soft margin)이라고 합니다. 그림 3-7이 이상치를 허용하지 않는 하드 마진이라면, 그림 3-8은 이상치를 허용하는 소프트 마진입니다.

▼ 그림 3-8 서포트 벡터 머신의 마진

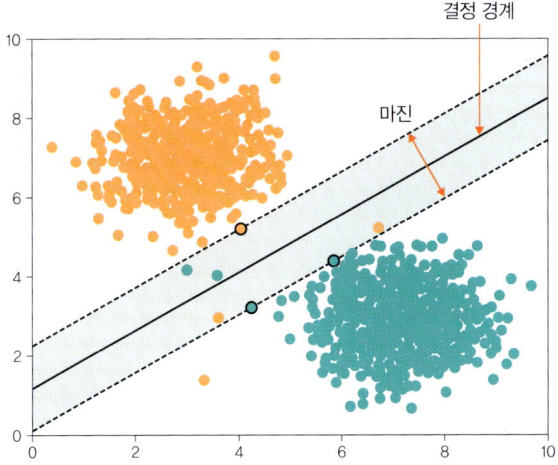

이제 코드로 서포트 벡터 머신을 자세히 살펴보겠습니다. 서포트 벡터 머신의 예제도 붓꽃 분류로 진행해 보겠습니다. 하지만 코드로 풀어 나가는 방법은 다르므로 잘 살펴보기 바랍니다.

▼ 그림 3-9 서포트 벡터 머신 예제

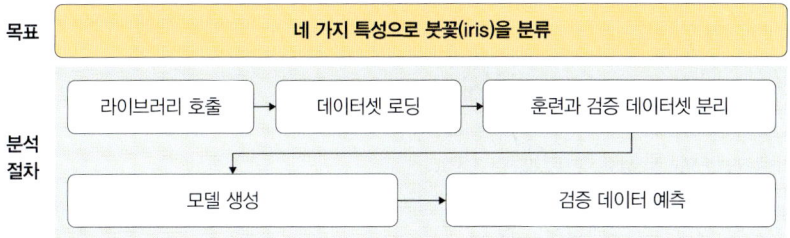

먼저 훈련에 필요한 데이터를 로드하고 필요한 라이브러리를 호출합니다.

코드 3-6 라이브러리 호출

```
from sklearn import svm
from sklearn import metrics
from sklearn import datasets
from sklearn import model_selection
```

```
import os
os.environ['TF_CPP_MIN_LOG_LEVEL'] = '3'  ······ ①
```

① TF_CPP_MIN_LOG_LEVEL이라는 환경 변수를 사용하여 로깅을 제어(기본값은 0으로 모든 로그가 표시되며, INFO 로그를 필터링하려면 1, WARNING 로그를 필터링하려면 2, ERROR 로그를 추가로 필터링하려면 3으로 설정)합니다.

환경 변수 값을 바꾸어 가면서 실행해 보는 것도 학습에 좋은 방법입니다.

데이터셋을 불러와 훈련과 테스트 데이터셋으로 분리합니다.

코드 3-7 iris 데이터를 준비하고 훈련과 테스트 데이터셋으로 분리

```
iris = datasets.load_iris()  ······ 사이킷런에서 제공하는 iris 데이터 호출
X_train, X_test, y_train, y_test =
model_selection.train_test_split(iris.data,
                                 iris.target,
                                 test_size=0.6,
                                 random_state=42)  ······ 사이킷런의 model_selection 패키지에서
                                                          제공하는 train_test_split 메서드를 활용하여
                                                          훈련과 테스트 데이터셋으로 분리
```

먼저 사이킷런으로 SVM 모델을 생성 및 훈련시킨 후 테스트 데이터셋을 이용한 예측을 수행합니다.

코드 3-8 SVM 모델에 대한 정확도

```
svm = svm.SVC(kernel='linear', C=1.0, gamma=0.5)  ······ ①
svm.fit(X_train, y_train)  ······ 훈련 데이터를 사용하여 SVM 분류기를 훈련
predictions = svm.predict(x_test)  ······ 훈련된 모델을 사용하여 테스트 데이터에서 예측
score = metrics.accuracy_score(y_test, predictions)
print('정확도: {0:f}'.format(score))  ······ 테스트 데이터 (예측) 정확도 측정
```

다음은 SVM 모델에 대한 정확도 출력 결과입니다.

정확도: 0.988889

① SVM은 선형 분류와 비선형 분류를 지원합니다. 비선형에 대한 커널은 선형으로 분류될 수 없는 데이터들 때문에 발생했습니다.

▼ 그림 3-10 선형과 비선형 분류

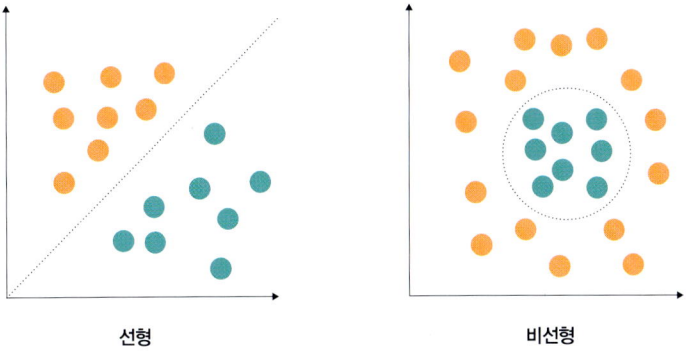

비선형 문제를 해결하는 가장 기본적인 방법은 저차원 데이터를 고차원으로 보내는 것인데, 이것은 많은 수학적 계산이 필요하기 때문에 성능에 문제를 줄 수 있습니다.[6]

▼ 그림 3-11 비선형과 선형 분류

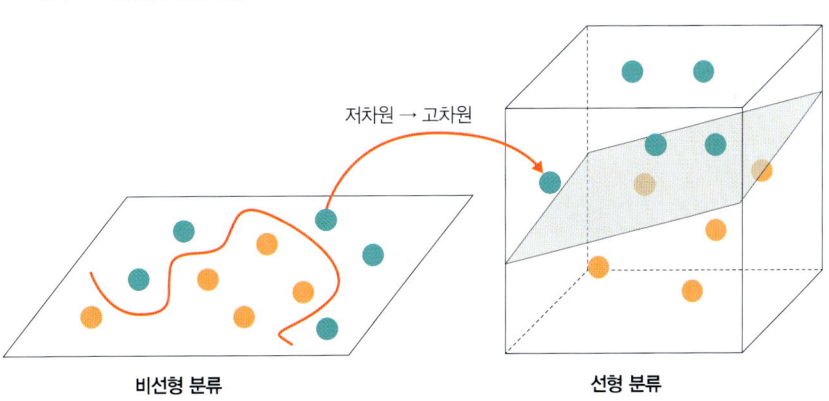

이러한 문제를 해결하고자 도입한 것이 바로 '커널 트릭(kernel trick)'입니다. 선형 모델을 위한 커널(kernel)에는 선형(linear) 커널이 있고, 비선형을 위한 커널에는 가우시안 RBF 커널과 다항식 커널(poly)이 있습니다. 가우시안 RBF 커널과 다항식 커널은 수학적 기교를 이용하는 것으로, 벡터 내적을 계산한 후 고차원으로 보내는 방법으로 연산량을 줄였습니다(벡터 내적은 별도의 인공지능 수학 관련 도서를 참고하기 바랍니다).

---

6   저차원 데이터는 특성이 적은 데이터이고, 고차원 데이터는 특성이 많은 데이터입니다.

- **선형 커널**(linear kernel): 선형으로 분류 가능한 데이터에 적용하며, 다음 수식을 사용합니다.

$$K(a,b) = a^T \cdot b$$

(a, b: 입력 벡터)

또한, 선형 커널은 기본 커널 트릭으로 커널 트릭을 사용하지 않겠다는 의미와 일맥상통합니다.

- **다항식 커널**(polynomial kernel): 실제로는 특성을 추가하지 않지만, 다항식 특성을 많이 추가한 것과 같은 결과를 얻을 수 있는 방법입니다. 즉, 실제로는 특성을 추가하지 않지만, 엄청난 수의 특성 조합이 생기는 것과 같은 효과를 얻기 때문에 고차원으로 데이터 매핑이 가능합니다.

$$K(a,b) = (\gamma a^T \cdot b)^d$$

$$\begin{pmatrix} a, b: \text{입력 벡터} \\ \gamma: \text{감마} \\ d: \text{차원, 이때 } \gamma, d \text{는 하이퍼파라미터} \end{pmatrix}$$

- **가우시안 RBF 커널**(Gaussian RBF kernel): 다항식 커널의 확장이라고 생각해도 좋습니다. 입력 벡터를 차원이 무한한 고차원으로 매핑하는 것으로, 모든 차수의 모든 다항식을 고려합니다. 즉, 다항식 커널은 차수에 한계가 있는데, 가우시안 RBF는 차수에 제한 없이 무한한 확장이 가능합니다.

$$K(a,b) = \exp(-\gamma \|a-b\|^2)$$

(이때 γ는 하이퍼파라미터)

코드 3-8과 같이 세 가지 커널에서 사용되는 수치 값 중 C 값은 오류를 어느 정도 허용할지 지정하는 파라미터이며, C 값이 클수록 하드 마진이고 작을수록 소프트 마진입니다. 그리고 감마(gamma)는 결정 경계를 얼마나 유연하게 가져갈지 지정합니다. 즉, 훈련 데이터에 얼마나 민감하게 반응할지 지정하기 때문에 C와 개념이 비슷합니다. 감마 값이 높으면 훈련 데이터에 많이 의존하기 때문에 결정 경계가 곡선 형태를 띠며 과적합을 초래할 수 있으니 주의해야 합니다.

▼ 그림 3-12 서포트 벡터 머신 커널의 감마 값에 따른 변화

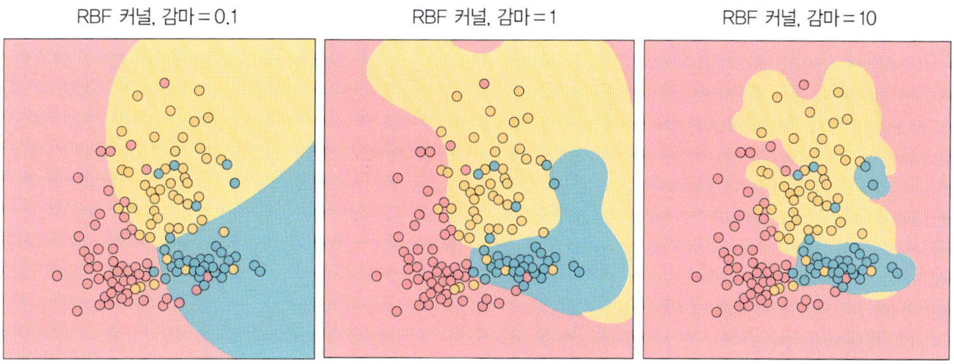

RBF 커널, 감마 = 0.1   RBF 커널, 감마 = 1   RBF 커널, 감마 = 10

3.1.3 결정 트리

▼ 표 3-4 결정 트리를 사용하는 이유와 적용 환경

왜 사용할까?	주어진 데이터에 대한 분류
언제 사용하면 좋을까?	결정 트리는 이상치가 많은 값으로 구성된 데이터셋을 다룰 때 사용하면 좋습니다. 또한, 결정 과정이 시각적으로 표현되기 때문에 머신 러닝이 어떤 방식으로 의사 결정을 하는지 알고 싶을 때 유용합니다.

결정 트리(decision tree)는 데이터를 분류하거나 결괏값을 예측하는 분석 방법입니다. 결과 모델이 트리 구조이기 때문에 결정 트리라고 합니다. 다음 그림은 결정 과정을 보여 줍니다.

▼ 그림 3-13 결정 트리 사례

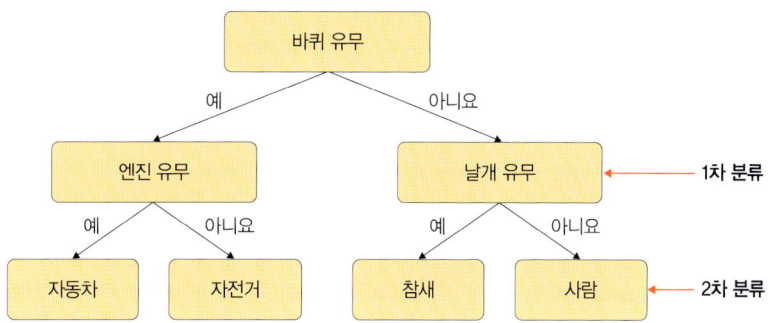

결정 트리는 데이터를 1차로 분류한 후 각 영역의 순도(homogeneity)는 증가하고, 불순도(impurity) 와 불확실성(uncertainty)은 감소하는 방향으로 학습을 진행합니다. 순도가 증가하고 불확실성이

감소하는 것을 정보 이론에서는 정보 획득(information gain)이라고 하며, 순도를 계산하는 방법에는 다음 두 가지를 많이 사용합니다.

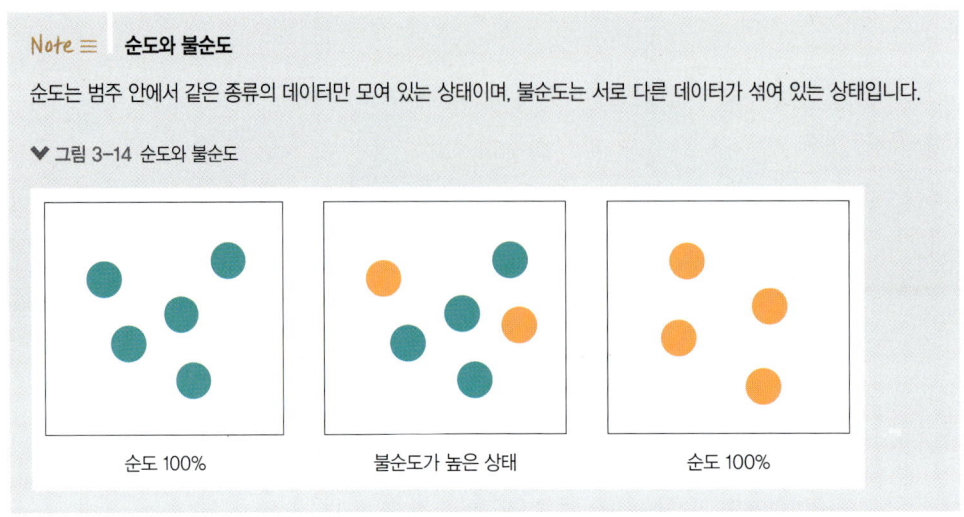

> **Note ≡ 순도와 불순도**
>
> 순도는 범주 안에서 같은 종류의 데이터만 모여 있는 상태이며, 불순도는 서로 다른 데이터가 섞여 있는 상태입니다.
>
> ▼ 그림 3-14 순도와 불순도
>
> 순도 100%   불순도가 높은 상태   순도 100%

결정 트리에서 불확실성을 계산하는 방법은 두 가지입니다.

엔트로피(entropy)

확률 변수의 불확실성을 수치로 나타낸 것으로, 엔트로피가 높을수록 불확실성이 높다는 의미입니다. 즉, 엔트로피 값이 0과 0.5라고 가정할 때 다음과 같은 도출이 가능합니다.

엔트로피 = 0 = 불확실성 최소 = 순도 최대

엔트로피 = 0.5 = 불확실성 최대 = 순도 최소

레코드 m개가 A 영역에 포함되어 있다면 엔트로피는 다음 식으로 정의됩니다.

$$Entropy(A) = -\sum_{k=1}^{m} p_k \log_2(p_k)$$

(P_k=A 영역에 속하는 데이터 가운데 k 범주에 속하는 데이터 비율)

예를 들어 동전을 두 번 던져 앞면이 나올 확률이 1/4이고 뒷면이 나올 확률이 3/4일 때, 엔트로피는 다음과 같습니다.

$$Entropy(A) = -(\frac{1}{4})\log(\frac{1}{4}) - (\frac{3}{4})\log(\frac{3}{4})$$
$$= \frac{2}{4} + \frac{3}{4} \times 0.42$$
$$= 0.31$$

지니 계수(Gini index)

불순도를 측정하는 지표로, 데이터의 통계적 분산 정도를 정량화해서 표현한 값입니다. 즉, 지니 계수는 원소 n개 중에서 임의로 두 개를 추출했을 때, 추출된 두 개가 서로 다른 그룹에 속해 있을 확률을 의미합니다.

지니 계수는 다음 공식으로 구할 수 있으며, 지니 계수가 높을수록 데이터가 분산되어 있음을 의미합니다.

$$G(S) = 1 - \sum_{i=1}^{c} p_i^2$$

(S: 이미 발생한 사건의 모음, c: 사건 개수)

지니 계수는 로그를 계산할 필요가 없어 엔트로피보다 계산이 빠르기 때문에 결정 트리에서 많이 사용합니다.

그럼 코드로 자세히 살펴보겠습니다. 이 예제의 목표는 타이타닉 승객의 생존 여부를 예측하는 것입니다.

▼ 그림 3-15 결정 트리 예제

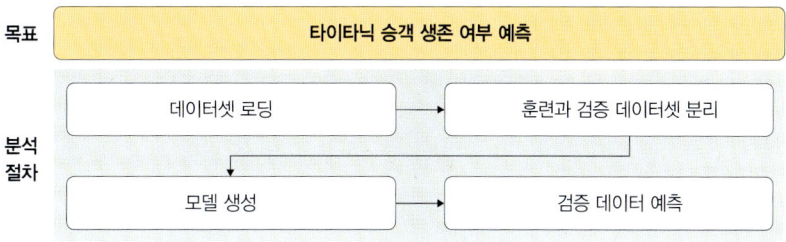

먼저 필요한 데이터를 불러오겠습니다. 데이터는 내려받은 예제 파일의 data 폴더에 있는 train. csv 파일을 사용합니다.[7]

---

7 캐글에서 제공하는 타이타닉 데이터셋입니다(https://www.kaggle.com/c/titanic/data).

코드 3-9 라이브러리 호출 및 데이터 준비

```python
import pandas as pd                                       # 판다스를 이용하여 train.csv 파일을 로드해서 df에 저장
df = pd.read_csv('../chap03/data/titanic/train.csv', index_col='PassengerId')
print(df.head())   # train.csv 데이터의 상위 행 다섯 개를 출력
```

라이브러리 호출 및 데이터 준비 코드를 실행하면 다음과 같이 출력됩니다.

```
             Survived  Pclass  \
PassengerId
1                   0       3
2                   1       1
3                   1       3
4                   1       1
5                   0       3

                                                          Name     Sex   Age  \
PassengerId
1                                      Braund, Mr. Owen Harris    male  22.0
2            Cumings, Mrs. John Bradley (Florence Briggs Th...  female  38.0
3                                       Heikkinen, Miss. Laina  female  26.0
4                 Futrelle, Mrs. Jacques Heath (Lily May Peel)  female  35.0
5                                     Allen, Mr. William Henry    male  35.0

             SibSp  Parch            Ticket     Fare Cabin Embarked
PassengerId
1                1      0         A/5 21171   7.2500   NaN        S
2                1      0          PC 17599  71.2833   C85        C
3                0      0  STON/O2. 3101282   7.9250   NaN        S
4                1      0            113803  53.1000  C123        S
5                0      0            373450   8.0500   NaN        S
```

타이타닉 전체 데이터 중 분석에 필요한 데이터(칼럼)만 추출하여 전처리합니다.

코드 3-10 데이터 전처리

```python
                                   # 승객의 생존 여부를 예측하려고 'Pclass', 'Sex', 'Age', 'SibSp', 'Parch', 'Fare' 사용
df = df[['Pclass', 'Sex', 'Age', 'SibSp', 'Parch', 'Fare', 'Survived']]
df['Sex'] = df['Sex'].map({'male': 0, 'female': 1})   # 성별을 나타내는 'sex'를 0 또는 1의
df = df.dropna()   # 값이 없는 데이터 삭제          # 정수 값으로 변환
X = df.drop('Survived', axis=1)
y = df['Survived']   # 'Survived' 값을 예측 레이블로 사용
```

훈련과 테스트 데이터셋으로 분리합니다.

코드 3-11 훈련과 테스트 데이터셋으로 분리

```python
from sklearn.model_selection import train_test_split
X_train, X_test, y_train, y_test = train_test_split(X, y, random_state=1)
```

사이킷런에서 제공하는 결정 트리 라이브러리를 이용하여 모델을 생성합니다.

코드 3-12 결정 트리 모델 생성

```python
from sklearn import tree
model = tree.DecisionTreeClassifier()
```

준비된 훈련 데이터셋을 이용하여 모델을 훈련시킵니다.

코드 3-13 모델 훈련

```python
model.fit(X_train, y_train)  # 모델을 훈련시킵니다.
```

다음은 모델 훈련에 대한 실행 결과입니다.

```
DecisionTreeClassifier()
```

테스트 데이터셋을 이용하여 모델에 대한 예측을 진행합니다.

코드 3-14 모델 예측

```python
y_predict = model.predict(X_test)
from sklearn.metrics import accuracy_score
accuracy_score(y_test, y_predict)  # 테스트 데이터에 대한 예측 결과를 보여 줍니다.
```

다음은 모델 예측에 대한 출력 결과입니다.

```
0.8379888268156425
```

결과가 83%로 높은 수치를 보이고 있습니다. 즉, 학습이 잘되었습니다.

이번에는 혼동 행렬을 이용한 결과를 살펴보겠습니다.

코드 3-15 혼동 행렬을 이용한 성능 측정

```
from sklearn.metrics import confusion_matrix
pd.DataFrame(
    confusion_matrix(y_test, y_predict),
    columns=['Predicted Not Survival', 'Predicted Survival'],
    index=['True Not Survival', 'True Survival']
)
```

다음 그림은 혼동 행렬에 대한 출력 결과입니다.

▼ 그림 3-16 결정 트리 코드 실행 결과

	Predicted Not Survival	Predicted Survival
True Not Survival	99	13
True Survival	16	51

결과가 제대로 나왔는지 확인하려면 혼동 행렬의 개념을 이해해야 합니다.

혼동 행렬은 알고리즘 성능 평가에 사용됩니다. 혼동 행렬에서 사용되는 다음 표를 먼저 살펴보겠습니다.

▼ 표 3-5 혼동 행렬

		예측 값	
		Positive	Negative
실제 값	Positive	TP	FN
	Negative	FP	TN

혼동 행렬에서 사용하는 용어는 2장에서 다루었지만 리마인드 차원에서 다시 정리하면 다음과 같습니다.

- **True Positive**: 모델(분류기)이 '1'이라고 예측했는데 실제 값도 '1'인 경우
- **True Negative**: 모델(분류기)이 '0'이라고 예측했는데 실제 값도 '0'인 경우
- **False Positive**: 모델(분류기)이 '1'이라고 예측했는데 실제 값은 '0'인 경우
- **False Negative**: 모델(분류기)이 '0'이라고 예측했는데 실제 값은 '1'인 경우

혼동 행렬을 이용하면 2장에서 배운 정밀도, 재현율, 정확도 같은 지표를 얻을 수 있습니다.

혼동 행렬을 바탕으로 모델의 훈련 결과를 확인해 봅시다. 잘못된 예측(다음 그림의 파란색)보다

는 정확한 예측(다음 그림의 빨간색)의 수치가 더 높으므로 잘 훈련되었다고 할 수 있습니다.

▼ 그림 3-17 혼동 행렬 훈련 결과

	Predicted Not Survival	Predicted Survival
True Not Survival	99	13
True Survival	16	51

이와 같이 주어진 데이터를 사용하여 트리 형식으로 데이터를 이진 분류(0 혹은 1)해 나가는 방법이 결정 트리이며, 결정 트리를 좀 더 확대한 것(결정 트리를 여러 개 묶어 놓은 것)이 랜덤 포레스트(random forest)입니다.

3.1.4 로지스틱 회귀와 선형 회귀

회귀란 변수가 두 개 주어졌을 때 한 변수에서 다른 변수를 예측하거나 두 변수의 관계를 규명하는 데 사용하는 방법입니다. 이때 사용되는 변수 유형은 다음과 같습니다.

- **독립 변수(예측 변수)**: 영향을 미칠 것으로 예상되는 변수
- **종속 변수(기준 변수)**: 영향을 받을 것으로 예상되는 변수

이때 두 변수 간 관계에서 독립 변수와 종속 변수의 설정은 논리적인 타당성이 있어야 합니다. 예를 들어 몸무게(종속 변수)와 키(독립 변수)는 둘 간의 관계를 규명하는 용도로 사용됩니다.

로지스틱 회귀

먼저 로지스틱 회귀 분석에 대해 살펴보겠습니다.

▼ 표 3-6 로지스틱 회귀를 사용하는 이유와 적용 환경

왜 사용할까?	주어진 데이터에 대한 분류
언제 사용하면 좋을까?	로지스틱 회귀 분석은 주어진 데이터에 대한 확신이 없거나(예를 들어 분류 결과에 대해 확신이 없을 때) 향후 추가적으로 훈련 데이터셋을 수집하여 모델을 훈련시킬 수 있는 환경에서 사용하면 유용합니다.

로지스틱 회귀(logistic regression)는 분석하고자 하는 대상들이 두 집단 혹은 그 이상의 집단으로 나누어진 경우, 개별 관측치들이 어느 집단으로 분류될 수 있는지 분석하고 이를 예측하는 모형을 개발하는 데 사용되는 통계 기법입니다. 따라서 일반적인 회귀 분석과는 차이가 있습니다.

▼ 표 3-7 일반 회귀 분석과 로지스틱 회귀 분석 차이

구분	일반적인 회귀 분석	로지스틱 회귀 분석
종속 변수	연속형 변수	이산형 변수
모형 탐색 방법	최소제곱법	최대우도법
모형 검정	F-테스트, t-테스트	X^2 테스트

> **Note** 최소제곱법과 최대우도법
>
> 최소제곱법(mean squared)과 최대우도법(maximum likelihood)은 랜덤 표본에서 모집단 모수를 추정하는 데 사용됩니다. 최소제곱법은 일반적인 회귀 분석에서 사용하지만, 최대우도법은 로지스틱 회귀 분석에서 사용합니다. 이 둘 간에 어떤 차이가 있는지 알아봅시다.
>
> 최소제곱법은 실제 값에서 예측 값을 뺀 후 제곱해서 구할 수 있습니다(최소제곱법은 1장에서 언급한 평균 제곱 오차와 동일합니다).
>
> ▼ 그림 3-18 최소제곱법
>
>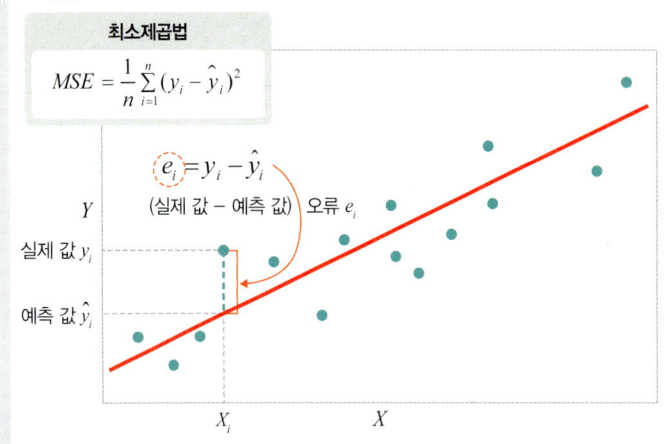
>
> 최대우도법을 이해하려면 먼저 우도 개념을 알아야 합니다.
>
> 우도(likelihood, 가능도)는 나타난 결과에 따라 여러 가능한 가설을 평가할 수 있는 척도(measure)를 의미합니다. 따라서 최대우도는 나타난 결과에 해당하는 가설마다 계산된 우도 값 중 가장 큰 값입니다. 즉, 일어날 가능성(우도)이 가장 큰 것을 의미합니다. 이 모든 것을 종합하여 최대우도법을 정의하면 최대우도 추정치 또는 최대 가능성 추정량이라고 할 수 있습니다.
>
> 최대우도법은 다음 수식으로 구할 수 있습니다.
>
> $$\theta_{ml} = \arg\max_{\theta} P_{model}(Y \mid X; \theta) \quad \text{①}$$
>
> $$\theta_{ml} = \arg\max_{\theta} \sum_{i=1}^{m} \log P_{model}(y_i \mid x_i; \theta) \quad \text{②}$$

◎ 계속

수식 ①과 같이 입력 값 X와 모델의 파라미터 θ가 주어졌을 때, Y가 나타날 확률을 최대화하는 θ를 찾는 것이 최대우도법입니다. X와 Y가 고정된 상태에서 모델에 X를 넣었을 때 실제 값 Y에 가장 가까운 θ를 찾는 것이 수식입니다. 이때 관측치 m개가 모두 서로 독립이라고 가정할 때, 언더플로[8]를 방지하고자 우도에 로그를 취한다면 최대우도 추정치 수식은 ②와 같습니다.

또한, 로지스틱 회귀 분석은 다음 절차에 따라 분석을 진행합니다.

- **1단계**: 각 집단에 속하는 확률의 추정치를 예측합니다. 이때 추정치는 이진 분류의 경우 집단 1에 속하는 확률 $P(Y=1)$로 구합니다.
- **2단계**: 분류 기준 값(cut-off)을 설정한 후 특정 범주로 분류합니다.
  예 $P(Y=1) \geq 0.5 \rightarrow$ 집단 1로 분류
  $P(Y=1) < 0.5 \rightarrow$ 집단 0으로 분류

로지스틱 회귀 분석이 어렵게 느껴진다면 확률과 통계에 익숙하지 않기 때문입니다. 이쯤에서 인공지능 관련 수학을 다시 찾아보길 권합니다.

로지스틱 회귀 분석 코드를 살펴봅시다. 목표는 신규 데이터(숫자(digit))에 대한 정확한 예측입니다.

▼ 그림 3-19 로지스틱 회귀 분석 예제

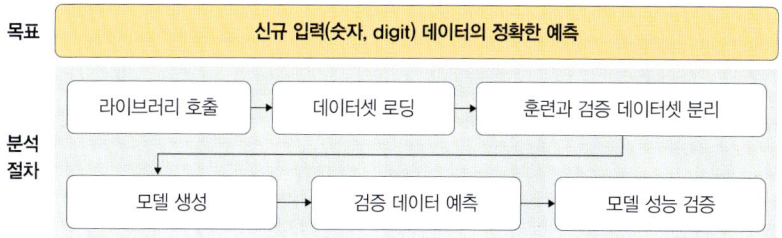

라이브러리를 호출하고 데이터를 준비합니다. 사용할 digits 숫자 데이터셋은 사이킷런에서 제공하는 데이터셋입니다.

코드 3-16 라이브러리 호출 및 데이터 준비

```
%matplotlib inline
from sklearn.datasets import load_digits
digits = load_digits()      ------ 숫자 데이터셋(digits)은 사이킷런에서 제공
```

---

8 오버플로와 반대되는 개념으로 산술 연산의 결과가 취급할 수 있는 수의 범위보다 작아지는 상태를 의미합니다.

```
print("Image Data Shape", digits.data.shape)    ------ digits 데이터셋의 형태(이미지가 1797개 있으며,
                                                       8×8 이미지의 64차원을 가짐)
print("Label Data Shape", digits.target.shape)  ------ 레이블(이미지의 숫자 정보) 이미지 1797개가 있음
```

코드를 실행하면 다음과 같이 digits 데이터셋 형태를 출력해서 보여 줍니다.

```
Image Data Shape (1797, 64)
Label Data Shape (1797,)
```

digits 데이터셋의 이미지와 레이블이 어떻게 생겼는지 시각화해서 확인해 봅시다.

코드 3-17 digits 데이터셋의 시각화

```python
import numpy as np
import matplotlib.pyplot as plt

plt.figure(figsize=(20,4))
for index, (image, label) in enumerate(zip(digits.data[0:5], digits.target[0:5])):  ------
    plt.subplot(1, 5, index+1)                                                       예시로 이미지 다섯 개만 확인
    plt.imshow(np.reshape(image, (8,8)), cmap=plt.cm.gray)
    plt.title('Training: %i\n' % label, fontsize=20)
```

다음 그림은 digits 데이터셋을 시각화한 출력 결과입니다.

▼ **그림 3-20** 로지스틱 회귀 예제 데이터

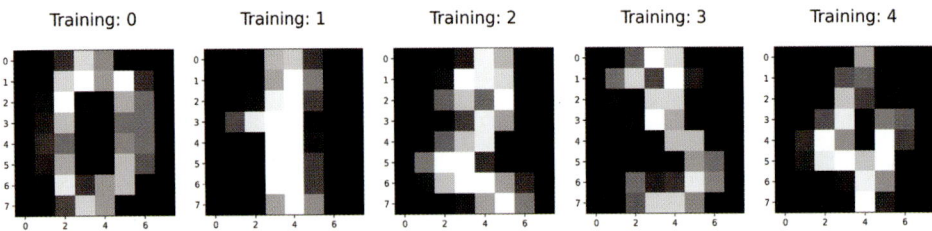

훈련과 테스트 데이터셋으로 분리한 후 분리된 데이터를 사용하여 모델을 훈련시킵니다.

코드 3-18 훈련과 테스트 데이터셋 분리 및 로지스틱 회귀 모델 생성

```python
from sklearn.model_selection import train_test_split
x_train, x_test, y_train, y_test = train_test_split(digits.data, digits.target,
                                                    test_size=0.25, random_state=0)

from sklearn.linear_model import LogisticRegression
logisticRegr = LogisticRegression()    ------ 로지스틱 회귀 모델의 인스턴스 생성
```

```
logisticRegr.fit(x_train, y_train) ------ 모델 훈련
```

코드를 실행하면 다음과 같이 출력됩니다.

```
LogisticRegression()
```

모델에 대한 예측을 테스트 데이터셋 일부를 사용해서 진행해 봅시다.

코드 3-19 일부 데이터를 사용한 모델 예측

```
logisticRegr.predict(x_test[0].reshape(1,-1)) ------ 새로운 이미지(테스트 데이터)에 대한 예측 결과를 넘파이 배열로 출력
logisticRegr.predict(x_test[0:10]) ------ 이미지 열 개에 대한 예측을 한 번에 배열로 출력
```

열 개의 이미지 데이터를 사용한 로지스틱 회귀 모델에 대한 예측 결과는 다음과 같이 출력됩니다.

```
array([2, 8, 2, 6, 6, 7, 1, 9, 8, 5])
```

모델 성능을 측정하겠습니다. 모델 성능을 측정하는 방법으로는 혼동 행렬(정확도, 정밀도, 재현율), F1-스코어, ROC 커브 등이 있습니다. 먼저 정확도에 대한 성능을 확인해 보겠습니다. 정확도는 테스트 데이터셋 전체를 이용하여 진행합니다.

코드 3-20 전체 데이터를 사용한 모델 예측

```
predictions = logisticRegr.predict(x_test) ------ 전체 데이터셋에 대한 예측
score = logisticRegr.score(x_test, y_test) ------ 스코어(score) 메서드를 사용한 성능 측정
print(score)
```

코드를 실행하면 다음과 같은 예측 결과가 출력됩니다.

```
0.9511111111111111
```

성능 측정 결과는 95%로 나쁘지 않습니다. 결과를 좀 더 명확하게 확인하고자 혼동 행렬로 표현해 보겠습니다.

혼동 행렬은 지도 학습에서 테스트 데이터셋에 대한 분류 모델 성능을 설명하는 데 자주 사용됩니다. 혼동 행렬을 표현하기 위해 파이썬 패키지 Seaborn을 사용합니다.

코드 3-21 혼동 행렬 시각화

```
import numpy as np
```

```python
import seaborn as sns
from sklearn import metrics

cm = metrics.confusion_matrix(y_test, predictions)  # ····· 혼동 행렬(confusion_matrix)
plt.figure(figsize=(9,9))
sns.heatmap(cm, annot=True, fmt=".3f", linewidths=.5, square=True, cmap='Blues_r');  # ·····
plt.ylabel('Actual label');  # ····· y축                                              heatmap으로 표현
plt.xlabel('Predicted label');  # ····· x축
all_sample_title = 'Accuracy Score: {0}'.format(score)
plt.title(all_sample_title, size=15);
plt.show();
```

다음 그림은 시각화 실행 결과입니다.

▼ 그림 3-21 로지스틱 회귀 예제 실행 결과

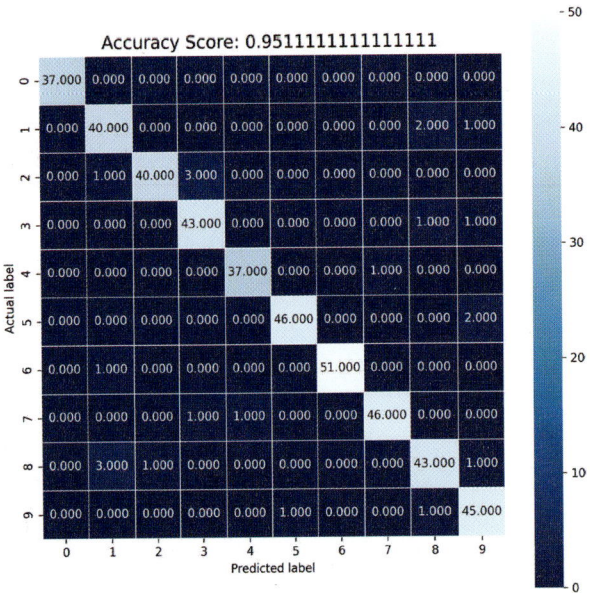

결과를 확인하기는 좋지만, 직관적으로 이해하기에는 난해합니다. 따라서 혼동 행렬은 단지 결과 확인용으로만 사용하길 권장합니다.

선형 회귀

이번에는 선형 회귀 분석을 살펴보겠습니다.

▼ 표 3-8 선형 회귀를 사용하는 이유와 적용 환경

왜 사용할까?	주어진 데이터에 대한 분류
언제 사용하면 좋을까?	로지스틱 회귀는 주어진 데이터에서 독립 변수(x)와 종속 변수(y)가 선형 관계를 가질 때 사용하면 유용합니다. 또한, 복잡한 연산 과정이 없기 때문에 컴퓨팅 성능이 낮은 환경(CPU/GPU 혹은 메모리 성능이 좋지 않을 때)에서 사용하면 좋습니다.

선형 회귀(linear regression)는 독립 변수 x를 사용하여 종속 변수 y의 움직임을 예측하고 설명하는 데 사용됩니다. 독립 변수 x는 하나일 수도 있고, x1, x2, x3처럼 여러 개일 수도 있습니다. 하나의 x 값으로 y 값을 설명할 수 있다면 단순 선형 회귀(simple linear regression)라고 하며, x 값이 여러 개라면 다중 선형 회귀(multiple linear regression)라고 합니다.

선형 회귀는 종속 변수와 독립 변수 사이의 관계를 설정하는 데 사용됩니다. 즉, 독립 변수가 변경되었을 때 종속 변수를 추정하는 데 유용합니다. 예를 들어 더운 여름철 아이스크림이 시간당 100개가 팔린다고 할 때 $y=100x$라는 함수를 가정할 수 있습니다(실제로는 더 복잡한 수식이겠지만, 설명을 위해 간단히 $y=100x$라고 하겠습니다). 이 함수에 따라 아이스크림 가격이 1000원이라고 한다면 시간당 10만 원의 매출이 될 것입니다. 이와 같이 단순 회귀를 사용하면 변수 값을 추정할 수 있습니다.

반면 로지스틱 회귀는 사건의 확률(0 또는 1)을 확인하는 데 사용됩니다. 예를 들어 고객이 A 제품을 구매할지 여부를 확인하고 싶을 때 로지스틱 회귀 분석을 이용합니다(종속 변수는 이진 변수(1=예, 0=아니요)로 표현되기 때문입니다).

다음 그림과 같이 그래픽으로 살펴보면 선형 회귀는 직선을 출력하고, 로지스틱 회귀는 S-커브를 출력합니다.

▼ 그림 3-22 선형 회귀와 로지스틱 회귀

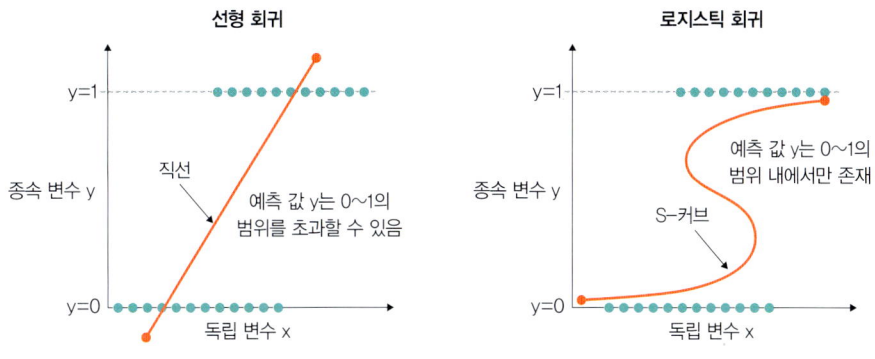

이번에는 선형 회귀에 대해 코드로 확인해 보겠습니다. 캐글에서 제공하는 날씨 데이터셋을 이용할 것입니다.[9]

▼ 그림 3-23 선형 회귀 예제

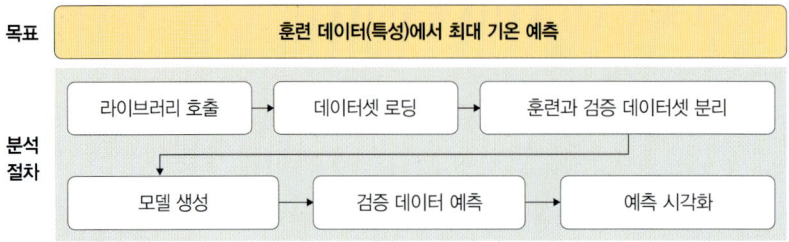

날씨 데이터셋에는 전 세계 여러 기상 관측소에서 매일 기록된 기상 조건 정보가 포함되어 있습니다. 강수량, 강설량, 기온, 풍속 및 그날의 뇌우 등 정보들이 포함되어 있으나, 예제에서는 최대 온도를 예측하기 때문에 최소/최대 기온(MinTemp, MaxTemp) 정보만 사용합니다.

필요한 라이브러리를 호출합니다.

코드 3-22 라이브러리 호출

```
import pandas as pd
import numpy as np
import matplotlib.pyplot as plt
import seaborn as seabornInstance
from sklearn.model_selection import train_test_split
from sklearn.linear_model import LinearRegression
from sklearn import metrics
%matplotlib inline
```

내려받은 예제 파일의 data 폴더에서 날씨 데이터셋 weather.csv 파일을 불러옵니다.

코드 3-23 weather.csv 파일 불러오기

```
dataset = pd.read_csv('../chap03/data/weather.csv')
```

MinTemp와 MaxTemp 데이터 간 분포를 확인하고자 2D 그래프로 시각화합니다.

---

9 호주 기상 관측소(http://www.bom.gov.au/climate/data)의 날씨 데이터를 정리한 데이터셋입니다(https://www.kaggle.com/akdagmelih/rain-prediction-logistic-regression-example/data?select=weatherAUS.csv).

코드 3-24 데이터 간 관계를 시각화로 표현

```
dataset.plot(x='MinTemp', y='MaxTemp', style='o')
plt.title('MinTemp vs MaxTemp')
plt.xlabel('MinTemp')
plt.ylabel('MaxTemp')
plt.show()
```

다음 그림은 데이터 간 관계를 시각화로 표현한 결과입니다.

▼ 그림 3-24 선형 회귀 예제 실행 결과

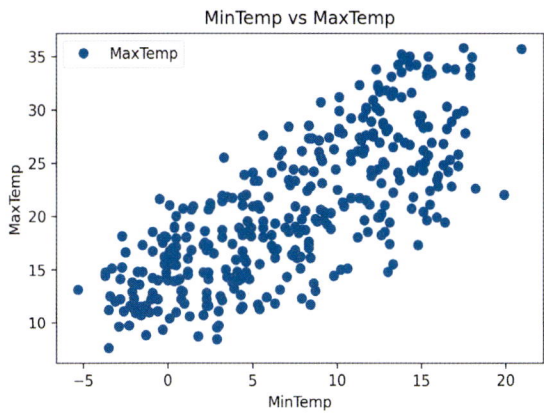

데이터를 '속성(attribute)'과 '레이블(label)'로 나눕니다. 속성은 독립 변수이고 레이블은 종속 변수입니다. 따라서 MinTemp에 따라 MaxTemp를 예측하기 위해 x 변수는 'MinTemp'로 구성하고, y 변수는 'MaxTemp'로 구성합니다.

코드 3-25 데이터를 독립 변수와 종속 변수로 분리하고 선형 회귀 모델 생성

```
X = dataset['MinTemp'].values.reshape(-1,1)          데이터의 80%를 훈련 데이터셋으로 하고
y = dataset['MaxTemp'].values.reshape(-1,1)          데이터의 20%를 검증 데이터셋으로 분할
X_train, X_test, y_train, y_test = train_test_split(X, y, test_size=0.2)

regressor = LinearRegression()        ------ 선형 회귀 클래스를 가져옴
regressor.fit(X_train, y_train)       ------ fit() 메서드를 사용하여 모델 훈련
```

다음은 선형 회귀 모델에 대한 실행 결과입니다.

```
LinearRegression()
```

테스트 데이터셋을 사용하여 몇 가지 예측을 해 보겠습니다. 먼저 X_test의 실제 출력 값을 예측 값과 비교해 보겠습니다.

코드 3-26 회귀 모델에 대한 예측

```
y_pred = regressor.predict(X_test)
df = pd.DataFrame({'Actual': y_test.flatten(), 'Predicted': y_pred.flatten()})
df
```

다음 그림은 회귀 모델에 대한 예측 실행 결과입니다.

▼ 그림 3-25 선형 회귀 예제 예측 결과

	Actual	Predicted
0	25.2	23.413030
1	11.5	13.086857
2	21.1	27.264856
3	22.2	25.461874
4	20.4	26.937041
...	...	...
69	18.9	20.216833
70	22.8	27.674625
71	16.1	21.446140
72	25.1	24.970151
73	12.2	14.070302

74 rows × 2 columns

이번에는 테스트 데이터셋을 회귀선(직선)으로 표현해 보겠습니다.

코드 3-27 테스트 데이터셋을 사용한 회귀선 표현

```
plt.scatter(X_test, y_test, color='gray')
plt.plot(X_test, y_pred, color='red', linewidth=2)
plt.show()
```

다음 그림은 테스트 데이터셋을 사용하여 회귀선으로 표현한 출력 결과입니다.

▼ 그림 3-26 선형 회귀 예측 결과를 회귀선으로 표현

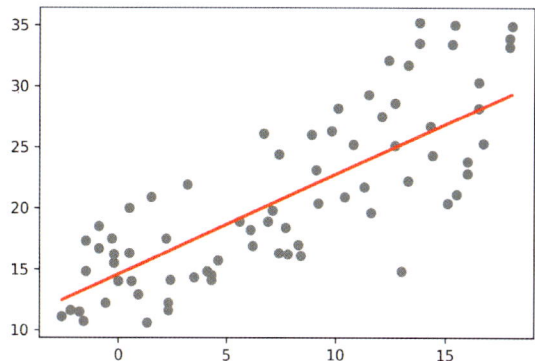

어떤가요? 출력 결과 그림을 보면 회귀선이 실제 데이터와 비슷하다는 것을 확인할 수 있습니다.

이제 거의 다 왔습니다. 마지막으로 모델을 평가해 보겠습니다. 선형 회귀는 평균 제곱 오차(평균제곱법)와 루트 평균 제곱 오차(루트 평균제곱법)를 사용하여 모델을 평가합니다.

코드 3-28 선형 회귀 모델 평가

```
print('평균제곱법:', metrics.mean_squared_error(y_test, y_pred))
print('루트 평균제곱법:', np.sqrt(metrics.mean_squared_error(y_test, y_pred)))
```

다음은 선형 회귀 모델 평가에 대한 실행 결과입니다.

평균제곱법: 17.011877668640622
루트 평균제곱법: 4.124545753006096

루트 평균제곱법(root mean squared)은 이름에서도 알 수 있듯이 평균제곱법(mean squared)에 루트를 씌운 것입니다. 따라서 루트 평균제곱법의 공식은 다음과 같습니다.

평균제곱법이 $MSE = \dfrac{1}{n}\sum_{i=1}^{n}(y_i - \hat{y}_i)^2$ 이라면,

루트 평균제곱법은 루트만 씌운 $RMSE = \sqrt{\dfrac{1}{n}\sum_{i=1}^{n}(y_i - \hat{y}_i)^2}$ 이 됩니다.

루트 평균제곱법 값(4.12)은 모든 기온 백분율에 대한 평균값(22.41)과 비교하여 10% 이상임을 알 수 있습니다. 따라서 모델 정확도는 높지 않지만 여전히 합리적으로 좋은 예측을 할 수 있음을 의미합니다.

3.2 비지도 학습

비지도 학습은 지도 학습처럼 레이블이 필요하지 않으며 정답이 없는 상태에서 훈련시키는 방식입니다. 비지도 학습에는 군집(clustering)과 차원 축소(dimensionality reduction)가 있습니다. 군집은 각 데이터의 유사성(거리)을 측정한 후 유사성이 높은(거리가 짧은) 데이터끼리 집단으로 분류하는 것입니다. 차원 축소는 차원을 나타내는 특성을 줄여서 데이터를 줄이는 방식입니다.

군집과 차원 축소 차이는 다음 표와 같습니다.

▼ 표 3-9 비지도 학습 군집과 차원 축소 비교

구분	군집	차원 축소
목표	데이터 그룹화	데이터 간소화
주요 알고리즘	K-평균 군집화(K-Means)	주성분 분석(PCA)
예시	사용자의 관심사에 따라 그룹화하여 마케팅에 활용	• 데이터 압축 • 중요한 속성 도출

> **Note ≡ 군집, 군집화, 클러스터**
>
> 통계학에서는 군집이라고 하며, 머신 러닝에서는 클러스터라고 합니다. 또한, 클러스터를 한국어로 바꾸면 군집화가 됩니다. 즉, 군집, 군집화, 클러스터는 같은 의미의 다른 표현입니다. 이 책에서는 군집, 군집화, 클러스터 용어를 혼용하여 사용하지만, 모두 동일한 의미로 이해하면 됩니다.

> **Note ≡ 데이터 간 유사도(거리) 측정 방법**
>
> 데이터 간 유사도(거리)를 측정하는 방법으로 유클리드 거리, 맨해튼 거리, 민코프스키 거리, 코사인 유사도 등이 있습니다.
>
> 각각에 대한 설명은 인공지능 수학 관련 도서를 참고하기 바랍니다.

그럼 비지도 학습의 알고리즘을 하나씩 살펴보겠습니다.

3.2.1 K-평균 군집화

▼ 표 3-10 K-평균 군집화를 사용하는 이유와 적용 환경

왜 사용할까?	주어진 데이터에 대한 군집화
언제 사용하면 좋을까?	주어진 데이터셋을 이용하여 몇 개의 클러스터를 구성할지 사전에 알 수 있을 때 사용하면 유용합니다.

K-평균 군집화(K-means clustering)는 데이터를 입력받아 소수의 그룹으로 묶는 알고리즘입니다. 레이블이 없는 데이터를 입력받아 각 데이터에 레이블을 할당해서 군집화를 수행하는데, 학습 과정은 다음과 같습니다.

1. **중심점 선택**: 랜덤하게 초기 중심점(centroid)을 선택합니다(그림에서는 $K=2$로 초기화).

2. **클러스터 할당**: K개의 중심점과 각각의 개별 데이터 간의 거리(distance)를 측정한 후, 가장 가까운 중심점을 기준으로 데이터를 할당(assign)합니다. 이 과정을 통해 클러스터가 구성됩니다(이때 클러스터링은 데이터를 하나 혹은 둘 이상의 덩어리로 묶는 과정이며, 클러스터는 덩어리 자체를 의미합니다).

3. **새로운 중심점 선택**: 클러스터마다 새로운 중심점을 계산합니다.

4. **범위 확인**(convergence): 선택된 중심점에 더 이상의 변화가 없다면 진행을 멈춥니다. 만약 계속 변화가 있다면 2~3 과정을 반복합니다.

다음 그림은 반복 횟수에 따른 데이터 분류 과정을 보여 줍니다.

▼ 그림 3-27 K-평균 군집화

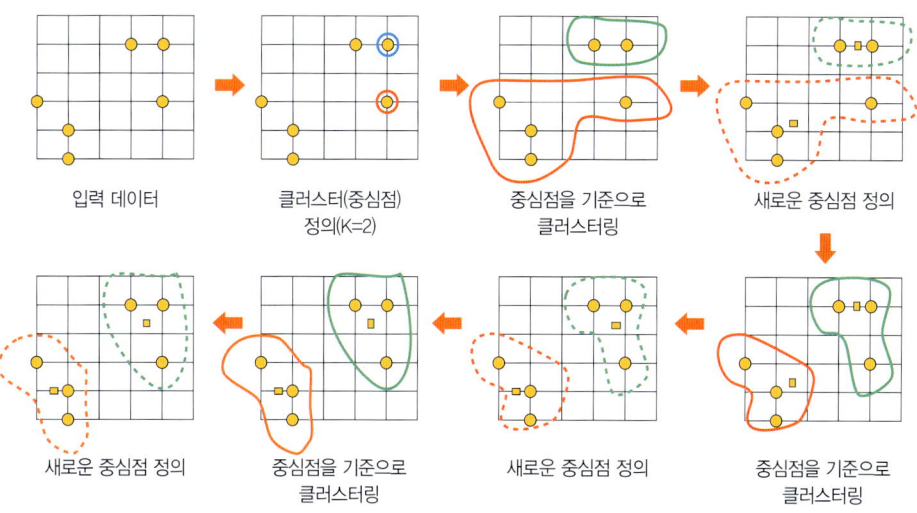

참고로 K-평균 군집화 알고리즘은 다음 상황에서는 데이터 분류가 원하는 결과와 다르게 발생할 수 있으므로 사용하지 않는 것이 좋습니다.

데이터가 비선형일 때

▼ 그림 3-28 비선형 데이터

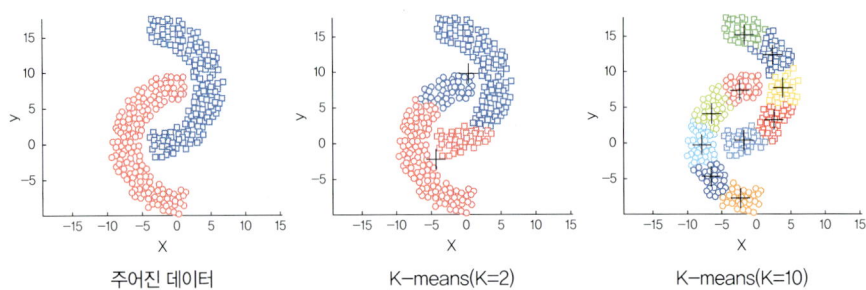

군집 크기가 다를 때

▼ 그림 3-29 서로 다른 군집 크기

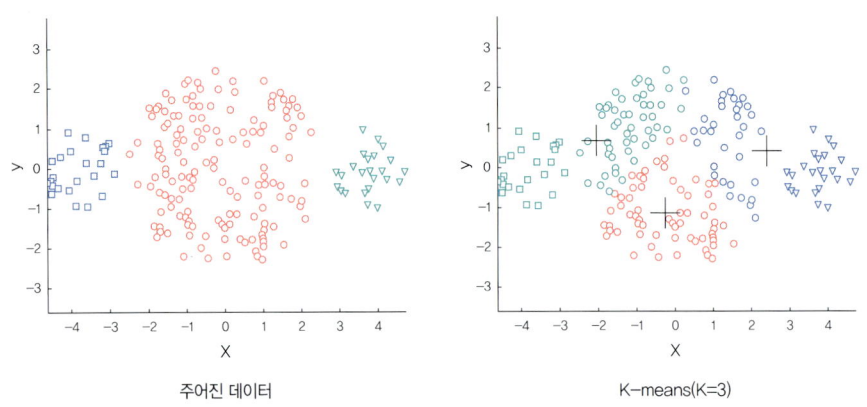

군집마다 밀집도(density)와 거리가 다를 때

▼ 그림 3-30 밀집도와 거리가 다른 군집

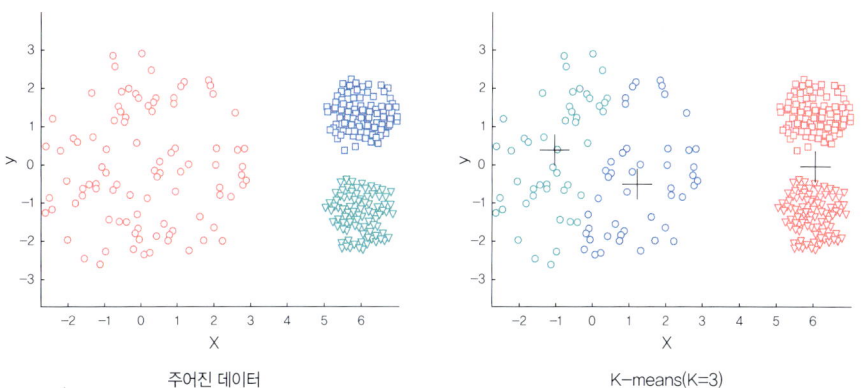

주어진 데이터   K-means(K=3)

K-평균 군집화 예제로 자세히 알아보겠습니다. 앞서 살펴보았듯이 K-평균 군집화 알고리즘의 성능은 K 값에 따라 달라집니다. 따라서 이번 예제는 적절한 K 값을 찾는 것을 목표로 진행해 보겠습니다.

▼ 그림 3-31 K-평균 군집화 예제

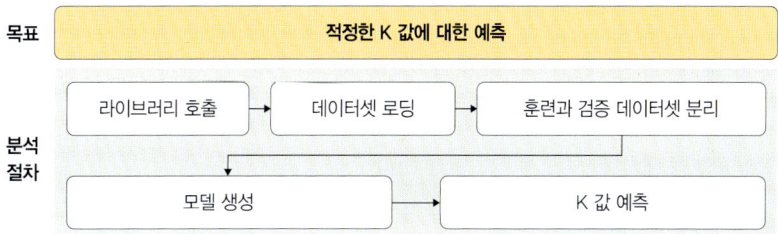

먼저 필요한 라이브러리를 호출합니다.

코드 3-29 라이브러리 호출

```
import pandas as pd
from sklearn.preprocessing import MinMaxScaler
from sklearn.cluster import KMeans
import matplotlib.pyplot as plt
```

내려받은 예제 파일의 data 폴더에서 상품에 대한 연 지출 데이터(sales data.csv) 파일을 불러옵니다.[10]

코드 3-30 상품에 대한 연 지출 데이터(sales data.csv) 호출

```
data = pd.read_csv('../chap03/data/sales data.csv')
data.head()
```

코드를 실행하면 다음 그림과 같이 다양한 제품에 대한 연 지출을 확인할 수 있습니다.

▼ 그림 3-32 K-평균 군집화 예제 데이터

	Channel	Region	Fresh	Milk	Grocery	Frozen	Detergents_Paper	Delicassen
0	2	3	12669	9656	7561	214	2674	1338
1	2	3	7057	9810	9568	1762	3293	1776
2	2	3	6353	8808	7684	2405	3516	7844
3	1	3	13265	1196	4221	6404	507	1788
4	2	3	22615	5410	7198	3915	1777	5185

불러온 데이터셋은 도매 유통업체의 고객 데이터로 신선한 제품, 유제품, 식료품 등에 대한 연간 지출 정보가 포함되어 있습니다.

- **Channel**: 고객 채널(호텔/레스토랑/카페) 또는 소매 채널(명목형 데이터)
- **Region**: 고객 지역(명목형 데이터)
- **Fresh**: 신선한 제품에 대한 연간 지출(연속형 데이터)
- **Milk**: 유제품에 대한 연간 지출(연속형 데이터)
- **Grocery**: 식료품에 대한 연간 지출(연속형 데이터)
- **Frozen**: 냉동 제품에 대한 연간 지출(연속형 데이터)
- **Detergents_Paper**: 세제 및 종이 제품에 대한 연간 지출(연속형 데이터)
- **Delicassen**: 조제 식품에 대한 연간 지출(연속형 데이터)

---

10 캐글에서 제공하는 UCI 도매 고객 데이터셋입니다(https://www.kaggle.com/binovi/wholesale-customers-data-set).

> Note ≡ **자료 유형**
>
> 데이터 형태에 따라 다음과 같은 유형으로 구분할 수 있습니다.
>
> ▼ 표 3-11 자료 유형
>
> | 데이터 형태 | 설명 | 예시 |
> | --- | --- | --- |
> | 수치형 자료 | 관측된 값이 수치로 측정되는 자료 | 키, 몸무게, 시험 성적 |
> | 연속형 자료 | 값이 연속적인 자료 | 키, 몸무게 |
> | 이산형 자료 | 셀 수 있는 자료 | 자동차 사고 |
> | 범주형 자료 | 관측 결과가 몇 개의 범주 또는 항목의 형태로 나타나는 자료 | 성별(남, 여), 선호도(좋다, 싫다) |
> | 순위형 자료 | 범주 간에 순서 의미가 있는 자료 | '매우 좋다', '좋다', '그저 그렇다', '싫다', '매우 싫다' 다섯 가지 범주가 주어졌을 때, 이 범주에는 순서가 있음 |
> | 명목형 자료 | 범주 간에 순서 의미가 없는 자료 | 혈액형 |

데이터 형태에 따라 연속형 데이터와 명목형 데이터로 분류합니다.

코드 3-31 연속형 데이터와 명목형 데이터로 분류

```
categorical_features = ['Channel', 'Region']  ------ 명목형 데이터
continuous_features = ['Fresh', 'Milk', 'Grocery', 'Frozen', 'Detergents_Paper',
                       'Delicassen']  ------ 연속형 데이터

for col in categorical_features:
    dummies = pd.get_dummies(data[col], prefix=col)  ------ 명목형 데이터는 판다스의 get_dummies() 메서드를
    data = pd.concat([data, dummies], axis=1)              사용하여 숫자(0과 1)로 변환
    data.drop(col, axis=1, inplace=True)
data.head()
```

코드를 실행하면 다음과 같이 연속형 데이터와 명목형 데이터로 분류됩니다.

▼ 그림 3-33 예제 데이터를 연속형 데이터와 명목형 데이터로 분류

	Fresh	Milk	Grocery	Frozen	Detergents_Paper	Delicassen	Channel_1	Channel_2	Region_1	Region_2	Region_3
0	12669	9656	7561	214	2674	1338	0	1	0	0	1
1	7057	9810	9568	1762	3293	1776	0	1	0	0	1
2	6353	8808	7684	2405	3516	7844	0	1	0	0	1
3	13265	1196	4221	6404	507	1788	1	0	0	0	1
4	22615	5410	7198	3915	1777	5185	0	1	0	0	1

연속형 데이터의 모든 특성에 동일하게 중요성을 부여하기 위해 스케일링(scaling)을 적용합니다. 이는 데이터 범위가 다르기 때문에 범위에 따라 중요도가 달라질 수 있는 것(예를 들어 1000원과 1억 원이 있을 때 1000원의 데이터는 무시)을 방지하기 위함입니다. 일정한 범위를 유지하도록 사이킷런의 MinMaxScaler() 메서드를 사용합니다.

코드 3-32 데이터 전처리(스케일링 적용)

```
mms = MinMaxScaler()
mms.fit(data)
data_transformed = mms.transform(data)
```

데이터에 대한 전처리가 완료되었기 때문에 우리가 원하는 적당한 K 값을 알아보겠습니다.

코드 3-33 적당한 K 값 추출

```
Sum_of_squared_distances = []  ······ ①
K = range(1, 15)  ······ K에 1부터 14까지 적용해 봅니다.
for k in K:
    km = KMeans(n_clusters=k)  ······ 1~14의 K 값 적용
    km = km.fit(data_transformed)  ······ KMeans 모델 훈련
    Sum_of_squared_distances.append(km.inertia_)

plt.plot(K, Sum_of_squared_distances, 'bx-')
plt.xlabel('k')
plt.ylabel('Sum_of_squared_distances')
plt.title('Optimal k')
plt.show()
```

코드를 실행하면 다음 그림과 같이 적당한 K 값이 출력됩니다.

▼ 그림 3-34 K-평균 군집화 예제 실행 결과

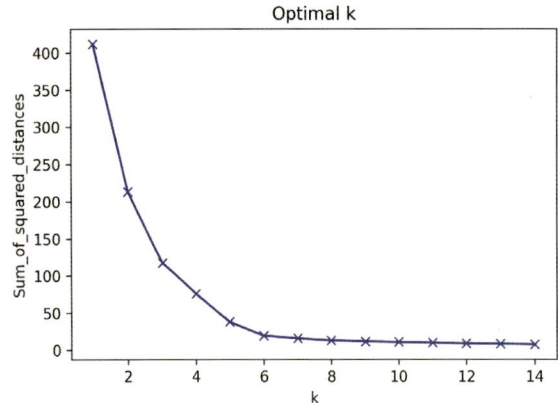

① 거리 제곱의 합(Sum of Squared Distances, SSD)은 x, y 두 데이터의 차를 구해서 제곱한 값을 모두 더한 후 유사성을 측정하는 데 사용됩니다. 즉, 가장 가까운 클러스터 중심까지 거리를 제곱한 값의 합을 구할 때 사용하며, 다음 수식을 씁니다.

$$SSD = \sum_{x,y}(I_1(x, y) - I_2(x, y))^2$$

K가 증가하면 거리 제곱의 합은 0이 되는 경향이 있습니다. K를 최댓값 n(여기에서 n은 샘플 수)으로 설정하면 각 샘플이 자체 클러스터를 형성하여 거리 제곱 합이 0과 같아지기 때문입니다.

출력 그래프는 클러스터 개수(x축)에 따른 거리 제곱의 합(y축)을 보여 줍니다. K가 6부터 0에 가까워지고 있으므로 $K=5$가 적정하다고 판단할 수 있습니다.

3.2.2 밀도 기반 군집 분석

▼ 표 3-12 밀도 기반 군집 분석을 사용하는 이유와 적용 환경

왜 사용할까?	주어진 데이터에 대한 군집화
언제 사용하면 좋을까?	K-평균 군집화와는 다르게 사전에 클러스터의 숫자를 알지 못할 때 사용하면 유용합니다. 또한, 주어진 데이터에 이상치가 많이 포함되었을 때 사용하면 좋습니다.

밀도 기반 군집 분석(Density-Based Spatial Clustering of Applications with Noise, DBSCAN)은 일정 밀도 이상을 가진 데이터를 기준으로 군집을 형성하는 방법입니다.

▼ 그림 3-35 밀도 기반 군집 분석의 밀집도

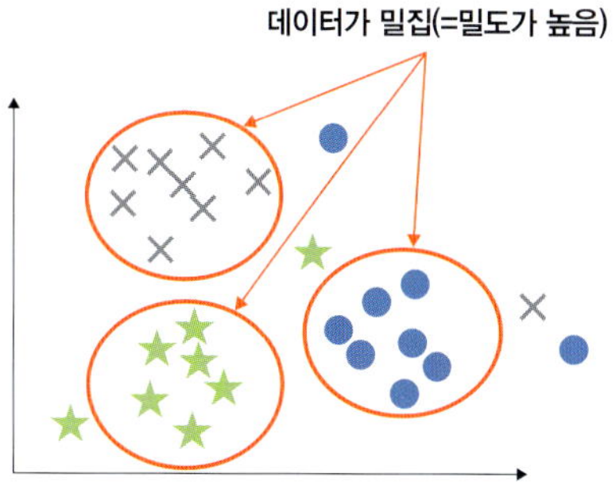

노이즈(noise)에 영향을 받지 않으며, K-평균 군집화에 비해 연산량은 많지만 K-평균 군집화가 잘 처리하지 못하는 오목하거나 볼록한 부분을 처리하는 데 유용합니다.

▼ 그림 3-36 밀도 기반 군집 분석의 데이터 표현

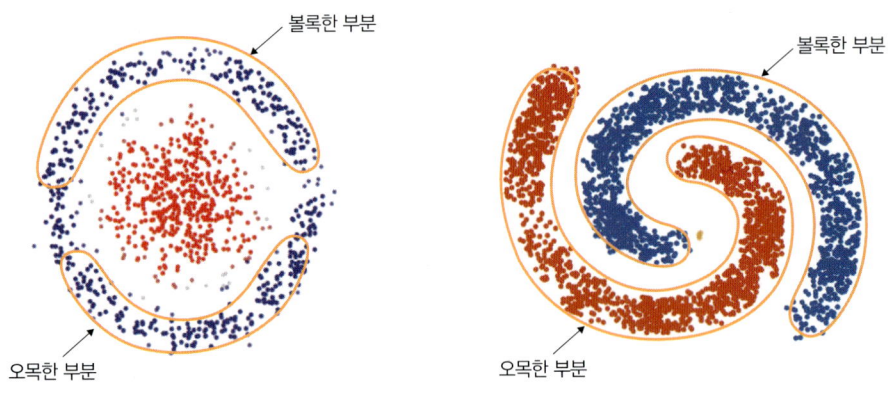

> **Note** 노이즈와 이상치 차이
>
> 노이즈는 주어진 데이터셋과 무관하거나 무작위성 데이터로 전처리 과정에서 제거해야 할 부분입니다. 이상치는 관측된 데이터 범위에서 많이 벗어난 아주 작은 값이나 아주 큰 값을 의미합니다.

▼ 그림 3-37 노이즈와 이상치

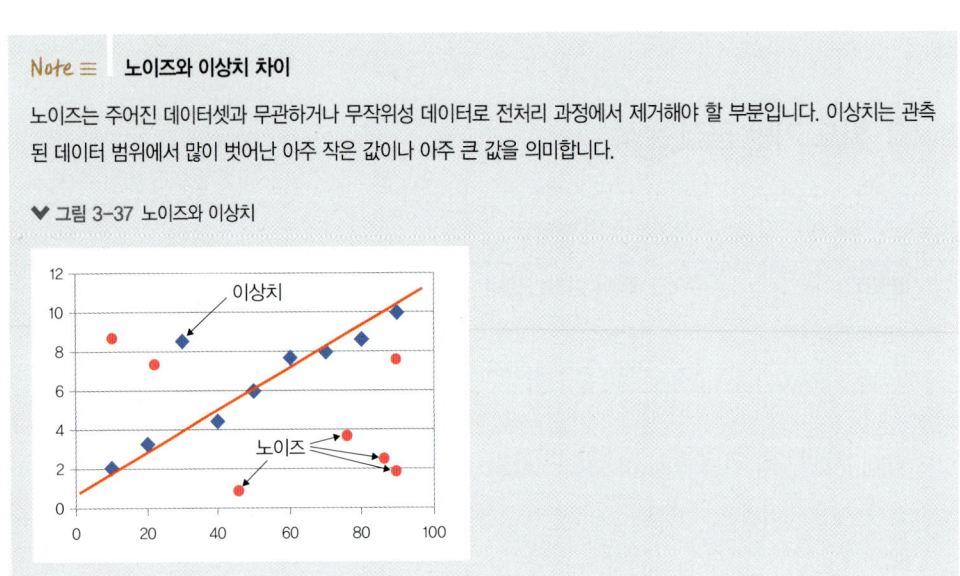

밀도 기반 군집 분석을 이용한 군집 방법은 다음 절차에 따라 진행됩니다.

1단계. 엡실론 내 점 개수 확인 및 중심점 결정

다음 그림과 같이 원 안에 점 P1이 있다고 할 때, 점 P1에서 거리 엡실론(epsilon)[11] 내에 점이 m(minPts)[12]개 있으면 하나의 군집으로 인식한다고 합시다. 이때 엡실론 내에 점(데이터) m개를 가지고 있는 점 P1을 중심점(core point)이라고 합니다. 예를 들어 minPts=3이라면 파란색 점 P1

---

11 두 점 사이의 거리로 임계치(범주) 역할을 수행합니다.
12 중심점을 만드는 구성 요건으로 엡실론 내 데이터 개수를 의미합니다.

을 중심으로 반경 엡실론 내에 점이 세 개 이상 있으면 하나의 군집으로 판단할 수 있는데, 다음 그림은 점이 네 개 있기 때문에 하나의 군집이 되고, P1은 중심점이 됩니다.

▼ 그림 3-38 중심점과 엡실론

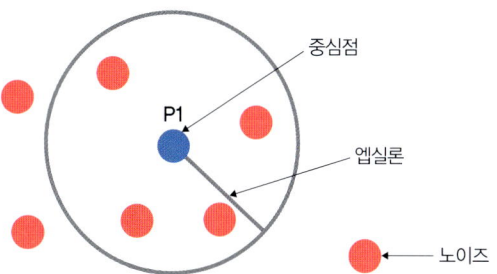

2단계. 군집 확장

1단계에서 새로운 군집을 생성했는데, 주어진 데이터를 사용하여 두 번째 군집을 생성해 보겠습니다. 데이터의 밀도 기반으로 군집을 생성하기 때문에 밀도가 높은 지역에서 중심점을 만족하는 데이터가 있다면 그 지역을 포함하여 새로운 군집을 생성합니다.

예를 들어 P1 옆에 있던 빨간색 점(그림 3-39의 오른쪽 초록색 점)을 중심점 P2로 설정하면 minPts=3을 만족하기 때문에 새로운 군집을 생성할 수 있습니다.

▼ 그림 3-39 군집 확장

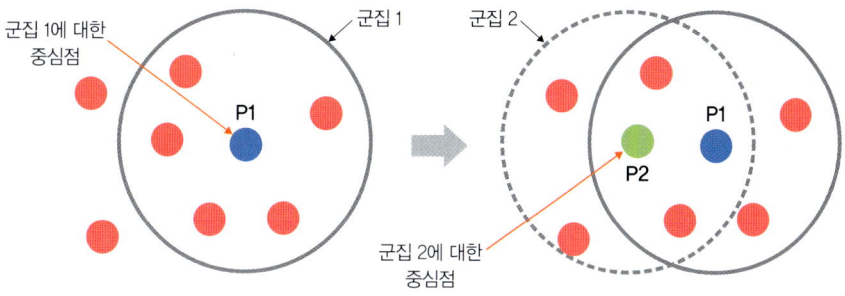

밀도 기반 군집 분석은 밀도 기반이기 때문에 주위의 점들을 대상으로 중심점을 설정하고 새로운 군집을 생성하는 것이 가능합니다.

이제 군집 두 개를 하나의 군집으로 확대합니다.

▼ 그림 3-40 군집 확대

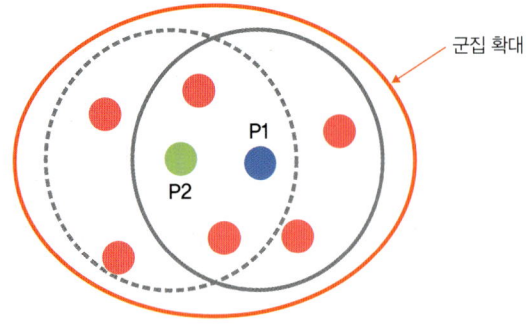

3단계. 1~2단계 반복

데이터가 밀집된 밀도가 높은 지역에서 더 이상 중심점을 정의할 수 없을 때까지 1~2단계를 반복합니다.

4단계. 노이즈 정의

어떤 군집에도 포함되지 않은 데이터를 노이즈로 정의합니다.

3.2.3 주성분 분석(PCA)

▼ 표 3-13 PCA를 사용하는 이유와 적용 환경

왜 사용할까?	주어진 데이터의 간소화
언제 사용하면 좋을까?	현재 데이터의 특성(변수)이 너무 많을 경우에는 데이터를 하나의 플롯(plot)에 시각화해서 살펴보는 것이 어렵습니다. 이때 특성 p개를 두세 개 정도로 압축해서 데이터를 시각화하여 살펴보고 싶을 때 유용한 알고리즘입니다.

변수가 많은 고차원 데이터의 경우 중요하지 않은 변수로 처리해야 할 데이터양이 많아지고 성능 또한 나빠지는 경향이 있습니다. 이러한 문제를 해결하고자 고차원 데이터를 저차원으로 축소시켜 데이터가 가진 대표 특성만 추출한다면 성능은 좋아지고 작업도 좀 더 간편해집니다. 이때 사용하는 대표적인 알고리즘이 PCA(Principal Component Analysis)입니다. 즉, PCA는 고차원 데이터를 저차원(차원 축소) 데이터로 축소시키는 알고리즘입니다.

차원 축소 방법은 다음과 같습니다.

데이터들의 분포 특성을 잘 설명하는 벡터를 두 개 선택

다음 그림에서 e_1과 e_2 두 벡터는 데이터 분포를 잘 설명합니다. e_1의 방향과 크기, e_2의 방향과 크기를 알면 데이터 분포가 어떤 형태인지 알 수 있기 때문입니다.

벡터 두 개를 위한 적정한 가중치를 찾을 때까지 학습을 진행

▼ 그림 3-41 2D에서 PCA 예시

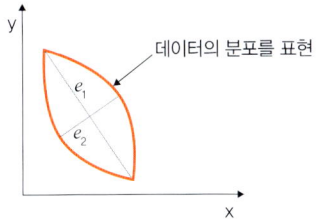

즉, PCA는 데이터 하나하나에 대한 성분을 분석하는 것이 아니라, 여러 데이터가 모여 하나의 분포를 이룰 때 이 분포의 주성분[13]을 분석하는 방법입니다.

예를 들어 코드는 간단하게 다음과 같이 구현할 수 있습니다.

```
pca = decomposition.PCA(n_components=1)
pca_x = pca.fit_transform(x_std)

result = pd.DataFrame(pca_x, columns=['dog'])
result['y-axis'] = 0.0
result['label'] = Y

sns.lmplot('dog', 'y-axis', data=result, fit_reg=False,
           scatter_kws={"s":50}, hue='label');
```

밀도 기반 군집 분석과 PCA 예제를 묶어서 진행해 보겠습니다. 밀도 기반 군집 분석을 이용하여 클러스터링을 진행하겠지만, 시각화를 위해 PCA를 사용해 보겠습니다. 이번 예제의 목표는 훈련 데이터를 정확하게 클러스터링하는 것입니다.

---

[13] 전체 데이터(독립 변수들)의 분산을 가장 잘 설명하는 성분이라고 할 수 있습니다. 예를 들어 전체 독립 변수가 네 개 있는데, 두 개의 변수로도 전체 데이터에 대한 분산을 충분히 설명할 수 있다면 두 개의 변수만 사용하겠다는 의미입니다.

▼ 그림 3-42 밀도 기반 군집 분석과 PCA 예제

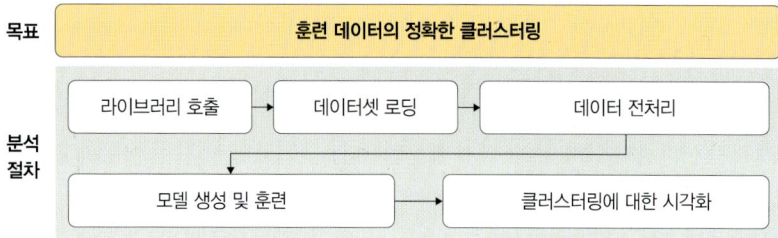

먼저 필요한 라이브러리를 호출합니다.

코드 3-34 라이브러리 호출

```
import numpy as np
import pandas as pd
import matplotlib.pyplot as plt

from sklearn.cluster import DBSCAN        ------ 밀도 기반 군집 분석
from sklearn.preprocessing import StandardScaler
from sklearn.preprocessing import normalize
from sklearn.decomposition import PCA     ------ 데이터 차원 축소
```

훈련을 위해 내려받은 예제 파일에서 data 폴더에 있는 credit card.csv 파일을 불러옵니다.[14]

코드 3-35 데이터 불러오기

```
X = pd.read_csv('../chap03/data/credit card.csv')
X = X.drop('CUST_ID', axis=1)    ------ 불러온 데이터에서 'CUST_ID' 열(칼럼)을 삭제
X.fillna(method='ffill', inplace=True)   ------ ①
print(X.head())    ------ 데이터셋 형태 확인
```

코드를 실행하면 credit card.csv 파일의 데이터셋 정보를 보여 줍니다.

	BALANCE	BALANCE_FREQUENCY	PURCHASES	ONEOFF_PURCHASES \
0	40.900749	0.818182	95.40	0.00
1	3202.467416	0.909091	0.00	0.00
2	2495.148862	1.000000	773.17	773.17
3	1666.670542	0.636364	1499.00	1499.00
4	817.714335	1.000000	16.00	16.00

---

14 캐글에서 제공하는 클러스터링을 위한 신용 카드 데이터셋입니다(https://www.kaggle.com/ecedolen/machine-l-on-credit-card-customer-segmentation/data).

```
       INSTALLMENTS_PURCHASES  CASH_ADVANCE  PURCHASES_FREQUENCY  \
0                        95.4      0.000000              0.166667
1                         0.0   6442.945483              0.000000
2                         0.0      0.000000              1.000000
3                         0.0    205.788017              0.083333
4                         0.0      0.000000              0.083333

   ONEOFF_PURCHASES_FREQUENCY  PURCHASES_INSTALLMENTS_FREQUENCY  \
0                    0.000000                          0.083333
1                    0.000000                          0.000000
2                    1.000000                          0.000000
3                    0.083333                          0.000000
4                    0.083333                          0.000000

   CASH_ADVANCE_FREQUENCY  CASH_ADVANCE_TRX  PURCHASES_TRX  CREDIT_LIMIT  \
0                0.000000                 0              2        1000.0
1                0.250000                 4              0        7000.0
2                0.000000                 0             12        7500.0
3                0.083333                 1              1        7500.0
4                0.000000                 0              1        1200.0

       PAYMENTS  MINIMUM_PAYMENTS  PRC_FULL_PAYMENT  TENURE
0    201.802084        139.509787          0.000000      12
1   4103.032597       1072.340217          0.222222      12
2    622.066742        627.284787          0.000000      12
3      0.000000        627.284787          0.000000      12
4    678.334763        244.791237          0.000000      12
```

① 결측 값을 앞의 값으로 채울 때 사용합니다.

예를 들어 df.fillna(method='ffill')을 실행할 경우 다음과 같이 앞의 값으로 결측치가 채워집니다.

▼ 그림 3-43 df.fillna() 메서드

	Data1	Data2	Data13
0		0.2	0.8
1		0.5	
2	0.2		0.6
3	0.3		

df.fillna(method='ffill')

	Data1	Data2	Data13
0	NaN	0.2	0.8
1	NaN	0.5	0.8
2	0.2	0.5	0.6
3	0.3	0.5	0.6

데이터 전처리 및 차원 축소를 진행합니다.

코드 3-36 데이터 전처리 및 데이터를 2차원으로 차원 축소

```
scaler = StandardScaler()
X_scaled = scaler.fit_transform(X)     ······ 평균이 0, 표준편차가 1이 되도록 데이터 크기를 조정


X_normalized = normalize(X_scaled)     ······ 데이터가 가우스 분포를 따르도록 정규화
X_normalized = pd.DataFrame(X_normalized)     ······ 넘파이 배열을 데이터프레임(dataframe)으로 변환


pca = PCA(n_components=2)     ······ 2차원으로 차원 축소 선언
X_principal = pca.fit_transform(X_normalized)     ······ 차원 축소 적용
X_principal = pd.DataFrame(X_principal)
X_principal.columns = ['P1', 'P2']
print(X_principal.head())
```

다음은 데이터를 2차원으로 차원 축소한 결과입니다.

```
        P1        P2
0 -0.489949 -0.679976
1 -0.519099  0.544827
2  0.330633  0.268880
3 -0.481656 -0.097611
4 -0.563512 -0.482506
```

훈련된 모델에 대해 시각적으로 표현해 봅시다.

코드 3-37 DBSCAN 모델 생성 및 결과의 시각화

```
db_default = DBSCAN(eps=0.0375, min_samples=3).fit(X_principal)     ······ 모델 생성 및 훈련
labels = db_default.labels_     ······ 각 데이터 포인트에 할당된 모든 클러스터 레이블의 넘파일 배열을 labels에 저장


colours = {}     ······ 출력 그래프의 색상을 위한 레이블 생성
colours[0] = 'y'
colours[1] = 'g'
colours[2] = 'b'
colours[-1] = 'k'


cvec = [colours[label] for label in labels]     ······ 각 데이터 포인트에 대한 색상 벡터 생성
```

```
r = plt.scatter(X_principal['P1'], X_principal['P2'], color='y');
g = plt.scatter(X_principal['P1'], X_principal['P2'], color='g');
b = plt.scatter(X_principal['P1'], X_principal['P2'], color='b');
k = plt.scatter(X_principal['P1'], X_principal['P2'], color='k');  ------ 플롯(plot)의
                                                                          범례(legend) 구성
plt.figure(figsize=(9,9))
plt.scatter(X_principal['P1'], X_principal['P2'], c=cvec)  ------ 정의된 색상 벡터에 따라 X축에
                                                                  P1, Y축에 P2 플로팅(plotting)
plt.legend((r, g, b, k), ('Label 0', 'Label 1', 'Label 2', 'Label -1'))  ------ 범례 구축
plt.show()
```

다음 그림은 DBSCAN 모델을 실행하여 시각화한 결과입니다.

▼ 그림 3-44 밀도 기반 군집 분석과 PCA 예제 실행 결과

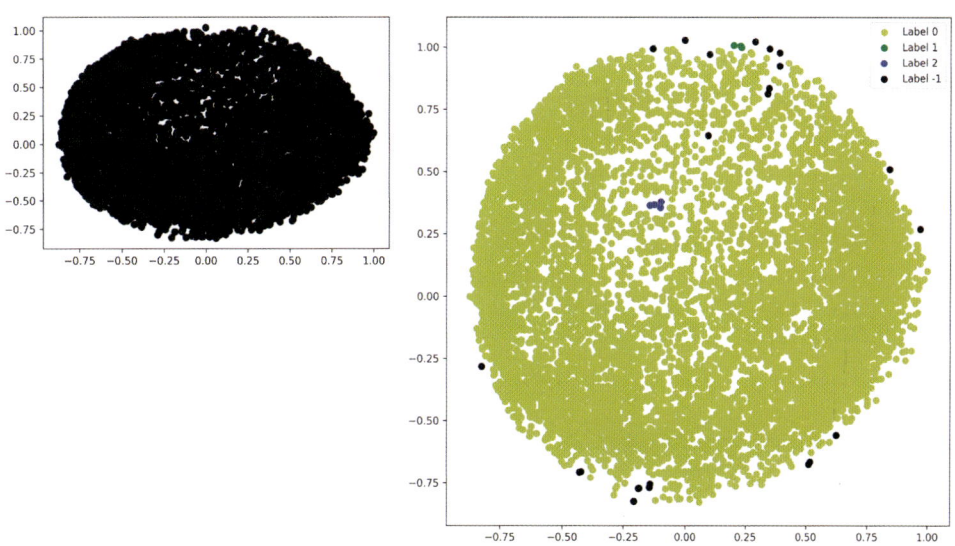

출력 결과를 보면 알겠지만, 클러스터링에 대한 튜닝이 필요합니다. 밀도 기반 군집 분석에서 사용하는 min_samples(minPts)의 하이퍼파라미터를 3에서 50으로 변경한 후 시각화 부분을 수정해 보겠습니다.

코드 3-38 모델 튜닝

```python
db = DBSCAN(eps=0.0375, min_samples=50).fit(X_principal)
labels1 = db.labels_

colours1 = {}
colours1[0] = 'r'
colours1[1] = 'g'
colours1[2] = 'b'
colours1[3] = 'c'
colours1[4] = 'y'
colours1[5] = 'm'
colours1[-1] = 'k'

cvec = [colours1[label] for label in labels1]
colors1 = ['r', 'g', 'b', 'c', 'y', 'm', 'k']

r = plt.scatter(
    X_principal['P1'], X_principal['P2'], marker='o', color=colors1[0])
g = plt.scatter(
    X_principal['P1'], X_principal['P2'], marker='o', color=colors1[1])
b = plt.scatter(
    X_principal['P1'], X_principal['P2'], marker='o', color=colors1[2])
c = plt.scatter(
    X_principal['P1'], X_principal['P2'], marker='o', color=colors1[3])
y = plt.scatter(
    X_principal['P1'], X_principal['P2'], marker='o', color=colors1[4])
m = plt.scatter(
    X_principal['P1'], X_principal['P2'], marker='o', color=colors1[5])
k = plt.scatter(
    X_principal['P1'], X_principal['P2'], marker='o', color=colors1[6])

plt.figure(figsize=(9,9))
plt.scatter(X_principal['P1'], X_principal['P2'], c=cvec)
plt.legend((r, g, b, c, y, m, k),
           ('Label 0', 'Label 1', 'Label 2', 'Label 3', 'Label 4', 'Label 5', 'Label -1'),
           scatterpoints=1,
           loc='upper left',
           ncol=3,
           fontsize=8)
plt.show()
```

다음 그림은 모델 튜닝을 실행한 결과입니다.

▼ 그림 3-45 밀도 기반 군집 분석과 PCA 예제 튜닝 결과

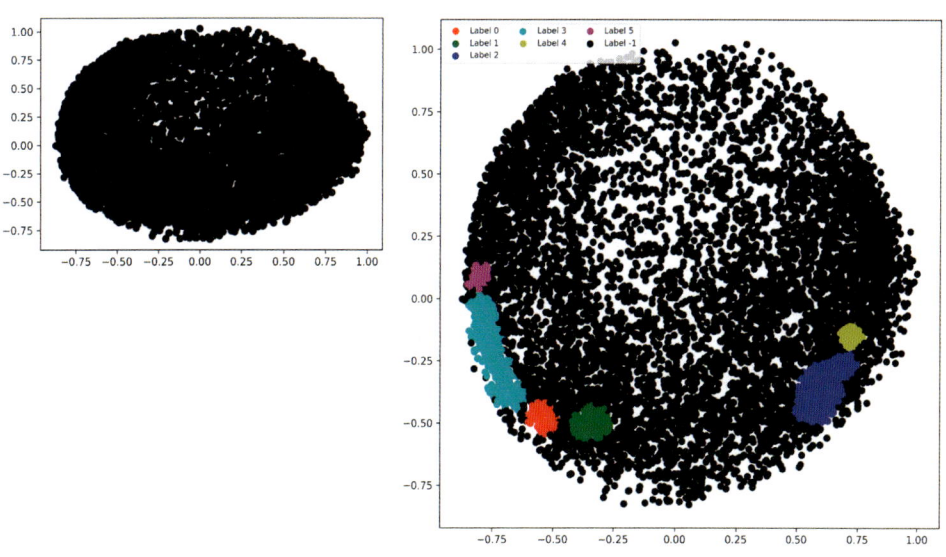

> Note ≡ 맷플롯립 용어
>
> 다음 그림은 맷플롯립(matplotlib) 라이브러리로 출력하는 그림에서 사용되는 용어들을 정리한 것입니다.
>
> ▼ 그림 3-46 맷플롯립
>
>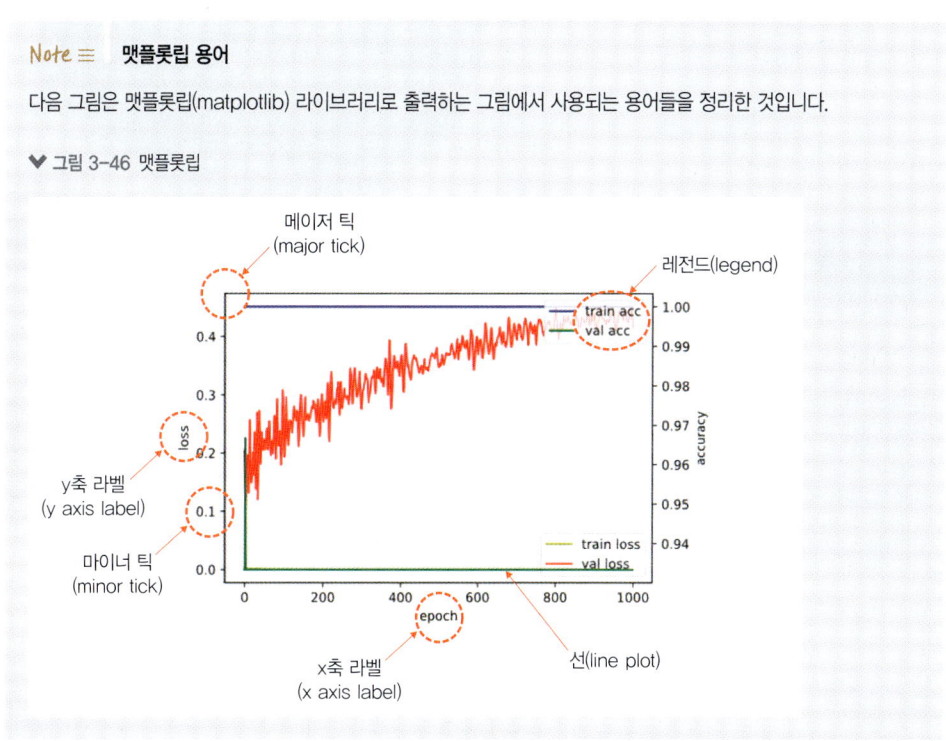

앞에서 진행했던 코드(코드 3-37)보다 군집이 잘 표현되었습니다. 추가적으로 밀도 기반 군집 분석 모델의 하이퍼파라미터 인자 min_samples를 50에서 100으로 변경해 보면 그림 3-47과 같은 그래프를 출력합니다.

코드 3-39 min_samples를 50에서 100으로 변경

```
db = DBSCAN(eps=0.0375, min_samples=100).fit(X_principal)
```

코드를 실행하면 다음 그림과 같이 출력됩니다.

▼ 그림 3-47 밀도 기반 군집 분석과 PCA 예제에서 잘못된 하이퍼파라미터를 적용할 때의 결과

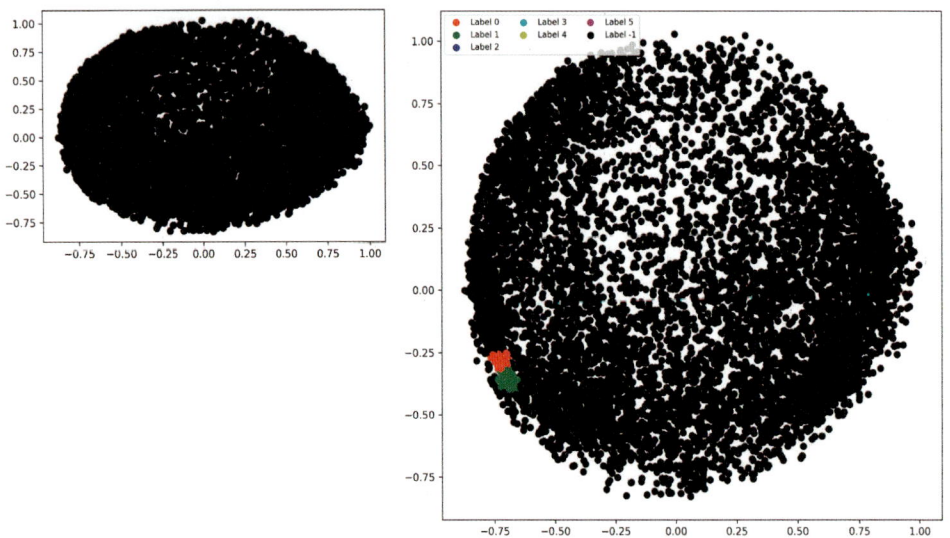

많은 클러스터 부분이 무시된 것을 확인할 수 있습니다. 이와 같이 모델에서 하이퍼파라미터 영향에 따라 클러스터 결과(성능)가 달라지므로, 최적의 성능을 내려면 하이퍼파라미터를 이용한 튜닝이 중요합니다.

모델 튜닝은 8장에서 자세히 다룰 예정이므로 이 장에서는 다루지 않습니다. 성능 최적화에서는 하드웨어 및 하이퍼파라미터를 이용한 최적화 방법에 대해 설명합니다.

4장

딥러닝 시작

4.1 인공 신경망의 한계와 딥러닝 출현
4.2 딥러닝 구조
4.3 딥러닝 알고리즘
4.4 우리는 무엇을 배워야 할까?

4.1 인공 신경망의 한계와 딥러닝 출현

오늘날 인공 신경망에서 이용하는 구조(입력층, 출력층, 가중치로 구성된 구조)는 프랭크 로젠블라트(Frank Rosenblatt)가 1957년에 고안한 퍼셉트론이라는 선형 분류기입니다. 이 퍼셉트론은 오늘날 신경망(딥러닝)의 기원이 되는 알고리즘입니다.

퍼셉트론은 다수의 신호(흐름이 있는)를 입력으로 받아 하나의 신호를 출력하는데, 이 신호를 입력으로 받아 '흐른다/안 흐른다(1 또는 0)'는 정보를 앞으로 전달하는 원리로 작동합니다.

▼ 그림 4-1 퍼셉트론 원리

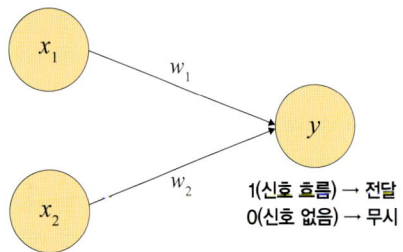

그림 4-1과 같이 입력이 두 개(x_1, x_2) 있다고 할 때 컴퓨터가 논리적으로 인식하는 방식을 알아보기 위해 논리 게이트로 확인해 봅시다.

AND 게이트

AND 게이트는 모든 입력이 '1'일 때 작동합니다. 즉, 입력 중 어떤 하나라도 '0'을 갖는다면 작동을 멈추는데, 이를 진리표로 표현하면 다음 표와 같습니다.

▼ 표 4-1 AND 게이트

x_1	x_2	y
0	0	0
1	0	0
0	1	0
1	1	1

즉, AND 게이트에서는 다음 그림과 같은 데이터 분류(검은색 점과 흰색 점)로 표현할 수 있습니다.

▼ 그림 4-2 AND 게이트

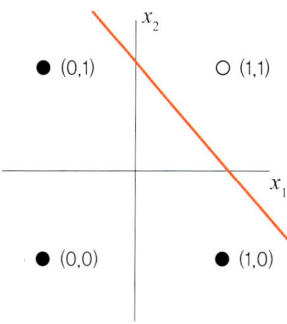

OR 게이트

OR 게이트는 입력에서 둘 중 하나만 '1'이거나 둘 다 '1'일 때 작동합니다. 즉, 입력 모두가 '0'을 갖는 경우를 제외한 나머지가 모두 '1' 값을 갖는데, 이를 진리표로 표현하면 다음 표와 같습니다.

▼ 표 4-2 OR 게이트

x_1	x_2	y
0	0	0
1	0	1
0	1	1
1	1	1

OR 게이트에서도 다음 그림과 같은 데이터 분류(검은색 점과 흰색 점)로 표현할 수 있습니다.

▼ 그림 4-3 OR 게이트

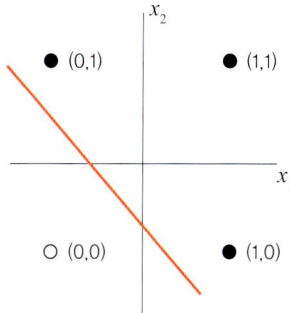

그렇다면 XOR 게이트에서는 어떨까요?

XOR 게이트

XOR 게이트는 배타적 논리합이라는 용어로 입력 두 개 중 한 개만 '1'일 때 작동하는 논리 연산입니다. 이를 진리표로 표현하면 다음 표와 같습니다.

▼ 표 4-3 XOR 게이트

x_1	x_2	y
0	0	0
1	0	1
0	1	1
1	1	0

XOR 게이트는 데이터가 비선형적으로 분리되기 때문에 제대로 된 분류가 어렵습니다. 즉, 단층 퍼셉트론에서는 AND, OR 연산에 대해서는 학습이 가능하지만, XOR에 대해서는 학습이 불가능합니다.

▼ 그림 4-4 XOR 게이트

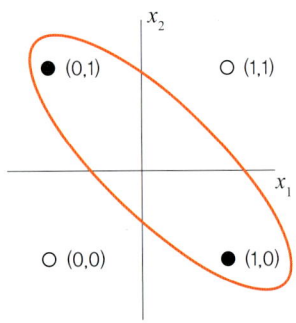

이를 극복하는 방안으로 입력층과 출력층 사이에 하나 이상의 중간층(은닉층)을 두어 비선형적으로 분리되는 데이터에 대해서도 학습이 가능하도록 다층 퍼셉트론(multi-layer perceptron)을 고안했습니다.

이때 입력층과 출력층 사이에 은닉층이 여러 개 있는 신경망을 심층 신경망(Deep Neural Network, DNN)이라고 하며, 심층 신경망을 다른 이름으로 딥러닝이라고 합니다.

4.2 딥러닝 구조

딥러닝이란 여러 층을 가진 인공 신경망을 사용하여 학습을 수행하는 것이라고 했습니다. 그렇다면 각각의 층은 어떻게 구성되었고, 또 각 층의 역할은 무엇인지 알아보겠습니다. 그 전에 딥러닝에서 사용되는 용어부터 살펴보겠습니다.

4.2.1 딥러닝 용어

딥러닝을 위한 용어들부터 알아봅시다. 딥러닝은 다음 그림과 같이 입력층, 출력층과 두 개 이상의 은닉층으로 구성되어 있습니다. 또한, 입력 신호를 전달하기 위해 다양한 함수도 사용하고 있는데, 신경망을 이루는 구성 요소에 대해 하나씩 살펴보겠습니다.

▼ 그림 4-5 딥러닝 구조

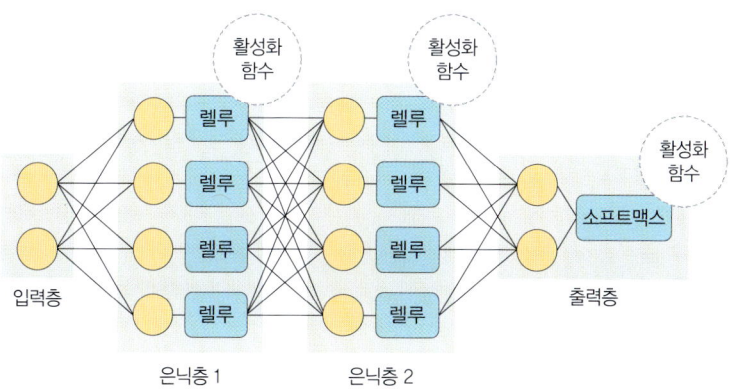

딥러닝을 구성하는 요소들을 정리하면 다음 표와 같습니다.

▼ 표 4-4 딥러닝 구성 요소

구분	구성 요소	설명
층	입력층(input layer)	데이터를 받아들이는 층
	은닉층(hidden layer)	모든 입력 노드부터 입력 값을 받아 가중합을 계산하고, 이 값을 활성화 함수에 적용하여 출력층에 전달하는 층
	출력층(output layer)	신경망의 최종 결괏값이 포함된 층

○ 계속

구분	구성 요소	설명
가중치(weight)		노드와 노드 간 연결 강도
바이어스(bias)		가중합에 더해 주는 상수로, 하나의 뉴런에서 활성화 함수를 거쳐 최종적으로 출력되는 값을 조절하는 역할을 함
가중합(weighted sum), 전달 함수		가중치와 신호의 곱을 합한 것
함수	활성화 함수(activation function)	신호를 입력받아 이를 적절히 처리하여 출력해 주는 함수
	손실 함수(loss function)	가중치 학습을 위해 출력 함수의 결과와 실제 값 간의 오차를 측정하는 함수

입력층, 은닉층, 출력층은 표의 정의를 참고하면 되고, 나머지 용어는 하나씩 좀 더 자세히 살펴보겠습니다.

가중치

가중치는 입력 값이 연산 결과에 미치는 영향력을 조절하는 요소입니다. 예를 들어 다음 그림에서 w_1 값이 0 혹은 0과 가까운 0.001이라면, x_1이 아무리 큰 값이라도 $x_1 \times w_1$ 값은 0이거나 0에 가까운 값이 됩니다. 이와 같이 입력 값의 연산 결과를 조정하는 역할을 하는 것이 가중치입니다.

▼ 그림 4-6 가중치

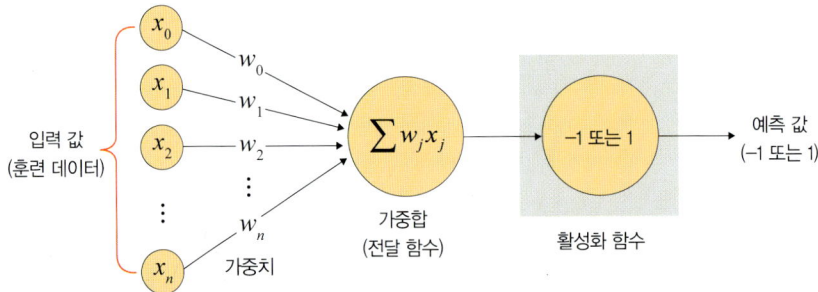

가중합 또는 전달 함수

가중합은 전달 함수라고도 합니다. 각 노드에서 들어오는 신호에 가중치를 곱해서 다음 노드로 전달되는데, 이 값들을 모두 더한 합계를 가중합이라고 합니다. 또한, 노드의 가중합이 계산되면 이 가중합을 활성화 함수로 보내기 때문에 전달 함수(transfer function)라고도 합니다.

▼ 그림 4-7 전달 함수

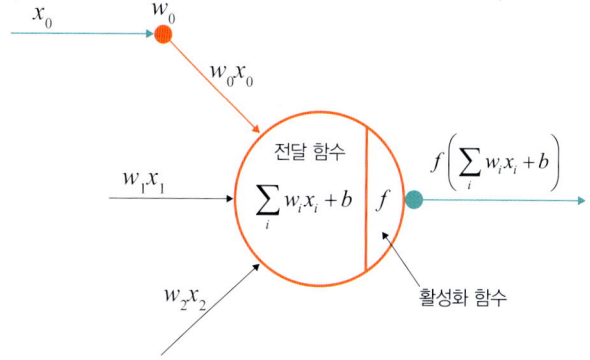

가중합을 구하는 공식은 다음과 같습니다.

$$\sum_i w_i x_i + b$$

(w: 가중치, b: 바이어스)

활성화 함수

다음으로 함수들에 대해 알아보겠습니다. 먼저 활성화 함수는 전달 함수에서 전달받은 값을 출력할 때 일정 기준에 따라 출력 값을 변화시키는 비선형 함수[1]입니다. 활성화 함수로는 시그모이드(sigmoid), 하이퍼볼릭 탄젠트(hyperbolic tangent), 렐루(ReLU) 함수 등이 있습니다. 시그모이드 함수부터 하나씩 살펴보겠습니다.

시그모이드 함수

시그모이드 함수는 선형 함수의 결과를 0~1 사이에서 비선형 형태로 변형해 줍니다. 주로 로지스틱 회귀와 같은 분류 문제를 확률적으로 표현하는 데 사용됩니다. 과거에는 인기가 많았으나, 딥러닝 모델의 깊이가 깊어지면 기울기가 사라지는 '기울기 소멸 문제(vanishing gradient problem)[2]'가 발생하여 딥러닝 모델에서는 잘 사용하지 않습니다.

시그모이드는 다음 수식을 사용합니다.

$$f(x) = \frac{1}{1 + e^{-x}}$$

---

1 직선으로 표현할 수 없는 데이터 사이의 관계를 표현하는 함수입니다.
2 활성화 함수 계산 과정에서 도함수 값이 계속 곱해지면서 가중치 결괏값이 0이 되어 더 이상 계산이 불가능한 상태입니다.

▼ 그림 4-8 시그모이드 활성화 함수와 미분 결과

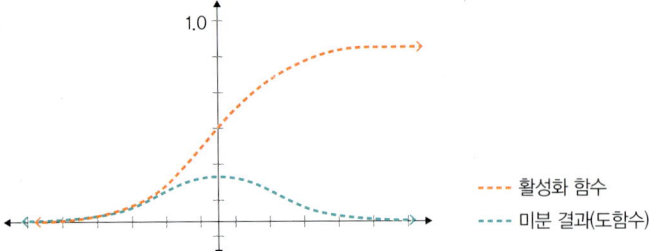

하이퍼볼릭 탄젠트 함수

하이퍼볼릭 탄젠트 함수는 선형 함수의 결과를 −1~1 사이에서 비선형 형태로 변형해 줍니다. 시그모이드에서 결괏값의 평균이 0이 아닌 양수로 편향된 문제를 해결하는 데 사용했지만, 기울기 소멸 문제는 여전히 발생합니다.

▼ 그림 4-9 하이퍼볼릭 탄젠트 활성화 함수와 미분 결과

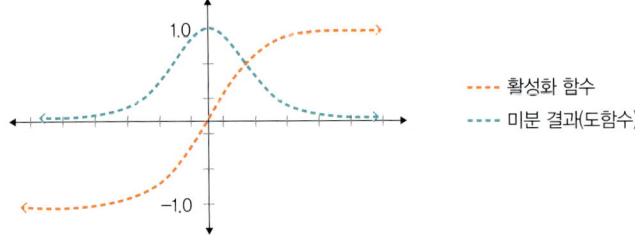

렐루 함수

최근 활발히 사용되는 렐루(ReLU) 함수는 입력(x)이 음수일 때는 0을 출력하고, 양수일 때는 x를 출력합니다. 경사 하강법(gradient descent)에 영향을 주지 않아 학습 속도가 빠르고, 기울기 소멸 문제가 발생하지 않는 장점이 있습니다. 렐루 함수는 일반적으로 은닉층에서 사용되며, 하이퍼볼릭 탄젠트 함수 대비 학습 속도가 6배 빠릅니다. 문제는 음수 값을 입력받으면 항상 0을 출력하기 때문에 학습 능력이 감소하는데, 이를 해결하려고 리키 렐루(Leaky ReLU) 함수 등을 사용합니다.

▼ 그림 4-10 렐루 활성화 함수와 미분 결과

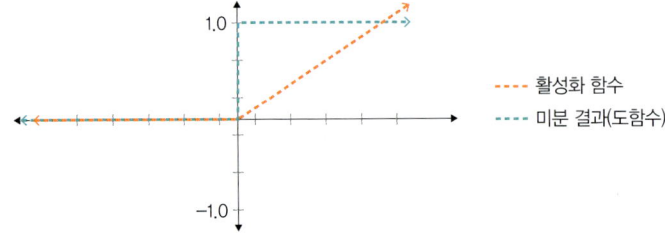

리키 렐루 함수

리키 렐루(Leaky ReLU) 함수는 입력 값이 음수이면 0이 아닌 0.001처럼 매우 작은 수를 반환합니다. 이렇게 하면 입력 값이 수렴하는 구간이 제거되어 렐루 함수를 사용할 때 생기는 문제를 해결할 수 있습니다.

▼ 그림 4-11 리키 렐루 활성화 함수와 미분 결과

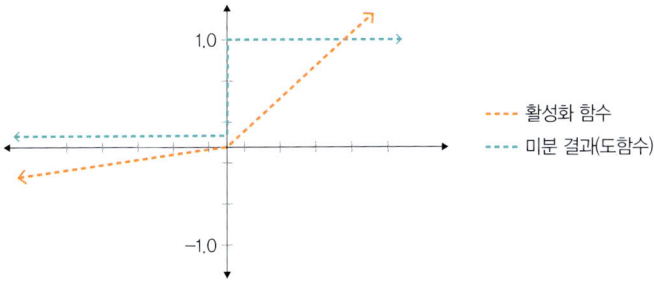

소프트맥스 함수

소프트맥스(softmax) 함수는 입력 값을 0~1 사이에 출력되도록 정규화하여 출력 값들의 총합이 항상 1이 되도록 합니다. 소프트맥스 함수는 보통 딥러닝에서 출력 노드의 활성화 함수로 많이 사용됩니다. 수식으로 표현하면 다음과 같습니다.

$$y_k = \frac{\exp(a_k)}{\sum_{i=1}^{n} \exp(a_i)}$$

$\exp(x)$(앞의 식에서는 $\exp(a_k)$와 $\exp(a_i)$를 의미)는 지수 함수(exponential function)입니다. n은 출력층의 뉴런 개수, y_k는 그중 k번째 출력을 의미합니다. 즉, 이 수식처럼 소프트맥스 함수의 분자는 입력 신호 a_k의 지수 함수, 분모는 모든 입력 신호의 지수 함수 합으로 구성됩니다.

다음은 렐루 함수와 소프트맥스 함수를 파이토치에서 구현하는 코드입니다.

```
class Net(torch.nn.Module):
    def __init__(self, n_feature, n_hidden, n_output):
        super(Net, self).__init__()
        self.hidden = torch.nn.Linear(n_feature, n_hidden) ······ 은닉층
        self.relu = torch.nn.ReLu(inplace=True)
        self.out = torch.nn.Linear(n_hidden, n_output) ······ 출력층
        self.softmax = torch.nn.Softmax(dim=n_output)
    def forward(self, x):
        x = self.hidden(x)
        x = self.relu(x) ······ 은닉층을 위한 렐루 활성화 함수
```

```
x = self.out(x)
x = self.softmax(x)  ······ 출력층을 위한 소프트맥스 활성화 함수
return x
```

손실 함수

경사 하강법은 학습률(η, learning rate)[3]과 손실 함수의 순간 기울기를 이용하여 가중치를 업데이트하는 방법입니다. 즉, 미분의 기울기를 이용하여 오차를 비교하고 최소화하는 방향으로 이동시키는 방법이라고 할 수 있습니다. 이때 오차를 구하는 방법이 손실 함수입니다.

즉, 손실 함수는 학습을 통해 얻은 데이터의 추정치가 실제 데이터와 얼마나 차이가 나는지 평가하는 지표라고 할 수 있습니다. 이 값이 클수록 많이 틀렸다는 의미이고, 이 값이 '0'에 가까우면 완벽하게 추정할 수 있다는 의미입니다. 대표적인 손실 함수로는 평균 제곱 오차(Mean Squared Error, MSE)와 크로스 엔트로피 오차(Cross Entropy Error, CEE)가 있습니다.

평균 제곱 오차

실제 값과 예측 값의 차이(error)를 제곱하여 평균을 낸 것이 평균 제곱 오차(MSE)입니다. 실제 값과 예측 값의 차이가 클수록 평균 제곱 오차의 값도 커진다는 것은 반대로 생각하면 이 값이 작을수록 예측력이 좋다는 것을 의미합니다. 평균 제곱 오차는 회귀에서 손실 함수로 주로 사용됩니다.

다음은 평균 제곱 오차를 구하는 수식입니다.

$$MSE = \frac{1}{n}\sum_{i=1}^{n}(y_i - \hat{y}_i)^2$$

$$\begin{pmatrix} \hat{y}_i: \text{신경망의 출력(신경망이 추정한 값)} \\ y_i: \text{정답 레이블} \\ i: \text{데이터의 차원 개수} \end{pmatrix}$$

파이토치에서는 다음과 같이 사용합니다.

```
import torch

loss_fn = torch.nn.MSELoss(reduction='sum')
y_pred = model(x)
loss = loss_fn(y_pred, y)
```

---

[3] 한 번 학습할 때 얼마큼 변화를 주는지에 대한 상수입니다.

크로스 엔트로피 오차

크로스 엔트로피 오차(CEE)는 분류(classification) 문제에서 원-핫 인코딩(one-hot encoding)[4]했을 때 사용할 수 있는 오차 계산법입니다.

일반적으로 평균 제곱 오차 손실 함수와 시그모이드 활성화 함수를 결합하여 사용하면 시그모이드의 특성으로 기울기(gradient)가 매끄럽지 못한 울퉁불퉁한 상태이며 학습 속도도 매우 늦습니다. 이러한 단점을 극복한 것이 크로스 엔트로피 오차입니다. 크로스 엔트로피 오차는 두 개의 확률 분포 차이를 이용하기 때문에 시그모이드의 영향을 덜 받습니다. 따라서 평균 제곱 오차보다 학습 속도가 빠른 장점이 있습니다.

다음은 크로스 엔트로피를 구하는 수식입니다.

$$CrossEntropy = -\sum_{i=1}^{n} y_i \log \hat{y}_i$$

$$\begin{pmatrix} \hat{y}_i : \text{신경망의 출력(신경망이 추정한 값)} \\ y_i : \text{정답 레이블} \\ i : \text{데이터의 차원 개수} \end{pmatrix}$$

파이토치에서는 다음과 같이 사용합니다.

```
loss = nn.CrossEntropyLoss()              torch.randn은 평균이 0이고 표준편차가 1인
input = torch.randn(5, 6, requires_grad=True)   가우시안 정규분포를 이용하여 숫자를 생성
target = torch.empty(3, dtype=torch.long).random_(5)   torch.empty는 dtype torch.float32의
output = loss(input, target)                            랜덤한 값으로 채워진 텐서를 반환
output.backward()
```

딥러닝과 관련 있는 기본적인 용어들을 익혔으니, 이제 딥러닝을 배워 봅시다.

4.2.2 딥러닝 학습

딥러닝 학습은 크게 순전파와 역전파라는 두 단계로 진행됩니다. 먼저 그림을 봅시다.

---

[4] 단어 집합의 크기를 벡터 차원으로 하고, 표현하고 싶은 단어의 인덱스에 1 값을 부여한 후 다른 인덱스에는 0을 부여하는 단어의 벡터 표현 방식으로 다음과 같이 표현합니다.

나는 딥러닝을 학습하고 있다
[1   0   0   0]
[0   1   0   0]
[0   0   1   0]
[0   0   0   1]

▼ 그림 4-12 순전파와 역전파

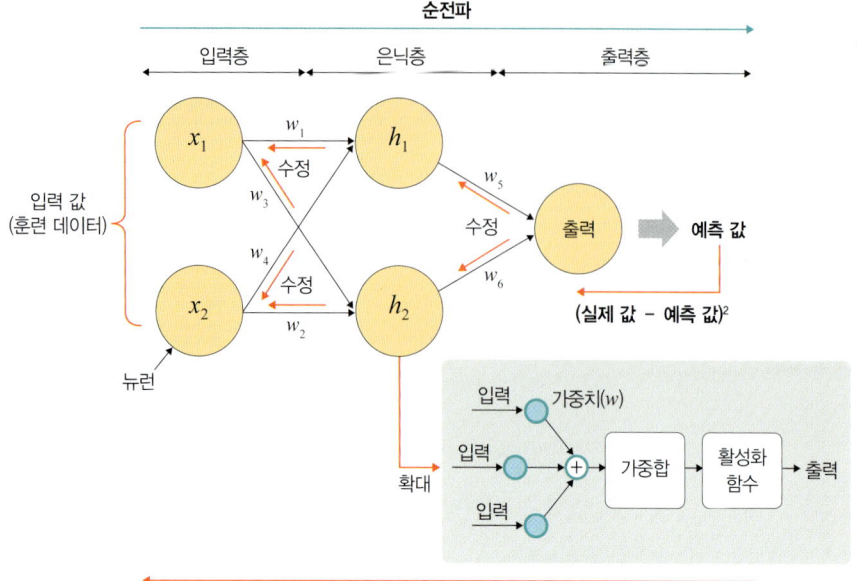

첫 번째 단계인 **순전파**(feedforward)는 네트워크에 훈련 데이터가 들어올 때 발생하며, 데이터를 기반으로 예측 값을 계산하기 위해 전체 신경망을 교차해 지나갑니다. 즉, 모든 뉴런이 이전 층의 뉴런에서 수신한 정보에 변환(가중합 및 활성화 함수)을 적용하여 다음 층(은닉층)의 뉴런으로 전송하는 방식입니다. 네트워크를 통해 입력 데이터를 전달하며, 데이터가 모든 층을 통과하고 모든 뉴런이 계산을 완료하면 그 예측 값은 최종 층(출력층)에 도달하게 됩니다.

그다음 손실 함수로 네트워크의 예측 값과 실제 값의 차이(손실, 오차)를 추정합니다. 이때 손실 함수 비용은 '0'이 이상적입니다. 따라서 손실 함수 비용이 0에 가깝도록 하기 위해 모델이 훈련을 반복하면서 가중치를 조정합니다. 손실(오차)이 계산되면 그 정보는 역으로 전파(출력층 → 은닉층 → 입력층)되기 때문에 **역전파**(backpropagation)라고 합니다. 출력층에서 시작된 손실 비용은 은닉층의 모든 뉴런으로 전파되지만, 은닉층의 뉴런은 각 뉴런이 원래 출력에 기여한 상대적 기여도에 따라 (즉, 가중치에 따라) 값이 달라집니다. 좀 더 수학적으로 표현하면 예측 값과 실제 값 차이를 각 뉴런의 가중치로 미분한 후 기존 가중치 값에서 뺍니다. 이 과정을 출력층 → 은닉층 → 입력층 순서로 모든 뉴런에 대해 진행하여 계산된 각 뉴런 결과를 또다시 순전파의 가중치 값으로 사용합니다.

4.2.3 딥러닝의 문제점과 해결 방안

딥러닝의 핵심은 활성화 함수가 적용된 여러 은닉층을 결합하여 비선형 영역을 표현하는 것입니다. 다음 그림과 같이 활성화 함수가 적용된 은닉층 개수가 많을수록 데이터 분류가 잘되고 있음을 볼 수 있습니다.

▼ 그림 4-13 은닉층이 분류에 미치는 영향

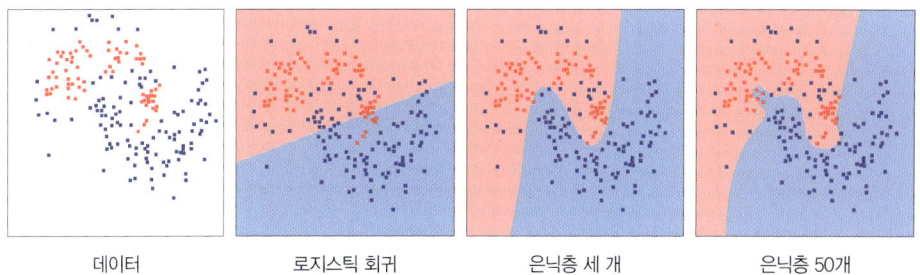

하지만 은닉층이 많을수록 다음 세 가지 문제점이 생깁니다.

과적합 문제 발생

과적합(over-fitting)은 훈련 데이터를 과하게 학습해서 발생합니다. 일반적으로 훈련 데이터는 실제 데이터의 일부분입니다. 따라서 훈련 데이터를 과하게 학습했기 때문에 예측 값과 실제 값 차이인 오차가 감소하지만, 검증 데이터에 대해서는 오차가 증가할 수 있습니다. 이러한 관점에서 과적합은 훈련 데이터에 대해 과하게 학습하여 실제 데이터에 대한 오차가 증가하는 현상을 의미합니다.

▼ 그림 4-14 과적합

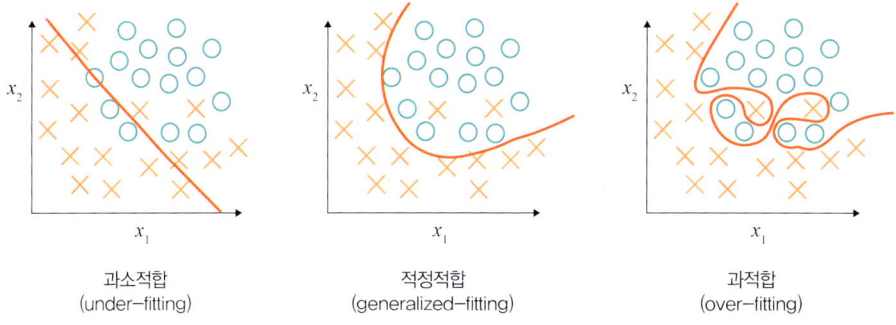

과적합을 해결하는 방법으로 드롭아웃(dropout)이 있습니다.

신경망 모델이 과적합되는 것을 피하기 위한 방법으로, 학습 과정 중 임의로 일부 노드들을 학습에서 제외시킵니다.

❤ 그림 4-15 일반적인 신경망과 드롭아웃이 적용된 신경망

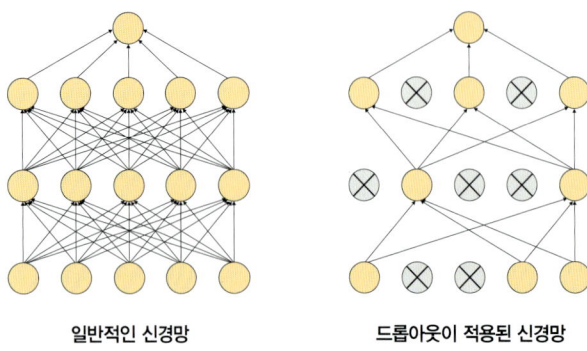

일반적인 신경망 　　　　　　　드롭아웃이 적용된 신경망

다음은 파이토치에서 드롭아웃을 구현하는 예시 코드입니다.

```
class DropoutModel(torch.nn.Module):
    def __init__(self):
        super(DropoutModel, self).__init__()
        self.layer1 = torch.nn.Linear(784, 1200)
        self.dropout1 = torch.nn.Dropout(0.5)  ········ 50%의 노드를 무작위로 선택하여
        self.layer2 = torch.nn.Linear(1200, 1200)        사용하지 않겠다는 의미
        self.dropout2 = torch.nn.Dropout(0.5)
        self.layer3 = torch.nn.Linear(1200, 10)

    def forward(self, x):
        x = F.relu(self.layer1(x))
        x = self.dropout1(x)
        x = F.relu(self.layer2(x))
        x = self.dropout2(x)
        return self.layer3(x)
```

기울기 소멸 문제 발생

기울기 소멸 문제는 은닉층이 많은 신경망에서 주로 발생하는데, 출력층에서 은닉층으로 전달되는 오차가 크게 줄어들어 학습이 되지 않는 현상입니다. 즉, 기울기가 소멸되기 때문에 학습되는 양이 '0'에 가까워져 학습이 더디게 진행되다 오차를 더 줄이지 못하고 그 상태로 수렴하는 현상입니다.

기울기 소멸 문제는 시그모이드나 하이퍼볼릭 탄젠트 대신 렐루 활성화 함수를 사용하면 해결할 수 있습니다.

▼ 그림 4-16 기울기 소멸 문제

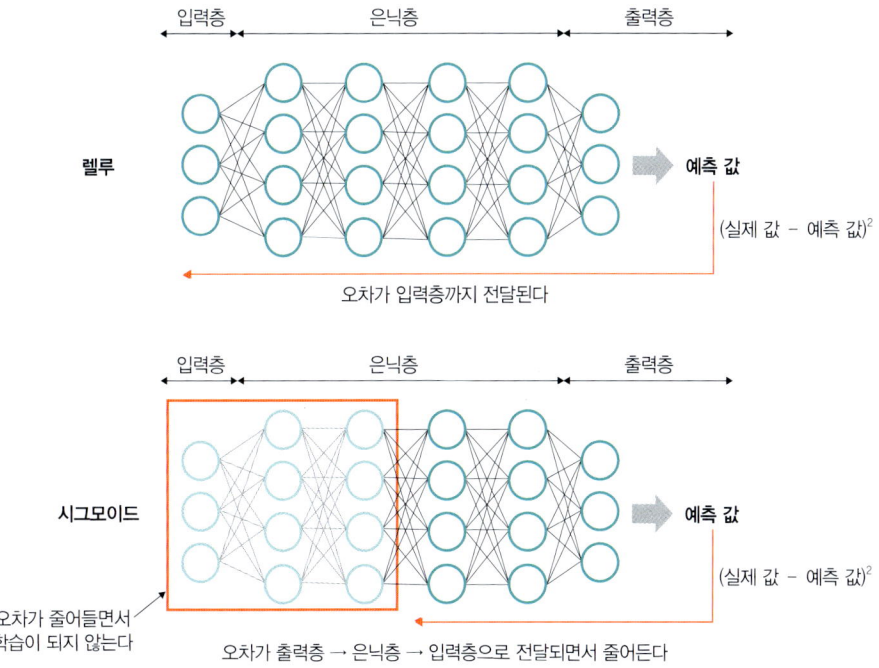

성능이 나빠지는 문제 발생

경사 하강법은 손실 함수의 비용이 최소가 되는 지점을 찾을 때까지 기울기가 낮은 쪽으로 계속 이동시키는 과정을 반복하는데, 이때 성능이 나빠지는 문제가 발생합니다.

▼ 그림 4-17 경사 하강법

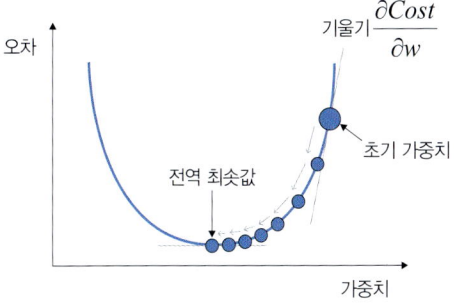

이러한 문제점을 개선하고자 확률적 경사 하강법과 미니 배치 경사 하강법을 사용합니다. 경사 하강법을 좀 더 알아보겠습니다.

▼ 그림 4-18 경사 하강법의 유형

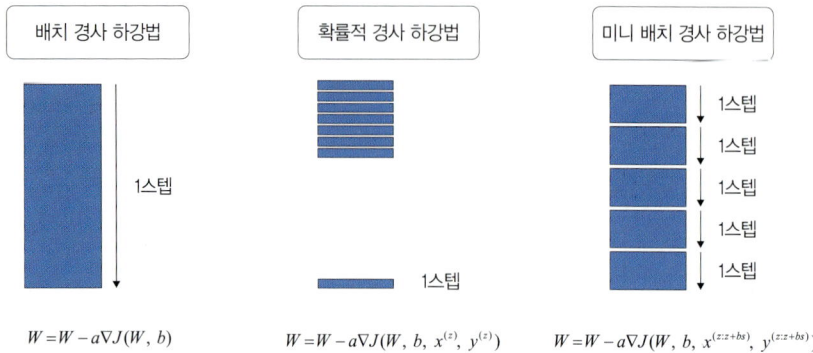

배치 경사 하강법(Batch Gradient Descent, BGD)은 전체 데이터셋에 대한 오류를 구한 후 기울기를 한 번만 계산하여 모델의 파라미터를 업데이트하는 방법입니다. 즉, 전체 훈련 데이터셋(total training dataset)에 대해 가중치를 편미분하는 방법입니다.

배치 경사 하강법은 다음 수식을 사용합니다.

손실 함수의 값을 최소화하기 위해 기울기(∇) 이용
$$W = W - a\nabla J(W, b)$$
(a: 학습률, J: 손실 함수)

배치 경사 하강법은 한 스텝에 모든 훈련 데이터셋을 사용하므로 학습이 오래 걸리는 단점이 있습니다. 배치 경사 하강법의 학습이 오래 걸리는 단점을 개선한 방법이 확률적 경사 하강법입니다.

확률적 경사 하강법(Stochastic Gradient Descent, SGD)은 임의로 선택한 데이터에 대해 기울기를 계산하는 방법으로 적은 데이터를 사용하므로 빠른 계산이 가능합니다. 다음 그림의 오른쪽과 같이 파라미터 변경 폭이 불안정하고, 때로는 배치 경사 하강법보다 정확도가 낮을 수 있지만 속도가 빠르다는 장점이 있습니다.

▼ 그림 4-19 배치 경사 하강법과 확률적 경사 하강법

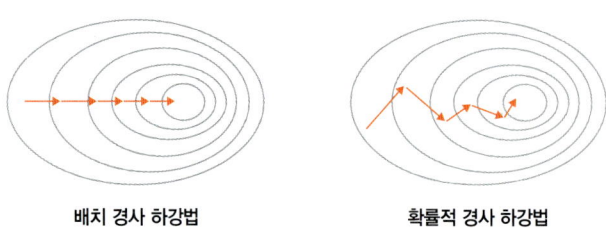

미니 배치 경사 하강법(mini-batch gradient descent)은 전체 데이터셋을 미니 배치(mini-batch) 여러 개로 나누고, 미니 배치 한 개마다 기울기를 구한 후 그것의 평균 기울기를 이용하여 모델을 업데이트해서 학습하는 방법입니다.

▼ 그림 4-20 미니 배치 경사 하강법

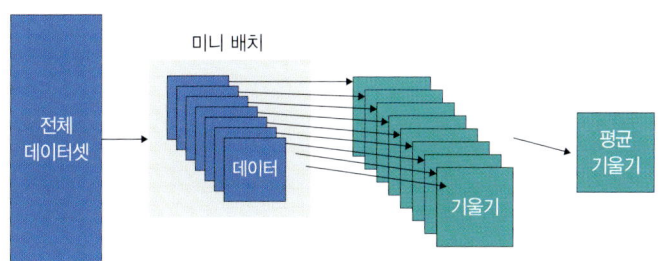

미니 배치 경사 하강법은 전체 데이터를 계산하는 것보다 빠르며, 확률적 경사 하강법보다 안정적이라는 장점이 있기 때문에 실제로 가장 많이 사용합니다. 다음 그림의 오른쪽과 같이 파라미터 변경 폭이 확률적 경사 하강법에 비해 안정적이면서 속도도 빠릅니다.

▼ 그림 4-21 확률적 경사 하강법과 미니 배치 경사 하강법

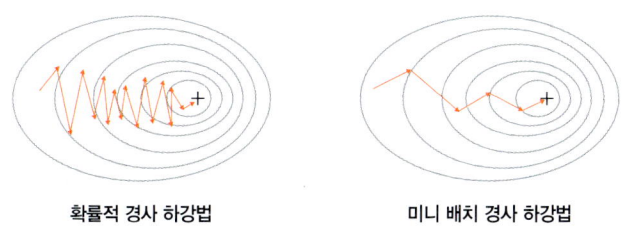

파이토치에서는 다음과 같이 구현할 수 있습니다.

```
class CustomDataset(Dataset):
    def __init__(self):
        self.x_data = [[1, 2, 3], [4, 5, 6], [7, 8, 9]]
        self.y_data = [[12], [18], [11]]
    def __len__(self):
        return len(self.x_data)
    def __getitem__(self, idx):
        x = torch.FloatTensor(self.x_data[idx])
        y = torch.FloatTensor(self.y_data[idx])
        return x, y
dataset = CustomDataset()
dataloader = DataLoader(
```

```
    dataset,         ······ 데이터셋
    batch_size=2,    ······ 미니 배치 크기로 2의 제곱수를 사용하겠다는 의미입니다.
    shuffle=True,    ······ 데이터를 불러올 때마다 랜덤으로 섞어서 가져옵니다.
)
```

> **Note** 옵티마이저
>
> 확률적 경사 하강법의 파라미터 변경 폭이 불안정한 문제를 해결하기 위해 학습 속도와 운동량을 조정하는 옵티마이저(optimizer)를 적용해 볼 수 있습니다.
>
> ▼ 그림 4-22 옵티마이저 유형

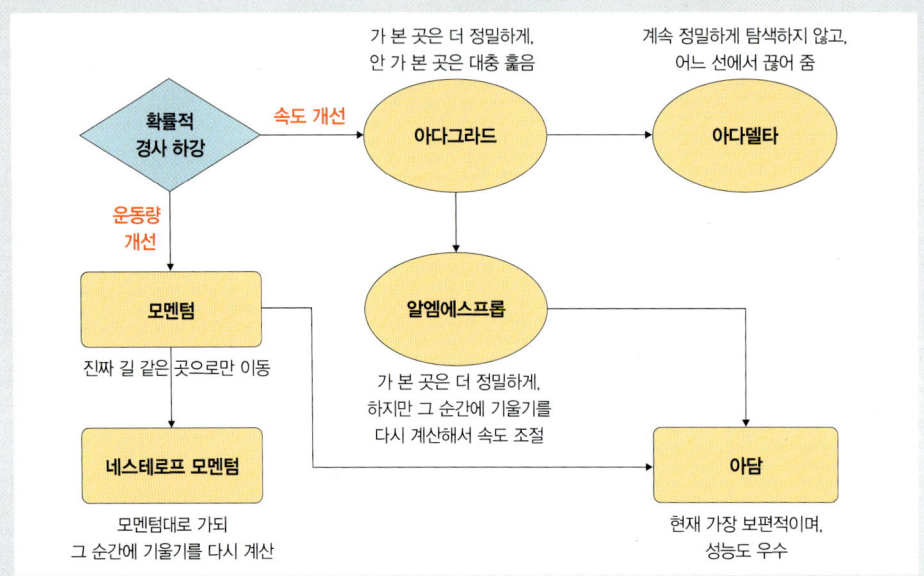

• 속도를 조정하는 방법

아다그라드(Adagrad, Adaptive gradient)

아다그라드는 변수(가중치)의 업데이트 횟수에 따라 학습률을 조정하는 방법입니다. 아다그라드는 많이 변화하지 않는 변수들의 학습률은 크게 하고, 많이 변화하는 변수들의 학습률은 작게 합니다. 즉, 많이 변화한 변수는 최적 값에 근접했을 것이라는 가정하에 작은 크기로 이동하면서 세밀하게 값을 조정하고, 반대로 적게 변화한 변수들은 학습률을 크게 하여 빠르게 오차 값을 줄이고자 하는 방법입니다.

$$w(i+1) = w(i) - \frac{\eta}{\sqrt{G(i)+\varepsilon}} \nabla E(w(i))$$

$$G(i) = G(i-1) + (\nabla E(w(i)))^2$$

파라미터마다 다른 학습률을 주기 위해 G 함수를 추가했습니다. 이때 G 값은 이전 G 값의 누적(기울기 크기의 누적)입니다. 기울기가 크면 G 값이 커지기 때문에 $\frac{\eta}{\sqrt{G(i)+\varepsilon}}$ 에서 학습률(η)은 작아집니다. 즉, 파라미터가 많이 학습되었

◎ 계속

으면 작은 학습률로 업데이트되고, 파라미터 학습이 덜 되었으면 개선의 여지가 많기 때문에 높은 학습률로 업데이트됩니다.

예를 들어 파이토치에서는 아다그라드를 다음과 같이 구현할 수 있습니다.

`optimizer = torch.optim.Adagrad(model.parameters(), lr=0.01)` ------ 학습률 기본값은 1e-2

하지만 아다그라드는 기울기가 0에 수렴하는 문제가 있어 사용하지 않으며, 대신에 알엠에스프롭을 사용합니다.

아다델타(Adadelta, Adaptive delta)

아다델타는 아다그라드에서 G 값이 커짐에 따라 학습이 멈추는 문제를 해결하기 위해 등장한 방법입니다. 아다델타는 아다그라드의 수식에서 학습률(η)을 D 함수(가중치의 변화량(Δ) 크기를 누적한 값)로 변환했기 때문에 학습률에 대한 하이퍼파라미터가 필요하지 않습니다.

$$w(i+1) = w(i) - \frac{\sqrt{D(i-1)+\varepsilon}}{\sqrt{G(i)+\varepsilon}} \nabla E(w(i))$$

$$G(i) = \gamma G(i-1) + (1-\gamma)(\nabla E(w(i)))^2$$

$$D(i) = \gamma D(i-1) + (1-\gamma)(\Delta(w(i)))^2$$

예를 들어 파이토치에서는 아다델타를 다음과 같이 구현할 수 있습니다.

`optimizer = torch.optim.Adadelta(model.parameters(), lr=1.0)` ------ 학습률 기본값은 1.0

알엠에스프롭(RMSProp)

알엠에스프롭은 아다그라드의 $G(i)$ 값이 무한히 커지는 것을 방지하고자 제안된 방법입니다.

$$w(i+1) = w(i) - \frac{\eta}{\sqrt{G(i)+\varepsilon}} \nabla E(w(i))$$

$$G(i) = \gamma G(i-1) + (1-\gamma)(\nabla E(w(i)))^2$$

아다그라드에서 학습이 안 되는 문제를 해결하기 위해 G 함수에서 γ(감마)만 추가되었습니다. 즉, G 값이 너무 크면 학습률이 작아져 학습이 안 될 수 있으므로 사용자가 γ 값을 이용하여 학습률 크기를 비율로 조정할 수 있도록 했습니다.

예를 들어 파이토치에서는 알엠에스프롭을 다음과 같이 구현할 수 있습니다.

`optimizer = torch.optim.RMSprop(model.parameters(), lr=0.01)` ------ 학습률 기본값은 1e-2

• 운동량을 조정하는 방법

모멘텀(Momentum)

경사 하강법과 마찬가지로 매번 기울기를 구하지만, 가중치를 수정하기 전에 이전 수정 방향(+, −)을 참고하여 같은 방향으로 일정한 비율만 수정하는 방법입니다. 수정이 양(+)의 방향과 음(−)의 방향으로 순차적으로 일어나는 지그재그 현상이 줄어들고, 이전 이동 값을 고려하여 일정 비율만큼 다음 값을 결정하므로 관성 효과를 얻을 수 있는 장점이 있습니다. 모멘텀은 SGD(확률적 경사 하강법)와 함께 사용합니다.

○ 계속

먼저 확률적 경사 하강법의 수식이 다음과 같다고 합시다.

$$w(i+1) = w(i) - \eta \nabla E(w(i))$$

이때 $\eta \nabla E(w(i))$ 수식을 사용하여 가중치를 계산하는데, 기울기 크기와 반대 방향만큼 가중치를 업데이트합니다. 즉, 기울기가 크면 아래쪽(-) 방향으로 업데이트합니다.

또한, SGD 모멘텀(SGD with Momentum)은 확률적 경사 하강법에서 기울기($\eta \nabla E(w(i))$)를 속도(v, velocity)로 대체하여 사용하는 방식으로, 이전 속도의 일정 부분을 반영합니다. 즉, 이전에 학습했던 속도와 현재 기울기를 반영해서 가중치를 구합니다.

$$w(i+1) = w(i) - v(i)$$
$$v(i) = \gamma v(i-1) + \eta \nabla E(w(i))$$

예를 들어 파이토치에서는 다음과 같이 모멘텀을 구현할 수 있습니다.

```
optimizer = torch.optim.SGD(model.parameters(), lr=0.01, momentum=0.9)
```

momentum 값은 0.9에서 시작하며 0.95, 0.99처럼 조금씩 증가시키면서 사용합니다.

네스테로프 모멘텀(Nesterov Accelerated Gradient, NAG)

네스테로프 모멘텀은 모멘텀 값과 기울기 값이 더해져 실제 값을 만드는 기존 모멘텀과 달리 모멘텀 값이 적용된 지점에서 기울기 값을 계산합니다. 모멘텀 방법은 멈추어야 할 시점에서도 관성에 의해 훨씬 멀리 갈 수 있는 단점이 있지만, 네스테로프 방법은 모멘텀으로 절반 정도 이동한 후 어떤 방식으로 이동해야 하는지 다시 계산하여 결정하기 때문에 모멘텀 방법의 단점을 극복할 수 있습니다. 따라서 모멘텀 방법의 이점인 빠른 이동 속도는 그대로 가져가면서 멈추어야 할 적절한 시점에서 제동을 거는 데 훨씬 용이합니다.

수식은 다음과 같습니다.

$$w(i+1) = w(i) - v(i)$$
$$v(i) = \gamma v(i-1) + \eta \nabla E(w(i) - \gamma v(i-1))$$

모멘텀과 비슷하지만 속도(v)를 구하는 과정에서 조금 차이가 있습니다. 이전에 학습했던 속도와 현재 기울기에서 이전 속도를 뺀 변화량을 반영해서(더해서) 가중치를 구합니다.

▼ 그림 4-23 모멘텀과 네스테로프 모멘텀

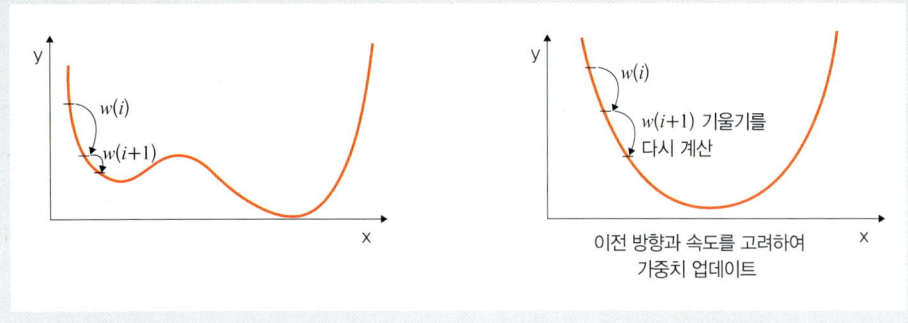

◐ 계속

예를 들어 파이토치에서는 다음과 같이 네스테로프 모멘텀을 구현할 수 있습니다.

```
optimizer = torch.optim.SGD(model.parameters(), lr=0.01, momentum=0.9,
                            nesterov=True) ····· nesterov 기본값은 False
```

- **속도와 운동량에 대한 혼용 방법**

아담(Adam, Adaptive Moment Estimation)

아담은 모멘텀과 알엠에스프롭의 장점을 결합한 경사 하강법입니다. 알엠에스프롭 특징인 기울기의 제곱을 지수 평균한 값과 모멘텀 특징인 $v(i)$를 수식에 활용합니다. 즉, 알엠에스프롭의 G 함수와 모멘텀의 $v(i)$를 사용하여 가중치를 업데이트합니다.

$$w(i+1) = w(i) - \frac{\eta}{\sqrt{G(i)+\varepsilon}} v(i)$$
$$G(i) = \gamma_2 G(i-1) + (1-\gamma_2)(\nabla E(w(i)))^2$$
$$v(i) = \gamma_1 v(i-1) + \eta \nabla E(w(i))$$

예를 들어 파이토치에서는 다음과 같이 아담을 구현할 수 있습니다.

```
optimizer = torch.optim.Adam(model.parameters(), lr=0.01) ····· 학습률 기본값은 1e-3
```

4.2.4 딥러닝을 사용할 때 이점

그럼 딥러닝을 사용할 때 이점에는 어떤 것이 있을까요?

특성 추출

컴퓨터가 입력받은 데이터를 분석하여 일정한 패턴이나 규칙을 찾아내려면 사람이 인지하는 데이터를 컴퓨터가 인지할 수 있는 데이터로 변환해 주어야 합니다. 이때 데이터별로 어떤 특징을 가지고 있는지 찾아내고, 그것을 토대로 데이터를 벡터로 변환하는 작업을 특성 추출(feature extraction)이라고 합니다.

딥러닝이 활성화되기 이전에 많이 사용되었던 머신 러닝 알고리즘인 SVM, 나이브 베이즈(Naïve Bayes), 로지스틱 회귀의 특성 추출은 매우 복잡하며 수집된 데이터에 대한 전문 지식(예를 들어 제조, 의료 등 수집된 데이터의 도메인 분야에 대한 지식)이 필요했습니다. 하지만 딥러닝에서는 이러한 특성 추출 과정을 알고리즘에 통합시켰습니다. 데이터 특성을 잘 잡아내고자 은닉층을 깊게 쌓는 방식으로 파라미터를 늘린 모델 구조 덕분입니다.

빅데이터의 효율적 활용

딥러닝을 사용할 때의 이점으로 특성 추출이 있다고 했습니다. 즉, 딥러닝에서는 특성 추출을 알고리즘에 통합시켰다고 했는데, 이것이 가능한 이유는 빅데이터 때문입니다. 딥러닝 학습을 이용한 특성 추출은 데이터 사례가 많을수록 성능이 향상되기 때문입니다.

다른 말로 표현하면 확보된 데이터가 적다면 딥러닝의 성능 향상을 기대하기 힘들기 때문에 머신 러닝을 고려해 보아야 합니다.

4.3 딥러닝 알고리즘

딥러닝 알고리즘은 심층 신경망을 사용한다는 공통점이 있습니다. 머신 러닝 알고리즘처럼 목적에 따라 합성곱 신경망(CNN), 순환 신경망(RNN), 제한된 볼츠만 머신(RBM), 심층 신뢰 신경망(DBN)으로 분류됩니다.

4.3.1 심층 신경망

심층 신경망(DNN)은 입력층과 출력층 사이에 다수의 은닉층을 포함하는 인공 신경망입니다.

머신 러닝에서 비선형 분류를 하기 위해 여러 트릭(trick)을 사용했습니다. 하지만 심층 신경망은 다수의 은닉층을 추가했기 때문에 별도의 트릭 없이 비선형 분류가 가능합니다.

다수의 은닉층을 두었기 때문에 다양한 비선형적 관계를 학습할 수 있는 장점이 있지만, 학습을 위한 연산량이 많고 기울기 소멸 문제 등이 발생할 수 있습니다. 이러한 문제를 해결하고자 앞서 설명한 드롭아웃, 렐루 함수, 배치 정규화 등을 적용해야 합니다.

▼ 그림 4-24 심층 신경망

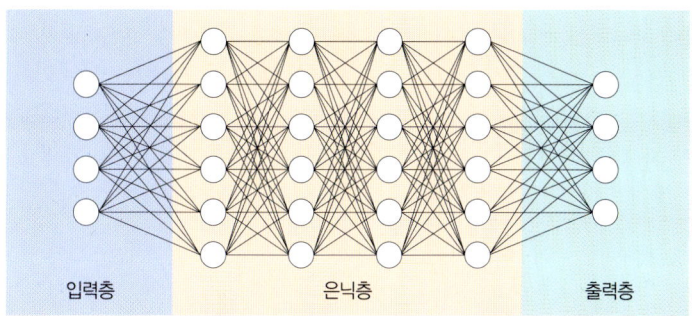

4.3.2 합성곱 신경망

합성곱 신경망(Convolutional Neural Network, CNN)은 합성곱층(convolutional layer)과 풀링층(pooling layer)을 포함하는 이미지 처리 성능이 좋은 인공 신경망 알고리즘입니다. 영상 및 사진이 포함된 이미지 데이터에서 객체를 탐색하거나 객체 위치를 찾아내는 데 유용한 신경망입니다.

▼ 그림 4-25 합성곱 신경망

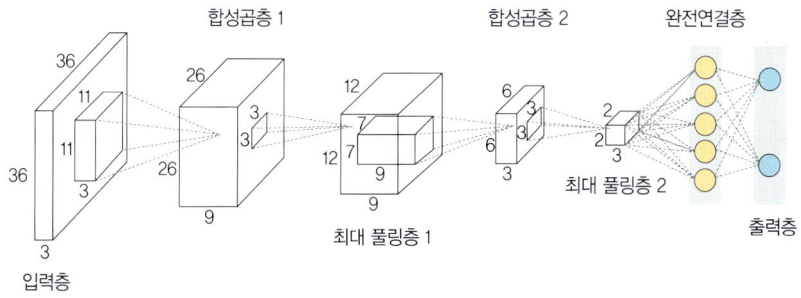

합성곱 신경망은 이미지에서 객체, 얼굴, 장면을 인식하기 위해 패턴을 찾는 데 특히 유용합니다. 대표적인 합성곱 신경망으로 LeNet-5와 AlexNet이 있습니다. 또한, 층을 더 깊게 쌓은 신경망으로는 VGG, GoogLeNet, ResNet 등이 있습니다.

참고로 기존 신경망과 비교하여 다음과 같은 차별성이 있습니다.

- 각 층의 입출력 형상을 유지합니다.
- 이미지의 공간 정보를 유지하면서 인접 이미지와 차이가 있는 특징을 효과적으로 인식합니다.
- 복수 필터로 이미지의 특징을 추출하고 학습합니다.

- 추출한 이미지의 특징을 모으고 강화하는 풀링층이 있습니다.
- 필터를 공유 파라미터로 사용하기 때문에 일반 인공 신경망과 비교하여 학습 파라미터가 매우 적습니다.

합성곱 신경망은 5~6장에서 자세히 설명합니다. 여기에서는 간단히 개념만 살피고 넘어가세요.

4.3.3 순환 신경망

순환 신경망(Recurrent Neural Network, RNN)은 시계열 데이터(음악, 영상 등) 같은 시간 흐름에 따라 변화하는 데이터를 학습하기 위한 인공 신경망입니다. 따라서 다음 그림과 같이 순환 신경망의 '순환(recurrent)'은 자기 자신을 참조한다는 것으로, 현재 결과가 이전 결과와 연관이 있다는 의미입니다.

▼ 그림 4-26 순환 신경망

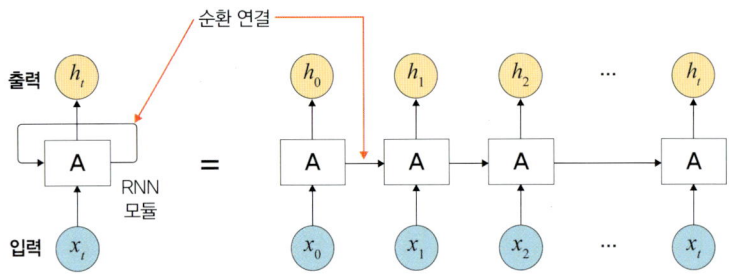

순환 신경망의 특징은 다음과 같습니다.

- 시간성(temporal property)을 가진 데이터가 많습니다.
- 시간성 정보를 이용하여 데이터의 특징을 잘 다룹니다.
- 시간에 따라 내용이 변하므로 데이터는 동적이고, 길이가 가변적입니다.
- 매우 긴 데이터를 처리하는 연구가 활발히 진행되고 있습니다.

순환 신경망은 기울기 소멸 문제(vanishing gradient problem)로 학습이 제대로 되지 않는 문제가 있습니다. 이를 해결하고자 메모리 개념을 도입한 LSTM(Long-Short Term Memory)이 순환 신경망에서 많이 사용되고 있습니다.

순환 신경망은 자연어 처리 분야와 궁합이 맞습니다. 대표적인 예로는 언어 모델링, 텍스트 생성, 자동 번역(기계 번역), 음성 인식, 이미지 캡션 생성 등이 있습니다.

순환 신경망은 '7장 시계열 분석'에서 자세히 설명합니다.

4.3.4 제한된 볼츠만 머신

볼츠만 머신(Boltzmann machine)은 가시층(visible layer)과 은닉층(hidden layer)으로 구성된 모델입니다. 이 모델에서 가시층은 은닉층과만 연결되는데(가시층과 가시층, 은닉층과 은닉층 사이에 연결은 없는) 이것이 제한된 볼츠만 머신(Restricted Boltzmann Machine, RBM)입니다.

▼ 그림 4-27 제한된 볼츠만 머신

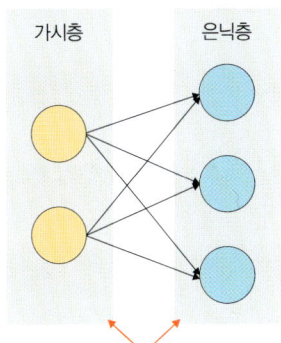

가시층 간, 은닉층 간에 연결은 없다

제한된 볼츠만 머신의 특징은 다음과 같습니다.

- 차원 감소, 분류, 선형 회귀 분석, 협업 필터링(collaborative filtering), 특성 값 학습(feature learning), 주제 모델링(topic modelling)에 사용합니다.
- 기울기 소멸 문제를 해결하기 위해 사전 학습 용도로 활용 가능합니다.
- 심층 신뢰 신경망(DBN)의 요소로 활용됩니다.

딥러닝에서 많이 사용되는 알고리즘은 CNN과 RNN입니다. 제한된 볼츠만 머신과 4.3.5절에서 배울 심층 신뢰 신경망은 상대적으로 많이 사용하지 않습니다. 따라서 딥러닝에서는 이 정도만 알아 두고, 이것을 활용한 심층 신뢰 신경망을 알아보겠습니다.

4.3.5 심층 신뢰 신경망

심층 신뢰 신경망(Deep Belief Network, DBN)은 입력층과 은닉층으로 구성된 제한된 볼츠만 머신을 블록처럼 여러 층으로 쌓은 형태로 연결된 신경망입니다. 즉, 사전 훈련된 제한된 볼츠만 머신을 층층이 쌓아 올린 구조로, 레이블이 없는 데이터에 대한 비지도 학습이 가능합니다. 부분적인 이미지에서 전체를 연상하는 일반화와 추상화 과정을 구현할 때 사용하면 유용합니다.

심층 신뢰 신경망의 학습 절차는 다음과 같습니다.

1. 가시층과 은닉층 1에 제한된 볼츠만 머신을 사전 훈련합니다.
2. 첫 번째 층 입력 데이터와 파라미터를 고정하여 두 번째 층 제한된 볼츠만 머신을 사전 훈련합니다.
3. 원하는 층 개수만큼 제한된 볼츠만 머신을 쌓아 올려 전체 DBN을 완성합니다.

▼ 그림 4-28 심층 신뢰 신경망

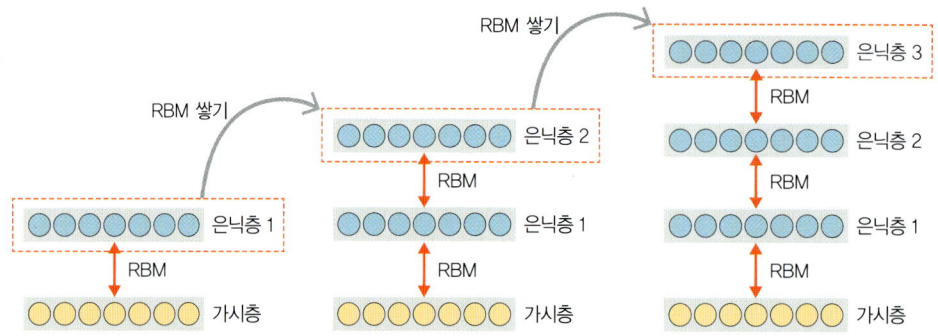

심층 신뢰 신경망의 특징은 다음과 같습니다.

- 순차적으로 심층 신뢰 신경망을 학습시켜 가면서 계층적 구조를 생성합니다.
- 비지도 학습으로 학습합니다.
- 위로 올라갈수록 추상적 특성을 추출합니다.
- 학습된 가중치를 다층 퍼셉트론의 가중치 초깃값으로 사용합니다.

4.4 우리는 무엇을 배워야 할까?

3장과 이 장에서 머신 러닝과 딥러닝을 학습했습니다. 머신 러닝을 학습할지, 딥러닝을 학습할지는 주어진 데이터를 활용하여 어떤 결과를 얻고 싶은지에 따라 다릅니다. 간단한 선형 회귀 분류를 이용하여 원하는 값을 도출할 수 있다면 머신 러닝만으로도 충분하지만, 복잡한 비선형 데이터에 대한 분류 및 예측을 도출하고 싶다면 딥러닝으로 학습해야 합니다. 즉, 머신 러닝과 딥러닝은 우리가 얻고 싶은 결과를 도출하기 위한 도구(연장)일 뿐입니다. 어떤 도구를 선택했을 때 더 좋은 성능과 효과를 얻을 수 있을지는 데이터를 수집하고 분석하는 사람만 알 수 있을 것입니다.

데이터를 활용하여 얻고자 하는 것에 따라 머신 러닝이나 딥러닝을 선택해서 학습하고 데이터를 훈련시키면 됩니다.

이 책을 선택한 우리는 아마도 딥러닝이라는 도구가 필요할 것입니다. 다음 장부터는 딥러닝 도구를 좀 더 자세히 알아보고, 활용법도 하나씩 살펴보겠습니다.

memo

5장

합성곱 신경망 I

5.1 합성곱 신경망

5.2 합성곱 신경망 맛보기

5.3 전이 학습

5.4 설명 가능한 CNN

5.5 그래프 합성곱 네트워크

5.1 합성곱 신경망

4장에서 배운 딥러닝의 역전파를 복습하자면, 순전파 과정에 따라 계산된 오차 정보가 신경망의 모든 노드(출력층→은닉층→입력층)로 전송됩니다. 이러한 계산 과정은 복잡하고 많은 자원(CPU 혹은 GPU, 메모리)을 요구합니다. 또한, 계산하는 데도 오래 걸립니다. 이 문제를 해결하고자 하는 것이 합성곱 신경망입니다. 합성곱 신경망은 이미지 전체를 한 번에 계산하는 것이 아닌 이미지의 국소적 부분을 계산함으로써 시간과 자원을 절약하여 이미지의 세밀한 부분까지 분석할 수 있는 신경망입니다.

5.1.1 합성곱층의 필요성

합성곱 신경망은 이미지나 영상을 처리하는 데 유용합니다. 예를 들어 다음과 같이 3×3 흑백(그레이스케일) 이미지가 있다고 가정해 봅시다(색상은 설명을 위해 추가했습니다).

이미지 분석은 다음 그림의 왼쪽과 같은 3×3 배열을 오른쪽과 같이 펼쳐서(flattening) 각 픽셀에 가중치를 곱하여 은닉층으로 전달하게 됩니다. 하지만 그림에서 보이는 것처럼 이미지를 펼쳐서 분석하면 데이터의 공간적 구조를 무시하게 되는데, 이것을 방지하려고 도입된 것이 합성곱층입니다.

▼ 그림 5-1 합성곱층 원리

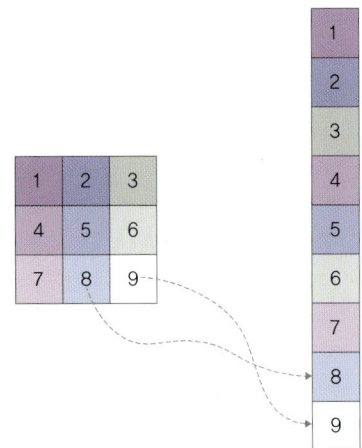

합성곱층의 필요성을 알았으니, 합성곱 신경망을 자세히 살펴보겠습니다.

5.1.2 합성곱 신경망 구조

합성곱 신경망(Convolutional Neural Network, CNN 또는 ConvNet)은 음성 인식이나 이미지/영상 인식에서 주로 사용되는 신경망입니다. 다차원 배열 데이터를 처리하도록 구성되어 컬러 이미지 같은 다차원 배열 처리에 특화되어 있으며, 다음과 같이 계층 다섯 개로 구성됩니다.

1. 입력층
2. 합성곱층
3. 풀링층
4. 완전연결층
5. 출력층

▼ 그림 5-2 합성곱 신경망 구조

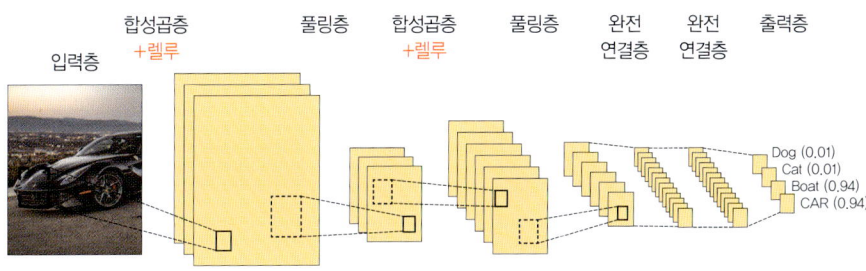

합성곱 신경망은 합성곱층과 풀링층을 거치면서 입력 이미지의 주요 특성 벡터(feature vector)를 추출합니다. 그 후 추출된 주요 특성 벡터들은 완전연결층을 거치면서 1차원 벡터로 변환되며, 마지막으로 출력층에서 활성화 함수인 소프트맥스(softmax) 함수를 사용하여 최종 결과가 출력됩니다. 그럼 입력층부터 하나씩 알아봅시다.

입력층

입력층(input layer)은 입력 이미지 데이터가 최초로 거치게 되는 계층입니다. 이미지는 단순 1차원의 데이터가 아닌 높이(height), 너비(width), 채널(channel)의 값을 갖는 3차원 데이터입니다. 이때 채널은 이미지가 그레이스케일(gray scale)이면 1 값을 가지며, 컬러(RGB)이면 3 값을 갖습니다.

예를 들어 다음 그림과 같은 형태는 높이 4, 너비 4, 채널은 RGB를 갖고 있으므로, 이미지 형태 (shape)는 (4, 4, 3)으로 표현할 수 있습니다.

▼ 그림 5-3 채널

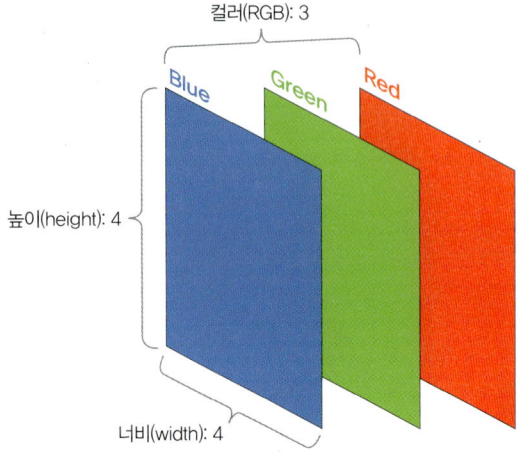

합성곱층

합성곱층(convolutional layer)은 입력 데이터에서 특성을 추출하는 역할을 수행합니다.

그럼 특성 추출은 어떻게 진행될까요? 입력 이미지가 들어왔을 때 이미지에 대한 특성을 감지하기 위해 커널(kernel)이나 필터를 사용합니다. 커널/필터는 이미지의 모든 영역을 훑으면서 특성을 추출하게 되는데, 이렇게 추출된 결과물이 특성 맵(feature map)입니다.

이때 커널은 3×3, 5×5 크기로 적용되는 것이 일반적이며, 스트라이드(stride)[1]라는 지정된 간격에 따라 순차적으로 이동합니다.

다음은 스트라이드가 1일 때 이동하는 과정입니다.

1단계. 입력 이미지에 3×3 필터 적용

입력 이미지와 필터를 포개 놓고 대응되는 숫자끼리 곱한 후 모두 더합니다.

$(1 \times 1) + (0 \times 0) + (0 \times 1) + (0 \times 0) + (1 \times 1) + (0 \times 0) + (0 \times 1) + (0 \times 0) + (1 \times 1) = 3$

---

1 스트라이드란 필터를 적용하는 위치의 간격을 의미합니다.

▼ 그림 5-4 입력 이미지에 3×3 필터 적용

2단계. 필터가 1만큼 이동

$(0 \times 1) + (0 \times 0) + (0 \times 1) + (1 \times 0) + (0 \times 1) + (0 \times 0) + (0 \times 1) + (1 \times 0) + (1 \times 1) = 1$

▼ 그림 5-5 입력 이미지에 필터가 1만큼 이동

3단계. 필터가 1만큼 두 번째 이동

$(0 \times 1) + (0 \times 0) + (0 \times 1) + (0 \times 0) + (0 \times 1) + (1 \times 0) + (1 \times 1) + (1 \times 0) + (0 \times 1) = 1$

▼ 그림 5-6 입력 이미지에 필터가 1만큼 두 번째 이동

4단계. 필터가 1만큼 세 번째 이동

$(0 \times 1) + (0 \times 0) + (1 \times 1) + (0 \times 0) + (1 \times 1) + (0 \times 0) + (1 \times 1) + (0 \times 0) + (0 \times 1) = 3$

▼ 그림 5-7 입력 이미지에 필터가 1만큼 세 번째 이동

5단계. 필터가 1만큼 네 번째 이동

$(0 \times 1) + (1 \times 0) + (0 \times 1) + (0 \times 0) + (0 \times 1) + (1 \times 0) + (1 \times 1) + (0 \times 0) + (0 \times 1) = 1$

▼ 그림 5-8 입력 이미지에 필터가 1만큼 네 번째 이동

6단계. 필터가 1만큼 마지막으로 이동

$(0 \times 1) + (1 \times 0) + (0 \times 1) + (0 \times 0) + (1 \times 1) + (0 \times 0) + (0 \times 1) + (1 \times 0) + (0 \times 1) = 1$

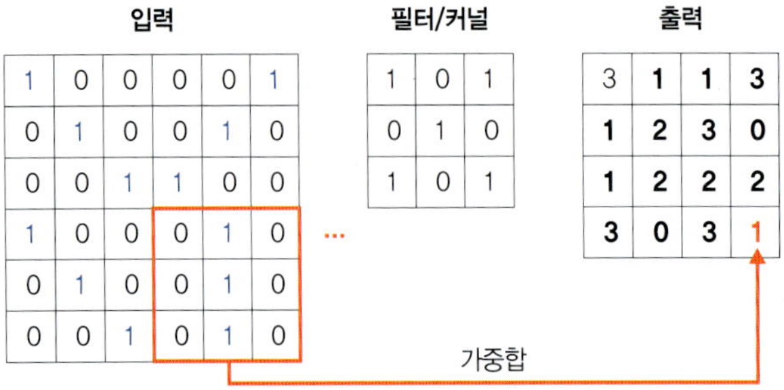

▼ 그림 5-9 입력 이미지에 필터가 1만큼 마지막으로 이동

앞의 그림에서는 이미지 크기가 (6, 6, 1)이며, 3×3 크기의 커널/필터가 스트라이드 1 간격으로 이동하면서 합성곱 연산을 수행하는 것을 보여 줍니다. 이렇게 커널은 스트라이드 간격만큼 순회하면서 모든 입력 값과의 합성곱 연산으로 새로운 특성 맵을 만들게 되며, 앞의 그림과 같이 커널과 스트라이드의 상호 작용으로 원본 (6, 6, 1) 크기가 (4, 4, 1) 크기의 특성 맵으로 줄어들었습니다.

지금까지 그레이스케일에 대한 이미지를 확인했는데, 이제 컬러 이미지의 합성곱을 알아보겠습니다.

앞서 다룬 그레이스케일 이미지와 구분되는 특징은 첫째, 필터 채널이 3이라는 것과 둘째, RGB 각각에 서로 다른 가중치로 합성곱을 적용한 후 결과를 더해 준다는 것입니다. 그 외 스트라이드 및 연산하는 방법은 동일합니다. 이때 필터 채널이 3이라고 해서 필터 개수도 세 개라고 오해하기 쉬운데, 실제로는 필터 개수가 한 개라는 점에 주의해야 합니다.

▼ 그림 5-10 컬러 이미지 합성곱

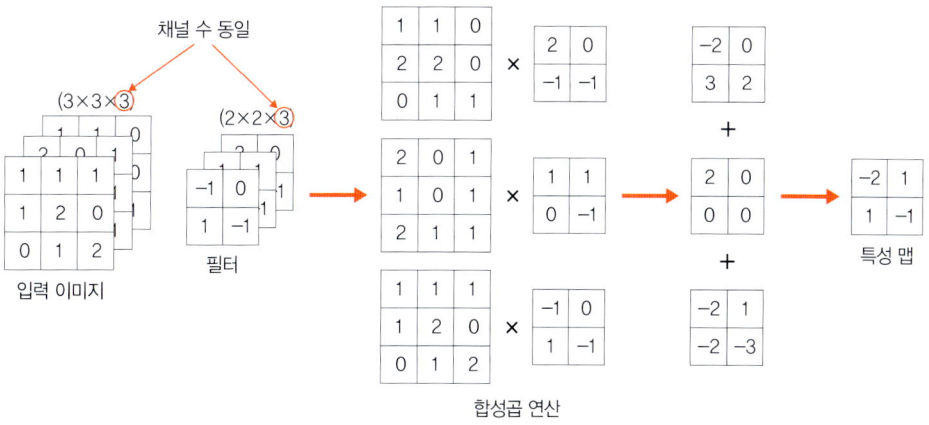

그렇다면 필터가 두 개 이상인 합성곱은 어떤 형태일까요? 필터가 두 개 이상이면 그림 5-11과 같이 필터 각각은 특성 추출 결과의 채널이 됩니다. 참고로 각 계산은 앞서 진행했던 방법과 동일합니다.

▼ 그림 5-11 필터가 2 이상인 합성곱

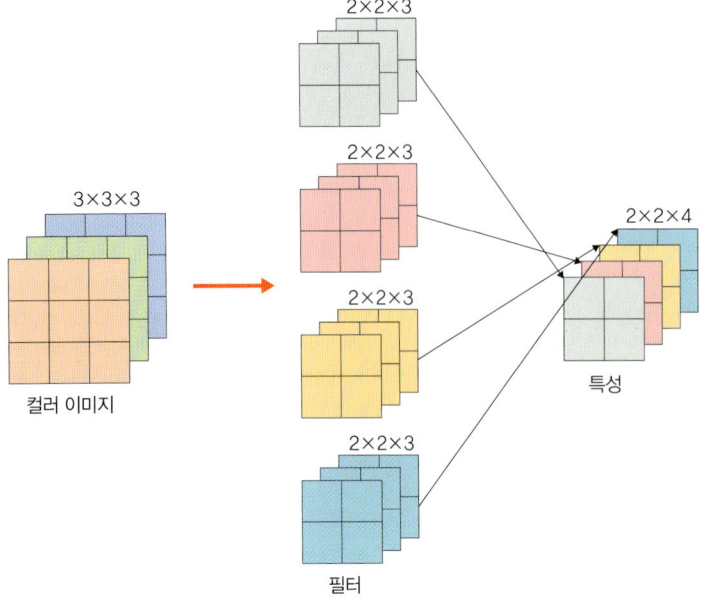

즉, 합성곱층을 요약하면 다음과 같습니다.

- **입력 데이터**: $W_1 \times H_1 \times D_1$ (W_1: 가로, $\times H_1$: 세로, $\times D_1$: 채널 또는 깊이)
- **하이퍼파라미터**
    - 필터 개수: K
    - 필터 크기: F
    - 스트라이드: S
    - 패딩: P
- **출력 데이터**
    - $W_2 = (W_1 - F + 2P)/S + 1$
    - $H_2 = (H_1 - F + 2P)/S + 1$
    - $D_2 = K$

풀링층

풀링층(pooling layer)은 합성곱층과 유사하게 특성 맵의 차원을 다운 샘플링하여 연산량을 감소시키고, 주요한 특성 벡터를 추출하여 학습을 효과적으로 할 수 있게 합니다.

> **Note ≡ 다운 샘플링**
>
> 다운 샘플링(sub-sampling)은 다음 그림과 같이 이미지를 축소하는 것입니다.
>
> ▼ 그림 5-12 다운 샘플링

풀링 연산에는 두 가지가 사용됩니다.

- **최대 풀링**(max pooling): 대상 영역에서 최댓값을 추출
- **평균 풀링**(average pooling): 대상 영역에서 평균을 반환

하지만 대부분의 합성곱 신경망에서는 최대 풀링이 사용되는데, 평균 풀링은 각 커널 값을 평균화시켜 중요한 가중치를 갖는 값의 특성이 희미해질 수 있기 때문입니다.

다음은 최대 풀링의 연산 과정입니다.

첫 번째 최대 풀링 과정

3, -1, -3, 1 값 중에서 최댓값(3)을 선택합니다.

▼ 그림 5-13 첫 번째 최대 풀링 과정

두 번째 최대 풀링 과정

12, -1, 0, 1 값 중에서 최댓값(12)을 선택합니다.

▼ 그림 5-14 두 번째 최대 풀링 과정

세 번째 최대 풀링 과정

2, -3, 3, -2 값 중에서 최댓값(3)을 선택합니다.

▼ 그림 5-15 세 번째 최대 풀링 과정

네 번째 최대 풀링 과정

0, 1, 4, -1 값 중에서 최댓값(4)을 선택합니다.

▼ 그림 5-16 네 번째 최대 풀링 과정

평균 풀링의 계산 과정은 최대 풀링과 유사한 방식으로 진행하되 다음과 같이 각 필터의 평균으로 계산합니다.

$$0 = (3+(-1)+(-3)+1)/4$$
$$3 = (12+(-1)+0+1)/4$$
$$0 = (2+(-3)+3+(-2))/4$$
$$1 = (0+1+4+(-1))/4$$

다음 그림은 최대 풀링과 평균 풀링 결과를 비교한 것입니다.

▼ 그림 5-17 최대 풀링과 평균 풀링 비교

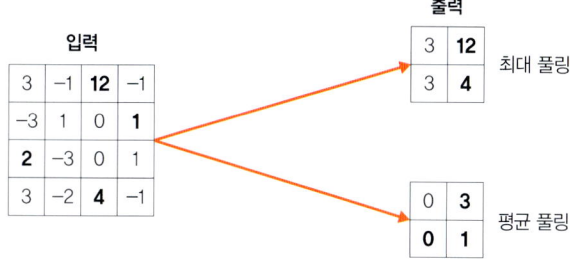

최대 풀링과 평균 풀링을 요약하면 다음과 같습니다(최대 풀링과 평균 풀링의 계산 과정은 다르지만 사용하는 파라미터는 동일합니다).

- **입력 데이터**: $W_1 \times H_1 \times D_1$
- **하이퍼파라미터**
    - 필터 크기: F
    - 스트라이드: S
- **출력 데이터**
    - $W_2 = (W_1 - F)/S + 1$
    - $H_2 = (H_1 - F)/S + 1$
    - $D_2 = D_1$

완전연결층

합성곱층과 풀링층을 거치면서 차원이 축소된 특성 맵은 최종적으로 완전연결층(fully connected layer)으로 전달됩니다. 이 과정에서 이미지는 3차원 벡터에서 1차원 벡터로 펼쳐지게(flatten) 됩니다.

▼ 그림 5-18 완전연결층

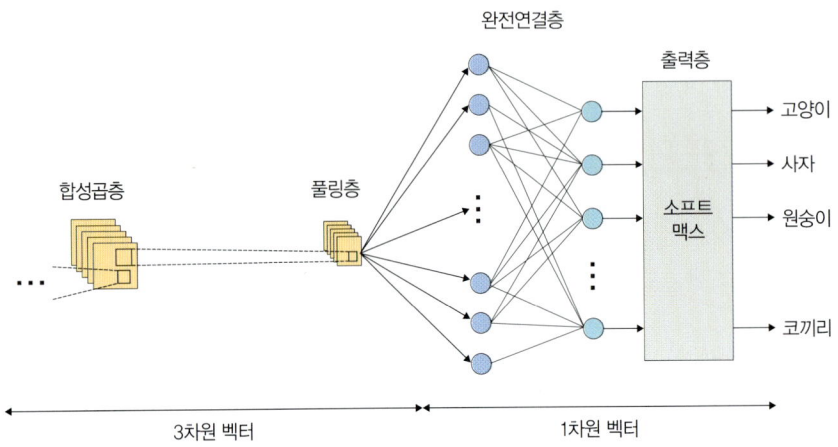

출력층

출력층(output layer)에서는 소프트맥스 활성화 함수가 사용되는데, 입력받은 값을 0~1 사이의 값으로 출력합니다. 따라서 마지막 출력층의 소프트맥스 함수를 사용하여 이미지가 각 레이블(label)에 속할 확률 값이 출력되며, 이때 가장 높은 확률 값을 갖는 레이블이 최종 값으로 선정됩니다.

5.1.3 1D, 2D, 3D 합성곱

합성곱은 이동하는 방향의 수와 출력 형태에 따라 1D, 2D, 3D로 분류할 수 있습니다.

1D 합성곱

1D 합성곱은 필터가 시간을 축으로 좌우로만 이동할 수 있는 합성곱입니다. 따라서 입력(W)과 필터(k)에 대한 출력은 W가 됩니다. 예를 들어 입력이 [1, 1, 1, 1, 1]이고 필터가 [0.25, 0.5, 0.25]라면, 출력은 [1, 1, 1]이 됩니다. 즉, 다음 그림과 같이 출력 형태는 1D의 배열이 되며, 그래프 곡선을 완화할 때 많이 사용됩니다.

▼ 그림 5-19 1D 합성곱

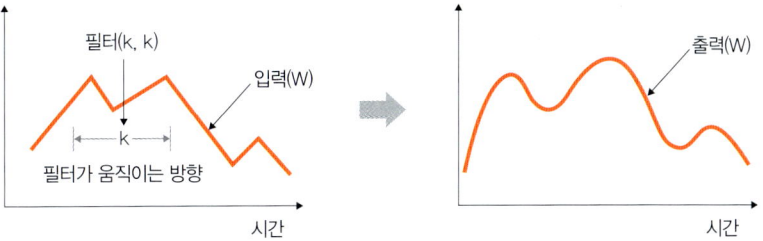

- 입력: W 너비(Width)
- 필터: k×k(높이×너비)
- 출력: W 너비(Width)

2D 합성곱

2D 합성곱은 필터가 다음 그림과 같이 방향 두 개로 움직이는 형태입니다. 즉, 입력(W, H)과 필터(k, k)에 대한 출력은 (W, H)가 되며, 출력 형태는 2D 행렬이 됩니다.

▼ 그림 5-20 2D 합성곱

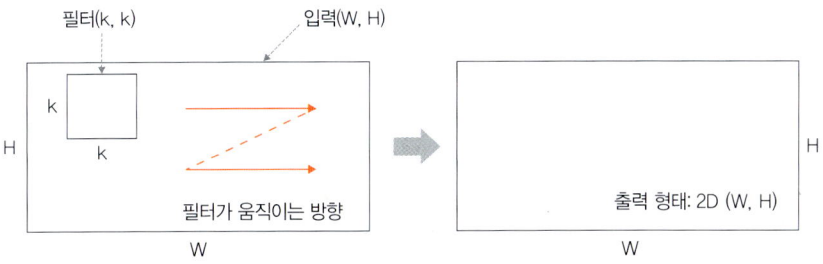

- 입력: W 너비(Width), H 높이(Height)
- 필터: k×k(높이×너비)
- 출력: W 너비(Width), H 높이(Height)

3D 합성곱

3D 합성곱은 필터가 움직이는 방향이 그림 5-21과 같이 세 개 있습니다. 입력(W, H, L)에 대해 필터(k, k, d)를 적용하면 출력으로 (W, H, L)을 갖는 형태가 3D 합성곱입니다. 출력은 3D 형태이며, 이때 d < L을 유지하는 것이 중요합니다.

▼ 그림 5-21 3D 합성곱

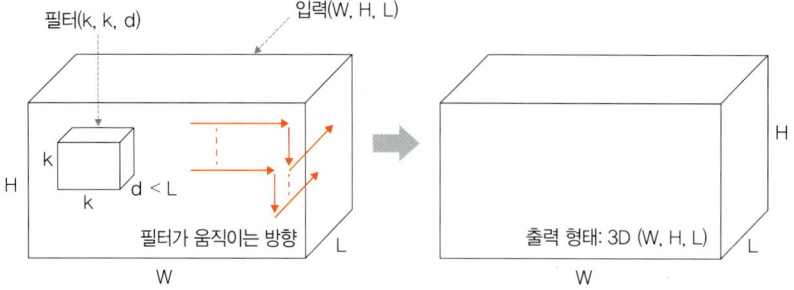

- 입력: W 너비(Width), H 높이(Height), L 길이(Length)
- 필터: k×k(높이×너비), d: 깊이(depth)
- 출력: W 너비(Width), H 높이(Height), L 길이(Length)

3D 입력을 갖는 2D 합성곱

입력이 (224×224×3, 112×112×32)와 같은 3D 형태임에도 출력 형태가 3D가 아닌 2D 행렬을 취하는 것이 '3D 입력을 갖는 2D 합성곱'입니다. 이것은 필터에 대한 길이(L)가 입력 채널의 길이(L)와 같아야 하기 때문에 이와 같은 합성곱 형태가 만들어집니다. 즉, 입력(W, H, L)에 필터 (k, k, L)를 적용하면 출력은 (W, H)가 됩니다. 이때 필터는 다음 그림과 같이 두 방향으로 움직이며 출력 형태는 2D 행렬이 됩니다.

3D 입력을 갖는 2D 합성곱의 대표적 사례로는 LeNet-5와 VGG가 있으며, 이들에 대해서는 '6장 합성곱 신경망 II'에서 자세히 다룹니다.

▼ 그림 5-22 3D 입력을 갖는 2D 합성곱

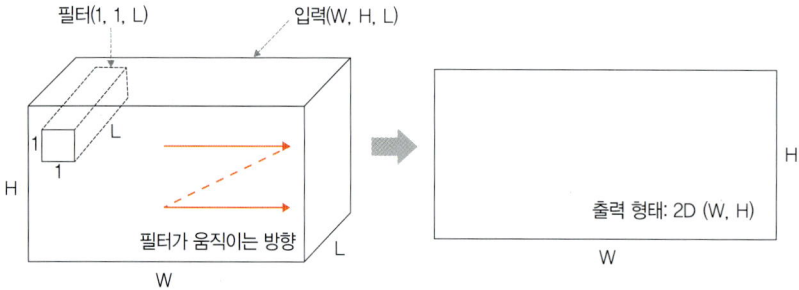

- 입력: W 너비(Width), H 높이(Height), L 길이(Length)
- 필터: 1×1(높이×너비), L 길이(Length)
- 출력: W 너비(Width), H 높이(Height)

1×1 합성곱

1×1 합성곱은 3D 형태로 입력됩니다. 즉, 입력(W, H, L)에 필터(1, 1, L)를 적용하면 출력은 (W, H)가 됩니다. 1×1 합성곱에서 채널 수를 조정해서 연산량이 감소되는 효과가 있으며, 대표적 사례로는 GoogLeNet이 있습니다. GoogLeNet 역시 '6장 합성곱 신경망 II'에서 자세히 다룹니다.

▼ 그림 5-23 1×1 합성곱

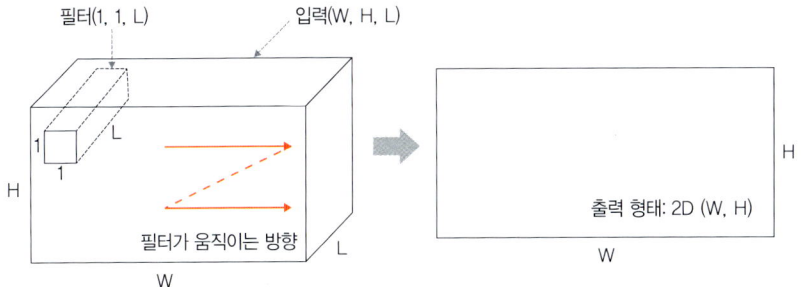

- 입력: W 너비(Width), H 높이(Height), L 길이(Length)
- 필터: 1×1(높이×너비), L 길이(Length)
- 출력: W 너비(Width), H 높이(Height)

5.2 합성곱 신경망 맛보기

fashion_mnist 데이터셋을 사용하여 합성곱 신경망을 직접 구현해 보겠습니다.

> **Note ≡ fashion_mnist 데이터셋**
>
> fashion_mnist 데이터셋은 토치비전(torchvision)에 내장된 예제 데이터로 운동화, 셔츠, 샌들 같은 작은 이미지의 모음이며, 기본 MNIST 데이터셋처럼 열 가지로 분류될 수 있는 28×28 픽셀의 이미지 7만 개로 구성되어 있습니다.
>
> 데이터셋을 자세히 살펴보면 훈련 데이터(train_images)는 0에서 255 사이의 값을 갖는 28×28 크기의 넘파이(NumPy) 배열이고, 레이블(정답) 데이터(train_labels)는 0에서 9까지 정수 값을 갖는 배열입니다.
>
> 0에서 9까지 정수 값은 이미지(운동화, 셔츠 등)의 클래스를 나타내는 레이블입니다. 각 레이블과 클래스는 다음과 같습니다.
>
> ○ 계속

```
0 : T-Shirt
1 : Trouser
2 : Pullover
3 : Dress
4 : Coat
5 : Sandal
6 : Shirt
7 : Sneaker
8 : Bag
9 : Ankle Boot
```

예제 진행을 위해 먼저 필요한 라이브러리를 호출합니다.

코드 5-1 라이브러리 호출

```python
import numpy as np
import matplotlib.pyplot as plt

import torch
import torch.nn as nn
from torch.autograd import Variable
import torch.nn.functional as F

import torchvision
import torchvision.transforms as transforms ------ 데이터 전처리를 위해 사용하는 라이브러리
from torch.utils.data import Dataset, DataLoader
```

파이토치는 기본적으로 GPU 사용을 권장합니다. 하지만 GPU가 장착되지 않은 환경에서도 파이토치를 정상적으로 실행하고 사용할 수 있습니다. GPU가 장착되어 있고, GPU를 사용하기 위한 설정이 되어 있다면 파이토치에서 자동으로 인식합니다. 하지만 책에서는 아직 GPU를 설정하지 않았기 때문에 CPU를 사용할 것입니다.

코드 5-2 CPU 혹은 GPU 장치 확인

```python
device = torch.device("cuda:0" if torch.cuda.is_available() else "cpu")
```

> **Note** **GPU 사용**
>
> 일반적으로 하나의 GPU를 사용할 때는 다음과 같은 코드를 이용합니다.
>
> ```
> device = torch.device("cuda:0" if torch.cuda.is_available() else "cpu")
> model = Net()
> model.to(device)
> ```
>
> 하지만 사용하는 PC에서 다수의 GPU를 사용한다면 다음 코드와 같이 nn.DataParallel을 이용합니다.
>
> ```
> device = torch.device("cuda" if torch.cuda.is_available() else "cpu")
> model = Net()
> if torch.cuda.device_count() > 1:
>     model = nn.DataParallel(net)
> model.to(device)
> ```
>
> nn.DataParallel을 사용할 경우 배치 크기(batch size)가 알아서 각 GPU로 분배되는 방식으로 작동합니다. 따라서 GPU 수만큼 배치 크기도 늘려 주어야 합니다.

이번 예제에서 사용할 fashion_mnist 데이터셋은 토치비전으로 내려받을 수 있습니다.

코드 5-3 fashion_mnist 데이터셋 내려받기

```
train_dataset = torchvision.datasets.FashionMNIST("../chap05/data", download=True,
                    transform=transforms.Compose([transforms.ToTensor()])) ······ ①
test_dataset = torchvision.datasets.FashionMNIST("../chap05/data", download=True,
                    train=False, transform=transforms.Compose([transforms.ToTensor()]))
```
앞에서 훈련 데이터셋을 내려받았다면 여기에서는 테스트 데이터셋을 내려받습니다.

① torchvision.datasets는 torch.utils.data.Dataset의 하위 클래스로 다양한 데이터셋(CIFAR, COCO, MNIST, ImageNet 등)을 포함합니다. torchvision.datasets에서 사용하는 주요한 파라미터는 다음과 같습니다.

```
torchvision.datasets.FashionMNIST("../chap05/data", download=True,
                                        ⓐ                  ⓑ
                    transform=transforms.Compose([transforms.ToTensor()]))
                                        ⓒ
```

ⓐ 첫 번째 파라미터: FashionMNIST를 내려받을 위치를 지정합니다.

ⓑ download: download를 True로 변경해 주면 첫 번째 파라미터의 위치에 해당 데이터셋이 있는지 확인한 후 내려받습니다.

ⓒ transform: 이미지를 텐서(0~1)로 변경합니다.

다음은 fashion_mnist 데이터를 내려받은 결과입니다. 내려받은 fashion_mnist 데이터셋을 확인하려면 ../chap05/data 폴더 하위에서 FashionMNIST 폴더를 확인하면 됩니다. 환경에 따라 내려받은 위치가 다를 수 있습니다.

```
Downloading http://fashion-mnist.s3-website.eu-central-1.amazonaws.com/train-images-idx3-ubyte.gz to ../chap05/data/FashionMNIST/raw/train-images-idx3-ubyte.gz
26422272/? [00:15<00:00, 6556587.84it/s]
Extracting ../chap05/data/FashionMNIST/raw\train-images-idx3-ubyte.gz to ../chap05/data/FashionMNIST/raw
Downloading http://fashion-mnist.s3-website.eu-central-1.amazonaws.com/train-labels-idx1-ubyte.gz to ../chap05/data/FashionMNIST/raw/train-labels-idx1-ubyte.gz
29696/? [00:00<00:00, 42565.86it/s]
Extracting ../chap05/data/FashionMNIST/raw\train-labels-idx1-ubyte.gz to ../chap05/data/FashionMNIST/raw
Downloading http://fashion-mnist.s3-website.eu-central-1.amazonaws.com/t10k-images-idx3-ubyte.gz to ../chap05/data/FashionMNIST/raw/t10k-images-idx3-ubyte.gz
4422656/? [00:08<00:00, 853695.85it/s]
Extracting ../chap05/data/FashionMNIST/raw\t10k-images-idx3-ubyte.gz to ../chap05/data/FashionMNIST/raw
Downloading http://fashion-mnist.s3-website.eu-central-1.amazonaws.com/t10k-labels-idx1-ubyte.gz to ../chap05/data/FashionMNIST/raw/t10k-labels-idx1-ubyte.gz
6144/? [00:00<00:00, 128335.68it/s]
Extracting ../chap05/data/FashionMNIST/raw\t10k-labels-idx1-ubyte.gz to ../chap05/data/FashionMNIST/raw
Processing...
Done!
```

내려받은 fashion_mnist 데이터를 메모리로 불러오기 위해 데이터로더(DataLoader)에 전달합니다.

코드 5-4 fashion_mnist 데이터를 데이터로더에 전달

```
train_loader = torch.utils.data.DataLoader(train_dataset,
                                           batch_size=100) ------ ①
test_loader = torch.utils.data.DataLoader(test_dataset,
                                          batch_size=100)
```

① torch.utils.data.DataLoader()를 사용하여 원하는 크기의 배치 단위로 데이터를 불러오거나, 순서가 무작위로 섞이도록(shuffle) 할 수 있습니다. 데이터로더에서 사용하는 파라미터는 다음과 같습니다.

```
torch.utils.data.DataLoader(train_dataset, batch_size=100)
```

ⓐ 첫 번째 파라미터: 데이터를 불러올 데이터셋을 지정합니다.

ⓑ batch_size: 데이터를 배치로 묶어 줍니다. 여기에서는 batch_size=100으로 지정했기 때문에 100개 단위로 데이터를 묶어서 불러옵니다.

이제 예제에서 다루고 있는 이미지를 살펴보겠습니다. 먼저 20개의 이미지를 레이블 정보와 함께 출력합니다. 이때 레이블은 'T-Shirt', 'Trouser', 'Pullover', 'Dress', 'Coat', 'Sandal', 'Shirt', 'Sneaker', 'Bag', 'Ankle Boot' 등 열 개의 클래스로 구성됩니다.

코드 5-5 분류에 사용될 클래스 정의

```python
labels_map = {0 : 'T-Shirt', 1 : 'Trouser', 2 : 'Pullover', 3 : 'Dress', 4 : 'Coat',
5 : 'Sandal', 6 : 'Shirt', 7 : 'Sneaker', 8 : 'Bag', 9 : 'Ankle Boot'} ------ 열 개의 클래스

fig = plt.figure(figsize=(8,8)); ------ 출력할 이미지의 가로세로 길이로 단위는 inch
columns = 4;
rows = 5;
for i in range(1, columns*rows +1):
    img_xy = np.random.randint(len(train_dataset)); ------ ①
    img = train_dataset[img_xy][0][0,:,:] ------ ②
    fig.add_subplot(rows, columns, i)
    plt.title(labels_map[train_dataset[img_xy][1]])
    plt.axis('off')
    plt.imshow(img, cmap='gray')
plt.show() ------ 20개의 이미지 데이터를 시각적으로 표현
```

① np.random은 무작위로 데이터를 생성할 때 사용합니다. 또한, np.random.randint()는 이산형 분포를 갖는 데이터에서 무작위 표본을 추출할 때 사용합니다. 따라서 random.randint(len(train_dataset)) 의미는 0~(train_dataset의 길이) 값을 갖는 분포에서 랜덤한 숫자 한 개를 생성하라는 의미입니다. 참고로 random.randint와 유사하게 사용되는 random.rand와 random.randn을 예시로 살펴보겠습니다.

```
> import numpy as np
> np.random.randint(10) ------ 0~10의 임의의 숫자를 출력
2

> np.random.randint(1, 10) ------ 1~9의 임의의 숫자를 출력
1

> np.random.rand(8) ------ 0~1 사이의 정규표준분포 난수를 행렬로 (1×8) 출력
```

```
array([0.89213233, 0.24661652, 0.73743451, 0.25592822, 0.49036819,
       0.97493688, 0.6356506 , 0.50091059])
```

> `np.random.rand(4, 2)` ······ 0~1 사이의 정규표준분포 난수를 행렬로 (4×2) 출력
```
array([[0.11760522, 0.08913278],
       [0.78621819, 0.1720912 ],
       [0.46788007, 0.30779366],
       [0.66442201, 0.40509264]])
```

> `np.random.randn(8)` ······ 평균이 0이고, 표준편차가 1인 가우시안 정규분포 난수를 행렬로 (1×8) 출력
```
array([ 0.25879494, -0.43633211,  0.61310559,  0.89605309, -0.8632414 ,
       -0.67915832, -0.49204324, -0.43216491])
```

> `np.random.randn(4, 2)` ······ 평균이 0이고, 표준편차가 1인 가우시안 정규분포 난수를 행렬로 (4×2) 출력
```
array([[-0.51816619, -0.91865557],
       [-0.33232116,  1.21916794],
       [-1.09654634, -0.42127499],
       [ 1.40003186, -1.34076957]])
```

② train_dataset을 이용한 3차원 배열을 생성합니다. 배열에 대한 사용은 다음 예시를 참고하세요.

> `import numpy as np`
> `examp = np.arange(0, 100, 3)` ······ 1~99의 숫자에서 3씩 건너뛴 행렬을 생성
> `examp.resize(6, 4)` ······ 행렬의 크기를 6×4로 조정
> `examp`
```
array([[ 0,  3,  6,  9],
       [12, 15, 18, 21],
       [24, 27, 30, 33],
       [36, 39, 42, 45],
       [48, 51, 54, 57],
       [60, 63, 66, 69]])
```

> `examp[3]` ······ 3행에 해당하는 모든 요소(값)들을 출력(행과 열은 0부터 시작)
`array([36, 39, 42, 45])`

> `examp[3, 3]` ······ 3행의 3번째 열에 대한 값(요소)을 출력
`45`

> `examp[3][3]` ······ 3행의 3번째 열에 대한 값(요소)을 출력하기 때문에 바로 앞의 결과와 동일
`45`

따라서 train_dataset[img_xy][0][0,:,:] 의미는 다음 예시로 출력 결과를 유추해 볼 수 있습니다.

```
> examp = np.arange(0, 500, 3)
> examp.resize(3, 5, 5)
> examp
array([[[  0,   3,   6,   9,  12],
        [ 15,  18,  21,  24,  27],
        [ 30,  33,  36,  39,  42],
        [ 45,  48,  51,  54,  57],
        [ 60,  63,  66,  69,  72]],

       [[ 75,  78,  81,  84,  87],
        [ 90,  93,  96,  99, 102],
        [105, 108, 111, 114, 117],
        [120, 123, 126, 129, 132],
        [135, 138, 141, 144, 147]],

       [[150, 153, 156, 159, 162],
        [165, 168, 171, 174, 177],
        [180, 183, 186, 189, 192],
        [195, 198, 201, 204, 207],
        [210, 213, 216, 219, 222]]])

> examp[2][0][3]
159
```

즉, examp[2][0][3]과 같이 train_dataset[img_xy][0][0,:,:] 의미는 train_dataset에서 [img_xy][0][0,:,:]에 해당하는 요소 값을 가져오겠다는 의미로 이해하면 됩니다.

코드를 실행하면 다음 그림과 같이 20개의 이미지가 시각적으로 표현됩니다. (결과를 랜덤으로 보여 주기 때문에 책과 다를 수 있습니다. 또한, 이후 출력 결과들도 책과 다를 경우 랜덤으로 보여 주는 것으로 이해하면 됩니다.)

▼ 그림 5-24 20개의 이미지 데이터를 시각적으로 표현

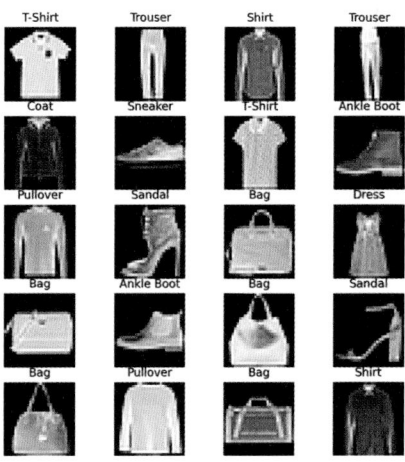

합성곱 신경망과 합성곱 신경망이 아닌 심층 신경망의 비교를 위해 먼저 심층 신경망을 생성한 후 학습시켜 보겠습니다. 즉, ConvNet이 적용되지 않은 네트워크를 먼저 만들어 보겠습니다.

코드 5-6 심층 신경망 모델 생성

```
class FashionDNN(nn.Module):
    def __init__(self): ······ ①
        super(FashionDNN, self).__init__()
        self.fc1 = nn.Linear(in_features=784, out_features=256) ······ ②
        self.drop = nn.Dropout(0.25) ······ ③
        self.fc2 = nn.Linear(in_features=256, out_features=128)
        self.fc3 = nn.Linear(in_features=128, out_features=10)

    def forward(self, input_data): ······ ④
        out = input_data.view(-1, 784) ······ ⑤
        out = F.relu(self.fc1(out)) ······ ⑥
        out = self.drop(out)
        out = F.relu(self.fc2(out))
        out = self.fc3(out)
        return out
```

① 클래스(class) 형태의 모델은 항상 torch.nn.Module을 상속받습니다. __init__()은 객체가 갖는 속성 값을 초기화하는 역할을 하며, 객체가 생성될 때 자동으로 호출됩니다. super(FashionDNN, self).__init__()은 nn.Module 클래스를 상속받겠다는 의미로 이해하면 됩니다.

> **Note ≡ 객체**
>
> 파이토치의 근간은 C++입니다(자세한 내용은 2장에서 설명한 '파이토치의 아키텍처'를 참고하세요). 따라서 C++에서 사용하는 객체 지향 프로그램의 특징들을 파이토치에서도 사용하게 되는데, 대표적인 것이 객체라는 개념입니다.
>
> 객체 지향 프로그래밍(object oriented programming)은 프로그래밍에서 필요한 데이터를 추상화하여 속성이나 행동, 동작, 특징 등을 객체로 만들고, 그 객체들이 서로 유기적으로 동작하도록 하는 프로그래밍 방법입니다. 좀 더 쉽게 표현하면 클래스라는 붕어빵 틀에서 여러 개의 객체라는 붕어빵을 찍어 내는 것과 같습니다. 즉, 재사용성의 이유로 객체 지향 프로그래밍을 많이 사용하고 있습니다.
>
> ▼ 그림 5-25 클래스와 객체
>
>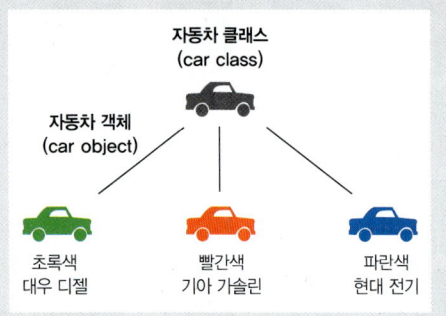
>
> ○ 계속

그리고 이때 객체(object)란 메모리를 할당받아 프로그램에서 사용되는 모든 데이터를 의미하기 때문에 변수, 함수 등은 모두 객체라고 할 수 있습니다.

객체는 다음과 같은 방식으로 사용합니다.

　　객체명 = 클래스명( )

> **Note** **클래스와 함수**
>
> 함수(function)란 하나의 특정 작업을 수행하기 위해 독립적으로 설계된 프로그램 코드입니다. 함수의 호출은 특정 작업만 수행할 뿐 그 결괏값을 계속 사용하기 위해서는 반드시 어딘가에 따로 그 값을 저장해야만 합니다. 즉, 함수를 포함한 프로그램 코드의 일부를 재사용하기 위해서는 해당 함수뿐만 아니라 데이터가 저장되는 변수까지도 한꺼번에 관리해야 합니다.
>
> 이처럼 함수뿐만 아니라 관련된 변수까지도 한꺼번에 묶어서 관리하고 재사용할 수 있게 해 주는 것이 클래스(class)입니다.
>
> 클래스와 함수의 차이를 코드로 살펴보겠습니다. 먼저 함수에 대한 예시입니다.
>
> ```python
> def add(num1, num2):      # 함수 정의(num1, num2를 받아서 더해 주는 함수)
>     result = num1 + num2
>     return result
>
>
> print(add(1, 2))
> print(add(2, 3))
> ```
>
> 코드를 실행하면 다음과 같이 출력됩니다.
>
> ```
> 3
> 5
> ```
>
> 다음은 클래스에 대한 코드입니다.
>
> ```python
> class Calc:
>     def __init__(self):      # 객체를 생성할 때 호출하면 실행되는 초기화 함수
>         self.result = 0
>
>     def add(self, num1, num2):
>         self.result = num1 + num2
>         return self.result
>
> obj1 = Calc()
> obj2 = Calc()
>
> print(obj1.add(1, 2))
> print(obj1.add(2, 3))
> ```

○ 계속

```
    print('--------------------')
    print(obj2.add(2, 2))
    print(obj2.add(2, 3))
```

이 코드를 실행하면 다음과 같이 출력됩니다.

```
3
5
--------------------
4
5
```

결과로 볼 수 있듯이 두 개의 객체는 독립적으로 연산됩니다. 개별적 함수로 구현했다면 복잡했을 코드가 클래스 사용으로 간결해졌습니다.

② nn은 딥러닝 모델(네트워크) 구성에 필요한 모듈이 모여 있는 패키지이며, Linear는 단순 선형 회귀 모델을 만들 때 사용합니다. 이때 사용되는 파라미터는 다음과 같습니다.

  nn.Linear(in_features=784, out_features=256)
            ⓐ   ⓑ

  ⓐ in_features: 입력의 크기(input size)

  ⓑ out_features: 출력의 크기(output size)

실제로 데이터 연산이 진행되는 forward() 부분에는 첫 번째 파라미터 값만 넘겨주게 되며, 두 번째 파라미터에서 정의된 크기가 forward() 연산의 결과가 됩니다.

③ torch.nn.Dropout(p)는 p만큼의 비율로 텐서의 값이 0이 되고, 0이 되지 않는 값들은 기존 값에 (1/(1−p))만큼 곱해져 커집니다. 예를 들어 p=0.3이라는 의미는 전체 값 중 0.3의 확률로 0이 된다는 것이며, 0이 되지 않는 0.7에 해당하는 값은 (1/(1−0.7))만큼 커집니다.

④ forward() 함수는 모델이 학습 데이터를 입력받아서 순전파(forward propagation) 학습을 진행시키며, 반드시 forward라는 이름의 함수여야 합니다. 즉, forward()는 모델이 학습 데이터를 입력받아서 순전파 연산을 진행하는 함수이며, 객체를 데이터와 함께 호출하면 자동으로 실행됩니다. 이때 순전파 연산이란 $H(x)$[2] 식에 입력 x로부터 예측된 y를 얻는 것입니다.

---

2   $H(x)$는 $H(x)=sigmoid(x_1w_1 + x_2w_2 + b)$처럼 표현된 수식입니다. 이때 $H(x)$는 각 모델에서 사용하는 활성화 함수 및 입력 값에 따라 다릅니다.

⑤ 파이토치에서 사용하는 뷰(view)는 넘파이의 reshape과 같은 역할로 텐서의 크기(shape)를 변경해 주는 역할을 합니다. 따라서 input_data.view(-1, 784)는 input_data를 (?, 784)의 크기로 변경하라는 의미입니다. 이때 첫 번째 차원(-1)은 사용자가 잘 모르겠으니 파이토치에 맡기겠다는 의미이고, 두 번째 차원의 길이는 784를 가지도록 하라는 의미입니다. 다시 말해 2차원 텐서로 변경하되 (?, 784)의 크기로 변경하라는 의미입니다.

⑥ 활성화 함수를 지정할 때는 다음 두 가지 방법이 가능합니다.
- F.relu(): forward() 함수에서 정의
- nn.ReLU(): __init__() 함수에서 정의

활성화 함수 사용에 한정하여 이 둘 간의 차이는 간단히 사용하는 위치라고 할 수 있습니다. 하지만 근본적으로는 nn.functional.xx()(혹은 F.xx())와 nn.xx()는 사용 방법에 차이가 있습니다. 다음 코드를 통해 둘 간의 차이를 확인할 수 있습니다.

먼저 nn을 사용하는 코드는 다음과 같습니다.

```
import torch
import torch.nn as nn

inputs = torch.randn(64, 3, 244, 244)
conv = nn.Conv2d(in_channels=3, out_channels=64, kernel_size=3, padding=1)
outputs = conv(inputs)
layer = nn.Conv2d(1, 1, 3)
```

세 개의 채널이 입력되어 64개의 채널이 출력되기 위한 연산으로 3×3 크기의 커널을 사용

그리고 nn.functional을 사용하는 예시 코드는 다음과 같습니다.

```
import torch.nn.functional as F

inputs = torch.randn(64, 3, 244, 244)
weight = torch.randn(64, 3, 3, 3)
bias = torch.randn(64)
outputs = F.conv2d(inputs, weight, bias, padding=1)
```

nn.Conv2d에서 input_channel과 output_channel을 사용해서 연산했다면 functional.conv2d는 입력(input)과 가중치(weight) 자체를 직접 넣어 줍니다. 이때 직접 넣어 준다는 의미는 가중치를 전달해야 할 때마다 가중치 값을 새로 정의해야 함을 의미합니다. 그 외에 채워야 하는 파라미터들은 nn.Conv2d와 비슷합니다.

다음은 nn.xx와 nn.functional.xx를 비교한 표입니다.

▼ 표 5-1 nn.xx와 nn.functional.xx의 사용 방법 비교

구분	nn.xx	nn.functional.xx
형태	nn.Conv2d: 클래스 nn.Module 클래스를 상속받아 사용	nn.functional.conv2d: 함수 def function (input)으로 정의된 순수한 함수
호출 방법	먼저 하이퍼파라미터를 전달한 후 함수 호출을 통해 데이터 전달	함수를 호출할 때 하이퍼파라미터, 데이터 전달
위치	nn.Sequential 내에 위치	nn.Sequential에 위치할 수 없음
파라미터	파라미터를 새로 정의할 필요 없음	가중치를 수동으로 전달해야 할 때마다 자체 가중치를 정의

모델을 학습시키기 전에 손실 함수, 학습률(learning rate), 옵티마이저(optimizer)에 대해 정의합니다.

코드 5-7 심층 신경망에서 필요한 파라미터 정의

```
learning_rate = 0.001;
model = FashionDNN();
model.to(device)

criterion = nn.CrossEntropyLoss();  ------ 분류 문제에서 사용하는 손실 함수
optimizer = torch.optim.Adam(model.parameters(), lr=learning_rate);  ------ ①
print(model)
```

① 옵티마이저를 위한 경사 하강법은 Adam을 사용하며, 학습률을 의미하는 lr은 0.001을 사용한다는 의미입니다.

앞 코드를 실행하면 앞에서 다음과 같이 생성한 심층 신경망 모델을 보여 줍니다.

```
FashionDNN(
    (fc1): Linear(in_features=784, out_features=256, bias=True)
    (drop): Dropout(p=0.25, inplace=False)
    (fc2): Linear(in_features=256, out_features=128, bias=True)
    (fc3): Linear(in_features=128, out_features=10, bias=True)
)
```

이제 심층 신경망에 데이터를 적용하여 모델을 학습시킵니다.

코드 5-8 심층 신경망을 이용한 모델 학습

```
num_epochs = 5
count = 0
```

```
loss_list = []  ------①
iteration_list = []
accuracy_list = []

predictions_list = []
labels_list = []

for epoch in range(num_epochs):
    for images, labels in train_loader:  ------②
        images, labels = images.to(device), labels.to(device)  ------③
        
        train = Variable(images.view(100, 1, 28, 28))  ------④
        labels = Variable(labels)
        
        outputs = model(train)  ------ 학습 데이터를 모델에 적용
        loss = criterion(outputs, labels)
        optimizer.zero_grad()
        loss.backward()
        optimizer.step()
        count += 1
        
        if not (count % 50):  ------ count를 50으로 나누었을 때 나머지가 0이 아니라면 실행
            total = 0
            correct = 0
            for images, labels in test_loader:
                images, labels = images.to(device), labels.to(device)
                labels_list.append(labels)
                test = Variable(images.view(100, 1, 28, 28))
                outputs = model(test)
                predictions = torch.max(outputs, 1)[1].to(device)
                predictions_list.append(predictions)
                correct += (predictions == labels).sum()
                total += len(labels)
            
            accuracy = correct * 100 / total  ------⑤
            loss_list.append(loss.data)  ------①'
            iteration_list.append(count)
            accuracy_list.append(accuracy)
        
        if not (count % 500):
            print("Iteration: {}, Loss: {}, Accuracy: {}%".format(count, loss.data,
                accuracy))
```

①, ①′ 일반적으로 배열이나 행렬과 같은 리스트(list)를 사용하는 방법은 다음과 같습니다.
- ①과 같이 비어 있는 배열이나 행렬을 만듭니다.
- ①′처럼 append 메서드를 이용하여 데이터를 하나씩 추가합니다.

② for 구문을 사용하여 레코드(행, 가로줄)를 하나씩 가져옵니다. 이때 for x, y in train:과 같이 in 앞에 변수를 두 개 지정해 주면 레코드에서 요소 두 개를 꺼내 오겠다는 의미입니다.

▼ 그림 5-26 for in 구문

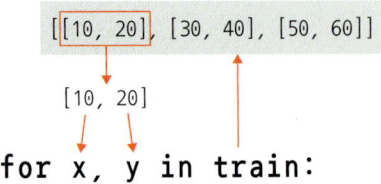

③ 모델이 데이터를 처리하기 위해서는 모델과 데이터가 동일한 장치(CPU 또는 GPU)에 있어야 합니다. 코드 5-7에서 model.to(device)가 GPU를 사용했다면, images.to(device), labels.to(device)도 GPU에서 처리되어야 합니다. 참고로 CPU에서 처리된 데이터를 GPU 모델에 적용하거나 그 반대의 경우 런타임 오류가 발생합니다.

④ Autograd는 자동 미분을 수행하는 파이토치의 핵심 패키지로, 자동 미분에 대한 값을 저장하기 위해 테이프(tape)를 사용합니다. 순전파(foward) 단계에서 테이프는 수행하는 모든 연산을 저장합니다. 그리고 역전파(backward) 단계에서 저장된 값들을 꺼내서 사용합니다. 즉, Autograd는 Variable을 사용해서 역전파를 위한 미분 값을 자동으로 계산해 줍니다. 따라서 자동 미분을 계산하기 위해서는 torch.autograd 패키지 안에 있는 Variable을 이용해야 동작합니다.

⑤ 분류 문제에 대한 정확도는 전체 예측에 대한 정확한 예측의 비율로 표현할 수 있으며, 코드는 다음과 같습니다.

    classification accuracy = correct predictions / total predictions

이때 결과에 100을 곱하여 백분율로 표시하는 코드는 다음과 같습니다.

    classification accuracy = correct predictions / total predictions * 100

또한, 분류 문제에 대한 정확도는 다음과 같이 값을 반전시켜 오분류율 또는 오류율로 표현할 수 있습니다.

    error rate = (1 - (correct predictions / total predictions)) * 100

분류 문제에서 클래스가 세 개 이상일 때는 다음과 같은 사항에 주의해야 합니다.

- 정확도가 80% 이상이었다고 합시다. 하지만 80%라는 값이 모든 클래스가 동등하게 고려된 것인지, 특정 클래스의 분류가 높았던 것인지에 대해 알 수 없음에 유의해야 합니다.
- 정확도가 90% 이상이었다고 합시다. 하지만 100개의 데이터 중 90개가 하나의 클래스에 속할 경우 90%의 정확도는 높다고 할 수 없습니다. 즉, 모든 데이터를 특정 클래스에 속한다고 예측해도 90%의 예측 결과가 나오기 때문에 데이터 특성에 따라 정확도를 잘 관측해야 합니다.

코드를 실행하면 다음과 같이 모델 훈련 결과가 출력됩니다.

```
Iteration: 500, Loss: 0.5627565979957581, Accuracy: 82.70999908447266%
Iteration: 1000, Loss: 0.4662465751171112, Accuracy: 84.4000015258789%
Iteration: 1500, Loss: 0.33023178577423096, Accuracy: 84.41000366210938%
Iteration: 2000, Loss: 0.3131774067878723, Accuracy: 85.05999755859375%
Iteration: 2500, Loss: 0.284040906392097473, Accuracy: 86.26000213623047%
Iteration: 3000, Loss: 0.31252551078796387, Accuracy: 86.4800033569336%
```

최종적으로 정확도가 86%로 높은 수치를 보여 줍니다. 심층 신경망에 대한 모델 생성과 성능을 평가해 보았다면, 이제 합성곱 신경망을 생성해 보겠습니다.

코드 5-9 합성곱 네트워크 생성

```python
class FashionCNN(nn.Module):
    def __init__(self):
        super(FashionCNN, self).__init__()
        self.layer1 = nn.Sequential( ······ ①
            nn.Conv2d(in_channels=1, out_channels=32, kernel_size=3, padding=1), ······ ②
            nn.BatchNorm2d(32), ······ ③
            nn.ReLU(),
            nn.MaxPool2d(kernel_size=2, stride=2) ······ ④
        )
        self.layer2 = nn.Sequential(
            nn.Conv2d(in_channels=32, out_channels=64, kernel_size=3),
            nn.BatchNorm2d(64),
            nn.ReLU(),
            nn.MaxPool2d(2)
        )
        self.fc1 = nn.Linear(in_features=64*6*6, out_features=600) ······ ⑤
        self.drop = nn.Dropout2d(0.25)
        self.fc2 = nn.Linear(in_features=600, out_features=120)
```

```
        self.fc3 = nn.Linear(in_features=120, out_features=10) ········
                               마지막 계층의 out_features는 클래스 개수를 의미

    def forward(self, x):
        out = self.layer1(x)
        out = self.layer2(out)
        out = out.view(out.size(0), -1) ······ ⑥
        out = self.fc1(out)
        out = self.drop(out)
        out = self.fc2(out)
        out = self.fc3(out)
        return out
```

① nn.Sequential을 사용하면 __init__()에서 사용할 네트워크 모델들을 정의해 줄 뿐만 아니라, forward() 함수에서 구현될 순전파를 계층(layer) 형태로 좀 더 가독성이 뛰어난 코드로 작성할 수 있습니다. 즉, nn.Sequential은 계층을 차례로 쌓을 수 있도록 $Wx + b$와 같은 수식과 활성화 함수를 연결해 주는 역할을 합니다. 특히 데이터가 각 계층을 순차적으로 지나갈 때 사용하면 좋은 방법입니다. 정리하면 nn.Sequential은 여러 개의 계층을 하나의 컨테이너에 구현하는 방법이라고 생각하면 됩니다.

② 합성곱층(conv layer)은 합성곱 연산을 통해서 이미지의 특징을 추출합니다. 합성곱이란 커널(또는 필터)이라는 n×m 크기의 행렬이 높이(height) × 너비(width) 크기의 이미지를 처음부터 끝까지 훑으면서 각 원소 값끼리 곱한 후 모두 더한 값을 출력합니다. 커널은 일반적으로 3×3이나 5×5를 사용하며 파라미터는 다음과 같습니다.

```
nn.Conv2d(in_channels=1, out_channels=32, kernel_size=3, padding=1)
          ⓐ              ⓑ                ⓒ              ⓓ
```

ⓐ in_channels: 입력 채널의 수를 의미합니다. 흑백 이미지는 1, RGB 값을 가진 이미지는 3을 가진 경우가 많습니다.

그렇다면 채널은 무엇일까요?

2D 합성곱층에 이미지를 적용한다고 가정해 봅시다. 흑백 이미지일 경우 이미지 데이터는 w×h 형태의 행렬로 표현됩니다(이때 w는 이미지의 너비, h는 이미지의 높이가 됩니다). 이번에는 컬러 이미지를 가정해 봅시다. 컬러 이미지는 일반적으로 Red, Green, Blue라는 세 개의 채널을 가지고 있습니다. 이때 컬러 이미지는 w×h×c 형태의 행렬로 표현될 수 있습니다(c는 채널 수를 의미합니다). 3차원으로 생각하면 채널은 결국 깊이(depth)를 의미한다고 할 수 있습니다.

▼ 그림 5-27 채널

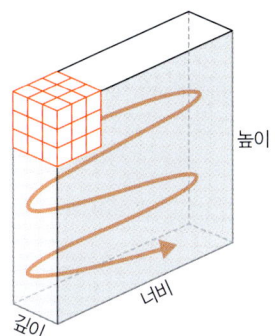

ⓑ out_channels: 출력 채널의 수를 의미합니다.

ⓒ kernel_size: 커널 크기를 의미하며 논문에 따라 필터라고도 합니다. 커널은 이미지 특징을 찾아내기 위한 공용 파라미터이며, CNN에서 학습 대상은 필터 파라미터가 됩니다. 커널은 입력 데이터를 스트라이드 간격으로 순회하면서 합성곱을 계산합니다.

참고로 kernel_size=3이라고 했을 때, 커널의 크기는 (3, 3)으로 정사각형을 의미하며 직사각형을 사용하고 싶다면 (3, 5)처럼 지정합니다.

ⓓ padding: 패딩 크기를 의미하는 것으로 출력 크기를 조정하기 위해 입력 데이터 주위에 0을 채웁니다. 패딩 값이 클수록 출력 크기도 커집니다.

③ BatchNorm2d는 학습 과정에서 각 배치 단위별로 데이터가 다양한 분포를 가지더라도 평균과 분산을 이용하여 정규화하는 것을 의미합니다. 다음 그림을 보면 배치 단위나 계층에 따라 입력 값의 분포가 모두 다르지만 정규화를 통해 분포를 가우시안 형태로 만듭니다. 그러면 평균은 0, 표준편차는 1로 데이터의 분포가 조정됩니다.

▼ 그림 5-28 BatchNorm2d

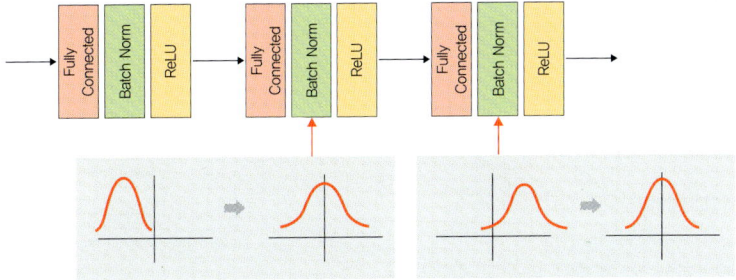

④ MaxPool2d는 이미지 크기를 축소시키는 용도로 사용합니다. 풀링 계층은 합성곱층의 출력 데이터를 입력으로 받아서 출력 데이터(activation map)의 크기를 줄이거나 특정 데이터를 강조하는 용도로 사용됩니다. 풀링 계층을 처리하는 방법으로는 최대 풀링(max pooling)과 평균 풀링(average pooling), 최소 풀링(min pooling)이 있으며, 이때 사용하는 파라미터는 다음과 같습니다.

nn.MaxPool2d(kernel_size=2, stride=2)
       ⓐ   ⓑ

ⓐ kernel_size: m×n 행렬로 구성된 가중치

ⓑ stride: 입력 데이터에 커널(필터)을 적용할 때 이동할 간격을 의미하는데, 스트라이드 값이 커지면 출력 크기는 작아집니다.

⑤ 클래스를 분류하기 위해서는 이미지 형태의 데이터를 배열 형태로 변환하여 작업해야 합니다. 이때 Conv2d에서 사용하는 하이퍼파라미터 값들에 따라 출력 크기(output size)가 달라집니다. 즉, 패딩과 스트라이드의 값에 따라 출력 크기가 달라집니다. 이렇게 줄어든 출력 크기는 최종적으로 분류를 담당하는 완전연결층(fully connected layer)으로 전달됩니다.

nn.Linear(in_features=64*6*6, out_features=600)
     ⓐ   ⓑ

ⓐ in_features: 입력 데이터의 크기를 의미합니다. 중요한 것은 이전까지 수행했던 Conv2d, MaxPool2d는 이미지 데이터를 입력으로 받아 처리했습니다. 하지만 그 출력 결과를 완전연결층으로 보내기 위해서는 1차원으로 변경해 주어야 하는데, 공식은 다음과 같습니다. 공식은 Conv2d와 MaxPool2d가 다르기 때문에 매 계층을 따라가면서 계산해 보기 바랍니다.

Conv2d 계층에서의 출력 크기 구하는 공식

- 출력 크기 = $(W-F+2P)/S+1$
  - W: 입력 데이터의 크기(input_volume_size)
  - F: 커널 크기(kernel_size)
  - P: 패딩 크기(padding_size)
  - S: 스트라이드(strides)

예를 들어 첫 번째 Conv2d 계층은 다음과 같습니다.

nn.Conv2d(in_channels=1, out_channels=32, kernel_size=3, padding=1)

따라서 출력 크기는 다음과 같이 계산할 수 있습니다.

(28 − 3 + (2*1))/1 + 1 = 28

Fashion_mnist의 입력 크기는 (28×28)로, 가로와 세로가 모두 동일하므로 28을 사용하며, stride가 명시되어 있지 않다면 stride기본값은 (1,1)입니다)

계산 결과를 적용하면 출력의 형태는 [32, 28, 28]가 됩니다.

MaxPool2d 계층에서의 출력 크기 구하는 공식

- 출력 크기 = IF/F
  - IF: 입력 필터의 크기(input_filter_size, 또한 바로 앞의 Conv2d의 출력 크기이기도 합니다)
  - F: 커널 크기(kernel_size)

예를 들어 첫 번째 MaxPool2d 계층은 다음과 같습니다.

nn.MaxPool2d(kernel_size=2, stride=2)

따라서 출력 크기는 다음과 같이 계산할 수 있습니다.

784 / 2 = 392

(784는 첫 번째 Conv2d에서 계산한 결과입니다)

계산 결과를 적용하면 출력의 형태는 [32, 392, 392]가 됩니다. 그리고 가장 앞의 32는 바로 앞 Conv2d 계층의 out_channels입니다.

ⓑ out_features: 출력 데이터의 크기를 의미합니다.

⑥ 합성곱층에서 완전연결층으로 변경되기 때문에 데이터의 형태를 1차원으로 바꾸어 줍니다.

이때 out.size(0)은 결국 100을 의미합니다. 따라서 (100, ?) 크기의 텐서로 변경하겠다는 의미입니다. out.view(out.size(0), -1)에서 '-1'은 행(row)의 수는 정확히 알고 있지만 열(column)의 수를 알지 못할 때 사용합니다.

이번에는 합성곱 네트워크를 사용하기 위한 파라미터를 정의합니다.

코드 5-10 합성곱 네트워크를 위한 파라미터 정의

```
learning_rate = 0.001;
model = FashionCNN();
```

```
    model.to(device)

    criterion = nn.CrossEntropyLoss();
    optimizer = torch.optim.Adam(model.parameters(), lr=learning_rate);
    print(model)
```

다음은 합성곱 네트워크의 구조에 대한 출력 결과입니다.

```
FashionCNN(
  (layer1): Sequential(
    (0): Conv2d(1, 32, kernel_size=(3, 3), stride=(1, 1), padding=(1, 1))
    (1): BatchNorm2d(32, eps=1e-05, momentum=0.1, affine=True, track_running_stats=True)
    (2): ReLU()
    (3): MaxPool2d(kernel_size=2, stride=2, padding=0, dilation=1, ceil_mode=False)
  )
  (layer2): Sequential(
    (0): Conv2d(32, 64, kernel_size=(3, 3), stride=(1, 1))
    (1): BatchNorm2d(64, eps=1e-05, momentum=0.1, affine=True, track_running_stats=True)
    (2): ReLU()
    (3): MaxPool2d(kernel_size=2, stride=2, padding=0, dilation=1, ceil_mode=False)
  )
  (fc1): Linear(in_features=2304, out_features=600, bias=True)
  (drop): Dropout2d(p=0.25, inplace=False)
  (fc2): Linear(in_features=600, out_features=120, bias=True)
  (fc3): Linear(in_features=120, out_features=10, bias=True)
)
```

모든 준비가 완료되었기 때문에 학습 데이터를 이용하여 모델을 학습시킵니다. 이 부분은 앞에서 사용했던 코드 5-8과 동일합니다.

코드 5-11 모델 학습 및 성능 평가

```
num_epochs = 5
count = 0
loss_list = []
iteration_list = []
accuracy_list = []

predictions_list = []
labels_list = []

for epoch in range(num_epochs):
```

```python
    for images, labels in train_loader:
        images, labels = images.to(device), labels.to(device)

        train = Variable(images.view(100, 1, 28, 28))
        labels = Variable(labels)

        outputs = model(train)
        loss = criterion(outputs, labels)
        optimizer.zero_grad()
        loss.backward()
        optimizer.step()
        count += 1

        if not (count % 50):
            total = 0
            correct = 0
            for images, labels in test_loader:
                images, labels = images.to(device), labels.to(device)
                labels_list.append(labels)
                test = Variable(images.view(100, 1, 28, 28))
                outputs = model(test)
                predictions = torch.max(outputs, 1)[1].to(device)
                predictions_list.append(predictions)
                correct += (predictions == labels).sum()
                total += len(labels)

            accuracy = correct * 100 / total
            loss_list.append(loss.data)
            iteration_list.append(count)
            accuracy_list.append(accuracy)

        if not (count % 500):
            print("Iteration: {}, Loss: {}, Accuracy: {}%".format(count, loss.data,
                accuracy))
```

다음과 같은 모델 훈련 결과를 볼 수 있습니다.

```
Iteration: 500, Loss: 0.43928107619285583, Accuracy: 87.87000274658203%
Iteration: 1000, Loss: 0.3258974850177765, Accuracy: 88.0999984741211%
Iteration: 1500, Loss: 0.30115756392478943, Accuracy: 88.38999938964844%
Iteration: 2000, Loss: 0.1754811853170395, Accuracy: 89.62999725341797%
Iteration: 2500, Loss: 0.13775354623794556, Accuracy: 89.56999969482422%
Iteration: 3000, Loss: 0.24831737577915192, Accuracy: 88.94999694824219%
```

심층 신경망과 비교하여 정확도가 약간 높습니다. 심층 신경망과 별 차이가 없기 때문에 좀 더 간편한 심층 신경망만 사용해도 무난할 것 같지만 실제로 이미지 데이터가 많아지면 단순 심층 신경망으로는 정확한 특성 추출 및 분류가 불가능하므로 합성곱 신경망을 생성할 수 있도록 학습해야 합니다.

5.3 전이 학습

일반적으로 합성곱 신경망 기반의 딥러닝 모델을 제대로 훈련시키려면 많은 양의 데이터가 필요합니다. 그런데 불행히도 충분히 큰 데이터셋을 얻는 것은 쉽지 않습니다. 큰 데이터셋을 확보하려면 많은 돈과 시간이 필요하기 때문입니다.

이러한 현실적인 어려움을 해결한 것이 전이 학습(transfer learning)입니다. 전이 학습이란 이미지넷(ImageNet)[3]처럼 아주 큰 데이터셋을 써서 훈련된 모델의 가중치를 가져와 우리가 해결하려는 과제에 맞게 보정해서 사용하는 것을 의미합니다. 이때 아주 큰 데이터셋을 사용하여 훈련된 모델을 사전 훈련된 모델(네트워크)이라고 합니다. 결과적으로 비교적 적은 수의 데이터를 가지고도 우리가 원하는 과제를 해결할 수 있습니다.

▼ 그림 5-29 전이 학습

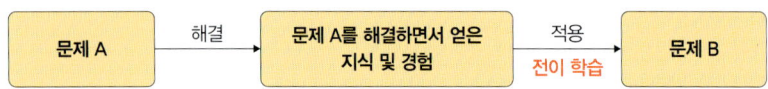

전이 학습을 위한 방법으로는 특성 추출과 미세 조정 기법이 있습니다. 특성 추출 기법부터 하나씩 살펴보겠습니다.

5.3.1 특성 추출 기법

특성 추출(feature extractor)은 ImageNet 데이터셋으로 사전 훈련된 모델을 가져온 후 마지막에 완전연결층 부분만 새로 만듭니다. 즉, 학습할 때는 마지막 완전연결층(이미지의 카테고리를 결정

---

3 영상 인식 기술의 성능을 평가하는 주된 이미지 데이터셋입니다. 클래스 2만 개 이상과 이미지 총 1419만 7122장으로 구성되어 있습니다.

하는 부분)만 학습하고 나머지 계층들은 학습되지 않도록 합니다.

특성 추출은 이미지 분류를 위해 두 부분으로 구성됩니다.

- **합성곱층**: 합성곱층과 풀링층으로 구성
- **데이터 분류기(완전연결층)**: 추출된 특성을 입력받아 최종적으로 이미지에 대한 클래스를 분류하는 부분

사전 훈련된 네트워크의 합성곱층(가중치 고정)에 새로운 데이터를 통과시키고, 그 출력을 데이터 분류기에서 훈련시킵니다.

여기에서 사용 가능한 이미지 분류 모델은 다음과 같습니다.

- Xception
- Inception V3
- ResNet50
- VGG16
- VGG19
- MobileNet

▼ 그림 5-30 특성 추출 기법

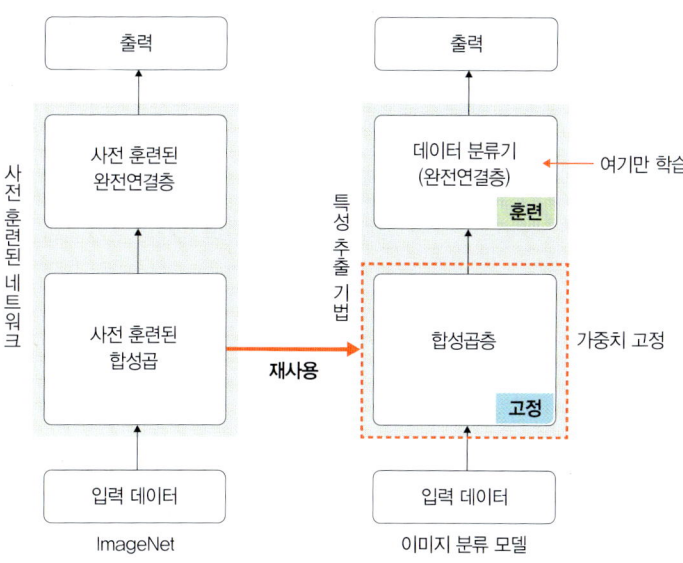

특성 추출에 대해 예시를 진행하기에 앞서 필요한 라이브러리를 설치합니다.

> `pip install opencv-python`

OpenCV는 Open Source Computer Vision Library의 약어로 오픈 소스 컴퓨터 비전 라이브러리입니다. 특히 OpenCV-Python 라이브러리를 설치하면 파이썬에서도 사용이 가능합니다. 먼저 필요한 모든 라이브러리를 호출합니다.

코드 5-12 라이브러리 호출

```
import os
import time
import copy
import glob
import cv2  ------ 앞에서 설치한 OpenCV 라이브러리
import shutil

import torch
import torchvision  ------ 컴퓨터 비전(computer vision) 용도의 패키지
import torchvision.transforms as transforms  ------ 데이터 전처리를 위해 사용되는 패키지
import torchvision.models as models  ------ 다양한 파이토치 네트워크를 사용할 수 있도록 도와주는 패키지
import torch.nn as nn
import torch.optim as optim
from torch.utils.data import DataLoader

import matplotlib.pyplot as plt
```

예제에서 사용할 이미지 데이터에 대한 전처리 방법을 정의합니다.

코드 5-13 이미지 데이터 전처리 방법 정의

```
data_path = '../chap05/data/catanddog/train'  ------ 이미지 데이터가 위치한 경로 지정

transform = transforms.Compose(
                [
                    transforms.Resize([256, 256]),
                    transforms.RandomResizedCrop(224),
                    transforms.RandomHorizontalFlip(),
                    transforms.ToTensor()
                ])  ------ ①
train_dataset = torchvision.datasets.ImageFolder(
                data_path,
```

```
                transform=transform
) ------ ②
train_loader = torch.utils.data.DataLoader(
                train_dataset,
                batch_size=32,
                num_workers=8,
                shuffle=True
) ------ ③

print(len(train_dataset))
```

① torchvision.transfrom은 이미지 데이터를 변환하여 모델(네트워크)의 입력으로 사용할 수 있게 변환해 줍니다. 이때 사용되는 파라미터는 다음과 같습니다.

```
transform = transforms.Compose([transforms.Resize([256, 256]),
                                        ⓐ
                transforms.RandomResizedCrop(224), transforms.RandomHorizontalFlip(),
                            ⓑ                                    ⓒ
                transforms.ToTensor()])
                        ⓓ
```

ⓐ Resize: 이미지의 크기를 조정. 즉, 256×256 크기로 이미지 데이터를 조정합니다.

ⓑ RandomResizedCrop: 이미지를 랜덤한 크기 및 비율로 자릅니다.

Resize와 RandomResizedCrop 모두 이미지를 자르는 데 사용하지만 그 용도는 다릅니다. Resize가 합성곱층을 통과하기 위해 이미지 크기를 조정하는 전처리 과정이라면, RandomResizedCrop은 데이터 확장 용도로 사용됩니다. RandomResizedCrop은 이미지를 랜덤한 비율로 자른 후 데이터 크기를 조정합니다.

ⓒ RandomHorizontalFlip: 이미지를 랜덤하게 수평으로 뒤집습니다.

ⓓ ToTensor: 이미지 데이터를 텐서로 변환합니다.

② datasets.ImageFolder는 데이터로더가 데이터를 불러올 대상(혹은 경로)과 방법(transform)(혹은 전처리)을 정의하며, 사용하는 파라미터는 다음과 같습니다.

```
train_dataset = torchvision.datasets.ImageFolder(data_path,
                                                     ⓐ
                                    transform=transform)
                                            ⓑ
```

ⓐ 첫 번째 파라미터: 불러올 데이터가 위치한 경로

ⓑ transform: 이미지 데이터에 대한 전처리

③ 데이터로더는 데이터를 불러오는 부분으로 앞에서 정의한 ImageFolder(train_dataset)을 데이터로더에 할당하는데, 이때 한 번에 불러올 데이터양을 결정하는 batch_size를 지정합니다. 또한, 추가적으로 데이터를 무작위로 섞을(shuffle) 것인지도 설정합니다. 데이터로더에서 사용하는 파라미터는 다음과 같습니다.

train_loader = torch.utils.data.DataLoader(train_dataset, batch_size=32,
                     ⓐ   ⓑ
                num_workers=8, shuffle=True)
                  ⓒ   ⓓ

ⓐ 첫 번째 파라미터: 데이터셋을 지정합니다.

ⓑ batch_size: 한 번에 불러올 데이터양을 결정하는 배치 크기를 설정합니다.

ⓒ num_workers: 데이터를 불러올 때 하위 프로세스를 몇 개 사용할지 설정하는데, 이때 너무 많은 하위 프로세스를 설정하게 되면 오류가 발생하거나 메모리 부족 현상이 발생할 수 있습니다.

ⓓ shuffle: 데이터를 무작위로 섞을지를 지정합니다. shuffle=True로 설정하면 데이터를 무작위로 섞어서 랜덤으로 불러옵니다.

다음은 train_dataset에 포함된 데이터의 개수를 출력한 결과입니다.

385

개와 고양이 이미지 데이터는 https://www.kaggle.com/c/dogs-vs-cats/data에서 내려받았지만, 전체 이미지를 사용할 경우 CPU에 과부하가 발생하여 일부 이미지만 사용했습니다.

> Note ≡ **RandomResizedCrop 자세히 알아보기**
>
> RandomResizedCrop으로 데이터를 확장하는 방법에 대해 코드로 살펴볼 텐데, 먼저 다음 명령을 실행하여 mxnet[4]을 설치합니다. mxnet 설치가 완료된 후에는 커널을 재시작해야 합니다.
>
> ```
> > pip install mxnet
> > pip install --user mxnet   ······ 설치에 실패하면 --user 입력
> ```
>
>   ◯ 계속

---

4   카네기 멜론 대학과 워싱턴 대학에서 시작한 이후 많은 대학과 회사들의 후원을 받고 있는 딥러닝 오픈 소스 라이브러리입니다. 특히 파이썬, 줄리아(Julia), R, 매트랩(Matlab), 스칼라(Scala) 등 다양한 인터페이스를 지원한다는 것과 GPU 환경에서 성능이 뛰어나다는 특징이 있습니다.

mxnet 패키지 설치 후 다음과 같은 오류가 발생할 수 있습니다.

```
(torch_book) C:\WINDOWS\system32>pip install --user mxnet
Requirement already satisfied: mxnet in c:\users\jyseo\appdata\roaming\python\
python38\site-packages (1.7.0.post2)
Requirement already satisfied: requests<2.19.0,>=2.18.4 in c:\users\jyseo\appdata\
roaming\python\python38\site-packages (from mxnet) (2.18.4)
Requirement already satisfied: graphviz<0.9.0,>=0.8.1 in c:\users\jyseo\appdata\
roaming\python\python38\site-packages (from mxnet) (0.8.4)
Collecting numpy<1.17.0,>=1.8.2
  Using cached numpy-1.16.6-cp38-cp38-win_amd64.whl
Requirement already satisfied: idna<2.7,>=2.5 in e:\anaconda3\envs\pytorch\lib\
site-packages (from requests<2.19.0,>=2.18.4->mxnet) (2.6)
Requirement already satisfied: certifi>=2017.4.17 in e:\anaconda3\envs\pytorch\
lib\site-packages (from requests<2.19.0,>=2.18.4->mxnet) (2020.6.20)
Requirement already satisfied: chardet<3.1.0,>=3.0.2 in e:\anaconda3\envs\pytorch\
lib\site-packages (from requests<2.19.0,>=2.18.4->mxnet) (3.0.4)
Requirement already satisfied: urllib3<1.23,>=1.21.1 in e:\anaconda3\envs\pytorch\
lib\site-packages (from requests<2.19.0,>=2.18.4->mxnet) (1.22)
Installing collected packages: numpy
  Attempting uninstall: numpy
    Found existing installation: numpy 1.21.4
    Uninstalling numpy-1.21.4:
      Successfully uninstalled numpy-1.21.4
  WARNING: The script f2py.exe is installed in 'C:\Users\jyseo\AppData\Roaming\
Python\Python38\Scripts' which is not on PATH.
  Consider adding this directory to PATH or, if you prefer to suppress this
warning, use --no-warn-script-location.
ERROR: pip's dependency resolver does not currently take into account all the
packages that are installed. This behaviour is the source of the following
dependency conflicts.
opencv-python-headless 4.5.2.54 requires numpy>=1.17.3, but you have numpy 1.16.6
which is incompatible.
-ensorboard 2.5.0 requires requests<3,>=2.21.0, but you have requests 2.18.4 which
is incompatible.
transformers 4.10.0 requires numpy>=1.17, but you have numpy 1.16.6 which is
incompatible.
torchvision 0.9.0 requires torch==1.8.0, but you have torch 1.9.0 which is
incompatible.
opencv-python 4.5.2.54 requires numpy>=1.17.3, but you have numpy 1.16.6 which is
incompatible.
Successfully installed numpy-1.16.6
```

◯ 계속

넘파이 버전과 호환성에 문제가 있다는 문구로 호환되는 넘파이 버전으로 재설치됩니다. 이후 동일한 명령어를 한 번 더 실행하면 다음과 같이 정상적으로 설치된 것을 확인할 수 있습니다.

```
(torch_book) C:\WINDOWS\system32>pip install --user mxnet
Requirement already satisfied: mxnet in c:\users\jyseo\appdata\roaming\python\
python38\site-packages (1.7.0.post2)
Requirement already satisfied: graphviz<0.9.0,>=0.8.1 in c:\users\jyseo\appdata\
roaming\python\python38\site-packages (from mxnet) (0.8.4)
Requirement already satisfied: numpy<1.17.0,>=1.8.2 in c:\users\jyseo\appdata\
roaming\python\python38\site-packages (from mxnet) (1.16.6)
Requirement already satisfied: requests<2.19.0,>=2.18.4 in c:\users\jyseo\appdata\
roaming\python\python38\site-packages (from mxnet) (2.18.4)
Requirement already satisfied: idna<2.7,>=2.5 in e:\anaconda3\envs\pytorch\lib\
site-packages (from requests<2.19.0,>=2.18.4->mxnet) (2.6)
Requirement already satisfied: urllib3<1.23,>=1.21.1 in e:\anaconda3\envs\pytorch\
lib\site-packages (from requests<2.19.0,>=2.18.4->mxnet) (1.22)
Requirement already satisfied: chardet<3.1.0,>=3.0.2 in e:\anaconda3\envs\pytorch\
lib\site-packages (from requests<2.19.0,>=2.18.4->mxnet) (3.0.4)
Requirement already satisfied: certifi>=2017.4.17 in e:\anaconda3\envs\pytorch\
lib\site-packages (from requests<2.19.0,>=2.18.4->mxnet) (2020.6.20)
```

설치가 완료되었다면 다음 예시 코드를 통해 RandomResizedCrop을 이용한 데이터 확장 코드에 대해 알아봅시다. 참고로 RandomResizedCrop과 관련된 코드에 대한 예제 파일은 'python_05장_RandomResizedCrop 예제.ipynb' 파일을 참고하세요.

```python
import matplotlib.pyplot as plt
import mxnet as mx
from mxnet.gluon.data.vision import transforms

example_image = mx.image.imread("../chap05/data/cat.jpg") ------ 예제를 진행할 이미지 불러오기
plt.imshow(example_image.asnumpy()) ------ 불러온 이미지 출력
```

불러올 이미지는 다음 그림과 같습니다.

▼ 그림 5-31 RandomResizedCrop에 사용될 이미지

◐ 계속

불러온 이미지에 RandomResizedCrop을 적용하기 위한 함수를 생성합니다.

```python
def show_images(imgs, num_rows, num_cols, scale=2):
    aspect_ratio = imgs[0].shape[0]/imgs[0].shape[1]  # 확장할 이미지의 크기 조정
    figsize = (num_cols * scale, num_rows * scale * aspect_ratio)
    _, axes = plt.subplots(num_rows, num_cols, figsize=figsize)
    for i in range(num_rows):
        for j in range(num_cols):
            axes[i][j].imshow(imgs[i * num_cols + j].asnumpy())
            axes[i][j].axes.get_xaxis().set_visible(False)  # x축 전체를 숨김
            axes[i][j].axes.get_yaxis().set_visible(False)  # y축 전체를 숨김
    plt.subplots_adjust(hspace=0.1, wspace=0)
    return axes

def apply(img, aug, num_rows=2, num_cols=4, scale=3):
    Y = [aug(img) for _ in range(num_rows * num_cols)]  # 다양한 샘플을 얻기 위해 여러 번 데이터 확장 적용
    show_images(Y, num_rows, num_cols, scale)
```

RandomResizedCrop이 적용된 이미지를 출력합니다.

```python
shape_aug = transforms.RandomResizedCrop(size=(200, 200),
                                         scale=(0.1, 1),
                                         ratio=(0.5, 2))
apply(example_image, shape_aug)
```

이때 RandomResizedCrop에 적용된 파라미터는 다음과 같습니다.

```
shape_aug = transforms.RandomResizedCrop(size=(200, 200),
                                                   ⓐ
                                         scale=(0.1, 1),
                                                 ⓑ
                                         ratio=(0.5, 2))
                                                 ⓒ
```

ⓐ size: 출력할 크기를 200×200으로 조정합니다.

ⓑ scale: 면적 비율을 0.1~1(10~100%) 범위 내에서 무작위로 자릅니다.

ⓒ ratio: 면적의 너비와 높이 비율을 0.5~2 범위 내에서 무작위로 조절합니다.

즉, ratio를 통해 너비와 비율을 조정한 후 scale을 통해 자르고, 최종적으로 출력할 size로 조정됩니다.

그림 5-32는 RandomResizedCrop이 적용된 이미지를 보여 줍니다.

○ 계속

▼ 그림 5-32 RandomResizedCrop이 적용된 이미지

이미지 데이터를 불러왔으니 24개의 이미지에 대해 레이블 정보와 함께 출력해 보겠습니다.

코드 5-14 학습에 사용될 이미지 출력

```
samples, labels = iter(train_loader).next() ------ ①
classes = {0:'cat', 1:'dog'} ------ 개와 고양이에 대한 클래스로 구성
fig = plt.figure(figsize=(16,24))
for i in range(24): ------ 24개의 이미지 데이터 출력
    a = fig.add_subplot(4,6,i+1)
    a.set_title(classes[labels[i].item()]) ------ 레이블 정보(클래스)를 함께 출력
    a.axis('off')
    a.imshow(np.transpose(samples[i].numpy(), (1,2,0))) ------ ②
plt.subplots_adjust(bottom=0.2, top=0.6, hspace=0)
```

① 반복자(iterator, for 구문과 같은 효과)를 사용하려면 iter()와 next()가 필요합니다. iter()는 전달된 데이터의 반복자를 꺼내 반환하며, next()는 그 반복자가 다음에 출력해야 할 요소를 반환합니다. 즉, iter()로 반복자를 구하고 그 반복자를 next()에 전달하여 차례대로 꺼낼 수 있습니다. 앞의 코드에서 반복자는 train_loader가 되기 때문에 train_loader에서 samples와 labels의 값을 순차적으로 꺼내서 저장합니다. 간단히 정리하면 train_loader에서 데이터를 하나씩 꺼내 오겠다는 의미입니다.

② np.transpose는 다음 그림과 같이 행과 열을 바꿈으로써 행렬의 차원을 바꾸어 줍니다.

▼ 그림 5-33 transpose()

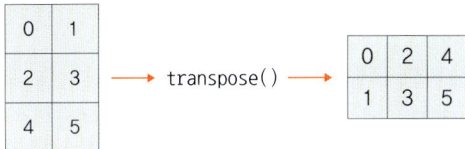

일반적으로 행렬의 차원을 변경하는 이유는 행렬의 내적 연산 때문입니다. 다음 그림과 같이 A라는 행렬과 B라는 행렬의 내적 결과는 C가 됩니다. 이때 A 행렬의 행과 B 행렬의 열의 수가 같아야 내적이 가능합니다. A와 B의 행과 열의 수가 달라 내적이 불가능할 때는 np.transpose()나 np.reshape() 등으로 차원을 조정해야 합니다.

▼ 그림 5-34 행렬의 내적

$$\begin{bmatrix} a_{11} & a_{12} & a_{13} \\ a_{21} & a_{22} & a_{23} \\ a_{31} & a_{32} & a_{33} \end{bmatrix} \begin{bmatrix} b_{11} & b_{12} & b_{13} \\ b_{21} & b_{22} & b_{23} \\ b_{31} & b_{32} & b_{33} \end{bmatrix} = \begin{bmatrix} c_{11} & c_{12} & c_{13} \\ c_{21} & c_{22} & c_{23} \\ c_{31} & c_{32} & c_{33} \end{bmatrix}$$

A   B   C

$$\begin{bmatrix} c_{11} \\ c_{21} \\ c_{31} \end{bmatrix} = \begin{bmatrix} a_{11}b_{11} + a_{12}b_{21} + a_{13}b_{31} \\ a_{21}b_{11} + a_{22}b_{21} + a_{23}b_{31} \\ a_{31}b_{11} + a_{32}b_{21} + a_{33}b_{31} \end{bmatrix}$$

print(samples.shape)을 통해 데이터의 형태를 확인해 보면 torch.Size([32, 3, 224, 224])가 출력됩니다. 이 상태 그대로(np.transpose를 적용하지 않으면) 'Invalid shape (3, 224, 224) for image data'와 같은 오류가 발생합니다.

따라서 np.transpose(samples[i].numpy(), (1,2,0))을 사용해서 (224, 224, 3)과 같은 형태로 변환한 후 사용해야 합니다.

예를 들어 다음과 같은 변환이 가능합니다.

```
> exam = np.arange(24).reshape(2, 3, 4)
> exam
array([[[ 0,  1,  2,  3],
        [ 4,  5,  6,  7],
        [ 8,  9, 10, 11]],

       [[12, 13, 14, 15],
```

```
        [16, 17, 18, 19],
        [20, 21, 22, 23]]])
```

> `np.transpose(exam, (2, 1, 0))` ······ (2, 3, 4) 크기를 (4, 3, 2)로 변환
```
array([[[ 0, 12],
        [ 4, 16],
        [ 8, 20]],

       [[ 1, 13],
        [ 5, 17],
        [ 9, 21]],

       [[ 2, 14],
        [ 6, 18],
        [10, 22]],

       [[ 3, 15],
        [ 7, 19],
        [11, 23]]])
```

다음 그림은 24개의 이미지를 출력한 결과입니다.

▼ 그림 5-35 24개의 이미지 출력 결과

데이터가 준비되었으므로 사전 훈련된 ResNet18 모델을 내려받습니다.

코드 5-15 사전 훈련된 모델 내려받기

```
resnet18 = models.resnet18(pretrained=True)    ------ pretrained=True는 사전 학습된 가중치를
                                                       사용하겠다는 의미
```

> **Note ≡ ResNet18**
>
> ResNet18은 50개의 계층으로 구성된 합성곱 신경망입니다. ImageNet 데이터베이스의 100만 개가 넘는 영상을 이용하여 훈련된 신경망으로 전이 학습에 사용되도록 사전 훈련된 모델을 제공하고 있습니다. 하지만 ResNet18은 입력 제약이 매우 크고, 충분한 메모리(RAM)가 없으면 학습 속도가 느릴 수 있는 단점이 있습니다. 자세한 내용은 6 장에서 배웁니다.

> **Note ≡ 사전 훈련된 모델**
>
> 파이토치는 다음과 같은 방법으로 무작위의 가중치로 모델을 구성할 수 있습니다.
>
> ```
> import torchvision.models as models
> resnet18 = models.resnet18()
> alexnet = models.alexnet()
> vgg16 = models.vgg16()
> squeezenet = models.squeezenet1_0()
> densenet = models.densenet161()
> inception = models.inception_v3()
> googlenet = models.googlenet()
> shufflenet = models.shufflenet_v2_x1_0()
> mobilenet_v2 = models.mobilenet_v2()
> mobilenet_v3_large = models.mobilenet_v3_large()
> mobilenet_v3_small = models.mobilenet_v3_small()
> resnext50_32x4d = models.resnext50_32x4d()
> wide_resnet50_2 = models.wide_resnet50_2()
> mnasnet = models.mnasnet1_0()
> ```
>
> 또한, 다음과 같은 방법을 이용하여 사전 학습된 모델(사전 학습된 모델의 가중치 값)을 사용할 수 있습니다. 다음의 모델들이 사용하는 것과 같이 pretrained=True로 설정하여 사용하면 됩니다.
>
> ```
> import torchvision.models as models
> resnet18 = models.resnet18(pretrained=True)
> alexnet = models.alexnet(pretrained=True)
> squeezenet = models.squeezenet1_0(pretrained=True)
> vgg16 = models.vgg16(pretrained=True)
> densenet = models.densenet161(pretrained=True)
> ```

○ 계속

```
inception = models.inception_v3(pretrained=True)
googlenet = models.googlenet(pretrained=True)
shufflenet = models.shufflenet_v2_x1_0(pretrained=True)
mobilenet_v2 = models.mobilenet_v2(pretrained=True)
mobilenet_v3_large = models.mobilenet_v3_large(pretrained=True)
mobilenet_v3_small = models.mobilenet_v3_small(pretrained=True)
resnext50_32x4d = models.resnext50_32x4d(pretrained=True)
wide_resnet50_2 = models.wide_resnet50_2(pretrained=True)
mnasnet = models.mnasnet1_0(pretrained=True)
```

다음은 내려받은 ResNet18의 합성곱층을 사용하되 파라미터에 대해서는 학습을 하지 않도록 고정시킵니다.

코드 5-16 사전 훈련된 모델의 파라미터 학습 유무 지정

```
def set_parameter_requires_grad(model, feature_extracting=True):
    if feature_extracting:
        for param in model.parameters():
            param.requires_grad = False ------ ①

set_parameter_requires_grad(resnet18)
```

① 역전파 중 파라미터들에 대한 변화를 계산할 필요가 없음을 나타냅니다. 즉, 모델의 일부를 고정하고 나머지를 학습하고자 할 때 requires_grad = False로 설정합니다. 이때 모델의 일부는 합성곱층(convolutional layer)과 풀링(pooling)층을 의미합니다.

내려받은 ResNet18의 마지막 부분에 완전연결층을 추가합니다. 추가된 완전연결층은 개와 고양이 클래스를 분류하는 용도로 사용됩니다.

▼ 그림 5-36 ResNet18에 완전연결층 추가

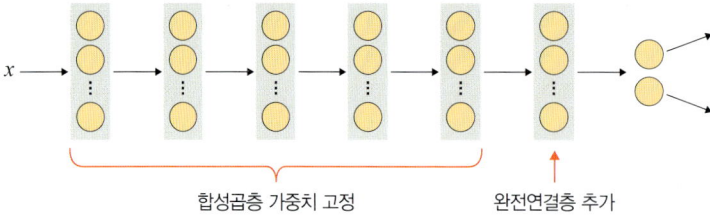

코드 5-17 ResNet18에 완전연결층 추가

```
resnet18.fc = nn.Linear(512, 2)  ------ 2는 클래스가 두 개라는 의미
```

참고용으로 모델의 파라미터 값들을 확인해 보겠습니다.

코드 5-18 모델의 파라미터 값 확인

```
for name, param in resnet18.named_parameters():   ------ model.named_parameters()는 모델에 접근하여
    if param.requires_grad:                              파라미터 값들을 가져올 때 사용
        print(name, param.data)
```

다음은 파라미터 값들을 가져온 결과입니다. 다음 결과와 같이 파라미터는 weight와 bias가 사용되고 있습니다.

```
fc.weight tensor([[ 0.0290, -0.0368, -0.0243,  ...,  0.0268,  0.0337,  0.0388],
                  [ 0.0173, -0.0082,  0.0215,  ..., -0.0272, -0.0227, -0.0236]])
fc.bias tensor([-0.0427, -0.0383])
```

이제 모델 학습 준비를 위해 모델의 객체를 생성하고 손실 함수를 정의합니다.

코드 5-19 모델 객체 생성 및 손실 함수 정의

```
model = models.resnet18(pretrained=True)  ------ 모델의 객체 생성

for param in model.parameters():   ------ 모델의 합성곱층 가중치 고정
    param.requires_grad = False

model.fc = torch.nn.Linear(512, 2)
for param in model.fc.parameters():   ------ 완전연결층은 학습
    param.requires_grad = True

optimizer = torch.optim.Adam(model.fc.parameters())
cost = torch.nn.CrossEntropyLoss()  ------ 손실 함수 정의
print(model)
```

다음은 내려받은 ResNet18 모델의 마지막에 완전연결층을 추가한 모델을 보여 줍니다.

```
ResNet(
  (conv1): Conv2d(3, 64, kernel_size=(7, 7), stride=(2, 2), padding=(3, 3), bias=False)
  (bn1): BatchNorm2d(64, eps=1e-05, momentum=0.1, affine=True, track_running_stats=True)
  (relu): ReLU(inplace=True)
```

```
    (maxpool): MaxPool2d(kernel_size=3, stride=2, padding=1, dilation=1, ceil_mode=False)
    (layer1): Sequential(
      (0): BasicBlock(
        (conv1): Conv2d(64, 64, kernel_size=(3, 3), stride=(1, 1), padding=(1, 1), bias=False)
        (bn1): BatchNorm2d(64, eps=1e-05, momentum=0.1, affine=True, track_running_stats=True)
        (relu): ReLU(inplace=True)
        (conv2): Conv2d(64, 64, kernel_size=(3, 3), stride=(1, 1), padding=(1, 1), bias=False)
        (bn2): BatchNorm2d(64, eps=1e-05, momentum=0.1, affine=True, track_running_stats=True)
      )
      (1): BasicBlock(
        (conv1): Conv2d(64, 64, kernel_size=(3, 3), stride=(1, 1), padding=(1, 1), bias=False)
        (bn1): BatchNorm2d(64, eps=1e-05, momentum=0.1, affine=True, track_running_stats=True)
        (relu): ReLU(inplace=True)
        (conv2): Conv2d(64, 64, kernel_size=(3, 3), stride=(1, 1), padding=(1, 1), bias=False)
        (bn2): BatchNorm2d(64, eps=1e-05, momentum=0.1, affine=True, track_running_stats=True)
      )
    )
    (layer2): Sequential(
      (0): BasicBlock(
        (conv1): Conv2d(64, 128, kernel_size=(3, 3), stride=(2, 2), padding=(1, 1), bias=False)
        (bn1): BatchNorm2d(128, eps=1e-05, momentum=0.1, affine=True, track_running_stats=True)
        (relu): ReLU(inplace=True)
        (conv2): Conv2d(128, 128, kernel_size=(3, 3), stride=(1, 1), padding=(1, 1), bias=False)
        (bn2): BatchNorm2d(128, eps=1e-05, momentum=0.1, affine=True, track_running_stats=True)
        (downsample): Sequential(
          (0): Conv2d(64, 128, kernel_size=(1, 1), stride=(2, 2), bias=False)
          (1): BatchNorm2d(128, eps=1e-05, momentum=0.1, affine=True, track_running_stats=True)
        )
      )
      (1): BasicBlock(
        (conv1): Conv2d(128, 128, kernel_size=(3, 3), stride=(1, 1), padding=(1, 1), bias=False)
        (bn1): BatchNorm2d(128, eps=1e-05, momentum=0.1, affine=True, track_running_stats=True)
        (relu): ReLU(inplace=True)
        (conv2): Conv2d(128, 128, kernel_size=(3, 3), stride=(1, 1), padding=(1, 1), bias=False)
        (bn2): BatchNorm2d(128, eps=1e-05, momentum=0.1, affine=True, track_running_stats=True)
      )
    )
    (layer3): Sequential(
      (0): BasicBlock(
        (conv1): Conv2d(128, 256, kernel_size=(3, 3), stride=(2, 2), padding=(1, 1), bias=False)
        (bn1): BatchNorm2d(256, eps=1e-05, momentum=0.1, affine=True, track_running_stats=True)
```

      (relu): ReLU(inplace=True)
      (conv2): Conv2d(256, 256, kernel_size=(3, 3), stride=(1, 1), padding=(1, 1), bias=False)
      (bn2): BatchNorm2d(256, eps=1e-05, momentum=0.1, affine=True, track_running_stats=True)
      (downsample): Sequential(
        (0): Conv2d(128, 256, kernel_size=(1, 1), stride=(2, 2), bias=False)
        (1): BatchNorm2d(256, eps=1e-05, momentum=0.1, affine=True, track_running_stats=True)
)
)
    (1): BasicBlock(
      (conv1): Conv2d(256, 256, kernel_size=(3, 3), stride=(1, 1), padding=(1, 1), bias=False)
      (bn1): BatchNorm2d(256, eps=1e-05, momentum=0.1, affine=True, track_running_stats=True)
      (relu): ReLU(inplace=True)
      (conv2): Conv2d(256, 256, kernel_size=(3, 3), stride=(1, 1), padding=(1, 1), bias=False)
      (bn2): BatchNorm2d(256, eps=1e-05, momentum=0.1, affine=True, track_running_stats=True)
)
)
  (layer4): Sequential(
    (0): BasicBlock(
      (conv1): Conv2d(256, 512, kernel_size=(3, 3), stride=(2, 2), padding=(1, 1), bias=False)
      (bn1): BatchNorm2d(512, eps=1e-05, momentum=0.1, affine=True, track_running_stats=True)
      (relu): ReLU(inplace=True)
      (conv2): Conv2d(512, 512, kernel_size=(3, 3), stride=(1, 1), padding=(1, 1), bias=False)
      (bn2): BatchNorm2d(512, eps=1e-05, momentum=0.1, affine=True, track_running_stats=True)
      (downsample): Sequential(
        (0): Conv2d(256, 512, kernel_size=(1, 1), stride=(2, 2), bias=False)
        (1): BatchNorm2d(512, eps=1e-05, momentum=0.1, affine=True, track_running_stats=True)
)
)
    (1): BasicBlock(
      (conv1): Conv2d(512, 512, kernel_size=(3, 3), stride=(1, 1), padding=(1, 1), bias=False)
      (bn1): BatchNorm2d(512, eps=1e-05, momentum=0.1, affine=True, track_running_stats=True)
      (relu): ReLU(inplace=True)
      (conv2): Conv2d(512, 512, kernel_size=(3, 3), stride=(1, 1), padding=(1, 1), bias=False)
      (bn2): BatchNorm2d(512, eps=1e-05, momentum=0.1, affine=True, track_running_stats=True)
)
)
  (avgpool): AdaptiveAvgPool2d(output_size=(1, 1))
  (fc): Linear(in_features=512, out_features=2, bias=True)
)

데이터 준비 및 네트워크 생성이 완료되었으므로 이제 모델을 학습시켜야 합니다. 모델 학습을 위한 함수를 생성합니다.

코드 5-20 모델 학습을 위한 함수 생성

```python
def train_model(model, dataloaders, criterion, optimizer, device, num_epochs=13,
                is_train=True):
    since = time.time()  ------ 컴퓨터의 현재 시각을 구하는 함수
    acc_history = []
    loss_history = []
    best_acc = 0.0

    for epoch in range(num_epochs):  ------ 에포크(13)만큼 반복
        print('Epoch {}/{}'.format(epoch, num_epochs-1))
        print('-' * 10)

        running_loss = 0.0
        running_corrects = 0

        for inputs, labels in dataloaders:  ------ 데이터로더에 전달된 데이터만큼 반복
            inputs = inputs.to(device)
            labels = labels.to(device)

            model.to(device)
            optimizer.zero_grad()  ------ 기울기를 0으로 설정
            outputs = model(inputs)  ------ 순전파 학습
            loss = criterion(outputs, labels)
            _, preds = torch.max(outputs, 1)
            loss.backward()  ------ 역전파 학습
            optimizer.step()
                                                    ┌------ 출력 결과와 레이블의 오차를 계산한
            running_loss += loss.item() * inputs.size(0) ------┤       결과를 누적하여 저장
            running_corrects += torch.sum(preds == labels.data) ------┘
                       출력 결과와 레이블이 동일한지 확인한 결과를 누적하여 저장
        epoch_loss = running_loss / len(dataloaders.dataset)  ------ 평균 오차 계산
        epoch_acc = running_corrects.double() / len(dataloaders.dataset)  ------ 평균 정확도 계산

        print('Loss: {:.4f} Acc: {:.4f}'.format(epoch_loss, epoch_acc))

        if epoch_acc > best_acc:
            best_acc = epoch_acc

        acc_history.append(epoch_acc.item())
```

```
        loss_history.append(epoch_loss)
        torch.save(model.state_dict(), os.path.join('../chap05/data/catanddog/',
                   '{0:0=2d}.pth'.format(epoch)))  ------ 모델 재사용을 위해 저장해 둡니다.
        print()

    time_elapsed = time.time() - since  ------ 실행 시간(학습 시간)을 계산
    print('Training complete in {:.0f}m {:.0f}s'.format(time_elapsed // 60,
          time_elapsed % 60))
    print('Best Acc: {:4f}'.format(best_acc))
    return acc_history, loss_history  ------ 모델의 정확도와 오차를 반환
```

그리고 마지막으로 ResNet18에 추가된 완전연결층은 학습을 하도록 설정합니다. 학습을 통해 얻어지는 파라미터를 옵티마이저에 전달해서 최종적으로 모델 학습에 사용합니다.

코드 5-21 파라미터 학습 결과를 옵티마이저에 전달

```
params_to_update = []
for name, param in resnet18.named_parameters():
    if param.requires_grad == True:
        params_to_update.append(param)  ------ 파라미터 학습 결과를 저장
        print("\t", name)

optimizer = optim.Adam(params_to_update)  ------ 학습 결과를 옵티마이저에 전달
```

다음은 완전연결층의 어떤 파라미터들이 옵티마이저로 전달되는지를 보여 줍니다. 다음 결과와 같이 weight와 bias 값들이 업데이트되고 옵티마이저에 전달될 것입니다.

```
fc.weight
fc.bias
```

이제 모델을 학습시킵니다.

코드 5-22 모델 학습

```
device = torch.device("cuda" if torch.cuda.is_available() else "cpu")
criterion = nn.CrossEntropyLoss()  ------ 손실 함수 지정
train_acc_hist, train_loss_hist = train_model(resnet18, train_loader, criterion,
                                              optimizer, device)
```

모델 훈련을 위해 전달되는 파라미터는 (모델, 학습 데이터, 손실 함수, 옵티마이저, 장치(CPU 혹은 GPU))입니다.

다음은 모델 학습에 대한 결과입니다.

```
Epoch 0/12
----------
Loss: 0.5614 Acc: 0.7221

Epoch 1/12
----------
Loss: 0.4387 Acc: 0.7948

Epoch 2/12
----------
Loss: 0.3055 Acc: 0.8961

Epoch 3/12
----------
Loss: 0.3092 Acc: 0.8805

Epoch 4/12
----------
Loss: 0.4092 Acc: 0.8000

Epoch 5/12
----------
Loss: 0.3564 Acc: 0.8312

Epoch 6/12
----------
Loss: 0.2051 Acc: 0.9377

Epoch 7/12
----------
Loss: 0.2067 Acc: 0.9143

Epoch 8/12
----------
Loss: 0.1965 Acc: 0.9221

Epoch 9/12
----------
Loss: 0.2309 Acc: 0.9091
```

```
Epoch 10/12
----------
Loss: 0.3047 Acc: 0.8494

Epoch 11/12
----------
Loss: 0.1858 Acc: 0.9377

Epoch 12/12
----------
Loss: 0.1985 Acc: 0.9169

Training complete in 6m 27s
Best Acc: 0.937662
```

약 93%로 상당히 높은 정확도를 보여 주고 있습니다. 훈련 데이터로는 학습이 잘되었다고 할 수 있습니다. 이제 테스트 용도의 데이터를 이용하여 모델 정확도를 측정해 보아야 합니다.

테스트 데이터를 불러와 전처리를 합니다.

코드 5-23 테스트 데이터 호출 및 전처리

```
test_path = '../chap05/data/catanddog/test'

transform = transforms.Compose(
                [
                        transforms.Resize(224),
                        transforms.CenterCrop(224),
                        transforms.ToTensor(),
])
test_dataset = torchvision.datasets.ImageFolder(
    root=test_path,
    transform=transform
)
test_loader = torch.utils.data.DataLoader(
    test_dataset,
    batch_size=32,
    num_workers=1,
    shuffle=True
)

print(len(test_dataset))
```

다음은 테스트 데이터가 몇 건인지 보여 줍니다. 테스트용 데이터로 부족하지만 실습을 진행할 환경을 고려하여 일부만 사용합니다.

98

테스트용 데이터 준비가 완료되었습니다. 테스트 데이터 평가를 위한 함수를 생성합니다.

코드 5-24 테스트 데이터 평가 함수 생성

```
def eval_model(model, dataloaders, device):
    since = time.time()
    acc_history = []
    best_acc = 0.0

    saved_models = glob.glob('../chap05/data/catanddog/' + '*.pth') ------ ①
    saved_models.sort() ------ 불러온 .pth 파일들을 정렬
    print('saved_model', saved_models)

    for model_path in saved_models:
        print('Loading model', model_path)

        model.load_state_dict(torch.load(model_path))
        model.eval()
        model.to(device)
        running_corrects = 0

        for inputs, labels in dataloaders: ------ 테스트 반복
            inputs = inputs.to(device)
            labels = labels.to(device)

            with torch.no_grad(): ------ autograd를 사용하지 않겠다는 의미
                outputs = model(inputs) ------ 데이터를 모델에 적용한 결과를 outputs에 저장

            _, preds = torch.max(outputs.data, 1) ------ ②
            preds[preds >= 0.5] = 1 ------ torch.max로 출력된 값이 0.5보다 크면 올바르게 예측
            preds[preds < 0.5] = 0 ------ torch.max로 출력된 값이 0.5보다 작으면 틀리게 예측
            running_corrects += preds.eq(labels.cpu()).int().sum() ------ ③

        epoch_acc = running_corrects.double() / len(dataloaders.dataset) ------┐
        print('Acc: {:.4f}'.format(epoch_acc))                    테스트 데이터의 정확도 계산

        if epoch_acc > best_acc:
            best_acc = epoch_acc
```

```
            acc_history.append(epoch_acc.item())
            print()

    time_elapsed = time.time() - since
    print('Validation complete in {:.0f}m {:.0f}s'.format(time_elapsed // 60,
        time_elapsed % 60))
    print('Best Acc: {:4f}'.format(best_acc))

    return acc_history ······ 계산된 정확도 반환
```

① glob은 현재 디렉터리에서 원하는 파일들만 추출하여 가져올 때 사용합니다. 즉, '../chap05/data/catanddog/' 경로에서 pth 확장자를 갖는 파일을 가져오라는 의미입니다. pth라는 확장자를 갖는 파일은 훈련 데이터로 모델을 훈련시킬 때 생성된 파일입니다.

② torch.max는 주어진 텐서 배열의 최댓값이 들어 있는 index를 반환하는 함수입니다. 예를 들어 y_pred = [[0.2,0.7,0.8,0.4]]라는 배열에 torch.max(y_pred.data, 1)을 적용한다고 가정해 봅시다. [0.2,0.7,0.8,0.4]의 최댓값은 0.8이 되며 그 인덱스는 2이므로 최종적으로 반환되는 값은 2가 됩니다.

③ preds.eq(labels)는 preds 배열과 labels가 일치하는지 검사하는 용도로 사용합니다. 또한, 뒤에 사용된 .sum()은 모델의 예측 결과와 정답(레이블)이 일치하는 것들의 개수 합을 숫자로 출력합니다.

이제 모델 평가 함수에 테스트 데이터를 적용해서 실제로 성능(정확도)을 측정합니다.

코드 5-25 테스트 데이터를 평가 함수에 적용

```
val_acc_hist = eval_model(resnet18, test_loader, device)
```

다음은 테스트 데이터의 정확도를 출력한 결과입니다.

```
saved_model ['../chap05/data/catanddog\\00.pth', '../chap05/data/catanddog\\01.
pth', '../chap05/data/catanddog\\02.pth', '../chap05/data/catanddog\\03.pth', '../
chap05/data/catanddog\\04.pth', '../chap05/data/catanddog\\05.pth', '../chap05/data/
catanddog\\06.pth', '../chap05/data/catanddog\\07.pth', '../chap05/data/catanddog\\08.
pth', '../chap05/data/catanddog\\09.pth', '../chap05/data/catanddog\\10.pth', '../
chap05/data/catanddog\\11.pth', '../chap05/data/catanddog\\12.pth']
Loading model ../chap05/data/catanddog\00.pth
Acc: 0.7347
```

```
Loading model ../chap05/data/catanddog\01.pth
Acc: 0.8878

Loading model ../chap05/data/catanddog\02.pth
Acc: 0.9184

Loading model ../chap05/data/catanddog\03.pth
Acc: 0.8878

Loading model ../chap05/data/catanddog\04.pth
Acc: 0.9388

Loading model ../chap05/data/catanddog\05.pth
Acc: 0.9286

Loading model ../chap05/data/catanddog\06.pth
Acc: 0.9286

Loading model ../chap05/data/catanddog\07.pth
Acc: 0.9082

Loading model ../chap05/data/catanddog\08.pth
Acc: 0.9388

Loading model ../chap05/data/catanddog\09.pth
Acc: 0.9490

Loading model ../chap05/data/catanddog\10.pth
Acc: 0.9286

Loading model ../chap05/data/catanddog\11.pth
Acc: 0.9286

Loading model ../chap05/data/catanddog\12.pth
Acc: 0.9286

Validation complete in 1m 52s
Best Acc: 0.948980
```

테스트 데이터 역시 94% 정도의 높은 정확도를 보입니다. 만약 모델의 네트워크를 개발자가 직접 구현하고 최적의 파라미터 값을 찾는다면 꽤 오랜 시간이 소요될 것입니다. 하지만 사전 훈련된 모델을 사용한다면 손쉽게 모델을 학습시킬 수 있기 때문에 실무에서도 많이 사용됩니다.

이제 모델의 학습 결과를 시각적으로 살펴보겠습니다. 먼저 훈련과 테스트 데이터에 대한 정확도입니다.

코드 5-26 훈련과 테스트 데이터의 정확도를 그래프로 확인

```
plt.plot(train_acc_hist)
plt.plot(val_acc_hist)
plt.show()
```

다음 그림은 훈련과 테스트 데이터에 대해 에포크가 진행될 때마다 정확도를 출력한 결과입니다. 훈련과 테스트 데이터 모두 에포크가 진행될수록 정확도가 높아지면서 100% 가까워지고 있습니다. 실제로 더 많은 에포크를 진행한다면 더욱더 100%에 수렴하는 것을 확인할 수 있습니다.

▼ 그림 5-37 훈련과 테스트 데이터에 대한 정확도

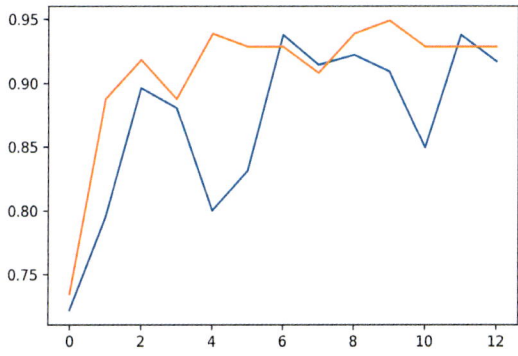

이번에는 오차 정보를 그래프로 살펴보겠습니다.

코드 5-27 훈련 데이터의 오차에 대한 그래프 확인

```
plt.plot(train_loss_hist)
plt.show()
```

그림 5-38은 훈련 데이터에 대해 에포크가 진행될 때마다 오차를 출력한 결과입니다. 에포크가 진행될수록 오차가 낮아지고 있기 때문에 학습이 잘되었다고 할 수 있습니다.

▼ 그림 5-38 훈련 데이터에 대한 오차

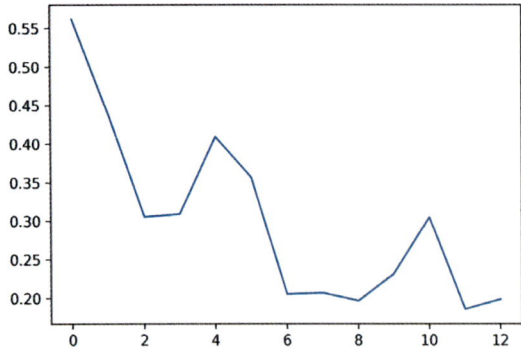

단순히 정확도와 오차 정보를 확인하는 것에 머무르지 않고, 실제로 데이터를 잘 예측하는지 살펴보겠습니다.

먼저 예측된 이미지를 출력하기 위한 전처리 함수를 생성합니다.

코드 5-28 예측 이미지 출력을 위한 전처리 함수

```
def im_convert(tensor):
    image = tensor.clone().detach().numpy() ------ ①
    image = image.transpose(1, 2, 0)
    image = image * (np.array((0.5,0.5,0.5)) + np.array((0.5,0.5,0.5)))
    image = image.clip(0, 1) ------ ②
    return image
```

① tensor.clone()은 기존 텐서의 내용을 복사한 텐서를 생성하겠다는 의미이며, detach()는 기존 텐서에서 기울기가 전파되지 않는 텐서입니다. 즉, tensor.clone().detach()는 기존 텐서를 복사한 새로운 텐서를 생성하지만 기울기에 영향을 주지는 않겠다는 의미입니다.

다음은 tensor.clone(), tensor.detach(), tensor.clone().detach()를 비교한 표입니다.

▼ 표 5-2 tensor.clone(), tensor.detach(), tensor.clone().detach()의 비교

구분	메모리	계산 그래프 상주 유무
tensor.clone()	새롭게 할당	계산 그래프에 계속 상주
tensor.detach()	공유해서 사용	계산 그래프에 상주하지 않음
tensor.clone().detach()	새롭게 할당	계산 그래프에 상주하지 않음

Note 계산 그래프

계산 그래프(computational graph)는 이미 2장에서 살펴보았지만 리마인드를 위해 다시 살펴보겠습니다. 계산 그래프란 계산 과정을 그래프로 나타낸 것입니다. 그래프는 여러 개의 노드(node)와 그 노드들을 연결하는 선인 에지(edge)로 구성됩니다.

▼ 그림 5-39 계산 그래프

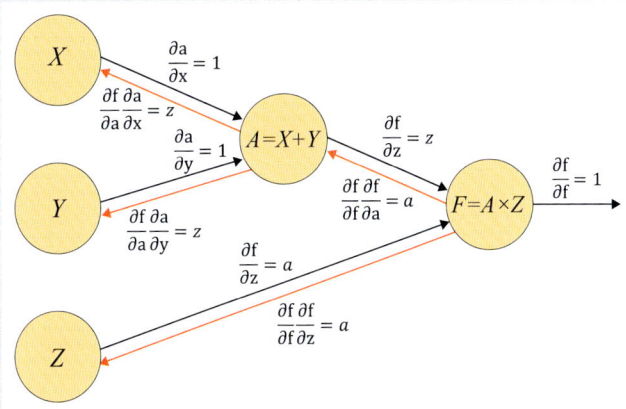

계산 그래프를 사용하는 이유는 두 가지입니다.

- 국소적 계산이 가능합니다. 국소적 계산이 가능하다는 의미는 그림 5-39에서 Z 값이 변경되었다면 X, Y 계산 결과를 그대로 유지한 채로 바뀐 Z의 연산이 필요한 $F=A \times Z$만 계산하면 됩니다.
- 역전파를 통한 미분 계산이 편리합니다. 그림 5-39의 주황색 선이 역전파를 구하는 과정을 보여 주는데 연쇄 법칙(chain rule)을 이용하여 빠르고 간편하게 미분을 계산할 수 있습니다.

Note 연쇄 법칙

두 개 이상의 함수가 결합된 함수, 즉 합성 함수의 미분법을 연쇄 법칙 혹은 체인룰(chain rule)이라고 합니다. 예를 들어 다음 그림과 같이 $z=(x+y)^2$을 $z=t^2$과 $t=x+y$의 합성 함수로 표현하고 각 합성 함수의 미분 결과를 곱한 결과로 나타내는 것이 연쇄법칙입니다. 합성 함수 및 미분과 관련한 내용은 별도의 인공지능 수학 도서를 참고하세요.

▼ 그림 5-40 합성 함수의 미분

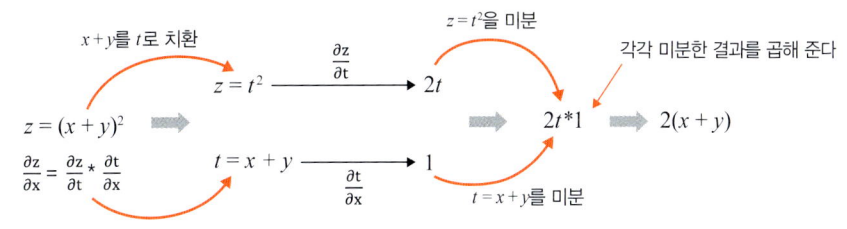

② clip()은 입력 값이 주어진 범위를 벗어날 때 입력 값을 특정 범위로 제한시키기 위해 사용합니다. 즉, image.clip(0, 1)은 image 데이터를 0과 1 사이의 값으로 제한하겠다는 의미입니다. 다음 예시를 통해 사용 방법을 익혀 보세요.

```
> import numpy as np
> exam = np.array([-1.8, -1.2, -0.7, 0.0, 0.8, 1.4, 1.9])
> print(exam)
> print(np.clip(exam, -0.5, 0.5))
[-1.8 -1.2 -0.7  0.   0.8  1.4  1.9]
[-0.5 -0.5 -0.5  0.   0.5  0.5  0.5]
```

이제 테스트 데이터셋을 이용하여 실제로도 개와 고양이를 잘 분류하는지 살펴보겠습니다.

코드 5-29 개와 고양이 예측 결과 출력

```
classes = {0:'cat', 1:'dog'} ------ 개와 고양이 두 개에 대한 레이블

dataiter = iter(test_loader) ------ 테스트 데이터셋을 가져옵니다.
images, labels = dataiter.next() ------ 테스트 데이터셋에서 이미지와 레이블을 분리하여 가져옵니다.
output = model(images)
_, preds = torch.max(output, 1)

fig = plt.figure(figsize=(25,4))
for idx in np.arange(20):
    ax = fig.add_subplot(2, 10, idx+1, xticks=[], yticks=[]) ------ ①
    plt.imshow(im_convert(images[idx])) ------ 이미지 출력을 위해 코드 5-28에서 정의한 im_convert 함수를 적용
    a.set_title(classes[labels[i].item()])
    ax.set_title("{}({})".format(str(classes[preds[idx].item()]), str(classes[labels[idx].
        item()])), color=("green" if preds[idx]==labels[idx] else "red")) ------ ②
plt.show()
plt.subplots_adjust(bottom=0.2, top=0.6, hspace=0) ------ ③
```

① add_subplot은 한 화면에 여러 개의 이미지를 담기 위해 사용합니다. 이때 사용되는 파라미터는 다음과 같습니다.

add_subplot(2, 10, idx+1, xticks=[], yticks=[])
     ⓐ ⓑ ⓒ   ⓓ

ⓐ 첫 번째 파라미터: 행의 수를 의미하는데, 이미지를 두 줄로 출력합니다.

ⓑ 두 번째 파라미터: 열의 수를 의미하는데, 한 줄에 열 개의 이미지를 출력합니다.

ⓒ 세 번째 파라미터: 인덱스를 의미하는데, 행과 열을 기준으로 순차적으로 이미지를 출력합니다.

ⓓ 네 번째 파라미터: 틱(tick)을 삭제하겠다는 의미입니다. 참고로 틱의 의미는 다음 그림과 같습니다.

▼ 그림 5-41 x축, y축 틱

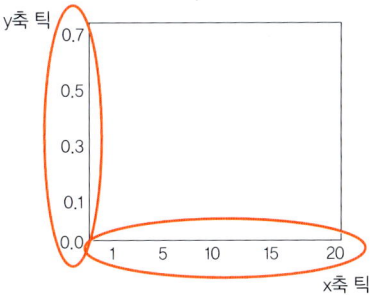

② classes[preds[idx].item()]은 preds[idx].item() 값이 classes로 정의된 '0'과 '1' 중 어떤 값을 갖는지 판별하겠다는 의미입니다. 즉, classes[preds[idx].item()] 값이 0이면 고양이, 1이면 개로 출력됩니다.

③ 다음 그림과 같이 Figure 안에서 서브플롯(subplot)(다음 그림에서 Axes에 해당)의 위치를 조정할 때 사용합니다. left, bottom, right, top으로 이미지 위치를 조정합니다. 또한, hspace와 wspace를 사용해서 서브플롯 간의 간격(너비와 높이의 비율)을 조정할 수 있습니다.

▼ 그림 5-42 서브플롯

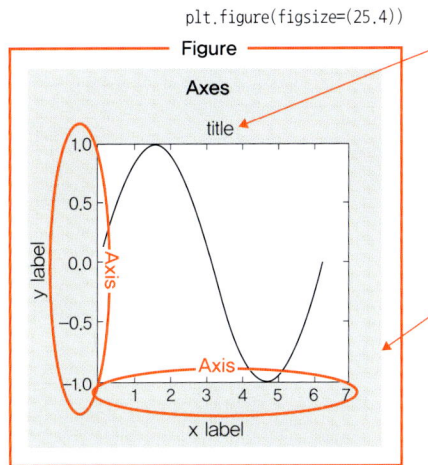

다음 그림은 개와 고양이에 대한 예측 결과입니다. 초록색은 개와 고양이를 정확하게 예측한 것이고, 빨간색은 예측이 잘못되었음을 의미합니다.

▼ 그림 5-43 개와 고양이에 대한 예측 결과

결과를 살펴보니 예측이 정확하지 않은 것을 확인할 수 있습니다. 훈련 데이터를 더 늘리고, 에포크 횟수도 늘려 보면 더 좋은 결과를 얻을 수 있을 것입니다.

5.3.2 미세 조정 기법

미세 조정(fine-tuning) 기법은 특성 추출 기법에서 더 나아가 사전 훈련된 모델과 합성곱층, 데이터 분류기의 가중치를 업데이트하여 훈련시키는 방식입니다. 특성 추출은 목표 특성을 잘 추출했다는 전제하에 좋은 성능을 낼 수 있습니다. 특성이 잘못 추출되었다면(예를 들어 ImageNet 데이터셋의 이미지 특징과 전자상거래 물품의 이미지 특징이 다르다면) 미세 조정 기법으로 새로운 (전자상거래) 이미지 데이터를 사용하여 네트워크의 가중치를 업데이트해서 특성을 다시 추출할 수 있습니다. 즉, 사전 학습된 모델을 목적에 맞게 재학습시키거나 학습된 가중치의 일부를 재학습시키는 것입니다.

미세 조정 기법은 사전 훈련된 네트워크를 미세 조정하여 분석하려는 데이터셋에 잘 맞도록 모델의 파라미터를 조정하는 기법입니다. 미세 조정 과정에서 많은 연산량이 필요하기 때문에 CPU보다는 GPU를 사용하길 권장합니다.

미세 조정 기법은 훈련시키려는 데이터셋의 크기와 사전 훈련된 모델에 따라 다음 전략을 세울 수 있습니다.

- **데이터셋이 크고 사전 훈련된 모델과 유사성이 작을 경우**: 모델 전체를 재학습시킵니다. 데이터셋 크기가 크기 때문에 재학습시키는 것이 좋은 전략입니다.
- **데이터셋이 크고 사전 훈련된 모델과 유사성이 클 경우**: 합성곱층의 뒷부분(완전연결층과 가까운 부분)과 데이터 분류기를 학습시킵니다. 데이터셋이 유사하기 때문에 전체를 학습시키는 것보다는 강한 특징이 나타나는 합성곱층의 뒷부분과 데이터 분류기만 새로 학습하더라도

최적의 성능을 낼 수 있습니다.

- **데이터셋이 작고 사전 훈련된 모델과 유사성이 작을 경우**: 합성곱층의 일부분과 데이터 분류기를 학습시킵니다. 데이터가 적기 때문에 일부 계층에 미세 조정 기법을 적용한다고 해도 효과가 없을 수 있습니다. 따라서 합성곱층 중 어디까지 새로 학습시켜야 할지 적당히 설정해 주어야 합니다.

- **데이터셋이 작고 사전 훈련된 모델과 유사성이 클 경우**: 데이터 분류기만 학습시킵니다. 데이터가 적기 때문에 많은 계층에 미세 조정 기법을 적용하면 과적합이 발생할 수 있습니다. 따라서 최종 데이터 분류기인 완전연결층에 대해서만 미세 조정 기법을 적용합니다.

▼ 그림 5-44 미세 조정 기법

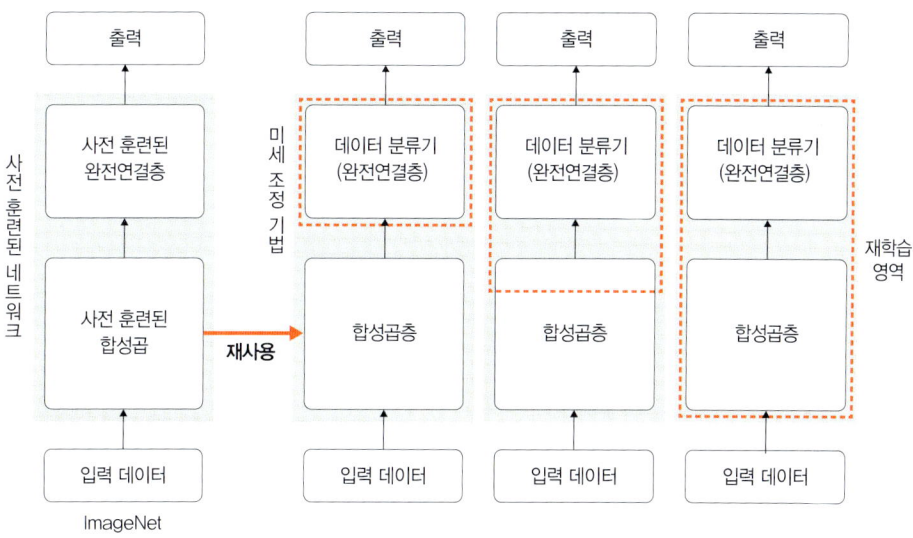

미세 조정은 파라미터 업데이트 과정에서 파라미터에 큰 변화를 주게 되면 과적합 문제가 발생할 수 있기 때문에 정교하고 미세한 파라미터 업데이트가 필요합니다.

5.4 설명 가능한 CNN

설명 가능한 CNN(explainable CNN)은 딥러닝 처리 결과를 사람이 이해할 수 있는 방식으로 제시하는 기술입니다. CNN은 블랙박스와 같아 내부에서 어떻게 동작하는지 설명하기 어렵습니다. 따라서 CNN으로 얻은 결과는 신뢰하기 어려운데, 이를 해결하려면 CNN 처리 과정을 시각화해야 할 필요성이 있습니다.

❤ 그림 5-45 CNN의 블랙박스

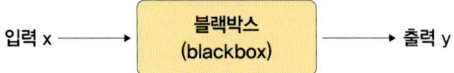

CNN을 구성하는 각 중간 계층부터 최종 분류까지 입력된 이미지에서 특성이 어떻게 추출되고 학습하는지를 시각적으로 설명할 수 있어야 결과에 대한 신뢰성을 얻을 수 있습니다. CNN의 시각화 방법에는 필터에 대한 시각화와 특성 맵에 대한 시각화가 있지만, 책에서는 특성 맵에 대한 시각화만 다루겠습니다.

5.4.1 특성 맵 시각화

특성 맵(feature map)(혹은 활성화 맵)은 입력 이미지 또는 다른 특성 맵처럼 필터를 입력에 적용한 결과입니다. 따라서 특정 입력 이미지에 대한 특성 맵을 시각화한다는 의미는 특성 맵에서 입력 특성을 감지하는 방법을 이해할 수 있도록 돕는 것입니다.

특성 맵 시각화에 대한 예제를 진행해 보겠습니다. 먼저 이미지 분석 및 처리를 쉽게 할 수 있도록 도와주는 라이브러리인 PIL(Python Image Library)을 설치합니다. PIL은 다양한 이미지 파일 형식을 지원하며, 강력한 이미지 처리와 그래픽 기능을 제공하는 이미지 프로세싱 라이브러리입니다.

> `pip install pillow`

설치가 완료되었으면 필요한 라이브러리를 호출합니다.

코드 5-30 필요한 라이브러리 호출

```python
import matplotlib.pyplot as plt
from PIL import Image
import cv2
import torch
import torch.nn.functional as F
import torch.nn as nn
from torchvision.transforms import ToTensor
import torchvision
```

```python
import torchvision.transforms as transforms
import torchvision.models as models

device = torch.device("cuda" if torch.cuda.is_available() else "cpu")
```

설명 가능한 모델을 위해 13개의 합성곱층과 두 개의 완전연결층으로 구성된 네트워크를 생성합니다. 이때 합성곱층과 완전연결층은 렐루(ReLU)라는 활성화 함수를 사용하도록 합니다.

코드 5-31 설명 가능한 네트워크 생성

```python
class XAI(torch.nn.Module):
    def __init__(self, num_classes=2):
        super(XAI, self).__init__()
        self.features = nn.Sequential(
            nn.Conv2d(3, 64, kernel_size=3, bias=False),
            nn.BatchNorm2d(64),
            nn.ReLU(inplace=True),   # inplace=True는 기존의 데이터를 연산의
            nn.Dropout(0.3),         #                결괏값으로 대체하는 것을 의미
            nn.Conv2d(64, 64, kernel_size=3, padding=1, bias=False),
            nn.BatchNorm2d(64),
            nn.ReLU(inplace=True),
            nn.MaxPool2d(kernel_size=2, stride=2),

            nn.Conv2d(64, 128, kernel_size=3, padding=1, bias=False),
            nn.BatchNorm2d(128),
            nn.ReLU(inplace=True),
            nn.Dropout(0.4),
            nn.Conv2d(128, 128, kernel_size=3, padding=1, bias=False),
            nn.BatchNorm2d(128),
            nn.ReLU(inplace=True),
            nn.MaxPool2d(kernel_size=2, stride=2),

            nn.Conv2d(128, 256, kernel_size=3, padding=1, bias=False),
            nn.BatchNorm2d(256),
            nn.ReLU(inplace=True),
            nn.Dropout(0.4),
            nn.Conv2d(256, 256, kernel_size=3, padding=1, bias=False),
            nn.BatchNorm2d(256),
            nn.ReLU(inplace=True),
            nn.Dropout(0.4),
            nn.Conv2d(256, 256, kernel_size=3, padding=1, bias=False),
            nn.BatchNorm2d(256),
            nn.ReLU(inplace=True),
```

```python
            nn.MaxPool2d(kernel_size=2, stride=2),

            nn.Conv2d(256, 512, kernel_size=3, padding=1, bias=False),
            nn.BatchNorm2d(512),
            nn.ReLU(inplace=True),
            nn.Dropout(0.4),
            nn.Conv2d(512, 512, kernel_size=3, padding=1, bias=False),
            nn.BatchNorm2d(512),
            nn.ReLU(inplace=True),
            nn.Dropout(0.4),
            nn.Conv2d(512, 512, kernel_size=3, padding=1, bias=False),
            nn.BatchNorm2d(512),
            nn.ReLU(inplace=True),
            nn.MaxPool2d(kernel_size=2, stride=2),

            nn.Conv2d(512, 512, kernel_size=3, padding=1, bias=False),
            nn.BatchNorm2d(512),
            nn.ReLU(inplace=True),
            nn.Dropout(0.4),
            nn.Conv2d(512, 512, kernel_size=3, padding=1, bias=False),
            nn.BatchNorm2d(512),
            nn.ReLU(inplace=True),
            nn.Dropout(0.4),
            nn.Conv2d(512, 512, kernel_size=3, padding=1, bias=False),
            nn.BatchNorm2d(512),
            nn.ReLU(inplace=True),
            nn.MaxPool2d(kernel_size=2, stride=2),
        )
        self.classifier = nn.Sequential(
            nn.Linear(512, 512, bias=False),
            nn.Dropout(0.5),
            nn.BatchNorm1d(512),
            nn.ReLU(inplace=True),
            nn.Dropout(0.5),
            nn.Linear(512, num_classes)
        )

    def forward(self, x):
        x = self.features(x)
        x = x.view(-1, 512)
        x = self.classifier(x)
        return F.log_softmax(x)    ------ ①
```

① 로그 소프트맥스(log_softmax())는 신경망 말단의 결괏값들을 확률 개념으로 해석하기 위해 소프트맥스(softmax) 함수의 결과에 log 값을 취한 연산입니다. 소프트맥스를 사용하지 않고 로그 소프트맥스를 사용하는 이유는 소프트맥스는 기울기 소멸 문제(vanishing gradient problem)에 취약하기 때문입니다. 다음은 소프트맥스와 로그 소프트맥스에 대한 수식입니다.

$$\text{softmax}(x)_i = \frac{e^{x_i}}{\sum_{j=1} e^{x_j}}$$

$$\text{logsoftmax} = \log(\frac{e^{x_i}}{\sum_{j=1} e^{x_j}})$$

$$= x_i - \log(\sum_{j=1} e^{x_j})$$

앞에서 생성된 모델을 model = XAI()로 객체화한 후 장치(CPU 혹은 GPU)에 할당합니다.

코드 5-32 모델 객체화

```
model = XAI()          ------ model이라는 이름의 객체를 생성
model.to(device)       ------ model을 장치(CPU 혹은 GPU)에 할당
model.eval()           ------ 테스트 데이터에 대한 모델 평가 용도로 사용
```

모델을 객체화한 결과는 다음과 같습니다.

```
XAI(
  (features): Sequential(
    (0): Conv2d(3, 64, kernel_size=(3, 3), stride=(1, 1), bias=False)
    (1): BatchNorm2d(64, eps=1e-05, momentum=0.1, affine=True, track_running_stats=True)
    (2): ReLU(inplace=True)
    (3): Dropout(p=0.3, inplace=False)
    (4): Conv2d(64, 64, kernel_size=(3, 3), stride=(1, 1), padding=(1, 1), bias=False)
    (5): BatchNorm2d(64, eps=1e-05, momentum=0.1, affine=True, track_running_stats=True)
    (6): ReLU(inplace=True)
    (7): MaxPool2d(kernel_size=2, stride=2, padding=0, dilation=1, ceil_mode=False)
    (8): Conv2d(64, 128, kernel_size=(3, 3), stride=(1, 1), padding=(1, 1), bias=False)
    (9): BatchNorm2d(128, eps=1e-05, momentum=0.1, affine=True, track_running_stats=True)
    (10): ReLU(inplace=True)
    (11): Dropout(p=0.4, inplace=False)
    (12): Conv2d(128, 128, kernel_size=(3, 3), stride=(1, 1), padding=(1, 1), bias=False)
    (13): BatchNorm2d(128, eps=1e-05, momentum=0.1, affine=True, track_running_stats=True)
    (14): ReLU(inplace=True)
```

    (15): MaxPool2d(kernel_size=2, stride=2, padding=0, dilation=1, ceil_mode=False)
    (16): Conv2d(128, 256, kernel_size=(3, 3), stride=(1, 1), padding=(1, 1), bias=False)
    (17): BatchNorm2d(256, eps=1e-05, momentum=0.1, affine=True, track_running_stats=True)
    (18): ReLU(inplace=True)
    (19): Dropout(p=0.4, inplace=False)
    (20): Conv2d(256, 256, kernel_size=(3, 3), stride=(1, 1), padding=(1, 1), bias=False)
    (21): BatchNorm2d(256, eps=1e-05, momentum=0.1, affine=True, track_running_stats=True)
    (22): ReLU(inplace=True)
    (23): Dropout(p=0.4, inplace=False)
    (24): Conv2d(256, 256, kernel_size=(3, 3), stride=(1, 1), padding=(1, 1), bias=False)
    (25): BatchNorm2d(256, eps=1e-05, momentum=0.1, affine=True, track_running_stats=True)
    (26): ReLU(inplace=True)
    (27): MaxPool2d(kernel_size=2, stride=2, padding=0, dilation=1, ceil_mode=False)
    (28): Conv2d(256, 512, kernel_size=(3, 3), stride=(1, 1), padding=(1, 1), bias=False)
    (29): BatchNorm2d(512, eps=1e-05, momentum=0.1, affine=True, track_running_stats=True)
    (30): ReLU(inplace=True)
    (31): Dropout(p=0.4, inplace=False)
    (32): Conv2d(512, 512, kernel_size=(3, 3), stride=(1, 1), padding=(1, 1), bias=False)
    (33): BatchNorm2d(512, eps=1e-05, momentum=0.1, affine=True, track_running_stats=True)
    (34): ReLU(inplace=True)
    (35): Dropout(p=0.4, inplace=False)
    (36): Conv2d(512, 512, kernel_size=(3, 3), stride=(1, 1), padding=(1, 1), bias=False)
    (37): BatchNorm2d(512, eps=1e-05, momentum=0.1, affine=True, track_running_stats=True)
    (38): ReLU(inplace=True)
    (39): MaxPool2d(kernel_size=2, stride=2, padding=0, dilation=1, ceil_mode=False)
    (40): Conv2d(512, 512, kernel_size=(3, 3), stride=(1, 1), padding=(1, 1), bias=False)
    (41): BatchNorm2d(512, eps=1e-05, momentum=0.1, affine=True, track_running_stats=True)
    (42): ReLU(inplace=True)
    (43): Dropout(p=0.4, inplace=False)
    (44): Conv2d(512, 512, kernel_size=(3, 3), stride=(1, 1), padding=(1, 1), bias=False)
    (45): BatchNorm2d(512, eps=1e-05, momentum=0.1, affine=True, track_running_stats=True)
    (46): ReLU(inplace=True)
    (47): Dropout(p=0.4, inplace=False)
    (48): Conv2d(512, 512, kernel_size=(3, 3), stride=(1, 1), padding=(1, 1), bias=False)
    (49): BatchNorm2d(512, eps=1e-05, momentum=0.1, affine=True, track_running_stats=True)
    (50): ReLU(inplace=True)
    (51): MaxPool2d(kernel_size=2, stride=2, padding=0, dilation=1, ceil_mode=False)
)
  (classifier): Sequential(
    (0): Linear(in_features=512, out_features=512, bias=False)
    (1): Dropout(p=0.5, inplace=False)
    (2): BatchNorm1d(512, eps=1e-05, momentum=0.1, affine=True, track_running_stats=True)
    (3): ReLU(inplace=True)

```
    (4): Dropout(p=0.5, inplace=False)
    (5): Linear(in_features=512, out_features=2, bias=True)
  )
)
```

이 예제에서는 특성 맵의 시각화에 대해 살펴볼 예정이므로 특성 맵의 결과를 확인할 수 있는 함수를 정의해야 합니다. 특성 맵은 합성곱층을 입력 이미지와 필터를 연산하여 얻은 결과입니다. 따라서 합성곱층에서 입력과 출력을 알 수 있다면 특성 맵에 대한 값들을 확인할 수 있다는 의미이기도 합니다. 예를 들어 코드 5-32의 출력 결과인 (0): Conv2d(3, 64, kernel_size=(3, 3), stride=(1, 1), bias=False)에 대한 특성 맵을 확인하기 위한 클래스를 먼저 정의합니다.

코드 5-33 특성 맵을 확인하기 위한 클래스 정의

```
class LayerActivations:
    features = []
    def __init__(self, model, layer_num):
        self.hook = model[layer_num].register_forward_hook(self.hook_fn)  ······①

    def hook_fn(self, module, input, output):
        self.features = output.detach().numpy()

    def remove(self):  ······ hook 삭제
        self.hook.remove()
```

① 파이토치는 매 계층마다 print 문을 사용하지 않더라도 hook 기능을 사용하여 각 계층의 활성화 함수 및 기울기 값을 확인할 수 있습니다. 따라서 register_forward_hook의 목적은 순전파 중에 각 네트워크 모듈의 입력 및 출력을 가져오는 것입니다. 예를 들어 다음과 같은 코드가 있다고 합시다.

```
import torch
x = torch.Tensor([0,1,2,3]).requires_grad_()
y = torch.Tensor([4,5,6,7]).requires_grad_()
w = torch.Tensor([1,2,3,4]).requires_grad_()
z = x + y;
o = w.matmul(z)
o.backward()
print(x.grad, y.grad, z.grad, w.grad, o.grad)
```

이 코드를 실행하면 다음과 같이 출력됩니다.

tensor([2., 3., 4., 5.]) tensor([2., 3., 4., 5.]) None tensor([4., 6., 8., 10.]) None

코드에서 o와 z는 특정한 값으로 정의되지 않은 중간 변수(계산 결과에 따라 값이 달라질 수 있는 변수)입니다. 파이토치는 이러한 변수에 대해서는 기울기 값을 저장하지 않습니다. 하지만 이와 같은 중간 변수에 대해 z.register_hook(hook_fn)을 사용하면 기울기 값을 알 수 있습니다. 이와 같이 hook을 이용하면 중간 결괏값들을 확인할 수 있습니다.

특성 맵 정보를 가져올 이미지를 호출합니다.

코드 5-34 이미지 호출

```
img = cv2.imread("../chap05/data/cat.jpg")
plt.imshow(img)
img = cv2.resize(img, (100,100), interpolation=cv2.INTER_LINEAR) ------ ①
img = ToTensor()(img).unsqueeze(0) ------ ②
print(img.shape)
```

① cv2.resize는 이미지 크기를 변경할 때 사용하며, 파라미터는 다음과 같습니다.

cv2.resize(img, (100,100), interpolation=cv2.INTER_LINEAR)
     ⓐ   ⓑ   ⓒ

ⓐ 첫 번째 파라미터: 변경할 이미지 파일

ⓑ 두 번째 파라미터: 변경될 이미지 크기를 (너비, 높이)로 지정

ⓒ interpolation: 보간법

이미지 크기를 변경할 경우 변형된 이미지의 픽셀을 추정해서 값을 할당해야 합니다. 이미지 비율을 변경하면 존재하지 않는 영역에 새로운 픽셀 값을 매핑하거나 존재하는 픽셀들을 압축해서 새로운 값을 할당해야 합니다. 이러한 상황을 피하고자 이미지상에 존재하는 픽셀 데이터 (x_i, y_i)들에 대해 근사 함수 $f(x, y)$를 적용해서 새로운 픽셀 값을 구하는 것이 보간법입니다. 즉, 추정해야 하는 픽셀을 보간법을 이용하여 값을 할당합니다.

② ToTensor()(img).unsqueeze(0)에서 사용된 unsqueeze()는 1차원 데이터를 생성하는 함수입니다. 즉, 이미지 데이터를 텐서로 변환하고, 그 변환된 데이터를 1차원으로 변경하겠다는 의미입니다. unsqueeze는 다음과 같이 사용할 수 있습니다.

```
import torch

x1 = torch.rand(3, 10, 64)
```

```
x2 = x1.unsqueeze(dim=0)   ------ [3, 10, 64] -> [1, 3, 10, 64]
print(x2.shape)
print('---------------')
x3 = x1.unsqueeze(dim=1)   ------ [3, 10, 64] -> [3, 1, 10, 64]
print(x3.shape)
```

이 코드를 실행하면 다음과 같이 출력됩니다.

```
torch.Size([1, 3, 10, 64])
---------------
torch.Size([3, 1, 10, 64])
```

다음 그림은 호출한 이미지를 보여 줍니다.

▼ 그림 5-46 예제에서 사용할 이미지

코드 5-32의 출력 결과인 (0): Conv2d(3, 64, kernel_size=(3, 3), stride=(1, 1), bias=False)에 대한 특성 맵을 확인해 보겠습니다.

코드 5-35 (0): Conv2d 특성 맵 확인

```
result = LayerActivations(model.features, 0)   ------ 0번째 Conv2d 특성 맵 확인

model(img)
activations = result.features
```

특성 맵을 시각적으로 표현합니다.

코드 5-36 특성 맵 확인

```
fig, axes = plt.subplots(4, 4)
fig = plt.figure(figsize=(12,8))
fig.subplots_adjust(left=0, right=1, bottom=0, top=1, hspace=0.05, wspace=0.05)
```

```
for row in range(4):
    for column in range(4):
        axis = axes[row][column]
        axis.get_xaxis().set_ticks([])
        axis.get_yaxis().set_ticks([])
        axis.imshow(activations[0][row*10+column])
plt.show()
```

다음 그림은 첫 번째 Conv2d 계층에서 특성 맵에 대한 출력 결과입니다.

▼ 그림 5-47 첫 번째 계층에서 특성 맵

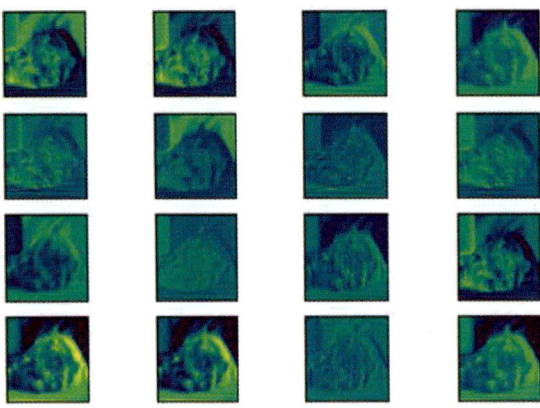

입력층과 가까운 계층으로 입력 이미지의 형태가 많이 유지되고 있습니다. 학습이 진행될수록 이미지의 변화를 확인할 수 있도록 20번째 계층과 40번째 계층에 대한 특성 맵도 함께 살펴보겠습니다.

먼저 20번째 계층에 대한 특성 맵을 살펴봅시다.

코드 5-37 20번째 계층에 대한 특성 맵

```
result = LayerActivations(model.features, 20)  ------ 20번째 Conv2d 특성 맵 확인

model(img)
activations = result.features
```

역시 특성 맵을 시각적으로 표현합니다.

코드 5-38 특성 맵 확인

```
fig, axes = plt.subplots(4, 4)
```

```
fig = plt.figure(figsize=(12,8))
fig.subplots_adjust(left=0, right=1, bottom=0, top=1, hspace=0.05, wspace=0.05)
for row in range(4):
    for column in range(4):
        axis = axes[row][column]
        axis.get_xaxis().set_ticks([])
        axis.get_yaxis().set_ticks([])
        axis.imshow(activations[0][row*10+column])
plt.show()
```

다음 그림은 20번째 계층에서 특성 맵에 대한 출력 결과입니다.

▼ 그림 5-48 20번째 계층에서 특성 맵

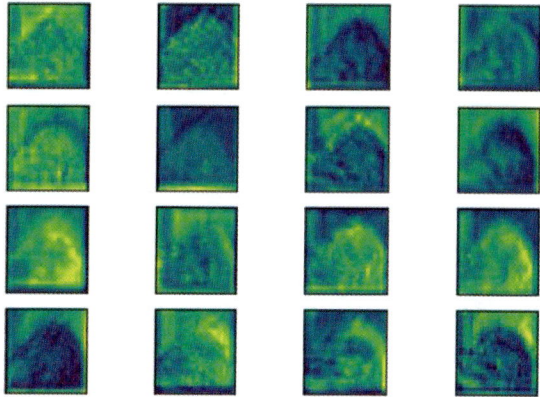

20번째 특성 맵의 결과 기존 고양이 이미지의 형태는 찾아볼 수 없게 되었습니다.

이번에는 40번째 계층에서 특성 맵 결과를 살펴봅시다.

코드 5-39 40번째 계층에 대한 특성 맵

```
result = LayerActivations(model.features, 40)  ------ 40번째 Conv2d 특성 맵 확인

model(img)
activations = result.features
```

역시 특성 맵을 시각적으로 표현합니다.

코드 5-40 특성 맵 확인

```
fig, axes = plt.subplots(4, 4)
fig = plt.figure(figsize=(12,8))
```

```
fig.subplots_adjust(left=0, right=1, bottom=0, top=1, hspace=0.05, wspace=0.05)
for row in range(4):
    for column in range(4):
        axis = axes[row][column]
        axis.get_xaxis().set_ticks([])
        axis.get_yaxis().set_ticks([])
        axis.imshow(activations[0][row*10+column])
plt.show()
```

다음 그림은 40번째 계층에서 특성 맵에 대한 출력 결과입니다.

▼ 그림 5-49 40번째 계층에서 특성 맵

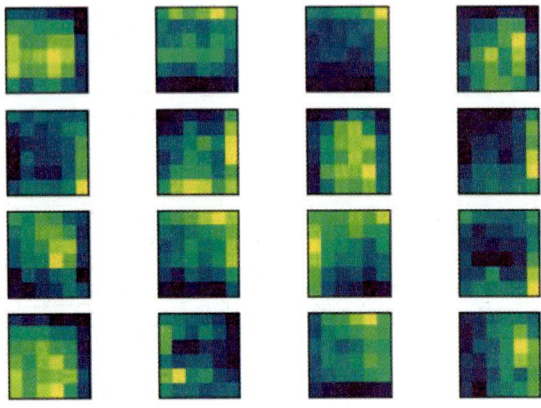

이제 원래 입력 이미지에 대한 형태는 전혀 찾아볼 수 없습니다. 즉, 출력층에 가까울수록 원래 형태는 찾아볼 수 없고, 이미지 특징들만 전달되는 것을 확인할 수 있습니다.

지금까지 특성 맵을 시각화하여 CNN의 내부 구조를 살펴보았습니다. 최근 딥러닝 결과에 대한 신뢰성이 문제가 되면서 설명 가능한 인공지능이 이슈가 되고 있는데, CNN은 필터와 특성 맵을 시각화해서 CNN 결과의 신뢰성을 확보할 수 있습니다.

5.5 그래프 합성곱 네트워크

그래프 합성곱 네트워크(graph convolutional network)는 그래프 데이터를 위한 신경망입니다. 그래프 합성곱 네트워크를 이해하기 앞서 먼저 그래프란 무엇인지 알아봅시다.

5.5.1 그래프란

그래프는 방향성이 있거나(directed) 없는(undirected) 에지로 연결된 노드(nodes=verticals)의 집합입니다. 여기에서 노드와 에지는 일반적으로 풀고자 하는 문제에 대한 전문가 지식이나 직관 등으로 구성됩니다. 즉, 다음 그림과 같은 형태를 취하는 것이 그래프입니다.

▼ 그림 5-50 그래프

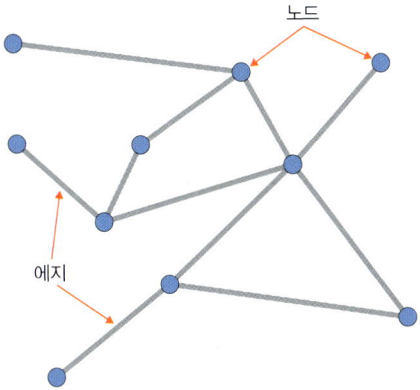

그래프의 구성 요소는 다음과 같습니다.

- **노드**(node, vertex): 그림 5-50에서 파란색 원이 노드입니다.
- **에지**(edge): 두 노드를 연결한 선을 의미합니다.

즉, 노드는 원소들을 의미하고, 에지는 결합 방법(single, double, triple, aromatic 등)을 의미합니다.

5.5.2 그래프 신경망

그래프 신경망(Graph Neural Network, GNN)은 그래프 구조에서 사용하는 신경망을 의미합니다. 그래프 데이터에 대한 표현은 다음과 같이 두 단계로 이루어집니다.

1단계. 인접 행렬(adjacency matrix)

- 그림 5-51의 왼쪽과 같은 네트워크가 있을 때 노드 n개를 n×n 행렬(matrix)로 표현합니다.
- 이렇게 생성된 인접 행렬 내의 값은 'A_{ij}는 i와 j의 관련성 여부'를 만족하는 값으로 채워 줍니다.

즉, 인접 행렬 과정은 컴퓨터가 이해하기 쉽게 그래프로 표현하는 과정이라고 할 수 있습니다.

2단계. 특성 행렬(feature matrix)

- 인접 행렬만으로는 특성을 파악하기 어렵기 때문에 단위 행렬을 적용합니다.
- 각 입력 데이터에서 이용할 특성을 선택합니다.
- 특성 행렬에서 각 행은 선택된 특성에 대해 각 노드가 갖는 값을 의미합니다(예 첫 번째 행은 첫 번째 노드의 특성 값).
- 이제 노드 1·2·3·4에 대한 특성을 한눈에 파악하기 쉽게 표현되었습니다.

▼ 그림 5-51 특성 행렬[5]

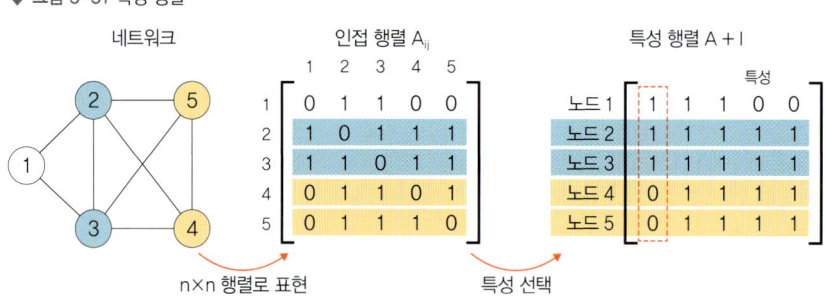

즉, 특성 행렬 과정을 거쳐 그래프 특성(graph feature)이 추출됩니다.

5.5.3 그래프 합성곱 네트워크

그래프 합성곱 네트워크(Graph Convolutional Network, GCN)는 이미지에 대한 합성곱을 그래프 데이터로 확장한 알고리즘입니다.

---

[5] 그림 출처: https://www.researchgate.net/figure/Demonstration-of-using-rows-of-A-I-as-the-feature-vectors-for-nodes-In-the-network_fig5_291340563

그래프 합성곱 네트워크 구조는 다음 그림과 같습니다.

▼ 그림 5-52 그래프 합성곱 네트워크

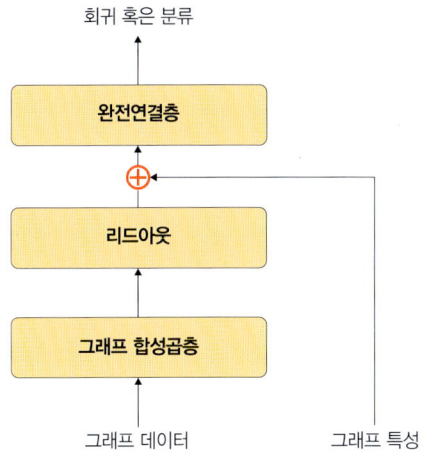

여기에서 리드아웃(readout)은 특성 행렬을 하나의 벡터로 변환하는 함수입니다. 즉, 전체 노드의 특성 벡터에 대해 평균을 구하고 그래프 전체를 표현하는 하나의 벡터를 생성합니다.

GCN에서 가장 중요한 부분은 그래프 합성곱층(graph convolutional layer)입니다. 그래프 합성곱층을 이용한 그래프 형태의 데이터는 행렬 형태의 데이터로 변환되어 딥러닝 알고리즘을 적용할 수 있기 때문입니다(기존 그래프 형태의 데이터로는 딥러닝 알고리즘을 적용할 수 없습니다).

또한, GCN은 다음과 같은 곳에서 활용됩니다.

- SNS에서 관계 네트워크
- 학술 연구에서 인용 네트워크
- 3D Mesh

이 장에서 합성곱 신경망의 전반적인 내용을 살펴보았습니다. 이어서 6장에서 합성곱 신경망을 좀 더 알아보겠습니다.

memo

6장

합성곱 신경망 II

6.1 이미지 분류를 위한 신경망
6.2 객체 인식을 위한 신경망
6.3 이미지 분할을 위한 신경망

6.1 이미지 분류를 위한 신경망

입력 데이터로 이미지를 사용한 분류(classification)는 특정 대상이 영상 내에 존재하는지 여부를 판단하는 것입니다. 이미지 분류(image classification)에서 주로 사용되는 합성곱 신경망의 유형을 알아보겠습니다.

6.1.1 LeNet-5

LeNet-5는 합성곱 신경망이라는 개념을 최초로 얀 르쿤(Yann LeCun)이 개발한 구조입니다. 1995년 얀 르쿤, 레옹 보토(Leon Bottu), 요슈아 벤지오(Yosua Bengio), 패트릭 하프너(Patrick Haffner)가 수표에 쓴 손글씨 숫자를 인식하는 딥러닝 구조 LeNet-5를 발표했는데, 그것이 현재 CNN의 초석이 되었습니다. LeNet-5는 합성곱(convolutional)과 다운 샘플링(sub-sampling)(혹은 풀링)을 반복적으로 거치면서 마지막에 완전연결층에서 분류를 수행합니다.

다음 그림을 이용하여 구체적으로 살펴보면 C1에서 5×5 합성곱 연산 후 28×28 크기의 특성 맵(feature map) 여섯 개를 생성합니다. S2에서 다운 샘플링하여 특성 맵 크기를 14×14로 줄입니다. 다시 C3에서 5×5 합성곱 연산하여 10×10 크기의 특성 맵 16개를 생성하고, S4에서 다운 샘플링하여 특성 맵 크기를 5×5로 줄입니다. C5에서 5×5 합성곱 연산하여 1×1 크기의 특성 맵 120개를 생성하고, 마지막으로 F6에서 완전연결층으로 C5의 결과를 유닛(unit)(또는 노드) 84개에 연결시킵니다. 이때 C로 시작하는 것은 합성곱층을 의미하고, S로 시작하는 것은 풀링층을 의미합니다. 또한, F로 시작하는 것은 완전연결층을 의미합니다.

▼ 그림 6-1 LeNet-5

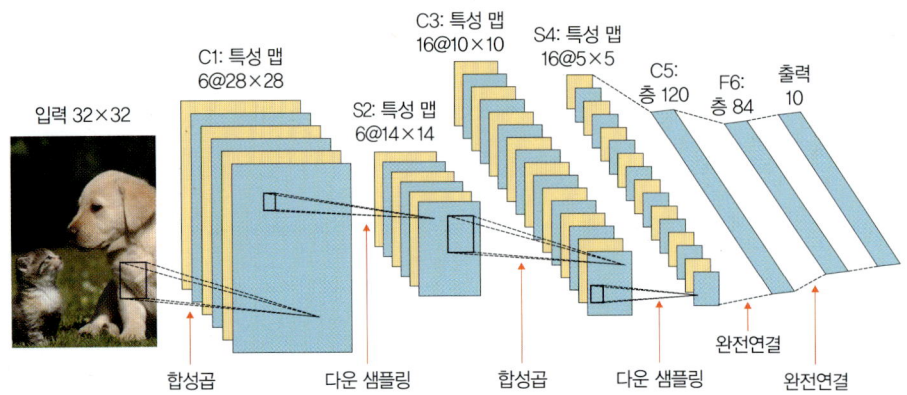

LeNet-5를 사용하는 예제를 구현해 봅시다. 앞 장에서 사용한 개와 고양이 데이터셋을 다시 사용합니다. 우리가 구현할 신경망은 다음 그림과 같습니다.

▼ 그림 6-2 LeNet-5 예제 신경망

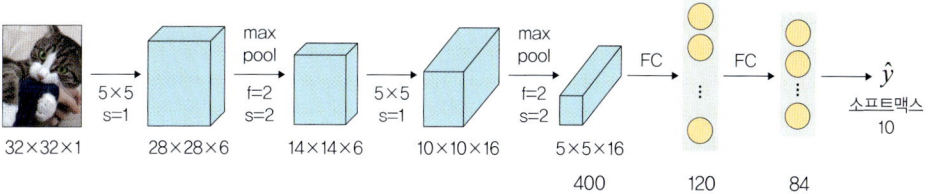

32×32 크기의 이미지에 합성곱층과 최대 풀링층이 쌍으로 두 번 적용된 후 완전연결층을 거쳐 이미지가 분류되는 신경망입니다.

신경망에 대한 자세한 설명은 다음 표와 같습니다.

▼ 표 6-1 LeNet-5 예제 신경망 상세

계층 유형	특성 맵	크기	커널 크기	스트라이드	활성화 함수
이미지	1	32×32	-	-	-
합성곱층	6	28×28	5×5	1	렐루(ReLU)
최대 풀링층	6	14×14	2×2	2	-
합성곱층	16	10×10	5×5	1	렐루(ReLU)
최대 풀링층	16	5×5	2×2	2	-
완전연결층	-	120	-	-	렐루(ReLU)
완전연결층	-	84	-	-	렐루(ReLU)
완전연결층	-	2	-	-	소프트맥스(softmax)

예제를 진행하기 위해 아나콘다 프롬프트에서 tqdm 라이브러리를 설치해 주세요. 라이브러리는 다음과 같이 두 가지 방법으로 설치할 수 있습니다.

```
> pip install --user tqdm
```

혹은

```
> conda install -c conda-forge tqdm
```

'tqdm'은 아랍어로 progress(진행 상태)라고도 합니다. 즉, 진행 상태를 바(bar) 형태로 가시화하여 보여 줍니다. 주로 모델 훈련에 대한 진행 상태를 확인하고자 할 때 사용합니다.

설치가 완료되었다면 필요한 라이브러리를 호출합니다.

코드 6-1 필요한 라이브러리 호출

```python
import torch
import torchvision
from torch.utils.data import DataLoader, Dataset
from torchvision import transforms ------ 이미지 변환(전처리) 기능을 제공하는 라이브러리
from torch.autograd import Variable
from torch import optim ------ 경사 하강법을 이용하여 가중치를 구하기 위한 옵티마이저 라이브러리
import torch.nn as nn
import torch.nn.functional as F
import os ------ 파일 경로에 대한 함수들을 제공
import cv2
from PIL import Image
from tqdm import tqdm_notebook as tqdm ------ 진행 상황을 가시적으로 표현해 주는데, 특히 모델의 학습 경과를
import random                              확인하고 싶을 때 사용하는 라이브러리
from matplotlib import pyplot as plt

device = torch.device("cuda:0" if torch.cuda.is_available() else "cpu") ------
                        파이토치는 텐서플로와 다르게 GPU를 자동으로 할당해 주지 않기 때문에 GPU 할당을
                        모델과 데이터에 선언해 주어야 합니다. 단 이 장에서는 CPU를 사용합니다.
```

먼저 모델 학습에 필요한 데이터셋의 전처리(예 텐서 변환)가 필요합니다.

코드 6-2 이미지 데이터셋 전처리

```python
class ImageTransform():
    def __init__(self, resize, mean, std):
        self.data_transform = {
            'train': transforms.Compose([
                transforms.RandomResizedCrop(resize, scale=(0.5,1.0)),
                transforms.RandomHorizontalFlip(),
                transforms.ToTensor(),
                transforms.Normalize(mean, std)
            ]), ------ ①
            'val': transforms.Compose([
                transforms.Resize(256),
                transforms.CenterCrop(resize),
                transforms.ToTensor(),
                transforms.Normalize(mean, std)
```

```
                ])
        }

    def __call__(self, img, phase):  ······ ②
        return self.data_transform[phase](img)
```

① 토치비전(torchvision) 라이브러리를 이용하면 이미지에 대한 전처리를 손쉽게 할 수 있습니다. torchvision.transforms에서 사용하는 파라미터는 다음과 같습니다. 이미 5장에서 살펴보았지만 다시 한 번 정리해 보겠습니다.

```
train_transforms = transforms.Compose(
                        ⓐ
                    [transforms.RandomResizedCrop(resize, scale=(0.5,1.0)),
                                        ⓑ
                    transforms.RandomHorizontalFlip(),
                                ⓒ
                    transforms.ToTensor(), transforms.Normalize(mean, std)])
                            ⓓ                        ⓔ
```

ⓐ transforms.Compose: 이미지를 변형할 수 있는 방식들의 묶음입니다.

ⓑ transforms.RandomResizedCrop: 입력 이미지를 주어진 크기(resize: 224×224)로 조정합니다. 또한, scale은 원래 이미지를 임의의 크기(0.5~1.0(50~100%))만큼 면적을 무작위로 자르겠다는 의미입니다.

ⓒ transforms.RandomHorizontalFlip: 주어진 확률로 이미지를 수평 반전시킵니다. 이때 확률 값을 지정하지 않았으므로 기본값인 0.5의 확률로 이미지들이 수평 반전됩니다. 즉, 훈련 이미지 중 반은 위아래 뒤집힌 상태로 두고, 반은 그대로 사용합니다.

ⓓ transforms.ToTensor: ImageFolder 메서드를 비롯해서 torchvision 메서드는 이미지를 읽을 때 파이썬 이미지 라이브러리인 PIL을 사용합니다. PIL을 사용해서 이미지를 읽으면 생성되는 이미지는 범위가 [0, 255]이며, 배열의 차원이 (높이 H×너비 W×채널 수 C)로 표현됩니다. 이후 효율적인 연산을 위해 torch.FloatTensor 배열로 바꾸어야 하는데, 이때 픽셀 값의 범위는 [0.0, 1.0] 사이가 되고 차원의 순서도 (채널 수 C×높이 H×너비 W)로 바뀝니다. 그리고 이러한 작업을 수행해 주는 메서드가 ToTensor()입니다.

ⓔ transforms.Normalize: 전이 학습에서 사용하는 사전 훈련된 모델들은 대개 ImageNet 데이터셋에서 훈련되었습니다. 따라서 사전 훈련된 모델을 사용하기 위해서는 ImageNet 데이

터의 각 채널별 평균과 표준편차에 맞는 정규화(normalize)[1]를 해 주어야 합니다. 즉, Normalize 메서드 안에 사용된 (mean: 0.485, 0.456, 0.406), (std: 0.229, 0.224, 0.225)는 ImageNet에서 이미지들의 RGB 채널마다 평균과 표준편차를 의미합니다. 참고로 OpenCV를 사용해서 이미지를 읽어 온다면 RGB 이미지가 아닌 BGR 이미지이므로 채널 순서에 주의해야 합니다.

② __call__ 함수는 클래스를 호출할 수 있도록 하는 메서드입니다. __init__은 인스턴스 초기화를 위해 사용한다면 __call__은 인스턴스가 호출되었을 때 실행됩니다. 즉, 클래스에 __call__ 함수가 있을 경우 클래스 객체 자체를 호출하면 __call__ 함수의 리턴(return) 값이 반환됩니다.

이미지가 위치한 디렉터리에서 데이터를 불러온 후 훈련용으로 400개의 이미지, 검증용으로 92개의 이미지, 테스트용으로 열 개의 이미지를 사용합니다.

예제를 진행하기 위한 시스템 성능이 좋을 경우 훈련용 2만 개를 사용하면 모델 성능이 더 높아집니다. 예제 파일의 주석(#)을 해제하고 실행하면 됩니다. 단 해제하고 실행한다면 그다음 두 줄은 주석 처리해야 합니다.

코드 6-3 이미지 데이터셋을 불러온 후 훈련, 검증, 테스트로 분리

```
cat_directory = r'../chap06/data/dogs-vs-cats/Cat/'
dog_directory = r'../chap06/data/dogs-vs-cats/Dog/'

cat_images_filepaths = sorted([os.path.join(cat_directory, f) for f in
                              os.listdir(cat_directory)])  ------ ①
dog_images_filepaths = sorted([os.path.join(dog_directory, f) for f in
                              os.listdir(dog_directory)])
images_filepaths = [*cat_images_filepaths, *dog_images_filepaths]   ------ 개와 고양이 이미지들을 합쳐서 images_filepaths에 저장
correct_images_filepaths = [i for i in images_filepaths if cv2.imread(i) is not None]  ------ ②

random.seed(42)  ------ ③
random.shuffle(correct_images_filepaths)
train_images_filepaths = correct_images_filepaths[:400]    ------ 훈련용 400개의 이미지
val_images_filepaths = correct_images_filepaths[400:-10]   ------ 검증용 92개의 이미지
test_images_filepaths = correct_images_filepaths[-10:]     ------ 테스트용 열 개의 이미지
print(len(train_images_filepaths), len(val_images_filepaths), len(test_images_filepaths))
```

---

1 데이터 범위를 사용자가 원하는 범위로 제한하는 것을 의미합니다. 예를 들어 이미지 데이터를 0~1.0 사이의 값을 갖도록 하는 것이 정규화입니다. 자세한 내용은 8장을 참고해 주세요.

① 고양이 이미지 데이터를 가져옵니다.

```
cat_images_filepaths = sorted([os.path.join(cat_directory, f)
                       ⓐ              ⓑ
                       for f in os.listdir(cat_directory)])
                                        ⓒ
```

ⓐ sorted: 데이터를 정렬된 리스트로 만들어서 반환합니다.

ⓑ os.path.join: 경로와 파일명을 결합하거나 분할된 경로를 하나로 합치고 싶을 때 사용합니다. 즉, cat_directory 디렉터리(../chap06/data/dogs-vs-cats/Cat/)와 os.listdir을 통해 검색된 이미지 파일들(f)을 하나로 합쳐서 '../chap06/data/dogs-vs-cats/Cat/이미지 파일명'(예 ../chap06/data/dogs-vs-cats/Cat/cat.0.jpg)으로 표시해 줍니다.

또한, 다음과 같이 경로를 하나로 합칠 수 있습니다.

```
import os
list_path = ['C:\\', 'Temp', 'user']
folder_path = os.path.join(*list_path)
folder_path
```

다음은 실행 결과입니다. 다음과 같이 경로가 하나로 합쳐 있는 것을 확인할 수 있습니다.

'C:\\Temp\\user'

참고로 윈도 환경에서는 경로가 '\\'으로 표시됩니다.

ⓒ os.listdir: 지정한 디렉터리 내 모든 파일의 리스트를 반환합니다. 예제에서 사용하는 Cat 디렉터리의 이미지 파일들을 모두 반환합니다.

② images_filepaths에서 이미지 파일들을 불러옵니다.

```
correct_images_filepaths = [i for i in images_filepaths
                            ⓐ       ⓑ
                            if cv2.imread(i) is not None]
                                        ⓒ
```

ⓐ for 반복문을 이용하여 가져온 데이터에 대해 i를 이용하여 리스트로 만듭니다. 즉, 그림 6-3과 같은 의미를 갖습니다.

▼ 그림 6-3 for 반복문

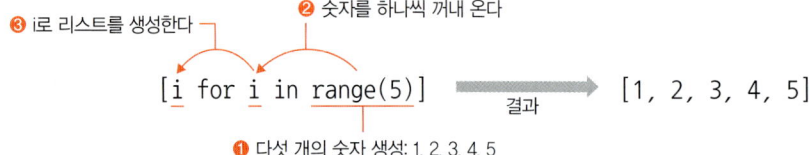

ⓑ 반복문(for)을 이용하여 images_filepaths에서 이미지 데이터를 검색합니다.

ⓒ 조건문(if)을 의미합니다. cv2.imread() 함수(cv2.imread(i))를 이용하여 모든 이미지 데이터를 읽어 옵니다(not None 상태, 즉 '더 이상 데이터를 찾을 수 없을 때까지'를 의미합니다).

③ 넘파이 random() 함수는 임의의 난수를 생성하는데, 이때 난수를 생성하기 위해 사용되는 것이 시드 값(seed value)입니다. 또한, Numpy.random.seed() 메서드는 상태를 초기화합니다. 즉, 이 모듈이 호출될 때마다 임의의 난수가 재생성됩니다. 하지만 특정 시드 값을 부여하면 상태가 저장되기 때문에 동일한 난수를 생성합니다. 예를 들어 다음과 같습니다.

```python
import numpy as np

np.random.seed(101)
np.random.randint(low=1, high=10, size=10)
```

시드 값을 101로 설정했을 때의 결과는 다음과 같습니다.

```
array([2, 7, 8, 9, 5, 9, 6, 1, 6, 9])
```

이번에는 시드 값을 100으로 설정해 보겠습니다.

```python
np.random.seed(100)
np.random.randint(low=1, high=10, size=10)
```

시드 값을 100으로 설정했을 때의 결과는 다음과 같습니다.

```
array([9, 9, 4, 8, 8, 1, 5, 3, 6, 3])
```

시드 값을 101로 설정했을 때와는 다른 결과를 보여 줍니다.

또다시 시드 값을 101로 설정하겠습니다.

```python
np.random.seed(101)
np.random.randint(low=1, high=10, size=10)
```

시드 값을 101로 설정했더니 앞에서와 같이 동일한 값이 출력된 것을 알 수 있습니다.

array([2, 7, 8, 9, 5, 9, 6, 1, 6, 9])

주어진 데이터셋을 훈련, 검증, 테스트 용도로 분리했는데, 테스트 용도의 데이터셋에 어떤 데이터들이 있는지 확인해 보겠습니다.

코드 6-4 테스트 데이터셋 이미지 확인 함수

```python
def display_image_grid(images_filepaths, predicted_labels=(), cols=5):
    rows = len(images_filepaths) // cols
    figure, ax = plt.subplots(nrows=rows, ncols=cols, figsize=(12, 6))
    for i, image_filepath in enumerate(images_filepaths):
        image = cv2.imread(image_filepath)
        image = cv2.cvtColor(image, cv2.COLOR_BGR2RGB)  ------ ①
        true_label = os.path.normpath(image_filepath).split(os.sep)[-2]  ------ ②
        predicted_label = predicted_labels[i] if predicted_labels else true_label  ------ ③
        color = "green" if true_label == predicted_label else "red"
        ax.ravel()[i].imshow(image)  ------ 개별 이미지를 출력
        ax.ravel()[i].set_title(predicted_label, color=color)  ------ predicted_label을 타이틀로 사용
        ax.ravel()[i].set_axis_off()  ------ 이미지의 축 제거
    plt.tight_layout()  ------ 이미지의 여백을 조정
    plt.show()
```

예측과 정답(레이블)이 동일하면 초록색으로 표시하고, 그렇지 않다면 빨간색으로 표시

① cv2.cvtColor는 이미지의 색상을 변경하기 위해 사용되며 파라미터는 다음과 같습니다.

cv2.cvtColor(image, cv2.COLOR_BGR2RGB)
      ⓐ   ⓑ

ⓐ 첫 번째 파라미터: 입력 이미지

ⓑ 두 번째 파라미터: 변환할 이미지의 색상을 지정하는 것으로 BGR(Blue, Green, Red) 채널 이미지를 RGB(컬러)로 변경하겠다는 의미입니다.

② 이미지의 전체 경로를 정규화하고 분할을 위한 코드로 파라미터는 다음과 같습니다.

true_label = os.path.normpath(image_filepath).split(os.sep)[-2]
          ⓐ   ⓑ

ⓐ os.path.normpath: 경로명을 정규화합니다. 예를 들어 A//B, A/B/, A/./B 및 A//../B 모두 A/B로 경로를 통일합니다.

ⓑ split(os.sep): 경로를 / 혹은 \를 기준으로 분할할 때 사용합니다. 예를 들어 c:/temp/user/a.jpg라는 경로가 있을 때 split(os.sep)를 적용하면 ['c:', 'temp', 'user', 'a.jpg']처럼 분할됩니다. 또한, split(os.sep)[-2]를 적용하면 'user'를 반환할 것입니다.

③ predicted_label에 대한 값을 정의하기 위한 코드입니다.

predicted_label = predicted_labels[i] if predicted_labels else true_label
          ⓐ   ⓑ

ⓐ predicted_labels 값이 있으면 그 값을 predicted_label로 사용합니다.

ⓑ predicted_labels에 값이 없다면 true_label 값을 predicted_label로 사용합니다.

앞에서 정의한 함수를 호출하여 열 개의 이미지를 출력합니다.

코드 6-5 테스트 데이터셋 이미지를 출력

display_image_grid(test_images_filepaths)

다음 그림은 테스트 용도의 데이터셋 열 개를 출력한 결과입니다.

▼ 그림 6-4 테스트 데이터셋의 이미지

기본적인 데이터셋 준비가 완료되었습니다. 이제부터 모델 학습을 위한 구체적인 단계들이 시작될 텐데 순서는 다음과 같습니다. 먼저 데이터셋[2]에는 학습할 데이터의 경로를 정의하고 그 경로에서 데이터를 읽어 옵니다. 데이터셋 크기가 클 수 있으므로 __init__에서 전체 데이터를 읽어

---

2 여기에서 데이터셋은 torch.utils.data.Dataset을 의미합니다.

오는 것이 아니라 경로만 저장해 놓고, __getitem__ 메서드에서 이미지를 읽어 옵니다. 즉, 데이터를 어디에서 가져올지 결정합니다. 이후 데이터로더에서 데이터셋의 데이터를 메모리로 불러오는데, 한꺼번에 전체 데이터를 불러오는 것이 아니라 배치 크기만큼 분할하여 가져옵니다.

이번에 살펴볼 DogvsCatDataset() 클래스는 데이터를 불러오는 방법을 정의합니다. 이번 예제의 목적은 다수의 개와 고양이 이미지가 포함된 데이터에서 이들을 예측하는 것입니다. 따라서 레이블(정답) 이미지에서 고양이와 개가 포함될 확률을 코드로 구현합니다. 예를 들어 고양이가 있는 이미지의 레이블은 0이 되고, 개가 있는 이미지의 레이블은 1이 되도록 코드를 구현합니다.

코드 6-6 이미지 데이터셋 클래스 정의

```python
class DogvsCatDataset(Dataset):                                      # 데이터셋의 전처리
    def __init__(self, file_list, transform=None, phase='train'):    # (데이터 변형 적용)
        self.file_list = file_list         # DogvsCatDataset 클래스를 호출할 때
        self.transform = transform         # transform에 대한 매개변수를 받아 옵니다.
        self.phase = phase                 # 'train' 적용

    def __len__(self):       # images_filepaths 데이터셋의 전체 길이를 반환
        return len(self.file_list)

    def __getitem__(self, idx):    # 데이터셋에서 데이터를 가져오는 부분으로 결과는 텐서 형태가 됩니다.
        img_path = self.file_list[idx]
        img = Image.open(img_path)    # img_path 위치에서 이미지 데이터들을 가져옵니다.
        img_transformed = self.transform(img, self.phase)    # 이미지에 'train' 전처리를 적용
        label = img_path.split('/')[-1].split('.')[0]    # ①
        if label == 'dog':
            label = 1
        elif label == 'cat':
            label = 0
        return img_transformed, label
```

① 이미지 데이터에 대한 레이블 값(dog, cat)을 가져옵니다.

label = img_path.split('/')[-1].split('.')[0]
     ⓐ   ⓑ   ⓒ

ⓐ img_path: 이미지가 위치한 전체 경로를 보여 줍니다(필자가 사용한 경로는 다음과 같지만 환경에 따라 경로는 다를 수 있습니다).

예 E:/torch/chap06/data/dogs-vs-cats/Dog/dog.113.jpg

이때 이미지 데이터의 레이블(dog)을 가져오려면 '/'와 '.'을 제거해야 합니다. 다음의 ⓑ와 ⓒ 가 '/', '.'을 제거하기 위해 사용됩니다.

ⓑ img_path.split('/')[-1]: 이미지의 전체 경로에서 '/'를 제거합니다. 제거 결과는 다음과 같습니다.

예 dog.113.jpg

ⓒ split('.')[0]: 마지막으로 img_path.split('/')[-1]을 통해 얻은 결과인 'dog.113.jpg'에서 '.'을 제거합니다. 이때 'dog.113.jpg'를 '.'을 기준으로 분리시켰고, 분리된 값들에서 첫 번째 값([0])을 가져오면 결과는 다음과 같습니다.

예 dog

전처리에서 사용할 변수에 대한 값을 정의합니다.

코드 6-7 변수 값 정의

```
size = 224
mean = (0.485, 0.456, 0.406)
std = (0.229, 0.224, 0.225)
batch_size = 32
```

훈련과 검증 용도의 데이터셋을 정의합니다. 앞에서 정의한 DogvsCatDataset() 클래스를 이용하여 훈련과 검증 데이터셋을 준비하되 전처리도 함께 적용하도록 합니다.

코드 6-8 이미지 데이터셋 정의

```
train_dataset = DogvsCatDataset(train_images_filepaths, transform=ImageTransform(size,
                        mean, std), phase='train')  ------ 훈련 이미지에 train_transforms를 적용
val_dataset = DogvsCatDataset(val_images_filepaths, transform=ImageTransform(size,
                        mean, std), phase='val')  ------ 검증 이미지에 test_transforms를 적용

index = 0
print(train_dataset.__getitem__(index)[0].size())  ------ 훈련 데이터(train_dataset.__getitem__[0][0])의 크기(size()) 출력
print(train_dataset.__getitem__(index)[1])  ------ 훈련 데이터의 레이블 출력
```

다음은 훈련 데이터의 크기와 레이블에 대한 출력 결과입니다. 데이터가 랜덤으로 섞여 있는 상태이기 때문에 책과 다른 결과가 나올 수 있습니다.

```
torch.Size([3, 224, 224])
1
```

이미지는 컬러 상태에서 224×224 크기를 가지며 레이블이 1로 출력되었습니다. 즉, 훈련 데이터셋의 레이블(train_dataset.__getitem__(index)[1])이 1 값을 갖기 때문에 '개'라는 이미지가 포함되어 있다는 것을 유추해 볼 수 있습니다.

전처리와 함께 데이터셋을 정의했기 때문에 이제 메모리로 불러와서 훈련을 위한 준비를 합니다.

코드 6-9 데이터로더 정의

```
train_dataloader = DataLoader(train_dataset, batch_size=batch_size, shuffle=True) ······ ①
val_dataloader = DataLoader(val_dataset, batch_size=batch_size, shuffle=False)
dataloader_dict = {'train': train_dataloader, 'val': val_dataloader}
                                                                            훈련 데이터셋(train_dataloader)과 검증
batch_iterator = iter(train_dataloader)                                     데이터셋(val_dataloader)을 합쳐서 표현
inputs, label = next(batch_iterator)
print(inputs.size())
print(label)
```

① 파이토치의 데이터로더는 배치 관리를 담당합니다. 한 번에 모든 데이터를 불러오면 메모리에 부담을 줄 수 있기 때문에 데이터를 그룹으로 쪼개서 조금씩 불러옵니다.

```
train_dataloader = DataLoader(train_dataset, batch_size=batch_size, shuffle=True)
                              ⓐ              ⓑ                      ⓒ
```

ⓐ 첫 번째 파라미터: 데이터를 불러오기 위한 데이터셋입니다.

ⓑ batch_size: 한 번에 메모리로 불러올 데이터 크기로, 여기에서는 32개씩 데이터를 가져옵니다.

ⓒ shuffle: 메모리로 데이터를 가져올 때 임의로 섞어서 가져오도록 합니다.

다음은 데이터로더를 이용하여 훈련 데이터셋을 메모리로 불러온 후 데이터셋의 크기와 레이블을 출력한 결과입니다.

```
torch.Size([32, 3, 224, 224])
tensor([1, 1, 1, 1, 0, 1, 1, 0, 0, 0, 1, 1, 0, 0, 1, 0, 0, 1, 0, 0, 0, 1, 0, 1, 1, 1,
        0, 0, 0, 0, 1, 0])
```

이제 데이터셋을 학습시킬 모델의 네트워크를 설계하기 위한 클래스를 생성합니다.

코드 6-10 모델의 네트워크 클래스

```
class LeNet(nn.Module):
    def __init__(self):
        super(LeNet, self).__init__()
```

```python
        self.cnn1 = nn.Conv2d(in_channels=3, out_channels=16, kernel_size=5, stride=1,
                              padding=0)
        self.relu1 = nn.ReLU()
        self.maxpool1 = nn.MaxPool2d(kernel_size=2)
        self.cnn2 = nn.Conv2d(in_channels=16, out_channels=32, kernel_size=5,
                              stride=1, padding=0)
        self.relu2 = nn.ReLU()
        self.maxpool2 = nn.MaxPool2d(kernel_size=2)
        self.fc1 = nn.Linear(32*53*53, 512)
        self.relu5 = nn.ReLU()
        self.fc2 = nn.Linear(512, 2)
        self.output = nn.Softmax(dim=1)

    def forward(self, x):
        out = self.cnn1(x)
        out = self.relu1(out)
        out = self.maxpool1(out)
        out = self.cnn2(out)
        out = self.relu2(out)
        out = self.maxpool2(out)
        out = out.view(out.size(0), -1)
        out = self.fc1(out)
        out = self.fc2(out)
        out = self.output(out)
        return out
```

- 2D 합성곱층이 적용됩니다. 이때 입력 형태는 (3, 224, 224)가 되며 출력 형태는 (weight−kernel_size+1)/stride에 따라 (16, 220, 220)이 됩니다.
- ReLU 활성화 함수입니다.
- 최대 풀링이 적용됩니다. 적용 이후 출력 형태는 220/2가 되어 (16, 110, 110)입니다.
- 또다시 2D 합성곱층이 적용되며 출력 형태는 (32, 106, 106)입니다.
- 최대 풀링이 적용되며 출력 형태는 (32, 53, 53)입니다.
- 완전연결층에 데이터를 전달하기 위해 데이터 형태를 1차원으로 바꿉니다.

네트워크의 각 부분들을 통과할 때마다 입력과 출력의 형태가 바뀌는데, 그 계산은 다음 수식과 같습니다(수식은 5장에 자세히 설명되어 있습니다).

Conv2d 계층에서의 출력 크기 구하는 공식

출력 크기 $= (W-F+2P)/S+1$

- W: 입력 데이터의 크기(input_volume_size)
- F: 커널 크기(kernel_size)
- P: 패딩 크기(padding_size)
- S: 스트라이드(strides)

MaxPool2d 계층에서의 출력 크기 구하는 공식

출력 크기 = IF/F

- IF: 입력 필터의 크기(input_filter_size, 또한 바로 앞의 Conv2d의 출력 크기이기도 합니다)
- F: 커널 크기(kernel_size)

각각의 계층에 대한 결과는 다음 그림과 같습니다.

▼ 그림 6-5 합성곱층과 풀링층의 크기(형태) 계산

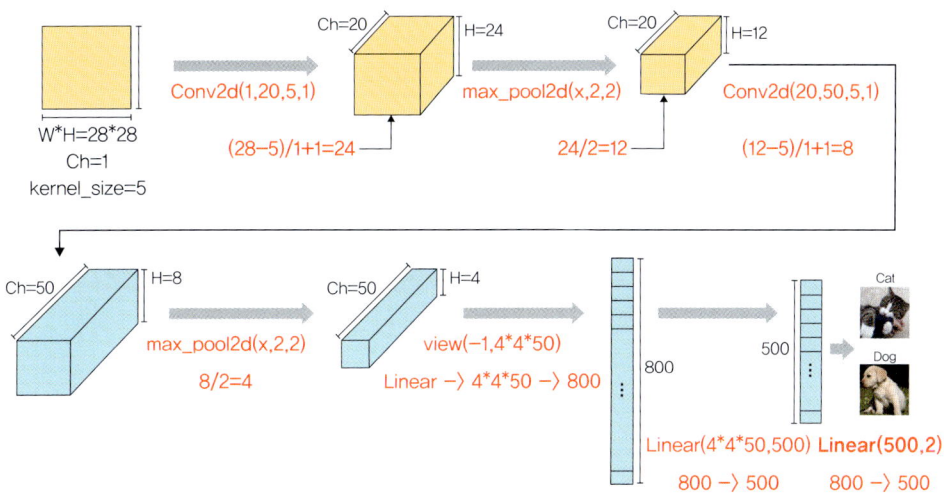

LeNet()을 model이라는 이름으로 객체를 생성하여 모델 학습을 위한 준비를 합니다.

코드 6-11 모델 객체 생성

```
model = LeNet()
print(model)
```

다음은 생성한 model에 대한 출력 결과입니다.

```
LeNet(
    (cnn1): Conv2d(3, 16, kernel_size=(5, 5), stride=(1, 1))
    (relu1): ReLU()
    (maxpool1): MaxPool2d(kernel_size=2, stride=2, padding=0, dilation=1, ceil_mode=False)
    (cnn2): Conv2d(16, 32, kernel_size=(5, 5), stride=(1, 1))
    (relu2): ReLU()
    (maxpool2): MaxPool2d(kernel_size=2, stride=2, padding=0, dilation=1, ceil_mode=False)
    (fc1): Linear(in_features=89888, out_features=512, bias=True)
```

```
    (relu5): ReLU()
    (fc2): Linear(in_features=512, out_features=2, bias=True)
    (output): Softmax(dim=1)
)
```

출력 결과가 한눈에 들어오지 않는다면 torchsummary 라이브러리를 사용해 볼 수 있습니다. torchsummary는 케라스와 같은 형태로 모델을 출력해 볼 수 있는 라이브러리입니다.

먼저 아나콘다 프롬프트(Anaconda prompt)에서 다음 명령을 실행하여 torchsummary 라이브러리를 설치합니다.

> **pip install torchsummary**

설치가 완료되었다면 torchsummary 라이브러리를 사용하여 모델의 네트워크 구조를 다시 확인해 봅시다.

코드 6-12 torchsummary 라이브러리를 이용한 모델의 네트워크 구조 확인

```
from torchsummary import summary
summary(model, input_size=(3,224,224)) ······ ①
```

① summary를 통해 모델의 네트워크 관련 정보를 확인할 수 있으며, 여기에서 사용되는 파라미터는 다음과 같습니다.

```
summary(model, input_size=(3,224,224))
         ⓐ        ⓑ
```

ⓐ 첫 번째 파라미터: 모델의 네트워크

ⓑ 두 번째 파라미터: 입력 값으로 (채널(channel), 너비(width), 높이(height))가 됩니다. 여기서는 (3, 244, 244)를 입력으로 지정합니다(이미 앞에서 244×244 크기의 이미지를 사용하겠다고 지정했습니다).

다음은 torchsummary 라이브러리를 이용했을 때 모델의 구조입니다. 앞에서 모델 출력 결과와 비교하면 네트워크 내 파라미터 수와 구조가 이해하기 쉽게 표현되어 있는 것을 확인할 수 있습니다. 출력되는 정보로는 총 파라미터 수, 입력 크기, 네트워크의 총 크기 등이 있습니다.

```
----------------------------------------------------------------
        Layer (type)         Output Shape         Param #
================================================================
            Conv2d-1      [-1, 16, 220, 220]           1,216
```

```
        ReLU-2          [-1, 16, 220, 220]              0
   MaxPool2d-3          [-1, 16, 110, 110]              0
      Conv2d-4          [-1, 32, 106, 106]         12,832
        ReLU-5          [-1, 32, 106, 106]              0
   MaxPool2d-6            [-1, 32, 53, 53]              0
    Linear-7                    [-1, 512]     46,023,168
    Linear-8                      [-1, 2]          1,026
   Softmax-9                      [-1, 2]              0
================================================================
Total params: 46,038,242
Trainable params: 46,038,242
Non-trainable params: 0
----------------------------------------------------------------
Input size (MB): 0.57
Forward/backward pass size (MB): 19.47
Params size (MB): 175.62
Estimated Total Size (MB): 195.67
----------------------------------------------------------------
```

다음은 모델의 학습 가능한 파라미터 수를 model.parameters()를 이용하여 확인해 보겠습니다. 전반적인 코드의 흐름과는 관련이 없는 부분이지만 정보 확인을 위한 코드입니다. 참고로 해당 정보는 앞에서 실행했던 summary로도 확인이 가능합니다.

코드 6-13 학습 가능한 파라미터 수 확인

```python
def count_parameters(model):
    return sum(p.numel() for p in model.parameters() if p.requires_grad)

print(f'The model has {count_parameters(model):,} trainable parameters')
```

다음 실행 결과를 보니 46,038,242개의 파라미터를 학습해야 함을 확인할 수 있습니다. 꽤 많은 파라미터를 학습해야 하기 때문에 추후 데이터를 모델에 적용했을 때 긴 시간이 걸릴 것을 예상할 수 있습니다. 그런 이유로 캐글에서 내려받은 이미지 전체를 사용하는 것이 아닌 일부 이미지만 예제에서 사용합니다.

```
The model has 46,038,242 trainable parameters
```

모델의 네트워크 구성이 완료되었기 때문에 이제 옵티마이저와 손실 함수를 정의합니다.

코드 6-14 옵티마이저와 손실 함수 정의

```
optimizer = optim.SGD(model.parameters(), lr=0.001, momentum=0.9) ------ ①
criterion = nn.CrossEntropyLoss()
```

① 경사 하강법으로 모멘텀 SGD를 사용하도록 했습니다. 모멘텀 SGD는 SGD에 관성이 추가된 것으로 매번 기울기를 구하지만 가중치를 수정하기 전에 이전 수정 방향(+, −)을 참고하여 같은 방향으로 일정한 비율만 수정되게 하는 방법입니다. 이때 사용되는 파라미터는 다음과 같습니다.

```
optim.SGD(model.parameters(), lr=0.001, momentum=0.9)
              ⓐ                 ⓑ          ⓒ
```

ⓐ 첫 번째 파라미터: 경사 하강법을 통해 궁극적으로 업데이트하고자 하는 파라미터는 가중치(weight)와 바이어스(bias)입니다. 모델에 대한 파라미터는 앞에서 살펴보았듯이 총 46,038,242개입니다.

ⓑ lr(learning rate): 가중치를 변경할 때 얼마나 크게 변경할지 결정합니다.

ⓒ momentum: SGD를 적절한 방향으로 가속화하며 흔들림(진동)을 줄여 주는 매개변수입니다.

파이토치는 GPU 할당이 자동화되어 있지 않기 때문에 모델의 모든 파라미터 및 손실 함수가 GPU를 사용할 수 있도록 지정해 주어야 합니다. 하지만 아직 GPU를 활성화하지 않았기 때문에 여기에서는 CPU를 사용합니다.

코드 6-15 모델의 파라미터와 손실 함수를 CPU에 할당

```
model = model.to(device)
criterion = criterion.to(device)
```

모델을 학습시킬 함수를 정의합니다. 학습 용도이기 때문에 model.train()을 사용합니다.

코드 6-16 모델 학습 함수 정의

```
def train_model(model, dataloader_dict, criterion, optimizer, num_epoch):
    since = time.time()
    best_acc = 0.0

    for epoch in range(num_epoch):  ------ epoch를 10으로 설정했으므로 10회 반복
        print('Epoch {}/{}'.format(epoch+1, num_epoch))
        print('-'*20)

        for phase in ['train', 'val']:
```

```python
            if phase == 'train':
                model.train()  ····· 모델을 학습시키겠다는 의미
            else:
                model.eval()

            epoch_loss = 0.0
            epoch_corrects = 0                              ┌─ 여기에서 dataloader_dict는
                                                            │  훈련 데이터셋(train_loader)을
            for inputs, labels in tqdm(dataloader_dict[phase]):  ···┤  의미
                inputs = inputs.to(device)  ····· 훈련 데이터셋을 CPU에 할당
                labels = labels.to(device)
                optimizer.zero_grad()  ····· 역전파 단계를 실행하기 전에 기울기(gradient)를 0으로 초기화

                with torch.set_grad_enabled(phase == 'train'):
                    outputs = model(inputs)
                    _, preds = torch.max(outputs, 1)
                    loss = criterion(outputs, labels)  ····· 손실 함수를 이용한 오차 계산

                    if phase == 'train':
                        loss.backward()  ····· 모델의 학습 가능한 모든 파라미터에 대해 기울기를 계산
                        optimizer.step()  ····· optimizer의 step 함수를 호출하면 파라미터를 갱신
                                        정답과 예측이 일치하면 그것의 합계를 epoch_corrects에 저장
                    epoch_loss += loss.item() * inputs.size(0)  ····· ①
                    epoch_corrects += torch.sum(preds == labels.data)  ·····
                                    최종 오차 계산(오차를 데이터셋의 길이(개수)로 나누어서 계산)
            epoch_loss = epoch_loss / len(dataloader_dict[phase].dataset)  ·····
            epoch_acc = epoch_corrects.double() / len(dataloader_dict[phase].dataset)  ·····
                                최종 정확도(epoch_corrects를 데이터셋의 길이(개수)로 나누어서 계산)
            print('{} Loss: {:.4f} Acc: {:.4f}'.format(phase, epoch_loss, epoch_acc))

            if phase == 'val' and epoch_acc > best_acc:  ····· 검증 데이터셋에 대한 가장 최적의
                best_acc = epoch_acc                            정확도를 저장
                best_model_wts = model.state_dict()

    time_elapsed = time.time() - since
    print('Training complete in {:.0f}m {:.0f}s'.format(
        time_elapsed // 60, time_elapsed % 60))
    print('Best val Acc: {:4f}'.format(best_acc))
    return model
```

① 오차와 입력을 곱하는 이유를 알아보기 위해 손실 함수의 reduction이라는 파라미터를 이해할 필요가 있습니다.

예를 들어 코드 6-14에서 손실 함수를 정의할 때 다음과 같이 지정할 수 있습니다. reduction을 따로 명시하지 않았던 이유는 기본값을 그대로 사용하기 때문입니다.

```
criterion = nn.CrossEntropyLoss(reduction='mean')
```

reduction 파라미터의 기본값은 'mean'입니다. 'mean'은 정답과 예측 값의 오차를 구한 후 그 값들의 평균을 반환합니다. 즉, 손실 함수 특성상 전체 오차를 배치 크기로 나눔으로써 평균을 반환하기 때문에 epoch_loss를 계산하는 동안 loss.item()과 inputs.size(0)을 곱해 줍니다.

이제 모델을 학습시키기 위해 train_model을 호출합니다.

코드 6-17 모델 학습

```
import time

num_epoch = 10
model = train_model(model, dataloader_dict, criterion, optimizer, num_epoch)
```

다음은 모델 학습 결과입니다.

```
Epoch 1/10
--------------------
100%
13/13 [00:20<00:00, 1.40s/it]
train Loss: 0.6971 Acc: 0.4875
100%
3/3 [00:02<00:00, 1.15it/s]
val Loss: 0.7125 Acc: 0.4457
Epoch 2/10
--------------------
100%
13/13 [00:21<00:00, 1.64s/it]
train Loss: 0.6890 Acc: 0.5200
100%
3/3 [00:04<00:00, 1.50s/it]
val Loss: 0.6837 Acc: 0.5978
Epoch 3/10
--------------------
... 중간 생략 ...
--------------------
100%
13/13 [00:20<00:00, 1.43s/it]
```

```
train Loss: 0.6531 Acc: 0.6450
100%
3/3 [00:02<00:00, 1.25it/s]
val Loss: 0.6569 Acc: 0.5870
Epoch 10/10
--------------------
100%
13/13 [00:21<00:00, 1.48s/it]
train Loss: 0.6562 Acc: 0.5975
100%
3/3 [00:02<00:00, 1.23it/s]
val Loss: 0.6507 Acc: 0.6304
Training complete in 4m 6s
Best val Acc: 0.641304
```

검증 데이터셋을 이용한 모델 학습 결과 최고 64%의 정확도를 보이고 있습니다. 높지 않은 결과라고 할 수 있습니다. 좀 더 정확한 결과를 원한다면 데이터셋을 늘려서 테스트해 보길 권장합니다.

훈련 데이터셋과 더불어 테스트 데이터셋을 모델에 적용하여 정확도를 측정해 보겠습니다. 측정 결과는 데이터 프레임에 담아 둔 후 CSV 파일로 저장합니다. 테스트 용도의 데이터셋을 이용하므로 model.eval()을 사용합니다.

코드 6-18 모델 테스트를 위한 함수 정의

```python
import pandas as pd

id_list = []
pred_list = []
_id = 0
with torch.no_grad():    # 역전파 중 텐서들에 대한 변화도를 계산할 필요가 없음을 나타내는 것으로,
                         # 훈련 데이터셋의 모델 학습과 가장 큰 차이점입니다.
    for test_path in tqdm(test_images_filepaths):    # 테스트 데이터셋 이용
        img = Image.open(test_path)
        _id = test_path.split('/')[-1].split('.')[1]
        transform = ImageTransform(size, mean, std)
        img = transform(img, phase='val')    # 테스트 데이터셋 전처리 적용
        img = img.unsqueeze(0)    # ①
        img = img.to(device)

        model.eval()
        outputs = model(img)
        preds = F.softmax(outputs, dim=1)[:, 1].tolist()    # ②
        id_list.append(_id)
        pred_list.append(preds[0])
```

```
res = pd.DataFrame({
    'id': id_list,
    'label': pred_list
}) ------ 테스트 데이터셋의 예측 결과인 id와 레이블(label)을 데이터 프레임에 저장

res.sort_values(by='id', inplace=True)
res.reset_index(drop=True, inplace=True)

res.to_csv('../chap06/data/LeNet', index=False) ------ 데이터 프레임을 CSV 파일로 저장
```

① torch.unsqueeze는 텐서에 차원을 추가할 때 사용합니다. 또한, (0)은 차원이 추가될 위치를 의미합니다.

예를 들어 형태가 (3)인 텐서가 있다고 가정해 보겠습니다. 0 위치에 차원을 추가하면 형태가 (1,3)이 됩니다. 즉, 행 한 개와 열 세 개의 구조를 갖는 텐서가 만들어집니다. 그렇다면 2D에 텐서가 추가될 때는 어떨까요?

- 형태가 (2,2)인 2D 텐서가 있을 때 0 위치에 차원을 추가하면 텐서 모양이 (1,2,2)가 됩니다. 이는 하나의 채널, 행 두 개와 열 두 개를 의미합니다.
- 1 위치에 차원을 추가하면 (2,1,2)의 형태가 되므로 채널 두 개, 행 한 개, 열 두 개가 됩니다.
- 2 위치에 차원을 추가하면 텐서는 (2,2,1)의 형태가 됩니다. 즉, 채널 두 개와 행 두 개, 열 한 개를 의미합니다.

② 소프트맥스(softmax)는 지정된 차원(dim)을 따라 텐서의 요소(텐서의 개별 값)가 (0, 1) 범위에 있고 합계가 1이 되도록 크기를 다시 조정합니다.

```
F.softmax(outputs, dim=1)[:, 1].tolist()
         ⓐ              ⓑ      ⓒ
```

ⓐ outputs에 softmax를 적용하여 각 행의 합이 1이 되도록 합니다.

ⓑ ⓐ의 값 중 모든 행(:)에서 두 번째 칼럼(1번째 인덱스)을 가져옵니다.

▼ 그림 6-6 배열과 인덱스

인덱스	0	1	2	3	4
배열	10	11	12	13	14

인덱스는 0부터 시작

ⓒ 배열을 리스트 형태로 변환합니다.

다음은 모델 예측 함수를 실행한 결과입니다. 예측 결과를 CSV 파일로 저장하는 함수였기 때문에 실행 결과는 큰 의미가 없으며 단순히 처리가 완료되었다고 이해하면 됩니다.

```
100%
10/10 ▓▓▓▓▓▓▓▓▓▓▓▓▓▓▓▓▓▓▓▓ [00:00<00:00, 22.46it/s]
```

테스트 데이터셋을 모델에 적용한 결과를 LeNet 파일로 저장해 두었습니다. 그 결과를 살펴봅시다.

코드 6-19 테스트 데이터셋의 예측 결과 호출

```
res.head(10)
```

다음은 DataFrame에서 열 개의 값을 보여 줍니다.

	id	label
0	115	0.412220
1	116	0.422235
2	162	0.468849
3	186	0.480325
4	190	0.350170
5	194	0.545277
6	207	0.550946
7	39	0.503651
8	42	0.507188
9	99	0.590979

예측 결과 레이블(label)이 0.5보다 크면 개를 의미하고, 0.5보다 작으면 고양이를 의미합니다.

이제 마지막으로 예측 결과를 시각적으로 표현하기 위한 함수를 정의합니다.

코드 6-20 테스트 데이터셋 이미지를 출력하기 위한 함수 정의

```
class_ = classes = {0:'cat', 1:'dog'}  # 개와 고양이에 대한 클래스 정의
def display_image_grid(images_filepaths, predicted_labels=(), cols=5):
    rows = len(images_filepaths) // cols
    figure, ax = plt.subplots(nrows=rows, ncols=cols, figsize=(12, 6))
    for i, image_filepath in enumerate(images_filepaths):
        image = cv2.imread(image_filepath)
        image = cv2.cvtColor(image, cv2.COLOR_BGR2RGB)
```

```
        a = random.choice(res['id'].values) ------ 데이터 프레임의 id라는 칼럼에서 임의로 데이터를 가져옵니다.
        label = res.loc[res['id'] == a, 'label'].values[0]
        if label > 0.5: ------ 레이블 값이 0.5보다 크다면 개
            label = 1
        else: ------ 레이블 값이 0.5보다 작다면 고양이
            label = 0
        ax.ravel()[i].imshow(image)
        ax.ravel()[i].set_title(class_[label])
        ax.ravel()[i].set_axis_off()
    plt.tight_layout()
    plt.show()
```

다음은 테스트 데이터셋에 대한 예측 결과를 시각적으로 보여 주기 위해 앞에서 정의한 함수를 호출합니다. 이때 전달되는 파라미터는 테스트 데이터셋입니다.

코드 6-21 테스트 데이터셋 예측 결과 이미지 출력

```
display_image_grid(test_images_filepaths)
```

▼ 그림 6-7 테스트 데이터셋에 대한 LeNet 모델의 예측 결과

예측력이 좋지는 않습니다. 극히 일부의 데이터를 이용한 모델 학습을 진행했기 때문에 이와 같은 예측력을 보여 줍니다. 앞에서 말했듯이 캐글에서 내려받은 데이터 전체를 사용한다면 성능이 높아지겠지만 CPU를 사용한다면 훈련 시간은 며칠이 걸릴 수도 있습니다.

지금까지 LeNet의 코드를 살펴보았고 이미지 분류에서 사용되는 또 다른 모델인 AlexNet에 대해 살펴보겠습니다. 이제부터 AlexNet을 포함한 여러 유형의 컴퓨터 비전 모델들을 살펴볼 텐데 LeNet에서 사용했던 코드와 유사한 부분이 많을 것입니다. 따라서 모델의 네트워크 위주로 CNN의 다양한 모델들을 살펴보면 학습에 도움이 많이 될 것입니다.

6.1.2 AlexNet

AlexNet은 ImageNet 영상 데이터베이스를 기반으로 한 화상 인식 대회인 'ILSVRC 2012'에서 우승한 CNN 구조입니다.

AlexNet을 설명하기에 앞서 AlexNet의 세부 블록을 이해하고자 CNN 구조를 다시 살펴봅시다. CNN은 다음 그림과 같이 3차원 구조를 갖는다는 것을 이해해야 합니다(이미지를 다루기 때문에 기본적으로 3차원 데이터를 다룹니다). 이미지 크기를 나타내는 너비(width)와 높이(height)뿐만 아니라 깊이(depth)를 갖습니다. 보통 색상이 많은 이미지는 R/G/B 성분 세 개를 갖기 때문에 시작이 3이지만, 합성곱을 거치면서 특성 맵이 만들어지고 이것에 따라 중간 영상의 깊이가 달라집니다.

▼ 그림 6-8 CNN 구조

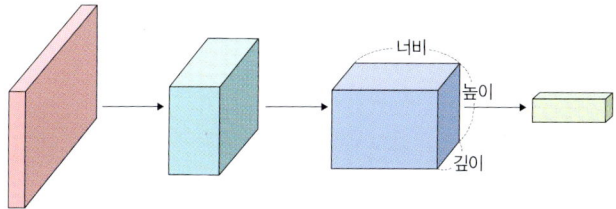

이것을 이해했다면 AlexNet 구조에 있는 숫자 의미에 대한 이해가 가능합니다. AlexNet은 합성곱층 총 다섯 개와 완전연결층 세 개로 구성되어 있으며, 맨 마지막 완전연결층은 카테고리 1000개를 분류하기 위해 소프트맥스 활성화 함수를 사용하고 있습니다. 전체적으로 보면 GPU 두 개를 기반으로 한 병렬 구조인 점을 제외하면 LeNet-5와 크게 다르지 않습니다.

▼ 그림 6-9 AlexNet 구조

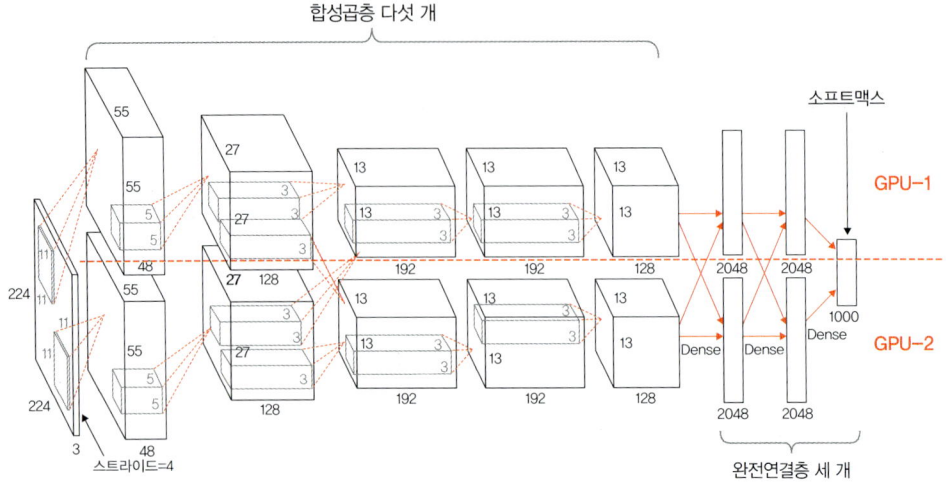

AlexNet의 합성곱층에서 사용된 활성화 함수는 렐루(ReLU)로, 각 계층의 구조적 세부 사항은 다음 표를 참고하세요.

▼ 표 6-2 AlexNet 구조 상세

계층 유형	특성 맵	크기	커널 크기	스트라이드	활성화 함수
이미지	1	227×227	-	-	-
합성곱층	96	55×55	11×11	4	렐루(ReLU)
최대 풀링층	96	27×27	3×3	2	-
합성곱층	256	27×27	5×5	1	렐루(ReLU)
최대 풀링층	256	13×13	3×3	2	-
합성곱층	384	13×13	3×3	1	렐루(ReLU)
합성곱층	384	13×13	3×3	1	렐루(ReLU)
합성곱층	256	13×13	3×3	1	렐루(ReLU)
최대 풀링층	256	6×6	3×3	2	-
완전연결층	-	4096	-	-	렐루(ReLU)
완전연결층	-	4096	-	-	렐루(ReLU)
완전연결층	-	1000	-	-	소프트맥스(softmax)

네트워크에는 학습 가능한 변수가 총 6600만 개 있습니다. 네트워크에 대한 입력은 227×227×3 크기의 RGB 이미지이며, 각 클래스(혹은 카테고리)에 해당하는 1000×1 확률 벡터를 출력합니다.

AlexNet의 첫 번째 합성곱층 커널의 크기는 11×11×3이며, 스트라이드를 4로 적용하여 특성 맵을 96개 생성하기 때문에 55×55×96의 출력을 갖습니다. 첫 번째 계층을 거치면서 GPU-1에서는 주로 컬러와 상관없는 정보를 추출하기 위한 커널이 학습되고, GPU-2에서는 주로 컬러와 관련된 정보를 추출하기 위한 커널이 학습됩니다.

각 GPU의 결과가 다음 그림과 같이 나타납니다.

▼ 그림 6-10 AlexNet GPU-1 · 2 적용 결과

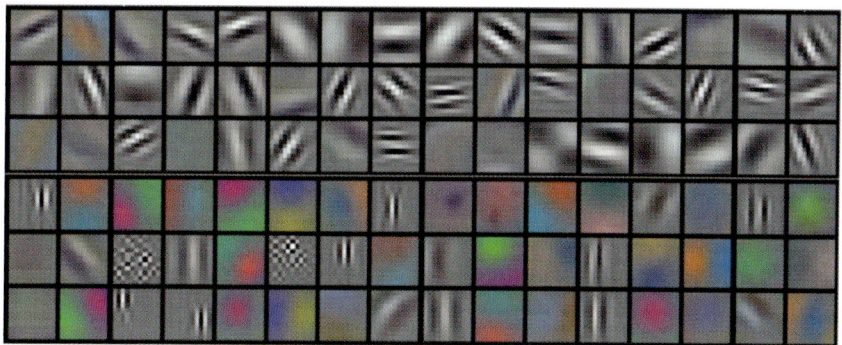

이제 파이토치 코드로 AlexNet에 대해 살펴봅시다. 먼저 필요한 라이브러리를 호출합니다. 전반적인 코드는 LeNet과 크게 다르지 않기 때문에 주로 모델을 구성하는 네트워크가 어떻게 차이가 나는지 위주로 살펴보면 좋습니다.

코드 6-22 필요한 라이브러리 호출

```python
import torch
import torchvision
from torch.utils.data import DataLoader, Dataset
from torchvision import transforms
from torch.autograd import Variable
from torch import optim
import torch.nn as nn
import torch.nn.functional as F
import os
import cv2
import random
from PIL import Image
from tqdm import tqdm_notebook as tqdm
device = torch.device("cuda:0" if torch.cuda.is_available() else "cpu")
```

데이터셋은 앞서 진행했던 개와 고양이 이미지를 계속 사용합니다. 이제 준비된 데이터를 이용할 네트워크를 생성해야 합니다. 원래 AlexNet의 마지막 계층에는 뉴런이 1000개 있지만 예제에서는 클래스 두 개만 사용합니다.

▼ 그림 6-11 AlexNet 예제 네트워크

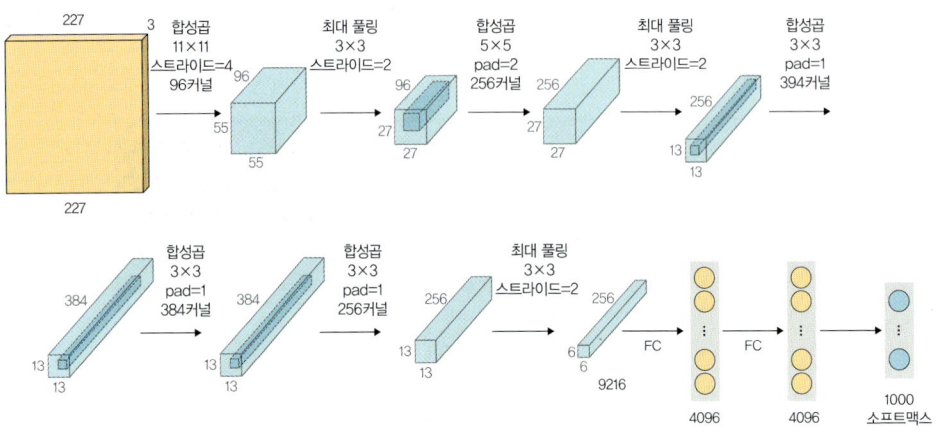

데이터 전처리에 대한 코드입니다. 앞에서 이미 살펴보았기 때문에 설명은 생략합니다.

코드 6-23 데이터 전처리

```python
class ImageTransform():
    def __init__(self, resize, mean, std):
        self.data_transform = {
            'train': transforms.Compose([
                transforms.RandomResizedCrop(resize, scale=(0.5,1.0)),
                transforms.RandomHorizontalFlip(),
                transforms.ToTensor(),
                transforms.Normalize(mean, std)
            ]),
            'val': transforms.Compose([
                transforms.Resize(256),
                transforms.CenterCrop(resize),
                transforms.ToTensor(),
                transforms.Normalize(mean, std)
            ])
        }

    def __call__(self, img, phase):
        return self.data_transform[phase](img)
```

이미지가 위치한 경로에서 데이터를 가져와 훈련, 검증, 테스트 용도로 분리합니다. 데이터가 위치한 경로에는 Cat과 Dog 폴더로 구성되어 있습니다.

코드 6-24 데이터를 가져와서 훈련, 검증, 테스트 용도로 분리

```
cat_directory = '../chap06/data/dogs-vs-cats/Cat/'
dog_directory = '../chap06/data/dogs-vs-cats/Dog/'

cat_images_filepaths = sorted([os.path.join(cat_directory, f) for f in os.listdir(cat_
                                directory)])
dog_images_filepaths = sorted([os.path.join(dog_directory, f) for f in os.listdir(dog_
                                directory)])
images_filepaths = [*cat_images_filepaths, *dog_images_filepaths]
correct_images_filepaths = [i for i in images_filepaths if cv2.imread(i) is not None]

random.seed(42)
random.shuffle(correct_images_filepaths)
train_images_filepaths = correct_images_filepaths[:400]
val_images_filepaths = correct_images_filepaths[400:-10]
test_images_filepaths = correct_images_filepaths[-10:]
print(len(train_images_filepaths), len(val_images_filepaths), len(test_images_filepaths))
```

다음은 훈련, 검증, 테스트에서 사용할 데이터셋의 이미지 수입니다.

```
400 92 10
```

우리가 사용하는 노트북(혹은 서버, 코랩)의 성능(CPU/GPU, 메모리)이 좋지 않다고 가정한 채 진행하고 있으므로 훈련 데이터셋을 400개로 제한했습니다.

AlexNet은 파라미터를 6000만 개 사용하는 모델입니다. 이때 충분한 데이터가 없으면 과적합이 발생하는 등 테스트 데이터에 대한 성능이 좋지 않습니다. 우리가 사용할 예제에서는 데이터셋을 상당히 제한하여 사용하고 있기 때문에 성능은 좋지 않다는 것을 미리 언급합니다. 성능이 좋은 결과를 원한다면 충분한 데이터셋을 확보하고 테스트를 진행하면 됩니다. 예를 들어 캐글에서 내려받은 모든 이미지를 사용하는 것뿐만 아니라 전처리 부분에서 데이터를 많이 확장(RandomRotation, RandomHorizontalFlip 등을 이용)시켜 예제를 진행해야 합니다.

torch.utils.data.Dataset을 상속받아 커스텀 데이터셋(custom dataset)을 정의합니다. torch.utils.data.Dataset 클래스를 상속받아 커스텀 데이터셋을 만들어 보겠습니다.

코드 6-25 커스텀 데이터셋 정의

```python
class DogvsCatDataset(Dataset):
    def __init__(self, file_list, transform=None, phase='train'):
        self.file_list = file_list ······ 이미지 데이터가 위치한 파일 경로
        self.transform = transform ······ 이미지 데이터 전처리
        self.phase = phase ······ self.phase는 ImageTransform()에서 정의한 'train'과 'val'을 의미

    def __len__(self):
        return len(self.file_list)

    def __getitem__(self, idx):
        img_path = self.file_list[idx] ······ 이미지 데이터의 인덱스를 가져오기
        img = Image.open(img_path)
        img_transformed = self.transform(img, self.phase)

        label = img_path.split('/')[-1].split('.')[0] ······ 레이블 값을 가져오기
        if label == 'dog':
            label = 1
        elif label == 'cat':
            label = 0

        return img_transformed, label ······ 전처리가 적용된 이미지와 레이블 반환
```

전처리에서 필요한 평균(mean), 표준편차(std) 등에 대한 변수 값을 정의합니다.

코드 6-26 변수에 대한 값 정의

```python
size = 256   ······ AlexNet은 깊이가 깊은 네트워크를 사용하므로 이미지 크기가 256이 아니면
                    풀링층 때문에 크기가 계속 줄어들어 오류가 발생할 수 있습니다.
mean = (0.485, 0.456, 0.406)
std = (0.229, 0.224, 0.225)
batch_size = 32
```

훈련과 검증 용도의 데이터셋을 정의합니다. 앞에서 정의한 DogvsCatDataset() 클래스에 훈련, 검증, 테스트 데이터를 적용하되 전처리도 함께 적용하도록 합니다.

코드 6-27 훈련, 검증, 테스트 데이터셋 정의

```python
train_dataset = DogvsCatDataset(train_images_filepaths, transform=ImageTransform(size,
                                mean, std), phase='train')
val_dataset = DogvsCatDataset(val_images_filepaths, transform=ImageTransform(size,
                              mean, std), phase='val')
```

```
test_dataset = DogvsCatDataset(val_images_filepaths, transform=ImageTransform(size,
                                mean, std), phase='val')

index = 0
print(train_dataset.__getitem__(index)[0].size())
print(train_dataset.__getitem__(index)[1])
```

다음은 훈련 데이터셋의 크기 및 레이블에 대한 출력 결과입니다.

```
torch.Size([3, 256, 256])
1
```

훈련 데이터셋의 크기는 (3, 256, 256)을 보여 줍니다. 이것에 대한 값은 (채널, 너비, 높이)를 의미합니다.

이제 데이터셋을 데이터로더로 전달하여 메모리로 불러올 준비를 합니다.

코드 6-28 데이터셋을 메모리로 불러옴

```
train_dataloader = DataLoader(train_dataset, batch_size=batch_size, shuffle=True)
val_dataloader = DataLoader(val_dataset, batch_size=batch_size, shuffle=False)
test_dataloader = DataLoader(test_dataset, batch_size=batch_size, shuffle=False)
dataloader_dict = {'train': train_dataloader, 'val': val_dataloader}

batch_iterator = iter(train_dataloader)
inputs, label = next(batch_iterator)
print(inputs.size())
print(label)
```

다음은 데이터로더에서 불러온 훈련 이미지에 대한 크기와 레이블을 출력한 결과입니다.

```
torch.Size([32, 3, 256, 256])
tensor([0, 1, 0, 1, 0, 0, 0, 1, 1, 0, 1, 0, 0, 0, 0, 1, 0, 1, 1, 1, 0, 1, 1, 1, 1, 0,
        1, 1, 1, 0, 0, 1])
```

데이터 관련 준비는 완료되었습니다. 이제 AlexNet 모델에 대한 네트워크를 정의합니다. AlexNet 모델을 사용하기 위한 네트워크는 사전 훈련된 네트워크와 유사하게 정의했습니다. 합성곱(Conv2d)+(활성화 함수(ReLU))+풀링(MaxPool2d)이 다섯 번 반복된 후 두 개의 완전연결층과 출력층으로 구성된 네트워크입니다.

코드 6-29 AlexNet 모델 네트워크 정의

```python
class AlexNet(nn.Module):
    def __init__(self) -> None:
        super(AlexNet, self).__init__()
        self.features = nn.Sequential(
            nn.Conv2d(3, 64, kernel_size=11, stride=4, padding=2),
            nn.ReLU(inplace=True), ------ ①
            nn.MaxPool2d(kernel_size=3, stride=2),
            nn.Conv2d(64, 192, kernel_size=5, padding=2),
            nn.ReLU(inplace=True),
            nn.MaxPool2d(kernel_size=3, stride=2),
            nn.Conv2d(192, 384, kernel_size=3, padding=1),
            nn.ReLU(inplace=True),
            nn.Conv2d(384, 256, kernel_size=3, padding=1),
            nn.ReLU(inplace=True),
            nn.Conv2d(256, 256, kernel_size=3, padding=1),
            nn.ReLU(inplace=True),
            nn.MaxPool2d(kernel_size=3, stride=2),
        )
        self.avgpool = nn.AdaptiveAvgPool2d((6, 6)) ------ ②
        self.classifier = nn.Sequential(
            nn.Dropout(),
            nn.Linear(256*6*6, 4096),
            nn.ReLU(inplace=True),
            nn.Dropout(),
            nn.Linear(4096, 512),
            nn.ReLU(inplace=True),
            nn.Linear(512, 2),
        )

    def forward(self, x: torch.Tensor) -> torch.Tensor:
        x = self.features(x)
        x = self.avgpool(x)
        x = torch.flatten(x, 1)
        x = self.classifier(x)
        return x
```

① ReLU 활성화 함수에서 inplace 의미에 대해 대략 살펴보았습니다. inplace 연산이란 연산에 대한 결괏값을 새로운 변수에 저장하는 것이 아닌 기존 데이터를 대체하는 것을 의미합니다. 즉, 기존 값을 연산 결괏값으로 대체함으로써 기존 값들을 무시하겠다는 의미입니다.

② nn.AdaptiveAvgPool2d는 nn.AvgPool2d처럼 풀링을 위해 사용합니다. AvgPool2d에서는 풀링에 대한 커널 및 스트라이드 크기를 정의해야 동작합니다. 예를 들어 nn.AvgPool2d((3, 2), stride=(2, 1))처럼 지정하면 그 결과는 5×5 텐서를 3×3 텐서로, 7×7 텐서를 4×4 텐서로 줄이는 효과를 얻을 수 있습니다. 조금 더 정확히 표현하자면, (N, C, H_{in}, W_{in}) 크기의 입력을 (N, C, H_{out}, W_{out}) 크기로 출력하는 것이 AvgPool2d입니다. 이때 H_{out}, W_{out}은 다음과 같은 공식에 의해 계산됩니다.

$$H_{out} = \left[\frac{H_{in} + 2 \times \text{padding}[0] - \text{kernel\_size}[0]}{\text{stride}[0]} + 1 \right]$$

$$W_{out} = \left[\frac{W_{in} + 2 \times \text{padding}[1] - \text{kernel\_size}[1]}{\text{stride}[1]} + 1 \right]$$

반면에 AdaptiveAvgPool2d는 풀링 작업이 끝날 때 필요한 출력 크기를 정의합니다. 즉, nn.AvgPool2d에서는 커널 크기, 스트라이드, 패딩을 지정했다면 nn.AdaptiveAvgPool2d는 출력에 대한 크기만 지정합니다. 앞의 수식에서 H_{out}, W_{out} 값이 정해졌기 때문에 커널 크기, 스트라이드, 패딩 값을 구할 수 있습니다. 따라서 AdaptiveAvgPool2d를 사용할 경우 출력 크기에 대한 조정이 상당히 쉬워집니다. 참고로 AdaptiveAvgPool2d는 입력 크기에 변동이 있고 CNN 위쪽에 완전연결층을 사용하는 경우 유용합니다.

앞서 생성한 모델의 네트워크 클래스(AlexNet)를 호출하여 model이라는 객체를 생성합니다.

코드 6-30 model 객체 생성

```
model = AlexNet()
model.to(device)
```

코드를 실행하면 AlexNet 모델에 대한 네트워크 구조를 보여 줍니다.

```
AlexNet(
  (features): Sequential(
    (0): Conv2d(3, 64, kernel_size=(11, 11), stride=(4, 4), padding=(2, 2))
    (1): ReLU(inplace=True)
    (2): MaxPool2d(kernel_size=3, stride=2, padding=0, dilation=1, ceil_mode=False)
    (3): Conv2d(64, 192, kernel_size=(5, 5), stride=(1, 1), padding=(2, 2))
    (4): ReLU(inplace=True)
    (5): MaxPool2d(kernel_size=3, stride=2, padding=0, dilation=1, ceil_mode=False)
    (6): Conv2d(192, 384, kernel_size=(3, 3), stride=(1, 1), padding=(1, 1))
```

```
    (7): ReLU(inplace=True)
    (8): Conv2d(384, 256, kernel_size=(3, 3), stride=(1, 1), padding=(1, 1))
    (9): ReLU(inplace=True)
    (10): Conv2d(256, 256, kernel_size=(3, 3), stride=(1, 1), padding=(1, 1))
    (11): ReLU(inplace=True)
    (12): MaxPool2d(kernel_size=3, stride=2, padding=0, dilation=1, ceil_mode=False)
  )
  (avgpool): AdaptiveAvgPool2d(output_size=(6, 6))
  (classifier): Sequential(
    (0): Dropout(p=0.5, inplace=False)
    (1): Linear(in_features=9216, out_features=4096, bias=True)
    (2): ReLU(inplace=True)
    (3): Dropout(p=0.5, inplace=False)
    (4): Linear(in_features=4096, out_features=512, bias=True)
    (5): ReLU(inplace=True)
    (6): Linear(in_features=512, out_features=2, bias=True)
  )
)
```

학습에서 사용될 옵티마이저와 손실 함수를 정의합니다.

코드 6-31 옵티마이저 및 손실 함수 정의

```
optimizer = optim.SGD(model.parameters(), lr=0.001, momentum=0.9)
criterion = nn.CrossEntropyLoss()
```

torchsummary를 이용하여 모델의 네트워크를 다시 살펴보겠습니다. 모델의 네트워크를 파라미터와 함께 보여 주고 있기 때문에 내부적으로 어떤 일들이 이루어지는지 예측하면서 살펴볼 수 있습니다.

코드 6-32 모델 네트워크 구조 확인

```
from torchsummary import summary
summary(model, input_size=(3, 256, 256))
```

다음은 torchsummary를 이용한 네트워크 구조를 출력한 결과입니다.

```
----------------------------------------------------------------
        Layer (type)            Output Shape         Param #
================================================================
            Conv2d-1         [-1, 64, 63, 63]          23,296
              ReLU-2         [-1, 64, 63, 63]               0
```

```
        MaxPool2d-3         [-1, 64, 31, 31]               0
          Conv2d-4          [-1, 192, 31, 31]         307,392
            ReLU-5          [-1, 192, 31, 31]               0
        MaxPool2d-6         [-1, 192, 15, 15]               0
          Conv2d-7          [-1, 384, 15, 15]         663,936
            ReLU-8          [-1, 384, 15, 15]               0
          Conv2d-9          [-1, 256, 15, 15]         884,992
          ReLU-10           [-1, 256, 15, 15]               0
         Conv2d-11          [-1, 256, 15, 15]         590,080
          ReLU-12           [-1, 256, 15, 15]               0
       MaxPool2d-13          [-1, 256, 7, 7]                0
 AdaptiveAvgPool2d-14        [-1, 256, 6, 6]                0
        Dropout-15              [-1, 9216]                  0
         Linear-16              [-1, 4096]         37,752,832
          ReLU-17               [-1, 4096]                  0
        Dropout-18              [-1, 4096]                  0
         Linear-19               [-1, 512]          2,097,664
          ReLU-20                [-1, 512]                  0
         Linear-21                 [-1, 2]              1,026
================================================================
Total params: 42,321,218
Trainable params: 42,321,218
Non-trainable params: 0
----------------------------------------------------------------
Input size (MB): 0.75
Forward/backward pass size (MB): 10.90
Params size (MB): 161.44
Estimated Total Size (MB): 173.10
----------------------------------------------------------------
```

어떤가요? 모델의 네트워크가 한눈에 들어오지 않나요?

그럼 이제 모델 학습을 진행할 함수를 정의해 보겠습니다. 이 부분 역시 LeNet에서 사용했던 코드와 같기 때문에 설명은 생략합니다.

코드 6-33 모델 학습 함수 정의

```python
def train_model(model, dataloader_dict, criterion, optimizer, num_epoch):

    since = time.time()
    best_acc = 0.0

    for epoch in range(num_epoch):
        print('Epoch {}/{}'.format(epoch+1, num_epoch))
```

```python
            print('-'*20)

        for phase in ['train', 'val']:
            if phase == 'train':
                model.train()
            else:
                model.eval()

            epoch_loss = 0.0
            epoch_corrects = 0

            for inputs, labels in tqdm(dataloader_dict[phase]):
                inputs = inputs.to(device)
                labels = labels.to(device)
                optimizer.zero_grad()

                with torch.set_grad_enabled(phase == 'train'):
                    outputs = model(inputs)
                    _, preds = torch.max(outputs, 1)
                    loss = criterion(outputs, labels)

                    if phase == 'train':
                        loss.backward()
                        optimizer.step()

                    epoch_loss += loss.item() * inputs.size(0)
                    epoch_corrects += torch.sum(preds == labels.data)

            epoch_loss = epoch_loss / len(dataloader_dict[phase].dataset)
            epoch_acc = epoch_corrects.double() / len(dataloader_dict[phase].dataset)

            print('{} Loss: {:.4f} Acc: {:.4f}'.format(phase, epoch_loss, epoch_acc))

    time_elapsed = time.time() - since
    print('Training complete in {:.0f}m {:.0f}s'.format(
        time_elapsed // 60, time_elapsed % 60))
    return model
```

데이터셋 준비, 모델 학습을 위한 함수가 완료되었습니다. 훈련을 위해 정의된 train_model() 함수를 호출하여 모델을 학습시켜 봅시다. 이때 에포크는 10으로 합니다. 이 역시 예제를 진행할 PC(노트북)의 성능 및 학습 시간을 고려하여 최소한의 에포크로 지정했습니다.

코드 6-34 모델 학습

```
num_epoch = 10
model = train_model(model, dataloader_dict, criterion, optimizer, num_epoch)
```

다음은 모델 학습에 대한 결과입니다. 역시 훈련과 검증 데이터셋이 적기 때문에 학습 결과가 좋지 않습니다. 데이터셋을 증가시키면 결과가 좋아질 수 있으므로 PC(노트북)의 성능이 좋다면 데이터셋을 증가시켜 학습해 보기 바랍니다.

```
Epoch 1/10
-------------------
100%                            13/13 [00:31<00:00, 2.15s/it]
train Loss: 0.6929 Acc: 0.4950
100%                            3/3 [00:03<00:00, 1.15s/it]
val Loss: 0.6926 Acc: 0.5109
Epoch 2/10
-------------------
... 중간 생략 ...
-------------------
100%                            13/13 [00:37<00:00, 2.40s/it]
train Loss: 0.6925 Acc: 0.5025
100%                            3/3 [00:03<00:00, 1.11s/it]
val Loss: 0.6924 Acc: 0.5109
Epoch 10/10
-------------------
100%                            13/13 [00:38<00:00, 2.29s/it]
train Loss: 0.6924 Acc: 0.5025
100%                            3/3 [00:03<00:00, 1.05s/it]
val Loss: 0.6924 Acc: 0.5109
Training complete in 6m 9s
```

모델 학습이 끝났으므로 모델을 이용하여 테스트 데이터셋을 예측해 보겠습니다.

코드 6-35 모델을 이용한 예측

```
import pandas as pd
id_list = []
pred_list = []
_id = 0
with torch.no_grad():
    for test_path in tqdm(test_images_filepaths): ······ 테스트 이미지 데이터 이용
        img = Image.open(test_path)
        _id = test_path.split('/')[-1].split('.')[1] ······ 이미지 데이터의 번호 가져오기(예를 들어
        transform = ImageTransform(size, mean, std)      dog.113.jpg라는 이미지 이름에서 113 가져오기)
```

```
            img = transform(img, phase='val')    ······ 테스트 데이터에 검증용 전처리 적용
            img = img.unsqueeze(0)
            img = img.to(device)

            model.eval()
            outputs = model(img)
            preds = F.softmax(outputs, dim=1)[:, 1].tolist()

            id_list.append(_id)
            pred_list.append(preds[0])

res = pd.DataFrame({
    'id': id_list,
    'label': pred_list
})    ······ 데이터 프레임에 이미지의 id(번호)와 레이블 저장         ┌····· 이미지의 id와 레이블을
                                                                 │      alexnet.csv 파일에 저장
res.to_csv('../chap06/data/alexnet.csv', index=False) ·····┘
```

다음은 모델 예측에 대한 실행 결과입니다. 예측 결과를 CSV 파일로 저장하는 함수이기 때문에 결과는 큰 의미 없으며, 단순히 처리가 완료된 결과를 보여 줍니다.

```
100%
10/10 ▓▓▓▓▓▓▓▓▓▓▓▓▓▓▓▓▓▓▓▓▓▓▓▓▓▓▓▓▓▓▓▓ [00:00<00:00, 16.72it/s]
```

데이터 프레임에 대한 결과를 확인해 봅시다.

코드 6-36 데이터 프레임 결과 확인

```
res.head(10)
```

다음은 데이터 프레임에 대한 출력 결과입니다.

	id	label
0	207	0.493234
1	99	0.494147
2	116	0.493472
3	42	0.493139
4	162	0.493536
5	194	0.493116
6	115	0.493754
7	186	0.493568
8	39	0.492973
9	190	0.493639

label 값이 0.5보다 크면 개, 0.5보다 작으면 고양이로 예측했음을 의미합니다.

다음은 예측 결과를 시각적으로 표현하기 위한 함수를 정의합니다.

코드 6-37 예측 결과를 시각적으로 표현하기 위한 함수 정의

```
class_ = classes = {0:'cat', 1:'dog'}
def display_image_grid(images_filepaths, predicted_labels=(), cols=5):
    rows = len(images_filepaths) // cols
    figure, ax = plt.subplots(nrows=rows, ncols=cols, figsize=(12, 6))
    for i, image_filepath in enumerate(images_filepaths):
        image = cv2.imread(image_filepath)
        image = cv2.cvtColor(image, cv2.COLOR_BGR2RGB)

        a = random.choice(res['id'].values)
        label = res.loc[res['id'] == a, 'label'].values[0]
        if label > 0.5:
            label = 1
        else:
            label = 0
        ax.ravel()[i].imshow(image)
        ax.ravel()[i].set_title(class_[label])
        ax.ravel()[i].set_axis_off()
    plt.tight_layout()
    plt.show()
```

마지막으로 함수를 호출하여 테스트 데이터셋에 대한 예측 결과를 이미지와 함께 보여 줍니다.

코드 6-38 예측 결과에 대해 이미지와 함께 출력

```
display_image_grid(test_images_filepaths)
```

그림 6-12는 모델이 분류한 예측 결과를 보여 줍니다.

▼ 그림 6-12 테스트 데이터셋에 대한 AlexNet 모델의 예측 결과

역시 예측 결과가 좋지 않습니다. 앞에서 언급했지만 데이터셋이 많으면 성능이 좋아질 수 있습니다. 책의 예제들은 실습할 PC(노트북)의 성능을 고려하여 데이터셋을 제한시켰습니다. 성능은 파라미터 튜닝을 통해서도 향상시킬 수 있습니다. 자세한 내용은 '8장 성능 최적화'에서 다룹니다.

6.1.3 VGGNet

VGGNet은 카렌 시모니안(Karen Simonyan)과 앤드류 지서만(Andrew Zisserman)이 2015 ICLR에 게재한 "Very deep convolutional networks for large-scale image recognition" 논문에서 처음 발표했습니다. VGGNet은 합성곱층의 파라미터 수를 줄이고 훈련 시간을 개선하려고 탄생했습니다. 즉, 네트워크를 깊게 만드는 것이 성능에 어떤 영향을 미치는지 확인하고자 나온 것이 VGG입니다. VGG 연구 팀은 깊이의 영향만 최대한 확인하고자 합성곱층에서 사용하는 필터/커널의 크기를 가장 작은 3×3으로 고정했습니다.

네트워크 계층의 총 개수에 따라 여러 유형의 VGGNet(VGG16, VGG19 등)이 있으며, 이 중 VGG16 네트워크의 구조적 세부 사항은 다음 그림과 같습니다.

VGG16에는 파라미터가 총 1억 3300만 개 있습니다. 여기에서 주목할 점은 모든 합성곱 커널의 크기는 3×3, 최대 풀링 커널의 크기는 2×2이며, 스트라이드는 2라는 것입니다. 결과적으로 64개의 224×224 특성 맵(224×224×64)들이 생성됩니다. 또한, 마지막 16번째 계층을 제외하고는 모두 ReLU 활성화 함수가 적용됩니다.

▼ 그림 6-13 VGG16 구조

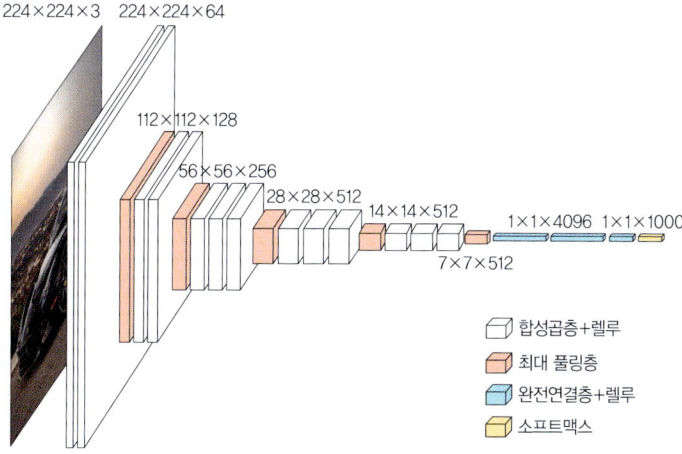

▼ 표 6-3 VGG16 구조 상세

계층 유형	특성 맵	크기	커널 크기	스트라이드	활성화 함수
이미지	1	224×224	-	-	-
합성곱층	64	224×224	3×3	1	렐루(ReLU)
합성곱층	64	224×224	3×3	1	렐루(ReLU)
최대 풀링층	64	112×112	2×2	2	-
합성곱층	128	112×112	3×3	1	렐루(ReLU)
합성곱층	128	112×112	3×3	1	렐루(ReLU)
최대 풀링층	128	56×56	2×2	2	-
합성곱층	256	56×56	3×3	1	렐루(ReLU)
합성곱층	256	56×56	3×3	1	렐루(ReLU)
합성곱층	256	56×56	3×3	1	렐루(ReLU)
합성곱층	256	56×56	3×3	1	렐루(ReLU)
최대 풀링층	256	28×28	2×2	2	-
합성곱층	512	28×28	3×3	1	렐루(ReLU)
합성곱층	512	28×28	3×3	1	렐루(ReLU)
합성곱층	512	28×28	3×3	1	렐루(ReLU)
합성곱층	512	28×28	3×3	1	렐루(ReLU)
최대 풀링층	512	14×14	2×2	2	-

◐ 계속

계층 유형	특성 맵	크기	커널 크기	스트라이드	활성화 함수
합성곱층	512	14×14	3×3	1	렐루(ReLU)
합성곱층	512	14×14	3×3	1	렐루(ReLU)
합성곱층	512	14×14	3×3	1	렐루(ReLU)
합성곱층	512	14×14	3×3	1	렐루(ReLU)
최대 풀링층	512	7×7	2×2	2	-
완전연결층	-	4096	-	-	렐루(ReLU)
완전연결층	-	4096	-	-	렐루(ReLU)
완전연결층	-	1000	-	-	소프트맥스(softmax)

이번 예제는 VGGNet 중에서 가장 간단한 VGG11을 파이토치로 구현합니다. VGG16이나 VGG19를 구현해 보고 싶다면, VGG11에서 더 깊게 쌓아 올리면 됩니다.

가장 처음으로 할 일은 필요한 라이브러리를 호출하는 것입니다.

코드 6-39 필요한 라이브러리 호출

```python
import copy ------ ①
import numpy as np
import torch
import torch.nn as nn
import torch.nn.functional as F
import torch.optim as optim
import torch.utils.data as data
import torchvision
import torchvision.transforms as transforms
import torchvision.datasets as Datasets

device = torch.device('cuda' if torch.cuda.is_available() else 'cpu')
```

① 객체 복사를 위해 사용합니다. 객체 복사는 크게 얕은 복사(shallow copy)와 깊은 복사(deep copy)로 나뉩니다. 예제를 통해 살펴보겠습니다.

먼저 단순한 객체 복사는 다음과 같습니다.

```python
original = [1, 2, 3]   ------ original이라는 변수에 [1, 2, 3] 저장
copy_o = original      ------ copy_o에 original 복사(shallow copy)
print(copy_o)
```

```
copy_o[2] = 10      copy_o의 3을 10으로 값을 변경
print(copy_o)
print(original)
```

original 값을 복사한 copy_o에서 3 값을 10으로 바꾼 결과는 다음과 같습니다.

```
[1, 2, 3]
[1, 2, 10]
[1, 2, 10]
```

copy_o뿐만 아니라 원래 값인 original의 3도 10으로 바뀌었습니다.

이번에는 얕은 복사에 대해 알아보겠습니다. 얕은 복사는 copy.copy()를 이용합니다.

```
import copy

original = [[1, 2], 3]
copy_o = copy.copy(original)     original 값을 copy_o에 얕은 복사(copy.copy())
print(copy_o)
copy_o[0] = 100      copy_o의 [1, 2] 값을 100으로 변경
print(copy_o)
print(original)

append = copy.copy(original)
append[0].append(4)      첫 번째 리스트([1, 2])에 4를 추가
print(append)
print(original)
```

얕은 복사(copy.copy())에 대한 결과는 다음과 같습니다.

```
[[1, 2], 3]
[100, 3]
[[1, 2], 3]
[[1, 2, 4], 3]
[[1, 2, 4], 3]
```

copy_o에서 [1, 2] 값을 100으로 변경했더니 copy_o만 바뀌었습니다. 또한, [1, 2]에 4를 추가했더니 original과 copy_o 모두 반영되었습니다.

그렇다면 깊은 복사는 어떨까요? 깊은 복사는 copy.deepcopy()를 이용합니다.

```python
import copy

original = [[1, 2], 3]
copy_o = copy.deepcopy(original)  ------ original 값을 copy_o에 깊은 복사(copy.deepcopy())
print(copy_o)
copy_o[0] = 100  ------ copy_o의 [1, 2] 값을 100으로 변경
print(copy_o)
print(original)

append = copy.deepcopy(original)
append[0].append(4)  ------ 첫 번째 리스트([1, 2])에 4를 추가
print(append)
print(original)
```

깊은 복사를 실행한 결과는 다음과 같습니다.

```
[[1, 2], 3]
[100, 3]
[[1, 2], 3]
[[1, 2, 4], 3]
[[1, 2], 3]
```

copy_o에서 [1, 2] 값을 100으로 변경했더니 copy_o만 바뀐 것은 동일합니다. 또한, [1, 2]에 4를 추가했더니 copy_o는 변경되었지만, original은 그대로인 것을 확인할 수 있습니다.

단순 복사는 완전히 동일하게 복사되지만, 얕은 복사와 깊은 복사는 다음과 같은 차이가 있습니다.

▼ 그림 6-14 얕은 복사와 깊은 복사

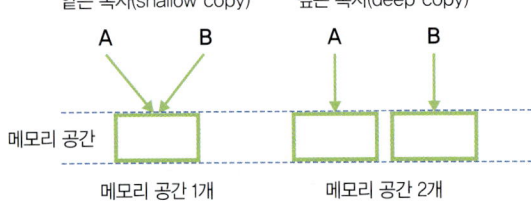

데이터셋과 관련된 준비들이 완료되었으니 VGG 모델의 네트워크를 정의해 보겠습니다.

코드 6-40 VGG 모델 정의

```python
class VGG(nn.Module):
    def __init__(self, features, output_dim):
        super().__init__()
        self.features = features  ······ VGG 모델에 대한 매개변수에서 받아 온 features 값을
                                          self.features에 넣어 줍니다.
        self.avgpool = nn.AdaptiveAvgPool2d(7)
        self.classifier = nn.Sequential(
            nn.Linear(512*7*7, 4096),
            nn.ReLU(inplace=True),
            nn.Dropout(0.5),
            nn.Linear(4096, 4096),
            nn.ReLU(inplace=True),
            nn.Dropout(0.5),
            nn.Linear(4096, output_dim)
        ) ······ 완전연결층과 출력층 정의

    def forward(self, x):
        x = self.features(x)
        x = self.avgpool(x)
        h = x.view(x.shape[0], -1)
        x = self.classifier(h)
        return x, h
```

이번 코드는 VGG11, VGG13, VGG16, VGG19 모델의 계층을 정리한 것입니다. 숫자(output channel, 출력 채널)는 Conv2d를 수행하라는 의미이며, 출력 채널(output channel)이 다음 계층의 입력 채널(input channel)이 됩니다. 또한, M은 최대 풀링(max pooling)을 수행하라는 의미입니다.

코드 6-41 모델 유형 정의

```python
vgg11_config = [64, 'M', 128, 'M', 256, 256, 'M', 512, 512, 'M', 512, 512, 'M'] ······
                                                                    8(합성곱층)+5(풀링층)

vgg13_config = [64, 64, 'M', 128, 128, 'M', 256, 256, 'M', 512, 512, 'M', 512, 512,
                'M'] ······ 10(합성곱층)+5(풀링층)

vgg16_config = [64, 64, 'M', 128, 128, 'M', 256, 256, 256, 'M', 512, 512, 512, 'M',
                512, 512, 512, 'M'] ······ 13(합성곱층)+5(풀링층)

vgg19_config = [64, 64, 'M', 128, 128, 'M', 256, 256, 256, 256, 'M', 512, 512, 512,
                512, 'M', 512, 512, 512, 512, 'M'] ······ 16(합성곱층)+5(풀링층)
```

VGG11, VGG13, VGG16, VGG19에 대한 네트워크를 그림으로 정리하면 다음과 같습니다.

▼ 그림 6-15 VGG의 다양한 모델에 대한 네트워크

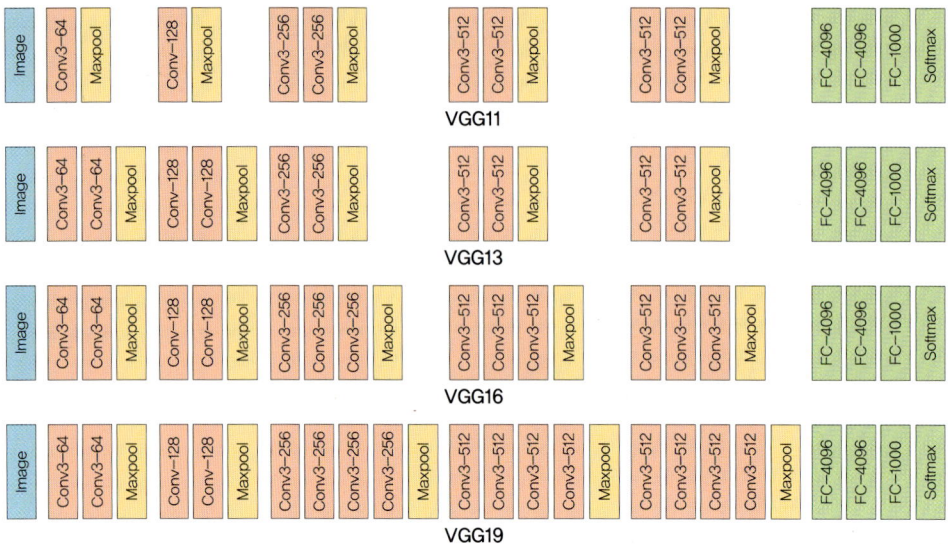

VGG 모델에서 네트워크를 정의합니다. 네트워크는 코드 6-41에서 정의된 vgg11_config를 사용합니다.

코드 6-42 VGG 계층 정의

```
def get_vgg_layers(config, batch_norm):
    layers = []
    in_channels = 3
    
    for c in config:  ------ vgg11_config 값들을 가져옵니다.
        assert c == 'M' or isinstance(c, int)  ------ ①
        if c == 'M':  ------ 불러온 값이 'M'이면 최대 풀링(MaxPool2d)을 적용
            layers += [nn.MaxPool2d(kernel_size = 2)]
        else:  ------ 불러온 값이 숫자이면 합성곱(Conv2d) 적용
            conv2d = nn.Conv2d(in_channels, c, kernel_size=3, padding=1)
            if batch_norm:  ------ 배치 정규화(batch normalization)를 적용할지에 대한 코드
                layers += [conv2d, nn.BatchNorm2d(c), nn.ReLU(inplace=True)]
            else:                                         배치 정규화가 적용될 경우 배치 정규화+ReLU 적용
                layers += [conv2d, nn.ReLU(inplace=True)]
            in_channels = c     배치 정규화가 적용되지 않을 경우 ReLU만 적용
    
    return nn.Sequential(*layers)  ------ 네트워크의 모든 계층을 반환
```

① 조건문을 정의합니다.

```
assert c == 'M' or isinstance(c, int)
        ⓐ              ⓑ
```

ⓐ 가정 설정문이라고 불리는 assert는 뒤의 조건이 True가 아니면 에러를 발생시킵니다. 따라서 c == 'M'이 아니면 오류가 발생합니다. 예를 들어 다음과 같습니다.

```
a = 1
assert a == 11
```

조건이 True가 아니기 때문에 다음과 같은 오류가 발생합니다.

```
---------------------------------------------------------------------------
AssertionError                            Traceback (most recent call last)
<ipython-input-1-b211624433f8> in <module>
      1 a = 1
----> 2 assert a == 11

AssertionError:
```

ⓑ isinstance는 주어진 조건이 True인지 판단합니다. 예를 들어 다음과 같이 사용합니다.

```
print(isinstance(1, int))        ······ 1이 integer인지 판단
print(isinstance(1.2, int))      ······ 1.2가 integer인지 판단
print(isinstance('deep learning', str))  ······ deep learning이 string인지 판단
```

다음은 isinstance로 조건이 True/False인지 확인한 결과입니다.

```
True
False
True
```

따라서 assert c == 'M' or isinstance(c, int) 의미는 c가 'M'이 아니거나 int가 아니라면 오류가 발생합니다.

get_vgg_layers() 함수를 호출하여 모델의 계층을 생성합니다. 이때 배치 정규화(batch normalization)에 대한 계층도 추가합니다.

코드 6-43 모델 계층 생성

```
vgg11_layers = get_vgg_layers(vgg11_config, batch_norm=True)  ······ ①
```

① batch_norm(Batch Normalization)은 데이터의 평균을 0으로, 표준편차를 1로 분포시키는 것입니다. 각 계층에서 입력 데이터의 분포는 앞 계층에서 업데이트된 가중치에 따라 변합니다. 즉, 각 계층마다 변화되는 분포는 학습 속도를 늦출 뿐만 아니라 학습도 어렵게 합니다. 따라서 각 계층의 입력에 대한 분산을 평균 0, 표준편차 1로 분포시키는 것이 batch_norm(배치 정규화)입니다. 배치 정규화는 8장에서 자세히 다룹니다.

생성한 계층을 확인해 보겠습니다.

코드 6-44 VGG11 계층 확인

```
print(vgg11_layers)
```

다음은 VGG11 계층을 출력한 결과입니다.

```
Sequential(
  (0): Conv2d(3, 64, kernel_size=(3, 3), stride=(1, 1), padding=(1, 1))
  (1): BatchNorm2d(64, eps=1e-05, momentum=0.1, affine=True, track_running_stats=True)
  (2): ReLU(inplace=True)
  (3): MaxPool2d(kernel_size=2, stride=2, padding=0, dilation=1, ceil_mode=False)
  (4): Conv2d(64, 128, kernel_size=(3, 3), stride=(1, 1), padding=(1, 1))
  (5): BatchNorm2d(128, eps=1e-05, momentum=0.1, affine=True, track_running_stats=True)
  (6): ReLU(inplace=True)
  (7): MaxPool2d(kernel_size=2, stride=2, padding=0, dilation=1, ceil_mode=False)
  (8): Conv2d(128, 256, kernel_size=(3, 3), stride=(1, 1), padding=(1, 1))
  (9): BatchNorm2d(256, eps=1e-05, momentum=0.1, affine=True, track_running_stats=True)
  (10): ReLU(inplace=True)
  (11): Conv2d(256, 256, kernel_size=(3, 3), stride=(1, 1), padding=(1, 1))
  (12): BatchNorm2d(256, eps=1e-05, momentum=0.1, affine=True, track_running_stats=True)
  (13): ReLU(inplace=True)
  (14): MaxPool2d(kernel_size=2, stride=2, padding=0, dilation=1, ceil_mode=False)
  (15): Conv2d(256, 512, kernel_size=(3, 3), stride=(1, 1), padding=(1, 1))
  (16): BatchNorm2d(512, eps=1e-05, momentum=0.1, affine=True, track_running_stats=True)
  (17): ReLU(inplace=True)
  (18): Conv2d(512, 512, kernel_size=(3, 3), stride=(1, 1), padding=(1, 1))
  (19): BatchNorm2d(512, eps=1e-05, momentum=0.1, affine=True, track_running_stats=True)
  (20): ReLU(inplace=True)
  (21): MaxPool2d(kernel_size=2, stride=2, padding=0, dilation=1, ceil_mode=False)
  (22): Conv2d(512, 512, kernel_size=(3, 3), stride=(1, 1), padding=(1, 1))
  (23): BatchNorm2d(512, eps=1e-05, momentum=0.1, affine=True, track_running_stats=True)
  (24): ReLU(inplace=True)
  (25): Conv2d(512, 512, kernel_size=(3, 3), stride=(1, 1), padding=(1, 1))
  (26): BatchNorm2d(512, eps=1e-05, momentum=0.1, affine=True, track_running_stats=True)
```

```
    (27): ReLU(inplace=True)
    (28): MaxPool2d(kernel_size=2, stride=2, padding=0, dilation=1, ceil_mode=False)
)
```

VGG11에 대한 계층을 확인했습니다. 확인 결과 배치 정규화(BatchNorm2d)가 추가된 것을 확인할 수 있습니다.

이제 모델 전체에 대한 네트워크를 확인해 봅시다. 네트워크는 vgg11_layers와 VGG()에서 정의했던 완전연결층과 출력층이 포함된 구성일 것입니다.

코드 6-45 VGG11 전체에 대한 네트워크

```
OUTPUT_DIM = 2  ------ 개와 고양이 두 개의 클래스 사용
model = VGG(vgg11_layers, OUTPUT_DIM)
print(model)
```

다음은 VGG11 전체에 대한 네트워크를 출력한 결과입니다.

```
VGG(
  (features): Sequential(
    (0): Conv2d(3, 64, kernel_size=(3, 3), stride=(1, 1), padding=(1, 1))
    (1): BatchNorm2d(64, eps=1e-05, momentum=0.1, affine=True, track_running_stats=True)
    (2): ReLU(inplace=True)
    (3): MaxPool2d(kernel_size=2, stride=2, padding=0, dilation=1, ceil_mode=False)
    (4): Conv2d(64, 128, kernel_size=(3, 3), stride=(1, 1), padding=(1, 1))
    (5): BatchNorm2d(128, eps=1e-05, momentum=0.1, affine=True, track_running_stats=True)
    (6): ReLU(inplace=True)
    (7): MaxPool2d(kernel_size=2, stride=2, padding=0, dilation=1, ceil_mode=False)
    (8): Conv2d(128, 256, kernel_size=(3, 3), stride=(1, 1), padding=(1, 1))
    (9): BatchNorm2d(256, eps=1e-05, momentum=0.1, affine=True, track_running_stats=True)
    (10): ReLU(inplace=True)
    (11): Conv2d(256, 256, kernel_size=(3, 3), stride=(1, 1), padding=(1, 1))
    (12): BatchNorm2d(256, eps=1e-05, momentum=0.1, affine=True, track_running_stats=True)
    (13): ReLU(inplace=True)
    (14): MaxPool2d(kernel_size=2, stride=2, padding=0, dilation=1, ceil_mode=False)
    (15): Conv2d(256, 512, kernel_size=(3, 3), stride=(1, 1), padding=(1, 1))
    (16): BatchNorm2d(512, eps=1e-05, momentum=0.1, affine=True, track_running_stats=True)
    (17): ReLU(inplace=True)
    (18): Conv2d(512, 512, kernel_size=(3, 3), stride=(1, 1), padding=(1, 1))
    (19): BatchNorm2d(512, eps=1e-05, momentum=0.1, affine=True, track_running_
```

```
    stats=True)
    (20): ReLU(inplace=True)
    (21): MaxPool2d(kernel_size=2, stride=2, padding=0, dilation=1, ceil_mode=False)
    (22): Conv2d(512, 512, kernel_size=(3, 3), stride=(1, 1), padding=(1, 1))
    (23): BatchNorm2d(512, eps=1e-05, momentum=0.1, affine=True, track_running_
stats=True)
    (24): ReLU(inplace=True)
    (25): Conv2d(512, 512, kernel_size=(3, 3), stride=(1, 1), padding=(1, 1))
    (26): BatchNorm2d(512, eps=1e-05, momentum=0.1, affine=True, track_running_
stats=True)
    (27): ReLU(inplace=True)
    (28): MaxPool2d(kernel_size=2, stride=2, padding=0, dilation=1, ceil_mode=False)
  )
  (avgpool): AdaptiveAvgPool2d(output_size=7)
  (classifier): Sequential(
    (0): Linear(in_features=25088, out_features=4096, bias=True)
    (1): ReLU(inplace=True)
    (2): Dropout(p=0.5, inplace=False)
    (3): Linear(in_features=4096, out_features=4096, bias=True)
    (4): ReLU(inplace=True)
    (5): Dropout(p=0.5, inplace=False)
    (6): Linear(in_features=4096, out_features=2, bias=True)
  )
)
```

어떤가요? 앞에서 정의했던 vgg11_layers, 완전연결층과 출력층((classifier): Sequential()) 부분을 합친 것을 확인할 수 있습니다.

VGG11 모델을 사용하는 것이 어렵게 느껴지나요? 그렇다면 VGG11을 더 쉽게 사용할 수 있는 방법이 있습니다. 사실 VGG 모델은 사전 훈련된 모델입니다. 이미 누군가가 대용량의 이미지 데이터로 학습을 시켰으며, 최상의 상태로 튜닝을 거쳐 모든 사람이 사용할 수 있도록 공유한 사전 훈련된 모델입니다. 따라서 다음과 같이 코드 한두 줄로 쉽게 가져다 사용할 수 있습니다.

코드 6-46 VGG11 사전 훈련된 모델 사용

```
import torchvision.models as models
pretrained_model = models.vgg11_bn(pretrained=True) ------ ①
print(pretrained_model)
```

① 배치 정규화가 적용된 사전 훈련된 VGG11 모델을 사용하기 위해서는 다음과 같은 파라미터를 사용합니다.

```
pretrained_model = models.vgg11_bn(pretrained=True)
                          ⓐ              ⓑ
```

ⓐ vgg11_bn은 VGG11 기본 모델에 배치 정규화가 적용된 모델을 사용하겠다는 의미입니다.

ⓑ pretrained를 True로 설정하면 사전 훈련된 모델을 사용(미리 학습된 파라미터 값들을 사용)하겠다는 의미입니다.

다음은 사전 훈련된 VGG11 네트워크를 출력한 결과입니다.

```
VGG(
  (features): Sequential(
    (0): Conv2d(3, 64, kernel_size=(3, 3), stride=(1, 1), padding=(1, 1))
    (1): BatchNorm2d(64, eps=1e-05, momentum=0.1, affine=True, track_running_stats=True)
    (2): ReLU(inplace=True)
    (3): MaxPool2d(kernel_size=2, stride=2, padding=0, dilation=1, ceil_mode=False)
    (4): Conv2d(64, 128, kernel_size=(3, 3), stride=(1, 1), padding=(1, 1))
    (5): BatchNorm2d(128, eps=1e-05, momentum=0.1, affine=True, track_running_stats=True)
    (6): ReLU(inplace=True)
    (7): MaxPool2d(kernel_size=2, stride=2, padding=0, dilation=1, ceil_mode=False)
    (8): Conv2d(128, 256, kernel_size=(3, 3), stride=(1, 1), padding=(1, 1))
    (9): BatchNorm2d(256, eps=1e-05, momentum=0.1, affine=True, track_running_stats=True)
    (10): ReLU(inplace=True)
    (11): Conv2d(256, 256, kernel_size=(3, 3), stride=(1, 1), padding=(1, 1))
    (12): BatchNorm2d(256, eps=1e-05, momentum=0.1, affine=True, track_running_stats=True)
    (13): ReLU(inplace=True)
    (14): MaxPool2d(kernel_size=2, stride=2, padding=0, dilation=1, ceil_mode=False)
    (15): Conv2d(256, 512, kernel_size=(3, 3), stride=(1, 1), padding=(1, 1))
    (16): BatchNorm2d(512, eps=1e-05, momentum=0.1, affine=True, track_running_stats=True)
    (17): ReLU(inplace=True)
    (18): Conv2d(512, 512, kernel_size=(3, 3), stride=(1, 1), padding=(1, 1))
    (19): BatchNorm2d(512, eps=1e-05, momentum=0.1, affine=True, track_running_stats=True)
    (20): ReLU(inplace=True)
    (21): MaxPool2d(kernel_size=2, stride=2, padding=0, dilation=1, ceil_mode=False)
    (22): Conv2d(512, 512, kernel_size=(3, 3), stride=(1, 1), padding=(1, 1))
    (23): BatchNorm2d(512, eps=1e-05, momentum=0.1, affine=True, track_running_stats=True)
    (24): ReLU(inplace=True)
    (25): Conv2d(512, 512, kernel_size=(3, 3), stride=(1, 1), padding=(1, 1))
    (26): BatchNorm2d(512, eps=1e-05, momentum=0.1, affine=True, track_running_stats=True)
```

```
      (27): ReLU(inplace=True)
      (28): MaxPool2d(kernel_size=2, stride=2, padding=0, dilation=1, ceil_mode=False)
    )
    (avgpool): AdaptiveAvgPool2d(output_size=(7, 7))
    (classifier): Sequential(
      (0): Linear(in_features=25088, out_features=4096, bias=True)
      (1): ReLU(inplace=True)
      (2): Dropout(p=0.5, inplace=False)
      (3): Linear(in_features=4096, out_features=4096, bias=True)
      (4): ReLU(inplace=True)
      (5): Dropout(p=0.5, inplace=False)
      (6): Linear(in_features=4096, out_features=1000, bias=True)
    )
)
```

어떤가요? 앞에서 수십 줄 넘게 구현한 코드가 의미 없다고 느껴지나요? 물론 향후에는 연습을 하든 연구를 하든 사전 훈련된 모델을 호출하여 사용하게 될 것입니다. 하지만 책에서는 VGG 모델의 네트워크를 어떻게 구현하고 사용하는지 방법을 알려 주고자 고생스럽지만 네트워크를 정의했던 것입니다. 이러한 수고를 통해 우리는 다음과 같이 My_Vgg 같은 새로운 config를 정의하여 사용할 수 있습니다.

```
vgg11_config = [64, 'M', 128, 'M', 256, 256, 'M', 512, 512, 'M', 512, 512, 'M']
vgg13_config = [64, 64, 'M', 128, 128, 'M', 256, 256, 'M', 512, 512, 'M', 512, 512,
                'M']
vgg16_config = [64, 64, 'M', 128, 128, 'M', 256, 256, 256, 'M', 512, 512, 512, 'M',
                512, 512, 512, 'M']
vgg19_config = [64, 64, 'M', 128, 128, 'M', 256, 256, 256, 256, 'M', 512, 512, 512,
                512, 'M', 512, 512, 512, 512, 'M']
My_Vgg = [64, 64, 64, 'M', 128, 128, 128, 'M', 256, 256, 256, 'M']
```

이제 이미지에 대한 전처리 부분을 정의합니다.

코드 6-47 이미지 데이터 전처리

```
train_transforms = transforms.Compose([
                    transforms.Resize((256, 256)),
                    transforms.RandomRotation(5),
                    transforms.RandomHorizontalFlip(0.5),
                    transforms.ToTensor(),
                    transforms.Normalize(mean=[0.485, 0.456, 0.406], std=[0.229,
                        0.224, 0.225])]) ------ ①
```

```
test_transforms = transforms.Compose([
                    transforms.Resize((256, 256)),
                    transforms.ToTensor(),
                    transforms.Normalize(mean=[0.485, 0.456, 0.406], std=[0.229,
                        0.224, 0.225])])
```

① 데이터 전처리에 사용되는 transforms.Compose 파라미터 중 새롭게 등장하는 것들만 알아보겠습니다.

transforms.Compose([transforms.Resize((256, 256)), transforms.RandomRotation(5),])
                              ⓐ   ⓑ

ⓐ transforms.Resize: 이미지를 주어진 크기로 재조정합니다. 즉, 256×256 크기로 이미지를 조정합니다.

ⓑ transforms.RandomRotation: 5도 이하로 이미지를 회전시킵니다.

ImageFolder를 이용하여 모델 학습에 필요한 데이터셋을 불러옵니다.

코드 6-48 ImageFolder를 이용하여 데이터셋 불러오기

```
train_path = '../chap06/data/catanddog/train'  ------ 훈련 데이터셋이 위치한 경로
test_path = '../chap06/data/catanddog/test'  ------ 테스트 데이터셋이 위치한 경로

train_dataset = torchvision.datasets.ImageFolder(
    train_path,
    transform=train_transforms
) ------ ①

test_dataset = torchvision.datasets.ImageFolder(
    test_path,
    transform=test_transforms
)

print(len(train_dataset)), print(len(test_dataset))
```

① ImageFolder에서 사용하는 파라미터는 5장에서 살펴보았습니다. 따라서 여기에서는 ImageFolder의 파라미터가 아닌 언제 사용하면 좋을지에 대해 설명합니다. ImageFolder는 계층적인 폴더 구조를 가지고 있는 데이터셋을 불러올 때 사용합니다. 예를 들어 훈련 데이터셋이 위치한 '../chap06/data/catanddog/train'에는 다음과 같은 폴더들이 있습니다.

▼ 그림 6-16 '../chap06/data/catanddog/train' 위치의 하위 폴더

이름	유형
Cat	파일 폴더
Dog	파일 폴더

이와 같이 train 폴더 하위에 Cat, Dog 폴더가 계층적으로 위치해 있고 이러한 구조에서 데이터셋을 불러오고 싶을 때 ImageFolder를 사용합니다.

다음은 훈련과 테스트 데이터로 사용될 이미지 수입니다. 훈련 용도의 데이터는 529개가 사용되며, 테스트 용도의 데이터는 12개가 사용됩니다.

```
529
12
(None, None)
```

훈련 데이터를 훈련과 검증 데이터로 분할합니다.

코드 6-49 훈련과 검증 데이터 분할

```
VALID_RATIO = 0.9
n_train_examples = int(len(train_dataset) * VALID_RATIO)
n_valid_examples = len(train_dataset) - n_train_examples

train_data, valid_data = data.random_split(train_dataset,
                                [n_train_examples, n_valid_examples]) ······ ①
```

- VALID_RATIO = 0.9 ······ 전체 훈련 데이터 중 90%를 훈련 데이터셋으로 사용
- n_valid_examples ······ 전체 훈련 데이터 중 10%를 검증 데이터셋으로 사용

① 파이썬의 random_split()은 훈련과 검증 데이터셋을 나누는 용도로 사용하며 다음과 같은 파라미터를 사용합니다. 데이터가 데이터로더로 넘어간 이후에는 분리가 불가능하므로 데이터셋(dataset) 단계에서 진행해야 합니다.

```
train_data, valid_data = data.random_split(train_dataset,
                                           ⓐ
                                [n_train_examples, n_valid_examples])
                                           ⓑ
```

ⓐ 첫 번째 파라미터: 분할에 사용될 데이터셋

ⓑ 두 번째 파라미터: 훈련과 검증 데이터셋의 크기 지정. [훈련 데이터셋 크기, 검증 데이터셋 크기]

앞에서 훈련 데이터셋으로부터 분리된 valid_data를 valid_data라는 변수에 복사한 후 'test_transforms'로 전처리를 적용합니다.

코드 6-50 검증 데이터 전처리

```
valid_data = copy.deepcopy(valid_data)
valid_data.dataset.transform = test_transforms
```

데이터가 훈련, 검증, 테스트로 분류되었기 때문에 각각 몇 개의 이미지 데이터가 있는지 확인합니다.

코드 6-51 훈련, 검증, 테스트 데이터셋 수 확인

```
print(f'Number of training examples: {len(train_data)}')
print(f'Number of validation examples: {len(valid_data)}')
print(f'Number of testing examples: {len(test_dataset)}')
```

다음은 훈련, 검증, 테스트로 분류된 데이터들의 수를 출력한 결과입니다.

```
Number of training examples: 476
Number of validation examples: 53
Number of testing examples: 12
```

훈련용은 476개, 검증용은 53개, 테스트용은 12개의 데이터셋으로 구성된 것을 확인할 수 있습니다.

데이터로더를 이용하여 데이터셋의 데이터를 메모리로 가져옵니다. 데이터를 가져올 때는 배치 크기만큼 나누어서 가져옵니다.

코드 6-52 메모리로 데이터 불러오기

```
BATCH_SIZE = 128
train_iterator = data.DataLoader(train_data,
                                 shuffle=True,
                                 batch_size=BATCH_SIZE)    ······ 훈련 데이터셋은 임의로
                                                                  섞어서 가져옵니다.

valid_iterator = data.DataLoader(valid_data,
                                 batch_size=BATCH_SIZE)

test_iterator = data.DataLoader(test_dataset,
                                batch_size=BATCH_SIZE)
```

모델 학습에서 사용할 옵티마이저와 손실 함수를 정의합니다.

코드 6-53 옵티마이저와 손실 함수 정의

```
optimizer = optim.Adam(model.parameters(), lr=1e-7)
criterion = nn.CrossEntropyLoss()

model = model.to(device)
criterion = criterion.to(device)
```

모델에 대한 정확도를 측정하기 위한 함수를 정의합니다.

코드 6-54 모델 정확도 측정 함수

```
def calculate_accuracy(y_pred, y):
    top_pred = y_pred.argmax(1, keepdim=True)
    correct = top_pred.eq(y.view_as(top_pred)).sum() ------ ①
    acc = correct.float() / y.shape[0]
    return acc
```

① 예측이 정답과 일치하는 경우 그 개수의 합을 correct 변수에 저장합니다.

correct = top_pred.eq(y.view_as(top_pred)).sum()
　　　　　　　　　　ⓐ　　　　　ⓑ　　　　　ⓒ

ⓐ eq는 equal의 약자로 서로 같은지를 비교하는 표현식입니다.

ⓑ view_as(other)는 other의 텐서 크기를 사용하겠다는 의미입니다. 즉, view_as(other)는 view(other.size())와 같은 의미입니다. 따라서 y.view_as(top_pred)는 y에 대한 텐서 크기를 top_pred의 텐서 크기로 변경하겠다는 의미입니다.

ⓒ 합계를 구하는 것으로, 여기에서는 예측과 정답이 일치하는 것들의 개수를 합산하겠다는 의미입니다.

훈련 데이터셋을 이용할 모델 학습 함수를 정의합니다.

코드 6-55 모델 학습 함수 정의

```
def train(model, iterator, optimizer, criterion, device):
    epoch_loss = 0
    epoch_acc = 0
    
    model.train()
```

```python
    for (x, y) in iterator:
        x = x.to(device)
        y = y.to(device)

        optimizer.zero_grad()
        y_pred, _ = model(x)
        loss = criterion(y_pred, y)
        acc = calculate_accuracy(y_pred, y)
        loss.backward()
        optimizer.step()

        epoch_loss += loss.item()
        epoch_acc += acc.item()
    return epoch_loss / len(iterator), epoch_acc / len(iterator)
```

검증 및 테스트 데이터셋을 이용한 모델 성능을 측정하는 함수를 정의합니다.

코드 6-56 모델 성능 측정 함수

```python
def evaluate(model, iterator, criterion, device):
    epoch_loss = 0
    epoch_acc = 0

    model.eval()
    with torch.no_grad():
        for (x, y) in iterator:
            x = x.to(device)
            y = y.to(device)
            y_pred, _ = model(x)
            loss = criterion(y_pred, y)
            acc = calculate_accuracy(y_pred, y)
            epoch_loss += loss.item()
            epoch_acc += acc.item()
    return epoch_loss / len(iterator), epoch_acc / len(iterator)
```

모델의 학습 시간(시작, 종료)을 측정하기 위한 함수를 정의합니다.

코드 6-57 학습 시간 측정 함수

```python
def epoch_time(start_time, end_time):
    elapsed_time = end_time - start_time
    elapsed_mins = int(elapsed_time / 60)
    elapsed_secs = int(elapsed_time - (elapsed_mins * 60))
    return elapsed_mins, elapsed_secs
```

이제 모델을 학습시킵니다.

코드 6-58 모델 학습

```
EPOCHS = 5
best_valid_loss = float('inf')
for epoch in range(EPOCHS):
    start_time = time.monotonic()
    train_loss, train_acc = train(model, train_iterator, optimizer, criterion, device)
    valid_loss, valid_acc = evaluate(model, valid_iterator, criterion, device)

    if valid_loss < best_valid_loss:
        best_valid_loss = valid_loss
        torch.save(model.state_dict(), '../chap06/data/VGG-model.pt')

    end_time = time.monotonic()
    epoch_mins, epoch_secs = epoch_time(start_time, end_time)

    print(f'Epoch: {epoch+1:02} | Epoch Time: {epoch_mins}m {epoch_secs}s')
    print(f'\tTrain Loss: {train_loss:.3f} | Train Acc: {train_acc*100:.2f}%')
    print(f'\t Valid. Loss: {valid_loss:.3f} |  Valid. Acc: {valid_acc*100:.2f}%')
```

- 훈련 데이터셋을 모델에 적용한 결과(오차와 정확도)를 train_loss와 train_acc에 저장
- 검증 데이터셋을 모델에 적용한 결과(오차와 정확도)를 valid_loss와 valid_acc에 저장
- valid_loss가 가장 작은 값을 구하고 그 상태의 모델을 VGG-model.pt 이름으로 저장
- 모델 훈련에 대한 시작과 종료 시간을 저장

다음은 훈련과 검증 데이터셋을 이용한 모델 학습 결과입니다.

```
Epoch: 01 | Epoch Time: 8m 27s
    Train Loss: 0.691 | Train Acc: 54.48%
     Valid. Loss: 0.693 |  Valid. Acc: 52.83%
Epoch: 02 | Epoch Time: 7m 40s
    Train Loss: 0.690 | Train Acc: 55.38%
     Valid. Loss: 0.693 |  Valid. Acc: 52.83%
Epoch: 03 | Epoch Time: 7m 34s
    Train Loss: 0.699 | Train Acc: 50.73%
     Valid. Loss: 0.693 |  Valid. Acc: 60.38%
Epoch: 04 | Epoch Time: 7m 33s
    Train Loss: 0.689 | Train Acc: 53.29%
     Valid. Loss: 0.693 |  Valid. Acc: 47.17%
Epoch: 05 | Epoch Time: 7m 28s
    Train Loss: 0.700 | Train Acc: 51.52%
     Valid. Loss: 0.693 |  Valid. Acc: 47.17%
```

역시 성능이 좋지 않습니다. 데이터셋으로 사용되는 이미지 수가 매우 적으며, 에포크도 매우 적게 설정되었습니다. 이들에 대한 숫자를 늘리면 성능이 좋아질 것입니다. 하지만 현재의 데이터셋

에서 에포크만 늘린다고 성능이 좋아지지는 않기 때문에 데이터도 함께 증가시켜 모델을 학습시켜야 합니다.

앞에서 저장했던 모델(VGG-model.pt)을 불러와서 테스트 데이터셋에 대한 성능을 측정합니다.

코드 6-59 테스트 데이터셋을 이용한 모델 성능 측정

```
model.load_state_dict(torch.load('../chap06/data/VGG-model.pt'))
test_loss, test_acc = evaluate(model, test_iterator, criterion, device)
print(f'Test Loss: {test_loss:.3f} | Test Acc: {test_acc*100:.2f}%')
```

다음은 테스트 데이터셋을 이용한 모델 성능 측정 결과입니다.

Test Loss: 0.693 | Test Acc: 50.00%

역시 결과가 좋지 않습니다. 계속 이야기했듯이 데이터셋을 늘리면 성능이 좋아질 것입니다. 단 이미지 데이터가 늘어난 만큼 훈련 시간이 상당히 길어질 수 있습니다.

테스트 데이터셋을 이용한 모델의 예측 결과를 알아보기 위한 함수를 정의합니다.

코드 6-60 테스트 데이터셋을 이용한 모델의 예측 확인 함수

```
def get_predictions(model, iterator):
    model.eval()
    images = []
    labels = []
    probs = []

    with torch.no_grad():
        for (x, y) in iterator:
            x = x.to(device)
            y_pred, _ = model(x)
            y_prob = F.softmax(y_pred, dim=-1)
            top_pred = y_prob.argmax(1, keepdim=True) ------ ①
            images.append(x.cpu())
            labels.append(y.cpu())
            probs.append(y_prob.cpu())

    images = torch.cat(images, dim=0) ------ ②
    labels = torch.cat(labels, dim=0)
    probs = torch.cat(probs, dim=0)
    return images, labels, probs
```

① argmax는 배열에서 가장 큰 값의 인덱스를 찾을 때 사용합니다.

```
top_pred = y_prob.argmax(1, keepdim=True)
                        ⓐ     ⓑ
```

ⓐ 첫 번째 파라미터: 행(axis=0) 또는 열(axis=1)을 따라 가장 큰 값의 색인을 찾습니다. 따라서 1은 열을 따라 가장 큰 값의 색인을 찾겠다는 의미입니다.

ⓑ keepdim: keepdim=True의 경우 출력 텐서를 입력과 동일한 크기로 유지하겠다는 의미입니다.

② torch.cat은 텐서를 연결할 때 사용합니다. 다음 예제를 통해 사용 방법을 확인할 수 있습니다. 그 전에 차원에 대한 이해를 돕기 위해 다음 그림을 살펴봅시다.

▼ 그림 6-17 차원(dim)

	Col1	Col2	Col3	
Row1				→ axis=1(dim=1)
Row2				
Row3				

axis=0(dim=0)

dim=0은 행을 의미하며, dim=1은 열을 의미합니다. 이제 코드를 통해 torch.cat을 알아봅니다.

```
import torch
x = torch.Tensor([[1, 2, 3], [2, 3, 4]])
y = torch.Tensor([[4, 5, 6], [5, 6, 7]])

print(torch.cat([x], dim=0)) ------ 행을 기준(dim=0)으로 x를 이어 붙입니다.
print('---------------')
print(torch.cat([x, y])) ------ 단순하게 x와 y를 결합하라는 의미이며 출력 결과는 (4×3) 형태가 됩니다.
print('---------------')
print(torch.cat([x, y], dim=0)) ------ 행을 기준(dim=0)으로 x와 y를 이어 붙이면 (4×3) 텐서가 됩니다.
print('---------------')
print(torch.cat([x, y], dim=1)) ------ 열을 기준(dim=1)으로 x와 y를 이어 붙이면 (2×6) 텐서가 됩니다.
```

다음은 torch.cat을 실행한 결과입니다.

```
tensor([[1., 2., 3.],
        [2., 3., 4.]])
---------------
tensor([[1., 2., 3.],
        [2., 3., 4.],
```

```
        [4., 5., 6.],
        [5., 6., 7.]])
---------------
tensor([[1., 2., 3.],
        [2., 3., 4.],
        [4., 5., 6.],
        [5., 6., 7.]])
---------------
tensor([[1., 2., 3., 4., 5., 6.],
        [2., 3., 4., 5., 6., 7.]])
```

앞에서 정의한 get_predictions() 함수의 반환값을 각각 images, labels, probs에 저장하여 모델이 정확하게 예측한 이미지를 추출합니다.

코드 6-61 예측 중에서 정확하게 예측한 것을 추출

```
images, labels, probs = get_predictions(model, test_iterator)
pred_labels = torch.argmax(probs, 1)  ------ ①
corrects = torch.eq(labels, pred_labels)  ------ 예측과 정답이 같은지 비교
correct_examples = []

for image, label, prob, correct in zip(images, labels, probs, corrects):  ------ ②
    if correct:
        correct_examples.append((image, label, prob))

correct_examples.sort(reverse=True, key=lambda x: torch.max(x[2], dim=0).values)  ------ ③
```

① argmax는 몇 번 설명했습니다. max는 최댓값을 반환하고, argmax는 최댓값을 갖는 인덱스를 반환합니다. 다음 예제를 통해 최댓값과 인덱스에 대해 알아봅시다. 먼저 임의의 텐서를 생성합니다.

```
x = torch.rand(5,3)  ------ (5×3) 형태의 텐서 생성
print(x)
```

다음과 같이 (5×3) 형태의 임의의 텐서가 생성되었습니다.

```
tensor([[0.6501, 0.6177, 0.5627],
        [0.3163, 0.5619, 0.6364],
        [0.8501, 0.9622, 0.4792],
        [0.1859, 0.6510, 0.1824],
        [0.4304, 0.1170, 0.8049]])
```

생성된 텐서를 이용하여 max와 argmax의 반환되는 값을 알아봅시다.

```
print(torch.max(x))       ------ max의 반환값 알아보기
print('---------------')
print(torch.argmax(x))    ------ argmax의 반환값 알아보기
```

다음은 max와 argmax에 대한 반환값입니다. 다음 결과와 같이 max는 텐서의 요소 중 가장 높은 값을 반환하지만, argmax는 그 인덱스를 반환합니다.

```
tensor(0.9622)
---------------
tensor(7)
```

② zip()은 여러 개의 리스트(혹은 튜플[3])를 합쳐서 새로운 튜플 타입으로 반환합니다.

▼ 그림 6-18 zip()의 원리

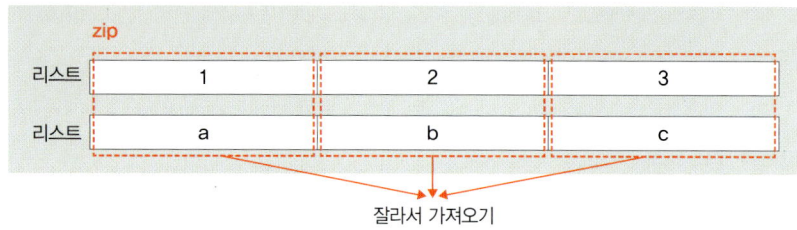

즉, 다음과 같이 사용합니다.

```
a = [1, 2, 3]
b = ['a', 'b', 'c']

for x, y in zip(a, b):    ------ a, b가 리스트로 구성되었기 때문에 for 문을 통해 반복하여 값을 가져옵니다.
    print(x, y)
```

다음은 zip을 적용한 결과입니다.

```
1 a
2 b
3 c
```

③ 데이터를 정렬하기 위해 sort() 메서드를 사용하며, 파라미터는 다음과 같습니다.

---

3 튜플은 순서가 있는 데이터의 집합입니다. 순서가 있기 때문에 인덱스를 이용한 데이터 접근이 가능하지만, 한 번 생성되면 값을 변경할 수 없는 단점이 있습니다.

```
correct_examples.sort(reverse=True, key=lambda x: torch.max(x[2], dim=0).values)
                     ⓐ              ⓑ
```

ⓐ reverse: 내림차순으로 정렬합니다. 예를 들어 다음과 같이 사용합니다.

```
x = [1, 7, 3, 9]  ------ 정렬되어 있지 않은 x라는 텐서 생성
x.sort(reverse=True)  ------ x에 내림차순 적용
print('x:', x)
```

다음과 같이 x가 내림차순으로 정렬되었습니다.

```
x: [9, 7, 3, 1]
```

ⓑ key: 데이터를 정렬할 때 key 값을 가지고 정렬하며 기본값은 오름차순입니다. 또한, 여기서 사용되는 람다는 일종의 함수입니다. 일반적으로 함수는 def 함수명()처럼 사용하지만 람다 함수는 다음과 같이 함수명 없이도 사용 가능합니다.

▼ 그림 6-19 일반 함수와 람다 함수

```
def 함수명(매개변수):           lamda 매개변수 : 반환될 결괏값

    return 반환될 결괏값
```

람다 함수는 정의와 동시에 사용할 수 있지만 함수명이 없고, 저장된 변수가 없기 때문에 재사용은 불가능합니다. 예를 들어 사용 방법은 다음과 같습니다.

```
y = lambda x: x + 10
y(1)
```

실행하면 다음과 같이 출력됩니다.

```
11
```

또한, torch.max(x[2], dim=0) 의미는 다음과 같습니다.

```
x = torch.randn([4, 4])  ------ (4×4) 크기를 갖는 임의의 텐서 생성
print(x)

max_elements, max_idxs = torch.max(x, dim=0)  ------ torch.max 값을 가지고 오되 dim=0(행을 기준)으로
print(max_elements)                                   최댓값을 가져옵니다.
print(max_idxs)
```

코드를 실행한 결과 행을 기준(dim=0)으로 최댓값을 가져온 것을 확인할 수 있습니다.

```
tensor([[-0.3027, -0.3185,  0.4117,  0.4915],
        [-3.1112,  1.3952, -0.2522, -0.5341],
        [-0.5381, -0.2026, -1.0494, -1.2712],
        [-0.3689, -1.8523,  2.0229,  0.5725]])
tensor([-0.3027,  1.3952,  2.0229,  0.5725])
tensor([0, 1, 3, 3])
```

다음은 본래 이미지를 출력하기 위한 함수입니다. 이미 앞에서 이미지의 크기 및 전처리 과정 등을 거쳤기 때문에 이 상태에서 이미지를 출력하면 다음 그림과 같습니다.

▼ 그림 6-20 본래 이미지 색상이 왜곡됨

따라서 다음과 같이 본래 이미지를 출력하기 위해서는 코드 6-62와 같은 전처리가 필요합니다.

▼ 그림 6-21 본래 이미지

코드 6-62 이미지 출력을 위한 전처리

```
def normalize_image(image):
    image_min = image.min()
    image_max = image.max()
    image.clamp_(min=image_min, max=image_max)      ······ torch.clamp는 주어진 최소(min), 최대(max)의
    image.add_(-image_min).div_(image_max-image_min+1e-5)  ······ ①         범주에 이미지가 위치하도록 합니다.
    return image
```

① torch.add는 말 그대로 더하라는 메서드입니다. 또한, 단순히 torch.add가 아닌 torch.add_가 사용되고 있는데 이 둘 간의 차이는 다음과 같습니다.

```
x = torch.tensor([1, 2])
y = x.add(10)        ······ torch.add 적용
print(y)
print(x is y)
print('------------')
y = x.add_(10)       ······ torch.add_ 적용
print(y)
print(x is y)
```

다음과 같이 torch.add와 torch.add_의 결과는 같지만, x가 y와 같은지(x is y) 물었을 때는 다른 값을 출력합니다.

```
tensor([11, 12])
False
------------
tensor([11, 12])
True
```

즉, torch.add의 결과는 새로운 메모리 공간이 할당되어 저장되기 때문에 x와 y가 같은지 물었을 때 False라는 결과를 출력한 반면, torch.add_는 새로운 공간 할당 없이 기존의 메모리에 위치한 값을 대체합니다. 참고로 메서드에 _ 표시가 있다면(예 torch.clamp_()) 기존의 메모리 공간에 있는 값을 새로운 값으로 대체하겠다는 의미로 받아들이면 됩니다.

모델이 정확하게 예측한 이미지만 출력하기 위한 함수를 정의합니다. 이때 출력 방법에 대한 정의도 함께 진행해 보겠습니다.

코드 6-63 모델이 정확하게 예측한 이미지 출력 함수

```python
def plot_most_correct(correct, classes, n_images, normalize=True):
    rows = int(np.sqrt(n_images))    ------ np.sqrt는 제곱근을 계산(0.5를 거듭제곱)
    cols = int(np.sqrt(n_images))
    fig = plt.figure(figsize=(25,20))
    for i in range(rows*cols):
        ax = fig.add_subplot(rows, cols, i+1)    ------ 출력하려는 그래프 개수만큼 subplot을 만듭니다.
        image, true_label, probs = correct[i]
        image = image.permute(1, 2, 0)    ------ ①
        true_prob = probs[true_label]
        correct_prob, correct_label = torch.max(probs, dim=0)
        true_class = classes[true_label]
        correct_class = classes[correct_label]

        if normalize:    ------ 본래 이미지대로 출력하기 위해 normalize_image 함수 호출
            image = normalize_image(image)

        ax.imshow(image.cpu().numpy())
        ax.set_title(f'true label: {true_class} ({true_prob:.3f})\n' \
                     f'pred label: {correct_class} ({correct_prob:.3f})')
        ax.axis('off')

    fig.subplots_adjust(hspace=0.4)
```

① image.permute는 축을 변경할 때 사용합니다. 축을 변경한다는 의미를 예제로 확인해 봅시다.

```python
x = torch.tensor([[1, 2, 3], [4, 5, 6]])
print(x)
x.permute(1, 0)    ------ 차원(축) 0과 1을 바꿉니다.
```

다음은 0과 1의 차원(축)이 변경된 결과입니다. 즉, 행과 열이 변경되었습니다.

```
tensor([[1, 2, 3],
        [4, 5, 6]])
tensor([[1, 4],
        [2, 5],
        [3, 6]])
```

모델이 정확하게 예측한 이미지를 출력하기 위해 plot_most_correct() 함수를 호출합니다. 호출할 때 모델이 정확하게 예측한 이미지(correct_examples)에 대해 출력하도록 합니다.

> **코드 6-64** 예측 결과 이미지 출력
> ```
> classes = test_dataset.classes
> N_IMAGES = 5
> plot_most_correct(correct_examples, classes, N_IMAGES)
> ```

다음 그림은 모델이 정확하게 예측한 이미지에 대한 출력 결과입니다.

▼ 그림 6-22 테스트 데이터셋에 대한 VGG 모델의 예측 결과

결과의 정확도가 높지 않습니다. 역시 동일하게 데이터셋을 늘려 준다면 정확도에 대한 성능이 높아질 것입니다.

6.1.4 GoogLeNet

GoogLeNet은 주어진 하드웨어 자원을 최대한 효율적으로 이용하면서 학습 능력은 극대화할 수 있는 깊고 넓은 신경망입니다.

깊고 넓은 신경망을 위해 GoogLeNet은 인셉션(inception) 모듈을 추가했습니다. 인셉션 모듈에서는 특징을 효율적으로 추출하기 위해 1×1, 3×3, 5×5의 합성곱 연산을 각각 수행합니다. 3×3 최대 풀링은 입력과 출력의 높이와 너비가 같아야 하므로 풀링 연산에서는 드물게 패딩을 추가해야 합니다. 결과적으로 GoogLeNet에 적용된 해결 방법은 희소 연결(sparse connectivity)입니다.

CNN은 합성곱, 풀링, 완전연결층들이 서로 밀집(dense)(정교하고 빽빽하게)하게 연결되어 있습니다. 빽빽하게 연결된 신경망 대신 관련성(correlation)이 높은 노드끼리만 연결하는 방법을 희소 연결이라고 합니다. 이것으로 연산량이 적어지며 과적합도 해결할 수 있습니다.

▼ 그림 6-23 GoogLeNet의 인셉션 모듈

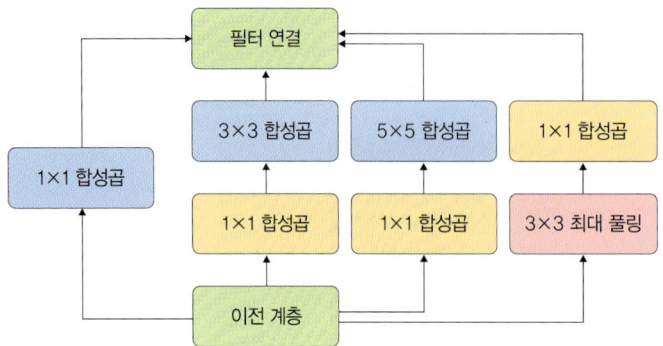

인셉션 모듈의 네 가지 연산은 다음과 같습니다.

- 1×1 합성곱
- 1×1 합성곱 + 3×3 합성곱
- 1×1 합성곱 + 5×5 합성곱
- 3×3 최대 풀링(maxpooling) + 1×1 합성곱(convolutional)

딥러닝을 이용하여 ImageNet과 같은 대회에 참여하거나 서비스를 제공하려면 대용량 데이터를 학습해야 합니다. 심층 신경망의 아키텍처에서 계층이 넓고(뉴런이 많고) 깊으면(계층이 많으면) 인식률은 좋아지지만, 과적합이나 기울기 소멸 문제(vanishing gradient problem)를 비롯한 학습 시간 지연과 연산 속도 등의 문제가 있습니다. 특히 합성곱 신경망에서 이러한 문제들이 자주 나타나는데, GoogLeNet(혹은 인셉션이라고도 불림)으로 이러한 문제를 해결할 수 있다고 생각하면 됩니다.

6.1.5 ResNet

ResNet은 마이크로소프트에서 개발한 알고리즘으로 "Deep Residual Learning for Image Recognition"이라는 논문에서 발표되었습니다. ResNet 핵심은 깊어진 신경망을 효과적으로 학습하기 위한 방법으로 레지듀얼(residual) 개념을 고안한 것입니다.

일반적으로 신경망 깊이가 깊어질수록 딥러닝 성능은 좋아질 것 같지만, 실상은 그렇지 않습니다. "Deep Residual Learning for Image Recognition" 논문에 따르면, 신경망은 깊이가 깊어질수록 성능이 좋아지다가 일정한 단계에 다다르면 오히려 성능이 나빠진다고 합니다.

다음 그림과 같이 네트워크 56층이 20층보다 더 나쁜 성능을 보임을 알 수 있습니다. 즉, 네트워크 깊이가 깊다고 해서 무조건 성능이 좋아지지는 않는다는 것을 보여 주고 있습니다. ResNet은 바로 이러한 문제를 해결하기 위해 레지듀얼 블록(residual block)을 도입했습니다. 레지듀얼 블록은 기울기가 잘 전파될 수 있도록 일종의 숏컷(shortcut, skip connection)을 만들어 줍니다.

▼ 그림 6-24 네트워크 56층이 20층보다 더 나쁜 성능을 보임

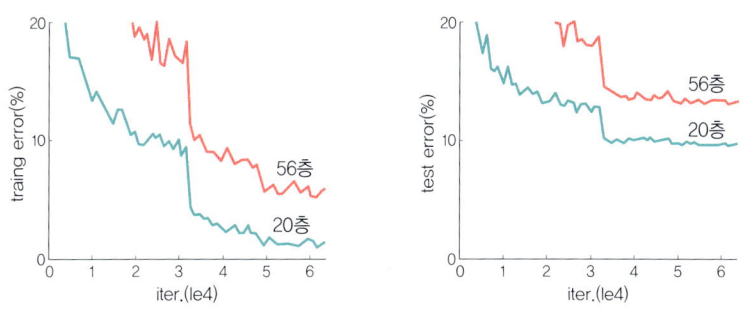

이러한 개념이 필요한 이유는 2014년에 공개된 GoogLeNet은 층이 총 22개로 구성된 것에 비해 ResNet은 층이 총 152개로 구성되어 기울기 소멸 문제가 발생할 수 있기 때문입니다. 따라서 다음 그림과 같이 숏컷을 두어 기울기 소멸 문제를 방지했다고 이해하면 됩니다.

▼ 그림 6-25 ResNet 구조

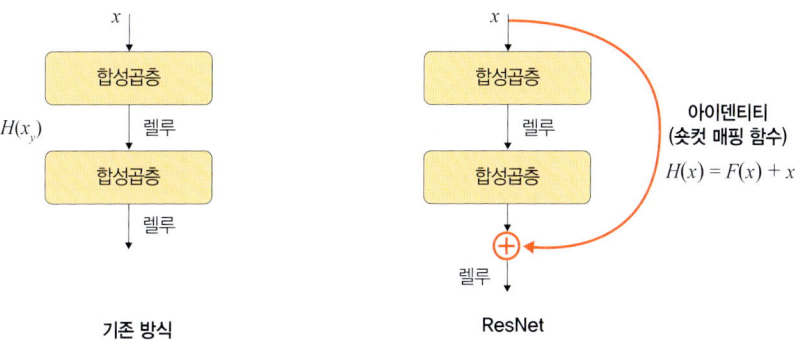

아직까지는 ResNet을 이해하기 어렵습니다. 차근차근 하나씩 살펴보겠습니다. 먼저 블록(block) 이라는 개념에 대해 알아보겠습니다. 블록은 계층의 묶음입니다. 엄밀히 말해서 합성곱층을 하나의 블록으로 묶은 것입니다. 그림 6-26에서 색상별(보라색, 노란색 등)로 블록을 구분했는데 이

렇게 묶인 계층들을 하나의 레지듀얼 블록(residual block)이라고 합니다. 그리고 레지듀얼 블록을 여러 개 쌓은 것을 ResNet이라고 합니다.

▼ 그림 6-26 ResNet 모델 전체 네트워크

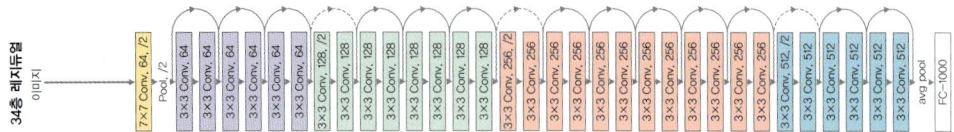

하지만 이렇게 계층을 계속해서 쌓아 늘리면 파라미터 수가 문제가 됩니다. 계층이 깊어질수록 파라미터는 증가합니다. 예를 들어 ResNet34는 합성곱층이 34개와 16개의 블록으로 구성되어 있습니다. 첫 번째 블록의 파라미터가 1152K라면 전체 파라미터 수는 2만 1282K입니다. 이와 같이 계층의 깊이가 깊어질수록 파라미터는 무제한으로 커질 것입니다. 이러한 문제를 해결하기 위해 병목 블록(bottleneck block)이라는 것을 두었습니다.

병목 블록을 두었을 때 어떤 현상이 발생할까요? 다음 그림은 ResNet34와 ResNet50입니다. ResNet34는 기본 블록(basic block)을 사용하며, ResNet50은 병목 블록을 사용합니다. 기본 블록의 경우 파라미터 수가 39.3216M인 반면, 병목 블록의 경우 파라미터 수가 6.9632M입니다. 깊이가 깊어졌음에도 파라미터 수는 감소한 것입니다.

▼ 그림 6-27 기본 블록과 병목 블록

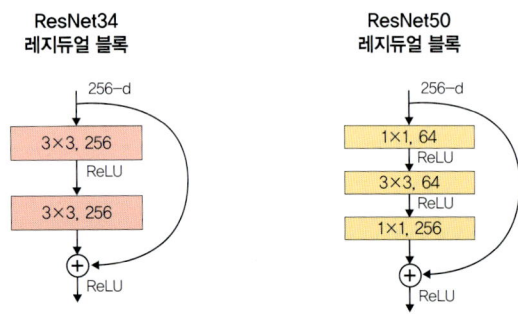

어떻게 가능한 것일까요? 앞에서 분명 깊이가 깊어질수록 파라미터 수가 증가한다고 했습니다. 하지만 병목 블록을 사용하면 파라미터 수가 감소하는 효과를 줄 수 있습니다. 합성곱층을 자세히 보면 ResNet34와는 다르게 ResNet50에서는 3×3 합성곱층 앞뒤로 1×1 합성곱층이 붙어 있는데, 1×1 합성곱층의 채널 수를 조절하면서 차원을 줄였다 늘리는 것이 가능하기 때문에 파라미터 수를 줄일 수 있었던 것입니다. 그리고 이 부분이 병목과 같다고 하여 병목 블록이라고 합니다.

이제 중요한 아이덴티티 매핑(identity mapping)(혹은 숏컷(shortcut), 스킵 연결(skip connection)이라고도 함)에 대해 알아보겠습니다. 그림 6-27의 아래쪽에 + 기호가 있습니다(기본 블록과 병목 블록 모두에서 사용됩니다). 이 부분을 아이덴티티 매핑이라고 합니다. 아이덴티티 매핑이란 입력 x 가 어떤 함수를 통과하더라도 다시 x라는 형태로 출력되도록 합니다.

▼ 그림 6-28 아이덴티티 매핑(숏컷)

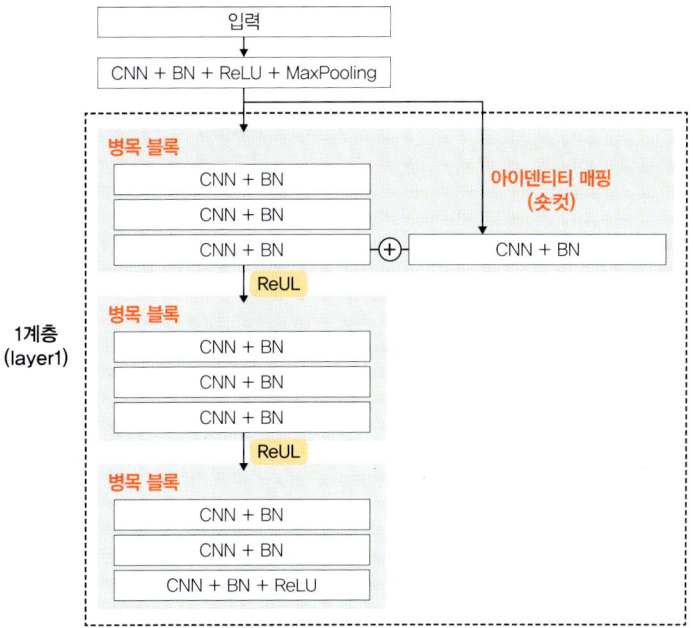

뭔가 어렵게 느껴지는데 앞으로 구현할 코드를 살펴보면 크게 어렵지 않습니다. 다음은 앞으로 다룰 코드입니다. 그중 forward( ) 부분에 대해서만 살펴보겠습니다.

```python
def forward(self, x):
    i = x
    x = self.conv1(x)
    x = self.bn1(x)
    x = self.relu(x)
    x = self.conv2(x)
    x = self.bn2(x)
    
    if self.downsample is not None:
        i = self.downsample(i) ------ 다운샘플 적용
    
    x += i ------ 아이덴티티 매핑 적용
    x = self.relu(x)
    return x
```

코드를 살펴보면 입력 x를 i라는 변수에 저장했습니다. 입력 x는 합성곱층을 통과하다가 마지막 x에 I를 더해 주었습니다. 예를 들어 x가 (28, 28, 64)라고 가정해 봅시다. x를 i 변수에 저장했기 때문에 (28, 28, 64)가 될 것입니다. 그리고 합성곱층을 통과하면서 같은 형태를 더하기 때문에 최종 형태는 (28, 28, 64) 그대로가 될 것입니다.

이번에는 또 다른 핵심 개념인 다운샘플(downsample)에 대해 알아보겠습니다. 다운샘플은 특성 맵(feature map) 크기를 줄이기 위한 것으로 풀링과 같은 역할을 한다고 이해하면 됩니다. 다음 그림은 ResNet 네트워크의 일부를 가져온 것입니다.

▼ 그림 6-29 ResNet 네트워크의 일부

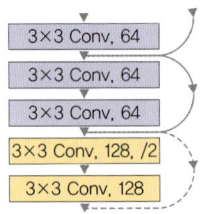

보라색 영역의 첫 번째 블록에서 특성 맵의 형상이 (28, 28, 64)였다면 세 번째 블록의 마지막 합성곱층을 통과하고 아이덴티티 매핑(identity mapping)까지 완료된 특성 맵의 형상도 (28, 28, 64)입니다. 이번에는 노란색 영역을 살펴볼까요? 노란색 영역의 시작 지점에서는 채널 수가 128로 늘어났고, /2라는 것으로 보아 첫 번째 블록에서 합성곱층의 스트라이드가 2로 늘어나 (14, 14, 128)로 바뀐다는 것을 알 수 있습니다.

즉, 보라색과 노란색의 형태가 다른데 이들 간의 형태를 맞추지 않으면 아이덴티티 매핑을 할 수 없게 됩니다. 그래서 아이덴티티에 대해 다운샘플이 필요합니다.

참고로 입력과 출력의 형태를 같도록 맞추어 주기 위해서는 스트라이드(stride) 2를 가진 1×1 합성곱 계층을 하나 연결해 주면 됩니다. 이와 같이 입력과 출력의 차원이 같은 것을 아이덴티티 블록이라고 하며, 입력 및 출력 차원이 동일하지 않고 입력의 차원을 출력에 맞추어 변경해야 하는 것을 프로젝션 숏컷(projection-shortcut) 혹은 합성곱 블록이라고 합니다.

▼ 그림 6-30 합성곱 블록

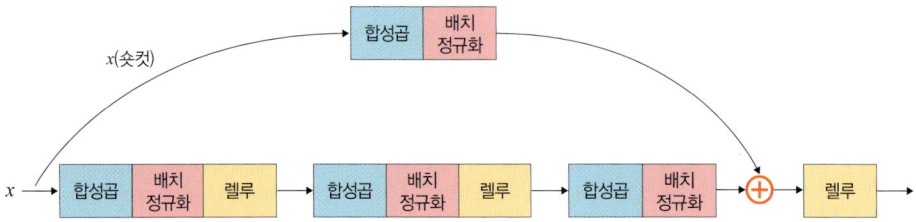

▼ 그림 6-31 아이덴티티 블록

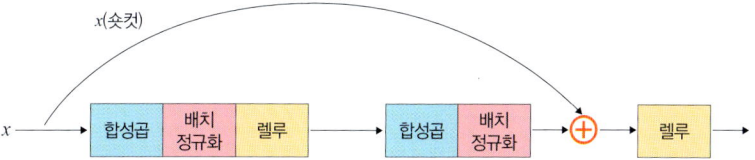

정리하면 ResNet은 기본적으로 VGG19 구조를 뼈대로 하며, 거기에 합성곱층들을 추가해서 깊게 만든 후 숏컷들을 추가하는 것이 사실상 전부라고 생각하면 됩니다.

▼ 그림 6-32 VGG19와 ResNet 비교

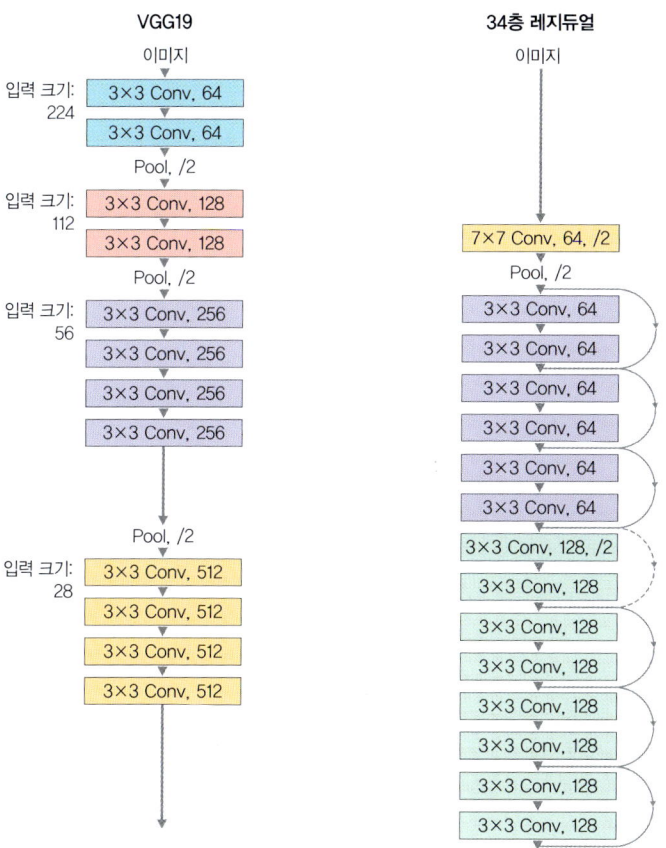

그럼 이제 파이토치로 ResNet을 구현해 보겠습니다. 이번 예제는 앞에서 살펴보았던 LeNet, AlexNet 등과는 다르게 상당히 복잡하기 때문에 네트워크 구성과 관련하여 주의 깊게 살펴보기 바랍니다.

언제나 그렇듯 필요한 라이브러리를 호출합니다.

> **코드 6-65** 필요한 라이브러리 호출

```python
import torch
import torch.nn as nn
import torch.nn.functional as F
import torch.optim as optim
import torch.utils.data as data
import torchvision
import torchvision.transforms as transforms
import torchvision.datasets as datasets
import torchvision.models as models

import matplotlib.pyplot as plt
import numpy as np

import copy
from collections import namedtuple  ------ ①
import os
import random
import time

import cv2
from torch.utils.data import DataLoader, Dataset
from PIL import Image

device = torch.device('cuda' if torch.cuda.is_available() else 'cpu')
```

① 네임드튜플(namedtuple)은 파이썬의 자료형 중 하나입니다. 말 그대로 튜플의 성질을 갖고 있는 자료형이지만 인덱스뿐만 아니라 키 값으로 데이터에 접근할 수 있습니다. 따라서 다음과 같이 사용 가능합니다.

```python
from collections import namedtuple
Student = namedtuple('Student', ['name','age','DOB'])  ------ 네임드튜플 정의
S = Student('홍길동', '19', '187')  ------ 네임드튜플에 값을 추가

print("The Student age using index is : ", end="")
print(S[1])  ------ 인덱스를 이용한 데이터 접근

print("The Student name using keyname is : ", end="")
print(S.name)  ------ 키 값을 이용한 데이터 접근
```

네임드튜플에 대한 출력 결과는 다음과 같습니다.

```
The Student age using index is : 19
The Student name using keyname is : 홍길동
```

출력 결과처럼 인덱스뿐만 아니라 키 값을 이용해도 데이터에 접근할 수 있음을 확인할 수 있습니다.

다음은 이미지 데이터 전처리에 대한 코드입니다. 각각의 파라미터는 앞에서 충분히 살펴보았기 때문에 설명은 생략합니다.

코드 6-66 이미지 데이터 전처리

```python
class ImageTransform():
    def __init__(self, resize, mean, std):
        self.data_transform = {
            'train': transforms.Compose([
                transforms.RandomResizedCrop(resize, scale=(0.5, 1.0)),
                transforms.RandomHorizontalFlip(),
                transforms.ToTensor(),
                transforms.Normalize(mean, std)
            ]), # ----- 훈련 이미지 데이터에 대한 전처리
            'val': transforms.Compose([
                transforms.Resize(256),
                transforms.CenterCrop(resize),
                transforms.ToTensor(),
                transforms.Normalize(mean, std)
            ]) # ----- 검증과 테스트 이미지 데이터에 대한 전처리
        }

    def __call__(self, img, phase):
        return self.data_transform[phase](img)
```

이제 데이터 전처리에서 사용할 변수에 대한 값을 정의합니다.

코드 6-67 변수에 대한 값 정의

```python
size = 224
mean = (0.485, 0.456, 0.406)
std = (0.229, 0.224, 0.225)
batch_size = 32
```

torchvision.datasets.ImageFolder를 이용하여 훈련과 테스트 데이터셋을 불러옵니다. 데이터셋은 개와 고양이에 대한 예제를 계속 사용합니다. 추가 학습을 위해 캐글에서 이미지 데이터셋을 내려받아 학습해도 좋습니다. 혹은 이미지를 찾기 어렵다면 책에서 사용하는 이미지 데이터셋을 이용해도 좋습니다.

코드 6-68 훈련과 테스트 데이터셋 불러오기

```
cat_directory = r'../chap06/data/dogs-vs-cats/Cat/'
dog_directory = r'../chap06/data/dogs-vs-cats/Dog/'

cat_images_filepaths = sorted([os.path.join(cat_directory, f) for f in os.listdir(cat_
                               directory)])
dog_images_filepaths = sorted([os.path.join(dog_directory, f) for f in os.listdir(dog_
                               directory)])
images_filepaths = [*cat_images_filepaths, *dog_images_filepaths]
correct_images_filepaths = [i for i in images_filepaths if cv2.imread(i) is not None]
```

앞에서 불러온 데이터셋을 훈련, 검증, 테스트 용도로 분리합니다.

코드 6-69 데이터셋을 훈련, 검증, 테스트 용도로 분리

```
random.seed(42)
random.shuffle(correct_images_filepaths)
train_images_filepaths = correct_images_filepaths[:400]
val_images_filepaths = correct_images_filepaths[400:-10]
test_images_filepaths = correct_images_filepaths[-10:]
print(len(train_images_filepaths), len(val_images_filepaths),
      len(test_images_filepaths))
```

훈련, 검증, 테스트 데이터셋에 대한 이미지 수는 다음과 같습니다.

```
400 92 10
```

훈련 데이터셋은 400개, 검증 데이터셋은 92개, 테스트 데이터셋은 열 개로 구성되어 있습니다.

데이터를 가져와서 전처리를 적용합니다. 또한, 가져온 데이터가 개이면 레이블 '1'을 부여하고, 고양이라면 레이블 '0'을 부여합니다.

코드 6-70 이미지에 대한 레이블 구분

```
class DogvsCatDataset(Dataset):
    def __init__(self, file_list, transform=None, phase='train'):
```

```
            self.file_list = file_list
            self.transform = transform
            self.phase = phase

        def __len__(self):
            return len(self.file_list)

        def __getitem__(self, idx):
            img_path = self.file_list[idx]
            img = Image.open(img_path)
            img_transformed = self.transform(img, self.phase)

            label = img_path.split('/')[-1].split('.')[0]
            if label == 'dog':
                label = 1
            elif label == 'cat':
                label = 0
            return img_transformed, label
```

훈련과 검증 용도의 데이터셋을 정의합니다.

코드 6-71 이미지 데이터셋 정의

```
train_dataset = DogvsCatDataset(train_images_filepaths, transform=ImageTransform(size,
                                mean, std), phase='train')
val_dataset = DogvsCatDataset(val_images_filepaths, transform=ImageTransform(size,
                                mean, std), phase='val')

index = 0
print(train_dataset.__getitem__(index)[0].size())
print(train_dataset.__getitem__(index)[1])
```

다음은 훈련 데이터셋 index 0의 이미지 크기와 레이블에 대한 출력 결과입니다.

```
torch.Size([3, 224, 224])
0
```

이미지는 컬러(채널 3) 상태에서 224×224 크기를 갖고 있으며 레이블이 0이므로 고양이를 의미합니다.

데이터로더를 이용하여 데이터를 메모리로 불러옵니다. 불러올 때는 배치 크기만큼 나누어서 불러옵니다.

코드 6-72 데이터셋의 데이터를 메모리로 불러오기

```
train_iterator = DataLoader(train_dataset, batch_size=batch_size, shuffle=True)
valid_iterator = DataLoader(val_dataset, batch_size=batch_size, shuffle=False)
dataloader_dict = {'train': train_iterator, 'val': valid_iterator}

batch_iterator = iter(train_iterator)
inputs, label = next(batch_iterator)
print(inputs.size())
print(label)
```

다음은 데이터로더를 이용하여 메모리로 불러온 훈련 데이터셋의 이미지 크기와 레이블에 대한 출력 결과입니다.

```
torch.Size([32, 3, 224, 224])
tensor([0, 0, 1, 1, 1, 1, 0, 1, 1, 0, 0, 1, 0, 1, 1, 1, 0, 0, 0, 1, 0, 0, 0, 1, 0, 1,
        0, 1, 0, 1, 0, 1])
```

이제 ResNet의 전체 네트워크 구성을 위해 그것을 구성하는 기본 블록과 병목 블록에 대한 코드를 먼저 살펴보겠습니다. 먼저 기본 블록은 ResNet18, ResNet34에서 사용되며 합성곱(3×3) 두 개로 구성됩니다.

코드 6-73 기본 블록 정의

```
class BasicBlock(nn.Module):
    expansion = 1

    def __init__(self, in_channels, out_channels, stride=1, downsample=False):
        super().__init__()
        self.conv1 = nn.Conv2d(in_channels, out_channels, kernel_size=3,
                               stride=stride, padding=1, bias=False) ------ 3×3 합성곱층
        self.bn1 = nn.BatchNorm2d(out_channels)
        self.conv2 = nn.Conv2d(out_channels, out_channels, kernel_size=3,
                               stride=1, padding=1, bias=False) ------ 3×3 합성곱층
        self.bn2 = nn.BatchNorm2d(out_channels)
        self.relu = nn.ReLU(inplace=True)

        if downsample: ------ ①
            conv = nn.Conv2d(in_channels, out_channels, kernel_size=1,
                             stride=stride, bias=False)
            bn = nn.BatchNorm2d(out_channels)
            downsample = nn.Sequential(conv, bn)
```

```
        else:
            downsample = None
        self.downsample = downsample

    def forward(self, x):
        i = x
        x = self.conv1(x)
        x = self.bn1(x)
        x = self.relu(x)
        x = self.conv2(x)
        x = self.bn2(x)

        if self.downsample is not None:
            i = self.downsample(i)

        x += I ------ ②
        x = self.relu(x)

        return x
```

① 다운샘플(downsample)이 적용되는 부분입니다. 다운샘플은 입력 데이터의 크기와 네트워크를 통과한 후 출력 데이터의 크기가 다를 경우에 사용합니다. 다운샘플을 위해서는 다음과 같이 합성곱층에 스트라이드를 적용합니다.

```
conv = nn.Conv2d(in_channels, out_channels, kernel_size=1, stride=1, bias=False)
```

(예제에서는 stride=stride로 되어 있지만, 클래스 속성으로 stride=1이 정의되었기 때문에 stride=1로 작성했습니다)

② 아이덴티티 매핑이 적용되는 부분입니다. 특정 층에 존재하는 출력 결과를 다음 합성곱층을 통과한 출력 결과에 더해 준다고 하여 스킵 연결(skip connection)이라고도 합니다. 예를 들어 다음과 같이 x에 conv1, bn1, relu, conv2, bn2, relu, conv3, bn3 값이 더해지다가 초기의 x가 다시 더해지는 것을 아이덴티티 매핑 혹은 숏컷 혹은 스킵 연결이라고 합니다.

```
    def forward(self, x):
        i = x
        x = self.conv1(x)
        x = self.bn1(x)
        x = self.relu(x)
        x = self.conv2(x)
```

```python
        x = self.bn2(x)
        x = self.relu(x)
        x = self.conv3(x)
        x = self.bn3(x)

        if self.downsample is not None:
            i = self.downsample(i)

        x += i
        x = self.relu(x)
        return x
```

병목 블록은 ResNet50, ResNet101, ResNet152에서 사용되며 1×1 합성곱층, 3×3 합성곱층, 1×1 합성곱층으로 구성됩니다.

코드 6-74 병목 블록 정의

```python
class Bottleneck(nn.Module):
    expansion = 4 ------ ResNet에서 병목 블록을 정의하기 위한 하이퍼파라미터입니다.

    def __init__(self, in_channels, out_channels, stride=1, downsample=False):
        super().__init__()
        self.conv1 = nn.Conv2d(in_channels, out_channels, kernel_size=1,
                               stride=1, bias=False) ------ 1×1 합성곱층
        self.bn1 = nn.BatchNorm2d(out_channels)
        self.conv2 = nn.Conv2d(out_channels, out_channels, kernel_size=3,
                               stride=stride, padding=1, bias=False) ------ 3×3 합성곱층
        self.bn2 = nn.BatchNorm2d(out_channels)
        self.conv3 = nn.Conv2d(out_channels, self.expansion*out_channels, ------
                               kernel_size=1, stride=1, bias=False)
        self.bn3 = nn.BatchNorm2d(self.expansion*out_channels)
        self.relu = nn.ReLU(inplace=True)
                                            1×1 합성곱층, 또한 다음 계층의 입력 채널 수와
                                            일치하도록 self.expansion*out_channels를 합니다.
        if downsample:
            conv = nn.Conv2d(in_channels, self.expansion*out_channels, kernel_size=1,
                             stride=stride, bias=False)
            bn = nn.BatchNorm2d(self.expansion*out_channels)
            downsample = nn.Sequential(conv, bn)
        else:
            downsample = None
        self.downsample = downsample

    def forward(self, x):
```

```
        i = x
        x = self.conv1(x)
        x = self.bn1(x)
        x = self.relu(x)
        x = self.conv2(x)
        x = self.bn2(x)
        x = self.relu(x)
        x = self.conv3(x)
        x = self.bn3(x)

        if self.downsample is not None:
            i = self.downsample(i)

        x += i
        x = self.relu(x)
        return x
```

병목 블록에 대한 코드를 살펴보았는데 기본 블록과 병목 블록에 대한 차이가 있었습니다. 기본 블록이 3×3 합성곱층 두 개를 갖는 반면, 병목 블록은 1×1 합성곱층, 3×3 합성곱층, 1×1 합성곱층의 구조를 갖습니다. 기본 블록을 병목 블록으로 변경하는 이유는 계층을 더 깊게 쌓으면서 계산에 대한 비용을 줄일 수 있기 때문입니다. 그리고 계층이 많아진다는 것은 곧 활성화 함수가 기존보다 더 많이 포함된다는 것이고, 이것은 더 많은 비선형성(non-linearity)을 처리할 수 있음을 의미하기도 합니다. 즉, 다양한 입력 데이터에 대한 처리가 가능하다는 의미입니다.

결국 아이덴티티 매핑과 병목 블록으로 ResNet 네트워크에 더욱 깊은 계층을 쌓을 수 있게 된 것입니다.

이제 ResNet 모델에 대한 네트워크를 정의해 봅시다. ResNet 역시 VGG처럼 다양한 모델이 있습니다.

코드 6-75 ResNet 모델 네트워크

```
class ResNet(nn.Module):
    def __init__(self, config, output_dim, zero_init_residual=False):
        super().__init__()

        block, n_blocks, channels = config ······  ResNet을 호출할 때 넘겨준 config 값들을
                                                  block, n_blocks, channels에 저장
        self.in_channels = channels[0]
        assert len(n_blocks) == len(channels) == 4 ······ 블록 크기=채널 크기=4
```

```python
        self.conv1 = nn.Conv2d(3, self.in_channels, kernel_size=7, stride=2,
                               padding=3, bias=False)
        self.bn1 = nn.BatchNorm2d(self.in_channels)
        self.relu = nn.ReLU(inplace=True)
        self.maxpool = nn.MaxPool2d(kernel_size=3, stride=2, padding=1)

        self.layer1 = self.get_resnet_layer(block, n_blocks[0], channels[0])
        self.layer2 = self.get_resnet_layer(block, n_blocks[1], channels[1], stride=2)
        self.layer3 = self.get_resnet_layer(block, n_blocks[2], channels[2], stride=2)
        self.layer4 = self.get_resnet_layer(block, n_blocks[3], channels[3], stride=2)

        self.avgpool = nn.AdaptiveAvgPool2d((1,1))
        self.fc = nn.Linear(self.in_channels, output_dim)

        if zero_init_residual:  # ------ ①
            for m in self.modules():
                if isinstance(m, Bottleneck):
                    nn.init.constant_(m.bn3.weight, 0)
                elif isinstance(m, BasicBlock):
                    nn.init.constant_(m.bn2.weight, 0)

    def get_resnet_layer(self, block, n_blocks, channels, stride=1):  # ------ 블록을 추가하기
        layers = []                                                   #          위한 함수
        if self.in_channels != block.expansion * channels:
            downsample = True            # ------ in_channels와 block.expansion*channels가
        else:                            #        다르면 downsample 적용
            downsample = False
                                         # 계층(layer)을 추가할 때 in_channels, channels,
                                         # stride뿐만 아니라 다운샘플 적용 유무도 함께 전달
        layers.append(block(self.in_channels, channels, stride, downsample))  # ------
        for i in range(1, n_blocks):  # ------ n_blocks만큼 계층 추가
            layers.append(block(block.expansion*channels, channels))

        self.in_channels = block.expansion * channels
        return nn.Sequential(*layers)

    def forward(self, x):
        x = self.conv1(x)    # ------ 224 × 224
        x = self.bn1(x)
        x = self.relu(x)
        x = self.maxpool(x)  # ------ 112 × 112
        x = self.layer1(x)   # ------ 56 × 56
        x = self.layer2(x)   # ------ 28 × 28
        x = self.layer3(x)   # ------ 14 × 14
```

```
x = self.layer4(x)    ------ 7×7
x = self.avgpool(x)   ------ 1×1
h = x.view(x.shape[0], -1)
x = self.fc(h)
return x, h
```

① 각 레지듀얼 분기(residual branch)에 있는 마지막 BN(Batch Normalization)을 0으로 초기화해서 다음 레지듀얼 분기를 0에서 시작할 수 있도록 합니다. 이 부분은 모델을 생성하고 학습시키는 것과는 상관없지만, 다음 URL 논문에 의하면 BN을 0으로 초기화할 경우 모델 성능이 0.2~0.3% 정도 향상된다고 합니다. 따라서 ResNet에서는 많이 사용되고 있습니다.

https://arxiv.org/abs/1706.02677

참고로 레지듀얼 분기란 프로그램에서의 조건에 따라 A, B, C 등으로 분기하는 것과 같습니다.

▼ 그림 6-33 레지듀얼 분기

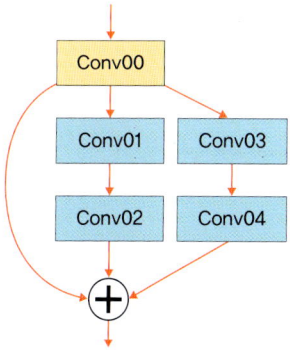

ResNetConfig 변수에 네임드튜플 데이터 형식으로 ['block', 'n_blocks', 'channels']를 저장합니다.

코드 6-76 ResNetConfig 정의

```
ResNetConfig = namedtuple('ResNetConfig', ['block', 'n_blocks', 'channels'])
```

먼저 기본 블록을 사용하는 ResNet18과 ResNet34의 Config를 정의합니다. 즉, 블록은 기본 블록(BasicBlock)을 사용하도록 하며, 블록(n_blocks)과 채널(channels)의 크기를 각각 지정합니다.

코드 6-77 기본 블록을 사용하여 ResNetConfig 정의

```
resnet18_config = ResNetConfig(block=BasicBlock,
                               n_blocks=[2,2,2,2],
                               channels=[64,128,256,512])

resnet34_config = ResNetConfig(block=BasicBlock,
                               n_blocks=[3,4,6,3],
                               channels=[64,128,256,512])
```

이번에는 병목 블록을 사용하는 ResNet50, ResNet101, ResNet152의 Config를 정의합니다. 즉, 블록은 병목 블록(Bottleneck)를 사용하도록 하며, 블록(n_blocks)과 채널(channels)의 크기를 각각 지정합니다.

코드 6-78 병목 블록을 사용하여 ResNetConfig 정의

```
resnet50_config = ResNetConfig(block=Bottleneck,
                               n_blocks=[3,4,6,3],
                               channels=[64,128,256,512])

resnet101_config = ResNetConfig(block=Bottleneck,
                                n_blocks=[3,4,23,3],
                                channels=[64,128,256,512])

resnet152_config = ResNetConfig(block=Bottleneck,
                                n_blocks=[3,8,36,3],
                                channels=[64,128,256,512])
```

기본적인 합성곱층을 사용하는 것도 복잡한데 아이덴티티 매핑, 다운샘플 및 병목 블록까지 정의하여 사용하려니 꽤 번거롭습니다.

ResNet 역시 사전 훈련된 모델이기 때문에 코드 한 줄로 간단하게 사용할 수 있습니다. 이제 그 방법에 대해 잠깐 살펴보겠습니다.

코드 6-79 사전 훈련된 ResNet 모델 사용

```
pretrained_model = models.resnet50(pretrained=True)  ------ 사전 훈련된 ResNet 모델 사용을 위해서는
                                                            pretrained=True로 설정
```

우리가 만든 ResNet 네트워크와 사전 훈련된 ResNet 네트워크가 동일한지 확인해 봅시다.

> **코드 6-80** 사전 훈련된 ResNet 네트워크 확인

```
print(pretrained_model)
```

다음은 사전 훈련된 ResNet 네트워크를 출력한 결과입니다.

```
ResNet(
  (conv1): Conv2d(3, 64, kernel_size=(7, 7), stride=(2, 2), padding=(3, 3), bias=False)
  (bn1): BatchNorm2d(64, eps=1e-05, momentum=0.1, affine=True, track_running_stats=True)
  (relu): ReLU(inplace=True)
  (maxpool): MaxPool2d(kernel_size=3, stride=2, padding=1, dilation=1, ceil_mode=False)
  (layer1): Sequential(
    (0): Bottleneck(
      (conv1): Conv2d(64, 64, kernel_size=(1, 1), stride=(1, 1), bias=False)
      (bn1): BatchNorm2d(64, eps=1e-05, momentum=0.1, affine=True, track_running_stats=True)
      (conv2): Conv2d(64, 64, kernel_size=(3, 3), stride=(1, 1), padding=(1, 1), bias=False)
      (bn2): BatchNorm2d(64, eps=1e-05, momentum=0.1, affine=True, track_running_stats=True)
      (conv3): Conv2d(64, 256, kernel_size=(1, 1), stride=(1, 1), bias=False)
      (bn3): BatchNorm2d(256, eps=1e-05, momentum=0.1, affine=True, track_running_stats=True)
      (relu): ReLU(inplace=True)
      (downsample): Sequential(
        (0): Conv2d(64, 256, kernel_size=(1, 1), stride=(1, 1), bias=False)
        (1): BatchNorm2d(256, eps=1e-05, momentum=0.1, affine=True, track_running_stats=True)
      )
    )
    (1): Bottleneck(
      (conv1): Conv2d(256, 64, kernel_size=(1, 1), stride=(1, 1), bias=False)
      (bn1): BatchNorm2d(64, eps=1e-05, momentum=0.1, affine=True, track_running_stats=True)
      (conv2): Conv2d(64, 64, kernel_size=(3, 3), stride=(1, 1), padding=(1, 1), bias=False)
      (bn2): BatchNorm2d(64, eps=1e-05, momentum=0.1, affine=True, track_running_stats=True)
      (conv3): Conv2d(64, 256, kernel_size=(1, 1), stride=(1, 1), bias=False)
      (bn3): BatchNorm2d(256, eps=1e-05, momentum=0.1, affine=True, track_running_stats=True)
      (relu): ReLU(inplace=True)
    )
```

... 중간 생략 ...
  (layer4): Sequential(
    (0): Bottleneck(
      (conv1): Conv2d(1024, 512, kernel_size=(1, 1), stride=(1, 1), bias=False)
      (bn1): BatchNorm2d(512, eps=1e-05, momentum=0.1, affine=True, track_running_stats=True)
      (conv2): Conv2d(512, 512, kernel_size=(3, 3), stride=(2, 2), padding=(1, 1), bias=False)
      (bn2): BatchNorm2d(512, eps=1e-05, momentum=0.1, affine=True, track_running_stats=True)
      (conv3): Conv2d(512, 2048, kernel_size=(1, 1), stride=(1, 1), bias=False)
      (bn3): BatchNorm2d(2048, eps=1e-05, momentum=0.1, affine=True, track_running_stats=True)
      (relu): ReLU(inplace=True)
      (downsample): Sequential(
        (0): Conv2d(1024, 2048, kernel_size=(1, 1), stride=(2, 2), bias=False)
        (1): BatchNorm2d(2048, eps=1e-05, momentum=0.1, affine=True, track_running_stats=True)
)
)
    (1): Bottleneck(
      (conv1): Conv2d(2048, 512, kernel_size=(1, 1), stride=(1, 1), bias=False)
      (bn1): BatchNorm2d(512, eps=1e-05, momentum=0.1, affine=True, track_running_stats=True)
      (conv2): Conv2d(512, 512, kernel_size=(3, 3), stride=(1, 1), padding=(1, 1), bias=False)
      (bn2): BatchNorm2d(512, eps=1e-05, momentum=0.1, affine=True, track_running_stats=True)
      (conv3): Conv2d(512, 2048, kernel_size=(1, 1), stride=(1, 1), bias=False)
      (bn3): BatchNorm2d(2048, eps=1e-05, momentum=0.1, affine=True, track_running_stats=True)
      (relu): ReLU(inplace=True)
)
    (2): Bottleneck(
      (conv1): Conv2d(2048, 512, kernel_size=(1, 1), stride=(1, 1), bias=False)
      (bn1): BatchNorm2d(512, eps=1e-05, momentum=0.1, affine=True, track_running_stats=True)
      (conv2): Conv2d(512, 512, kernel_size=(3, 3), stride=(1, 1), padding=(1, 1), bias=False)
      (bn2): BatchNorm2d(512, eps=1e-05, momentum=0.1, affine=True, track_running_stats=True)
      (conv3): Conv2d(512, 2048, kernel_size=(1, 1), stride=(1, 1), bias=False)
      (bn3): BatchNorm2d(2048, eps=1e-05, momentum=0.1, affine=True, track_running_

```
      stats=True)
      (relu): ReLU(inplace=True)
    )
  )
  (avgpool): AdaptiveAvgPool2d(output_size=(1, 1))
  (fc): Linear(in_features=2048, out_features=1000, bias=True)
)
```

직접 작성한 ResNet 네트워크로 다시 돌아오겠습니다. ResNet50 모델을 사용하기 위해 Config 부분에 resnet50_config를 지정하고 OUTPUT_DIM에는 테스트 데이터셋의 클래스(개와 고양이)를 입력합니다.

코드 6-81 ResNet50 Config를 사용한 ResNet 모델 사용

```
OUTPUT_DIM = 2  ------ 두 개의 클래스 사용(개와 고양이)
model = ResNet(resnet50_config, OUTPUT_DIM)
print(model)
```

다음은 수동으로 작성한 ResNet 모델의 네트워크 구조입니다. 앞에서 살펴보았던 사전 훈련된 ResNet 네트워크와 비교해서 살펴보기 바랍니다(네트워크 깊이가 깊기 때문에 책에서는 중간 생략합니다).

```
ResNet(
  (conv1): Conv2d(3, 64, kernel_size=(7, 7), stride=(2, 2), padding=(3, 3), bias=False)
  (bn1): BatchNorm2d(64, eps=1e-05, momentum=0.1, affine=True, track_running_stats=True)
  (relu): ReLU(inplace=True)
  (maxpool): MaxPool2d(kernel_size=3, stride=2, padding=1, dilation=1, ceil_mode=False)
  (layer1): Sequential(
    (0): Bottleneck(
      (conv1): Conv2d(64, 64, kernel_size=(1, 1), stride=(1, 1), bias=False)
      (bn1): BatchNorm2d(64, eps=1e-05, momentum=0.1, affine=True, track_running_
stats=True)
      (conv2): Conv2d(64, 64, kernel_size=(3, 3), stride=(1, 1), padding=(1, 1), 
bias=False)
      (bn2): BatchNorm2d(64, eps=1e-05, momentum=0.1, affine=True, track_running_
stats=True)
      (conv3): Conv2d(64, 256, kernel_size=(1, 1), stride=(1, 1), bias=False)
      (bn3): BatchNorm2d(256, eps=1e-05, momentum=0.1, affine=True, track_running_
stats=True)
      (relu): ReLU(inplace=True)
      (downsample): Sequential(
```

          (0): Conv2d(64, 256, kernel_size=(1, 1), stride=(1, 1), bias=False)
          (1): BatchNorm2d(256, eps=1e-05, momentum=0.1, affine=True, track_running_stats=True)
)
)
      (1): Bottleneck(
        (conv1): Conv2d(256, 64, kernel_size=(1, 1), stride=(1, 1), bias=False)
        (bn1): BatchNorm2d(64, eps=1e-05, momentum=0.1, affine=True, track_running_stats=True)
        (conv2): Conv2d(64, 64, kernel_size=(3, 3), stride=(1, 1), padding=(1, 1), bias=False)
        (bn2): BatchNorm2d(64, eps=1e-05, momentum=0.1, affine=True, track_running_stats=True)
        (conv3): Conv2d(64, 256, kernel_size=(1, 1), stride=(1, 1), bias=False)
        (bn3): BatchNorm2d(256, eps=1e-05, momentum=0.1, affine=True, track_running_stats=True)
        (relu): ReLU(inplace=True)
)
  ... 중간 생략 ...
    (layer4): Sequential(
      (0): Bottleneck(
        (conv1): Conv2d(1024, 512, kernel_size=(1, 1), stride=(1, 1), bias=False)
        (bn1): BatchNorm2d(512, eps=1e-05, momentum=0.1, affine=True, track_running_stats=True)
        (conv2): Conv2d(512, 512, kernel_size=(3, 3), stride=(2, 2), padding=(1, 1), bias=False)
        (bn2): BatchNorm2d(512, eps=1e-05, momentum=0.1, affine=True, track_running_stats=True)
        (conv3): Conv2d(512, 2048, kernel_size=(1, 1), stride=(1, 1), bias=False)
        (bn3): BatchNorm2d(2048, eps=1e-05, momentum=0.1, affine=True, track_running_stats=True)
        (relu): ReLU(inplace=True)
        (downsample): Sequential(
          (0): Conv2d(1024, 2048, kernel_size=(1, 1), stride=(2, 2), bias=False)
          (1): BatchNorm2d(2048, eps=1e-05, momentum=0.1, affine=True, track_running_stats=True)
)
)
      (1): Bottleneck(
        (conv1): Conv2d(2048, 512, kernel_size=(1, 1), stride=(1, 1), bias=False)
        (bn1): BatchNorm2d(512, eps=1e-05, momentum=0.1, affine=True, track_running_stats=True)
        (conv2): Conv2d(512, 512, kernel_size=(3, 3), stride=(1, 1), padding=(1, 1),

```
      bias=False)
      (bn2): BatchNorm2d(512, eps=1e-05, momentum=0.1, affine=True, track_running_
stats=True)
      (conv3): Conv2d(512, 2048, kernel_size=(1, 1), stride=(1, 1), bias=False)
      (bn3): BatchNorm2d(2048, eps=1e-05, momentum=0.1, affine=True, track_running_
stats=True)
      (relu): ReLU(inplace=True)
    )
    (2): Bottleneck(
      (conv1): Conv2d(2048, 512, kernel_size=(1, 1), stride=(1, 1), bias=False)
      (bn1): BatchNorm2d(512, eps=1e-05, momentum=0.1, affine=True, track_running_
stats=True)
      (conv2): Conv2d(512, 512, kernel_size=(3, 3), stride=(1, 1), padding=(1, 1),
bias=False)
      (bn2): BatchNorm2d(512, eps=1e-05, momentum=0.1, affine=True, track_running_
stats=True)
      (conv3): Conv2d(512, 2048, kernel_size=(1, 1), stride=(1, 1), bias=False)
      (bn3): BatchNorm2d(2048, eps=1e-05, momentum=0.1, affine=True, track_running_
stats=True)
      (relu): ReLU(inplace=True)
    )
  )
  (avgpool): AdaptiveAvgPool2d(output_size=(1, 1))
  (fc): Linear(in_features=2048, out_features=2, bias=True)
)
```

어떤가요? 힘들게 정의한 네트워크와 사전 정의된 네트워크가 다르지 않습니다. 앞으로 ResNet을 사용할 필요가 있을 경우 사전 훈련된 모델을 코드 한두 줄로 불러와 사용하게 될 것입니다. 하지만 그 구조를 알고 사용하는 것과 모르고 사용하는 것은 큰 차이가 있습니다. 추후 네트워크를 변경하거나 입출력 텐서의 크기를 알고자 할 경우 네트워크를 알고 있다면 수정이 어렵지 않을 것입니다. 따라서 향후 논문에서 새로운 모델의 네트워크가 발표되더라도 그 구조부터 익히는 훈련이 필요합니다.

모델 학습을 위해 옵티마이저와 손실 함수를 정의합니다.

코드 6-82 옵티마이저와 손실 함수 정의

```
optimizer = optim.Adam(model.parameters(), lr=1e-7)  ······ lr=1e-7은 1*10의 -7승을 의미
criterion = nn.CrossEntropyLoss()

model = model.to(device)
criterion = criterion.to(device)
```

모델이 얼마나 잘 학습되었는지 측정하기 위한 함수를 정의합니다.

코드 6-83 모델 학습 정확도 측정 함수 정의

```
def calculate_topk_accuracy(y_pred, y, k=2):
    with torch.no_grad():
        batch_size = y.shape[0]
        _, top_pred = y_pred.topk(k, 1)  ------ ①
        top_pred = top_pred.t()  ------ ②
        correct = top_pred.eq(y.view(1, -1).expand_as(top_pred))  ------ ③
        correct_1 = correct[:1].reshape(-1).float().sum(0, keepdim=True)
        correct_k = correct[:k].reshape(-1).float().sum(0, keepdim=True)  ┐
        acc_1 = correct_1 / batch_size                                     │ 이미지의 정확한 레이블 부여를 위해 사용. 즉, 첫 번째
        acc_k = correct_k / batch_size                                     ┘ 레이블이 아닌 정확한 레이블 부여를 위해 사용
    return acc_1, acc_k
```

① tensor.topk는 torch.argmax와 같은 효과입니다. 주어진 텐서에서 가장 큰 값의 인덱스(index)를 얻기 위해 사용합니다. 즉, 네트워크의 출력에서 가장 확률이 높은 값의 인덱스를 반환합니다. 다음 예시로 사용 방법을 확인할 수 있습니다.

```
import torch
x = torch.arange(1., 6.)
print(x)
print('------------------')
print(torch.topk(x, 3))  ------ x 입력에서 가장 큰 값 세 개를 선택하여 그 값과 인덱스를 출력
```

출력 결과는 다음과 같습니다.

```
tensor([1., 2., 3., 4., 5.])
------------------
torch.return_types.topk(
values = tensor([5., 4., 3.]),
indices = tensor([4, 3, 2]))
```

② t()는 차원 0과 1을 전치(transpose)하겠다는 의미입니다. 예를 들어 다음과 같이 사용됩니다.

```
x = torch.randn(3)  ------ 1차원 텐서 생성
print(x)
print(torch.t(x))  ------ 1차원 그대로 값을 반환
print('------------')
x = torch.randn(2, 3)  ------ (2, 3)차원 텐서 생성
```

```
print(x)
print(torch.t(x))      ------ 입력이 전치되어 (3, 2)차원 반환
```

코드를 실행하면 다음과 같이 출력됩니다.

```
tensor(0.7357)
tensor(0.7357)
------------
tensor([[-0.3894,  0.6999, -0.6733],
        [ 1.7850,  0.1961,  0.2701]])
tensor([[-0.3894,  1.7850],
        [ 0.6999,  0.1961],
        [-0.6733,  0.2701]])
```

③ 텐서를 비교하는 함수로, 텐서가 서로 같은지를 비교한다면 torch.eq, 다른지를 비교한다면 torch.ne, 크거나 같은지를 비교한다면 torch.ge를 사용합니다. torch.eq는 다음과 같은 형식을 이용하여 사용합니다.

```
torch.eq(비교 대상 텐서, 비교할 텐서)
```

torch.eq의 결과는 각 텐서의 요소들을 비교해서 같으면 True, 다르면 False를 반환합니다. 예를 들어 다음과 같이 사용합니다.

```
torch.eq(torch.tensor([[1, 2], [3, 4]]), torch.tensor([[1, 1], [4, 4]]))
```

1과 1을 비교했을 때 서로 같으므로 True, 2와 1을 비교했을 때 서로 다르므로 False, 3과 4를 비교했을 때 서로 다르므로 False, 4와 4를 비교했을 때 서로 같으므로 True를 반환합니다. 코드를 실행하면 다음과 같이 출력될 것입니다.

```
tensor([[ True, False],
        [False,  True]])
```

모델을 학습시키는 방법에 대한 함수를 정의합니다.

코드 6-84 모델 학습 함수 정의

```
def train(model, iterator, optimizer, criterion, scheduler, device):
    epoch_loss = 0
    epoch_acc_1 = 0
    epoch_acc_5 = 0
```

```python
    model.train()
    for (x, y) in iterator:
        x = x.to(device)
        y = y.to(device)

        optimizer.zero_grad()
        y_pred = model(x)
        loss = criterion(y_pred[0], y)

        acc_1, acc_5 = calculate_topk_accuracy(y_pred[0], y)
        loss.backward()
        optimizer.step()

        epoch_loss += loss.item()
        epoch_acc_1 += acc_1.item()    ------ 모델이 첫 번째로 예측한 레이블이 붙여집니다.
        epoch_acc_5 += acc_5.item()    ------ 이미지에 정확한 레이블이 붙여질 것이기 때문에 정확도가 100%일 것입니다.

    epoch_loss /= len(iterator)
    epoch_acc_1 /= len(iterator)
    epoch_acc_5 /= len(iterator)
    return epoch_loss, epoch_acc_1, epoch_acc_5
```

모델에 대한 평가 함수를 정의합니다.

코드 6-85 모델 평가 함수 정의

```python
def evaluate(model, iterator, criterion, device):
    epoch_loss = 0
    epoch_acc_1 = 0
    epoch_acc_5 = 0

    model.eval()
    with torch.no_grad():
        for (x, y) in iterator:
            x = x.to(device)
            y = y.to(device)
            y_pred = model(x)
            loss = criterion(y_pred[0], y)

            acc_1, acc_5 = calculate_topk_accuracy(y_pred[0], y)
            epoch_loss += loss.item()
            epoch_acc_1 += acc_1.item()
            epoch_acc_5 += acc_5.item()
```

```
        epoch_loss /= len(iterator)
        epoch_acc_1 /= len(iterator)
        epoch_acc_5 /= len(iterator)
        return epoch_loss, epoch_acc_1, epoch_acc_5
```

모델을 학습시키는 데 어느 정도의 시간이 걸리는지 측정하기 위한 함수를 정의합니다.

코드 6-86 모델 학습 시간 측정 함수 정의

```
    def epoch_time(start_time, end_time):
        elapsed_time = end_time - start_time
        elapsed_mins = int(elapsed_time/60)
        elapsed_secs = int(elapsed_time-(elapsed_mins*60))
        return elapsed_mins, elapsed_secs
```

이제 본격적으로 훈련과 검증 데이터셋을 이용하여 모델을 학습시킵니다.

코드 6-87 모델 학습

```
    best_valid_loss = float('inf')
    EPOCHS = 10

    for epoch in range(EPOCHS):
        start_time = time.monotonic()

        train_loss, train_acc_1, train_acc_5 = train(model, train_iterator, optimizer,
                                                    criterion, scheduler, device)
        valid_loss, valid_acc_1, valid_acc_5 = evaluate(model, valid_iterator, criterion,
                                                       device)

        if valid_loss < best_valid_loss:
            best_valid_loss = valid_loss
            torch.save(model.state_dict(), '../chap06/data/ResNet-model.pt')

        end_time = time.monotonic()
        epoch_mins, epoch_secs = epoch_time(start_time, end_time)

        print(f'Epoch: {epoch+1:02} | Epoch Time: {epoch_mins}m {epoch_secs}s')
        print(f'\tTrain Loss: {train_loss:.3f} | Train Acc @1: {train_acc_1*100:6.2f}% | ' \
              f'Train Acc @5: {train_acc_5*100:6.2f}%')
        print(f'\tValid Loss: {valid_loss:.3f} | Valid Acc @1: {valid_acc_1*100:6.2f}% | ' \
              f'Valid Acc @5: {valid_acc_5*100:6.2f}%')
```

다음은 모델 학습에 대한 결과입니다.

```
Epoch: 01 | Epoch Time: 4m 4s
    Train Loss: 0.698 | Train Acc @1: 50.24% | Train Acc @5: 100.00%
    Valid Loss: 0.699 | Valid Acc @1: 51.19% | Valid Acc @5: 100.00%
Epoch: 02 | Epoch Time: 4m 10s
    Train Loss: 0.693 | Train Acc @1: 50.48% | Train Acc @5: 100.00%
    Valid Loss: 0.699 | Valid Acc @1: 51.19% | Valid Acc @5: 100.00%
Epoch: 03 | Epoch Time: 4m 13s
    Train Loss: 0.701 | Train Acc @1: 49.04% | Train Acc @5: 100.00%
    Valid Loss: 0.696 | Valid Acc @1: 47.17% | Valid Acc @5: 100.00%
Epoch: 04 | Epoch Time: 4m 11s
    Train Loss: 0.696 | Train Acc @1: 49.52% | Train Acc @5: 100.00%
    Valid Loss: 0.698 | Valid Acc @1: 48.96% | Valid Acc @5: 100.00%
Epoch: 05 | Epoch Time: 4m 2s
    Train Loss: 0.695 | Train Acc @1: 49.52% | Train Acc @5: 100.00%
    Valid Loss: 0.700 | Valid Acc @1: 50.00% | Valid Acc @5: 100.00%
Epoch: 06 | Epoch Time: 4m 3s
    Train Loss: 0.686 | Train Acc @1: 58.41% | Train Acc @5: 100.00%
    Valid Loss: 0.693 | Valid Acc @1: 49.85% | Valid Acc @5: 100.00%
Epoch: 07 | Epoch Time: 4m 7s
    Train Loss: 0.686 | Train Acc @1: 52.64% | Train Acc @5: 100.00%
    Valid Loss: 0.690 | Valid Acc @1: 51.93% | Valid Acc @5: 100.00%
Epoch: 08 | Epoch Time: 4m 7s
    Train Loss: 0.688 | Train Acc @1: 57.45% | Train Acc @5: 100.00%
    Valid Loss: 0.693 | Valid Acc @1: 49.55% | Valid Acc @5: 100.00%
Epoch: 09 | Epoch Time: 4m 0s
    Train Loss: 0.690 | Train Acc @1: 55.29% | Train Acc @5: 100.00%
    Valid Loss: 0.692 | Valid Acc @1: 54.32% | Valid Acc @5: 100.00%
Epoch: 10 | Epoch Time: 4m 1s
    Train Loss: 0.690 | Train Acc @1: 57.69% | Train Acc @5: 100.00%
    Valid Loss: 0.693 | Valid Acc @1: 51.93% | Valid Acc @5: 100.00%
```

역시 모델 학습 결과에 대한 오차와 정확도 측면에서 성능이 좋지 않습니다. 계속 언급하지만 이미지 데이터를 늘린다면 성능은 좋아질 수 있습니다. 이 예제의 목적은 성능 향상이 아닌 CNN 관련 네트워크의 사용 방법이므로, 빠른 학습을 위해 데이터 개수를 제한시켰기 때문에 성능은 좋지 않습니다.

모델이 얼마나 잘 학습되었는지 알아보기 위해 테스트 데이터셋을 이용하여 예측 결과를 ResNet. csv로 저장합니다.

코드 6-88 테스트 데이터셋을 이용한 모델 예측

```python
import pandas as pd
id_list = []
pred_list = []
_id = 0
with torch.no_grad():
    for test_path in test_images_filepaths:
        img = Image.open(test_path)
        _id = test_path.split('/')[-1].split('.')[1]
        transform = ImageTransform(size, mean, std)
        img = transform(img, phase='val')
        img = img.unsqueeze(0)
        img = img.to(device)

        model.eval()
        outputs = model(img)
        preds = F.softmax(outputs[0], dim=1)[:, 1].tolist()
        id_list.append(_id)
        pred_list.append(preds[0])

res = pd.DataFrame({
    'id': id_list,
    'label': pred_list
})

res.sort_values(by='id', inplace=True)
res.reset_index(drop=True, inplace=True)

res.to_csv('../chap06/data/ResNet.csv', index=False)
res.head(10)
```

다음은 테스트 데이터셋의 예측 결과인 ResNet.csv를 출력한 결과입니다.

	id	label
0	109	0.499019
1	145	0.528704
2	15	0.536826
3	162	0.484544
4	167	0.503171
5	200	0.585335
6	210	0.539800
7	211	0.503852
8	213	0.471151
9	224	0.524336

레이블(label)이 0.5보다 크면 개를 의미하고, 0.5보다 작으면 고양이를 의미합니다.

이제 모델을 얼마나 잘 예측했는지 이미지를 통해 확인해 봅시다.

코드 6-89 모델 예측에 대한 결과 출력

```python
class_ = classes = {0:'cat', 1:'dog'}
def display_image_grid(images_filepaths, predicted_labels=(), cols=5):
    rows = len(images_filepaths) // cols
    figure, ax = plt.subplots(nrows=rows, ncols=cols, figsize=(12, 6))
    for i, image_filepath in enumerate(images_filepaths):
        image = cv2.imread(image_filepath)
        image = cv2.cvtColor(image, cv2.COLOR_BGR2RGB)
        
        a = random.choice(res['id'].values)
        label = res.loc[res['id'] == a, 'label'].values[0]
        
        if label > 0.5:
            label = 1
        else:
            label = 0
        ax.ravel()[i].imshow(image)
        ax.ravel()[i].set_title(class_[label])
        ax.ravel()[i].set_axis_off()
    plt.tight_layout()
    plt.show()
display_image_grid(test_images_filepaths)
```

다음 그림은 테스트 데이터셋을 이용한 예측 결과를 이미지로 출력한 결과입니다.

▼ 그림 6-34 테스트 데이터셋에 대한 ResNet 모델의 예측 결과

역시 정확도가 높지 않습니다. 계속 이야기하지만 성능을 향상시키려면 데이터를 더 늘려야 합니다. 책에서는 학습 용도로 CNN의 다양한 모델을 어떻게 사용하는지에 집중했습니다. 즉, 네트워크 위주의 학습을 위해 일부로 동일한 데이터셋을 사용했습니다. 따라서 이 장에서는 CNN의 다양한 모델의 네트워크 구성 위주로 학습하는 것을 권장합니다. 성능 향상 관련해서는 8장을 참고하세요.

컴퓨터 비전 분야에서 객체를 분류하는 방법에 대해 감이 좀 오나요? 중요한 것은 모델을 학습하기 위한 데이터입니다. 신경망(혹은 네트워크)은 이미 구현된 모델을 재사용할 수 있는 것이 많기에 우리는 단지 누군가가 만들어 놓은 신경망을 가져다 쓰기만 하면 됩니다. 중요한 점은 내가 가진 데이터에 가장 적합한 모델을 선택하는 것입니다. 이후에는 앞서 배운 전이 학습을 사용하여 약간의 튜닝만 진행하면 됩니다.

다음 절에서는 객체 인식에 대해 살펴보겠습니다.

6.2 객체 인식을 위한 신경망

객체 인식(object detection)은 이미지나 영상 내에 있는 객체를 식별하는 컴퓨터 비전 기술입니다. 즉, 객체 인식이란 이미지나 영상 내에 있는 여러 객체에 대해 각 객체가 무엇인지 분류하는 문제와 그 객체 위치가 어디인지 박스(bounding box)로 나타내는 위치 검출(localization) 문제를 다루는 분야입니다.

따라서 객체 인식은 다음과 같이 표현할 수 있습니다.

> 객체 인식 = 여러 가지 객체에 대한 분류 + 객체의 위치 정보를 파악하는 위치 검출

딥러닝을 이용한 객체 인식 알고리즘은 크게 1단계 객체 인식(1-stage detector)과 2단계 객체 인식(2-stage detector)으로 나눌 수 있습니다.

▼ 그림 6-35 1단계 객체 인식 vs 2단계 객체 인식 흐름도

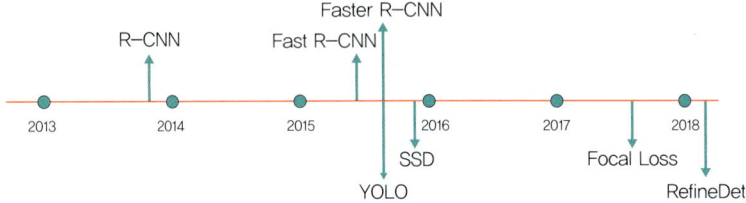

1단계 객체 인식은 이 두 문제(분류와 위치 검출)를 동시에 행하는 방법이고, 2단계 객체 인식은 이 두 문제를 순차적으로 행하는 방법입니다. 따라서 1단계 객체 인식은 비교적 빠르지만 정확도가 낮고, 2단계 객체 인식은 비교적 느리지만 정확도가 높습니다.

2단계 객체 인식은 CNN을 처음으로 적용시킨 R-CNN 계열이 대표적이며, 1단계 객체 인식에는 YOLO(You Only Look Once) 계열과 SSD 계열 등이 포함됩니다.

참고로 객체 인식은 자율 주행 자동차, CCTV, 무인 점포 등 많은 곳에서 활용합니다.

여기에서는 2단계 객체 인식 알고리즘을 알아보겠습니다.

6.2.1 R-CNN

예전의 객체 인식 알고리즘들은 슬라이딩 윈도우(sliding window) 방식[4], 즉 일정한 크기를 가지는 윈도우(window)를 가지고 이미지의 모든 영역을 탐색하면서 객체를 검출해 내는 방식이었습니다. 하지만 알고리즘의 비효율성 때문에 많이 사용하지 않았으며, 현재는 선택적 탐색(selective search) 알고리즘을 적용한 후보 영역(region proposal)[5]을 많이 사용합니다.

---

[4] 이미지의 객체를 탐색하고자 이미지 왼쪽 위부터 일정 크기의 경계 상자를 만들고, 그 안에서 객체를 탐색하는 과정을 반복하는 방식을 의미합니다.

[5] 영상/이미지에서 객체가 있을 법한 영역을 의미합니다.

R-CNN(Region-based CNN)은 이미지 분류를 수행하는 CNN과 이미지에서 객체가 있을 만한 영역을 제안해 주는 후보 영역 알고리즘을 결합한 알고리즘입니다. R-CNN의 수행 과정은 다음 그림과 같습니다.

▼ 그림 6-36 R-CNN 학습 절차

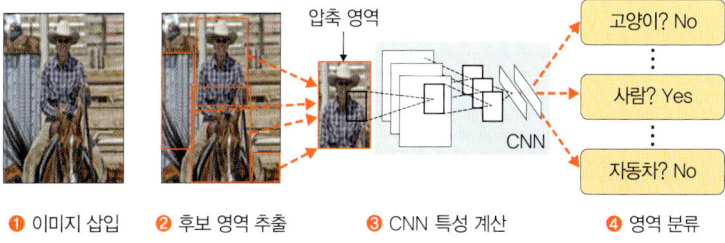

❶ 이미지 삽입   ❷ 후보 영역 추출   ❸ CNN 특성 계산   ❹ 영역 분류

1. 이미지를 입력으로 받습니다.

2. 2000개의 바운딩 박스(bounding box)를 선택적 탐색 알고리즘으로 추출한 후 잘라 내고(cropping), CNN 모델에 넣기 위해 같은 크기(227×227 픽셀)로 통일합니다(warping).

3. 크기가 동일한 이미지 2000개에 각각 CNN 모델을 적용합니다.

4. 각각 분류를 진행하여 결과를 도출합니다.

> **Note ≡ 선택적 탐색**
>
> 선택적 탐색은 객체 인식이나 검출을 위한 가능한 후보 영역(객체가 있을 만한 위치, 영역)을 알아내는 방법입니다. 선택적 탐색은 분할 방식을 이용하여 시드(seed)를 선정하고, 그 시드에 대한 완전 탐색을 적용합니다.
>
> 선택적 탐색은 다음 세 단계 과정을 거칩니다.
>
> **1단계. 초기 영역 생성(sub-segmentation)**
>
> 각각의 객체가 영역 한 개에 할당될 수 있도록 많은 초기 영역을 생성합니다. 즉, 입력된 이미지를 영역 다수 개로 분할하는 과정입니다.
>
> ▼ 그림 6-37 R-CNN 학습 1단계
>
>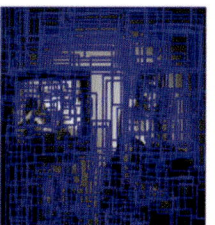
>
> 입력 이미지   분할   후보 영역

2단계. 작은 영역의 통합

1단계에서 영역 여러 개로 나눈 것들을 비슷한 영역으로 통합하는데, 이때 탐욕(greedy) 알고리즘[6]을 사용하여 비슷한 영역이 하나로 통합될 때까지 반복합니다.

▼ 그림 6-38 R-CNN 학습 2단계

입력 이미지   초기 분할   비슷한 영역 통합   비슷한 영역 통합

3단계. 후보 영역 생성

2단계에서 통합된 이미지들을 기반으로 다음 그림과 같이 후보 영역(바운딩 박스)을 추출합니다.

▼ 그림 6-39 R-CNN 학습 3단계

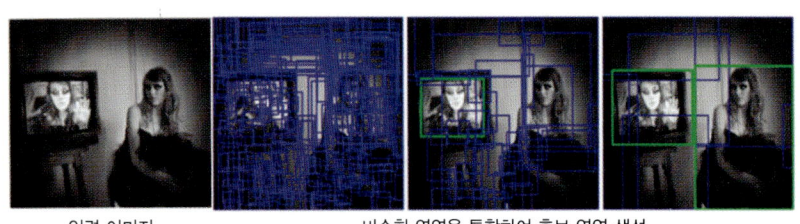

입력 이미지   비슷한 영역을 통합하여 후보 영역 생성

여기에서 사용되는 용어 의미는 다음과 같습니다.

- **완전 탐색(exhaustive search)**: 후보가 될 만한 대상의 크기 및 비율이 모두 다른 상황을 고려하여 후보 영역을 찾는 기법
- **분할(segmentation)**: 영상 데이터의 특성(색상, 모양, 무늬 등)에 따라 분할하여 후보 영역을 선정하는 기법
- **후보 영역(바운딩 박스)**: 3D 객체의 형태를 모두 포함할 수 있는 최소 크기의 박스
- **시드(seed)**: 영상에서는 특정 기준점의 픽셀에서 점점 의미가 같은 영상 범위까지 픽셀을 확장해 나가면서 분할하는데, 이때 특정 기준점이 되는 픽셀

---

6   여러 가지 경우 중 하나를 결정해야 할 때마다 그 순간에 최적이라고 생각되는 것을 선택해 나가는 방식입니다.

R-CNN은 성능이 뛰어나기는 하지만 다음과 같은 단점으로 크게 발전하지는 못했습니다.

1. 앞서 언급한 세 단계의 복잡한 학습 과정
2. 긴 학습 시간과 대용량 저장 공간
3. 객체 검출(object detection) 속도 문제

이러한 문제를 해결하기 위해 Fast R-CNN이 생겼습니다.

6.2.2 공간 피라미드 풀링

기존 CNN 구조(예 다음 그림의 R-CNN)들은 모두 완전연결층을 위해 입력 이미지를 고정해야 했습니다. 그렇기 때문에 신경망을 통과시키려면 이미지를 고정된 크기로 자르거나(crop) 비율을 조정(warp)해야 했습니다. 하지만 이렇게 하면 물체의 일부분이 잘리거나 본래의 생김새와 달라지는 문제점이 있습니다. 이러한 문제를 해결하고자 공간 피라미드 풀링(spatial pyramid pooling)을 도입했습니다.

▼ 그림 6-40 공간 피라미드 풀링

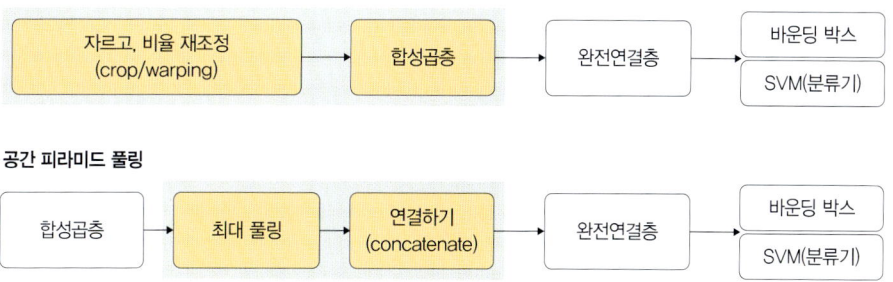

즉, 공간 피라미드 풀링은 입력 이미지의 크기에 관계없이 합성곱층을 통과시키고, 완전연결층에 전달되기 전에 특성 맵들을 동일한 크기로 조절해 주는 풀링층을 적용하는 기법입니다.

입력 이미지의 크기를 조절하지 않고 합성곱층을 통과시키기 때문에 원본 이미지의 특징이 훼손되지 않는 특성 맵을 얻을 수 있습니다. 또한, 이미지 분류나 객체 인식 같은 여러 작업에 적용할 수 있다는 장점이 있습니다.

6.2.3 Fast R-CNN

R-CNN은 바운딩 박스마다 CNN을 돌리고, 분류를 위한 긴 학습 시간이 문제였습니다. Fast R-CNN(Fast Region-based CNN)은 R-CNN의 속도 문제를 개선하려고 RoI 풀링을 도입했습니다. 즉, 선택적 탐색에서 찾은 바운딩 박스 정보가 CNN을 통과하면서 유지되도록 하고 최종 CNN 특성 맵은 풀링을 적용하여 완전연결층을 통과하도록 크기를 조정합니다. 이렇게 하면 바운딩 박스마다 CNN을 돌리는 시간을 단축할 수 있습니다.

▼ 그림 6-41 Fast R-CNN

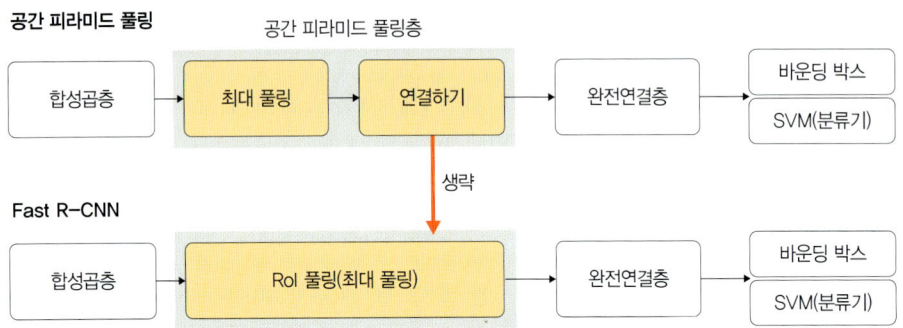

> **Note ≡ RoI 풀링**
>
> RoI 풀링(RoI pooling)은 크기가 다른 특성 맵의 영역마다 스트라이드를 다르게 최대 풀링을 적용하여 결괏값 크기를 동일하게 맞추는 방법입니다.
>
> 예를 들어 다음 그림과 같이 박스 한 개가 픽셀 한 개를 뜻하는 특성 맵이 있다고 합시다. 즉, 8×8 특성 맵(❶)에서 선택적 탐색으로 뽑아냈던 7×5 후보 영역(❷)이 있으며, 이것을 2×2로 만들기 위해 스트라이드(7/2=3, 5/2=2)로 풀링 영역(❸)을 정하고 최대 풀링을 적용하면 2×2 결과(❹)를 얻을 수 있습니다.
>
> ▼ 그림 6-42 RoI 풀링
>
>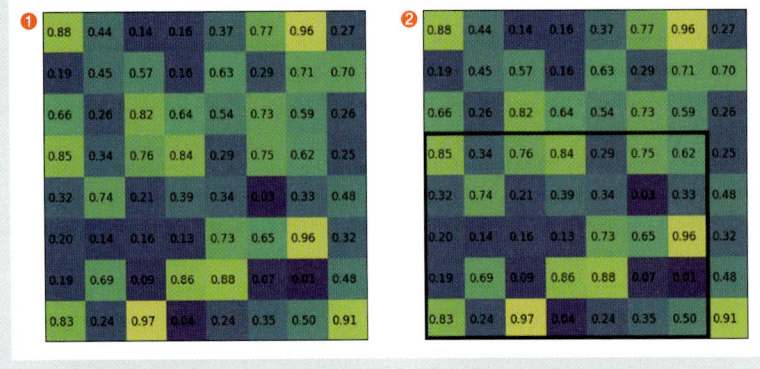

○ 계속

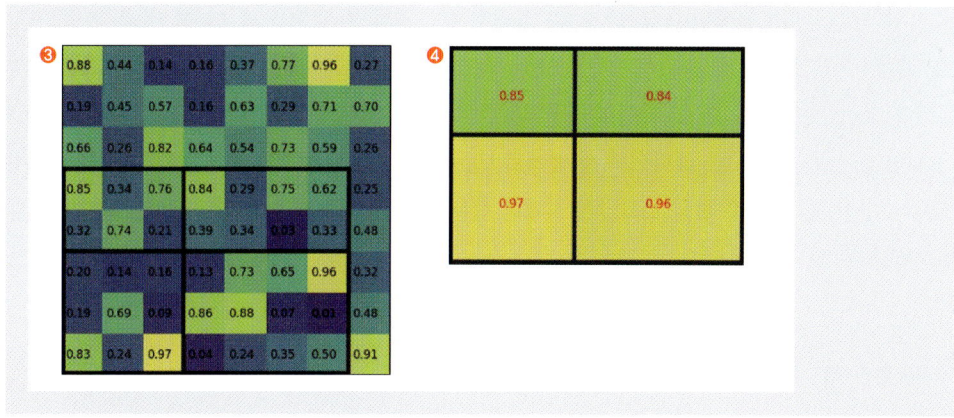

6.2.4 Faster R-CNN

Faster R-CNN은 '더욱 빠른' 객체 인식을 수행하기 위한 네트워크입니다. 기존 Fast R-CNN 속도의 걸림돌이었던 후보 영역 생성을 CNN 내부 네트워크에서 진행할 수 있도록 설계했습니다. 즉, Faster R-CNN은 기존 Fast R-CNN에 후보 영역 추출 네트워크(Region Proposal Network, RPN)를 추가한 것이 핵심이라고 할 수 있습니다. Faster R-CNN에서는 외부의 느린 선택적 탐색(CPU로 계산) 대신 내부의 빠른 RPN(GPU로 계산)을 사용합니다.

RPN은 다음 그림과 같이 마지막 합성곱층 다음에 위치하고, 그 뒤에 Fast R-CNN과 마찬가지로 RoI 풀링과 분류기(classifier), 바운딩 박스 회귀(bounding-box regression)[7]가 위치합니다.

▼ 그림 6-43 Faster R-CNN

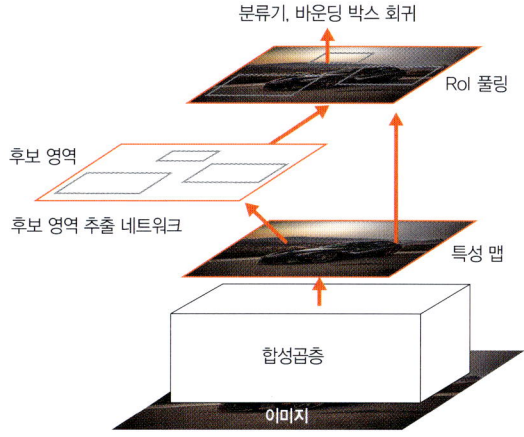

---

[7] 바운딩 박스가 이미지의 객체를 정확히 포착하여 포함시킬 수 있도록 조정해 주는 역할을 합니다.

후보 영역 추출 네트워크는 특성 맵 N×N 크기의 작은 윈도우 영역을 입력으로 받고, 해당 영역에 객체의 존재 유무 판단을 위해 이진 분류(binary classification)를 수행하는 작은 네트워크를 생성합니다. R-CNN, Fast R-CNN에서 사용되었던 바운딩 박스 회귀 또한 위치 보정(좌표점 추론)을 위해 추가합니다. 또한, 하나의 특성 맵에서 모든 영역에 대한 객체의 존재 유무를 확인하기 위해서는 슬라이딩 윈도우 방식으로 앞서 설계한 작은 윈도우 영역(N×N 크기)을 이용하여 객체를 탐색합니다.

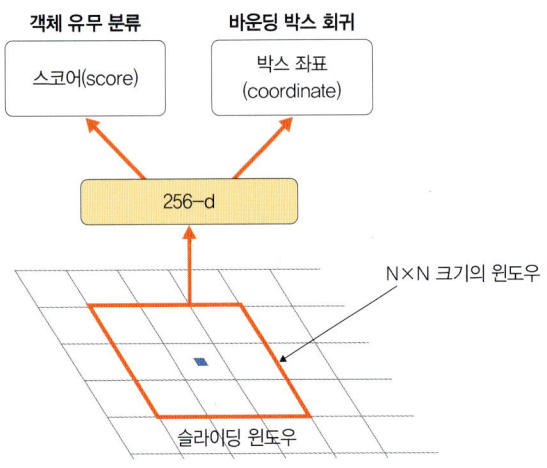

▼ 그림 6-44 후보 영역 추출 네트워크

하지만 후보 영역 추출 네트워크는 이미지에 존재하는 객체들의 크기와 비율이 다양하기 때문에 고정된 N×N 크기의 입력만으로 다양한 크기와 비율의 이미지를 수용하기 어려운 단점이 있습니다. 이러한 단점을 보완하기 위해 여러 크기와 비율의 레퍼런스 박스(reference box) k개를 미리 정의하고 각각의 슬라이딩 윈도우 위치마다 박스 k개를 출력하도록 설계하는데, 이 방식을 앵커(anchor)라고 합니다. 즉, 후보 영역 추출 네트워크의 출력 값은 모든 앵커 위치에 대해 각각 객체와 배경을 판단하는 $2k$개의 분류에 대한 출력과 x, y, w, h 위치 보정 값을 위한 $4k$개의 회귀 출력을 갖습니다. 예를 들어 특성 맵 크기가 w×h라면 하나의 특성 맵에 앵커가 총 w×h×k개 존재합니다.

▼ 그림 6-45 앵커

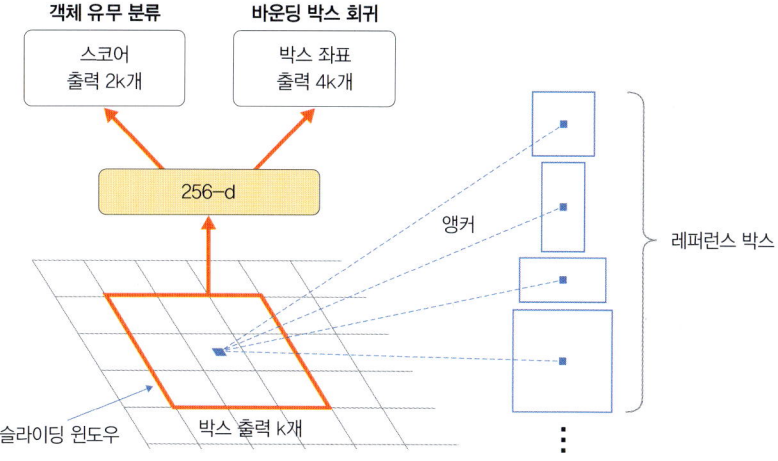

6.3 이미지 분할을 위한 신경망

PYTORCH

이미지 분할(image segmentation)은 신경망을 훈련시켜 이미지를 픽셀 단위로 분할하는 것입니다. 즉, 이미지를 픽셀 단위로 분할하여 이미지에 포함된 객체를 추출합니다. 이미지 분할의 대표적 네트워크는 완전 합성곱 네트워크, 합성곱 & 역합성곱 네트워크, U-Net, PSPNet, DeepLabv3/DeepLabv3+가 있습니다. 먼저 완전 합성곱 네트워크를 살펴보겠습니다.

6.3.1 완전 합성곱 네트워크

완전연결층의 한계는 고정된 크기의 입력만 받아들이며, 완전연결층을 거친 후에는 위치 정보가 사라진다는 것입니다. 이러한 문제를 해결하기 위해 완전연결층을 1×1 합성곱으로 대체하는 것이 완전 합성곱 네트워크입니다. 즉, 완전 합성곱 네트워크(Fully Convolutional Network, FCN)는 이미지 분류에서 우수한 성능을 보인 CNN 기반 모델(AlexNet, VGG16, GoogLeNet)을 변형시켜 이미지 분할에 적합하도록 만든 네트워크입니다.

예를 들어 다음 그림과 같이 AlexNet 아래쪽에서 사용되었던 완전연결층 세 개를 1×1 합성곱으로 변환하면 위치 정보가 남아 있기 때문에 히트맵(heatmap)[8] 그림과 같이 고양이의 위치를 확인할 수 있습니다.

▼ 그림 6-46 완전 합성곱 네트워크

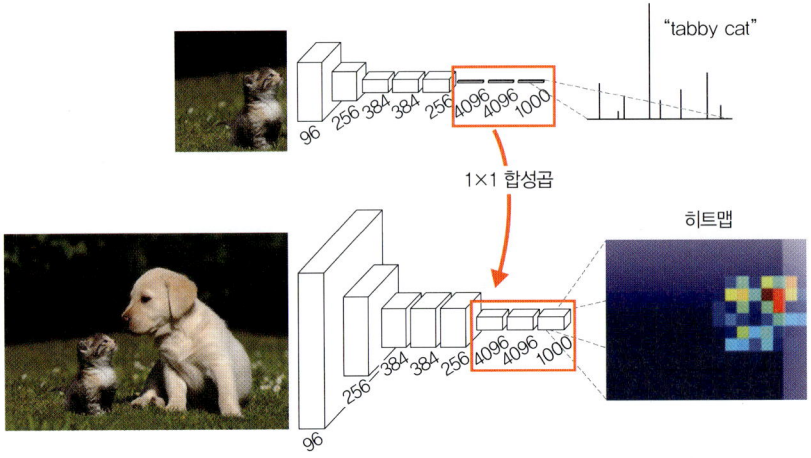

또한, 합성곱층으로 사용되기 때문에 입력 이미지에 대한 크기 제약이 사라지는 장점이 있습니다.

6.3.2 합성곱 & 역합성곱 네트워크

완전 합성곱 네트워크는 위치 정보가 보존된다는 장점에도 다음과 같은 단점이 있습니다.

- 여러 단계의 합성곱층과 풀링층을 거치면서 해상도가 낮아집니다.
- 낮아진 해상도를 복원하기 위해 업 샘플링[9] 방식을 사용하기 때문에 이미지의 세부 정보들을 잃어버리는 문제가 발생합니다.

이러한 문제를 해결하기 위해 역합성곱 네트워크를 도입한 것이 합성곱 & 역합성곱 네트워크 (convolutional & deconvolutional network)입니다.

---

8 히트맵은 열을 뜻하는 히트와 지도를 뜻하는 맵을 결합한 용어로, 색상으로 표현할 수 있는 다양한 정보를 이미지 위에 열 분포 형태의 그래픽으로 출력하는 것입니다.

9 최종 이미지의 크기가 입력 이미지의 크기와 같도록 하는 것입니다.

역합성곱은 CNN의 최종 출력 결과를 원래의 입력 이미지와 같은 크기로 만들고 싶을 때 사용합니다. 시멘틱 분할(semantic segmentation)[10] 등에 활용할 수 있으며, 역합성곱을 업 샘플링(upsampling)이라고도 합니다.

▼ 그림 6-47 합성곱 & 역합성곱 네트워크

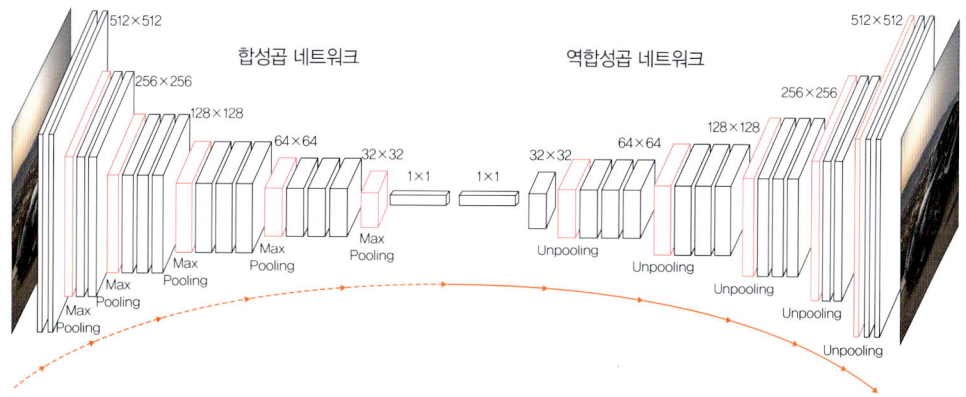

CNN에서 합성곱층은 합성곱을 사용하여 특성 맵 크기를 줄입니다. 하지만 역합성곱은 이와 반대로 특성 맵 크기를 증가시키는 방식으로 동작합니다.

역합성곱은 다음 방식으로 동작합니다.

1. 각각의 픽셀 주위에 제로 패딩(zero-padding)을 추가합니다.

2. 이렇게 패딩된 것에 합성곱 연산을 수행합니다.

오른쪽 그림에서 아래쪽의 파란색 픽셀이 입력이며, 초록색 픽셀이 출력입니다. 이 파란색 픽셀 주위로 흰색 제로 패딩을 수행하고, 회색 필터로 합성곱 연산을 수행하면 초록색이 출력됩니다.

▼ 그림 6-48 역합성곱 진행 방식

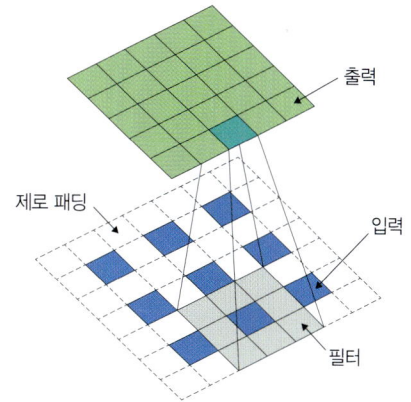

---

10 이미지 내에 있는 물체들을 의미 있는 단위로 분할하는 것입니다.

6.3.3 U-Net

U-Net은 바이오 메디컬 이미지 분할을 위한 합성곱 신경망입니다. 메디컬 이미지의 분할과 관련해서 항상 회자되는 네트워크가 U-Net입니다.

U-Net은 다음 특징이 있습니다.

- **속도가 빠르다:** 기존 슬라이딩 윈도우 방식은 이전 패치(patch)[11]에서 검증이 끝난 부분을 다음 패치에서 또 검증하기 때문에 속도가 느렸습니다. 하지만 U-Net은 이미 검증이 끝난 패치는 건너뛰기 때문에 속도가 빠릅니다.

▼ 그림 6-49 슬라이딩 윈도우 방식

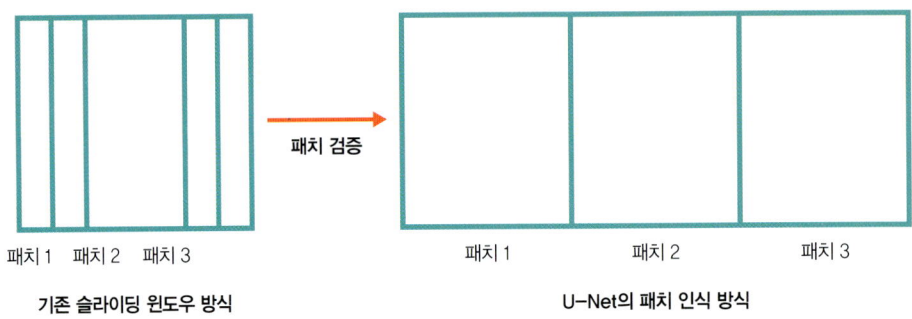

- **트레이드오프(trade-off)에 빠지지 않는다:** 일반적으로 패치 크기가 커진다면 넓은 범위의 이미지를 인식하는 데 뛰어나기 때문에 컨텍스트(context) 인식에 탁월합니다. 하지만 지역화에는 한계가 있습니다. 즉, 너무 넓은 범위를 한 번에 인식하기 때문에 지역화에는 약하기 마련인데, U-Net은 컨텍스트 인식과 지역화 트레이드오프 문제를 개선했습니다.

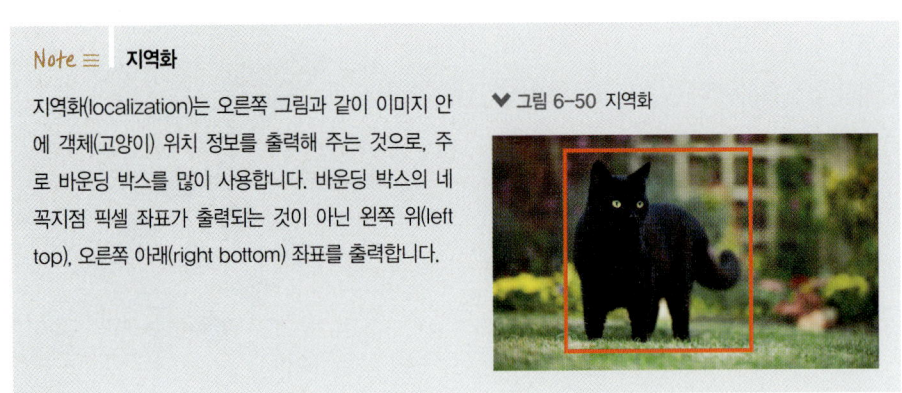

> **Note** ≡ **지역화**
>
> 지역화(localization)는 오른쪽 그림과 같이 이미지 안에 객체(고양이) 위치 정보를 출력해 주는 것으로, 주로 바운딩 박스를 많이 사용합니다. 바운딩 박스의 네 꼭지점 픽셀 좌표가 출력되는 것이 아닌 왼쪽 위(left top), 오른쪽 아래(right bottom) 좌표를 출력합니다.
>
> ▼ 그림 6-50 지역화

---

11 패치(patch)란 이미지 인식 단위입니다.

다음은 U-Net 구조입니다.

U-Net은 FCN을 기반으로 구축되었으며, 수축 경로(contracting path)와 확장 경로(expansive path)로 구성되어 있습니다.

수축 경로는 컨텍스트를 포착하며, 확장 경로는 특성 맵을 업 샘플링하고 수축 경로에서 포착한 특성 맵의 컨텍스트와 결합하여 정확한 지역화를 수행합니다.

U-Net은 3×3 합성곱이 주를 이루는데 각 합성곱 블록은 3×3 합성곱 두 개로 구성되어 있으며, 그 사이에 드롭아웃(dropout)이 있습니다. 다음 그림의 왼쪽 수축 경로에서의 블록은 3×3 합성곱 두 개로 구성된 것이 네 개가 있는 형태입니다. 그리고 각 블록은 최대 풀링(maxpool)을 이용하여 크기를 줄이면서 다음 블록으로 넘어갑니다.

반면 다음 그림의 오른쪽 확장 경로에서는 합성곱 블록에 up-conv라는 것을 앞에 붙였습니다. 수축 과정에서 줄어든 크기를 다시 키워 가면서 합성곱 블록을 이용하는 형태입니다.

즉, 크기가 다양한 이미지의 객체를 분할하기 위해 크기가 다양한 특성 맵을 병합할 수 있도록 다운 샘플링과 업 샘플링을 순서대로 반복하는 구조로 되어 있습니다.

▼ 그림 6-51 U-Net

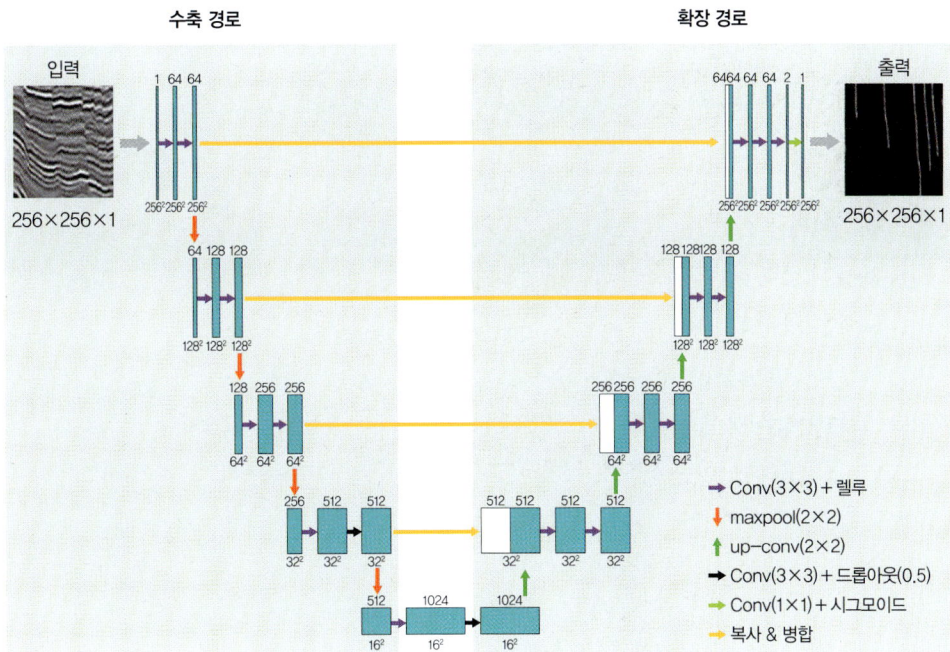

6.3.4 PSPNet

PSPNet(Pyramid Scene Parsing Network)은 CVPR(The IEEE Conference on Computer Vision and Pattern Recognition) 2017에서 발표된 시멘틱 분할 알고리즘입니다.

PSPNet 역시 완전연결층의 한계를 극복하기 위해 피라미드 풀링 모듈을 추가했으며 훈련 과정은 다음과 같습니다.

1. 이미지 출력이 서로 다른 크기가 되도록 여러 차례 풀링을 합니다. 즉, 1×1, 2×2, 3×3, 6×6 크기로 풀링을 수행하는데, 이때 1×1 크기의 특성 맵은 가장 광범위한 정보를 담습니다. 각각 다른 크기의 특성 맵은 서로 다른 영역들의 정보를 담는다고 이해하면 됩니다.

2. 이후 1×1 합성곱을 사용하여 채널 수를 조정합니다. 풀링층 개수를 N이라고 할 때 출력 채널 수=입력 채널 수/N이 됩니다.

3. 이후 모듈의 입력 크기에 맞게 특성 맵을 업 샘플링합니다. 이 과정에서 양선형 보간법(bilinear interpolation)이 사용됩니다.

4. 원래의 특성 맵과 **1~3** 과정에서 생성한 새로운 특성 맵들을 병합합니다.

❤ 그림 6-52 PSPNet

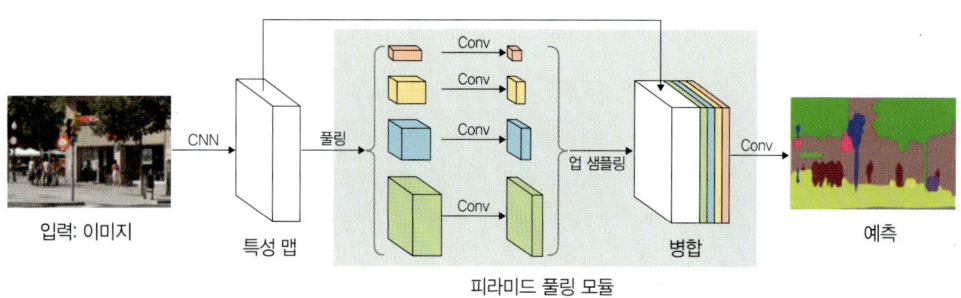

그림 6-52는 풀링을 네 개 사용했지만, 구현에 따라서 다르게 설정할 수 있습니다.

> Note ≡ **양선형 보간법**
>
> 양선형 보간법을 알아보기 앞서 보간법(interpolation)을 먼저 살펴보겠습니다. 보간법이란 화소 값을 할당받지 못한 영상(예 영상의 빈 공간)의 품질은 안 좋을 수밖에 없는데, 이때 빈 화소에 값을 할당하여 좋은 품질의 영상을 만드는 방법을 의미합니다. 보간법에는 선형 보간법(linear interpolation)과 양선형 보간법(bilinear interpolation)이 있습니다.
>
> 선형 보간법은 원시 영상의 화소 값 두 개를 사용하여 원하는 좌표에서 새로운 화소 값을 계산하는 방법입니다. 반면 양선형 보간법은 화소당 선형 보간을 세 번 수행하며, 새롭게 생성된 화소는 가장 가까운 화소 네 개에 가중치를 곱한 값을 합해서 얻습니다. 예제로 양선형 보간법을 배워 보겠습니다.
>
> 다음 그림으로 양선형 보간법을 설명하겠습니다. 다음 그림과 같이 직사각형의 네 꼭지점에 값이 주어져 있을 때, 이 사각형 내부에 있는 임의의 점(P)에 대한 값을 추정해 봅시다.
>
> ▼ 그림 6-53 양선형 보간법
>
>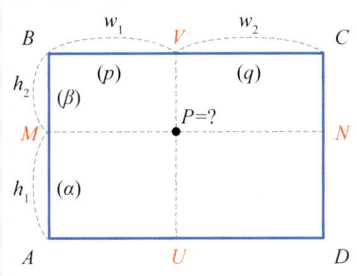
>
> 점 P에서 x축 방향으로 거리를 w_1, w_2라고 하며, y축 방향으로 거리를 h_1, h_2라고 합시다. 이때 알려진 네 점에서 데이터 값을 A, B, C, D라고 할 때, 양선형 보간법에 따라 점 P의 값은 다음과 같이 계산됩니다(단 $\alpha = h_1/(h_1+h_2)$, $\beta = h_2/(h_1+h_2)$, $p = w_1/(w_1+w_2)$, $q = w_2/(w_1+w_2)$).
>
> $$P = q(\beta A + \alpha B) + p(\beta D + \alpha C)$$
> $$= q\beta A + q\alpha B + p\beta D + p\alpha C$$

6.3.5 DeepLabv3/DeepLabv3+

DeepLabv3/DeepLabv3+ 역시 완전연결층의 단점을 보완하기 위해 Atrous 합성곱을 사용하는 네트워크입니다. 인코더과 디코더 구조를 가지며, 일반적으로 인코더-디코더 구조에서는 불가능했던 인코더에서 추출된 특성 맵의 해상도를 Atrous 합성곱을 도입하여 제어할 수 있도록 했습니다.

▼ 그림 6-54 DeepLab의 인코더-디코더 구조

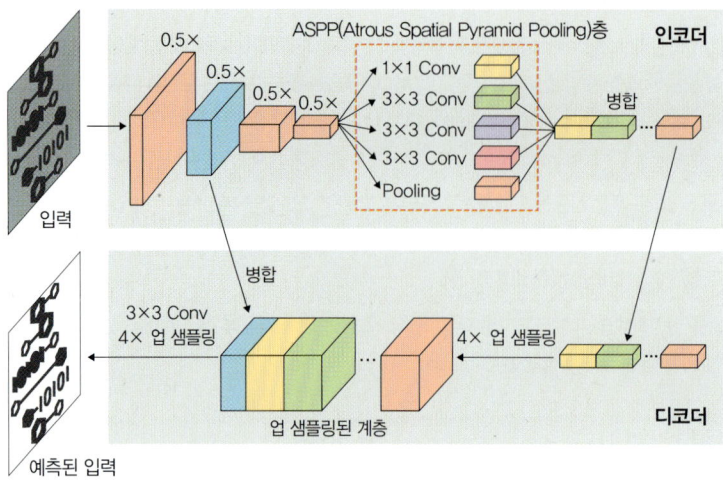

Atrous 합성곱은 다음 그림과 같이 필터 내부에 빈 공간을 둔 채로 작동합니다. 얼마나 많은 빈 공간을 가질지 결정하는 파라미터로 rate가 있습니다. rate r=1일 경우 기존 합성곱과 동일하게 빈 공간을 가지며, r이 커질수록 빈 공간은 더 많아집니다.

▼ 그림 6-55 Atrous 합성곱

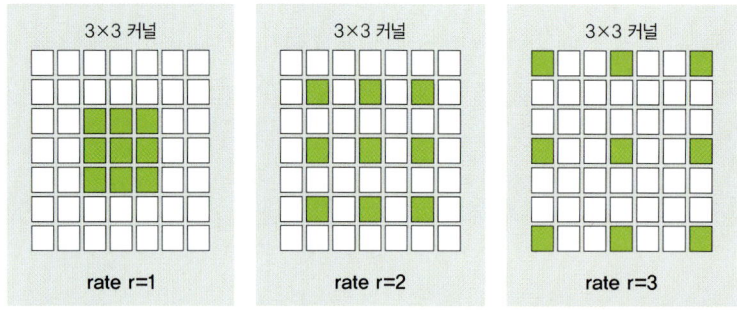

보통 이미지 분할에서 높은 성능을 내려면 수용 영역(receptive field)의 크기가 중요한데, 수용 영역을 확대하여 특성을 찾는 범위를 넓게 해 주기 때문입니다. Atrous 합성곱을 활용하면 파라미터 수를 늘리지 않으면서도 수용 영역을 크게 키울 수 있기 때문에 이미지 분할 분야에서 많이 사용합니다.

즉, 다음 그림과 같이 일반적인 CNN을 적용하면 출력은 입력에 비해 1/32로 줄어들지만, Atrous 합성곱을 적용하면 1/8로 줄어듭니다. 따라서 특성 맵 크기가 기존 대비 4배 보존된 것을 확인할 수 있습니다.

▼ 그림 6-56 Atrous 합성곱 효과

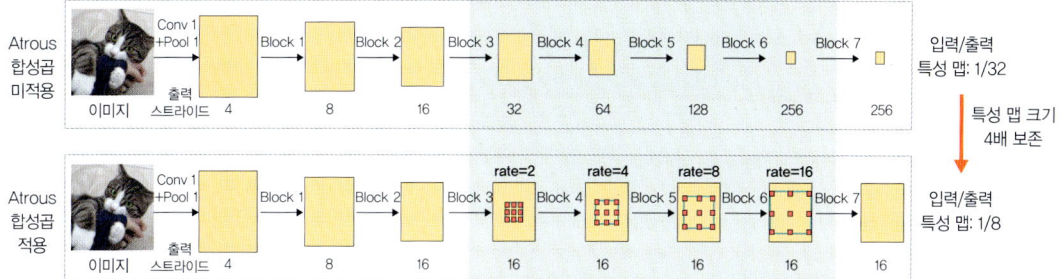

> **Note** 수용 영역
>
> 수용 영역이란 외부 자극이 전체에 영향을 주는 것이 아니라 특정 영역에만 영향을 준다는 의미입니다. 마찬가지로 영상에서 특정 위치에 있는 픽셀들은 그 주변에 있는 일부 픽셀과 연관성은 높지만 거리가 멀어질수록 그 영향은 감소하게 됩니다. 영상 전체 영역에 대해 서로 동일한 중요도를 부여하여 처리하는 대신, 특정 범위를 한정해서 처리하여 효과적으로 훈련을 수행하는 것이 수용 영역입니다.

5~6장에 걸쳐 합성곱 신경망을 자세히 알아보았습니다. 이어서 7장에서는 시계열 분석을 살펴보겠습니다.

memo

7장 시계열 분석

7.1 시계열 문제

7.2 AR, MA, ARMA, ARIMA

7.3 순환 신경망(RNN)

7.4 RNN 구조

7.5 LSTM

7.6 게이트 순환 신경망(GRU)

7.7 양방향 RNN

7.1 시계열 문제

시계열 분석이란 시간에 따라 변하는 데이터를 사용하여 추이를 분석하는 것입니다. 예를 들어 주가/환율 변동 및 기온/습도 변화 등이 대표적인 시계열 분석입니다. 즉, 추세를 파악하거나 향후 전망 등을 예측하기 위한 용도로 시계열 분석을 사용합니다.

시계열 형태(the components of time series)는 데이터 변동 유형에 따라 불규칙 변동, 추세 변동, 순환 변동, 계절 변동으로 구분할 수 있습니다.

- **불규칙 변동**(irregular variation): 시계열 자료에서 시간에 따른 규칙적인 움직임과 달리 어떤 규칙성이 없어 예측 불가능하고 우연적으로 발생하는 변동을 의미합니다. 전쟁, 홍수, 화재, 지진, 파업 등이 대표적인 예입니다.

- **추세 변동**(trend variation): 시계열 자료가 갖는 장기적인 변화 추세를 의미합니다. 이때 추세란 장기간에 걸쳐 지속적으로 증가·감소하거나 또는 일정한 상태(stationary)를 유지하려는 성향을 의미하기 때문에 짧은 기간 동안에는 추세 변동을 찾기 어려운 단점이 있습니다. 추세 변동의 대표적인 예로는 국내총생산(GDP), 인구증가율 등이 있습니다.

- **순환 변동**(cyclical variation): 대체로 2~3년 정도의 일정한 기간을 주기로 순환적으로 나타나는 변동을 의미합니다. 즉, 1년 이내 주기로 곡선을 그리며 추세 변동에 따라 변동하는 것으로, 경기 변동이 대표적입니다.

- **계절 변동**(seasonal variation): 시계열 자료에서 보통 계절적 영향과 사회적 관습에 따라 1년 주기로 발생하는 것을 의미합니다. 보통 계절에 따라 순환하며 변동하는 특성이 있습니다.

결국 시계열 데이터는 규칙적 시계열과 불규칙적 시계열로 나눌 수 있습니다. 규칙적 시계열은 트렌드와 분산이 불변하는 데이터이며, 불규칙적 시계열은 트렌드 혹은 분산이 변화하는 시계열 데이터입니다. 시계열 데이터를 잘 분석한다는 것은 불규칙성을 갖는 시계열 데이터에 특정한 기법이나 모델을 적용하여 규칙적 패턴을 찾거나 예측하는 것을 의미합니다. 불규칙적 시계열 데이터에 규칙성을 부여하는 방법으로는 AR, MA, ARMA, ARIMA 모델을 적용하는 것이 가장 널리 알려져 있습니다. 하지만 최근에는 딥러닝을 이용하여 시계열 데이터의 연속성을 기계 스스로 찾아내도록 하는 방법이 더 좋은 성능을 내고 있습니다.

7.2 AR, MA, ARMA, ARIMA

시계열 분석은 독립 변수(independent variable)를 사용하여 종속 변수(dependent variable)를 예측하는 일반적인 머신 러닝에서 시간을 독립 변수로 사용한다는 특징이 있습니다. 독립 변수로 시간을 사용하는 특성 때문에 분석하는 데 있어 일반적인 방법론들과 차이가 있는데, 그 차이를 AR, MA, ARMA, ARIMA 모형으로 자세히 살펴보겠습니다.

7.2.1 AR 모델

AR(AutoRegressive)(자기 회귀) 모델은 이전 관측 값이 이후 관측 값에 영향을 준다는 아이디어에 대한 모형으로 자기 회귀 모델이라고도 합니다. AR에 대한 수식은 다음과 같습니다.

$$\underbrace{Z_t}_{①} = \underbrace{\Phi_1 Z_{t-1} + \Phi_2 Z_{t-2} + \cdots + \Phi_p Z_{t-p}}_{②} + \underbrace{a_t}_{③}$$

①은 시계열 데이터에서 현재 시점을 의미하며, ②는 과거가 현재에 미치는 영향을 나타내는 모수(Φ)에 시계열 데이터의 과거 시점을 곱한 것입니다. 마지막으로 ③은 시계열 분석에서 오차 항을 의미하며 백색 잡음이라고도 합니다. 따라서 수식은 p 시점을 기준으로 그 이전의 데이터에 의해 현재 시점의 데이터가 영향을 받는 모형이라고 할 수 있습니다.

7.2.2 MA 모델

MA(Moving Average)(이동 평균) 모델은 트렌드(평균 혹은 시계열 그래프에서 y 값)가 변화하는 상황에 적합한 회귀 모델[1]입니다. 이동 평균 모델에서는 윈도우라는 개념을 사용하는데, 시계열을 따라 윈도우 크기만큼 슬라이딩(moving)된다고 하여 이동 평균 모델이라고 합니다. 이동 평균 모델에서 사용하는 수식은 다음과 같습니다.

$$\underbrace{Z_t}_{①} = \underbrace{\theta_1 a_{t-1} + \theta_2 a_{t-2} + \cdots + \theta_p a_{t-p}}_{②} + \underbrace{a_t}_{③}$$

---

1 어떤 자료에 대해 그 값에 영향을 주는 조건을 고려하여 구한 평균을 의미합니다.

①은 시계열 데이터에서 현재 시점을 의미하며, ②는 매개변수(θ)에 과거 시점의 오차를 곱한 것입니다. 마지막으로 ③은 오차 항을 의미합니다. 따라서 수식은 AR 모델처럼 이전 데이터의 '상태'에서 현재 데이터의 상태를 추론하는 것이 아닌, 이전 데이터의 오차에서 현재 데이터의 상태를 추론하겠다는 의미입니다.

7.2.3 ARMA 모델

ARMA(AutoRegressive Moving Average)(자기 회귀 이동 평균) 모델은 AR과 MA를 섞은 모델로 연구 기관에서 주로 사용합니다. 즉, AR, MA 두 가지 관점에서 과거의 데이터를 사용하는 것이 ARMA입니다. 자동 회귀 이동 평균 모델에서 사용하는 수식은 다음과 같습니다.

$$Z_t = a + \Phi_1 Z_{t-1} + \cdots + \Phi_p Z_{t-p} + \theta_1 a_{t-1} + \cdots + \theta_q a_{t-q} + a_t$$

7.2.4 ARIMA 모델

ARIMA(AutoRegressive Integrated Moving Average)(자기 회귀 누적 이동 평균) 모델은 자기 회귀와 이동 평균을 둘 다 고려하는 모형인데, ARMA와 달리 과거 데이터의 선형 관계뿐만 아니라 추세(cointegration)까지 고려한 모델입니다.

ARIMA는 파이썬 코드를 이용하여 직접 살펴보겠습니다.

statsmodels 라이브러리를 이용하여 ARIMA 모델을 구현하는데, 절차는 다음과 같습니다.

1. `ARIMA()` 함수를 호출하여 사용하는데, `ARIMA(p,d,q)` 함수에서 쓰는 파라미터는 다음과 같습니다.
   - **p**: 자기 회귀 차수
   - **d**: 차분 차수
   - **q**: 이동 평균 차수

2. `fit()` 메서드를 호출하고 모델에 데이터를 적용하여 훈련시킵니다.

3. `predict()` 메서드를 호출하여 미래의 추세 및 동향에 대해 예측합니다.

> **Note** **statsmodels 라이브러리**
>
> statsmodels는 다음 통계 분석 기능을 제공하는 파이썬 패키지입니다.
> - 검정 및 추정(test and estimation)
> - 회귀 분석(regression analysis)
> - 시계열 분석(time-series analysis)
>
> 파이썬에서 사용하려면 pip install statsmodels 명령으로 사전 설치 작업이 필요합니다.

예제에서 ARIMA(5,1,0)을 적용해 보겠습니다. 자기 회귀 차수를 5로 설정하고 차분 차수는 1을 사용하겠습니다. 또한, 시계열을 정지 상태로 만들기 위해 이동 평균 차수는 0을 사용합니다.

예제는 두 단계로 진행됩니다. 첫 번째 단계에서 ARIMA() 함수를 사용하여 간단한 오차 정보만 보여 주는 예제를 먼저 진행한 후, 두 번째 단계에서 첫 번째 단계를 확장하여 실제 예측해 봅니다 (코드를 좀 더 단순화하여 이해하기 쉽게 하기 위해 두 단계로 나누어 진행하는 것이며, 특별한 의미는 없습니다).

먼저 statsmodels 라이브러리를 설치합니다.

```
> conda install -c conda-forge statsmodels
```

혹은

```
> pip install statsmodels
```

설치가 완료되었다면, 첫 번째 단계의 예제를 구현하는 데 필요한 라이브러리와 데이터를 호출합니다. 데이터셋은 7장 예제 파일의 data 폴더에 있는 sales.csv 파일[2]을 사용하며, 자전거 매출 정보가 담겨 있습니다.

코드 7-1 ARIMA() 함수를 호출하여 sales 데이터셋에 대한 예측

```python
from pandas import read_csv        # 파이썬 판다스 라이브러리의 read_csv() 메서드를 사용해서 외부 TEXT 파일,
from pandas import datetime        # CSV 파일을 불러와서 DataFrame으로 저장
from pandas import DataFrame
from statsmodels.tsa.arima_model import ARIMA
from matplotlib import pyplot

def parser(x):        # 시간을 표현하는 함수 정의
```

---

[2] 캐글에서 제공하는 샴푸 판매 데이터셋(https://www.kaggle.com/minhvo/arima-model-for-time-series-forecasting/data)을 일부 수정하여 사용합니다.

```python
        return datetime.strptime('199'+x, '%Y-%m')  ------ strptime()은 날짜와 시간 정보를
                                                           문자열로 바꾸어 주는 메서드
series = read_csv('../chap7/data/sales.csv', header=0, parse_dates=[0], index_col=0,
                   squeeze=True, date_parser=parser)  ------ 자전거 매출에 대한 CSV 데이터 호출
model = ARIMA(series, order=(5,1,0))  ------ ARIMA() 함수 호출
model_fit = model.fit(disp=0)  ---------------------------- 모형을 적용할 때 많은 디버그 정보가 제공되는데
print(model_fit.summary())  ------ 모델에 대한 정보 표시   disp 인수를 0으로 설정하여 이 기능을 비활성화
residuals = DataFrame(model_fit.resid)  ------ DataFrame에 모델에 대한 오차 정보를 residuals라는 변수에 저장
residuals.plot()  ------ residuals 정보를 시각적으로 표현
pyplot.show()
residuals.plot(kind='kde')
pyplot.show()
print(residuals.describe())
```

코드를 실행하면 ARIMA() 함수를 호출하여 sales 데이터셋에 대한 정보를 보여 줍니다.

```
ARIMA Model Results
==============================================================================
Dep. Variable:              D.Sales    No. Observations:                   35
Model:                 ARIMA(5, 1, 0)  Log Likelihood                -197.350
Method:                       css-mle  S.D. of innovations             66.436
Date:                Sun, 02 Aug 2020  AIC                            408.699
Time:                        10:28:58  BIC                            419.587
Sample:                    02-01-1991  HQIC                           412.458
                         - 12-01-1993
==============================================================================
                    coef    std err          z      P>|z|      [0.025      0.975]
------------------------------------------------------------------------------
const              12.4256      3.774      3.292      0.001       5.028      19.823
ar.L1.D.Sales      -1.0850      0.188     -5.764      0.000      -1.454      -0.716
ar.L2.D.Sales      -0.6688      0.283     -2.365      0.018      -1.223      -0.114
ar.L3.D.Sales      -0.4426      0.297     -1.489      0.136      -1.025       0.140
ar.L4.D.Sales      -0.0495      0.288     -0.172      0.864      -0.614       0.515
ar.L5.D.Sales       0.1652      0.197      0.840      0.401      -0.220       0.551
                                    Roots
==============================================================================
                  Real          Imaginary           Modulus         Frequency
------------------------------------------------------------------------------
AR.1           -1.1401            -0.4612j            1.2298           -0.4388
AR.2           -1.1401            +0.4612j            1.2298            0.4388
AR.3            0.0222            -1.2562j            1.2564           -0.2472
AR.4            0.0222            +1.2562j            1.2564            0.2472
AR.5            2.5355            -0.0000j            2.5355           -0.0000
------------------------------------------------------------------------------
```

▼ 그림 7-1 예제에 대한 오차 정보

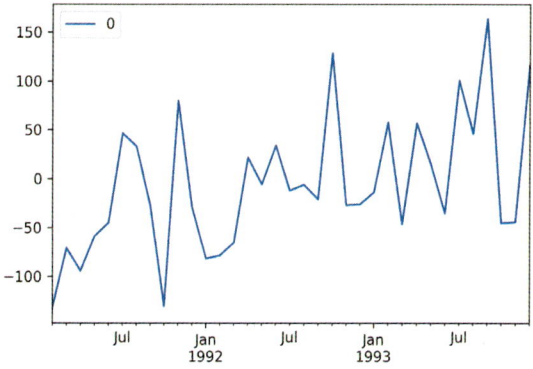

▼ 그림 7-2 예제에 대한 밀도 정보

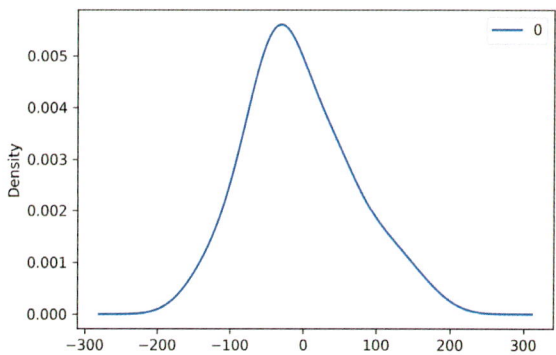

```
count     35.000000
mean      -5.569266
std       70.272666
min     -132.525611
25%      -45.563800
50%      -20.763477
75%       39.933189
max      163.552115
```

이와 같이 실행 결과는 오류 분포가 표시되는데, 결과를 보면 값이 치우쳐 있음을 확인할 수 있습니다(오류 평균(mean) 값이 0이 아닙니다).

두 번째 단계로 ARIMA() 함수를 사용한 예측을 진행해 보겠습니다. 먼저 필요한 라이브러리를 호출합니다.

코드 7-2 statsmodels 라이브러리를 이용한 sales 데이터셋 예측

```python
import numpy as np
from pandas import read_csv
from pandas import datetime
from matplotlib import pyplot
from statsmodels.tsa.arima_model import ARIMA
from sklearn.metrics import mean_squared_error

def parser(x):
    return datetime.strptime('199'+x, '%Y-%m')

series = read_csv('../chap7/data/sales.csv', header=0, parse_dates=[0], index_col=0,
                  squeeze=True, date_parser=parser)
X = series.values
X = np.nan_to_num(X)
size = int(len(X) * 0.66)
train, test = X[0:size], X[size:len(X)]   ------ train과 test로 데이터셋 분리
history = [x for x in train]
predictions = list()
for t in range(len(test)):   ------ test 데이터셋의 길이(13)만큼 반복하여 수행
    model = ARIMA(history, order=(5,1,0))   ------ ARIMA() 함수 호출
    model_fit = model.fit(disp=0)
    output = model_fit.forecast()   ------ forecast() 메서드를 사용하여 예측 수행
    yhat = output[0]   ------ 모델 출력 결과를 yhat에 저장
    predictions.append(yhat)
    obs = test[t]
    history.append(obs)
    print('predicted=%f, expected=%f' % (yhat, obs))   ------ 모델 실행 결과를 predicted로 출력하고,
                                                              test로 분리해 둔 데이터를
                                                              expected로 사용하여 출력
error = mean_squared_error(test, predictions)   ------ 손실 함수로 평균 제곱 오차 사용
print('Test MSE: %.3f' % error)
pyplot.plot(test)
pyplot.plot(predictions, color='red')
pyplot.show()
```

다음은 statsmodels 라이브러리를 이용한 sales 데이터셋에 대한 예측을 실행한 결과입니다.

```
predicted=354.377730, expected=346.300000
predicted=288.627290, expected=329.700000
predicted=382.817953, expected=445.400000
predicted=339.543839, expected=325.900000
predicted=392.897253, expected=449.300000
predicted=354.488010, expected=411.300000
```

```
predicted=452.200100, expected=417.400000
predicted=406.806117, expected=545.500000
predicted=430.162052, expected=477.600000
predicted=492.745314, expected=687.000000
predicted=493.604679, expected=435.300000
predicted=657.397158, expected=587.300000
predicted=522.091111, expected=676.900000
Test MSE: 8074.991
```

▼ 그림 7-3 예제에 대한 예측 결과

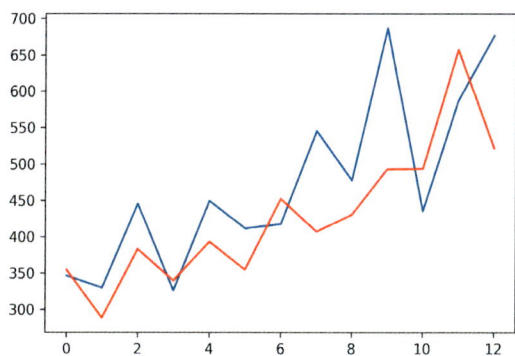

실제 데이터(빨간색)와 모형 실행 결과(파란색)를 표시한 그림이 만들어졌습니다. 데이터가 우상향 추세를 나타내고 있으므로, 자전거 판매가 향후에도 계속 증가할 것임을 예측할 수 있습니다. 이와 같이 ARIMA를 사용할 경우 데이터 경향을 파악해서 미래를 예측할 수 있습니다.

여기까지는 시계열 분석을 위한 다양한 방법을 소개했습니다. 하지만 딥러닝 기반의 시계열 모델들이 소개되면서 앞에서 소개한 방법들은 잘 사용되지 않고 있으며 앞으로 다룰 순환 신경망을 많이 사용하고 있습니다.

7.3 순환 신경망(RNN)

RNN(Recurrent Neural Network)은 시간적으로 연속성이 있는 데이터를 처리하려고 고안된 인공 신경망입니다. RNN의 'Recurrent(반복되는)'는 이전 은닉층이 현재 은닉층의 입력이 되면서 '반복되는 순환 구조를 갖는다'는 의미입니다. RNN이 기존 네트워크와 다른 점은 '기억(memory)'을 갖는다는 것입니다. 이때 기억은 현재까지 입력 데이터를 요약한 정보라고 생각하면 됩니다. 따라서 새로운 입력이 네트워크로 들어올 때마다 기억은 조금씩 수정되며, 결국 최종적으로 남겨진 기억은 모든 입력 전체를 요약한 정보가 됩니다.

▼ 그림 7-4 순환 신경망(RNN)

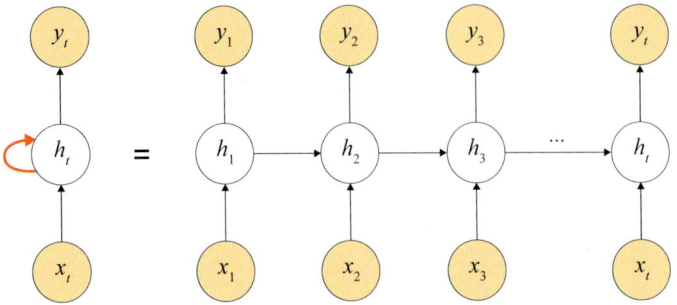

그림과 같이 첫 번째 입력(x_1)이 들어오면 첫 번째 기억(h_1)이 만들어지고, 두 번째 입력(x_2)이 들어오면 기존 기억(h_1)과 새로운 입력을 참고하여 새 기억(h_2)을 만듭니다. 입력 길이만큼 이 과정을 얼마든지 반복할 수 있습니다. 즉, RNN은 외부 입력과 자신의 이전 상태를 입력받아 현재 상태를 갱신합니다.

RNN은 입력과 출력에 따라 유형이 다양합니다.

1. **일대일**: 순환이 없기 때문에 RNN이라고 말하기 어려우며, 순방향 네트워크가 대표적 사례입니다.

2. **일대다**: 입력이 하나이고, 출력이 다수인 구조입니다. 이미지를 입력해서 이미지에 대한 설명을 문장으로 출력하는 이미지 캡션(image captioning)이 대표적 사례입니다.

3. **다대일**: 입력이 다수이고 출력이 하나인 구조로, 문장을 입력해서 긍정/부정을 출력하는 감성 분석기에서 사용됩니다.

   다대일에 대한 모델은 파이토치에서 다음과 같이 구현합니다. 다음은 예시 코드이며, 7장에서 다루는 모든 예제가 다대일 구조를 사용하므로 전체 예제를 통해 사용 방법을 확인할 수 있습니다.

```
self.em = nn.Embedding(len(TEXT.vocab.stoi), embeding_dim) ------ 임베딩 처리
self.rnn = nn.RNNCell(input_dim, hidden_size) ------ RNN 적용
self.fc1 = nn.Linear(hidden_size, 256) ------ 완전연결층
self.fc2 = nn.Linear(256, 3) ------ 출력층
```

코드를 구조화하면 다음 그림과 같습니다. 하지만 코드는 입력과 출력 사이에 하나의 RNN 셀(cell)만 가지고 있는 것에 주의해야 합니다.

▼ 그림 7-5 다대일 모델

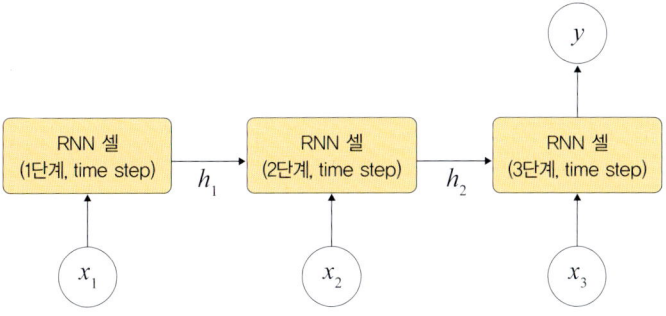

또한, 다대일 구조에 층을 쌓아 올리면 다음과 같이 적층된 구조를 가질 수 있습니다.

▼ 그림 7-6 적층된 다대일 모델

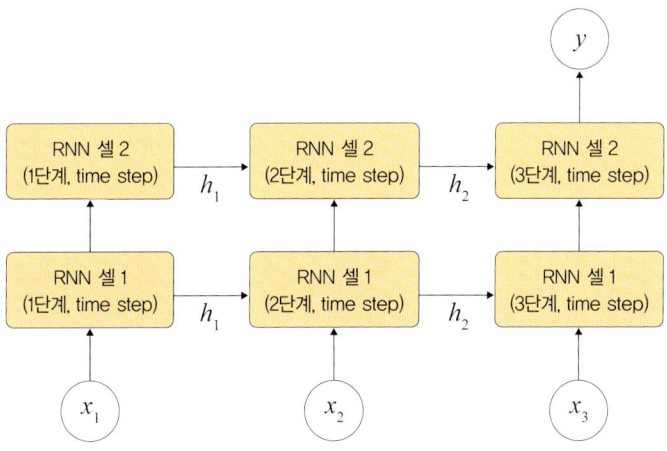

4. **다대다**: 입력과 출력이 다수인 구조로, 언어를 번역하는 자동 번역기 등이 대표적인 사례입니다.

예를 들어 다대다에 대한 모델은 파이토치에서 다음과 같이 구현합니다. 엄밀히 말해서 파이토치는 텐서플로처럼 구현이 간단하지 않습니다. 텐서플로에서는 keras.layers.SimpleRNN (100, return_sequences=True, name='RNN')처럼 return_sequences=True 옵션으로 시퀀스를 리턴하도록 쉽게 구현할 수 있습니다. 반면에 파이토치에서는 다음과 같이 문장 번역에서 많이 사용되는 시퀀스-투-시퀀스(seq2seq)를 이용하는 방식으로 사용됩니다.

```
Seq2Seq(
  (encoder): Encoder(
    (embedding): Embedding(7855, 256)
    (rnn): LSTM(256, 512, num_layers=2, dropout=0.5)
    (dropout): Dropout(p=0.5, inplace=False)
  )
  (decoder): Decoder(
    (embedding): Embedding(5893, 256)
    (rnn): LSTM(256, 512, num_layers=2, dropout=0.5)
    (fc_out): Linear(in_features=512, out_features=5893, bias=True)
    (dropout): Dropout(p=0.5, inplace=False)
  )
)
```

코드를 구조화하면 다음 그림과 같습니다.

▼ 그림 7-7 다대다 모델

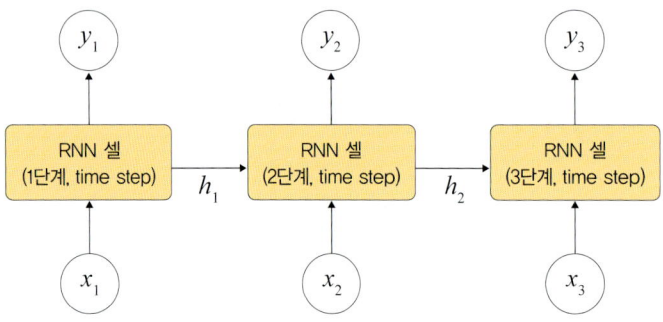

5. **동기화 다대다**: 4의 유형처럼 입력과 출력이 다수인 구조입니다. 문장에서 다음에 나올 단어를 예측하는 언어 모델, 즉 프레임 수준의 비디오 분류가 대표적 사례입니다.

다음 그림은 앞서 언급된 순환 신경망 구조들을 그림으로 표현한 것입니다.

▼ 그림 7-8 RNN 모델 유형

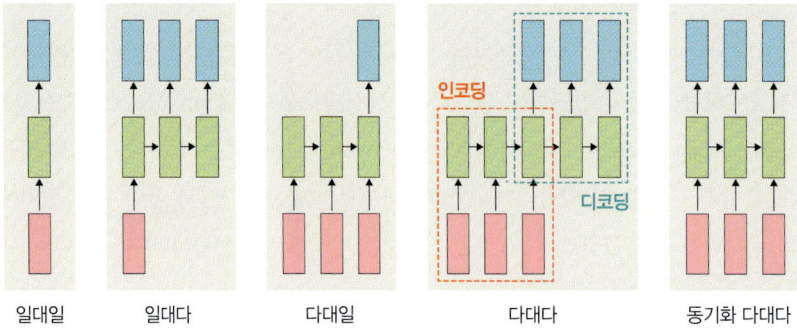

7.3.1 RNN 계층과 셀

이제 RNN을 구성하는 RNN 계층(layer)과 RNN 셀(cell)을 살펴보겠습니다.

RNN은 내장된(built-in) 계층뿐만 아니라 셀 레벨의 API도 제공합니다. RNN 계층이 입력된 배치 순서대로 모두 처리하는 것과 다르게 RNN 셀은 오직 하나의 단계(time step)만 처리합니다. 따라서 RNN 셀은 RNN 계층의 for loop 구문을 갖는 구조라고 할 수 있습니다.

▼ 그림 7-9 RNN 계층과 RNN 셀

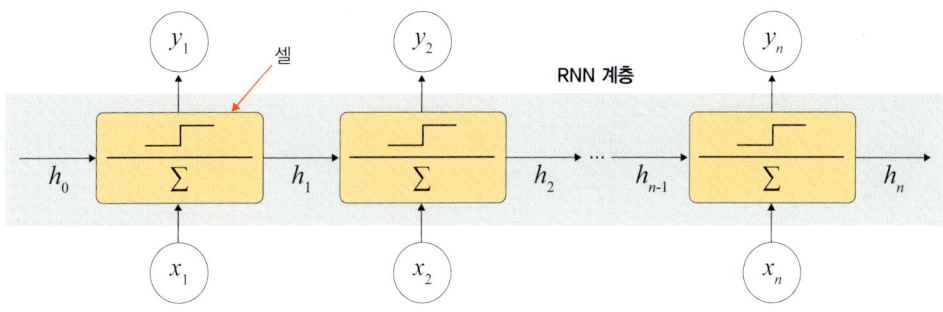

RNN 계층은 셀을 래핑[3]하여 동일한 셀을 여러 단계에 적용합니다. 그림 7-9에서도 X_1, X_2, $\cdots$, X_n 등이 전체 RNN 셀에서 사용되고 있습니다. 즉, 셀은 실제 계산에 사용되는 RNN 계층의 구성 요소로, 단일 입력과 과거 상태(state)를 가져와서 출력과 새로운 상태를 생성합니다.

참고로 셀 유형은 다음과 같습니다.

- **nn.RNNCell**: SimpleRNN 계층에 대응되는 RNN 셀
- **nn.GRUCell**: GRU 계층에 대응되는 GRU 셀
- **nn.LSTMCell**: LSTM 계층에 대응되는 LSTM 셀

이렇게 RNN의 계층과 셀을 분리해서 설명하는 이유는 파이토치에서 이 둘을 분리해서 구현이 가능하기 때문입니다. 따라서 앞으로 진행될 RNN 예제는 이 둘을 분리해서 진행합니다.

RNN의 활용 분야로는 대표적으로 '자연어 처리'를 꼽을 수 있습니다. 연속적인 단어들의 나열인 언어(자연어) 처리는 음성 인식, 단어의 의미 판단 및 대화 등에 대한 처리가 가능합니다. 이외에도 손글씨, 센서 데이터 등 시계열 데이터 처리에 활용됩니다.

이제 구체적으로 RNN 구조를 살펴보겠습니다.

---

[3] 데이나 API를 사용하기 쉽도록 한 번 더 데 등으로 만들어 주는 것입니다.

7.4 RNN 구조

RNN은 은닉층 노드들이 연결되어 이전 단계 정보를 은닉층 노드에 저장할 수 있도록 구성한 신경망입니다.

다음 그림에서 볼 수 있듯이 x_{t-1}에서 h_{t-1}을 얻고 다음 단계에서 h_{t-1}과 x_t를 사용하여 과거 정보와 현재 정보를 모두 반영합니다. 또한, h_t와 x_{t+1}의 정보를 이용하여 과거와 현재 정보를 반복해서 반영하는데, 이러한 구조를 요약한 것이 다음 그림의 오른쪽 부분과 같습니다.

▼ 그림 7-10 RNN 구조

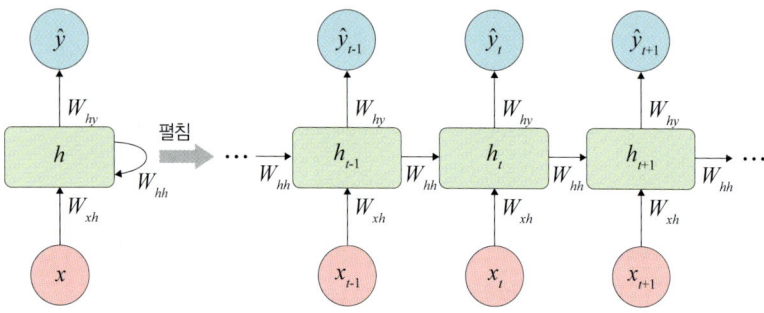

RNN에서는 입력층, 은닉층, 출력층 외에 가중치를 세 개 가집니다. RNN의 가중치는 W_{xh}, W_{hh}, W_{hy}로 분류됩니다.

W_{xh}는 입력층에서 은닉층으로 전달되는 가중치이고, W_{hh}는 t 시점의 은닉층에서 $t+1$ 시점의 은닉층으로 전달되는 가중치입니다. 또한, W_{hy}는 은닉층에서 출력층으로 전달되는 가중치입니다. 가중치 W_{xh}, W_{hh}, W_{hy}는 모든 시점에 동일하다는 것에 주의할 필요가 있습니다. 즉, 가중치를 공유하는데 그림 7-10과 같이 모든 가중치가 동일한 것을 확인할 수 있습니다.

이제 t 단계에서의 RNN 계산에 대해 알아보겠습니다.

1. **은닉층** 계산을 위해 x_t와 h_{t-1}이 필요합니다. 즉, (이전 은닉층×은닉층 → 은닉층 가중치 + 입력층 → 은닉층 가중치×(현재) 입력 값)으로 계산할 수 있으며, RNN에서 은닉층은 일반적으로 하이퍼볼릭 탄젠트 활성화 함수를 사용합니다. 이를 수식으로 나타내면 다음과 같습니다.

$$h_t = \tanh(\hat{y}_t)$$
$$\hat{y}_t = W_{hh} \times h_{t-1} + W_{xh} \times x_t$$

2. **출력층**은 심층 신경망과 계산 방법이 동일합니다. 즉, (은닉층 → 출력층 가중치 × 현재 은닉층)에 소프트맥스 함수를 적용합니다. 이를 수식으로 나타내면 다음과 같습니다.

$$\hat{y}_t = \text{softmax}(W_{hy} \times h_t)$$

3. RNN의 **오차**(E)는 심층 신경망에서 전방향(feedforward) 학습과 달리 각 단계(t)마다 오차를 측정합니다. 즉, 각 단계마다 실제 값(y_t)과 예측 값($\hat{y}_t$)으로 오차(평균 제곱 오차(mean square error) 적용)를 이용하여 측정합니다.

▼ 그림 7-11 RNN의 순방향 학습

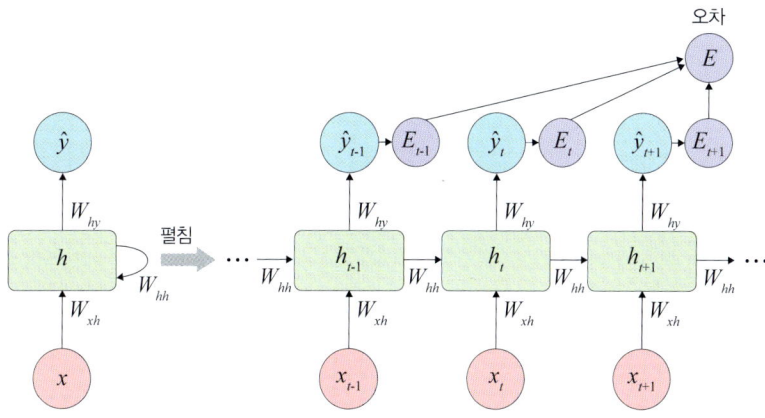

4. RNN에서 **역전파**는 BPTT(BackPropagation Through Time)를 이용하여 모든 단계마다 처음부터 끝까지 역전파합니다.

오차는 각 단계(t)마다 오차를 측정하고 이전 단계로 전달되는데, 이것을 BPTT라고 합니다. 즉, 3에서 구한 오차를 이용하여 W_{xh}, W_{hh}, W_{hy} 및 바이어스(bias)를 업데이트합니다. 이때 BPTT는 오차가 멀리 전파될 때(왼쪽으로 전파) 계산량이 많아지고 전파되는 양이 점차 적어지는 문제점(기울기 소멸 문제(vanishing gradient problem))이 발생합니다. 기울기 소멸 문제를 보완하기 위해 오차를 몇 단계까지만 전파시키는 생략된-BPTT(truncated BPTT)를 사용할 수도 있고, 근본적으로는 LSTM 및 GRU를 많이 사용합니다.

> Note ≡ **생략된-BPTT**
>
> 계산량을 줄이기 위해 현재 단계에서 일정 시점까지만(보통 5단계 이전까지만) 오류를 역전파하는데, 이것을 생략된-BPTT라고 합니다.

▼ 그림 7-12 RNN의 역방향 학습

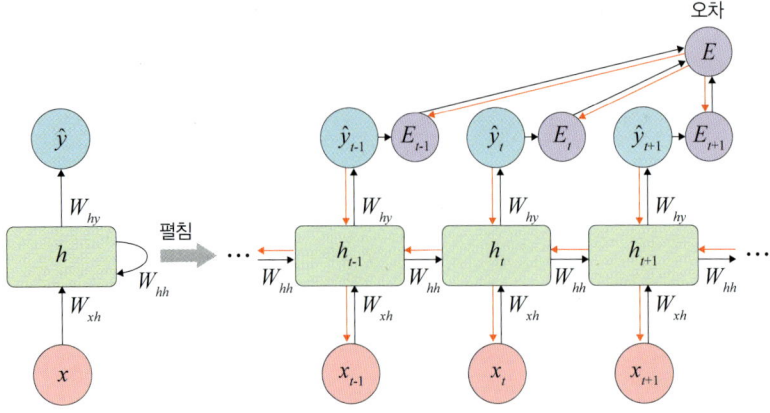

이제 IMDB 데이터셋을 사용하여 파이토치에서 RNN 계층과 셀을 구현해 보겠습니다.

> Note ≡ **IMDB 데이터셋**
>
> IMDB 데이터셋은 영화 리뷰에 대한 데이터 5만 개로 구성되어 있습니다. 이것을 훈련 데이터 2만 5000개와 테스트 데이터 2만 5000개로 나누며, 각각 50%씩 긍정 리뷰와 부정 리뷰가 있습니다. 이 데이터는 이미 전처리가 되어 있어 각 리뷰가 숫자로 변환되어 있습니다.
>
> 스탠포드 대학에서 2011년에 낸 논문에서 이 데이터를 소개했으며, 당시 논문에서는 IMDB 데이터셋을 훈련 데이터와 테스트 데이터 50:50 비율로 분할하여 88.89%의 정확도를 얻었다고 소개했습니다.
>
> IMDB 영화 리뷰 데이터셋은 imdb.load_data() 메서드로 바로 내려받아 사용할 수 있도록 지원하고 있습니다. 데이터셋에 대한 더 자세한 내용은 https://www.imdb.com/interfaces/를 확인하세요.

이제 RNN 셀부터 파이토치 코드를 작성해 보겠습니다.

7.4.1 RNN 셀 구현

예제를 진행하기에 앞서 아나콘다 프롬프트에서 다음 명령을 실행합니다.

```
> pip install --user torchtext
```

torchtext는 자연어 처리(NLP) 분야에서 사용하는 데이터로더(DataLoader)입니다. torchtext는 파일 가져오기, 토큰화[4], 단어 집합[5] 생성, 인코딩[6], 단어 벡터[7] 생성 등의 작업을 지원하기 때문에 자연어 처리에서 많이 사용되고 있습니다.

먼저 필요한 라이브러리들을 호출합니다.

코드 7-3 라이브러리 호출

```
import torch
import torchtext
import numpy as np
import torch.nn as nn
import torch.nn.functional as F
import time
```

다음은 예제에서 사용할 데이터셋을 전처리하기 위한 구문입니다.

코드 7-4 데이터 전처리

```
start = time.time()
TEXT = torchtext.legacy.data.Field(lower=True, fix_length=200, batch_first=False) ------ ①
LABEL = torchtext.legacy.data.Field(sequential=False) ------ ②
```

① torchtext.legacy.data에서 제공하는 Field는 데이터 전처리를 위해 사용되며 여기에서 사용되는 파라미터는 다음과 같습니다.

```
TEXT = torchtext.legacy.data.Field(lower=True, fix_length=200, batch_first=False)
                                      ⓐ           ⓑ              ⓒ
```

ⓐ lower: 대문자를 모두 소문자로 변경합니다. 기본값은 false입니다.

ⓑ fix_length: 고정된 길이의 데이터를 얻을 수 있습니다. 여기에서는 데이터의 길이를 200으로 고정했으며 200보다 짧다면 패딩 작업(padding)을 통해 200으로 맞추어 줍니다.

ⓒ batch_first: 신경망에 입력되는 텐서의 첫 번째 차원 값이 배치 크기(batch_size)가 되도록 합니다. 기본값은 false입니다. 모델의 네트워크로 입력되는 데이터는 [시퀀스 길이, 배치 크기, 은닉층의 뉴런 개수]([seq_len, batch_size, hidden_size])의 형태입니다. 이때 batch_

---

[4] 토큰화는 텍스트를 문장이나 단어로 분리하는 것을 의미합니다.
[5] 단어 집합(vocabulary)이란 중복을 제거한 텍스트의 총 단어의 집합(set)을 의미합니다.
[6] 사람의 언어인 문자를 컴퓨터의 언어인 숫자로 바꾸는 것을 의미합니다.
[7] 단어 벡터는 단순히 단어 의미를 나타내는 숫자의 벡터입니다. 즉, 단어 벡터는 그 단어의 가치 있는 의미를 나타내는 벡터입니다.

first=True로 설정한다면 [배치 크기, 시퀀스 길이, 은닉층의 뉴런 개수]([batch_size, seq_len, hidden_size]) 형태로 변경됩니다. 참고로 은닉층의 입력 데이터는 batch_first=True 옵션과는 무관하게 [은닉층 개수, 배치 크기, 은닉층의 뉴런 개수]([num_layers, batch, hidden_size])입니다. 파이토치는 각 계층별 데이터의 형태를 맞추는 것에서 시작하여 끝날 정도로 중요합니다. 따라서 입력층, 은닉층의 데이터들에 대해 각각의 숫자가 의미하는 것을 이해해야 합니다.

② 레이블에 대한 전처리 부분입니다.

```
LABEL = torchtext.legacy.data.Field(sequential=False)
                                    ⓐ
```

ⓐ sequential: 데이터에 순서(sequential)가 있는지 나타내며 기본값은 True입니다. 예제의 레이블은 긍정/부정 값만 갖기 때문에 False로 설정합니다.

이번 예제에서 사용할 데이터셋은 IMDB입니다. IMDB는 영화 리뷰 5만 건이 담긴 데이터로 긍정은 2, 부정은 1로 레이블링되어 있습니다. torchtext.legacy.datasets에서 제공하는 IMDB 데이터셋을 내려받습니다.

코드 7-5 데이터셋 준비

```
from torchtext.legacy import datasets
train_data, test_data = datasets.IMDB.splits(TEXT, LABEL) ······ ①
```

① datasets.IMDB를 사용하여 IMDB 데이터셋을 내려받습니다. 이때 사용되는 파라미터는 다음과 같습니다.

```
train_data, test_data = datasets.IMDB.splits(TEXT, LABEL)
                                 ⓐ           ⓑ
```

ⓐ datasets.IMDB: 파이토치의 datasets에는 사용자들의 학습을 위해 다양한 데이터셋을 제공하고 있습니다. 이들 중에서 IMDB 데이터를 가져옵니다. 내려받은 위치로 이동하면 다음과 같은 파일들이 있습니다.

▼ **그림 7-13** 내려받은 파일

이름	수정한 날짜	유형	크기
test	2011-04-13 오전 2:22	파일 폴더	
train	2011-06-26 오전 10:09	파일 폴더	
imdb.vocab	2011-04-13 오전 2:14	VOCAB 파일	827KB
imdbEr.txt	2011-06-12 오전 7:54	텍스트 문서	882KB
README	2011-06-26 오전 9:18	파일	4KB

파이토치는 IMDB 외에도 다양한 데이터셋이 준비되어 있습니다. 자세한 내용은 다음 URL을 참고해 주세요.

https://pytorch.org/vision/0.8/datasets.html

ⓑ splits: 전체 데이터셋을 텍스트(TEXT)와 레이블(LABEL)로 분할합니다. 이후 텍스트 데이터셋은 훈련 용도로, 레이블은 테스트 용도로 사용합니다.

다음은 IMDB를 내려받은 결과입니다.

```
downloading aclImdb_v1.tar.gz
100%|████████████████████████████████| 84.1M/84.1M [00:38<00:00, 2.21MB/s]
```

데이터셋을 분리하면 훈련 데이터셋이 2만 5000개, 테스트 데이터셋이 2만 5000개가 됩니다. 훈련 데이터셋에 어떤 데이터들이 포함되어 있는지 확인해 봅시다.

코드 7-6 훈련 데이터셋 내용 확인

```
print(vars(train_data.examples[0]))  ------ 데이터셋의 내용을 보고자 할 때는 examples를 사용
```

훈련 데이터셋의 첫 번째 데이터(examples[0])를 출력하면 다음과 같습니다. 데이터는 text와 label을 갖는 사전 형식(dict type)으로 구성되어 있습니다.

```
{'text': ['bromwell', 'high', 'is', 'a', 'cartoon', 'comedy.', 'it', 'ran', 'at',
'the', 'same', 'time', 'as', 'some', 'other', 'programs', 'about', 'school',
'life,', 'such', 'as', '"teachers".', 'my', '35', 'years', 'in', 'the', 'teaching',
'profession', 'lead', 'me', 'to', 'believe', 'that', 'bromwell', "high's", 'satire',
'is', 'much', 'closer', 'to', 'reality', 'than', 'is', '"teachers".', 'the',
'scramble', 'to', 'survive', 'financially,', 'the', 'insightful', 'students', 'who',
'can', 'see', 'right', 'through', 'their', 'pathetic', '"teachers"', 'pomp,', 'the',
'pettiness', 'of', 'the', 'whole', 'situation.', 'all', 'remind', 'me', 'of', 'the',
'schools', 'i', 'knew', 'and', 'their', 'students.', 'when', 'i', 'saw', 'the',
'episode', 'in', 'which', 'a', 'student', 'repeatedly', 'tried', 'to', 'burn', 'down',
'the', 'school,', 'i', 'immediately', 'recalled', '..........', 'at', '..........',
'high.', 'a', 'classic', 'line:', 'inspector:', "i'm", 'here', 'to', 'sack', 'one',
'of', 'your', 'teachers.', 'student:', 'welcome', 'to', 'bromwell', 'high.', 'i',
'expect', 'that', 'many', 'adults', 'of', 'my', 'age', 'think', 'that', 'bromwell',
'high', 'is', 'far', 'fetched.', 'what', 'a', 'pity', 'that', 'it', "isn't!"],
'label': 'pos'}
```

앞에서 정의했던 전처리 코드를 이용하여 전처리를 진행합니다. 전처리는 컴퓨터 비전(CNN)과는 다르게 공백 처리, 불필요한 문자 제거 등이 포함됩니다.

코드 7-7 데이터셋 전처리 적용

```python
import string

for example in train_data.examples:
    text = [x.lower() for x in vars(example)['text']]  ------ 소문자로 변경
    text = [x.replace("<br>","") for x in text]  ------ "<br>"을 " "(공백)으로 변경
    text = [''.join(c for c in s if c not in string.punctuation) for s in text]  ------ 구두점 제거
    text = [s for s in text if s]  ------ 공백 제거
    vars(example)['text'] = text
```

훈련 데이터셋을 훈련과 검증 용도로 분리합니다.

코드 7-8 훈련과 검증 데이터셋 분리

```python
import random
train_data, valid_data = train_data.split(random_state=random.seed(0), split_ratio=0.8)  ----- ①
```

① split()을 이용하여 훈련 데이터셋을 훈련과 검증 용도로 분리합니다.

train_data, valid_data = train_data.split(<u>random_state=random.seed(0)</u>,
                                                                              ⓐ
                                                             <u>split_ratio=0.8</u>)
                                                                   ⓑ

ⓐ random_state: 데이터 분할 시 데이터가 임의로 섞인 상태에서 분할됩니다. 이때 시드(seed) 값을 사용하면 동일한 코드를 여러 번 수행하더라도 동일한 값의 데이터를 반환합니다.

ⓑ split_ratio: 데이터의 분할 정도를 의미합니다. 훈련과 검증 데이터셋을 8:2로 분리합니다.

분할된 데이터셋의 크기(개수)를 확인합니다.

코드 7-9 데이터셋 개수 확인

```python
print(f'Number of training examples: {len(train_data)}')
print(f'Number of validation examples: {len(valid_data)}')
print(f'Number of testing examples: {len(test_data)}')
```

다음과 같이 분할된 데이터셋의 크기가 출력됩니다.

```
Number of training examples: 20000
Number of validation examples: 5000
Number of testing examples: 25000
```

훈련 데이터셋 2만 5000개를 훈련과 검증 용도로 분리했기 때문에 훈련 데이터셋은 2만 개, 검증 데이터셋은 5000개, 테스트 데이터셋은 2만 5000개가 됩니다.

이제 단어 집합을 만들어 보겠습니다. 단어 집합이란 말 그대로 IMDB 데이터셋에 포함된 단어들을 이용하여 하나의 딕셔너리와 같은 집합을 만드는 것으로 이해하면 됩니다. 참고로 단어 집합을 만들 때는 단어들의 중복은 제거된 상태에서 진행합니다.

코드 7-10 단어 집합 만들기

```
TEXT.build_vocab(train_data, max_size=10000, min_freq=10, vectors=None) ······ ①
LABEL.build_vocab(train_data)

print(f"Unique tokens in TEXT vocabulary: {len(TEXT.vocab)}")
print(f"Unique tokens in LABEL vocabulary: {len(LABEL.vocab)}")
```

① 단어 집합 생성은 build_vocab()을 이용하며 파라미터는 다음과 같습니다.

```
TEXT.build_vocab(train_data, max_size=10000, min_freq=10, vectors=None)
                     ⓐ           ⓑ              ⓒ           ⓓ
```

ⓐ 첫 번째 파라미터: 훈련 데이터셋

ⓑ max_size: 단어 집합의 크기로 단어 집합에 포함되는 어휘 수를 의미합니다.

ⓒ min_freq: 훈련 데이터셋에서 특정 단어의 최소 등장 횟수를 의미합니다. 즉, min_freq=10으로 설정했기 때문에 훈련 데이터셋에서 특정 단어가 최소 열 번 이상 등장한 것만 단어 집합에 추가하겠다는 의미입니다.

ⓓ vectors: 임베딩 벡터를 지정할 수 있습니다. 임베딩 벡터는 워드 임베딩의 결과로 나온 벡터입니다. 사전 학습된 임베딩으로는 워드투벡터(Word2Vector), 글로브(Glove) 등이 있으며, 파이토치에서도 nn.embedding()을 통해 단어를 랜덤한 숫자 값으로 변환한 후 가중치를 학습하는 방법을 제공합니다.

다음은 훈련과 테스트 데이터셋에 포함된(단어 집합에 포함된) 단어의 개수입니다.

```
Unique tokens in TEXT vocabulary: 10002
Unique tokens in LABEL vocabulary: 3
```

TEXT는 10002개, LABEL은 세 개의 단어로 구성되어 있습니다. LABEL은 긍정과 부정 두 개의 값만 있어야 할 것 같은데 세 개가 있다고 출력되었습니다. 왜 이러한 결과가 나왔는지 확인이 필요해 보입니다.

LABEL.vocab.stoi를 통해 현재 단어 집합의 단어와 그것에 부여된 고유 정수(인덱스)를 확인해 보겠습니다.

코드 7-11 테스트 데이터셋의 단어 집합 확인

```python
print(LABEL.vocab.stoi)
```

다음은 테스트 데이터셋의 단어 집합에 대한 결과입니다.

```
defaultdict(<bound method Vocab._default_unk_index of <torchtext.legacy.vocab.Vocab
object at 0x00000178116A3040>>, {'<unk>': 0, 'pos': 1, 'neg': 2})
```

확인 결과 pos(positive)(긍정), neg(negative)(부정) 외에 <unk>가 있습니다. 일반적으로 <unk>는 사전에 없는 단어를 의미합니다. 따라서 예제에서 사용하는 것은 pos와 neg가 될 것입니다.

전처리가 완료되었기 때문에 BucketIterator()를 이용하여 데이터셋을 메모리로 가져옵니다.

코드 7-12 데이터셋 메모리로 가져오기

```python
BATCH_SIZE = 64
device = torch.device('cuda:0' if torch.cuda.is_available() else 'cpu')

embeding_dim = 100 ------ 각 단어를 100차원으로 조정(임베딩 계층을 통과한 후 각 벡터의 크기)
hidden_size = 300 ------ ①

train_iterator, valid_iterator, test_iterator = torchtext.legacy.data.BucketIterator.
splits(
    (train_data, valid_data, test_data),
    batch_size=BATCH_SIZE,
    device=device) ------ ②
```

① 은닉층의 유닛 개수를 지정합니다. 이때 유닛 의미는 다음 그림을 참고하세요.

▼ 그림 7-14 은닉층과 뉴런/유닛

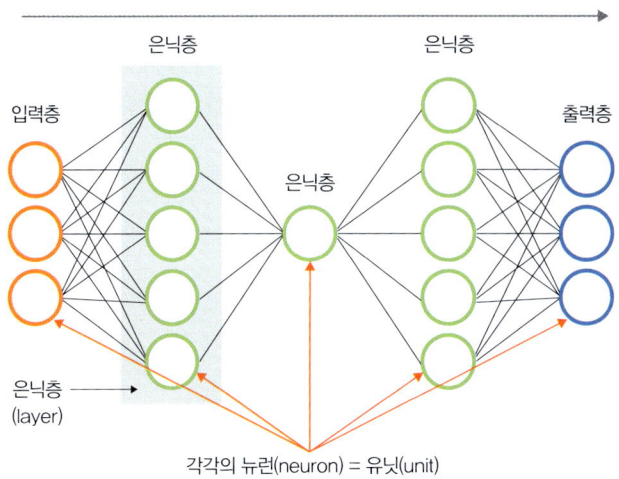

일반적으로 계층(layer)의 유닛 개수를 늘리는 것보다 계층 자체에 대한 개수를 늘리는 것이 성능을 위해서는 더 좋습니다. 은닉층 층수는 인공 신경망이 비선형 문제를 좀 더 잘 학습할 수 있도록 하는 반면, 층 안에 포함된 뉴런은 가중치와 바이어스를 계산하는 용도로 사용되기 때문입니다. 하지만 최적의 은닉층 개수와 유닛 개수를 찾는 것은 매우 어려운 일입니다. 그래서 많은 사람이 실제 필요한 개수보다 더 많은 층과 유닛을 구성한 후 과적합이 발생하지 않도록 이들 개수를 조정해 나가는 방식을 많이 사용합니다.

② BucketIterator는 데이터로더(dataloader)와 쓰임새가 같습니다. 즉, 배치 크기 단위로 값을 차례대로 꺼내어 메모리로 가져오고 싶을 때 사용합니다. 특히 Field에서 fix_length를 사용하지 않았다면 BucketIterator에서 데이터의 길이를 조정할 수 있습니다. BucketIterator는 비슷한 길이의 데이터를 한 배치에 할당하여 패딩(padding)을 최소화시켜 줍니다. BucketIterator에서 사용하는 파라미터는 다음과 같습니다.

```
torchtext.legacy.data.BucketIterator.splits(
(train_data, valid_data, test_data), batch_size=BATCH_SIZE, device=device)
            ⓐ                          ⓑ                    ⓒ
```

ⓐ 첫 번째 파라미터: 배치 크기 단위로 데이터를 가져올 데이터셋

ⓑ batch_size: 한 번에 가져올 데이터 크기(배치 크기)

ⓒ device: 어떤 장치(CPU 혹은 GPU)를 사용할지 지정

이제 워드 임베딩 처리를 해야 합니다. 앞에서 단어 집합을 만드는 과정에서 vectors=none으로 설

정했기 때문에 임베딩 처리 부분에 대해 정의하지 않았습니다. 이번 예제에서는 nn.Embedding() 을 이용하여 임베딩 처리를 진행해 보겠습니다.

코드 7-13 워드 임베딩 및 RNN 셀 정의

```
class RNNCell_Encoder(nn.Module):
    def __init__(self, input_dim, hidden_size):
        super(RNNCell_Encoder, self).__init__()
        self.rnn = nn.RNNCell(input_dim, hidden_size) ------ ①

    def forward(self, inputs):        ----- inputs는 입력 시퀀스로 (시퀀스 길이, 배치,
                                            임베딩(seq, batch, embedding))의 형태를 갖습니다.
        bz = inputs.shape[1] ------ 배치를 가져옵니다.
        ht = torch.zeros((bz, hidden_size)).to(device) ------ 배치와 은닉층 뉴런의 크기를 0으로 초기화
        for word in inputs:
            ht = self.rnn(word, ht) ------ ②
        return ht

class Net(nn.Module):
    def __init__(self):
        super(Net, self).__init__()
        self.em = nn.Embedding(len(TEXT.vocab.stoi), embeding_dim) ------ ③
        self.rnn = RNNCell_Encoder(embeding_dim, hidden_size)
        self.fc1 = nn.Linear(hidden_size, 256)
        self.fc2 = nn.Linear(256, 3)

    def forward(self, x):
        x = self.em(x)
        x = self.rnn(x)
        x = F.relu(self.fc1(x))
        x = self.fc2(x)
        return x
```

① RNN 셀 구현을 위한 구문입니다.

    self.rnn = nn.RNNCell(input_dim, hidden_size)
                               ⓐ   ⓑ

ⓐ input_dim: 훈련 데이터셋의 특성(feature) 개수로 (배치, 입력 데이터 칼럼 개수/특성 개수 (batch, input_size)) 형태를 갖습니다.

ⓑ hidden_size: 은닉층의 뉴런(유닛) 개수로 (배치, 은닉층 뉴런 개수(batch, hidden_size)) 형태를 갖습니다.

② 재귀적으로 발생하는 상태 값을 처리하기 위한 구문입니다.

```
ht = self.rnn(word, ht)
ⓐ          ⓑ     ⓒ
```

ⓐ 현재 상태를 의미하는 것으로 다음 그림의 h_t를 의미합니다.

ⓑ word: 현재의 입력 벡터로 다음 그림의 x_t를 의미하며 (배치, 입력 데이터 칼럼 개수(batch, input_size))의 형태를 갖습니다.

ⓒ ht: 이전 상태를 의미하는 것으로 다음 그림의 h_{t-1}을 의미하며 (배치, 은닉층의 뉴런 개수 (batch, hidden_size))의 형태를 갖습니다.

▼ 그림 7-15 은닉층의 상태 값

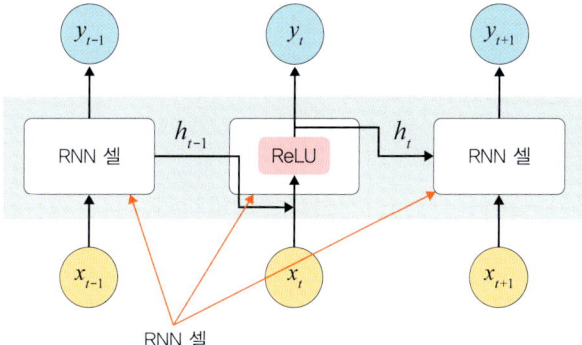

③ 임베딩 처리를 위한 구문입니다.

```
self.em = nn.Embedding(len(TEXT.vocab.stoi), embeding_dim)
                              ⓐ                  ⓑ
```

ⓐ 첫 번째 파라미터: 임베딩을 할 단어 수(단어 집합의 크기)

ⓑ embeding_dim: 임베딩할 벡터의 차원

이제 옵티마이저와 손실 함수를 정의합니다.

코드 7-14 옵티마이저와 손실 함수 정의

```
model = Net()   ------ model이라는 이름으로 모델을 객체화
model.to(device)

loss_fn = nn.CrossEntropyLoss()   ------ ①
optimizer = torch.optim.Adam(model.parameters(), lr=0.0001)
```

① torch.nn.CrossEntropyLoss는 다중 분류에 사용됩니다. torch.nn.CrossEntropyLoss는 nn.LogSoftmax와 nn.NLLLoss 연산의 조합으로 구성됩니다. nn.LogSoftmax는 모델 네트워크의 마지막 계층에서 얻은 결괏값들을 확률로 해석하기 위해 소프트맥스 함수의 결과에 로그(log)를 취한 것이고, nn.NLLLoss는 다중 분류에 사용합니다. 신경망에서 로그 확률 값을 얻으려면 마지막에 LogSoftmax를 추가해야 합니다.

이제 모델 학습을 위한 함수를 생성합니다. 모델 학습을 위한 함수는 공식과도 같습니다. 데이터로더에서 데이터를 가져와서 모델에 적용한 후 손실 함수를 적용하여 오차를 구하고 옵티마이저를 이용하여 파라미터(가중치, 바이어스 등)를 업데이트합니다.

코드 7-15 모델 학습을 위한 함수 정의

```python
def training(epoch, model, trainloader, validloader):
    correct = 0
    total = 0
    running_loss = 0

    model.train()
    for b in trainloader:
        x, y = b.text, b.label        # trainloader에서 text와 label을 꺼내 옵니다.
        x, y = x.to(device), y.to(device)    # 꺼내 온 데이터가 CPU를 사용할 수 있도록 장치 지정.
                                             # 반드시 모델과 같은 장치를 사용하도록 지정해야 합니다.
        y_pred = model(x)
        loss = loss_fn(y_pred, y)     # CrossEntropyLoss 손실 함수를 이용하여 오차 계산
        optimizer.zero_grad()
        loss.backward()
        optimizer.step()
        with torch.no_grad():
            y_pred = torch.argmax(y_pred, dim=1)
            correct += (y_pred == y).sum().item()
            total += y.size(0)
            running_loss += loss.item()

    epoch_loss = running_loss / len(trainloader.dataset)    # 누적된 오차를 전체 데이터셋으로 나누어서
    epoch_acc = correct / total                              # 에포크 단계마다 오차를 구합니다.

    valid_correct = 0
    valid_total = 0
    valid_running_loss = 0

    model.eval()
    with torch.no_grad():
```

```python
        for b in validloader:
            x, y = b.text, b.label
            x, y = x.to(device), y.to(device)
            y_pred = model(x)
            loss = loss_fn(y_pred, y)
            y_pred = torch.argmax(y_pred, dim=1)
            valid_correct += (y_pred == y).sum().item()
            valid_total += y.size(0)
            valid_running_loss += loss.item()

    epoch_valid_loss = valid_running_loss / len(validloader.dataset)
    epoch_valid_acc = valid_correct / valid_total

    print('epoch: ', epoch,
          'loss : ', round(epoch_loss, 3),
          'accuracy:', round(epoch_acc, 3),
          'valid_loss : ', round(epoch_valid_loss, 3),
          'valid_accuracy:', round(epoch_valid_acc, 3)
          ) ------ 훈련이 진행될 때 에포크마다 정확도와 오차(loss)를 출력
    return epoch_loss, epoch_acc, epoch_valid_loss, epoch_valid_acc
```

이제 실제로 훈련과 검증 데이터셋을 이용한 모델 학습을 진행합니다.

코드 7-16 모델 학습

```python
epochs = 5
train_loss = []
train_acc = []
valid_loss = []
valid_acc = []

for epoch in range(epochs):
    epoch_loss, epoch_acc, epoch_valid_loss, epoch_valid_acc = training(epoch,
                                                                        model,
                                                                        train_iterator,
                                                                        valid_iterator)
    train_loss.append(epoch_loss) ------ 훈련 데이터셋을 모델에 적용했을 때의 오차
    train_acc.append(epoch_acc) ------ 훈련 데이터셋을 모델에 적용했을 때의 정확도
    valid_loss.append(epoch_valid_loss) ------ 검증 데이터셋을 모델에 적용했을 때의 오차
    valid_acc.append(epoch_valid_acc) ------ 검증 데이터셋을 모델에 적용했을 때의 정확도

end = time.time()
print(end-start)
```

다음은 훈련과 검증 데이터셋을 이용한 모델 학습 결과입니다.

```
epoch:  0 loss :   0.011 accuracy: 0.498 valid_loss :   0.011 valid_accuracy: 0.508
epoch:  1 loss :   0.011 accuracy: 0.502 valid_loss :   0.011 valid_accuracy: 0.496
epoch:  2 loss :   0.011 accuracy: 0.514 valid_loss :   0.011 valid_accuracy: 0.497
epoch:  3 loss :   0.011 accuracy: 0.515 valid_loss :   0.011 valid_accuracy: 0.495
epoch:  4 loss :   0.011 accuracy: 0.524 valid_loss :   0.011 valid_accuracy: 0.515
3079.2938101291656
```

에포크를 5로 지정했기 때문에 정확도가 낮지만 학습과 검증 데이터셋에 대한 오차가 유사하므로 과적합은 발생하지 않고 있습니다.

실제로 테스트 데이터셋에 대해서는 어떤 결과가 나타날지 알아보겠습니다. 함수의 내용은 앞에서 살펴보았던 코드와 크게 다르지 않습니다.

코드 7-17 모델 예측 함수 정의

```python
def evaluate(epoch, model, testloader):
    test_correct = 0
    test_total = 0
    test_running_loss = 0

    model.eval()
    with torch.no_grad():
        for b in testloader:
            x, y = b.text, b.label
            x, y = x.to(device), y.to(device)
            y_pred = model(x)
            loss = loss_fn(y_pred, y)
            y_pred = torch.argmax(y_pred, dim=1)
            test_correct += (y_pred == y).sum().item()
            test_total += y.size(0)
            test_running_loss += loss.item()

    epoch_test_loss = test_running_loss / len(testloader.dataset)
    epoch_test_acc = test_correct / test_total

    print('epoch: ', epoch,
          'test_loss: ', round(epoch_test_loss, 3),
          'test_accuracy:', round(epoch_test_acc, 3)
          )
    return epoch_test_loss, epoch_test_acc
```

테스트 데이터셋을 이용한 모델 예측 결과를 알아봅시다.

코드 7-18 모델 예측 결과 확인

```python
epochs = 5
test_loss = []
test_acc = []

for epoch in range(epochs):
    epoch_test_loss, epoch_test_acc = evaluate(epoch,
                                                model,
                                                test_iterator)
    test_loss.append(epoch_test_loss)
    test_acc.append(epoch_test_acc)

end = time.time()
print(end-start)
```

다음과 같이 테스트 데이터셋도 검증 데이터셋의 평가 결과와 크게 다르지 않습니다. 더 높은 정확도를 원한다면 에포크 횟수를 늘려 주세요.

```
epoch:  0 test_loss:  0.011 test_accuracy: 0.504
epoch:  1 test_loss:  0.011 test_accuracy: 0.504
epoch:  2 test_loss:  0.011 test_accuracy: 0.504
epoch:  3 test_loss:  0.011 test_accuracy: 0.504
epoch:  4 test_loss:  0.011 test_accuracy: 0.504
3315.3576958179474
```

그럼 이제 이 결과를 염두해 두고 다른 모델을 적용했을 때의 결과와 비교해 보겠습니다.

7.4.2 RNN 계층 구현

이번에는 RNN 계층에 대한 예제를 살펴보겠습니다. RNN 셀에서 진행했던 동일한 IMDB 데이터셋을 사용할 예정입니다. 또한, RNN 계층은 RNN 셀의 네트워크와 크게 다르지 않기 때문에 미세한 차이 위주로 학습하면 좋습니다.

예제 진행을 위해 먼저 필요한 라이브러리를 가져옵니다.

코드 7-19 라이브러리 호출

```python
import torch
import torchtext
import numpy as np
import torch.nn as nn
import torch.nn.functional as F
import time
```

IMDB 데이터셋을 내려받은 후 전처리를 진행합니다.

코드 7-20 데이터셋 내려받기 및 전처리

```python
start = time.time()
TEXT = torchtext.legacy.data.Field(sequential=True, batch_first=True, lower=True)
LABEL = torchtext.legacy.data.Field(sequential=False, batch_first=True)

from torchtext.legacy import datasets
train_data, test_data = datasets.IMDB.splits(TEXT, LABEL)  # ------ 역시 IMDB를 사용합니다.
train_data, valid_data = train_data.split(split_ratio=0.8)

TEXT.build_vocab(train_data, max_size=10000, min_freq=10, vectors=None)
LABEL.build_vocab(train_data)

BATCH_SIZE = 100
device = torch.device('cuda:0' if torch.cuda.is_available() else 'cpu')
```

BucketIterator()를 이용하여 훈련, 검증, 테스트 데이터셋으로 분리합니다.

코드 7-21 데이터셋 분리

```python
train_iterator, valid_iterator, test_iterator = torchtext.legacy.data.BucketIterator.splits(
    (train_data, valid_data, test_data),
    batch_size=BATCH_SIZE,
    device=device)
```

변수 값을 지정합니다. vocab_size에는 영화 리뷰에 대한 텍스트 길이를, n_classes에는 레이블 (긍정, 부정) 값을 지정합니다.

코드 7-22 변수 값 지정

```
vocab_size = len(TEXT.vocab)
n_classes = 2 ------ pos(긍정), neg(부정)
```

이제 모델에 대한 네트워크를 정의합니다.

코드 7-23 RNN 계층 네트워크

```
class BasicRNN(nn.Module):
    def __init__(self, n_layers, hidden_dim, n_vocab, embed_dim, n_classes, dropout_p=0.2):
        super(BasicRNN, self).__init__()
        self.n_layers = n_layers ------ RNN 계층에 대한 개수
        self.embed = nn.Embedding(n_vocab, embed_dim) ------ 워드 임베딩 적용
        self.hidden_dim = hidden_dim
        self.dropout = nn.Dropout(dropout_p) ------ 드롭아웃 적용
        self.rnn = nn.RNN(embed_dim, self.hidden_dim, num_layers=self.n_layers,
                          batch_first=True) ------ ①
        self.out = nn.Linear(self.hidden_dim, n_classes)

    def forward(self, x):
        x = self.embed(x) ------ 문자를 숫자/벡터로 변환
        h_0 = self._init_state(batch_size=x.size(0)) ------ 최초 은닉 상태의 값을 0으로 초기화
        x, _ = self.rnn(x, h_0) ------ RNN 계층을 의미하며, 파라미터로 입력과 이전 은닉 상태의 값을 받습니다.
        h_t = x[:, -1, :] ------ 모든 네트워크를 거쳐서 가장 마지막에 나온 단어의 임베딩 값(마지막 은닉 상태의 값)
        self.dropout(h_t)
        logit = torch.sigmoid(self.out(h_t))
        return logit

    def _init_state(self, batch_size=1):
        weight = next(self.parameters()).data ------ 모델의 파라미터 값을 가져와서 weight 변수에 저장
        return weight.new(self.n_layers, batch_size, self.hidden_dim).zero_() ┈┈
            크기가 (계층의 개수, 배치 크기, 은닉층의 뉴런/유닛 개수)인 은닉 상태(텐서)를 생성하여 0으로 초기화한 후 반환
```

① RNN 계층에 대한 구문으로 파라미터는 다음과 같습니다.

```
self.rnn = nn.RNN(embed_dim, self.hidden_dim, num_layers=self.n_layers,
                      ⓐ           ⓑ                    ⓒ
                  batch_first=True)
                      ⓓ
```

ⓐ embed_dim: 훈련 데이터셋의 특성(feature) 개수(칼럼 개수)

ⓑ self.hidden_dim: 은닉 계층의 뉴런(유닛) 개수

ⓒ num_layers: RNN 계층의 개수

ⓓ batch_first: 기본값은 False로, 입력 데이터의 형태는 (시퀀스의 길이, 배치 크기, 특성 개수)입니다. 하지만 True로 설정하면 배치 크기가 가장 앞으로 오면서 (배치 크기, 시퀀스의 길이, 특성 개수) 형태가 됩니다.

모델에서 사용할 손실 함수와 옵티마이저를 설정합니다.

코드 7-24 손실 함수와 옵티마이저 설정

```
model = BasicRNN(n_layers=1, hidden_dim=256, n_vocab=vocab_size, embed_dim=128,
                 n_classes=n_classes, dropout_p=0.5)
model.to(device)

loss_fn = nn.CrossEntropyLoss()
optimizer = torch.optim.Adam(model.parameters(), lr=0.0001)
```

다음은 훈련 데이터셋을 이용하여 모델을 학습시키기 위한 함수입니다.

코드 7-25 모델 학습 함수

```
def train(model, optimizer, train_iter):
    model.train()
    for b, batch in enumerate(train_iter):
        x, y = batch.text.to(device), batch.label.to(device)
        y.data.sub_(1)  ------ ①
        optimizer.zero_grad()
        
        logit = model(x)
        loss = F.cross_entropy(logit, y)
        loss.backward()
        optimizer.step()
        
        if b % 50 == 0:  ------ 훈련 데이터셋의 개수를 50으로 나누어서 나머지가 0이면 출력
            print("Train Epoch: {} [{}/{} ({:.0f}%)]\tLoss: {:.6f}".format(e,b *
                    len(x),len(train_iter.dataset),loss.item()))
```

① sub_()는 뺄셈에 대한 함수이며, 함수명에 '_'이 붙은 것은 inplace 연산을 하겠다는 의미입니다. 그리고 앞에서 IMDB의 레이블의 경우 긍정은 2, 부정은 1의 값을 갖는다고 했습니다. 따라

서 y.data에서 1을 뺀다는 것은 레이블 값을 0과 1로 변환하겠다는 의미입니다.

이번에는 검증과 테스트 데이터셋을 모델에 적용하여 결과를 예측하기 위한 함수입니다.

코드 7-26 모델 평가 함수

```python
def evaluate(model, val_iter):
    model.eval()
    corrects, total, total_loss = 0, 0, 0

    for batch in val_iter:
        x, y = batch.text.to(device), batch.label.to(device)
        y.data.sub_(1)
        logit = model(x)
        loss = F.cross_entropy(logit, y, reduction="sum")
        total += y.size(0)
        total_loss += loss.item()
        corrects += (logit.max(1)[1].view(y.size()).data == y.data).sum() ------ ①

    avg_loss = total_loss / len(val_iter.dataset)
    avg_accuracy = corrects / total
    return avg_loss, avg_accuracy
```

① 모델의 정확도를 구합니다.

corrects += (<u>logit.max(1)[1]</u>.<u>view(y.size())</u>.<u>data == y.data</u>).<u>sum()</u>
                 ⓐ   ⓑ   ⓒ   ⓓ

ⓐ max(1)[1]: .max(dim=0)**[0]**은 최댓값(max)을 나타내고 .max(dim=0)**[1]**은 최댓값을 갖는 데이터의 인덱스를 나타냅니다.

ⓑ view(y.size()): logit.max(1)[1]의 결과를 y.size()로 크기를 변경합니다.

ⓒ data == y.data: 모델의 예측 결과(logit.max(1)[1].view(y.size()).data)가 레이블(실제 값, y.data)과 같은지 확인합니다.

ⓓ sum(): 모델의 예측 결과와 레이블(실제 값)이 같으면 그 합을 corrects 변수에 누적하여 저장합니다.

이제 훈련 데이터셋을 이용하여 모델을 학습시키고 검증 데이터셋을 이용하여 성능(정확도)을 확인합니다.

코드 7-27 모델 학습 및 평가

```
BATCH_SIZE = 100
LR = 0.001
EPOCHS = 5
for e in range(1, EPOCHS + 1):
    train(model, optimizer, train_iterator)
    val_loss, val_accuracy = evaluate(model, valid_iterator)
    print("[EPOCH: %d], Validation Loss: %5.2f | Validation Accuracy: %5.2f" % (e,
           val_loss, val_accuracy))
```

다음은 모델을 학습시킨 결과입니다.

```
Train Epoch: 1 [0/20000 (0%)]Loss: 0.695734
Train Epoch: 1 [5000/20000 (25%)]    Loss: 0.697002
Train Epoch: 1 [10000/20000 (50%)]   Loss: 0.700943
Train Epoch: 1 [15000/20000 (75%)]   Loss: 0.691708
[EPOCH: 1], Validation Loss:  0.69 | Validation Accuracy:  0.51
Train Epoch: 2 [0/20000 (0%)]Loss: 0.692522
Train Epoch: 2 [5000/20000 (25%)]    Loss: 0.689648
Train Epoch: 2 [10000/20000 (50%)]   Loss: 0.693150
Train Epoch: 2 [15000/20000 (75%)]   Loss: 0.691025
[EPOCH: 2], Validation Loss:  0.69 | Validation Accuracy:  0.50
Train Epoch: 3 [0/20000 (0%)]Loss: 0.694444
Train Epoch: 3 [5000/20000 (25%)]    Loss: 0.693492
Train Epoch: 3 [10000/20000 (50%)]   Loss: 0.693789
Train Epoch: 3 [15000/20000 (75%)]   Loss: 0.693217
[EPOCH: 3], Validation Loss:  0.69 | Validation Accuracy:  0.50
Train Epoch: 4 [0/20000 (0%)]Loss: 0.694434
Train Epoch: 4 [5000/20000 (25%)]    Loss: 0.697406
Train Epoch: 4 [10000/20000 (50%)]   Loss: 0.691963
Train Epoch: 4 [15000/20000 (75%)]   Loss: 0.693150
[EPOCH: 4], Validation Loss:  0.69 | Validation Accuracy:  0.50
Train Epoch: 5 [0/20000 (0%)]Loss: 0.696038
Train Epoch: 5 [5000/20000 (25%)]    Loss: 0.691857
Train Epoch: 5 [10000/20000 (50%)]   Loss: 0.696768
Train Epoch: 5 [15000/20000 (75%)]   Loss: 0.695390
[EPOCH: 5], Validation Loss:  0.69 | Validation Accuracy:  0.50
```

검증 데이터셋을 모델에 적용한 결과 50%의 정확도를 보이고 있습니다. 여전히 높은 예측력이라고 볼 수 없습니다. 또한, RNN 셀과 비교해도 성능의 차이는 없습니다. 더 많은 에포크를 지정한다면 성능은 좋아질 수 있습니다.

마지막으로 테스트 데이터셋을 모델에 적용하여 성능을 확인합니다.

코드 7-28 테스트 데이터셋을 이용한 모델 예측

```
test_loss, test_acc = evaluate(model, test_iterator)
print("Test Loss: %5.2f | Test Accuracy: %5.2f" % (test_loss, test_acc))
```

다음은 테스트 데이터셋을 모델에 적용한 예측 결과입니다.

```
Test Loss:  0.69 | Test Accuracy:  0.56
```

테스트 데이터셋에 대해 56%의 정확도를 보이고 있습니다. 여전히 모델 성능이 좋다고 할 수 없는 상황입니다. 이와 같이 모델 성능이 좋지 않다면 다른 모델로 변경하여 테스트를 진행해 보아야 합니다. 이렇게 여러 유형의 모델을 적용한 후 결과가 가장 좋은 모델을 선택합니다. 또한, 하이퍼파라미터[8]를 튜닝해 나가는 과정이 필요하므로 데이터 분석은 꽤 많은 시간이 필요합니다.

7.5 LSTM

RNN은 결정적 단점이 있습니다. 앞서 언급했듯이 가중치가 업데이트되는 과정에서 기울기가 1보다 작은 값이 계속 곱해지기 때문에 기울기가 사라지는 기울기 소멸 문제가 발생합니다. 이를 해결하기 위해 LSTM이나 GRU 같은 확장된 RNN 방식들을 사용하고 있습니다.

7.5.1 LSTM 구조

LSTM 구조는 순전파와 역전파 과정으로 살펴보겠습니다.

LSTM 순전파

LSTM은 기울기 소멸 문제를 해결하기 위해 망각 게이트, 입력 게이트, 출력 게이트라는 새로운 요소를 은닉층의 각 뉴런에 추가했습니다.

---

[8] 학습률이나 배치 크기처럼 사용자가 임의로 지정해야 하는 값을 하이퍼파라미터(hyperparameter)라고 합니다.

그럼 LSTM에서 사용되는 각 게이트를 자세히 알아보겠습니다.

망각 게이트

망각 게이트(forget gate)는 과거 정보를 어느 정도 기억할지 결정합니다. 과거 정보와 현재 데이터를 입력받아 시그모이드를 취한 후 그 값을 과거 정보에 곱해 줍니다. 따라서 시그모이드의 출력이 0이면 과거 정보는 버리고, 1이면 과거 정보는 온전히 보존합니다.

0과 1 사이의 출력 값을 가지는 h_{t-1}과 x_t를 입력 값으로 받습니다. 이때 x_t는 새로운 입력 값이고, h_{t-1}은 이전 은닉층에서 입력되는 값입니다. 즉, h_{t-1}과 x_t를 이용하여 이전 상태 정보를 현재 메모리에 반영할지 결정하는 역할을 합니다.

- 계산한 값이 1이면 바로 직전의 정보를 메모리에 유지
- 계산한 값이 0이면 초기화

망각 게이트에 대한 수식은 다음과 같습니다.

$$f_t = \sigma(w_f [h_{t-1}, x_t])$$
$$c_t = f_t \cdot c_{t-1}$$

그림으로는 다음과 같이 표현할 수 있습니다.

▼ 그림 7-16 망각 게이트

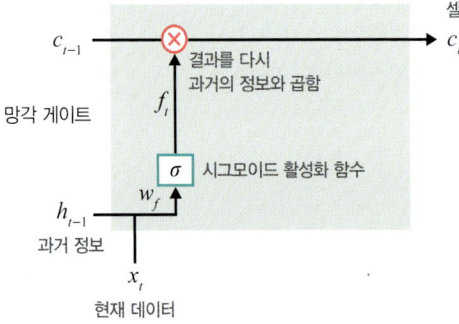

입력 게이트

입력 게이트(input gate)는 현재 정보를 기억하기 위해 만들어졌습니다. 과거 정보와 현재 데이터를 입력받아 시그모이드와 하이퍼볼릭 탄젠트 함수를 기반으로 현재 정보에 대한 보존량을 결정합니다.

즉, 현재 메모리에 새로운 정보를 반영할지 결정하는 역할을 합니다.

- 계산한 값이 1이면 입력 x_t가 들어올 수 있도록 허용(open)
- 계산한 값이 0이면 차단

이것을 수식으로 정리하면 다음과 같습니다.

$$i_t = \sigma(w_i[h_{t-1}, x_t])$$
$$\tilde{c}_t = \tanh(w_c[h_{t-1}, x_t])$$
$$c_t = c_{t-1} + i_t \cdot \tilde{c}_t$$

그림으로는 다음과 같이 표현할 수 있습니다.

▼ 그림 7-17 입력 게이트

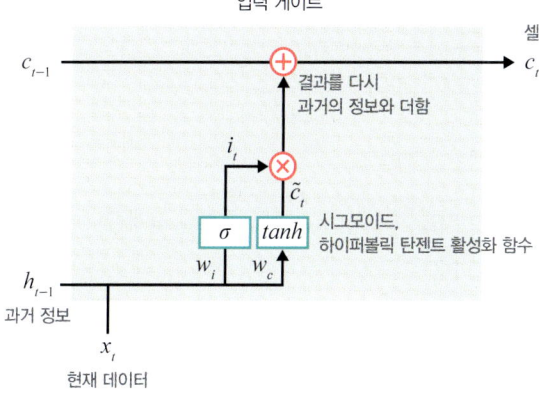

셀

각 단계에 대한 은닉 노드(hidden node)를 메모리 셀이라고 합니다. '총합(sum)'을 사용하여 셀 값을 반영하며, 이것으로 기울기 소멸 문제가 해결됩니다.

셀을 업데이트하는 방법은 다음과 같습니다.

망각 게이트와 입력 게이트의 이전 단계 셀 정보를 계산하여 현재 단계의 셀 상태(cell state)를 업데이트합니다. 다음은 셀에 대한 수식입니다.

$$f_t = \sigma(w_f[h_{t-1}, x_t])$$
$$c_t = c_{t-1} + i_t \cdot \tilde{c}_t$$

그림으로는 다음과 같이 표현할 수 있습니다.

▼ 그림 7-18 셀

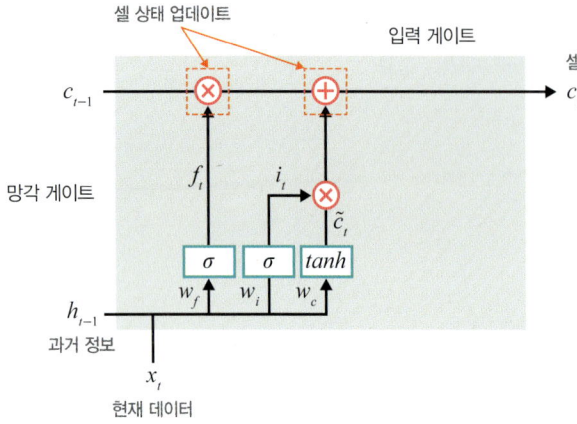

출력 게이트

출력 게이트(output gate)는 과거 정보와 현재 데이터를 사용하여 뉴런의 출력을 결정합니다. 이전 은닉 상태(hidden state)와 t번째 입력을 고려해서 다음 은닉 상태를 계산합니다. 그리고 LSTM에서는 이 은닉 상태가 그 시점에서의 출력이 됩니다.

출력 게이트는 갱신된 메모리의 출력 값을 제어하는 역할을 합니다.

- 계산한 값이 1이면 의미 있는 결과로 최종 출력
- 계산한 값이 0이면 해당 연산 출력을 하지 않음

이것을 수식으로 정리하면 다음과 같습니다.

$$o_t = \sigma(w_o[h_{t-1}, x_t])$$
$$h_t = o_t \cdot \tanh(c_{t-1})$$

그림으로는 다음과 같이 표현할 수 있습니다.

▼ 그림 7-19 출력 게이트

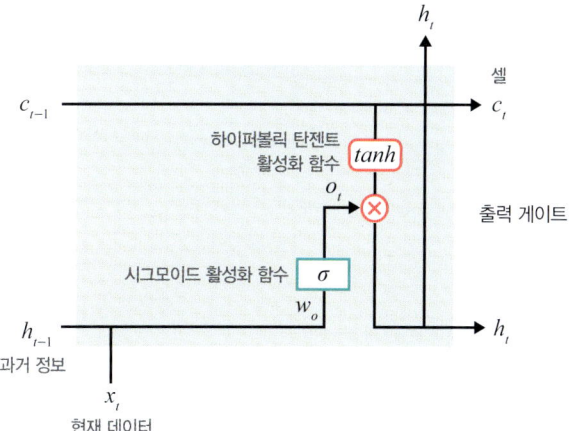

다음 그림은 망각 게이트, 입력 게이트, 출력 게이트를 모두 표현한 것입니다.

▼ 그림 7-20 LSTM 전체 게이트

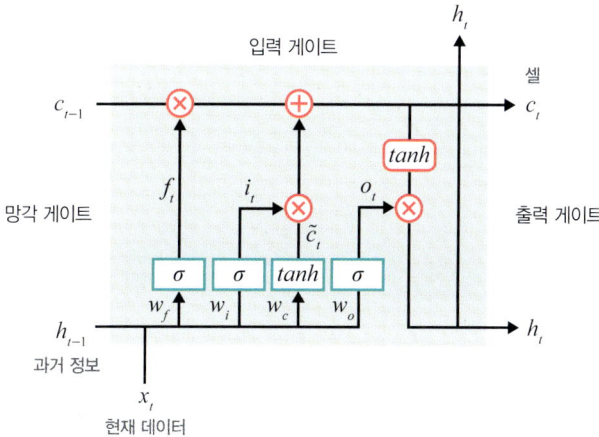

LSTM 역전파

LSTM은 셀을 통해서 역전파를 수행하기 때문에 '중단 없는 기울기(uninterrupted gradient flow)'라고도 합니다.

즉, 다음 그림과 같이 최종 오차는 모든 노드에 전파되는데, 이때 셀을 통해서 중단 없이 전파됩니다.

▼ 그림 7-21 LSTM 셀 단위 역전파

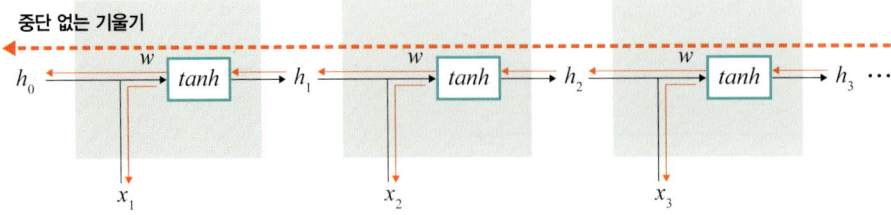

다음은 역전파를 수행하기 위한 공식입니다.

$$t_t = \tanh(w_{hh}h_{t-1} + w_{xh}x_t)$$
$$= \tanh((w_{hh} \quad w_{xh})\begin{pmatrix} h_{t-1} \\ x_t \end{pmatrix})$$
$$= \tanh(w\begin{pmatrix} h_{t-1} \\ x_t \end{pmatrix})$$

이때 주의해야 할 것은 셀 단위로 오차가 전파된다고 해서 입력 방향으로 오차가 전파되지 않는 것은 아닙니다. 다음 그림과 같이 셀 내부적으로는 오차가 입력(x_t)으로 전파된다는 것도 잊지 말아야 합니다.

▼ 그림 7-22 입력층으로의 역전파

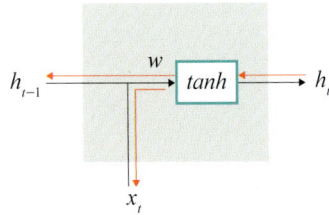

이제 LSTM을 파이토치로 구현해 보겠습니다. LSTM은 RNN과 네트워크 측면에서 어떤 차이가 있는지 비교하면서 학습하면 좋습니다.

7.5.2 LSTM 셀 구현

지금까지 RNN을 살펴보았다면 이제 LSTM 셀과 LSTM 계층을 살펴보겠습니다. 이번 예제에서 사용할 데이터셋은 MNIST입니다.

> **Note** **MNIST**
>
> MNIST는 인공지능 연구의 권위자 얀 르쿤(Yann LeCun) 교수가 만든 데이터셋으로 훈련 데이터셋 6만 개와 검증 데이터셋 1만 개로 구성되어 있습니다. MNIST는 손으로 쓴 숫자 이미지(0에서 9까지 값을 갖는 고정 크기 이미지(28×28 픽셀))들로 구성되어 있습니다.

먼저 필요한 라이브러리를 호출합니다.

코드 7-29 라이브러리 호출

```python
import torch
import torch.nn as nn
import torchvision.transforms as transforms
import torchvision.datasets as dataset
from torch.autograd import Variable
from torch.nn import Parameter  # 파라미터 목록을 갖고 있는 라이브러리(패키지)
from torch import Tensor
import torch.nn.functional as F
from torch.utils.data import DataLoader
import math  # 수학과 관련되어 다양한 함수들과 상수들이 정의되어 있는 라이브러리

device = torch.device('cuda:0' if torch.cuda.is_available() else 'cpu')
cuda = True if torch.cuda.is_available() else False  # GPU 사용에 필요(GPU는 8장에서 자세히 살펴볼
                                                     # 예정이지만 미리 눈으로 익혀 두세요)

Tensor = torch.cuda.FloatTensor if cuda else torch.FloatTensor  # GPU 사용에 필요

torch.manual_seed(125)
if torch.cuda.is_available():
    torch.cuda.manual_seed_all(125)
```

데이터에 대한 전처리를 합니다. 평균과 표준편차에 맞게 데이터를 정규화하기 위한 코드입니다.

코드 7-30 데이터 전처리

```python
import torchvision.transforms as transforms

mnist_transform = transforms.Compose([
    transforms.ToTensor(),
    transforms.Normalize((0.5,), (1.0,))  # 평균을 0.5, 표준편차를 1.0으로 데이터 정규화
])                                         # (데이터 분포를 조정)
```

torchvision.datasets에서 제공하는 데이터셋 중 MNIST 데이터셋을 내려받습니다.

코드 7-31 데이터셋 내려받기

```python
from torchvision.datasets import MNIST

download_root = '../chap07/MNIST_DATASET'  # ------ MNIST를 내려받을 경로

train_dataset = MNIST(download_root, transform=mnist_transform, train=True,
                      download=True)  # ------ ①
valid_dataset = MNIST(download_root, transform=mnist_transform, train=False,
                      download=True)
test_dataset = MNIST(download_root, transform=mnist_transform, train=False,
                     download=True)
```

① MNIST 데이터셋을 내려받기 위해 필요한 파라미터는 다음과 같습니다.

```
train_dataset = MNIST(download_root, transform=mnist_transform, train=True,
                      ⓐ                ⓑ                          ⓒ
                      download=True)
                      ⓓ
```

ⓐ 첫 번째 파라미터: MNIST를 내려받을 위치 지정

ⓑ transform: 앞에서 정의했던 데이터 전처리 적용

ⓒ train: True로 설정할 경우 훈련용 데이터셋을 가져오지만, False로 설정할 경우 테스트용 데이터셋을 가져옵니다.

ⓓ download: True로 설정될 경우 내려받으려는 위치에 MNIST 파일이 없으면 내려받지만 파일이 있다면 내려받지 않습니다.

다음은 MNIST를 내려받은 결과입니다.

```
Downloading http://yann.lecun.com/exdb/mnist/train-images-idx3-ubyte.gz to ../chap07/
MNIST_DATASET\MNIST\raw\train-images-idx3-ubyte.gz
  0%|          | 0/9912422 [00:00<?, ?it/s]
Extracting ../chap07/MNIST_DATASET\MNIST\raw\train-images-idx3-ubyte.gz to ../chap07/
MNIST_DATASET\MNIST\raw
Downloading http://yann.lecun.com/exdb/mnist/train-labels-idx1-ubyte.gz to ../chap07/
MNIST_DATASET\MNIST\raw\train-labels-idx1-ubyte.gz
  0%|          | 0/28881 [00:00<?, ?it/s]
Extracting ../chap07/MNIST_DATASET\MNIST\raw\train-labels-idx1-ubyte.gz to ../chap07/
```

```
MNIST_DATASET\MNIST\raw
Downloading http://yann.lecun.com/exdb/mnist/t10k-images-idx3-ubyte.gz to ../chap07/
MNIST_DATASET\MNIST\raw\t10k-images-idx3-ubyte.gz
  0%|          | 0/1648877 [00:00<?, ?it/s]
Extracting ../chap07/MNIST_DATASET\MNIST\raw\t10k-images-idx3-ubyte.gz to ../chap07/
MNIST_DATASET\MNIST\raw
Downloading http://yann.lecun.com/exdb/mnist/t10k-labels-idx1-ubyte.gz to ../chap07/
MNIST_DATASET\MNIST\raw\t10k-labels-idx1-ubyte.gz
  0%|          | 0/4542 [00:00<?, ?it/s]
Extracting ../chap07/MNIST_DATASET\MNIST\raw\t10k-labels-idx1-ubyte.gz to ../chap07/
MNIST_DATASET\MNIST\raw
Processing...
Done!
```

데이터로더를 이용하여 내려받은 MNIST 파일을 메모리로 불러옵니다. 단, train_loader, valid_loader, test_loader가 호출될 때 메모리로 불러온다는 점에 주의하세요.

코드 7-32 데이터셋을 메모리로 가져오기

```python
batch_size = 64
train_loader = DataLoader(dataset=train_dataset,
                          batch_size=batch_size,
                          shuffle=True)
valid_loader = DataLoader(dataset=test_dataset,
                          batch_size=batch_size,
                          shuffle=True)
test_loader = DataLoader(dataset=test_dataset,
                         batch_size=batch_size,
                         shuffle=True)
```

배치 크기 및 에포크 등 변수에 대한 값을 지정합니다.

코드 7-33 변수 값 지정

```python
batch_size = 100
n_iters = 6000
num_epochs = n_iters / (len(train_dataset) / batch_size)
num_epochs = int(num_epochs)
```

LSTM 셀에 대한 네트워크를 구축합니다. 모델의 전반적인 네트워크가 아닌 LSTM 셀에 집중한 네트워크입니다.

코드 7-34 LSTM 셀 네트워크 구축

```python
                                    ┌---- LSTM 셀에 대한 더 자세한 설명을 원한다면
class LSTMCell(nn.Module): ┈┈┈┈┤     http://www.bioinf.jku.at/publications/older/2604.pdf 논문을 참고하세요.
    def __init__(self, input_size, hidden_size, bias=True):
        super(LSTMCell, self).__init__()
        self.input_size = input_size
        self.hidden_size = hidden_size
        self.bias = bias
        self.x2h = nn.Linear(input_size, 4 * hidden_size, bias=bias) ┈┈┈┈① 
        self.h2h = nn.Linear(hidden_size, 4 * hidden_size, bias=bias) ┈┈┈┈①′
        self.reset_parameters()

    def reset_parameters(self): ┈┈┈┈ 모델의 파라미터 초기화
        std = 1.0 / math.sqrt(self.hidden_size)
        for w in self.parameters():
            w.data.uniform_(-std, std) ┈┈┈┈②

    def forward(self, x, hidden):
        hx, cx = hidden
        x = x.view(-1, x.size(1))

        gates = self.x2h(x) + self.h2h(hx) ┈┈┈┈①″
        gates = gates.squeeze() ┈┈┈┈③
        ingate, forgetgate, cellgate, outgate = gates.chunk(4, 1) ┈┈┈┈①‴

        ingate = F.sigmoid(ingate) ┈┈┈┈ 입력 게이트에 시그모이드 활성화 함수 적용
        forgetgate = F.sigmoid(forgetgate) ┈┈┈┈ 망각 게이트에 시그모이드 활성화 함수 적용
        cellgate = F.tanh(cellgate) ┈┈┈┈ 셀 게이트에 탄젠트 활성화 함수 적용
        outgate = F.sigmoid(outgate) ┈┈┈┈ 출력 게이트에 시그모이드 활성화 함수 적용

        cy = torch.mul(cx, forgetgate) + torch.mul(ingate, cellgate) ┈┈┈┈④
        hy = torch.mul(outgate, F.tanh(cy)) ┈┈┈┈④′
        return (hy, cy)
```

①, ①′ self.x2h = nn.Linear(input_size, **4 * hidden_size**, bias=bias)와 self.h2h = nn.Linear(hidden_size, **4 * hidden_size**, bias=bias)에서 **4 * hidden_size**가 사용되고 있는 이유에 대해 생각해 볼 필요가 있습니다. 왜 은닉층의 뉴런/유닛에 4를 곱할까요? 그 답을 알기 위해서는 다음 그림을 먼저 이해해야 합니다.

▼ 그림 7-23 LSTM 게이트

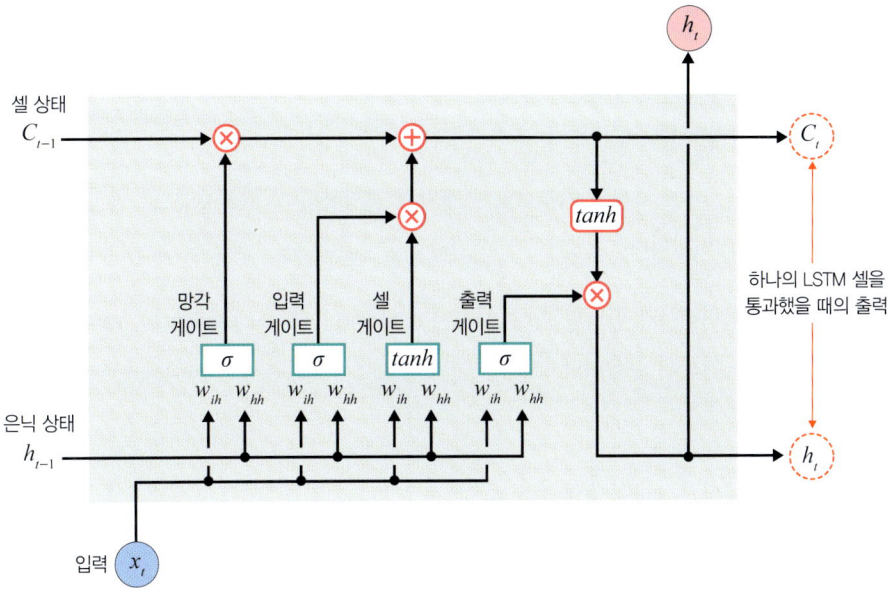

그림 7-23과 같이 LSTM에서 중요한 것은 게이트입니다. 게이트는 망각, 입력, 셀, 출력으로 구성되며 이 모든 게이트는 ①"처럼 구할 수 있습니다. ①"를 풀어서 작성하면 다음과 같습니다.

```
gates = F.linear(input, w_ih, b_ih) + F.linear(hx, w_hh, b_hh)
                 ⓐ      ⓑ    ⓒ                ⓓ   ⓔ    ⓕ
```

ⓐ 입력층으로 입력되는 훈련 데이터셋의 특성(feature) 수(칼럼 개수)

ⓑ 입력층과 은닉층 사이의 가중치

ⓒ 입력층과 은닉층 사이의 바이어스

ⓓ 은닉층의 뉴런/유닛 개수(은닉층의 특성(feature) 수)

ⓔ 은닉층과 은닉층 사이의 가중치

ⓕ 은닉층과 은닉층 사이의 바이어스

이렇게 계산된 게이트(gates)는 ①'''처럼 gates.chunk(4, 1)에 의해 네 개로 쪼개져서 각각 망각, 입력, 셀, 출력 게이트를 의미하는 변수에 저장됩니다. 즉, gates가 네 개로 쪼개지는 상황이기 때문에 4가 곱해졌던 것입니다. 일반적으로 바이어스도 4를 곱해 주지만 예제에서는 은닉층의 뉴런/유닛 개수만 4를 곱해 주었습니다.

또한, 여기에서 사용되는 torch.chunk() 사용 방법은 다음과 같습니다.

torch.chunk는 텐서를 쪼갤 때 사용하는 함수이며 파라미터는 다음과 같습니다.

```
ingate, forgetgate, cellgate, outgate = gates.chunk(4, 1)
                                                    ⓐ  ⓑ
```

ⓐ 첫 번째 파라미터: 텐서를 몇 개로 쪼갤지 설정합니다.

ⓑ 두 번째 파라미터: 어떤 차원을 기준으로 쪼갤지를 결정합니다. dim=1이므로 열 단위로 텐서를 분할하겠다는 의미입니다.

② uniform( )은 난수를 위해 사용합니다. 난수 사용은 uniform( ) 외에도 randint( ), random( ) 등이 있는데, 사용 방법은 다음과 같습니다.

```
from random import *

ri = randint(1, 10)  ------ 1부터 10 사이의 임의의 정수
print(ri)

rd = random()  ------ 0부터 1 사이의 임의의 실수(float)
print(rd)

ui = uniform(1, 10)  ------ 1부터 10 사이의 임의의 실수(float)
print(ui)

rr = randrange(1, 10, 2)  ------ 1부터 10 사이를 2씩 건너뛴 임의의 정수(예 1, 3, 5, 7, 9)
print(rr)
```

다음은 난수 생성에 대한 실행 결과입니다.

```
7
0.5517938632336726
5.378512915003691
1
```

③ torch.squeeze( )는 텐서의 차원을 줄이고자 할 때 사용합니다. 사용 방법은 다음과 같습니다.

```
import torch
x = torch.FloatTensor([[1], [2]])  ------ (2×1) 크기의 2차원 텐서 생성
print(x)
print(x.shape)
print('--squeeze 적용--')
print(x.squeeze())  ------ squeeze()가 적용되어 1차원으로 축소
print(x.squeeze().shape)
```

다음은 squeeze()를 적용한 결과입니다.

```
tensor([[1.],
        [2.]])
torch.Size([2, 1])
--squeeze 적용--
tensor([1., 2.])
torch.Size([2])
```

squeeze()를 적용한 결과 (2×1) 텐서가 (2,) 크기를 갖는 1차원 벡터로 변경되었습니다.

④, ④' 하나의 LSTM 셀을 통과하면 셀(c_t) 상태와 은닉 상태(h_t)가 출력으로 주어집니다. 이때 셀 상태는 입력, 망각, 셀 게이트에 의해 계산되며, 은닉 상태는 출력 게이트에 의해 계산됩니다. 여기에서 사용되는 torch.mul()은 텐서에 곱셈을 할 때 사용합니다. 사용 방법은 다음과 같습니다.

```python
import torch
x = torch.FloatTensor([[1], [2]]) ------ 임의의 텐서 생성
print(x)
print('--mul 적용--')
torch.mul(x, 3) ------ x라는 텐서의 원소에 3을 곱합니다.
```

다음은 torch.mul()이 적용된 결과입니다.

```
tensor([[1.],
        [2.]])
--mul 적용--
tensor([[3.],
        [6.]])
```

앞에서 게이트 위주의 셀에 대해 살펴보았다면 이번에는 전반적인 네트워크를 구성해 보겠습니다.

코드 7-35 LSTM 셀의 전반적인 네트워크

```python
class LSTMModel(nn.Module):
    def __init__(self, input_dim, hidden_dim, layer_dim, output_dim, bias=True):
        super(LSTMModel, self).__init__()
        self.hidden_dim = hidden_dim ------ 은닉층의 뉴런/유닛 개수

        self.layer_dim = layer_dim
        self.lstm = LSTMCell(input_dim, hidden_dim, layer_dim) ------ ①
        self.fc = nn.Linear(hidden_dim, output_dim)

    def forward(self, x):
```

```python
        if torch.cuda.is_available():      # ------ GPU 사용 유무 확인
            h0 = Variable(torch.zeros(self.layer_dim, x.size(0), self.hidden_dim).cuda())
        else:                               # (은닉층의 계층 개수, 배치 크기, 은닉층의 뉴런 개수) 형태를 갖는 은닉 상태를 0으로 초기화
            h0 = Variable(torch.zeros(self.layer_dim, x.size(0), self.hidden_dim))

        if torch.cuda.is_available():      # ------ GPU 사용 유무 확인
            c0 = Variable(torch.zeros(self.layer_dim, x.size(0), self.hidden_dim).cuda())
        else:                               # (은닉층의 계층 개수, 배치 크기, 은닉층의 뉴런 개수) 형태를 갖는 셀 상태를 0으로 초기화
            c0 = Variable(torch.zeros(self.layer_dim, x.size(0), hidden_dim))

        outs = []
        cn = c0[0,:,:]      # ------ (은닉층의 계층 개수, 배치 크기, 은닉층의 뉴런 개수) 크기를 갖는 셀 상태에 대한 텐서
        hn = h0[0,:,:]      # ------ (은닉층의 계층 개수, 배치 크기, 은닉층의 뉴런 개수) 크기를 갖는 은닉 상태에 대한 텐서

        for seq in range(x.size(1)):        # ------ LSTM 셀 계층을 반복하여 쌓아 올립니다.
            hn, cn = self.lstm(x[:,seq,:], (hn,cn))   # ------ 은닉 상태(hn)와 셀 상태를 LSTMCell에
            outs.append(hn)                            #        적용한 결과를 또다시 hn, cn에 저장

        out = outs[-1].squeeze()
        out = self.fc(out)
        return out
```

① LSTM 셀은 앞에서 정의한 함수를 불러오는 부분으로 파라미터는 다음과 같습니다.

```
self.lstm = LSTMCell(input_dim, hidden_dim, layer_dim)
                        ⓐ          ⓑ           ⓒ
```

ⓐ input_dim: 입력에 대한 특성(feature) 수(칼럼 개수)

ⓑ hidden_dim: 은닉층의 뉴런 개수

ⓒ layer_dim: 은닉층의 계층 개수

옵티마이저와 손실 함수를 지정합니다.

코드 7-36 옵티마이저와 손실 함수 지정

```python
input_dim = 28
hidden_dim = 128
layer_dim = 1
output_dim = 10

model = LSTMModel(input_dim, hidden_dim, layer_dim, output_dim)
if torch.cuda.is_available():      # ------ GPU 사용 유무 확인
```

```
        model.cuda()
criterion = nn.CrossEntropyLoss()
learning_rate = 0.1
optimizer = torch.optim.SGD(model.parameters(), lr=learning_rate)
```

훈련 데이터셋을 이용하여 모델을 학습시키고, 검증 데이터셋을 이용하여 모델 성능을 확인해 봅니다.

코드 7-37 모델 학습 및 성능 확인

```
seq_dim = 28
loss_list = []
iter = 0
for epoch in range(num_epochs):
    for i, (images, labels) in enumerate(train_loader):  ------ 훈련 데이터셋을 이용한 모델 학습
        if torch.cuda.is_available():  ------ GPU 사용 유무 확인
            images = Variable(images.view(-1, seq_dim, input_dim).cuda())  ------ ①
            labels = Variable(labels.cuda())
        else:  ------ GPU를 사용하지 않기 때문에 else 구문이 실행
            images = Variable(images.view(-1, seq_dim, input_dim))
            labels = Variable(labels)

        optimizer.zero_grad()
        outputs = model(images)
        loss = criterion(outputs, labels)  ------ 손실 함수를 이용하여 오차 계산

        if torch.cuda.is_available():
            loss.cuda()

        loss.backward()
        optimizer.step()  ------ 파라미터 업데이트
        loss_list.append(loss.item())
        iter += 1

        if iter % 500 == 0:  ------ 정확도(accuracy) 계산
            correct = 0
            total = 0
            for images, labels in valid_loader:  ------ 검증 데이터셋을 이용한 모델 성능 검증

                if torch.cuda.is_available():
                    images = Variable(images.view(-1, seq_dim, input_dim).cuda())
                else:
                    images = Variable(images.view(-1, seq_dim, input_dim))
```

```
            outputs = model(images)
            _, predicted = torch.max(outputs.data, 1)    ┈┈ 모델을 통과한 결과의 최댓값으로부터
                                                            예측 결과 가져오기

            total += labels.size(0)    ┈┈ 총 레이블 수
            if torch.cuda.is_available():
                correct += (predicted.cpu() == labels.cpu()).sum()
            else:
                correct += (predicted == labels).sum()

        accuracy = 100 * correct / total
        print('Iteration: {}. Loss: {}. Accuracy: {}'.format(iter, loss.item(),
            accuracy))
```

① 현재 버전에서는 모든 텐서가 자동으로 Variable의 성질을 갖기 때문에 torch.autograd. Variable을 사용할 필요가 없지만 학습/연습 및 이전 버전에서 구현된 파이토치 코드를 이해하기 위해 사용합니다.

다음은 모델의 학습 결과입니다.

```
Iteration: 500. Loss: 2.237457513809204. Accuracy: 21.420000076293945
Iteration: 1000. Loss: 0.8156253695487976. Accuracy: 75.58000183105469
Iteration: 1500. Loss: 0.4442233443260193. Accuracy: 89.0199966430664
Iteration: 2000. Loss: 0.2941139340400696. Accuracy: 92.5199966430664
Iteration: 2500. Loss: 0.10072824358940125. Accuracy: 94.36000061035156
Iteration: 3000. Loss: 0.07324947416782379. Accuracy: 96.41000366210938
Iteration: 3500. Loss: 0.07463668286800385. Accuracy: 96.52999877929688
Iteration: 4000. Loss: 0.02473960630595684. Accuracy: 97.38999938964844
Iteration: 4500. Loss: 0.05208646133542061. Accuracy: 97.23999786376953
Iteration: 5000. Loss: 0.08925972133874893. Accuracy: 97.2300033569336
Iteration: 5500. Loss: 0.16396191716194153. Accuracy: 96.95999908447266
Iteration: 6000. Loss: 0.03904556855559349. Accuracy: 97.61000061035156
Iteration: 6500. Loss: 0.012450279667973518. Accuracy: 97.69999694824219
Iteration: 7000. Loss: 0.01861385628581047. Accuracy: 97.91999816894531
Iteration: 7500. Loss: 0.03142683207988739. Accuracy: 97.87000274658203
Iteration: 8000. Loss: 0.041584715247154236. Accuracy: 97.87999725341797
Iteration: 8500. Loss: 0.009684142656624317. Accuracy: 98.02999877929688
Iteration: 9000. Loss: 0.03081698529422283. Accuracy: 97.87999725341797
```

정확도가 97%로 상당히 높은 것을 확인할 수 있습니다.

이제 테스트 데이터셋을 이용하여 모델 예측 성능을 살펴보겠습니다.

코드 7-38 테스트 데이터셋을 이용한 모델 예측 성능 확인

```
def evaluate(model, val_iter):
    corrects, total, total_loss = 0, 0, 0
    model.eval()
    for images, labels in val_iter:
        if torch.cuda.is_available():    ------ GPU 사용 유무 확인
            images = Variable(images.view(-1, seq_dim, input_dim).cuda())
        else:
            images = Variable(images.view(-1, seq_dim, input_dim)).to(device)
                                                    reduction='sum'을 지정했기
        logit = model(images).to(device)            때문에 모든 오차를 더합니다.
        loss = F.cross_entropy(logit, labels, reduction="sum") ------
        _, predicted = torch.max(logit.data, 1)  ------ logit.data 텐서에서 최댓값의 인덱스(index)를 반환
        total += labels.size(0)
        total_loss += loss.item()
        corrects += (predicted == labels).sum()

    avg_loss = total_loss / len(val_iter.dataset)
    avg_accuracy = corrects / total
    return avg_loss, avg_accuracy
```

모델 학습 및 모델 예측 관련한 코드는 비슷한 패턴으로 진행됩니다. 따라서 모델의 네트워크 및 네트워크에서 사용되는 파라미터에 집중하여 학습하면 좋습니다.

마지막으로 테스트 데이터셋을 이용한 모델 예측 성능을 확인해 봅니다.

코드 7-39 모델 예측 성능 확인

```
test_loss, test_acc = evaluate(model, test_loader)
print("Test Loss: %5.2f | Test Accuracy: %5.2f" % (test_loss, test_acc))
```

다음은 모델 예측에 대한 결과입니다.

    Test Loss: 0.06 | Test Accuracy: 0.98

IMDB에서 MNIST로 데이터셋이 바뀌기는 했지만 98%로 성능이 매우 좋습니다. IMDB는 사전에 전처리가 되지 않은 데이터셋이고, MNIST는 사전에 전처리가 된 상태의 데이터셋이기 때문에 정확도 측면에서 차이가 날 수 있습니다. 이와 같이 사전에 전처리가 되지 않은 데이터셋의 경우 정확도를 높이기 위해 은닉층의 개수(혹은 뉴런의 개수) 및 하이퍼파라미터 수정 등이 필요합니다.

7.5.3 LSTM 계층 구현

LSTM 계층에 대한 예제 데이터셋은 스타벅스 주가 데이터셋을 사용합니다. 또한, 예제를 통해 확인하고자 하는 것은 모델이 얼마나 주가 예측을 잘 하는지에 대해 알아보는 것입니다.

먼저 필요한 라이브러리를 호출합니다.

코드 7-40 라이브러리 호출

```python
import os
import time

import numpy as np
import pandas as pd
import matplotlib.pyplot as plt

import torch
import torch.nn as nn
from torch.utils.data import TensorDataset, DataLoader
from torch.autograd import Variable
from tqdm import tqdm_notebook
from sklearn.preprocessing import StandardScaler, MinMaxScaler
from sklearn.model_selection import train_test_split

device = torch.device('cuda:0' if torch.cuda.is_available() else 'cpu')
```

이번 예제에서 사용할 데이터셋은 스타벅스 주가입니다. 데이터셋은 https://finance.yahoo.com/quote/sbux/history/를 이용합니다.

코드 7-41 데이터셋 가져오기

```python
data = pd.read_csv('../chap07/data/SBUX.csv')
print(data.dtypes)
```

다음은 스타벅스 주가 데이터셋의 각 칼럼과 데이터 타입을 보여 줍니다.

```
Date         object
Open         float64
High         float64
Low          float64
Close        float64
Adj Close    float64
```

```
Volume        int64
dtype: object
```

데이터셋에 포함된 'Date' 칼럼을 인덱스로 사용하도록 합니다. 이번 예제에서 사용할 데이터들은 숫자이기 때문에 임베딩이 필요하지 않지만 단어들로 구성된 데이터셋은 임베딩 과정을 거쳐야 합니다. 이때 날짜 칼럼은 임베딩 처리가 어려운 경우가 많은데, 날짜 칼럼을 인덱스로 처리하면 편리합니다.

코드 7-42 날짜 칼럼을 인덱스로 사용

```
data['date'] = pd.to_datetime(data['date'])
data.set_index('date', inplace=True) ------ 'date' 칼럼을 인덱스로 사용
```

'Volume' 칼럼은 정수(int)라는 데이터 형식을 갖는데, 이것을 실수(float)로 변경합니다. 여기도 마찬가지로 데이터 형식을 실수(float)로 맞추고 시작하면 추후 데이터를 텐서로 변환할 때 편리합니다.

코드 7-43 데이터 형식 변경

```
data['volume'] = data['volume'].astype(float) ------ 데이터 형식을 변경할 때는 astype()을 사용
```

데이터에 대한 전처리가 완료되었다면 데이터셋을 훈련과 정답(레이블)으로 분리하고 그 결과를 출력합니다.

코드 7-44 훈련과 레이블 분리

```
X = data.iloc[:, :-1] ------ 마지막 칼럼을 제외한 모든 칼럼을 x로 사용
y = data.iloc[:, 5:6] ------ 마지막 'Volume'을 레이블로 사용
print(X)
print(y)
```

다음은 훈련(x)과 레이블(y) 데이터셋에 대한 출력 결과입니다.

```
Date              Open        High         Low       Close   Adj Close
2019-12-11   86.260002   86.870003   85.849998   86.589996   84.145752
2019-12-12   88.000000   88.889999   87.540001   88.209999   85.720032
2019-12-13   88.019997   88.790001   87.580002   88.669998   86.167046
2019-12-16   89.139999   89.300003   88.430000   88.779999   86.273941
2019-12-17   88.870003   88.970001   87.470001   88.129997   85.642288
    ...          ...         ...         ...         ...         ...
```

```
2020-12-04    101.349998    102.940002    101.070000    102.279999    101.442787
2020-12-07    102.010002    102.220001    100.690002    101.410004    100.579918
2020-12-08    100.370003    101.570000    100.010002    101.209999    100.381554
2020-12-09    101.940002    102.209999    100.099998    100.400002     99.578186
2020-12-10    103.510002    106.089996    102.750000    105.389999    104.527336

[253 rows x 5 columns]
                  Volume
Date
2019-12-11     4921900.0
2019-12-12    10282100.0
2019-12-13     6714100.0
2019-12-16     6705600.0
2019-12-17     7296900.0
...                  ...
2020-12-04     6952700.0
2020-12-07     4514800.0
2020-12-08     3911300.0
2020-12-09     6629900.0
2020-12-10    12939200.0

[253 rows x 1 columns]
```

데이터셋에서 데이터 간의 분포가 다르게 나타나고 있습니다. 분포를 고르게 맞추기 위한 과정이 필요한데 MinMaxScaler()와 StandardScaler()를 사용하여 분산을 조정해 보겠습니다.

코드 7-45 데이터 분포 조정

```python
ms = MinMaxScaler()  ------ 데이터의 모든 값이 0~1 사이에 존재하도록 분산 조정
ss = StandardScaler()  ------ 데이터가 평균 0, 분산 1이 되도록 분산 조정

X_ss = ss.fit_transform(X)
y_ms = ms.fit_transform(y)

X_train = X_ss[:200, :]  ------ 훈련 데이터셋
X_test = X_ss[200:, :]  ------ 테스트 데이터셋

y_train = y_ms[:200, :]
y_test = y_ms[200:, :]

print("Training Shape", X_train.shape, y_train.shape)
print("Testing Shape", X_test.shape, y_test.shape)
```

코드를 실행하면 훈련과 테스트 데이터셋에 대한 형태를 보여 줍니다.

```
Training Shape (200, 5) (200, 1)
Testing Shape (53, 5) (53, 1)
```

훈련 데이터셋(X_train)은 200개의 데이터와 다섯 개의 칼럼으로 구성되어 있으며, 테스트 데이터셋(y_test)은 53개의 데이터와 한 개의 칼럼으로 구성되어 있는 것을 확인할 수 있습니다.

모든 데이터셋은 그 자체로 네트워크에 보낼 수 없습니다. 네트워크에서 정의된 형태 및 크기에 따라 데이터셋 크기를 조정한 후 네트워크로 보내야 합니다.

코드 7-46 데이터셋의 형태 및 크기 조정

```
X_train_tensors = Variable(torch.Tensor(X_train))      ------ Variable로 감싸진 텐서는 .backward()가
X_test_tensors = Variable(torch.Tensor(X_test))                호출될 때 자동으로 기울기가 계산

y_train_tensors = Variable(torch.Tensor(y_train))
y_test_tensors = Variable(torch.Tensor(y_test))

X_train_tensors_f = torch.reshape(X_train_tensors, (X_train_tensors.shape[0],
                                  1, X_train_tensors.shape[1]))   ------ ①
X_test_tensors_f = torch.reshape(X_test_tensors, (X_test_tensors.shape[0],
                                 1, X_test_tensors.shape[1]))

print("Training Shape", X_train_tensors_f.shape, y_train_tensors.shape)
print("Testing Shape", X_test_tensors_f.shape, y_test_tensors.shape)
```

① torch.reshape은 텐서의 형태를 바꿀 때 사용하며, 훈련 데이터셋(X_train_tensors)의 형태 (200, 5)를 (200, 1, 5)로 변경하겠다는 의미입니다.

다음은 훈련, 테스트 데이터셋의 형태가 변경된 결과입니다.

```
Training Shape torch.Size([200, 1, 5]) torch.Size([200, 1])
Testing Shape torch.Size([53, 1, 5]) torch.Size([53, 1])
```

이와 같이 데이터셋의 형태를 변경하는 이유는 LSTM 네트워크의 입력 형태와 맞추기 위함입니다.

이제 LSTM 모델의 네트워크를 구성해 봅니다.

코드 7-47 LSTM 네트워크

```python
class LSTM(nn.Module):
    def __init__(self, num_classes, input_size, hidden_size, num_layers, seq_length):
        super(LSTM, self).__init__()
        self.num_classes = num_classes      ------ 클래스 개수
        self.num_layers = num_layers        ------ LSTM 계층의 개수
        self.input_size = input_size        ------ 입력 크기로 훈련 데이터셋의 칼럼 개수를 의미
        self.hidden_size = hidden_size      ------ 은닉층의 뉴런 개수
        self.seq_length = seq_length        ------ 시퀀스 길이

        self.lstm = nn.LSTM(input_size=input_size, hidden_size=hidden_size,
                            num_layers=num_layers, batch_first=True)  ------ LSTM 계층
        self.fc_1 = nn.Linear(hidden_size, 128)     ------ 완전연결층
        self.fc = nn.Linear(128, num_classes)       ------ 출력층
        self.relu = nn.ReLU()

    def forward(self, x):                                                            # 은닉 상태를 0으로 초기화
        h_0 = Variable(torch.zeros(self.num_layers, x.size(0), self.hidden_size))
        c_0 = Variable(torch.zeros(self.num_layers, x.size(0), self.hidden_size))
        output, (hn, cn) = self.lstm(x, (h_0, c_0))   ------ LSTM 계층에 은닉 상태와 셀 상태 적용
        hn = hn.view(-1, self.hidden_size)            ------ 완전연결층 적용을 위해 데이터의
        out = self.relu(hn)                                   형태 조정(1차원으로 조정)
        out = self.fc_1(out)                                                         # 셀 상태를 0으로 초기화
        out = self.relu(out)
        out = self.fc(out)
        return out
```

모델 학습을 위해 필요한 변수 값들을 설정합니다.

코드 7-48 변수 값 설정

```python
num_epochs = 1000           ------ 1000번의 에포크
learning_rate = 0.0001      ------ 학습률을 0.0001로 지정

input_size = 5              ------ 입력 데이터셋의 칼럼(feature) 개수
hidden_size = 2             ------ 은닉층의 뉴런/유닛 개수
num_layers = 1              ------ LSTM 계층의 개수

num_classes = 1             ------ 클래스 개수
model = LSTM(num_classes, input_size, hidden_size, num_layers, X_train_tensors_
             f.shape[1])    ------ 앞에서 정의한 값들을 이용하여 LSTM 모델 학습

criterion = torch.nn.MSELoss()
optimizer = torch.optim.Adam(model.parameters(), lr=learning_rate)
```

이제 모델을 학습시킵니다.

코드 7-49 모델 학습

```
for epoch in range(num_epochs):      ------ 1000번 반복
    outputs = model.forward(X_train_tensors_f)      ------ 전방향(forward) 학습
    optimizer.zero_grad()
    loss = criterion(outputs, y_train_tensors)      ------ 손실 함수를 이용한 오차 계산(모델 학습 결과(outputs)와
    loss.backward()      ------ 기울기 계산                       레이블(y_train_tensors)의 차이 계산)

    optimizer.step()      ------ 오차 업데이트
    if epoch % 100 == 0:      ------ 1000을 100으로 나누어 나머지가 0이면 출력
        print("Epoch: %d, loss: %1.5f" % (epoch, loss.item()))
```

다음은 모델 학습 결과입니다.

```
Epoch: 0, loss: 0.10221
Epoch: 100, loss: 0.00653
Epoch: 200, loss: 0.00031
Epoch: 300, loss: 0.00026
Epoch: 400, loss: 0.00025
Epoch: 500, loss: 0.00024
Epoch: 600, loss: 0.00024
Epoch: 700, loss: 0.00023
Epoch: 800, loss: 0.00023
Epoch: 900, loss: 0.00023
```

오차 위주로 출력했기 때문에 실제로 얼마나 잘 예측했는지 알기 어렵습니다. 예측 결과를 시각적으로 표현해 보겠습니다. 먼저 레이블과 예측 결과를 출력하기 위한 전처리(데이터의 분포 및 형태 변경)를 진행합니다.

코드 7-50 모델 예측 결과를 출력하기 위한 데이터 크기 재구성

```
df_x_ss = ss.transform(data.iloc[:, :-1])      ------ 데이터 정규화(분포 조정)
df_y_ms = ms.transform(data.iloc[:, -1:])      ------ 데이터 정규화

df_x_ss = Variable(torch.Tensor(df_x_ss))
df_y_ms = Variable(torch.Tensor(df_y_ms))
df_x_ss = torch.reshape(df_x_ss, (df_x_ss.shape[0], 1, df_x_ss.shape[1]))
```

전처리가 진행된 데이터를 그래프로 출력합니다.

코드 7-51 모델 예측 결과 출력

```
train_predict = model(df_x_ss)       ······ 훈련 데이터셋을 모델에 적용하여 모델 학습
predicted = train_predict.data.numpy()  ······ 모델 학습 결과를 넘파이로 변경
label_y = df_y_ms.data.numpy()

predicted = ms.inverse_transform(predicted)  ······ 모델 학습을 위해 전처리(정규화)했던 것을 해제
label_y = ms.inverse_transform(label_y)              (그래프의 본래 값을 출력하기 위한 목적)
plt.figure(figsize=(10,6))           ······ 그래프로 표시(plotting)
plt.axvline(x=200, c='r', linestyle='--')  ······ ①

plt.plot(label_y, label='Actual Data')
plt.plot(predicted, label='Predicted Data')
plt.title('Time-Series Prediction')
plt.legend()
plt.show()
```

① axvline()은 그래프의 축을 따라 수직선을 표현할 때 사용하며 파라미터는 다음과 같습니다.

plt.axvline(x=200, c='r', linestyle='--')
            ⓐ   ⓑ   ⓒ

ⓐ 첫 번째 파라미터: 어떤 지점에 수직선을 표현할지 지정합니다.

ⓑ c: 어떤 색상으로 수직선을 표현할지 지정합니다.

ⓒ linestyle: 어떤 스타일로 수직선을 표현할지 지정합니다. 참고로 수평선은 axhline()을 사용하며 다음 그림과 같이 표현할 때 사용합니다.

▼ 그림 7-24 axvline과 axhline

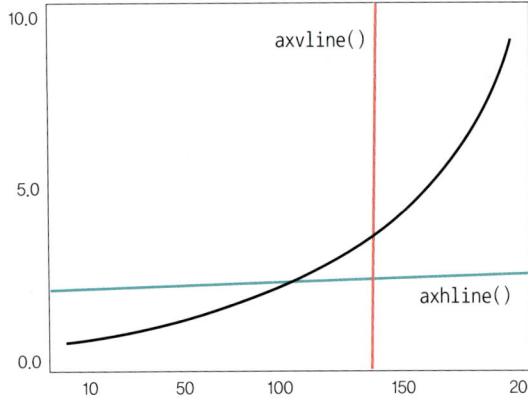

다음 그림은 레이블과 모델의 예측 결과를 그래프로 표현한 결과입니다.

▼ 그림 7-25 LSTM 모델 예측 결과

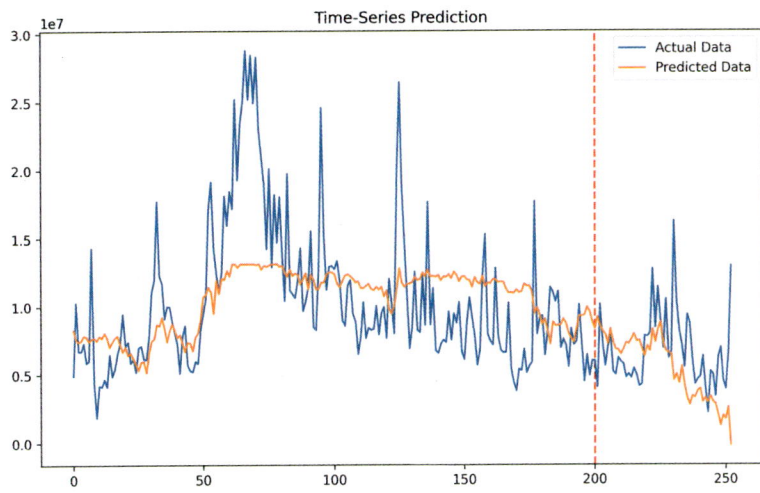

파란색은 실제 레이블에 대한 출력 결과이고 주황색은 모델이 예측한 결과를 보여 줍니다. 예측 결과가 만족스럽지 않습니다. 추후 GRU에 대해서도 동일한 데이터셋을 사용해 볼 텐데 결과를 비교해 보겠습니다. 이와 같이 결과가 만족스럽지 않다면 하이퍼파라미터에 대한 튜닝도 중요하지만 모델을 변경해 보는 것이 좋습니다. 하이퍼파라미터 튜닝(성능 향상)과 관련해서는 8장을 참고하세요.

이제 마지막으로 GRU를 이용한 코드를 구현해 보겠습니다.

7.6 게이트 순환 신경망(GRU)

GRU(Gated Recurrent Unit)는 게이트 메커니즘이 적용된 RNN 프레임워크의 한 종류이면서 LSTM보다 구조가 간단합니다. 그럼 GRU 구조부터 살펴본 후 코드를 구현해 보겠습니다.

7.6.1 GRU 구조

GRU는 LSTM에서 사용하는 망각 게이트와 입력 게이트를 하나로 합친 것이며, 별도의 업데이트 게이트로 구성되어 있습니다.

하나의 게이트 컨트롤러(gate controller)가 망각 게이트와 입력 게이트를 모두 제어합니다. 게이트 컨트롤러가 1을 출력하면 망각 게이트는 열리고 입력 게이트는 닫히며, 반대로 0을 출력하면 망각 게이트는 닫히고 입력 게이트는 열립니다. 즉, 이전 기억이 저장될 때마다 단계별 입력은 삭제됩니다.

GRU는 출력 게이트가 없어 전체 상태 벡터가 매 단계마다 출력되며, 이전 상태의 어느 부분이 출력될지 제어하는 새로운 게이트 컨트롤러가 별도로 존재합니다.

망각 게이트

망각 게이트(reset gate)는 과거 정보를 적당히 초기화(reset)시키려는 목적으로 시그모이드 함수를 출력으로 이용하여 (0,1) 값을 이전 은닉층에 곱합니다. 이전 시점의 은닉층 값에 현시점의 정보에 대한 가중치를 곱한 것으로 수식은 다음과 같습니다.

$$r_t = \sigma(W_r \cdot [h_{t-1}, x_t])$$

그림으로는 다음과 같이 표현할 수 있습니다.

▼ 그림 7-26 망각 게이트

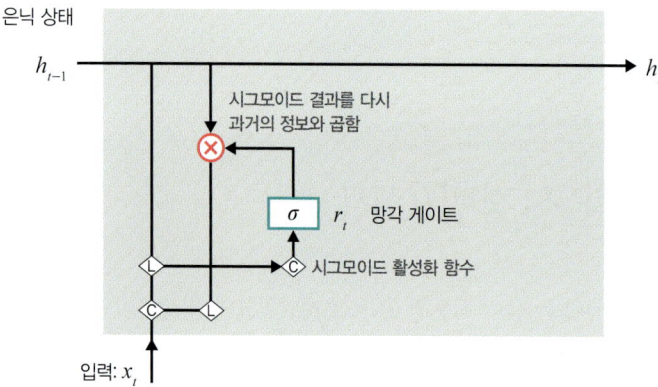

업데이트 게이트

업데이트 게이트(update gate)는 과거와 현재 정보의 최신화 비율을 결정하는 역할을 합니다.

시그모이드로 출력된 결과(z_t)는 현시점의 정보량을 결정하고 1에서 뺀 값($1-z_t$)을 직전 시점의 은닉층 정보와 곱합니다. 이를 수식으로 나타내면 다음과 같습니다.

$$z_t = \sigma(W_z \cdot [h_{t-1}, x_t])$$

그림으로는 다음과 같이 표현할 수 있습니다.

▼ 그림 7-27 업데이트 게이트

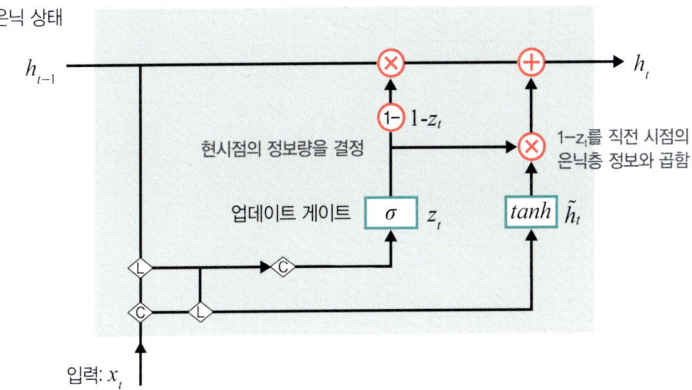

후보군

후보군(candidate)은 현시점의 정보에 대한 후보군을 계산합니다. 과거 은닉층의 정보를 그대로 이용하지 않고 망각 게이트의 결과를 이용하여 후보군을 계산합니다.

$$\tilde{h}_t = \tanh(W \cdot [r_t * h_{t-1}, x_t])$$

(*는 점 단위 연산(pointwise operation)입니다. 예를 들어 벡터를 더할 때
각각의 차원(dimension)에 맞게 곱하거나 더하는 것이 가능해집니다)

은닉층 계산

마지막으로 업데이트 게이트 결과와 후보군 결과를 결합하여 현시점의 은닉층을 계산합니다. 시그모이드 함수의 결과는 현시점에서 결과에 대한 정보량을 결정하고, 1-시그모이드 함수의 결과는 과거의 정보량을 결정합니다. 이것을 수식으로 나타내면 다음과 같습니다.

$$h_t = (1 - z_t) * h_{t-1} + z_t \times \tilde{h}_t$$

다음 그림은 GRU 전체에 대한 내부 구조입니다.

▼ 그림 7-28 GRU 내부 구조

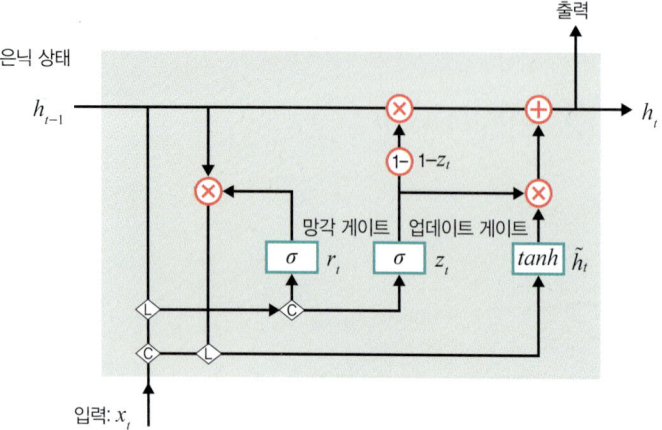

이제 GRU를 이용하여 네트워크를 구성해 보겠습니다.

7.6.2 GRU 셀 구현

이번에는 GRU 셀을 파이토치로 구현해 보겠습니다. 데이터셋 및 대부분의 코드는 LSTM 셀과 동일합니다. 따라서 여기에서도 네트워크의 차이점 위주로 학습하면 좋습니다.

필요한 라이브러리를 호출합니다.

코드 7-52 라이브러리 호출

```
import torch
import torch.nn as nn
import torchvision.transforms as transforms
import torchvision.datasets as dataset
from torch.autograd import Variable
from torch.nn import Parameter
from torch import Tensor
import torch.nn.functional as F
from torch.utils.data import DataLoader
import math

device = torch.device('cuda:0' if torch.cuda.is_available() else 'cpu')
```

```
cuda = True if torch.cuda.is_available() else False

Tensor = torch.cuda.FloatTensor if cuda else torch.FloatTensor

torch.manual_seed(125)
if torch.cuda.is_available():
    torch.cuda.manual_seed_all(125)
```

데이터셋을 평균과 표준편차를 기준으로 정규화하고 텐서로 변경하는 전처리를 진행합니다.

코드 7-53 데이터 전처리

```
mnist_transform = transforms.Compose([
    transforms.ToTensor(),
    transforms.Normalize((0.5,), (1.0,))
])
```

GRU 셀에서도 MNIST 데이터셋을 사용합니다. MNIST 데이터셋을 내려받은 후 전처리를 적용합니다.

코드 7-54 데이터셋 내려받기 및 전처리 적용

```
from torchvision.datasets import MNIST
download_root = '../chap07/MNIST_DATASET'

train_dataset = MNIST(download_root, transform=mnist_transform, train=True,
                      download=True)
valid_dataset = MNIST(download_root, transform=mnist_transform, train=False,
                      download=True)
test_dataset = MNIST(download_root, transform=mnist_transform, train=False,
                     download=True)
```

데이터로더를 이용하여 전처리된 데이터셋을 메모리로 불러옵니다. 단 메모리로 불러오는 시점은 train_loader, valid_loader, test_loader가 호출되는 시점입니다.

코드 7-55 데이터셋 메모리로 가져오기

```
batch_size = 64
train_loader = DataLoader(dataset=train_dataset,
                          batch_size=batch_size,
                          shuffle=True)
```

```
valid_loader = DataLoader(dataset=test_dataset,
                          batch_size=batch_size,
                          shuffle=True)
test_loader = DataLoader(dataset=test_dataset,
                         batch_size=batch_size,
                         shuffle=True)
```

일반적으로 검증과 테스트 용도의 데이터셋은 섞어서 사용하지 않습니다. 예제에서는 다양한 학습을 위해 True로 지정했습니다.

필요한 변수에 대한 값을 설정합니다.

코드 7-56 변수 값 설정

```
batch_size = 100
n_iters = 6000
num_epochs = n_iters / (len(train_dataset) / batch_size)
num_epochs = int(num_epochs)
```

이제 집중해서 살펴보아야 할 GRU 셀에 대한 네트워크입니다. LSTM 셀과 크게 다르지 않지만 차이점 위주로 설명하겠습니다.

코드 7-57 GRU 셀 네트워크

```
class GRUCell(nn.Module):
    def __init__(self, input_size, hidden_size, bias=True):
        super(GRUCell, self).__init__()
        self.input_size = input_size
        self.hidden_size = hidden_size
        self.bias = bias
        self.x2h = nn.Linear(input_size, 3 * hidden_size, bias=bias) ------ ①
        self.h2h = nn.Linear(hidden_size, 3 * hidden_size, bias=bias)
        self.reset_parameters()

    def reset_parameters(self):  ------ 파라미터를 초기화
        std = 1.0 / math.sqrt(self.hidden_size)
        for w in self.parameters():
            w.data.uniform_(-std, std)

    def forward(self, x, hidden):
        x = x.view(-1, x.size(1))
        gate_x = self.x2h(x)  ------ LSTM 셀에서는 gates를 x2h+h2h로 정의했지만
        gate_h = self.h2h(hidden)     GRU 셀에서는 개별적인 상태를 유지합니다.
```

```python
        gate_x = gate_x.squeeze()
        gate_h = gate_h.squeeze()

        i_r, i_i, i_n = gate_x.chunk(3, 1)    ------ 총 세 개의 게이트(망각, 입력, 새로운 게이트)를 위해
        h_r, h_i, h_n = gate_h.chunk(3, 1)           세 개로 쪼갭니다.

        resetgate = F.sigmoid(i_r + h_r)
        inputgate = F.sigmoid(i_i + h_i)
        newgate = F.tanh(i_n + (resetgate * h_n))    ------ '새로운 게이트'는 탄젠트 활성화
                                                            함수가 적용된 게이트

        hy = newgate + inputgate * (hidden - newgate)
        return hy
```

① LSTM 셀에서는 4를 곱했지만 GRU 셀에서는 세 개의 게이트가 사용되므로 3을 곱합니다. 엄밀히 게이트는 두 개(망각, 입력 게이트)이지만 탄젠트 활성화 함수가 적용되는 부분을 '새로운 게이트(newgate)'로 정의하여 총 3을 곱합니다.

개별적인 GRU 셀의 네트워크가 구성되었기 때문에 전반적인 네트워크에 대해 살펴봅시다.

코드 7-58 전반적인 네트워크 구조

```python
class GRUModel(nn.Module):
    def __init__(self, input_dim, hidden_dim, layer_dim, output_dim, bias=True):
        super(GRUModel, self).__init__()
        self.hidden_dim = hidden_dim
        self.layer_dim = layer_dim
                                                    앞에서 정의한 GRUCell 함수를 불러옵니다.
        self.gru_cell = GRUCell(input_dim, hidden_dim, layer_dim)  ------
        self.fc = nn.Linear(hidden_dim, output_dim)

    def forward(self, x):
        if torch.cuda.is_available():
            h0 = Variable(torch.zeros(self.layer_dim, x.size(0), self.hidden_dim).cuda())
        else:
            h0 = Variable(torch.zeros(self.layer_dim, x.size(0), self.hidden_dim))

        outs = []
        hn = h0[0,:,:]    ------ LSTM 셀에서는 셀 상태에 대해서도 정의했지만 GRU 셀에서는 셀은 사용되지 않습니다.

        for seq in range(x.size(1)):
            hn = self.gru_cell(x[:,seq,:], hn)
            outs.append(hn)
```

```python
        out = outs[-1].squeeze()
        out = self.fc(out)
        return out
```

모델에 적용될 변수 값 및 옵티마이저와 손실 함수를 설정합니다.

코드 7-59 옵티마이저와 손실 함수 설정

```python
input_dim = 28
hidden_dim = 128
layer_dim = 1
output_dim = 10

model = GRUModel(input_dim, hidden_dim, layer_dim, output_dim)

if torch.cuda.is_available():
    model.cuda()

criterion = nn.CrossEntropyLoss()
learning_rate = 0.1
optimizer = torch.optim.SGD(model.parameters(), lr=learning_rate)
```

훈련 데이터셋을 이용하여 모델을 학습시키고 검증 데이터셋을 이용하여 모델 성능을 측정합니다. 이 부분 역시 LSTM 셀과 동일하므로 설명은 생략합니다.

코드 7-60 모델 학습 및 성능 검증

```python
seq_dim = 28
loss_list = []
iter = 0
for epoch in range(num_epochs):
    for i, (images, labels) in enumerate(train_loader):
        if torch.cuda.is_available():
            images = Variable(images.view(-1, seq_dim, input_dim).cuda())
            labels = Variable(labels.cuda())
        else:
            images = Variable(images.view(-1, seq_dim, input_dim))
            labels = Variable(labels)

        optimizer.zero_grad()
        outputs = model(images)
        loss = criterion(outputs, labels)
```

```python
        if torch.cuda.is_available():
            loss.cuda()

        loss.backward()
        optimizer.step()

        loss_list.append(loss.item())
        iter += 1

        if iter % 500 == 0:
            correct = 0
            total = 0
            for images, labels in valid_loader:
                if torch.cuda.is_available():
                    images = Variable(images.view(-1, seq_dim, input_dim).cuda())
                else:
                    images = Variable(images.view(-1, seq_dim, input_dim))

                outputs = model(images)
                _, predicted = torch.max(outputs.data, 1)
                total += labels.size(0)

                if torch.cuda.is_available():
                    correct += (predicted.cpu() == labels.cpu()).sum()
                else:
                    correct += (predicted == labels).sum()

            accuracy = 100 * correct / total
            print('Iteration: {}. Loss: {}. Accuracy: {}'.format(iter, loss.item(),
                accuracy))
```

다음은 모델을 학습시킨 결과입니다.

```
Iteration: 500. Loss: 1.661692500114441. Accuracy: 43.59000015258789
Iteration: 1000. Loss: 0.8945671319961548. Accuracy: 76.19999694824219
Iteration: 1500. Loss: 0.29147762060165405. Accuracy: 89.7300033569336
Iteration: 2000. Loss: 0.23627924919128418. Accuracy: 93.51000213623047
Iteration: 2500. Loss: 0.03288724273443222. Accuracy: 95.05000305175781
Iteration: 3000. Loss: 0.030374949797987938. Accuracy: 95.81999969482422
Iteration: 3500. Loss: 0.16210567951202393. Accuracy: 96.33999633789062
Iteration: 4000. Loss: 0.1930878460407257. Accuracy: 96.19000244140625
Iteration: 4500. Loss: 0.05172012746334076. Accuracy: 97.0
```

```
Iteration: 5000. Loss: 0.1390017569065094. Accuracy: 97.26000213623047
Iteration: 5500. Loss: 0.08090303093194962. Accuracy: 97.62000274658203
Iteration: 6000. Loss: 0.1048836037516594. Accuracy: 97.69000244140625
Iteration: 6500. Loss: 0.07984019815921783. Accuracy: 97.80000305175781
Iteration: 7000. Loss: 0.10250381380319595. Accuracy: 97.55999755859375
Iteration: 7500. Loss: 0.06477993726730347. Accuracy: 97.86000061035156
Iteration: 8000. Loss: 0.10547631978988647. Accuracy: 97.80000305175781
Iteration: 8500. Loss: 0.042811520397663116. Accuracy: 98.0199966430664
Iteration: 9000. Loss: 0.04198891296982765. Accuracy: 98.22000122070312
```

LSTM 셀을 실행했을 때의 정확도와 유사합니다. 즉, LSTM 셀을 사용하든, GRU 셀을 사용하든 정확도가 비슷하게 나왔습니다. 시계열 처리 관련한 모델(RNN, LSTM, GRU) 중 어떤 것이 더 좋다고 말할 수는 없습니다. 따라서 주어진 데이터셋을 다양한 모델에 적용하여 최적의 모델을 찾는 것이 중요합니다.

테스트 데이터셋을 모델에 적용하여 예측에 대한 성능을 확인해 보겠습니다.

코드 7-61 테스트 데이터셋을 이용한 모델 예측

```python
def evaluate(model, val_iter):
    corrects, total, total_loss = 0, 0, 0
    model.eval()
    for images, labels in val_iter:
        if torch.cuda.is_available():
            images = Variable(images.view(-1, seq_dim, input_dim).cuda())
        else:
            images = Variable(images.view(-1, seq_dim, input_dim)).to(device)

        logit = model(images).to(device)
        loss = F.cross_entropy(logit, labels, reduction="sum")
        _, predicted = torch.max(logit.data, 1)
        total += labels.size(0)
        total_loss += loss.item()
        corrects += (predicted == labels).sum()

    avg_loss = total_loss / len(val_iter.dataset)
    avg_accuracy = corrects / total
    return avg_loss, avg_accuracy
```

모델의 예측력에 대한 성능 확인을 위해 테스트 데이터셋을 모델에 적용시킵니다.

코드 7-62 모델 예측 결과

```
test_loss, test_acc = evaluate(model,test_loader)
print("Test Loss: %5.2f | Test Accuracy: %5.2f" % (test_loss, test_acc))
```

다음은 테스트 데이터셋을 이용했을 때 모델의 예측력입니다.

```
Test Loss:  0.07 | Test Accuracy:  0.98
```

예측력(정확도)이 98%로 상당히 높게 나왔습니다. 역시 LSTM 셀을 사용했을 때와 성능이 비슷합니다.

MNIST 데이터셋에 대해서는 높은 성능을 보이지만 또 다른 데이터셋을 적용했을 때는 정확도가 낮게 나올 수도 있습니다. 따라서 주어진 데이터셋에 대해 다양한 모델을 적용해 보고 최적의 하이퍼파라미터를 찾는 것이 중요합니다.

7.6.3 GRU 계층 구현

GRU 계층에 대해 파이토치를 이용한 예제를 살펴볼 예정입니다. 이번 예제 또한 LSTM 계층에서 사용했던 데이터셋 및 코드와 유사합니다. 따라서 모델의 네트워크 위주로 학습해 보겠습니다.

필요한 라이브러리를 호출합니다.

코드 7-63 라이브러리 호출

```python
import os
import time

import numpy as np
import pandas as pd
import matplotlib.pyplot as plt

import torch
import torch.nn as nn
from torch.utils.data import TensorDataset, DataLoader
from torch.autograd import Variable
from tqdm import tqdm_notebook
from sklearn.preprocessing import StandardScaler, MinMaxScaler
from sklearn.model_selection import train_test_split

device = torch.device('cuda:0' if torch.cuda.is_available() else 'cpu')
```

스타벅스 주가 데이터셋을 불러와서 각 칼럼에 대한 데이터 형식을 살펴봅니다.

코드 7-64 데이터셋 불러오기

```
data = pd.read_csv('../chap07/data/SBUX.csv')
print(data.dtypes)
```

다음은 데이터셋 각 칼럼의 데이터 형식입니다.

```
Date         object
Open         float64
High         float64
Low          float64
Close        float64
Adj Close    float64
Volume       int64
dtype: object
```

'Date' 칼럼을 인덱스로 지정하고, 'Volume' 칼럼의 데이터 형식을 실수(float)로 변경합니다. 참고로 대·소문자를 구분하기 때문에 'Date'를 'date'로 사용하면 오류가 발생합니다.

코드 7-65 인덱스 설정 및 데이터 타입 변경

```
data['Date'] = pd.to_datetime(data['Date'])
data.set_index('Date', inplace=True)
data['Volume'] = data['Volume'].astype(float)
```

전체 칼럼 중 마지막 칼럼을 제외한 모든 데이터셋을 x(훈련 용도)로 지정하고 마지막 칼럼을 레이블(y)로 지정합니다.

코드 7-66 훈련과 레이블 데이터셋 분리

```
X = data.iloc[:, :-1]
y = data.iloc[:, 5:6]
print(X)
print(y)
```

다음은 훈련(x)과 레이블(y)에 대한 데이터를 출력한 결과입니다.

```
Date              Open        High        Low         Close       Adj Close
2019-12-11        86.260002   86.870003   85.849998   86.589996   84.145752
```

```
2019-12-12   88.000000   88.889999   87.540001   88.209999   85.720032
2019-12-13   88.019997   88.790001   87.580002   88.669998   86.167046
2019-12-16   89.139999   89.300003   88.430000   88.779999   86.273941
2019-12-17   88.870003   88.970001   87.470001   88.129997   85.642288
...                ...         ...         ...         ...         ...
2020-12-04  101.349998  102.940002  101.070000  102.279999  101.442787
2020-12-07  102.010002  102.220001  100.690002  101.410004  100.579918
2020-12-08  100.370003  101.570000  100.010002  101.209999  100.381554
2020-12-09  101.940002  102.209999  100.099998  100.400002   99.578186
2020-12-10  103.510002  106.089996  102.750000  105.389999  104.527336

[253 rows x 5 columns]
                 Volume
Date
2019-12-11    4921900.0
2019-12-12   10282100.0
2019-12-13    6714100.0
2019-12-16    6705600.0
2019-12-17    7296900.0
...                 ...
2020-12-04    6952700.0
2020-12-07    4514800.0
2020-12-08    3911300.0
2020-12-09    6629900.0
2020-12-10   12939200.0

[253 rows x 1 columns]
```

앞에서 정의한 훈련과 레이블 데이터셋을 정규화하여 분포를 조정합니다.

코드 7-67 훈련과 테스트 데이터셋 정규화

```
ms = MinMaxScaler()
ss = StandardScaler()

X_ss = ss.fit_transform(X)
y_ms = ms.fit_transform(y)

X_train = X_ss[:200, :]
X_test = X_ss[200:, :]

y_train = y_ms[:200, :]
y_test = y_ms[200:, :]
```

```
print("Training Shape", X_train.shape, y_train.shape)
print("Testing Shape", X_test.shape, y_test.shape)
```

다음은 훈련과 테스트 데이터셋의 형태에 대한 출력 결과입니다.

```
Training Shape (200, 5) (200, 1)
Testing Shape (53, 5) (53, 1)
```

데이터셋을 LSTM 네트워크에 적용하기 위해 형태를 변경합니다.

코드 7-68 데이터셋 형태 변경

```
X_train_tensors = Variable(torch.Tensor(X_train))
X_test_tensors = Variable(torch.Tensor(X_test))

y_train_tensors = Variable(torch.Tensor(y_train))
y_test_tensors = Variable(torch.Tensor(y_test))

X_train_tensors_f = torch.reshape(X_train_tensors, (X_train_tensors.shape[0],
                                  1, X_train_tensors.shape[1]))
X_test_tensors_f = torch.reshape(X_test_tensors, (X_test_tensors.shape[0],
                                 1, X_test_tensors.shape[1]))

print("Training Shape", X_train_tensors_f.shape, y_train_tensors.shape)
print("Testing Shape", X_test_tensors_f.shape, y_test_tensors.shape)
```

다음은 변경된 훈련과 테스트 데이터셋의 형태를 출력한 결과입니다.

```
Training Shape torch.Size([200, 1, 5]) torch.Size([200, 1])
Testing Shape torch.Size([53, 1, 5]) torch.Size([53, 1])
```

이제 GRU 모델의 네트워크를 살펴볼 텐데, 역시 LSTM 계층과의 차이점 위주로 학습하는 것이 중요합니다. 하지만 이미 GRU 셀 부분에서 네트워크 부분에 대해 살펴보았기 때문에 어렵지 않을 것입니다.

코드 7-69 GRU 모델의 네트워크

```
class GRU(nn.Module):
    def __init__(self, num_classes, input_size, hidden_size, num_layers, seq_length):
        super(GRU, self).__init__()
        self.num_classes = num_classes
```

```python
        self.num_layers = num_layers
        self.input_size = input_size
        self.hidden_size = hidden_size
        self.seq_length = seq_length

        self.gru = nn.GRU(input_size=input_size, hidden_size=hidden_size,
                          num_layers=num_layers, batch_first=True)
        self.fc_1 = nn.Linear(hidden_size, 128)
        self.fc = nn.Linear(128, num_classes)
        self.relu = nn.ReLU()

    def forward(self, x):
        h_0 = Variable(torch.zeros(self.num_layers, x.size(0), self.hidden_size))
        output, (hn) = self.gru(x, (h_0))
        hn = hn.view(-1, self.hidden_size)
        out = self.relu(hn)
        out = self.fc_1(out)
        out = self.relu(out)
        out = self.fc(out)
        return out
```

> 은닉 상태에 대해 0으로 초기화하는 부분으로, LSTM 계층은 셀 상태가 있었지만 GRU는 셀 상태를 정의하지 않습니다.

모델을 훈련시키기 위해 변수 값 및 옵티마이저, 손실 함수도 지정합니다.

코드 7-70 옵티마이저와 손실 함수 지정

```python
num_epochs = 1000
learning_rate = 0.0001

input_size = 5
hidden_size = 2
num_layers = 1       # GRU 계층의 개수

num_classes = 1
model = GRU(num_classes, input_size, hidden_size, num_layers, X_train_tensors_f.shape[1])

criterion = torch.nn.MSELoss()
optimizer = torch.optim.Adam(model.parameters(), lr=learning_rate)
```

준비된 데이터셋과 모델의 네트워크를 이용하여 모델을 학습시킵니다.

코드 7-71 모델 학습

```python
for epoch in range(num_epochs):
    outputs = model.forward(X_train_tensors_f)
    optimizer.zero_grad()
    loss = criterion(outputs, y_train_tensors)
    loss.backward()

    optimizer.step()
    if epoch % 100 == 0:
        print("Epoch: %d, loss: %1.5f" % (epoch, loss.item()))
```

다음은 모델 학습 결과입니다.

```
Epoch: 0, loss: 0.07065
Epoch: 100, loss: 0.03507
Epoch: 200, loss: 0.03214
Epoch: 300, loss: 0.03127
Epoch: 400, loss: 0.03068
Epoch: 500, loss: 0.02975
Epoch: 600, loss: 0.02882
Epoch: 700, loss: 0.02785
Epoch: 800, loss: 0.02681
Epoch: 900, loss: 0.02572
```

데이터를 그래프로 출력하기 위한 준비를 합니다.

코드 7-72 그래프 출력을 위한 전처리

```python
df_x_ss = ss.transform(data.iloc[:, :-1])
df_y_ms = ms.transform(data.iloc[:, -1:])

df_x_ss = Variable(torch.Tensor(df_x_ss))
df_y_ms = Variable(torch.Tensor(df_y_ms))
df_x_ss = torch.reshape(df_x_ss, (df_x_ss.shape[0], 1, df_x_ss.shape[1]))
```

모델의 예측 결과와 레이블을 그래프로 출력합니다.

코드 7-73 모델 예측 결과 출력

```python
train_predict = model(df_x_ss)
predicted = train_predict.data.numpy()
```

```
label_y = df_y_ms.data.numpy()

predicted = ms.inverse_transform(predicted)
label_y = ms.inverse_transform(label_y)
plt.figure(figsize=(10,6))
plt.axvline(x=200, c='r', linestyle='--')

plt.plot(label_y, label='Actual Data')
plt.plot(predicted, label='Predicted Data')
plt.title('Time-Series Prediction')
plt.legend()
plt.show()
```

다음 그림은 모델의 예측 결과와 레이블을 비교하여 그래프로 출력한 결과입니다.

▼ 그림 7-29 GRU 모델 예측 결과

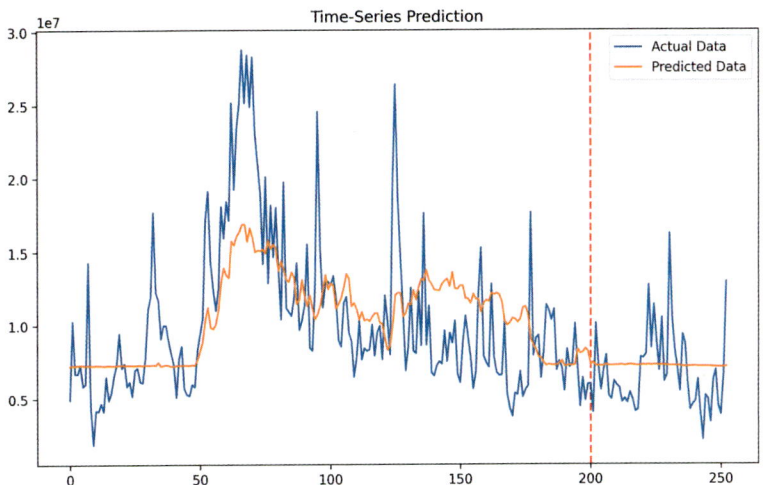

그래프상으로는 GRU 계층을 사용했을 때가 LSTM 계층을 사용했을 때보다 예측력이 더 좋아 보입니다. 하지만 수치상으로 모델의 예측 정확도는 유사했습니다. 또한, 훈련 데이터를 섞어서 (shuffle) 가져오도록 했기 때문에 결과는 책과 다를 수 있습니다.

7.7 양방향 RNN

RNN은 이전 시점의 데이터들을 참고해서 정답을 예측하지만 실제 문제에서는 과거 시점이 아닌 미래 시점의 데이터에 힌트가 있는 경우도 많습니다. 따라서 이전 시점의 데이터뿐만 아니라, 이후 시점의 데이터도 함께 활용하여 출력 값을 예측하고자 하는 것이 양방향 RNN(bidirectional RNN)입니다. 먼저 양방향 RNN의 구조를 살펴본 후 코드를 구현해 보겠습니다.

7.7.1 양방향 RNN 구조

양방향 RNN은 하나의 출력 값을 예측하는 데 메모리 셀 두 개를 사용합니다. 첫 번째 메모리 셀은 이전 시점의 은닉 상태(forward states)를 전달받아 현재의 은닉 상태를 계산합니다. 다음 그림에서는 초록색 메모리 셀에 해당됩니다. 두 번째 메모리 셀은 다음 시점의 은닉 상태(backward states)를 전달받아 현재의 은닉 상태를 계산합니다. 다음 그림의 노란색 메모리 셀에 해당됩니다. 그리고 이 값 두 개를 모두 출력층에서 출력 값을 예측하는 데 사용합니다.

❤ 그림 7-30 양방향 RNN

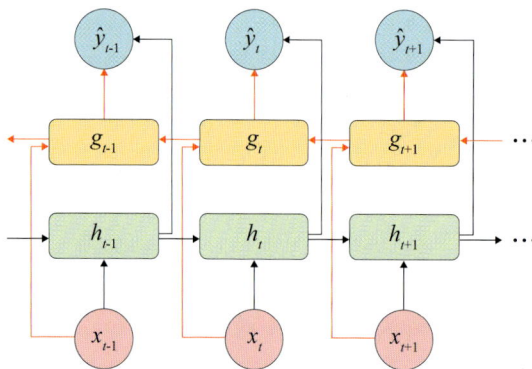

양방향 RNN에 대한 개념은 RNN뿐만 아니라 LSTM이나 GRU에도 적용됩니다. 예제는 양방향 LSTM으로 구현해 보겠습니다.

7.7.2 양방향 LSTM 구현

계속 스타벅스 주가 예측 데이터셋을 사용한 예제를 살펴보겠습니다. 예제 코드 역시 LSTM 계층에서 사용했던 코드와 동일합니다. LSTM 계층과 양방향 LSTM이 어떻게 다른지 네트워크 위주로 살펴보기 바랍니다.

다음은 모델의 네트워크 이전까지의 모든 코드입니다. LSTM 계층과 동일한 코드이므로 별도의 설명 없이 일괄 작성했으며 출력(print)에 대한 결과 부분도 생략했습니다. 하지만 주피터 노트북 예제 파일은 단계별로 실행할 수 있도록 나누어서 작성했습니다.

코드 7-74 모델을 생성하고 학습

```python
import os
import time

import numpy as np
import pandas as pd
import matplotlib.pyplot as plt

import torch
import torch.nn as nn
from torch.utils.data import TensorDataset, DataLoader
from torch.autograd import Variable
from tqdm import tqdm_notebook
from sklearn.preprocessing import StandardScaler, MinMaxScaler
from sklearn.model_selection import train_test_split

device = torch.device('cuda:0' if torch.cuda.is_available() else 'cpu')

data = pd.read_csv('../chap07/data/SBUX.csv')
print(data.dtypes)

data['Date'] = pd.to_datetime(data['Date'])
data.set_index('Date', inplace=True)
data['Volume'] = data['Volume'].astype(float)

X = data.iloc[:, :-1]
y = data.iloc[:, 5:6]

ms = MinMaxScaler()
ss = StandardScaler()
```

```python
X_ss = ss.fit_transform(X)
y_ms = ms.fit_transform(y)

X_train = X_ss[:200, :]
X_test = X_ss[200:, :]
y_train = y_ms[:200, :]
y_test = y_ms[200:, :]

X_train_tensors = Variable(torch.Tensor(X_train))
X_test_tensors = Variable(torch.Tensor(X_test))

y_train_tensors = Variable(torch.Tensor(y_train))
y_test_tensors = Variable(torch.Tensor(y_test))

X_train_tensors_f = torch.reshape(X_train_tensors, (X_train_tensors.shape[0],
                                  1, X_train_tensors.shape[1]))
X_test_tensors_f = torch.reshape(X_test_tensors, (X_test_tensors.shape[0],
                                  1, X_test_tensors.shape[1]))

print("Training Shape", X_train_tensors_f.shape, y_train_tensors.shape)
print("Testing Shape", X_test_tensors_f.shape, y_test_tensors.shape)
```

이제 집중해서 살펴보아야 할 양방향 LSTM에 대한 네트워크 부분입니다. 양방향 LSTM과 LSTM이 다른 부분은 붉은색으로 구분해 두었습니다.

코드 7-75 모델의 네트워크

```python
class biLSTM(nn.Module):
    def __init__(self, num_classes, input_size, hidden_size, num_layers, seq_length):
        super(biLSTM, self).__init__()
        self.num_classes = num_classes
        self.num_layers = num_layers
        self.input_size = input_size
        self.hidden_size = hidden_size
        self.seq_length = seq_length

        self.lstm = nn.LSTM(input_size=input_size, hidden_size=hidden_size,
                            num_layers=num_layers, bidirectional=True, batch_first=True) # ------ ①
        self.fc = nn.Linear(hidden_size*2, num_classes) # ------ ②
        self.relu = nn.ReLU()

    def forward(self, x):
        h_0 = Variable(torch.zeros(self.num_layers*2, x.size(0), self.hidden_size)) # ------ ②'
```

```
c_0 = Variable(torch.zeros(self.num_layers*2, x.size(0), self.hidden_size)) ------ ②″
out, _ = self.lstm(x, (h_0, c_0))
out = self.fc(out[:, -1, :]) ------ 마지막 시간(time step상 마지막 단계)의 은닉 상태
out = self.relu(out)
return out
```

① LSTM 계층을 정의하는 부분(nn.LSTM)에 bidirectional=True 옵션을 사용하면 양방향 LSTM을 사용하겠다는 의미입니다. 이와 같이 양방향 LSTM은 옵션 변경만으로 손쉽게 구현할 수 있습니다. bidirectional=True 옵션은 양방향 RNN, 양방향 GRU 모두에 해당됩니다.

②, ②′, ②″ LSTM과 양방향 LSTM의 차이는 다음 그림과 같습니다. 입력 데이터가 전방향과 역방향 학습에 모두 전달되며 그 결과들도 모두 출력에 반영됩니다. 즉, 한 번 학습하는 데 두 개의 계층이 필요하기 때문에 LSTM과는 다르게 은닉 상태, 셀 상태에 2를 곱하고 마지막 출력층에도 2를 곱해야 합니다(num_layers = 1로 정의했지만 다음 그림과 같이 마치 두 개의 계층을 사용하는 것과 같기 때문에 2를 곱합니다).

❤ 그림 7-31 양방향 LSTM

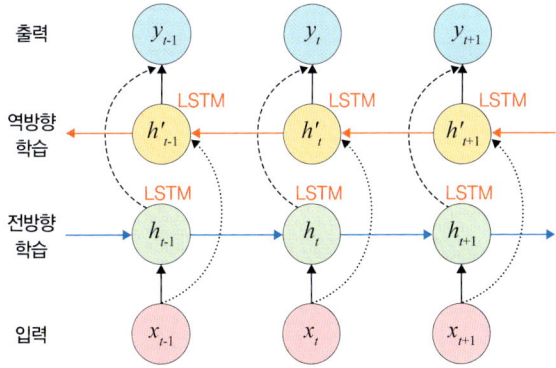

이제 양방향 LSTM 모델을 학습시킵니다.

코드 7-76 모델 학습

```
num_epochs = 1000
learning_rate = 0.0001

input_size = 5
hidden_size = 2
num_layers = 1
```

```python
num_classes = 1
model = biLSTM(num_classes, input_size, hidden_size, num_layers,
               X_train_tensors_f.shape[1])

criterion = torch.nn.MSELoss()
optimizer = torch.optim.Adam(model.parameters(), lr=learning_rate)

for epoch in range(num_epochs):
    outputs = model.forward(X_train_tensors_f)
    optimizer.zero_grad()

    loss = criterion(outputs, y_train_tensors)
    loss.backward()
    optimizer.step()
    if epoch % 100 == 0:
        print("Epoch: %d, loss: %1.5f" % (epoch, loss.item()))
```

다음은 양방향 LSTM 모델의 학습 결과입니다.

```
Epoch: 0, loss: 0.13400
Epoch: 100, loss: 0.12098
Epoch: 200, loss: 0.09773
Epoch: 300, loss: 0.07793
Epoch: 400, loss: 0.06332
Epoch: 500, loss: 0.05236
Epoch: 600, loss: 0.04406
Epoch: 700, loss: 0.03782
Epoch: 800, loss: 0.03319
Epoch: 900, loss: 0.02978
```

학습이 진행될수록 오차가 줄어들고 있어 훈련이 잘된 것 같지만 어느 정도 잘된 것인지 알기 어렵습니다. 그래프를 통해서 모델의 예측력을 알아보겠습니다. 다음 코드 역시 LSTM과 동일한 코드로 설명은 생략합니다.

코드 7-77 모델 평가

```python
df_x_ss = ss.transform(data.iloc[:, :-1])
df_y_ms = ms.transform(data.iloc[:, -1:])

df_x_ss = Variable(torch.Tensor(df_x_ss))
df_y_ms = Variable(torch.Tensor(df_y_ms))
```

```python
df_x_ss = torch.reshape(df_x_ss, (df_x_ss.shape[0], 1, df_x_ss.shape[1]))

train_predict = model(df_x_ss)
predicted = train_predict.data.numpy()
label_y = df_y_ms.data.numpy()

predicted = ms.inverse_transform(predicted)
label_y = ms.inverse_transform(label_y)
plt.figure(figsize=(10,6))
plt.axvline(x=200, c='r', linestyle='--')

plt.plot(label_y, label='Actual Data')
plt.plot(predicted, label='Predicted Data')
plt.title('Time-Series Prediction')
plt.legend()
plt.show()
```

다음 그림은 모델의 예측 결과를 출력한 것입니다. 참고로 데이터가 랜덤으로 섞이기 때문에 실행할 때마다 매번 결과가 다를 수 있습니다.

▼ 그림 7-32 양방향 LSTM 모델 예측 결과

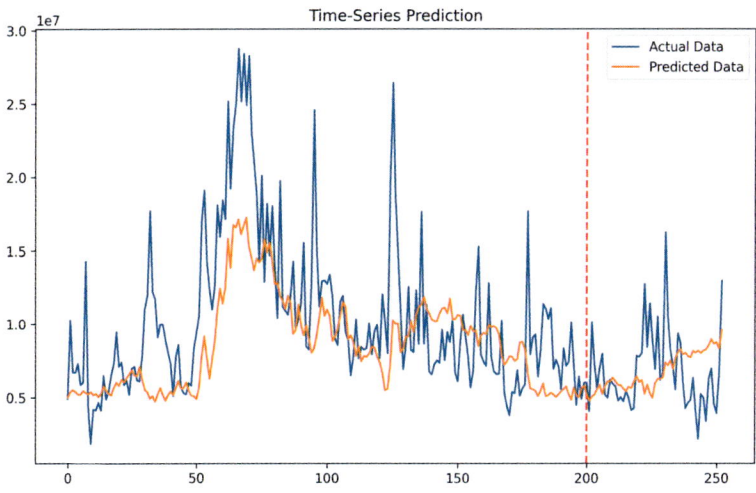

파란색은 실제 레이블에 대한 결과이고 주황색은 모델이 예측한 결과로 이 두 개가 유사해서 예측력이 좋다고 할 수 있습니다. 따라서 LSTM과 비교했을 때 예측 결과는 좋다고 예측해 볼 수 있습니다. 하지만 역시 다른 유형의 데이터를 사용한다면 결과는 다를 수 있습니다.

지금까지 시계열 분석과 관련한 다양한 모델의 구현 방법을 알아보았습니다. 살펴본 것처럼 구현하는 것은 어렵지 않습니다. 문제는 데이터에 대한 처리입니다. 대체로 시계열 데이터들은 일반적인 숫자의 나열보다는 한글 및 영문으로 사람의 언어(자연어)로 구현된 데이터가 대부분이기 때문입니다. 따라서 시계열 구현에서 가장 중요한 것은 데이터에 대한 전처리이며, 이 부분은 '10장 자연어 처리를 위한 임베딩'에서 자세히 다룹니다.

8장

성능 최적화

8.1 성능 최적화

8.2 하드웨어를 이용한 성능 최적화

8.3 하이퍼파라미터를 이용한 성능 최적화

8.1 성능 최적화

딥러닝에는 성능을 최적화할 수 있는 다양한 방법이 있습니다. 최적화 방법들을 하나씩 살펴봅시다.

8.1.1 데이터를 사용한 성능 최적화

데이터를 사용한 성능 최적화 방법은 많은 데이터를 수집하는 것입니다. 하지만 데이터 수집이 여의치 않은 상황에서는 임의로 데이터를 생성하는 방법도 고려해 볼 수 있습니다.

- **최대한 많은 데이터 수집하기**: 일반적으로 딥러닝이나 머신 러닝 알고리즘은 데이터양이 많을수록 성능이 좋습니다. 따라서 가능한 많은 데이터(빅데이터)를 수집해야 합니다.

▼ 그림 8-1 데이터와 딥러닝, 머신 러닝 알고리즘의 성능 비교

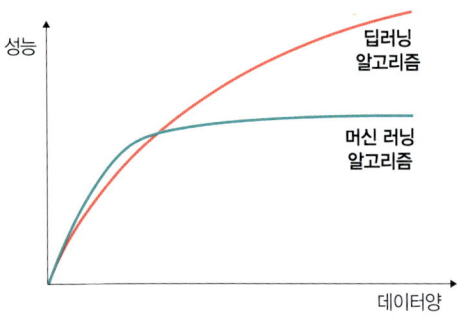

- **데이터 생성하기**: 많은 데이터를 수집할 수 없다면 데이터를 만들어 사용할 수 있습니다. 5장에 이미지 조작에 대한 코드가 있으니 참조하면 됩니다.

- **데이터 범위(scale) 조정하기**: 활성화 함수로 시그모이드를 사용한다면 데이터셋 범위를 0~1의 값을 갖도록 하고, 하이퍼볼릭 탄젠트를 사용한다면 데이터셋 범위를 −1~1의 값을 갖도록 조정할 수 있습니다.

  또한, 정규화, 규제화, 표준화도 성능 향상에 도움이 됩니다.

8.1.2 알고리즘을 이용한 성능 최적화

머신 러닝과 딥러닝을 위한 알고리즘은 상당히 많습니다. 수많은 알고리즘 중 우리가 선택한 알고리즘이 최적의 알고리즘이 아닐 수도 있습니다. 따라서 유사한 용도의 알고리즘들을 선택하여 모델을 훈련시켜 보고 최적의 성능을 보이는 알고리즘을 선택해야 합니다. 머신 러닝에서는 데이터 분류를 위해 SVM, K-최근접 이웃 알고리즘들을 선택하여 훈련시켜 보거나, 시계열 데이터의 경우 7장에서 다룬 RNN, LSTM, GRU 등의 알고리즘을 훈련시켜 성능이 가장 좋은 모델을 선택하여 사용합니다.

8.1.3 알고리즘 튜닝을 위한 성능 최적화

성능 최적화를 하는 데 가장 많은 시간이 소요되는 부분입니다. 모델을 하나 선택하여 훈련시키려면 다양한 하이퍼파라미터를 변경하면서 훈련시키고 최적의 성능을 도출해야 합니다. 이때 선택할 수 있는 하이퍼파라미터로는 다음 항목들이 있습니다.

- **진단**: 성능 향상이 어느 순간 멈추었다면 원인을 분석할 필요가 있습니다. 문제를 진단하는 데 사용할 수 있는 것이 모델에 대한 평가입니다. 다음과 같은 평가 결과를 바탕으로 모델이 과적합(over-fitting)인지 혹은 다른 원인으로 성능 향상에 문제가 있는지에 대한 인사이트(insight)를 얻을 수 있습니다.

▼ 그림 8-2 알고리즘 성능 진단

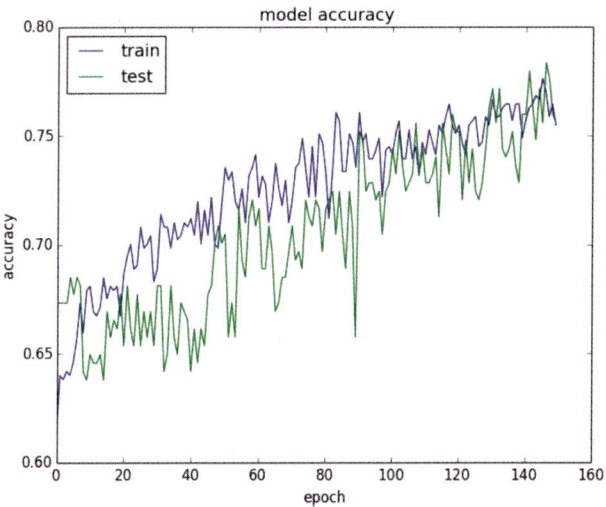

예를 들어 다음과 같은 상황들이 있을 수 있습니다.

- 훈련(train) 성능이 검증(test)보다 눈에 띄게 좋다면 과적합을 의심해 볼 수 있으며, 이것을 해결하기 위해 규제화를 진행한다면 성능 향상에 도움이 됩니다(규제화는 8.3.1절에서 자세히 다룹니다).

- 훈련과 검증 결과가 모두 성능이 좋지 않다면 과소적합(under-fitting)을 의심할 수 있습니다. 과소적합 상황에서는 네트워크 구조를 변경하거나 훈련을 늘리기 위해 에포크 수를 조정해 볼 수 있습니다.

- 훈련 성능이 검증을 넘어서는 변곡점이 있다면 조기 종료를 고려할 수 있습니다.

- **가중치**: 가중치에 대한 초깃값은 작은 난수를 사용합니다. 작은 난수라는 숫자가 애매하다면 오토인코더 같은 비지도 학습을 이용하여 사전 훈련(가중치 정보를 얻기 위한 사전 훈련)을 진행한 후 지도 학습을 진행하는 것도 방법입니다.

- **학습률**: 학습률은 모델의 네트워크 구성에 따라 다르기 때문에 초기에 매우 크거나 작은 임의의 난수를 선택하여 학습 결과를 보고 조금씩 변경해야 합니다. 이때 네트워크의 계층이 많다면 학습률은 높아야 하며, 네트워크의 계층이 몇 개 되지 않는다면 학습률은 작게 설정해야 합니다.

- **활성화 함수**: 활성화 함수의 변경은 신중해야 합니다. 활성화 함수를 변경할 때 손실 함수도 함께 변경해야 하는 경우가 많기 때문입니다. 따라서 다루고자 하는 데이터 유형 및 데이터로 어떤 결과를 얻고 싶은지 정확하게 이해하지 못했다면 활성화 함수의 변경은 신중해야 합니다. 일반적으로는 활성화 함수로 시그모이드나 하이퍼볼릭 탄젠트를 사용했다면 출력층에서는 소프트맥스나 시그모이드 함수를 많이 선택합니다.

- **배치와 에포크**: 일반적으로 큰 에포크와 작은 배치를 사용하는 것이 최근 딥러닝의 트렌드이기는 하지만, 적절한 배치 크기를 위해 훈련 데이터셋의 크기와 동일하게 하거나 하나의 배치로 훈련을 시켜 보는 등 다양한 테스트를 진행하는 것이 좋습니다.

- **옵티마이저 및 손실 함수**: 일반적으로 옵티마이저는 확률적 경사 하강법을 많이 사용합니다. 네트워크 구성에 따라 차이는 있지만 아담(Adam)이나 알엠에스프롭(RMSProp) 등도 좋은 성능을 보이고 있습니다. 하지만 이것 역시 다양한 옵티마이저와 손실 함수를 적용해 보고 성능이 최고인 것을 선택해야 합니다.

- **네트워크 구성**: 네트워크 구성은 네트워크 토폴로지(topology)라고도 합니다. 최적의 네트워크를 구성하는 것 역시 쉽게 알 수 있는 부분이 아니기 때문에 네트워크 구성을 변경해 가면

서 성능을 테스트해야 합니다. 예를 들어 하나의 은닉층에 뉴런을 여러 개 포함시키거나(네트워크가 넓다고 표현), 네트워크 계층을 늘리되 뉴런 개수는 줄여 봅니다(네트워크가 깊다고 표현). 혹은 두 가지를 결합하는 방법으로 최적의 네트워크가 무엇인지 확인한 후 사용할 네트워크를 결정해야 합니다.

8.1.4 앙상블을 이용한 성능 최적화

앙상블은 간단히 모델을 두 개 이상 섞어서 사용하는 것입니다. 앙상블을 이용하는 것도 성능 향상에 도움이 됩니다.

알고리즘 튜닝을 위한 성능 최적화 방법은 하이퍼파라미터에 대한 경우의 수를 모두 고려해야 하기 때문에 모델 훈련이 수십 번에서 수백 번 필요할 수 있습니다. 따라서 성능 향상은 단시간에 해결되는 것이 아니고, 수많은 시행착오를 겪어야 합니다.

성능 최적화를 위한 또 다른 방법으로 하드웨어를 이용한 방법과 앞서 언급하지 않았던 하이퍼파라미터를 이용한 추가적인 방법들이 있는데, 하나씩 자세히 살펴보겠습니다.

8.2 하드웨어를 이용한 성능 최적화

딥러닝에서 성능 최적화는 데이터와 알고리즘을 이용하는 것 외에 하드웨어를 이용하는 방법이 있습니다. 즉, 기존 CPU가 아닌 GPU를 이용하는 것인데, GPU를 이용할 경우 성능 향상이 가능한 이유를 살펴보겠습니다.

8.2.1 CPU와 GPU 사용의 차이

CPU와 GPU(Graphics Processing Unit)는 무엇일까요? 딥러닝에서 GPU를 사용해야 분석 시간이 단축된다고 하는데 실제로 맞을까요? 다음 성능 비교 그래프를 살펴보겠습니다.

▼ 그림 8-3 CPU와 GPU 성능 비교[1]

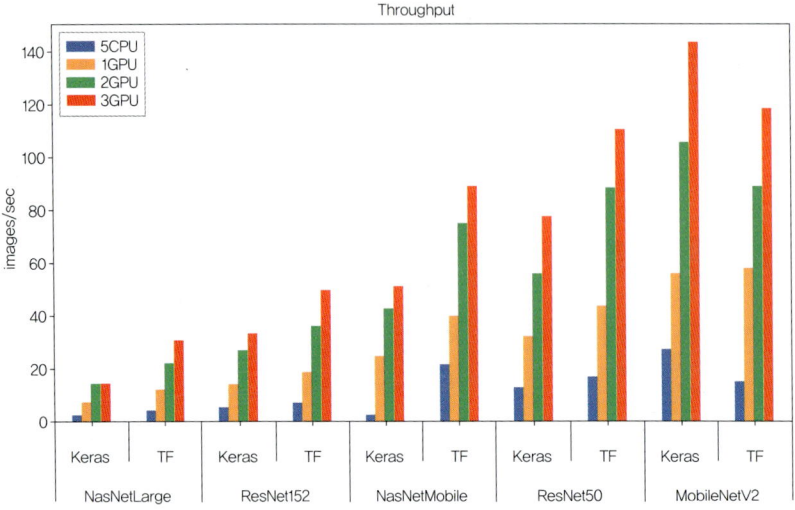

그래프를 살펴보면 CPU 다섯 개(파란색)를 동시에 돌려도 GPU 한 개(노란색)보다 성능이 좋지 못한 것을 확인할 수 있습니다. 그럼 왜 CPU와 GPU의 성능 차이가 발생할까요? CPU와 GPU는 개발된 목적이 다르고, 그에 따라 내부 구조도 다르기 때문입니다.

CPU는 연산을 담당하는 ALU와 명령어를 해석하고 실행하는 컨트롤(control), 그리고 데이터를 담아 두는 캐시(cache)로 구성되어 있습니다. 따라서 CPU는 명령어가 입력되는 순서대로 데이터를 처리하는 직렬 처리 방식입니다. 즉, CPU는 한 번에 하나의 명령어만 처리하기 때문에 연산을 담당하는 ALU(Arithmetic Logic Unit)(산술 논리 장치) 개수가 많이 필요가 없습니다.

반면 GPU는 병렬 처리를 위해 개발되었습니다. 캐시 메모리 비중은 낮고, 연산을 수행하는 ALU 개수가 많아졌습니다. GPU는 서로 다른 명령어를 동시에 병렬적으로 처리하도록 설계되었기 때문에 성능에 부담이 없습니다. 즉, GPU는 연산을 수행하는 많은 ALU로 구성되어 있기 때문에 여러 명령을 동시에 처리하는 병렬 처리 방식에 특화되어 있습니다. 또한, 하나의 코어에 ALU 수 백~수천 개가 장착되어 있기 때문에 CPU로는 시간이 많이 걸리는 3D 그래픽 작업 등을 빠르게 수행할 수 있습니다.

개별적 코어 속도는 CPU가 GPU보다 훨씬 빠릅니다. 예전보다 GPU 코어 속도가 빨라졌다고는 하지만 여전히 CPU만큼 성능을 내기는 어렵습니다. 달리 말하면 CPU가 적합한 분야가 따로 있고, GPU가 적합한 분야가 따로 있습니다. 구체적으로 딥러닝을 예로 들어 보겠습니다. 파이썬이

---

1 NasNet은 실시간 비디오에서 사물을 인식하는 데 사용되는 네트워크입니다.

나 매트랩(MATLAB)처럼 행렬 연산을 많이 사용하는 재귀 연산이 대표적인 '직렬' 연산을 수행합니다. 즉, 3×3 행렬에서 A · B · C열이 있을 때 A열이 처리된 후에야 B열이 처리되고 C열이 처리되는 순차적 연산일 때는 CPU가 적합합니다.

▼ 그림 8-4 CPU와 GPU의 구조 비교

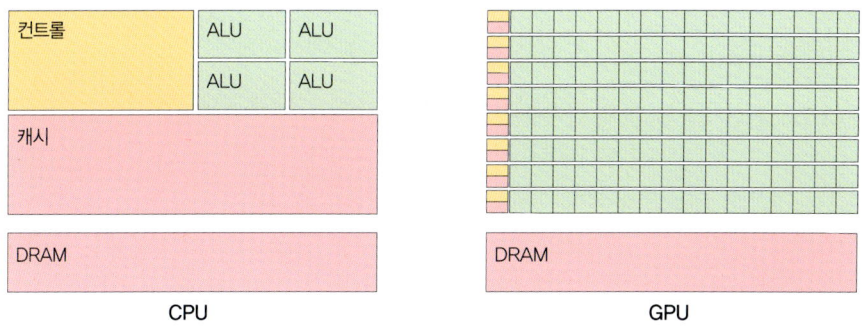

하지만 역전파(backpropagation)처럼 복잡한 미적분은 병렬 연산을 해야 속도가 빨라집니다. A · B · C열을 얼마나 동시에 처리하느냐에 따라 계산 시간이 달라지기 때문입니다. 이처럼 병렬 처리는 복잡한 연산이 수반되는 딥러닝에서 속도와 성능을 높여 주는 주요 요인이 될 수 있습니다. 딥러닝은 데이터를 수백에서 수천만 건까지 다루는데, 여기에서 다룬다는 것은 데이터를 벡터로 변환한 후 연산을 수행한다는 의미입니다. 연산을 수행할 때 CPU에서 한 번에 하나의 명령어만 처리한다면 하나의 모델을 훈련시키는 데 며칠 혹은 몇 달이 걸릴 수 있습니다. 하지만 GPU에서 병렬로 처리할 경우 모델 훈련 시간을 많이 단축시킬 수 있기 때문에 딥러닝에서 GPU 사용은 선택이 아닌 필수라고 할 수 있습니다.

파이토치에서는 GPU를 어떻게 사용할 수 있을까요? 이제부터 GPU를 사용하기 위해 설치를 진행해 보겠습니다. 책의 전체 예제는 CPU와 GPU 모두에서 실행할 수 있습니다. 다만 책 뒷부분으로 갈수록 CPU를 사용하면 예제 실행에 좀 더 많은 시간이 걸릴 수 있습니다. GPU를 사용하지 않을 예정이라면 8.2.2절은 건너뛰어도 무방합니다.

8.2.2 GPU를 이용한 성능 최적화

윈도 환경에서 GPU용의 파이토치를 설치하려면 CUDA(쿠다)와 cuDNN을 설치해야 합니다. 그렇다면 왜 CUDA를 사용해야 할까요?

CUDA(Computed Unified Device Architecture)는 NVIDIA에서 개발한 GPU 개발 툴입니다. CUDA를 사용하면 많은 양의 연산을 동시에 처리할 수 있습니다. 따라서 CUDA는 딥러닝, 채굴[2] 같은 수학적 계산에 많이 사용됩니다.

이전까지는 전문가가 아니면 GPU를 이용한 프로그래밍이 어려웠기 때문에 컴퓨터 연산은 CPU를 사용하고, 메모리에 의존하여 연산을 진행했습니다. 하지만 CUDA가 등장한 이후 많은 프로그래머가 GPU를 이용한 프로그래밍을 할 수 있게 되었습니다.

그럼 이제 CUDA를 설치해 볼 텐데, 설치에 앞서 설치 환경을 먼저 조사해 보겠습니다.

사전 환경 조사

1. GPU가 장착되어 있는지 확인하기 위해 **시작** > **찾기**를 선택한 후 '장치 관리자'를 입력합니다.

    그림 8-5 장치 관리자

   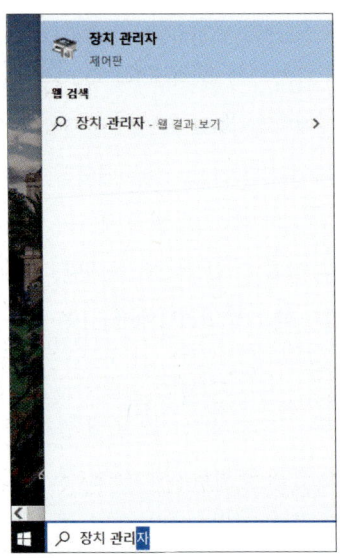

2. 장치 관리자 화면에서 **디스플레이 어댑터**의 왼쪽 화살표를 클릭하여 다음과 같이 그래픽 카드가 장착되어 있는지 확인합니다.

    그림 8-6 NVIDIA 디스플레이 어댑터

   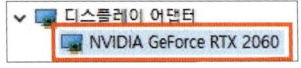

---

2 비트코인의 거래 내역을 기록한 블록을 생성하고 그 대가로 비트코인을 얻는 행위를 의미합니다.

다음은 GPU에서 제공하는 코어(core) 정보입니다.

▼ 표 8-1 GPU 모델 정보

구분	GEFORCE GTX 1080	GEFORCE GTX 1070	GEFORCE GTX 1060(3GB)	GEFORCE GTX 1050
Core	2560	1920	11512	640
Clock(MHz)	1607	1506	1506	1354
Memory	11GB	8GB	6GB	4GB
Memory Speed	10Gbps	8Gbps	8Gbps	7Gbps

대표적인 모델만 언급했기 때문에 기타 모델에 대한 자세한 내용은 https://www.nvidia.com/en-us/geforce/products/10series/compare/를 참고하세요.

CUDA 툴킷 설치

1. 다음 URL에서 자신의 GPU 모델을 지원하는 CUDA 툴킷 버전을 확인합니다. 필자의 GPU 모델은 NVIDIA GeForce RTX 2060이므로 최신 버전인 11을 내려받으면 됩니다(RTX 2060 모델은 7.5 버전과 호환되지만, 최신 버전인 11은 CUDA 3.5~8.6 버전을 사용하는 모델에서도 함께 쓸 수 있도록 지원하고 있습니다). 자세한 내용은 다음 URL을 참고하세요.

    https://en.wikipedia.org/wiki/CUDA

Note ≡ **드라이버 버전에 따른 CUDA 툴킷 버전**

설치되어 있는 드라이버 버전에 따라 적합한 CUDA 툴킷 버전을 확인할 수도 있습니다. **장치 관리자 > 디스플레이 어댑터 > 그래픽 카드**를 선택한 상태에서 마우스 오른쪽 버튼을 눌러 **속성**을 선택합니다. 속성에서 드라이버 버전을 확인할 수 있습니다.

▼ 그림 8-7 그래픽 카드 선택

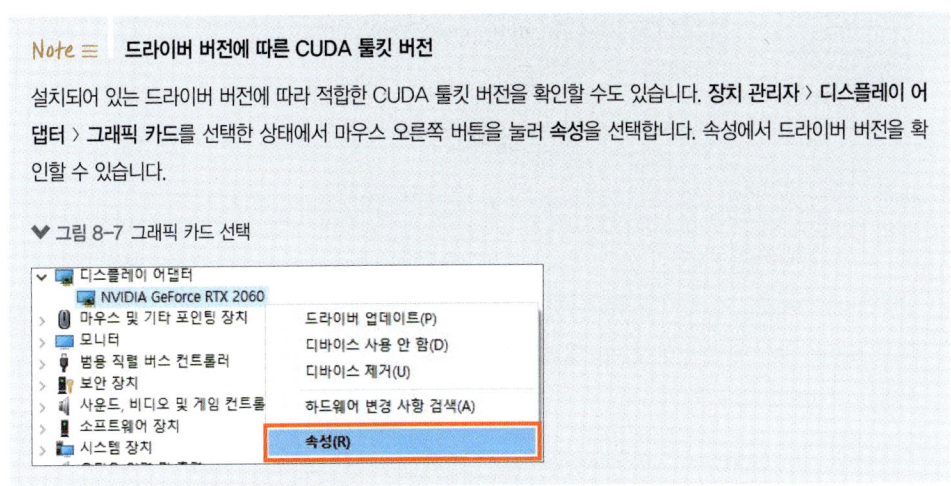

◎ 계속

▼ 그림 8-8 그래픽 카드의 드라이버 버전 확인

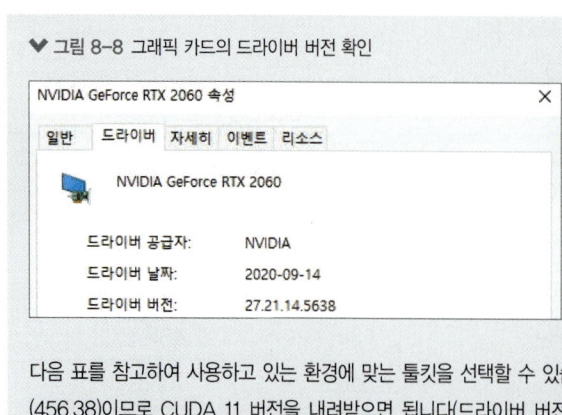

다음 표를 참고하여 사용하고 있는 환경에 맞는 툴킷을 선택할 수 있습니다. 필자의 드라이버 버전은 27.21.14.5638 (456.38)이므로 CUDA 11 버전을 내려받으면 됩니다(드라이버 버전을 표와 같이 확인하고 싶다면 다음 URL에서 Filename과 Version을 비교하면 됩니다).

> https://www.driveridentifier.com/scan/nvidia-geforce-rtx-2060-driver/download/1822552935/8C413C17522D47C7B44AF750F62FF352/PCI%5CVEN_10DE%26DEV_1E89

▼ 표 8-2 CUDA 툴킷과 드라이버 버전

CUDA 툴킷	리눅스 x86_64 드라이버 버전	윈도 x86_64 드라이버 버전
CUDA 11.0.189 RC	>=450.36.06	>=451.22
CUDA 10.2.89	>=440.33	>=441.22
CUDA 10.1	>=418.39	>=418.96
CUDA 10.0.130	>=410.48	>=411.31
CUDA 9.2(Update1)	>=396.37	>=398.26
CUDA 9.2	>=396.26	>=397.44
CUDA 9.1	>=390.46	>=391.29
CUDA 9.0	>=384.81	>=385.54
CUDA 8.0	>=375.26	>=376.51

자세한 내용은 https://docs.nvidia.com/cuda/archive/를 참고하세요.

2. 알맞은 CUDA 툴킷(toolkit)을 찾았다면 다음 URL에서 설치하고자 하는 환경에 맞는 파일을 내려받습니다. 앞서 확인한 툴킷 버전을 클릭합니다(필자는 CUDA Toolkit 11.0 Update1 툴킷 버전을 선택했습니다).

> https://developer.nvidia.com/cuda-toolkit-archive

▼ 그림 8-9 툴킷 버전 선택

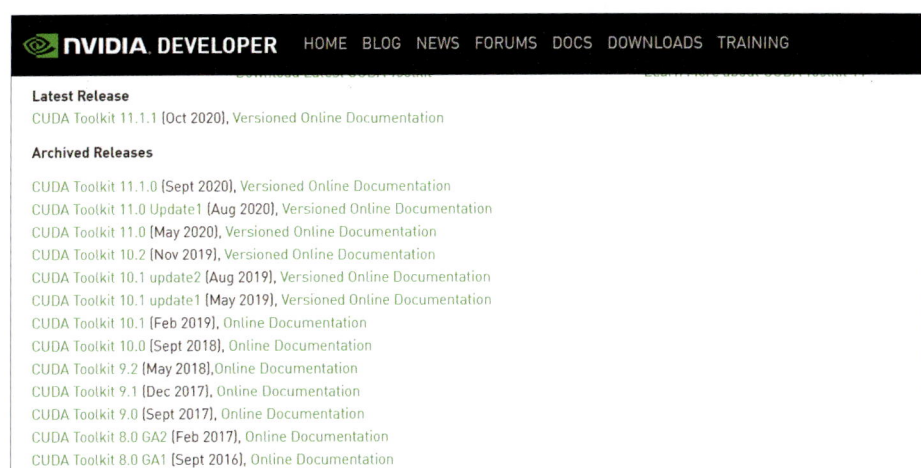

3. 다음 화면이 나오면 Operating System, Architecture, Version, Installer Type을 선택하고 Download를 눌러 파일을 내려받습니다. 필자는 Windows, x86_64, 10, exe (local)을 선택했습니다.

▼ 그림 8-10 CUDA 툴킷 내려받기

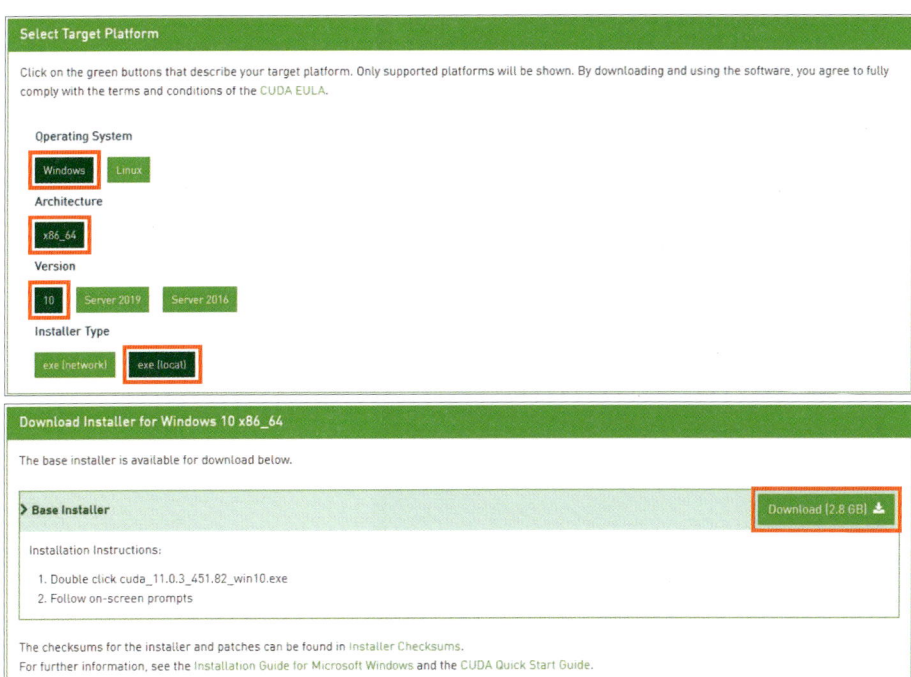

4. 내려받은 CUDA 툴킷(필자는 cuda_11.0.3_451.82_win10.exe) 파일을 더블클릭합니다.

5. 설치 창이 뜨면 **Extraction path**에 압축을 풀기 위한 위치를 지정한 후 **OK**를 누릅니다.

▼ 그림 8-11 CUDA 툴킷 압축 해제

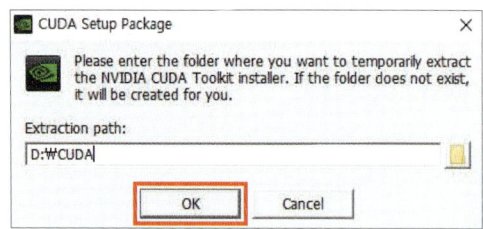

6. 라이선스를 확인한 후 **동의 및 계속**을 누릅니다.

▼ 그림 8-12 라이선스 동의

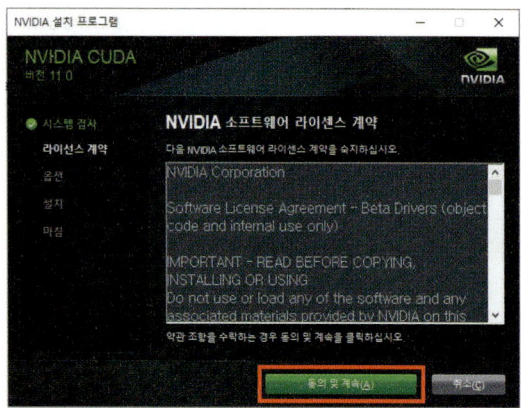

7. 설치 옵션에서 **빠른 설치**를 선택한 후 **다음**을 누릅니다.

▼ 그림 8-13 설치 옵션 선택

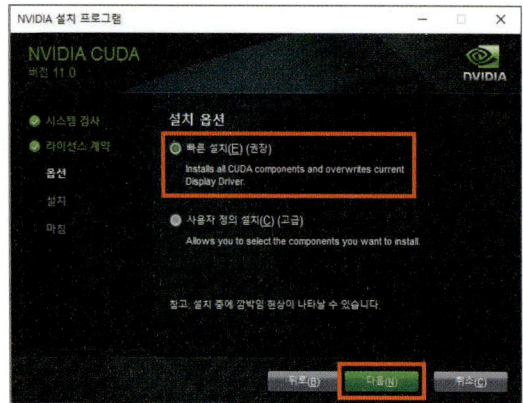

8. 설치하려는 CUDA 툴킷과 호환되는 Visual Studio가 설치되어 있지 않으므로 설치를 진행하겠다는 화면입니다. Visual Studio를 설치하겠다는 체크박스를 선택한 후 NEXT를 누릅니다.

▼ 그림 8-14 Visual Studio 통합 설명

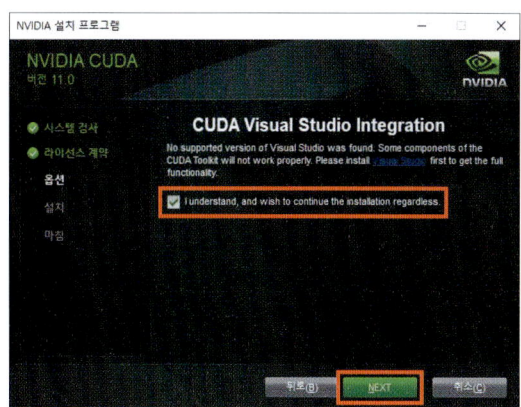

9. 다음 화면은 설치 진행 과정을 보여 줍니다.

▼ 그림 8-15 Visual Studio 설치 진행 화면

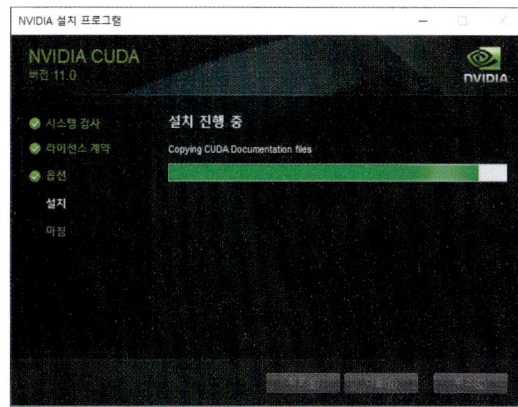

10. 설치 정보를 확인하고 **다음**을 누릅니다.

    ▼ 그림 8-16 Visual Studio 에디션 요약

    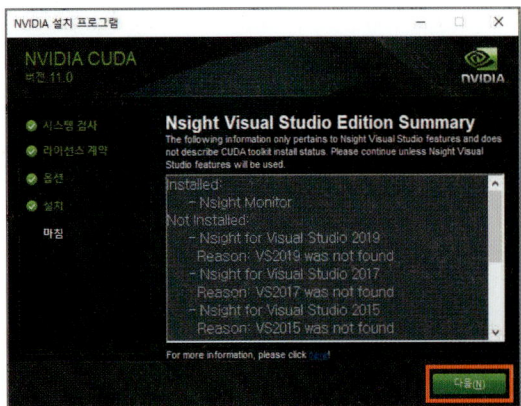

11. 설치가 모두 완료되면 **닫기**를 누릅니다.

    ▼ 그림 8-17 CUDA 툴킷 설치 완료

    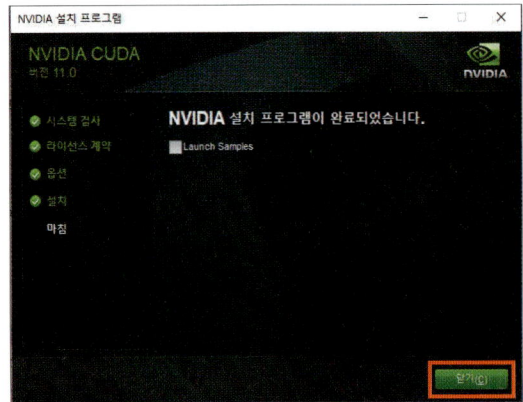

12. 시스템 변수에 등록된 CUDA 항목들을 확인합니다. CUDA 툴킷 설치가 완료되면 자동으로 시스템 변수에 CUDA 항목들이 등록되지만, 종종 자동으로 등록되지 않는 경우가 있으므로 확인이 필요합니다.

    ▼ 그림 8-18 시스템 변수 확인

    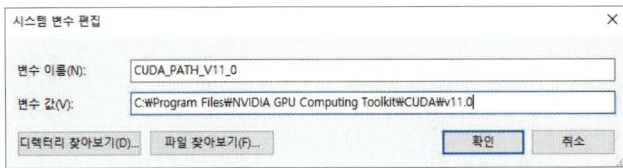

Note ≡ **시스템 변수 확인하기**

시스템 변수를 확인하는 방법은 다음과 같습니다.

1. 탐색기의 내 PC에서 마우스 오른쪽 버튼을 누르고 **속성**을 선택합니다. ▼ 그림 8-19 내 PC [속성] 메뉴 선택

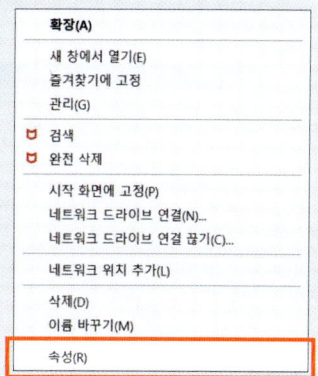

2. **고급 시스템 설정을** 선택합니다.

▼ 그림 8-20 [고급 시스템 설정] 선택

3. **환경 변수**를 누릅니다.

▼ 그림 8-21 [환경 변수] 버튼 선택

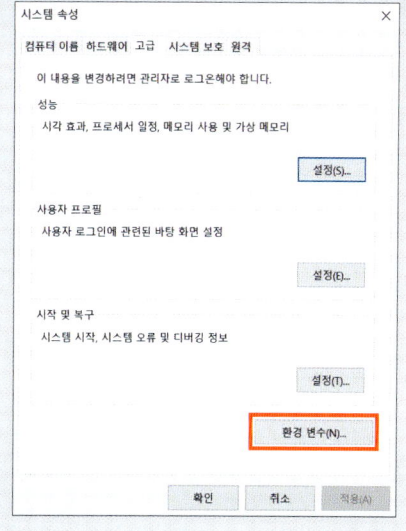

⊙ 계속

4. 시스템 변수에서 CUDA_PATH 관련 항목들이 등록되었는지 확인합니다.

▼ 그림 8-22 시스템 변수

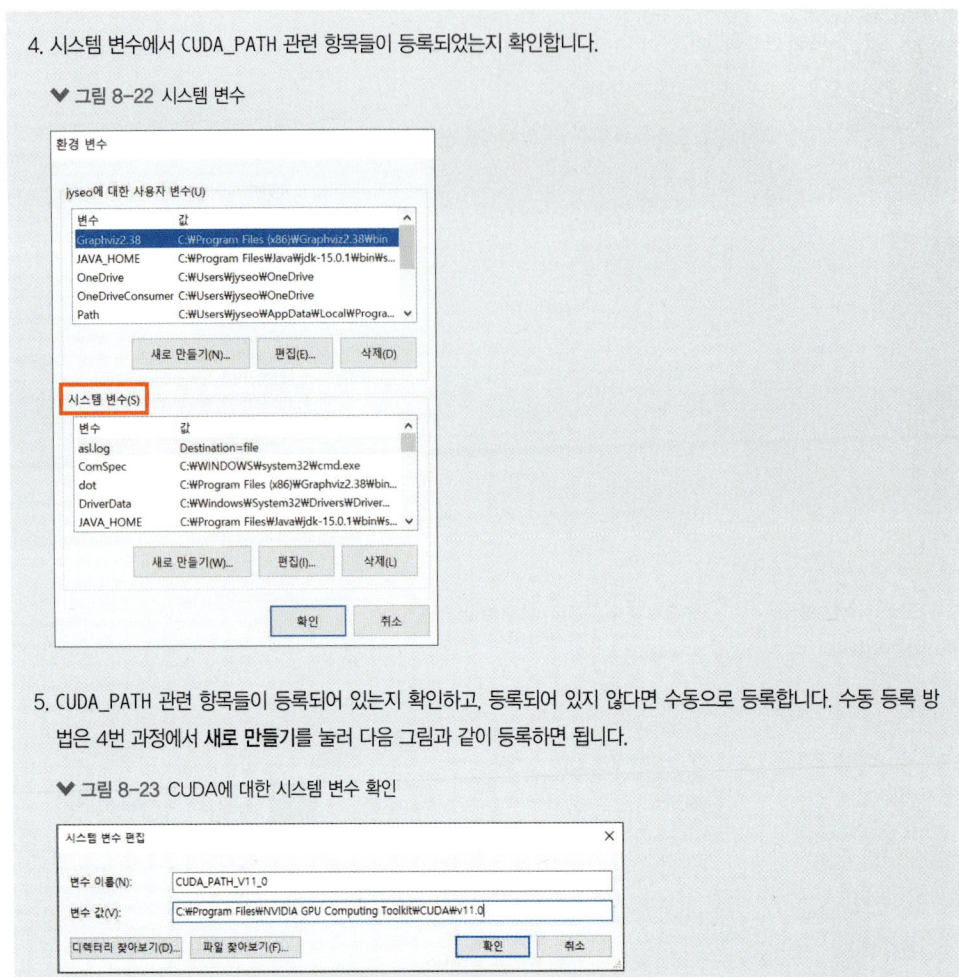

5. CUDA_PATH 관련 항목들이 등록되어 있는지 확인하고, 등록되어 있지 않다면 수동으로 등록합니다. 수동 등록 방법은 4번 과정에서 **새로 만들기**를 눌러 다음 그림과 같이 등록하면 됩니다.

▼ 그림 8-23 CUDA에 대한 시스템 변수 확인

cuDNN 설치

1. 다음 URL에서 cuDNN을 내려받겠습니다.

    https://developer.nvidia.com/rdp/cudnn-download#a-collapse714-92

    해당 URL에 접속하면 다음 화면이 나옵니다. cuDNN을 설치하기 위해서는 NVIDIA Developer Program Membership에 가입되어 있어야 합니다. 다음 화면에서 **Join now**를 눌러 멤버십에 가입하세요(여러 단계를 거쳐야 합니다).

▼ 그림 8-24 NVIDIA Developer 접속 화면

가입했다면 로그인한 후 다시 앞의 URL(https://developer.nvidia.com/rdp/cudnn-download#a-collapse714-92)로 접속해 주세요.

> Note ≡ **cuDNN**
>
> cuDNN은 CUDA 기반 딥러닝 라이브러리입니다. CUDA가 GPU를 이용할 수 있는 고속 연산 처리 수단이므로 cuDNN도 GPU를 이용한 고속 처리가 가능합니다. cuDNN을 활용할 수 있는 딥러닝 프레임워크로는 카페(Caffe), 텐서플로, 씨아노(Theano), 파이토치(PyTorch), CNTK 등이 있습니다.

2. 첫 화면에서 라이선스 동의에 체크합니다.

▼ 그림 8-25 cuDNN 접속 후 라이선스 동의 화면

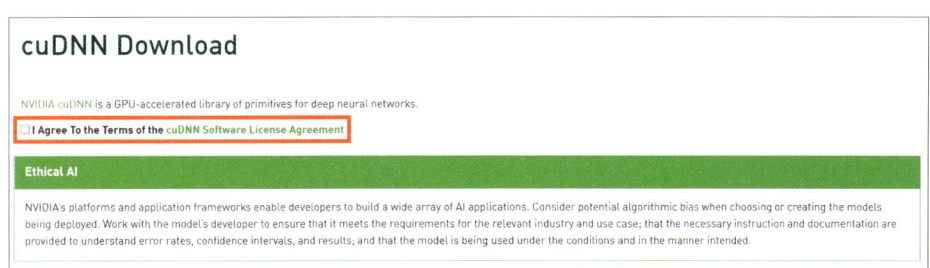

3. 라이선스에 체크하면 다음 화면이 나오며, 설치한 CUDA 버전에 맞는 cuDNN을 선택합니다. 앞서 CUDA 11 버전을 설치했으므로 cuDNN은 8.0.5 버전을 내려받겠습니다.

❤ 그림 8-26 내려받을 cuDNN 버전 선택

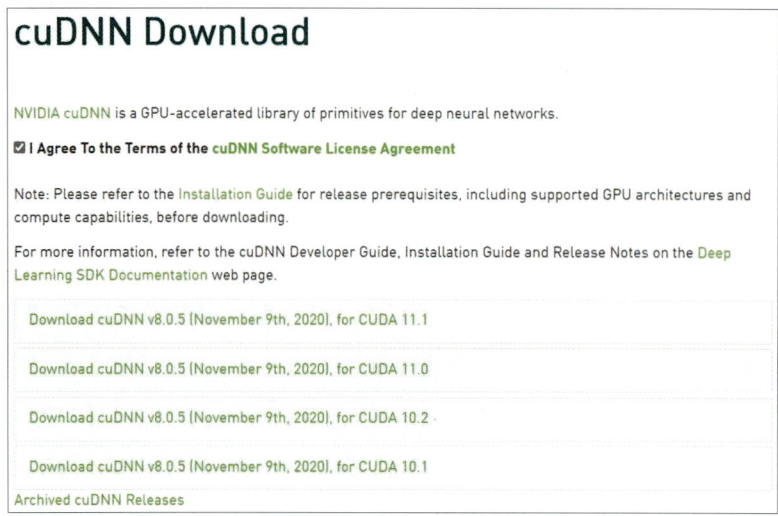

4. 설치하려는 운영 체제에 맞는 파일을 선택하고 내려받습니다. 여기에서는 cuDNN Library for Windows [x86]을 내려받겠습니다.

❤ 그림 8-27 cuDNN 내려받기

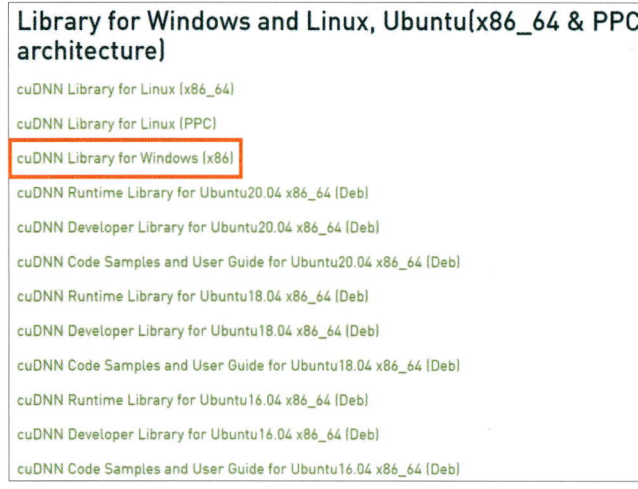

5. 내려받은 cuDNN(필자는 cudnn-11.0-windows-x64-v8.0.5.39.zip) 파일의 압축을 해제합니다. 압축을 해제하면 cuda 폴더가 생기는데 그 아래에 bin, include, lib 폴더가 있는지 확인합니다.

▼ 그림 8-28 cuDNN 압축 해제

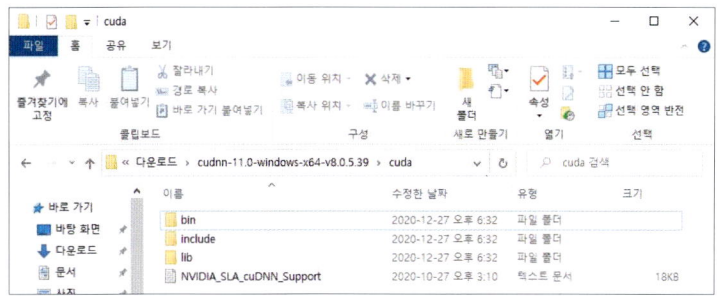

6. bin, include, lib 폴더를 복사한 후 449쪽에서 설치한 CUDA의 경로(일반적으로 C:\Program Files\NVIDIA GPU Computing Toolkit\CUDA\v11.0)에 알맞게 각각 넣어 줍니다(기존 파일을 덮어쓰거나 기존 파일의 이름을 다른 이름으로 바꾼 후 해당 폴더를 붙여 넣어도 됩니다).

▼ 그림 8-29 cuDNN 파일 교체

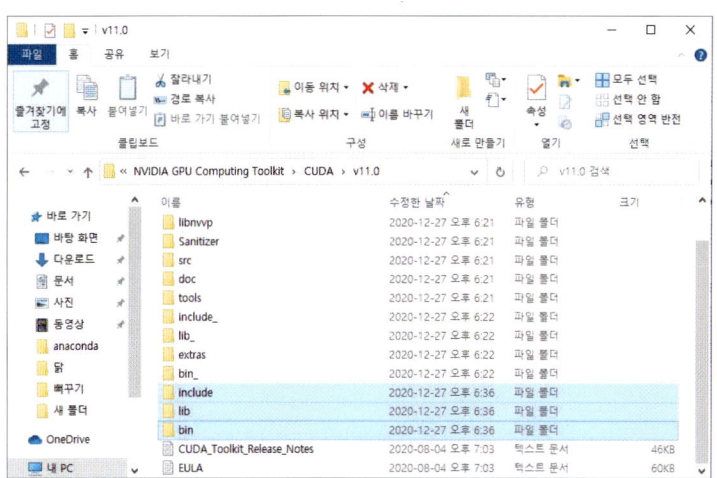

GPU 설치 확인

GPU가 정상적으로 설치되었는지 확인하기 위해 cmd 창에서 다음 명령을 입력합니다.

> `nvidia-smi`

그러면 다음과 같이 출력됩니다. 실행 결과를 보니 CUDA Version: 11.0이 설치되어 있는 것을 확인할 수 있습니다.

```
Sun Dec 27 18:39:08 2020
+-----------------------------------------------------------------------------+
| NVIDIA-SMI 456.38       Driver Version: 456.38       CUDA Version: 11.0     |
|-------------------------------+----------------------+----------------------+
| GPU  Name            TCC/WDDM | Bus-Id        Disp.A | Volatile Uncorr. ECC |
| Fan  Temp  Perf  Pwr:Usage/Cap|         Memory-Usage | GPU-Util  Compute M. |
|===============================+======================+======================|
|   0  GeForce RTX 2060    WDDM | 00000000:26:00.0  On |                  N/A |
| 30%   67C    P0  111W / 160W |   2205MiB /  6144MiB |      46%      Default |
+-------------------------------+----------------------+----------------------+

+-----------------------------------------------------------------------------+
| Processes:                                                                  |
|  GPU   GI   CI       PID   Type   Process name                  GPU Memory |
|        ID   ID                                                   Usage      |
|=============================================================================|
|    0   N/A  N/A     1260    C+G   Insufficient Permissions        N/A      |
|    0   N/A  N/A     7256    C+G   C:\Windows\explorer.exe         N/A      |
|    0   N/A  N/A     8584    C+G   ...artMenuExperienceHost.exe    N/A      |
|    0   N/A  N/A     8972    C+G   ...w5n1h2txyewy\SearchUI.exe    N/A      |
|    0   N/A  N/A     9528    C+G   Insufficient Permissions        N/A      |
|    0   N/A  N/A     9644    C+G   ...ekyb3d8bbwe\YourPhone.exe    N/A      |
|    0   N/A  N/A     9964    C+G   Insufficient Permissions        N/A      |
|    0   N/A  N/A    10372    C+G   Insufficient Permissions        N/A      |
|    0   N/A  N/A    11968    C+G   ...perience\NVIDIA Share.exe    N/A      |
|    0   N/A  N/A    15840    C+G   Insufficient Permissions        N/A      |
|    0   N/A  N/A    16976    C+G   Insufficient Permissions        N/A      |
|    0   N/A  N/A    17476    C+G   Insufficient Permissions        N/A      |
|    0   N/A  N/A    17572    C+G   ...y\ShellExperienceHost.exe    N/A      |
|    0   N/A  N/A    18776    C+G   Insufficient Permissions        N/A      |
|    0   N/A  N/A    20464    C+G   ...lPanel\SystemSettings.exe    N/A      |
|    0   N/A  N/A    20576    C+G   ...es.TextInput.InputApp.exe    N/A      |
|    0   N/A  N/A    21080    C+G   ...ge\Application\msedge.exe    N/A      |
+-----------------------------------------------------------------------------+
```

파이토치 GPU 버전 설치하기

1. 다음 URL로 이동하면 다양한 환경에 맞는 명령어를 찾을 수 있습니다.

    https://pytorch.org/get-started/locally/

    이때 중요한 것은 다음 그림과 같이 반드시 'Compute Platform' 부분에서 CUDA를 선택해야 한다는 것입니다.

▼ 그림 8-30 버전 선택

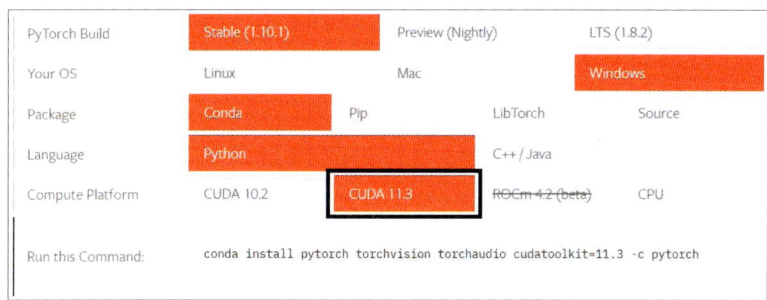

2. 다음 명령을 아나콘다 프롬프트에서 실행합니다.

    먼저 예제를 진행하고 있는 가상 환경으로 이동한 후 다음 명령을 실행합니다. 명령은 선택한 환경에 따라 다를 수 있습니다.

    ```
    > conda install pytorch torchvision torchaudio cudatoolkit=11.3 -c pytorch
    ```

    이제 파이토치에서 GPU를 사용할 수 있는 환경이 구성되었습니다. 파이토치는 GPU에 최적화되었기 때문에 GPU 환경이 가능하다면 GPU 위주로 사용하면 좋습니다.

8.3 하이퍼파라미터를 이용한 성능 최적화

하이퍼파라미터를 이용한 성능 최적화의 추가적인 방법으로 배치 정규화, 드롭아웃, 조기 종료가 있습니다.

먼저 배치 정규화부터 살펴보겠습니다.

8.3.1 배치 정규화를 이용한 성능 최적화

배치 정규화를 진행하기에 앞서 유사한 의미로 사용되는 용어들을 알아보겠습니다.

정규화

정규화(normalization)는 데이터 범위를 사용자가 원하는 범위로 제한하는 것을 의미합니다. 예를 들어 이미지 데이터는 픽셀 정보로 0~255 사이의 값을 갖는데, 이를 255로 나누면 0~1.0 사이의 값을 갖게 됩니다.

▼ 그림 8-31 정규화

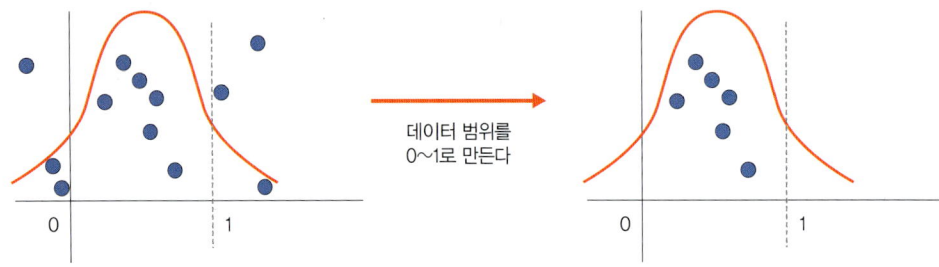

정규화는 각 특성 범위(스케일(scale))를 조정한다는 의미로 특성 스케일링(feature scaling)이라고도 합니다. 스케일 조정을 위해 MinMaxScaler() 기법을 사용하므로 수식은 다음과 같습니다.

$$\frac{x - x_{min}}{x_{max} - x_{min}}$$

(x: 입력 데이터)

규제화

규제화(regularization)는 모델 복잡도를 줄이기 위해 제약을 두는 방법입니다. 이때 제약은 데이터가 네트워크에 들어가기 전에 필터를 적용한 것이라고 생각하면 됩니다. 예를 들어 다음 왼쪽 그림은 필터가 적용되지 않을 경우 모든 데이터가 네트워크에 투입되지만, 오른쪽 그림은 필터로 걸러진 데이터만 네트워크에 투입되어 빠르고 정확한 결과를 얻을 수 있습니다.

▼ 그림 8-32 규제화

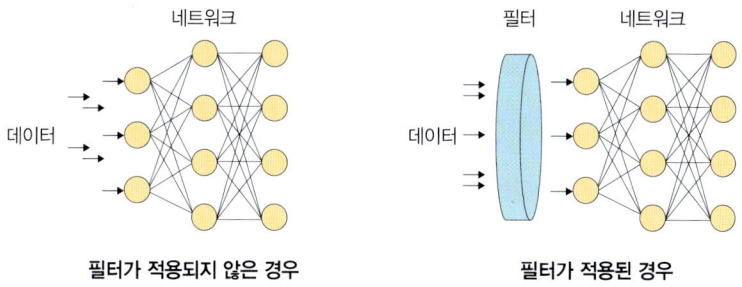

규제를 이용하여 모델 복잡도를 줄이는 방법은 다음과 같습니다.

- 드롭아웃
- 조기 종료

※ 드롭아웃은 8.3.2절에서, 조기 종료는 8.3.3절에서 자세히 다룹니다.

표준화

표준화(standardization)는 기존 데이터를 평균은 0, 표준편차는 1인 형태의 데이터로 만드는 방법입니다. 다른 표현으로 표준화 스칼라(standard scaler) 혹은 z-스코어 정규화(z-score normalization)라고도 합니다.

▼ 그림 8-33 표준화

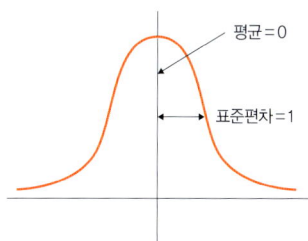

평균을 기준으로 얼마나 떨어져 있는지 살펴볼 때 사용합니다. 보통 데이터 분포가 가우시안 분포를 따를 때 유용한 방법으로 다음 수식을 사용합니다.

$$\frac{x-m}{\sigma}$$

(σ : 표준편차, x : 관측 값(입력 값), m : 평균)

배치 정규화

배치 정규화(batch normalization)는 2015년 "Batch Normalization: Accelerating Deep Network Training by Reducing Internal Covariate Shift" 논문에 설명되어 있는 기법으로, 데이터 분포가 안정되어 학습 속도를 높일 수 있습니다.

배치 정규화는 기울기 소멸(gradient vanishing)이나 기울기 폭발(gradient exploding) 같은 문제를 해결하기 위한 방법입니다. 일반적으로 기울기 소멸이나 폭발 문제를 해결하기 위해 손실 함수로 렐루(ReLU)를 사용하거나 초깃값 튜닝, 학습률(learning rate) 등을 조정합니다.

> **Note ≡ 기울기 소멸과 기울기 폭발**
> - **기울기 소멸**: 오차 정보를 역전파시키는 과정에서 기울기가 급격히 0에 가까워져 학습이 되지 않는 현상입니다.
> - **기울기 폭발**: 학습 과정에서 기울기가 급격히 커지는 현상입니다.

▼ 그림 8-34 기울기 소멸과 기울기 폭발

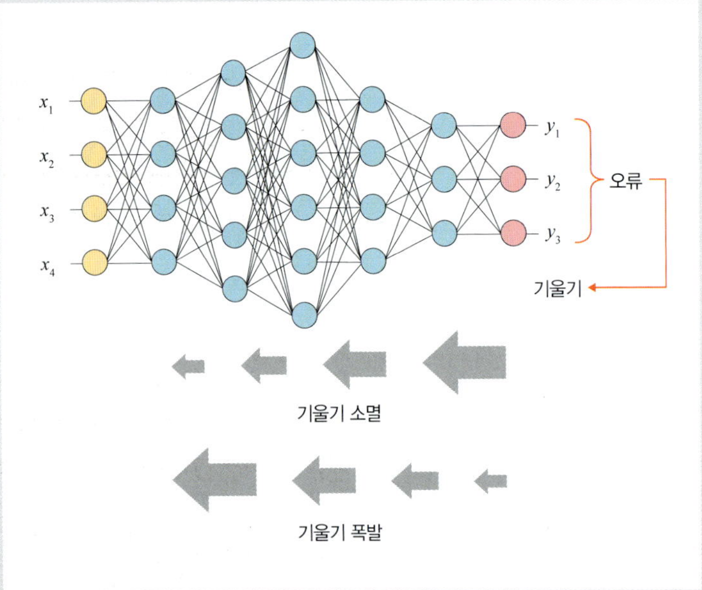

▼ 그림 8-35 배치 정규화

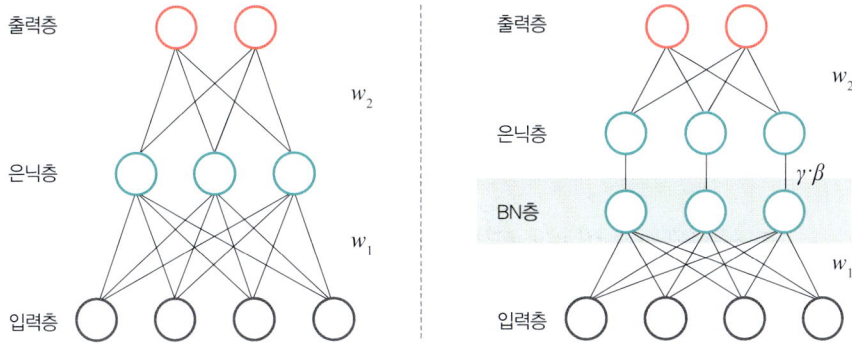

배치 정규화가 소개된 논문에 따르면 기울기 소멸과 폭발 원인은 내부 공변량 변화(internal covariance shift) 때문인데, 이것은 네트워크의 각 층마다 활성화 함수가 적용되면서 입력 값들의 분포가 계속 바뀌는 현상을 의미합니다. 따라서 분산된 분포를 정규분포로 만들기 위해 표준화와 유사한 방식을 미니 배치(mini-batch)[3]에 적용하여 평균은 0으로, 표준편차는 1로 유지하도록 하며 수식은 다음과 같습니다.

$$\mu\beta \leftarrow \frac{1}{m}\sum_{i=1}^{m} x_i \quad \cdots ①$$

$$\sigma^2\beta \leftarrow \frac{1}{m}\sum_{i=1}^{m}(x_i - \mu\beta)^2 \quad \cdots ②$$

$$\hat{x}_i \leftarrow \frac{x_i - \mu\beta}{\sqrt{\sigma^2\beta + \epsilon}} \quad \cdots ③$$

$$y_i \leftarrow \gamma\hat{x}_i + \beta \Leftrightarrow BN_{\gamma,\beta}(x_i) \quad \cdots ④$$

$$\begin{pmatrix} 입력: \beta=\{x_1, x_2, \cdots, x_n\} \\ 학습해야 할 하이퍼파라미터: \gamma, \beta \\ 출력: y_i=BN_{\gamma,\beta}(x_i) \end{pmatrix}$$

① 미니 배치 평균을 구합니다.

② 미니 배치의 분산과 표준편차를 구합니다.

③ 정규화를 수행합니다.

④ 스케일(scale)을 조정(데이터 분포 조정)합니다.

---

[3] 훈련 데이터에서 일부를 무작위로 뽑아 학습하는 것으로, 표본을 무작위로 샘플링하는 것과 개념적으로 유사합니다.

따라서 매 단계마다 활성화 함수를 거치면서 데이터셋 분포가 일정해지기 때문에 속도를 향상시킬 수 있지만 다음과 같은 단점도 있습니다.

첫째, 배치 크기가 작을 때는 정규화 값이 기존 값과 다른 방향으로 훈련될 수 있습니다. 예를 들어 분산이 0이면 정규화 자체가 안 되는 경우가 생길 수 있습니다.

둘째, RNN은 네트워크 계층별로 미니 정규화를 적용해야 하기 때문에 모델이 더 복잡해지면서 비효율적일 수 있습니다.

따라서 이러한 문제들을 해결하기 위한 가중치 수정, 네트워크 구성 변경 등을 수행하지만, 무엇보다 중요한 것은 배치 정규화를 적용하면 적용하지 않았을 때보다 성능이 좋아지기 때문에 많이 사용됩니다.

8.3.2 드롭아웃을 이용한 성능 최적화

과적합은 훈련 데이터셋을 과하게 학습하는 것을 의미합니다. 그렇다면 과하게 훈련 데이터셋을 학습하는 것이 왜 문제일까요? 일반적으로 훈련 데이터셋은 실제 데이터셋의 부분 집합이므로 훈련 데이터셋에 대해서는 오류가 감소하지만, 테스트 데이터셋에 대해서는 오류가 증가합니다. 즉, 훈련 데이터셋에 대해 훈련을 계속한다면 오류는 줄어들지만 테스트 데이터셋에 대한 오류는 어느 순간부터 증가하는데, 이러한 모델을 과적합되어 있다고 합니다.

▼ 그림 8-36 훈련과 오류율

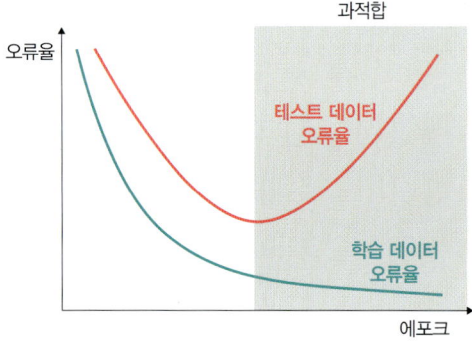

드롭아웃(dropout)이란 훈련할 때 일정 비율의 뉴런만 사용하고, 나머지 뉴런에 해당하는 가중치는 업데이트하지 않는 방법입니다. 물론 매 단계마다 사용하지 않는 뉴런을 바꾸어 가며 훈련시킵니다. 즉, 드롭아웃은 노드를 임의로 끄면서 학습하는 방법으로, 은닉층에 배치된 노드 중 일부를 임의로 끄면서 학습합니다. 꺼진 노드는 신호를 전달하지 않으므로 지나친 학습을 방지하는 효과가 생깁니다.

▼ 그림 8-37 드롭아웃

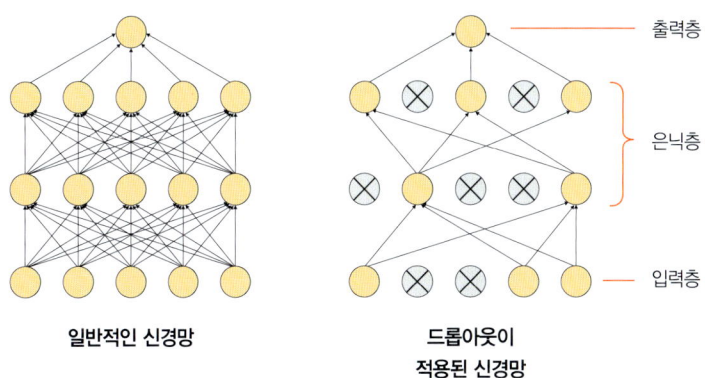

그림 8-37의 왼쪽은 일반적인 신경망이고, 오른쪽은 드롭아웃이 적용된 신경망의 모습입니다. 일부 노드들은 비활성화되고 남은 노드들로 신호가 연결되는 신경망 형태를 띠고 있습니다. 어떤 노드를 비활성화할지는 학습할 때마다 무작위로 선정되며, 테스트 데이터로 평가할 때는 노드들을 모두 사용하여 출력하되 노드 삭제 비율(드롭아웃 비율)을 곱해서 성능을 평가합니다.

드롭아웃을 사용하면 훈련 시간이 길어지는 단점이 있지만, 모델 성능을 향상하기 위해 상당히 자주 쓰는 방법입니다.

그럼 배치 정규화와 드롭아웃에 대한 파이토치 예제를 알아보겠습니다. 여기에서 사용되는 데이터셋은 파이토치 torchvision.datasets에서 제공하는 FashionMNIST 데이터셋입니다.

먼저 필요한 라이브러리를 호출합니다.

코드 8-1 라이브러리 호출

```python
import torch
import matplotlib.pyplot as plt
import numpy as np

import torchvision
import torchvision.transforms as transforms

import torch.nn as nn
import torch.optim as optim
```

예제에서 사용할 FashionMNIST 데이터셋을 내려받습니다.

코드 8-2 데이터셋 내려받기

```
trainset = torchvision.datasets.FashionMNIST(
                    root='../chap08/data/', train=True,
                    download=True,
                    transform=transforms.ToTensor())
```

코드를 실행하면 다음과 같이 내려받는 과정이 출력됩니다.

```
Downloading http://fashion-mnist.s3-website.eu-central-1.amazonaws.com/train-images-idx3-ubyte.gz to ../chap08/data/FashionMNIST\raw\train-images-idx3-ubyte.gz
26422272/? [01:06<00:00, 437971.04it/s]
Extracting ../chap08/data/FashionMNIST\raw\train-images-idx3-ubyte.gz to ../chap08/data/FashionMNIST\raw
Downloading http://fashion-mnist.s3-website.eu-central-1.amazonaws.com/train-labels-idx1-ubyte.gz to ../chap08/data/FashionMNIST\raw\train-labels-idx1-ubyte.gz
29696/? [00:00<00:00, 37924.77it/s]
Extracting ../chap08/data/FashionMNIST\raw\train-labels-idx1-ubyte.gz to ../chap08/data/FashionMNIST\raw
Downloading http://fashion-mnist.s3-website.eu-central-1.amazonaws.com/t10k-images-idx3-ubyte.gz to ../chap08/data/FashionMNIST\raw\t10k-images-idx3-ubyte.gz
4422656/? [00:14<00:00, 394272.31it/s]
Extracting ../chap08/data/FashionMNIST\raw\t10k-images-idx3-ubyte.gz to ../chap08/data/FashionMNIST\raw
Downloading http://fashion-mnist.s3-website.eu-central-1.amazonaws.com/t10k-labels-idx1-ubyte.gz to ../chap08/data/FashionMNIST\raw\t10k-labels-idx1-ubyte.gz
6144/? [00:00<00:00, 103995.62it/s]
Extracting ../chap08/data/FashionMNIST\raw\t10k-labels-idx1-ubyte.gz to ../chap08/data/FashionMNIST\raw
Processing...
Done!
```

내려받은 데이터셋을 메모리로 가져옵니다. 단 trainloader 변수가 호출될 때 메모리로 가져오게 됩니다.

코드 8-3 데이터셋을 메모리로 가져오기

```
batch_size = 4
trainloader = torch.utils.data.DataLoader(trainset, batch_size=batch_size, shuffle=True)
```

batch_size를 4로 설정했기 때문에 데이터를 메모리로 가져올 때 한 번에 네 개씩 쪼개서 가져옵니다.

이제 데이터셋을 이미지와 레이블로 분리하여 학습을 위한 준비를 합니다. 분리된 데이터셋에 대한 정보를 확인해 보겠습니다.

코드 8-4 데이터셋 분리

```
dataiter = iter(trainloader)
images, labels = dataiter.next()

print(images.shape)
print(images[0].shape)
print(labels[0].item())
```

다음은 이미지와 레이블로 분리된 데이터의 크기를 각각 출력한 결과입니다.

```
torch.Size([4, 1, 28, 28])
torch.Size([1, 28, 28])
9
```

출력의 크기가 의미하는 내용은 다음과 같습니다.

torch.Size([4, 1, 28, 28])
　　　　　　ⓐ ⓑ　　ⓒ

ⓐ 한 번의 배치 크기로 몇 개의 데이터를 가져오는지 의미합니다. 앞에서 batch_size = 4를 지정했기 때문에 4를 출력했습니다.

ⓑ 채널을 의미하는 것으로 흑백 이미지는 1을 출력하며, 컬러 이미지는 3을 출력합니다.

ⓒ 28×28(너비×높이) 픽셀 크기의 이미지라는 의미입니다.

예제에서 사용하고 있는 데이터셋의 이미지 몇 개만 출력해 보겠습니다. 먼저 이미지 출력을 위해 데이터 형태를 바꾸어 주기 위한 전처리 함수를 생성합니다.

코드 8-5 이미지 데이터를 출력하기 위한 전처리

```
def imshow(img, title):
    plt.figure(figsize=(batch_size * 4, 4))    ------ 출력할 개별 이미지의 크기 지정
    plt.axis('off')
    plt.imshow(np.transpose(img, (1, 2, 0)))    ------ ①
```

```
plt.title(title)
plt.show()
```

① 기본적으로 파이토치는 이미지 데이터셋을 [배치 크기, 채널, 너비, 높이(batch size, channel, width, height)] 순서대로 저장합니다. 하지만 이를 맷플롯립(matplotlib)으로 출력하기 위해서는 이미지가 [너비, 높이, 채널] 형태이어야 합니다. 즉, 데이터의 형태 변경이 필요한데, 이때 사용할 수 있는 것이 넘파이 라이브러리의 transpose()입니다.

이제 이미지 출력을 위한 그래프 방식을 정의합니다.

코드 8-6 이미지 데이터 출력 함수

```
def show_batch_images(dataloader):
    images, labels = next(iter(dataloader))  ------ 이미지의 크기는 (4, 28, 28, 1(배치 크기, 높이, 너비, 채널))이
                                                    됩니다.
    img = torchvision.utils.make_grid(images)  ------ 좌표에 이미지 픽셀을 대응시켜 그리드 형태로 출력합니다.
    imshow(img, title=[str(x.item()) for x in labels])  ------ imshow 함수를 사용함으로써 데이터의
                                                               형태는 (채널, 높이, 너비)에서 (높이, 너비,
                                                               채널)로 변경됩니다.
    return images, labels
```

앞에서 생성한 함수를 이용하여 이미지를 출력해 봅니다.

코드 8-7 이미지 출력

```
images, labels = show_batch_images(trainloader)
```

다음 그림은 이미지 출력 결과입니다.

▼ 그림 8-38 FashionMNIST 이미지 샘플

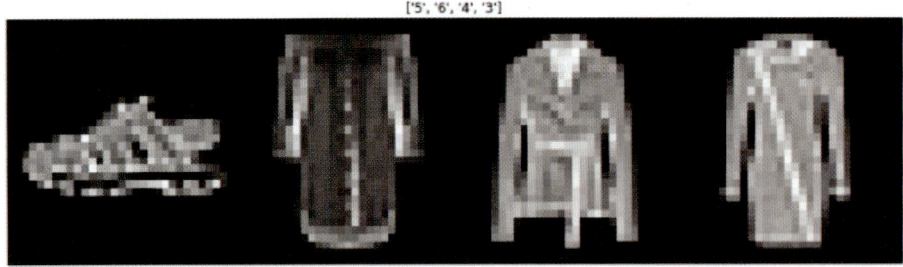

가장 상위에 표시된 숫자는 클래스(레이블)를 의미하며 그 내용은 다음과 같습니다.

```
classes = {
    0: "T-Shirt/Top",
    1: "Trouser",
    2: "Pullover",
    3: "Dress",
    4: "Coat",
    5: "Sandal",
    6: "Shirt",
    7: "Sneaker",
    8: "Bag",
    9: "Ankle Boot"
}
```

따라서 '5'는 샌들, '6'은 셔츠, '4'는 코트, '3'은 드레스를 의미하는데, 출력된 이미지와 동일함을 확인할 수 있습니다.

또한, 네 개의 이미지가 출력되는 이유는 한 번의 배치에서 네 개의 이미지만 가져오도록 했기 때문입니다.

이제 모델의 네트워크를 구축해야 합니다. 배치 정규화가 적용된 모델과 비교를 위해 배치 정규화가 적용되지 않는 모델을 먼저 생성해 보겠습니다.

코드 8-8 배치 정규화가 적용되지 않은 네트워크

```
class NormalNet(nn.Module):
    def __init__(self):
        super(NormalNet, self).__init__()
        self.classifier = nn.Sequential(
            nn.Linear(784, 48),    ------ (28, 28) 크기의 이미지로 입력은 784(28×28) 크기가 됩니다.
            nn.ReLU(),
            nn.Linear(48, 24),
            nn.ReLU(),
            nn.Linear(24, 10)    ------ FashionMNIST의 클래스는 총 열 개
        )    ------ nn.Sequential을 사용하면 forward() 함수에서 계층(layer)별로 가독성 있게 코드 구현이 가능

    def forward(self, x):
        x = x.view(x.size(0), -1)
        x = self.classifier(x)    ------ nn.Sequential에서 정의한 계층 호출
        return x
```

이번에는 배치 정규화가 포함된 네트워크를 구축합니다.

코드 8-9 배치 정규화가 포함된 네트워크

```python
class BNNet(nn.Module):
    def __init__(self):
        super(BNNet, self).__init__()
        self.classifier = nn.Sequential(
            nn.Linear(784, 48),
            nn.BatchNorm1d(48), ------ ①
            nn.ReLU(),
            nn.Linear(48, 24),
            nn.BatchNorm1d(24),
            nn.ReLU(),
            nn.Linear(24, 10)
        )

    def forward(self, x):
        x = x.view(x.size(0), -1)
        x = self.classifier(x)
        return x
```

① 배치 정규화가 적용되는 부분입니다. BatchNorm1d에서 사용되는 파라미터는 특성 개수로 이전 계층의 출력 채널이 됩니다.

배치 정규화를 사용하는 이유는 은닉층에서 학습이 진행될 때마다 입력 분포가 변하면서 가중치가 엉뚱한 방향으로 갱신되는 문제가 종종 발생하기 때문입니다. 즉, 신경망의 층이 깊어질수록 학습할 때 가정했던 입력 분포가 변화하여 엉뚱한 학습이 진행될 수 있는데 배치 정규화를 적용해서 입력 분포를 고르게 맞추어 줄 수 있습니다.

▼ 그림 8-39 배치 정규화

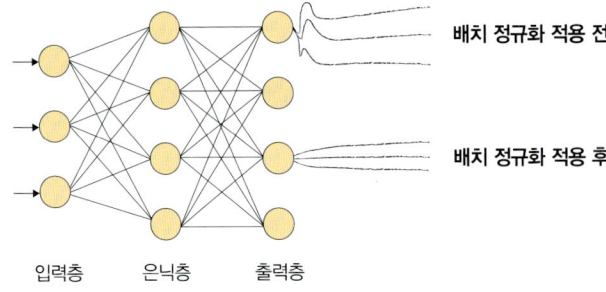

참고로 배치 정규화는 다음과 같은 위치에 놓여야 합니다.

▼ 그림 8-40 배치 정규화 위치

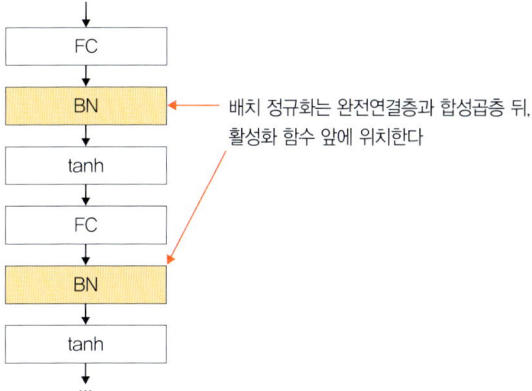

배치 정규화가 적용되지 않은 모델을 선언(객체화)합니다.

코드 8-10 배치 정규화가 적용되지 않은 모델 선언

```
model = NormalNet()
print(model)
```

코드를 실행하면 다음과 같이 배치 정규화가 적용되지 않은 모델의 네트워크가 출력됩니다.

```
NormalNet(
  (classifier): Sequential(
    (0): Linear(in_features=784, out_features=48, bias=True)
    (1): ReLU()
    (2): Linear(in_features=48, out_features=24, bias=True)
    (3): ReLU()
    (4): Linear(in_features=24, out_features=10, bias=True)
  )
)
```

배치 정규화가 적용된 모델을 선언(객체화)합니다.

코드 8-11 배치 정규화가 적용된 모델 선언

```
model_bn = BNNet()
print(model_bn)
```

배치 정규화가 적용된 모델의 네트워크가 출력됩니다.

```
BNNet(
  (classifier): Sequential(
    (0): Linear(in_features=784, out_features=48, bias=True)
    (1): BatchNorm1d(48, eps=1e-05, momentum=0.1, affine=True, track_running_stats=True)
    (2): ReLU()
    (3): Linear(in_features=48, out_features=24, bias=True)
    (4): BatchNorm1d(24, eps=1e-05, momentum=0.1, affine=True, track_running_stats=True)
    (5): ReLU()
    (6): Linear(in_features=24, out_features=10, bias=True)
  )
)
```

데이터로더를 이용하여 앞에서 내려받았던 데이터셋을 메모리로 불러올 준비를 합니다. 참고로 앞에서도 메모리로 불러오는 부분을 진행했습니다. 그때는 이미지 출력을 위한 용도로 배치 크기를 4로 설정했지만, 이번에 메모리로 불러오는 것은 학습을 위한 용도로 배치 크기를 512로 지정합니다.

코드 8-12 데이터셋 메모리로 불러오기

```
batch_size = 512
trainloader = torch.utils.data.DataLoader(trainset, batch_size=batch_size, shuffle=True)
```

모델에서 사용할 옵티마이저와 손실 함수를 지정합니다.

코드 8-13 옵티마이저, 손실 함수 지정

```
loss_fn = nn.CrossEntropyLoss()
opt = optim.SGD(model.parameters(), lr=0.01)
opt_bn = optim.SGD(model_bn.parameters(), lr=0.01)
```

이제 모델을 학습시켜 보겠습니다.

코드 8-14 모델 학습

```
loss_arr = []
loss_bn_arr = []
max_epochs = 2

for epoch in range(max_epochs):
    for i, data in enumerate(trainloader, 0):
```

```
            inputs, labels = data
            opt.zero_grad()    ------ 배치 정규화가 적용되지 않은 모델의 학습
            outputs = model(inputs)
            loss = loss_fn(outputs, labels)
            loss.backward()
            opt.step()

            opt_bn.zero_grad()   ------ 배치 정규화가 적용된 모델의 학습
            outputs_bn = model_bn(inputs)
            loss_bn = loss_fn(outputs_bn, labels)
            loss_bn.backward()
            opt_bn.step()

            loss_arr.append(loss.item())
            loss_bn_arr.append(loss_bn.item())

    plt.plot(loss_arr, 'yellow', label='Normal')
    plt.plot(loss_bn_arr, 'blue', label='BatchNorm')
    plt.legend()
    plt.show()
```

다음 그림들은 모델 학습 결과(오차 정보)를 보여 줍니다. 모델 학습 결과는 배치 정규화가 적용된 모델(아래 그림의 파란색 그래프)과 적용되지 않은 모델(아래 그림의 노란색 그래프)을 그래프로 출력합니다. 출력된 전체 이미지에서 앞뒤 두 개씩만 책에 담았지만 주피터 노트북 예제 파일을 통해 전체 결과를 확인할 수 있습니다.

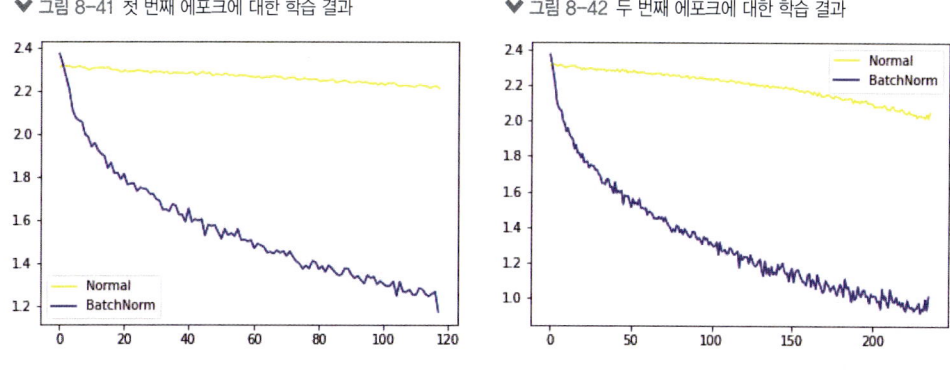

▼ 그림 8-41 첫 번째 에포크에 대한 학습 결과   ▼ 그림 8-42 두 번째 에포크에 대한 학습 결과

··· 중간 생략 ···

▼ 그림 8-43 18번째 에포크에 대한 학습 결과　　▼ 그림 8-44 19번째 에포크에 대한 학습 결과

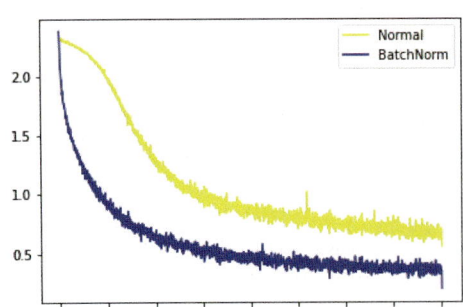 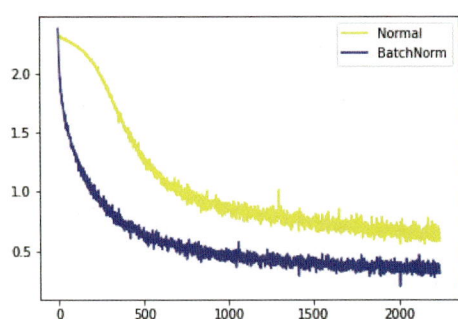

배치 정규화가 적용된 모델과 적용되지 않은 모델의 오차에 대한 그래프 결과가 어떤가요? 둘 다 시간이 흐를수록 오차가 줄어드는 것을 확인할 수 있습니다. 하지만 오차가 줄어드는 범위 및 값의 차이는 명백합니다. 배치 정규화가 적용된 모델의 경우 더 낮은 값으로 안정적인 범위 내에서 줄어들고 있는 것을 확인할 수 있습니다. 즉, 다른 말로 표현하면 배치 정규화가 적용된 모델은 에포크가 진행될수록 오차도 줄어들면서 안정적인 학습을 하고 있다고 할 수 있습니다.

배치 정규화가 성능에 어떤 영향을 미치는지 확인했다면 이번에는 드롭아웃에 대해 살펴보겠습니다.

드롭아웃을 알아보기에 앞서 훈련과 테스트 데이터셋이 어떻게 분포하는지 알아보겠습니다.

코드 8-15 데이터셋의 분포를 출력하기 위한 전처리

```
N = 50
noise = 0.3

x_train = torch.unsqueeze(torch.linspace(-1, 1, N), 1) ------ ①
y_train = x_train + noise * torch.normal(torch.zeros(N, 1), torch.ones(N, 1)) ------ ②

x_test = torch.unsqueeze(torch.linspace(-1, 1, N), 1)
y_test = x_test + noise * torch.normal(torch.zeros(N, 1), torch.ones(N, 1))
```

① 훈련 데이터셋이 -1~1의 값을 갖도록 조정합니다.

　　x_train = torch.unsqueeze(torch.linspace(-1, 1, N), 1)
　　　　　　　　　　　　　　　ⓐ
　　　　　　　　　　　　─────────────
　　　　　　　　　　　　　　　ⓑ

ⓐ torch.linspace: 주어진 범위에서 균등한 값을 갖는 텐서를 만들기 위해 사용합니다.

torch.linspace는 다음과 같이 사용합니다.

```
import torch
print(torch.linspace(0, 10))    ------ 0~10을 100으로 분할
print('---------------')
print(torch.linspace(0, 10, 5)) ------ 0~10을 5로 분할
```

다음은 torch.linspace()에 대한 출력 결과입니다.

```
tensor([ 0.0000,  0.1010,  0.2020,  0.3030,  0.4040,  0.5051,  0.6061,  0.7071,  0.8081,
         0.9091,  1.0101,  1.1111,  1.2121,  1.3131,  1.4141,  1.5152,  1.6162,  1.7172,  1.8182,
         1.9192,  2.0202,  2.1212,  2.2222,  2.3232,  2.4242,  2.5253,  2.6263,  2.7273,  2.8283,
         2.9293,  3.0303,  3.1313,  3.2323,  3.3333,  3.4343,  3.5354,  3.6364,  3.7374,  3.8384,
         3.9394,  4.0404,  4.1414,  4.2424,  4.3434,  4.4444,  4.5455,  4.6465,  4.7475,  4.8485,
         4.9495,  5.0505,  5.1515,  5.2525,  5.3535,  5.4545,  5.5556,  5.6566,  5.7576,  5.8586,
         5.9596,  6.0606,  6.1616,  6.2626,  6.3636,  6.4646,  6.5657,  6.6667,  6.7677,  6.8687,
         6.9697,  7.0707,  7.1717,  7.2727,  7.3737,  7.4747,  7.5758,  7.6768,  7.7778,  7.8788,
         7.9798,  8.0808,  8.1818,  8.2828,  8.3838,  8.4848,  8.5859,  8.6869,  8.7879,  8.8889,
         8.9899,  9.0909,  9.1919,  9.2929,  9.3939,  9.4950,  9.5960,  9.6970,  9.7980,  9.8990,
        10.0000])
---------------
tensor([ 0.0000,  2.5000,  5.0000,  7.5000, 10.0000])
```

따라서 torch.linspace(-1, 1, N) 의미는 -1~1의 범위에서 N개의 균등한 값을 갖는 텐서를 생성하겠다는 것입니다.

ⓑ torch.unsqueeze: unsqueeze()는 차원을 늘리기 위해 사용합니다. 따라서 torch.unsqueeze(torch.linspace(-1, 1, N), 1) 의미는 torch.linspace(-1, 1, N) 텐서의 첫 번째 자리에 차원을 증가시키겠다는 것입니다.

② 훈련 데이터셋 값의 범위가 정규분포를 갖도록 조정합니다.

```
y_train = x_train + noise * torch.normal(torch.zeros(N, 1), torch.ones(N, 1))
                                   ⓐ              ⓑ                ⓒ
```

ⓐ torch.normal: 정규분포로부터 무작위 표본 추출을 위해 사용합니다. torch.normal(평균, 표준편차)를 의미하기 때문에 torch.zeros()는 평균, torch.ones()는 표준편차를 의미합니다. 평균은 0, 표준편차는 1이 기본값입니다.

ⓑ torch.zeros: 0 값을 갖는 N×1 텐서를 생성합니다.

ⓒ torch.ones: 1 값을 갖는 N×1 텐서를 생성합니다.

앞에서 전처리된 데이터를 그래프로 출력하여 분포를 확인합니다.

코드 8-16 데이터 분포를 그래프로 출력

```
plt.scatter(x_train.data.numpy(), y_train.data.numpy(), c='purple',
            alpha=0.5, label='train') ------ ①
plt.scatter(x_test.data.numpy(), y_test.data.numpy(), c='yellow',
            alpha=0.5, label='test')
plt.legend()
plt.show()
```

① plt.scatter()는 데이터를 그래프상에 점(point)으로 출력해서 데이터 분포를 확인하고자 할 때 사용합니다.

```
plt.scatter(x_train.data.numpy(), y_train.data.numpy(), c='purple',
                    ⓐ                       ⓑ              ⓒ
            alpha=0.5, label='train')
              ⓓ           ⓔ
```

ⓐ 첫 번째 파라미터: x축에 위치할 데이터

ⓑ 두 번째 파라미터: y축에 위치할 데이터

ⓒ c: 그래프로 출력되는 마커(그림 8-45의 그래프에서 작은 동그라미/점)의 색상

ⓓ alpha: 마커에 대한 투명도를 조절하는 것으로 alpha=1이면 완전 불투명 상태를 의미합니다.

ⓔ label: 맷플롯립의 레전드와 같은 역할을 하지만 plt.legend()와 함께 사용되어야 합니다.

다음 그림은 데이터의 분포를 그래프로 출력한 결과입니다.

❤ 그림 8-45 FashionMNIST 데이터셋의 분포

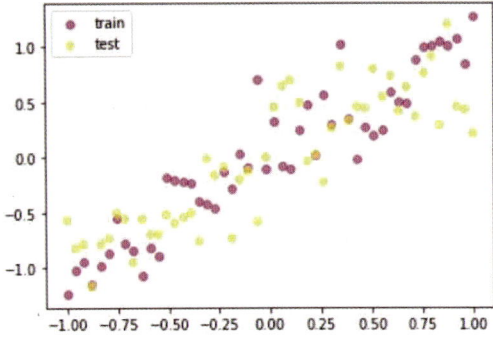

훈련과 테스트 데이터가 고르게 분포되어 있는 것을 확인할 수 있습니다.

드롭아웃의 효과를 확인하기 위해 드롭아웃이 적용된 것과 그렇지 않은 것의 모델을 생성합니다.

코드 8-17 드롭아웃을 위한 모델 생성

```
N_h = 100
model = torch.nn.Sequential(
    torch.nn.Linear(1, N_h),
    torch.nn.ReLU(),
    torch.nn.Linear(N_h, N_h),
    torch.nn.ReLU(),
    torch.nn.Linear(N_h, 1),
) ------ 드롭아웃이 적용되지 않은 모델

model_dropout = torch.nn.Sequential(
    torch.nn.Linear(1, N_h),
    torch.nn.Dropout(0.2), ------ 드롭아웃 적용
    torch.nn.ReLU(),
    torch.nn.Linear(N_h, N_h),
    torch.nn.Dropout(0.2),
    torch.nn.ReLU(),
    torch.nn.Linear(N_h, 1),
) ------ 드롭아웃이 적용된 모델
```

앞에서 생성한 모델을 위한 옵티마이저와 손실 함수를 지정합니다.

코드 8-18 옵티마이저와 손실 함수 지정

```
opt = torch.optim.Adam(model.parameters(), lr=0.01)
opt_dropout = torch.optim.Adam(model_dropout.parameters(), lr=0.01)
loss_fn = torch.nn.MSELoss()
```

이제 드롭아웃이 적용된 모델과 그렇지 않은 모델을 학습시키고 오차를 그래프로 출력합니다.

코드 8-19 모델 학습

```
max_epochs = 1000
for epoch in range(max_epochs):
    pred = model(x_train) ------ 드롭아웃이 적용되지 않은 모델 학습
    loss = loss_fn(pred, y_train)
    opt.zero_grad()
    loss.backward()
```

```python
    opt.step()
    
    pred_dropout = model_dropout(x_train)   # 드롭아웃이 적용된 모델 학습
    loss_dropout = loss_fn(pred_dropout, y_train)
    opt_dropout.zero_grad()
    loss_dropout.backward()
    opt_dropout.step()
    
    if epoch % 50 == 0:   # epoch를 50으로 나눈 나머지가 0이면 다음 진행
        model.eval()
        model_dropout.eval()
        
        test_pred = model(x_test)
        test_loss = loss_fn(test_pred, y_test)
        
        test_pred_dropout = model_dropout(x_test)
        test_loss_dropout = loss_fn(test_pred_dropout, y_test)
        
        plt.scatter(x_train.data.numpy(), y_train.data.numpy(), c='purple',
                    alpha=0.5, label='train')
        plt.scatter(x_test.data.numpy(), y_test.data.numpy(), c='yellow',
                    alpha=0.5, label='test')
        plt.plot(x_test.data.numpy(), test_pred.data.numpy(), 'b-', lw=3,
                 label='normal')   # 파란색 실선으로 x축은 테스트 데이터셋, y축은 드롭아웃이
                                   # 적용되지 않은 모델의 결과를 그래프로 출력
        plt.plot(x_test.data.numpy(), test_pred_dropout.data.numpy(), 'g--', lw=3,
                 label='dropout')  # 초록색 점선으로 x축은 테스트 데이터셋, y축은 드롭아웃이
                                   # 적용된 모델의 결과를 그래프로 출력
        plt.title('Epoch %d, Loss=%0.4f, Loss with dropout=%0.4f' %
                  (epoch, test_loss, test_loss_dropout))   # 에포크, 드롭아웃이 적용되지 않은
                                                           # 모델의 오차, 드롭아웃이 적용된
        plt.legend()                                        # 모델의 오차를 타이틀로 출력
        model.train()
        model_dropout.train()
        plt.pause(0.05)
```

다음 그림들은 드롭아웃과 관련된 모델 학습 결과입니다. 책에는 앞뒤로 두 개에 대한 출력만 실었지만 주피터 노트북 예제 파일에서 전체 결과를 확인할 수 있습니다.

▼ 그림 8-46 첫 번째 드롭아웃에 대한 학습 결과

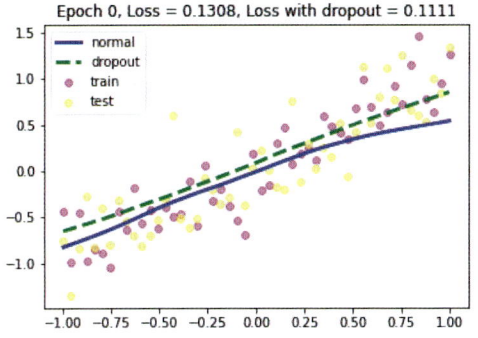

▼ 그림 8-47 두 번째 드롭아웃에 대한 학습 결과

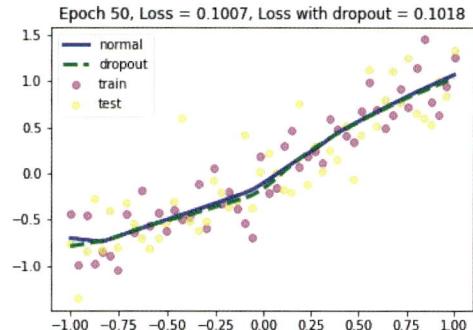

… 중간 생략 …

▼ 그림 8-48 19번째 드롭아웃에 대한 학습 결과

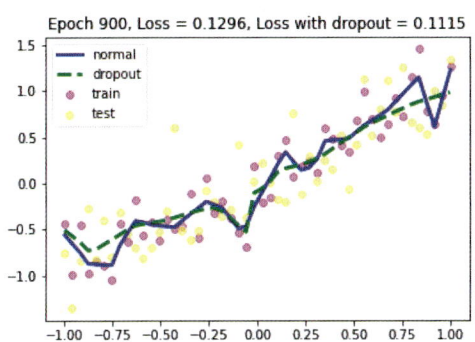

▼ 그림 8-49 20번째 드롭아웃에 대한 학습 결과

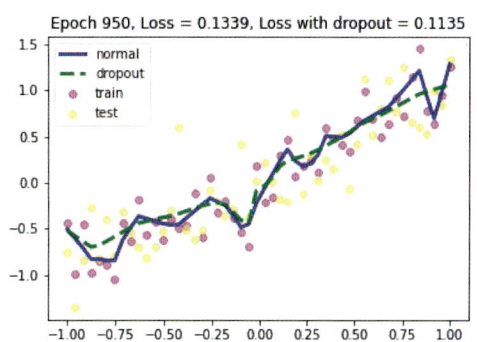

전반적으로 오차가 줄어드는 범위는 크지 않습니다. 하지만 드롭아웃을 적용했을 때의 오차가 더 낮은 것을 확인할 수 있습니다. 이제 그래프를 자세히 살펴보겠습니다. 출력 결과에서 초록색 점선(드롭아웃이 적용된 모델)과 파란색 실선(드롭아웃이 적용되지 않은 모델)의 차이가 크지 않아 보일 수 있지만 이 정도면 실제로는 큰 차이가 있는 상태입니다. 훈련 횟수가 늘어날수록 파란색 실선은 가장자리의 자주색 점들을 찾아가고 있습니다. 문제는 자주색 선이 훈련 데이터셋을 의미한다는 것이고, 이것은 다른 의미로 과적합 현상을 보이고 있다는 것입니다. 과적합이 발생하는 모델은 훈련 데이터에 대한 정확도는 높을 수 있지만 새로운 데이터, 즉 검증 데이터나 테스트 데이터에 대해서는 제대로 동작하지 않는 문제가 있습니다. 이와 같이 과적합 현상을 방지하기 위해 드롭아웃을 사용하며, 초록색 점선 그래프에서는 과적합 현상이 발생하지 않는 것을 확인할 수 있습니다.

이제 마지막으로 조기 종료에 대해 알아보겠습니다.

8.3.3 조기 종료를 이용한 성능 최적화

조기 종료(early stopping)는 뉴럴 네트워크가 과적합을 회피하는 규제 기법입니다. 훈련 데이터와 별도로 검증 데이터를 준비하고, 매 에포크마다 검증 데이터에 대한 오차(validation loss)를 측정하여 모델의 종료 시점을 제어합니다. 즉, 과적합이 발생하기 전까지 학습에 대한 오차(training loss)와 검증에 대한 오차 모두 감소하지만, 과적합이 발생하면 훈련 데이터셋에 대한 오차는 감소하는 반면 검증 데이터셋에 대한 오차는 증가합니다. 따라서 조기 종료는 검증 데이터셋에 대한 오차가 증가하는 시점에서 학습을 멈추도록 조정합니다.

▼ 그림 8-50 조기 종료

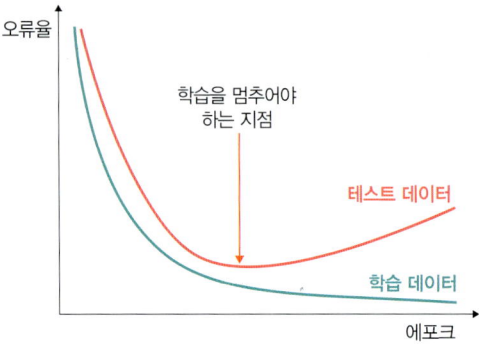

조기 종료는 학습을 언제 종료시킬지 결정할 뿐이지 최고의 성능을 갖는 모델을 보장하지는 않는다는 점에 주의해야 합니다. 이번 예제는 조기 종료뿐만 아니라 학습률(learning rate)을 조정해서 성능을 향상시키는 방법에 대해서도 함께 알아봅니다.

먼저 필요한 라이브러리들을 호출합니다.[4]

코드 8-20 라이브러리 호출

```
import torch
import torch.nn as nn
import torch.optim as optim
import torchvision.models as models  ------ 사전 학습된 모델을 이용하고자 할 때 사용하는 라이브러리
from torchvision import transforms, datasets

import matplotlib
import matplotlib.pyplot as plt
import time
```

---

4 es-python_8장 예제 파일을 이용하세요.

```python
import argparse
from tqdm import tqdm
matplotlib.style.use('ggplot') ------ 출력 그래프에서 격자로 숫자 범위가 눈에 잘 띄도록 하는 스타일
device = torch.device("cuda:0" if torch.cuda.is_available() else "cpu")
```

앞에서 설정했던 GPU 사용을 위한 코드입니다. 최근 높은 GPU 가격 때문에 GPU가 장착되어 있지 않은 서버/PC가 많을 수 있습니다. 하지만 걱정할 필요는 없습니다. 파이토치는 CPU에서도 잘 실행되며 책에서 다루는 예제들도 CPU만으로도 충분히 사용할 수 있도록 구성되어 있습니다.

```python
device = torch.device("cuda:0" if torch.cuda.is_available() else "cpu")
```

다음은 데이터셋 전처리를 위한 항목들을 정의합니다. 전처리에는 데이터 크기 조정 및 데이터 정규화(분포 조정) 등이 포함됩니다.

코드 8-21 데이터셋 전처리

```python
train_transform = transforms.Compose([
    transforms.Resize((224, 224)),
    transforms.RandomHorizontalFlip(),
    transforms.RandomVerticalFlip(),
    transforms.ToTensor(),
    transforms.Normalize(mean=[0.485, 0.456, 0.406],
                         std=[0.229, 0.224, 0.225])
])
val_transform = transforms.Compose([
    transforms.Resize((224, 224)),
    transforms.ToTensor(),
    transforms.Normalize(mean=[0.485, 0.456, 0.406],
                         std=[0.229, 0.224, 0.225])
])
```

예제에서 사용하는 데이터셋은 핫도그와 핫도그가 아닌 이미지들을 사용합니다. 데이터셋은 https://www.kaggle.com/dansbecker/hot-dog-not-hot-dog에서 내려받을 수 있지만 이것 역시 'Food 101 dataset'을 이용한 것입니다.

참고로 데이터셋에 사용되는 핫도그와 핫도그가 아닌 이미지들은 그림 8-51, 그림 8-52와 같습니다.

▼ 그림 8-51 핫도그 이미지

▼ 그림 8-52 핫도그가 아닌 이미지

예제를 진행할 데이터셋을 배치 크기로 메모리로 가져오기 위한 준비를 합니다. 일반적으로 PC에서 사용하는 메모리 용량(16~24GB)을 고려하여 한 번에 32개의 이미지를 불러오도록 설정했지만, 성능이 좋은 서버/PC라면 더 많은 이미지를 한꺼번에 불러와서 처리해도 좋습니다.

코드 8-22 데이터셋 가져오기

```
train_dataset = datasets.ImageFolder(
    root=r'../chap08/data/archive/train',
    transform=train_transform
)
train_dataloader = torch.utils.data.DataLoader(
    train_dataset, batch_size=32, shuffle=True,
)
val_dataset = datasets.ImageFolder(
    root=r'../chap08/data/archive/test',
    transform=val_transform
)
val_dataloader = torch.utils.data.DataLoader(
    val_dataset, batch_size=32, shuffle=False,
)
```

이제 모델을 생성할 텐데, 네트워크를 직접 구축하는 것이 아닌 사전 학습된 ResNet50을 사용할 예정입니다. 6장에서 배웠듯이 사전 학습된 모델을 사용할 경우 간편하게 네트워크를 구성하고 사용할 수 있는 장점이 있습니다.

> **코드 8-23** 모델 생성

```python
def resnet50(pretrained=True, requires_grad=False):
    model = models.resnet50(progress=True, pretrained=pretrained)
    if requires_grad == False:   # ---------------- 파라미터를 고정하여 backward() 중에 기울기가 계산되지 않도록 합니다.
        for param in model.parameters():   # requires_grad=False를 파라미터로 받았기 때문에 해당 구문이 실행됩니다.
            param.requires_grad = False
    elif requires_grad == True:   # ------ 파라미터 값이 backward() 중에 기울기 계산에 반영됩니다.
        for param in model.parameters():
            param.requires_grad = True
    model.fc = nn.Linear(2048, 2)   # ------ 마지막 분류를 위한 계층은 학습을 진행합니다.
    return model
```

파이토치에서 조기 종료와 함께 자주 사용되는 것으로 학습률 감소(learning rate decay)라는 것이 있습니다. 학습률에 대한 값을 고정시켜서 모델을 학습시키는 것이 아니라 학습이 진행되는 과정에서 학습률을 조금씩 낮추어 주는 성능 튜닝 기법 중에 하나입니다. 학습률 감소는 학습률 스케줄러(learning rate scheduler)라는 것을 이용하는데, 주어진 'patience' 횟수만큼 검증 데이터셋에 대한 오차 감소가 없으면 역시 주어진 'factor'만큼 학습률을 감소시켜서 모델 학습의 최적화가 가능하도록 도와줍니다. 다음 코드를 통해 자세히 살펴보겠습니다.

> **코드 8-24** 학습률 감소

```python
class LRScheduler():
    def __init__(
        self, optimizer, patience=5, min_lr=1e-6, factor=0.5
    ):
        self.optimizer = optimizer
        self.patience = patience
        self.min_lr = min_lr
        self.factor = factor
        self.lr_scheduler = torch.optim.lr_scheduler.ReduceLROnPlateau(
            self.optimizer,
            mode='min',
            patience=self.patience,
            factor=self.factor,
            min_lr=self.min_lr,
            verbose=True
        )   # ------ ①
```

```
    def __call__(self, val_loss):
        self.lr_scheduler.step(val_loss)  ······ ②
```

① 학습 과정에서 모델 성능에 대한 개선이 없을 경우 학습률 값을 조절하여 모델의 개선을 유도하는 콜백 함수입니다.

torch.optim.lr_scheduler.ReduceLROnPlateau(self.optimizer, mode='min',
                  ⓐ   ⓑ   ⓒ
patience=self.patience, factor=self.factor, min_lr=self.min_lr, verbose=True)
     ⓓ   ⓔ   ⓕ   ⓖ

ⓐ lr_scheduler.ReduceLROnPlateau: ReduceLROnPlateau는 검증 데이터셋에 대한 오차의 변동이 없으면 학습률을 factor배로 감소시킵니다.

ⓑ optimizer: 파라미터(가중치)를 갱신시키는 부분으로, 여기에서는 아담(optim.Adam)을 사용합니다.

ⓒ mode: 언제 학습률을 조정할지에 대한 기준이 되는 값입니다. 만약 검증 데이터셋에 대한 오차(val_loss)를 기준으로 사용하면 오차가 더 이상 감소되지 않을 때 학습률을 조정하게 됩니다. 이때 오차 값이 최소(min)가 되어야 하는지, 최대(max)가 되어야 하는지 알려 주는 파라미터가 mode입니다. 예를 들어 학습률 조정의 기준이 되는 값을 모델의 정확도(val_acc)로 사용하면 값이 클수록 좋기 때문에 'max'를 지정하고, 모델의 오차(val_loss)로 사용할 경우 작을수록 좋기 때문에 'min'을 지정합니다. 예제에서는 모델의 오차를 사용하기 때문에 'min'을 사용했습니다.

ⓓ patience: 학습률을 업데이트하기 전에 몇 번의 에포크를 기다려야 하는지 결정하는 것으로, 여기에서는 다섯 번의 에포크를 기다리도록 설정했습니다.

ⓔ factor: 학습률을 얼마나 감소시킬지 지정하는 파라미터입니다. 새로운 학습률은 기존 학습률 * factor가 됩니다. 예를 들어 현재 학습률이 0.01이고 factor가 0.5일 때, 콜백 함수가 실행된다면 그다음 학습률은 0.005가 됩니다.

ⓕ min_lr: 학습률의 하한선을 지정합니다. 예를 들어 현재 학습률이 0.1이고 factor가 0.5, min_lr이 0.03이라면 첫 번째로 콜백 함수가 적용될 때 학습률의 하한선 값은 $0.03 \times (0.1 \times 0.5)$처럼 계산됩니다.

ⓖ verbose: 조기 종료의 시작과 끝을 출력하기 위해 사용합니다. 1로 설정할 경우 조기 종료가 적용되면 적용되었다고 화면에 출력되지만, 0으로 설정할 경우 아무런 출력 없이 학습을 종료합니다.

> **Note ≡ 콜백 함수(callback)**
>
> 개발자가 명시적으로 함수를 호출하는 것이 아니라 개발자는 단지 함수 등록만 하고 특정 이벤트 발생에 의해 함수를 호출하고 처리하도록 하는 것이 콜백 함수입니다. 콜백 함수로는 동기적(synchronous) 함수와 비동기적(asynchronous) 함수가 있습니다. 동기적 함수는 코드가 위에서 아래로, 왼쪽에서 오른쪽으로 순차적으로 실행되는 함수이며 비동기 함수는 병렬 처리와 같다고 이해하면 됩니다. 어떤 코드를 실행했을 때 상당한 시간을 기다려야 하는 경우 해당 코드가 완료될 때까지 기다리는 것이 아닌 다른 코드가 먼저 처리되도록 하는 것이 비동기 함수입니다.

② 실제로 학습률을 업데이트합니다. 에포크 단위로 검증 데이터셋에 대한 오차(val_loss)를 받아서 이전 오차와 비교했을 때 차이가 없다면 학습률을 업데이트합니다.

이번에는 조기 종료에 대한 클래스입니다. 특정 에포크 후에도 오차가 개선되지 않을 때 훈련을 조기 종료합니다.

코드 8-25 조기 종료

```python
class EarlyStopping():
    def __init__(self, patience=5, verbose=False, delta=0,
                 path='../chap08/data/checkpoint.pt'):
        self.patience = patience  ------①
        self.verbose = verbose
        self.counter = 0
        self.best_score = None  ------ 검증 데이터셋에 대한 오차 최적화 값(오차가 가장 낮은 값)
        self.early_stop = False  ------ 조기 종료를 의미하며 초깃값은 False로 설정
        self.val_loss_min = np.Inf  ------ np.Inf(infinity)는 넘파이에서 무한대를 표현
        self.delta = delta  ------②
        self.path = path  ------ 모델이 저장될 경로

    def __call__(self, val_loss, model):  ------ 에포크만큼 학습이 반복되면서 best_loss가 갱신되고,
                                                  best_loss에 진전이 없으면 조기 종료한 후 모델을 저장
        score = -val_loss
        if self.best_score is None:  ------ best_score에 값이 존재하지 않으면 실행
            self.best_score = score
            self.save_checkpoint(val_loss, model)
        elif score < self.best_score + self.delta:  ------ best_score + delta가 score보다 크면 실행
            self.counter += 1
            print(f'EarlyStopping counter: {self.counter} out of {self.patience}')
            if self.counter >= self.patience:
                self.early_stop = True
        else:  ------ 그 외 모든 경우에 실행
            self.best_score = score
            self.save_checkpoint(val_loss, model)
            self.counter = 0
```

```python
def save_checkpoint(self, val_loss, model):  # 검증 데이터셋에 대한 오차가 감소하면 모델을 저장
    if self.verbose:
        print(f'Validation loss decreased ({self.val_loss_min:.6f} --> {val_loss:.6f}). Saving model ...')
    torch.save(model.state_dict(), self.path)  # 지정된 경로에 모델 저장
    self.val_loss_min = val_loss
```

① patience: 오차 개선이 없다고 바로 종료하지 않고 개선이 없는 에포크를 얼마나 기다려 줄지 지정합니다. 예제에서는 5라고 지정했기 때문에 개선이 없는 에포크가 다섯 번 지속될 경우 학습을 종료합니다.

② delta: 오차가 개선되고 있다고 판단하기 위한 최소 변화량을 나타냅니다. 변화량이 delta보다 적다면 개선이 없다고 판단합니다.

일반적으로 케라스에서 제공하는 콜백(keras.callbacks)을 이용하면 손쉽게 조기 종료를 구현할 수 있지만 파이토치에서는 조기 종료 함수 자체를 사용자가 직접 구현해야 합니다. 이러한 과정이 번거롭다면 케라스를 이용하면 편리합니다.

참고로 케라스의 콜백을 이용하는 방법은 다음과 같습니다.

```python
from keras.callbacks import ModelCheckpoint, EarlyStopping
checkpoint = ModelCheckpoint('checkpoint-epoch.h5'.format(EPOCH, BATCH_SIZE),  # 파일명 지정
                             monitor='val_loss',       # val_loss 값이 개선되었을 때 호출
                             verbose=1,                # 로그 출력
                             save_best_only=True,      # 가장 최적의 값만 저장
                             mode='auto'               # auto 의미는 시스템이 알아서 best 값을 찾으라는 것
                             )

earlystopping = EarlyStopping(monitor='val_loss',      # 학습률 업데이트 기준 설정(val_loss)
                              patience=10              # 에포크가 진행되는 열 번 동안 모델의 오차가
                              )                        # 개선되지 않는다면 종료
```

예제는 학습률 감소와 조기 종료 두 개에 대한 성능 튜닝을 진행하고 있습니다. 즉, 함수에 넘겨주는 인수(argument) 값에 따라 다른 동작을 하도록 해야 하는데, 이때 사용할 수 있는 것이 argparse 라이브러리입니다. ArgumentParser()를 이용하여 변수와 타입을 정의해 주고 add_argument()를 이용해서 변수에 인수 값을 하나씩 추가합니다. 그리고 마지막으로 parse_args()를 통해 사용자로부터 입력받은 값들을 args 변수에 저장합니다.

코드 8-26 인수 값 지정

```
parser = argparse.ArgumentParser()   ······ 인수 값을 받을 수 있는 인스턴스 생성
parser.add_argument('--lr-scheduler', dest='lr_scheduler', action='store_true')  ······ ①
parser.add_argument('--early-stopping', dest='early_stopping', action='store_true')  ······
args = vars(parser.parse_args())   ······ ②                            조기 종료에 대한 인수
```

① 원하는 인수 값을 추가합니다. 이때 parser.add_argument()는 인수 개수만큼 만들어 줍니다.

```
parser.add_argument('--lr-scheduler', dest='lr_scheduler', action='store_true')
                         ⓐ                    ⓑ                    ⓒ
```

ⓐ 첫 번째 파라미터: 옵션 문자열의 이름으로 명령을 실행할 때 사용하는데 예를 들어 다음과 같습니다.

> `python main.py --lr-scheduler`

ⓑ dest: 입력 값이 저장되는 변수입니다. 예제의 경우 lr_scheduler 변수에 입력 값이 저장됩니다.

ⓒ action: action을 store_true로 지정하면 입력 값을 dest 파라미터에 의해 생성된 변수에 저장합니다.

② 입력받은 인수 값(예 lr_scheduler)이 실제로 args 변수에 저장됩니다.

이번 예제에서는 모델의 네트워크를 생성하는 것이 아닌 사전 훈련된 ResNet50을 사용합니다. ResNet50에서 사용하는 파라미터에 대해 확인해 보겠습니다.

그 전에 예제 진행을 위해 ipywidgets 라이브러리를 아나콘다 프롬프트에서 설치합니다.

> `pip install ipywidgets`

혹은

> `conda install -c conda-forge ipywidgets`

코드 8-27 사전 훈련된 모델의 파라미터 확인

```
print(f"Computation device: {device}\n")   ······ CPU를 사용하는지 GPU를 사용하는지 검사
model = models.resnet50(pretrained=True).to(device)   ······ 사전 훈련된 ResNet50 사용
total_params = sum(p.numel() for p in model.parameters())   ······ 총 파라미터 수
print(f"{total_params:,} total parameters.")
```

```
total_trainable_params = sum(
    p.numel() for p in model.parameters() if p.requires_grad) ······ 학습 가능한 파라미터 수
print(f"{total_trainable_params:,} training parameters.")
```

다음은 전체 파라미터와 학습 가능한 파라미터 수입니다. 책에서는 CPU를 사용했지만 앞에서 GPU가 정상적으로 설치되었다면 'Computation device'에서 gpu가 출력될 것입니다.

```
Computation device: cpu

25,557,032 total parameters.
25,557,032 training parameters.
```

출력 결과 CPU를 사용할 것이며 전체 파라미터와 학습 가능한 파라미터는 25,557,032개라는 것을 보여 줍니다.

초기 학습률, 에포크 및 옵티마이저와 손실 함수를 지정합니다.

코드 8-28 옵티마이저와 손실 함수 지정

```
lr = 0.001
epochs = 100
optimizer = optim.Adam(model.parameters(), lr=lr)
criterion = nn.CrossEntropyLoss()
```

'--lr-scheduler' 또는 '--early-stopping'처럼 어떤 인수도 사용하지 않을 때 오차, 정확도 및 모델의 이름으로 사용할 문자열을 지정합니다.

코드 8-29 오차, 정확도 및 모델의 이름에 대한 문자열

```
loss_plot_name = 'loss'      ······ 오차 출력에 대한 문자열
acc_plot_name = 'accuracy'   ······ 정확도 출력에 대한 문자열
model_name = 'model'         ······ 모델을 저장하기 위한 문자열
```

'--lr-scheduler' 또는 '--early-stopping' 인수를 사용할 경우 오차, 정확도 및 모델의 이름으로 사용할 문자열을 지정합니다.

코드 8-30 오차, 정확도 및 모델의 이름에 대한 문자열

```
if args['lr_scheduler']:
    print('INFO: Initializing learning rate scheduler')
    lr_scheduler = LRScheduler(optimizer)
```

```
            loss_plot_name = 'lrs_loss'   ------ 학습률 감소를 적용했을 때의 오차에 대한 문자열
            acc_plot_name = 'lrs_accuracy'   ------ 학습률 감소를 적용했을 때의 정확도에 대한 문자열
            model_name = 'lrs_model'   ------ 학습률 감소를 적용했을 때의 모델에 대한 문자열
        if args['early_stopping']:
            print('INFO: Initializing early stopping')
            early_stopping = EarlyStopping()
            loss_plot_name = 'es_loss'   ------ 조기 종료를 적용했을 때의 오차에 대한 문자열
            acc_plot_name = 'es_accuracy'   ------ 조기 종료를 적용했을 때의 정확도에 대한 문자열
            model_name = 'es_model'   ------ 조기 종료를 적용했을 때의 모델에 대한 문자열
```

훈련 데이터셋을 이용한 모델 학습 함수를 정의합니다.

코드 8-31 모델 학습 함수

```
    def training(model, train_dataloader, train_dataset, optimizer, criterion):
        print('Training')
        model.train()
        train_running_loss = 0.0
        train_running_correct = 0
        counter = 0
        total = 0
        prog_bar = tqdm(enumerate(train_dataloader), total=int(len(train_dataset)/
                        train_dataloader.batch_size))   ------ 훈련 진행 과정을 시각적으로 표현
        for i, data in prog_bar:
            counter += 1
            data, target = data[0].to(device), data[1].to(device)
            total += target.size(0)
            optimizer.zero_grad()
            outputs = model(data)
            loss = criterion(outputs, target)
            train_running_loss += loss.item()
            _, preds = torch.max(outputs.data, 1)
            train_running_correct += (preds == target).sum().item()
            loss.backward()
            optimizer.step()

        train_loss = train_running_loss / counter
        train_accuracy = 100. * train_running_correct / total
        return train_loss, train_accuracy
```

다음은 모델 성능을 검증하기 위한 함수입니다.

코드 8-32 모델 검증 함수

```python
def validate(model, test_dataloader, val_dataset, criterion):
    print('Validating')
    model.eval()
    val_running_loss = 0.0
    val_running_correct = 0
    counter = 0
    total = 0
    prog_bar = tqdm(enumerate(test_dataloader), total=int(len(val_dataset)/
                    test_dataloader.batch_size)) # 모델 검증 과정을 시각적으로 표현
    with torch.no_grad():
        for i, data in prog_bar:
            counter += 1
            data, target = data[0].to(device), data[1].to(device)
            total += target.size(0)
            outputs = model(data)
            loss = criterion(outputs, target)

            val_running_loss += loss.item()
            _, preds = torch.max(outputs.data, 1)
            val_running_correct += (preds == target).sum().item()

        val_loss = val_running_loss / counter
        val_accuracy = 100. * val_running_correct / total
        return val_loss, val_accuracy
```

데이터셋과 모델에 대한 준비가 완료되었습니다. 이제 모델을 학습시켜 보겠습니다.

코드 8-33 모델 학습

```python
train_loss, train_accuracy = [], [] # 훈련 데이터셋을 이용한 모델 학습 결과(오차, 정확도)를
                                    #  저장하기 위한 변수(리스트 형태를 갖습니다)
val_loss, val_accuracy = [], [] # 검증 데이터셋을 이용한 모델 성능 결과(오차, 정확도)를
                                #  저장하기 위한 변수(리스트 형태를 갖습니다)
start = time.time()
for epoch in range(epochs):
    print(f"Epoch {epoch+1} of {epochs}")
    train_epoch_loss, train_epoch_accuracy = training(
        model, train_dataloader, train_dataset, optimizer, criterion
    )
    val_epoch_loss, val_epoch_accuracy = validate(
        model, val_dataloader, val_dataset, criterion
    )
```

```
        train_loss.append(train_epoch_loss)
        train_accuracy.append(train_epoch_accuracy)
        val_loss.append(val_epoch_loss)
        val_accuracy.append(val_epoch_accuracy)
        if args['lr_scheduler']:  ------ 인수 값이 lr_scheduler이면 다음을 실행
            lr_scheduler(val_epoch_loss)
        if args['early_stopping']:  ------ 인수 값이 early_stopping이면 다음을 실행
            early_stopping(val_epoch_loss, model)
            if early_stopping.early_stop:
                break
        print(f"Train Loss: {train_epoch_loss:.4f}, Train Acc: {train_epoch_accuracy:.2f}")
        print(f'Val Loss: {val_epoch_loss:.4f}, Val Acc: {val_epoch_accuracy:.2f}')
end = time.time()
print(f"Training time: {(end-start)/60:.3f} minutes")
```

다음은 모델 학습 결과입니다.

```
Epoch 1 of 100
Training
Validating
Train Loss: 2.1123, Train Acc: 60.04
Val Loss: 13.3437, Val Acc: 55.20
Epoch 2 of 100
Training
Validating
Train Loss: 0.5598, Train Acc: 73.90
Val Loss: 0.6033, Val Acc: 68.40
... 중간 생략 ...
Epoch 99 of 100
Training
Validating
Train Loss: 0.0340, Train Acc: 99.20
Val Loss: 1.5805, Val Acc: 68.60
Epoch 100 of 100
Training
Validating
Train Loss: 0.0394, Train Acc: 98.80
Val Loss: 1.0129, Val Acc: 76.00
Training time: 654.208 minutes
```

CPU를 이용하여 에포크 100을 수행할 경우 약 11시간 정도의 시간이 필요함을 보여 줍니다. 따라서 빠른 학습을 원한다면 GPU 환경에서 학습을 진행하는 것이 좋습니다. 여건이 안 되면 코랩

에서 GPU로 런타임을 설정하고 실행합니다.

마지막으로 모델의 정확도와 오차를 그래프를 통해서 확인해 보겠습니다. 이때 출력 결과는 어떤 인수도 사용되는 않는 모델의 학습 결과입니다.

코드 8-34 모델 학습 결과 출력

```
print('Saving loss and accuracy plots...')
plt.figure(figsize=(10, 7))
plt.plot(train_accuracy, color='green', label='train accuracy')  ······ 훈련 데이터셋에 대한 정확도를
                                                                        그래프로 출력
plt.plot(val_accuracy, color='blue', label='validation accuracy')  ······
plt.xlabel('Epochs')                      검증 데이터셋에 대한 정확도를 그래프로 출력
plt.ylabel('Accuracy')
plt.legend()
plt.savefig(f"../chap08/img/{acc_plot_name}.png")
plt.show()
plt.figure(figsize=(10, 7))
plt.plot(train_loss, color='orange', label='train loss')  ······ 훈련 데이터셋에 대한 오차를 그래프로 출력
plt.plot(val_loss, color='red', label='validation loss')  ······ 검증 데이터셋에 대한 오차를
                                                                 그래프로 출력
plt.xlabel('Epochs')
plt.ylabel('Loss')
plt.legend()
plt.savefig(f"../chap08/img/{loss_plot_name}.png")
plt.show()

print('Saving model...')
torch.save(model.state_dict(), f"../chap08/img/{model_name}.pth")  ······ 모델을 저장
print('TRAINING COMPLETE')
```

다음 그림은 모델 학습에 대한 출력 결과입니다.

▼ 그림 8-53 출력 결과

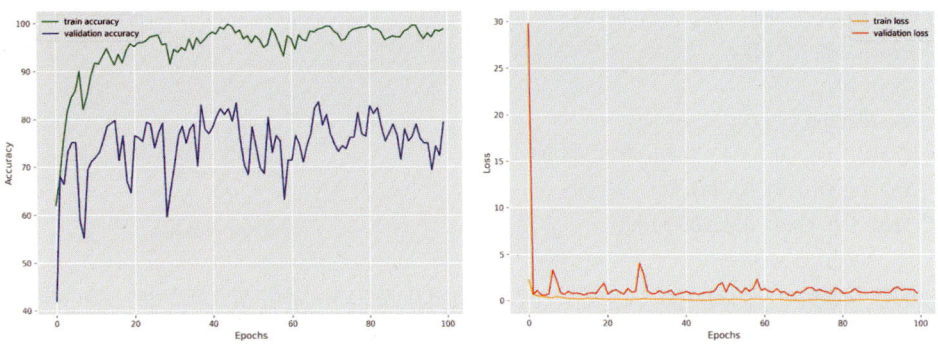

출력 결과는 'python es-python_8장.py' 실행 결과에서 설명합니다.

이제 모든 코드가 완료되었습니다. 이렇게 작성된 코드를 파이썬(.py)으로 저장합니다. 실행 결과를 기존과 다르게 확인하는 이유는 적용해야 할 인자가 두 개이기 때문입니다. 먼저 어떤 인수도 적용되지 않은 결과를 확인하기 위해 아나콘다 프롬프트에서 다음 명령을 실행합니다.[5] 이렇게 실행된 결과는 앞에서 실행한 결과와 동일합니다.

> `python es-python_8장.py`

다음은 어떤 인수도 적용하지 않았을 때의 실행 결과입니다.

```
Computation device: cpu

25,557,032 total parameters.
25,557,032 training parameters.
Epoch 1 of 100
Training
  0%|
| 0/15 [00:00<?, ?it/s]e:\Anaconda3\envs\pytorch\lib\site-packages\torch\nn\function-
al.py:718: UserWarning: Named tensors and all their associated APIs are an experimen-
tal feature and subject to change. Please do not use them for anything important until
they are released as stable. (Triggered internally at  ..\c10/core/TensorImpl.h:1156.)
  return torch.max_pool2d(input, kernel_size, stride, padding, dilation, ceil_mode)
16it [04:41, 17.62s/it]
Validating
16it [01:30,  5.64s/it]
Train Loss: 2.2272, Train Acc: 58.84
Val Loss: 7.0938, Val Acc: 43.60
Epoch 2 of 100
Training
16it [04:39, 17.45s/it]
Validating
16it [01:30,  5.66s/it]
Train Loss: 0.5848, Train Acc: 71.69
Val Loss: 2.0658, Val Acc: 54.80
Epoch 3 of 100
Training
16it [04:39, 17.44s/it]
Validating
16it [01:30,  5.64s/it]
```

---

5 es-python_8장.py 파일이 있는 chap08 폴더로 이동한 후 실행해야 합니다.

```
Train Loss: 0.4854, Train Acc: 76.51
Val Loss: 0.7689, Val Acc: 66.60
... 중간 생략 ...
Epoch 97 of 100
Training
16it [04:41, 17.58s/it]
Validating
16it [01:29,  5.62s/it]
Train Loss: 0.0410, Train Acc: 98.19
Val Loss: 0.8700, Val Acc: 75.20
Epoch 98 of 100
Training
16it [04:40, 17.52s/it]
Validating
16it [01:30,  5.68s/it]
Train Loss: 0.1077, Train Acc: 95.98
Val Loss: 0.9775, Val Acc: 80.60
Epoch 99 of 100
Training
16it [04:44, 17.81s/it]
Validating
16it [01:30,  5.66s/it]
Train Loss: 0.1609, Train Acc: 94.38
Val Loss: 1.9502, Val Acc: 68.40
Epoch 100 of 100
Training
16it [04:43, 17.72s/it]
Validating
16it [01:29,  5.62s/it]
Train Loss: 0.0995, Train Acc: 96.59
Val Loss: 1.5691, Val Acc: 72.00
Training time: 618.836 minutes
Saving loss and accuracy plots...
Saving model...
TRAINING COMPLETE
```

에포크를 100으로 지정했기 때문에 상당히 긴 시간의 학습이 진행되었습니다. 다음 그림은 그래프를 이용한 출력 결과입니다.

▼ 그림 8-54 어떤 인수도 적용되지 않았을 때의 정확도

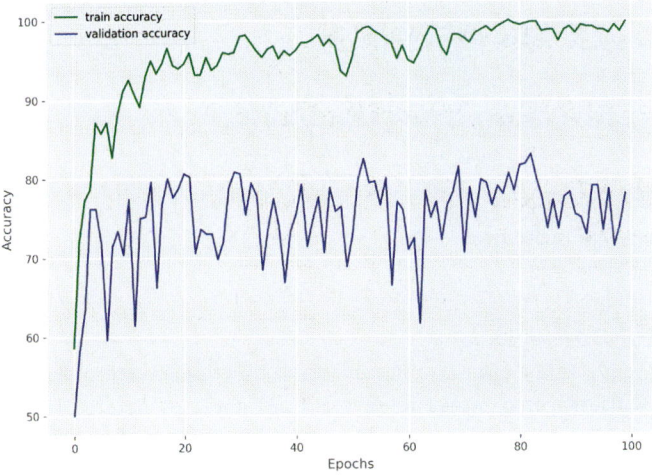

▼ 그림 8-55 어떤 인수도 적용되지 않았을 때의 오차

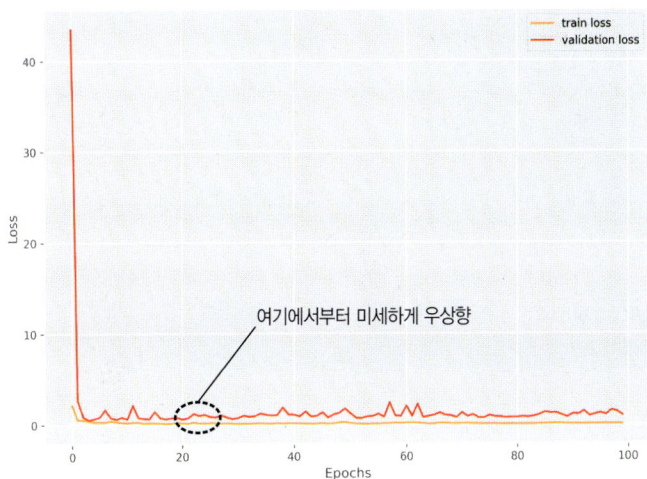

정확도의 경우 위아래로 많은 변동이 있는 것을 볼 수 있습니다. 정확도가 10% 이상 차이가 나는 일부 에포크 사이는 기복이 매우 심합니다. 오차에 대한 그래프도 크게 다르지 않습니다. 특히 에포크 10 이후부터 검증 데이터셋에 대한 오차가 미세한 차이로 우상향하는 것을 볼 수 있습니다. 이것은 모델이 과적합되기 시작했으며 적절한 훈련을 계속하려면 학습률 값을 줄여야 한다는 것을 보여 줍니다.

이번에는 학습률 감소에 대한 결과를 확인하기 위해 아나콘다 프롬프트에서 다음 명령을 실행합니다.

```
> python es-python_8장.py --lr-scheduler
```

다음은 학습률 감소와 관련된 인수를 입력했을 때의 결과입니다.

```
Computation device: cpu

25,557,032 total parameters.
25,557,032 training parameters.
INFO: Initializing learning rate scheduler
Epoch 1 of 100
Training
  0%|
| 0/15 [00:00<?, ?it/s]C:\Users\Metanet\AppData\Roaming\Python\Python38\site-packages\
torch\nn\functional.py:718: UserWarning: Named tensors and all their associated APIs
are an experimental feature and subject to change. Please do not use them for anything
important until they are released as stable. (Triggered internally at  ..\c10/core/
TensorImpl.h:1156.)
  return torch.max_pool2d(input, kernel_size, stride, padding, dilation, ceil_mode)
16it [09:02, 33.91s/it]
Validating
16it [02:08,  8.06s/it]
Train Loss: 2.1396, Train Acc: 61.04
Val Loss: 6.2706, Val Acc: 37.80
Epoch 2 of 100
Training
16it [05:41, 21.32s/it]
Validating
16it [01:16,  4.80s/it]
Train Loss: 0.5996, Train Acc: 69.68
Val Loss: 1.3892, Val Acc: 51.20
Epoch 3 of 100
Training
16it [04:17, 16.11s/it]
Validating
16it [01:15,  4.75s/it]
Train Loss: 0.5297, Train Acc: 74.50
Val Loss: 0.7101, Val Acc: 67.00
... 중간 생략 ...
Epoch 97 of 100
Training
16it [03:58, 14.91s/it]
Validating
16it [01:16,  4.78s/it]
Train Loss: 0.0017, Train Acc: 100.00
Val Loss: 0.5876, Val Acc: 83.40
```

```
Epoch 98 of 100
Training
16it [04:02, 15.13s/it]
Validating
16it [01:16,  4.78s/it]
Train Loss: 0.0017, Train Acc: 100.00
Val Loss: 0.5880, Val Acc: 84.00
Epoch 99 of 100
Training
16it [04:01, 15.08s/it]
Validating
16it [01:14,  4.69s/it]
Train Loss: 0.0019, Train Acc: 100.00
Val Loss: 0.5919, Val Acc: 83.80
Epoch 100 of 100
Training
16it [03:59, 14.94s/it]
Validating
16it [01:14,  4.64s/it]
Train Loss: 0.0023, Train Acc: 100.00
Val Loss: 0.5959, Val Acc: 83.60
Training time: 589.638 minutes
Saving loss and accuracy plots...
Saving model...
TRAINING COMPLETE
```

역시 100으로 지정된 에포크 모두 수행되기 때문에 상당히 긴 시간이 필요합니다. 그 결과를 그래프로 확인해 보겠습니다.

▼ 그림 8-56 학습률 감소에 대한 인수가 적용되었을 때의 정확도

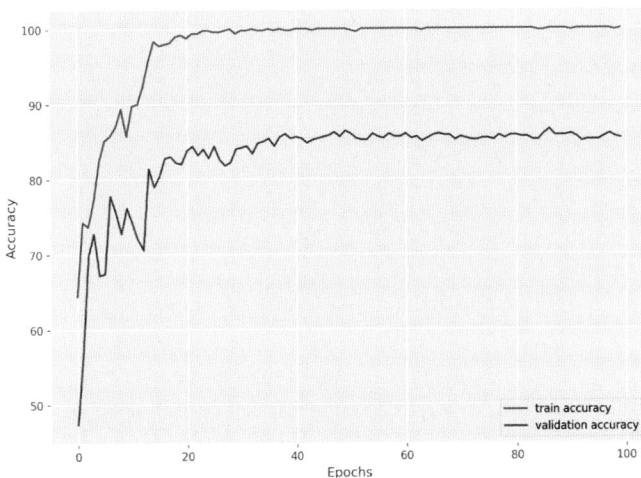

▼ 그림 8-57 학습률 감소에 대한 인수가 적용되었을 때의 오차

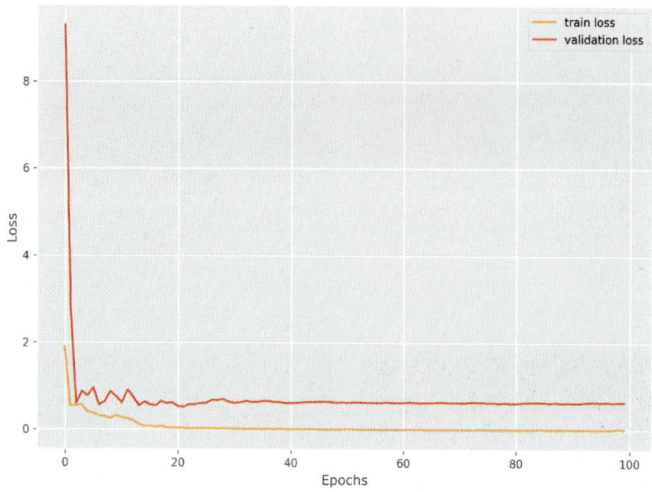

정확도를 보여 주는 그래프가 앞에서 살펴보았던 그래프와는 다르게 완만한 곡선 형태를 보여 줍니다. 또한, 훈련이 종료된 시점의 검증 데이터셋에 대한 정확도도 높게 나타나고 있습니다. 그리고 오차 그래프의 경우 그래프가 우상향하는 현상도 없어졌습니다. 즉, 학습률 스케줄러가 성능 향상에 어느 정도 기여했음을 의미합니다. 그러나 자세히 관찰하면 검증 데이터셋에 대한 오차가 에포크 20 정도에서도 정체되기 시작합니다. 즉, 에포크를 30 정도만 수행해도 모델 훈련에 여전히 좋은 결과를 얻을 수 있을 것이라고 추측할 수 있습니다.

마지막으로 조기 종료에 대한 결과를 살펴보겠습니다. 다음 명령을 아나콘다 프롬프트에서 실행합니다.

```
> python es-python_8장.py --early-stopping
```

조기 종료 인수를 적용했을 때의 결과는 다음과 같습니다.

```
Computation device: cpu

25,557,032 total parameters.
25,557,032 training parameters.
INFO: Initializing early stopping
Epoch 1 of 100
Training
  0%|
| 0/15 [00:00<?, ?it/s]e:\Anaconda3\envs\pytorch\lib\site-packages\torch\nn\
functional.py:718: UserWarning: Named tensors and all their associated APIs are an
```

experimental feature and subject to change. Please do not use them for anything important until they are released as stable. (Triggered internally at ..\c10/core/TensorImpl.h:1156.)
   return torch.max_pool2d(input, kernel_size, stride, padding, dilation, ceil_mode)
16it [04:45, 17.84s/it]
Validating
16it [01:34, 5.91s/it]
Train Loss: 2.1789, Train Acc: 58.23
Val Loss: 64.6766, Val Acc: 14.60
Epoch 2 of 100
Training
16it [04:31, 16.94s/it]
Validating
16it [01:29, 5.60s/it]
Train Loss: 0.6728, Train Acc: 65.66
Val Loss: 1.6799, Val Acc: 64.60
Epoch 3 of 100
Training
16it [04:33, 17.09s/it]
Validating
16it [01:31, 5.74s/it]
Train Loss: 0.5560, Train Acc: 70.28
Val Loss: 0.5631, Val Acc: 71.40
Epoch 4 of 100
Training
16it [04:46, 17.90s/it]
Validating
16it [01:34, 5.93s/it]
Train Loss: 0.5004, Train Acc: 79.92
Val Loss: 0.5125, Val Acc: 77.40
Epoch 5 of 100
Training
16it [04:47, 17.94s/it]
Validating
16it [01:34, 5.90s/it]
EarlyStopping counter: 1 out of 5
Train Loss: 0.3710, Train Acc: 83.53
Val Loss: 0.6830, Val Acc: 72.20
Epoch 6 of 100
Training
16it [04:46, 17.94s/it]
Validating
16it [01:34, 5.90s/it]

```
EarlyStopping counter: 2 out of 5
Train Loss: 0.4656, Train Acc: 78.11
Val Loss: 0.7071, Val Acc: 70.40
Epoch 7 of 100
Training
16it [04:36, 17.26s/it]
Validating
16it [01:30,  5.66s/it]
EarlyStopping counter: 3 out of 5
Train Loss: 0.4010, Train Acc: 83.33
Val Loss: 0.5996, Val Acc: 74.80
Epoch 8 of 100
Training
16it [04:34, 17.17s/it]
Validating
16it [01:30,  5.68s/it]
EarlyStopping counter: 4 out of 5
Train Loss: 0.3679, Train Acc: 83.94
Val Loss: 1.4061, Val Acc: 58.00
Epoch 9 of 100
Training
16it [04:34, 17.14s/it]
Validating
16it [01:30,  5.68s/it]
EarlyStopping counter: 5 out of 5
Training time: 55.807 minutes
Saving model...
TRAINING COMPLETE
```

다섯 번째 에포크부터 조기 종료가 수행되고 있습니다. 그 결과를 그래프로 확인해 보겠습니다. 조기 종료로 인해 실제로 학습을 종료할 때까지 기다려 주는 파라미터인 patience를 5로 설정했기 때문에 빠른 종료가 이루어졌지만 좀 더 길게 설정하면서 다양한 학습 방법을 익혀 보기 바랍니다(실제로 5로 설정하는 것은 너무 성급한 판단일 수도 있기 때문에 더 긴 에포크로 설정해서 테스트를 진행해 보아야 합니다).

▼ 그림 8-58 조기 종료에 대한 인수가 적용되었을 때의 정확도

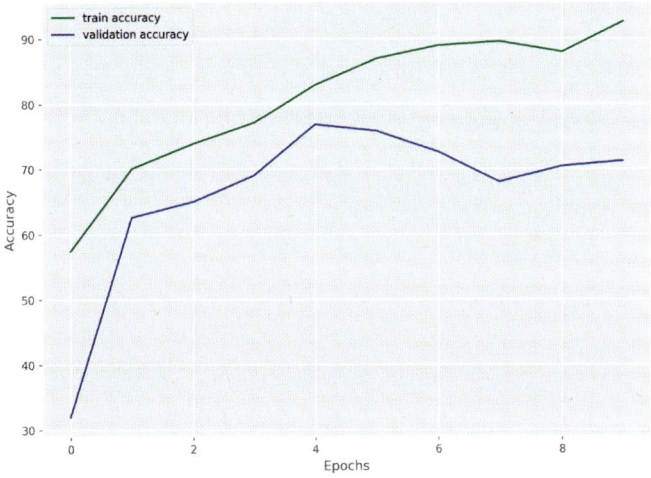

▼ 그림 8-59 조기 종료에 대한 인수가 적용되었을 때의 오차

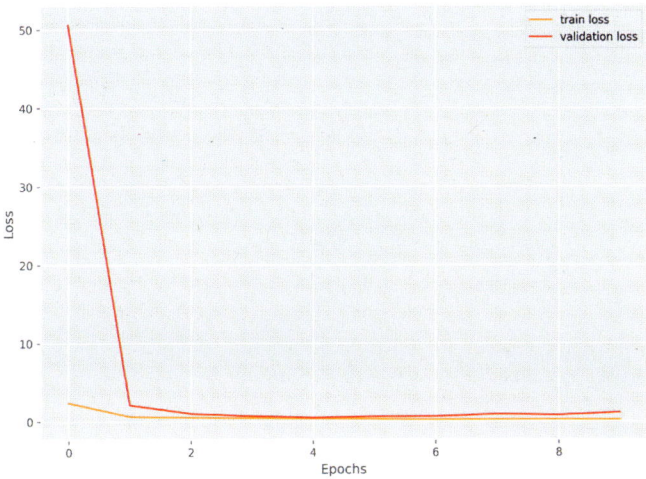

다섯 번째 에포크부터 조기 종료가 수행되고 있기 때문에 실제로 학습은 네 번째 에포크까지만 수행되었다고 할 수 있습니다(데이터셋은 랜덤으로 가져오기 때문에 결과가 책과 다를 수 있습니다). 명심해야 할 것은 조기 종료가 항상 성능에 좋은 영향을 미치는 것은 아닙니다. 조기 종료로 인해 모델이 제대로 학습하지 못할 수 있습니다. 실제로 검증 데이터셋에 대한 정확도 그래프가 위아래로 오가면서 불안정한 결과를 출력하고 있습니다. 그렇다고 학습을 계속 이어 간다고 해서 더 좋은 결과를 얻을 수 있다는 보장도 없습니다. 따라서 그래프가 의미하는 내용을 잘 이해하고 적절한 성능 향상 방안을 적용하는 것이 중요합니다. 앞에서 검증 데이터셋에 대한 정확도는 좋지

않지만, 오차는 많이 낮아진 것을 확인할 수 있습니다. 따라서 정확도만 보고 조기 종료가 효과가 없다고 판단하기에는 숲이 아닌 나무만 보고 판단한 결과와 같습니다.

분명한 것은 학습률 스케쥴러를 이용한 학습률 조정 기법과 조기 종료가 모델 성능을 향상시키는 데는 도움이 된다는 것입니다(조기 종료의 경우에는 성능 향상보다는 자원(CPU/메모리)의 효율화라고 보는 것이 정확합니다). 단 모든 모델에 일괄적으로 적용하는 것이 아닌, 기존의 출력된 그래프를 해석해서 어떤 성능 기법을 적용할지 결정하는 것이 중요합니다.

9장

자연어 전처리

9.1 자연어 처리란
9.2 전처리

9.1 자연어 처리란

자연어 처리란 우리가 일상생활에서 사용하는 언어 의미를 분석하여 컴퓨터가 처리할 수 있도록 하는 과정입니다. 자연어 처리는 딥러닝에 대한 이해도 필요하지만, 그에 앞서 인간 언어에 대한 이해도 필요하기 때문에 접근하기 어려운 분야입니다. 또한, 언어 종류가 다르고 그 형태가 다양하기 때문에 처리가 매우 어렵습니다. 예를 들어 영어는 명확한 띄어쓰기가 있지만, 중국어는 띄어쓰기가 없기 때문에 단어 단위의 임베딩이 어렵습니다. 또한, 자연어 처리를 위해 사용되는 용어들도 낯섭니다.

다음 그림은 자연어 처리가 가능한 영역과 발전이 필요한 분야입니다. 예를 들어 스팸 처리 및 맞춤법 검사는 완성도가 높은 반면, 질의응답 및 대화는 아직 발전이 더 필요한 분야입니다.

▼ 그림 9-1 자연어 처리 완성도

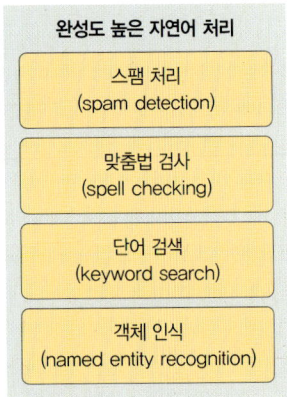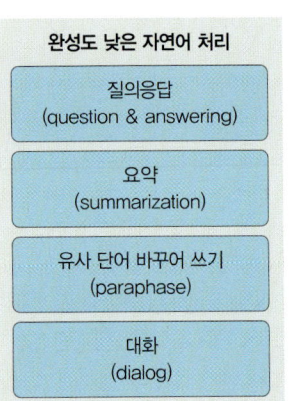

자연어 처리에서 사용하는 용어부터 알아보겠습니다.

9.1.1 자연어 처리 용어 및 과정

자연어 처리 관련 용어와 처리 과정을 먼저 알아보겠습니다.

자연어 처리 관련 용어

- **말뭉치(corpus(코퍼스))**: 자연어 처리에서 모델을 학습시키기 위한 데이터이며, 자연어 연구를 위해 특정한 목적에서 표본을 추출한 집합입니다.

▼ 그림 9-2 말뭉치(corpus)

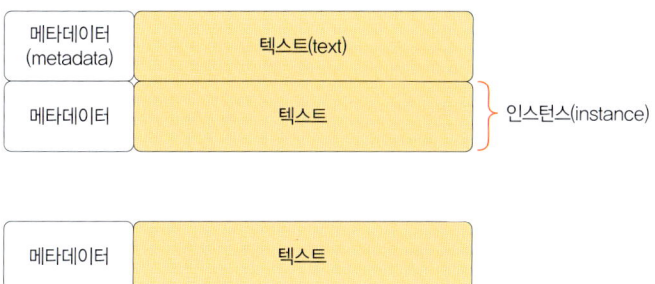

- **토큰**(token): 자연어 처리를 위한 문서는 작은 단위로 나누어야 하는데, 이때 문서를 나누는 단위가 토큰입니다. 문자열을 토큰으로 나누는 작업을 토큰 생성(tokenizing)이라고 하며, 문자열을 토큰으로 분리하는 함수를 토큰 생성 함수라고 합니다.

- **토큰화**(tokenization): 텍스트를 문장이나 단어로 분리하는 것을 의미합니다. 토큰화 단계를 마치면 텍스트가 단어 단위로 분리됩니다.

- **불용어**(stop words): 문장 내에서 많이 등장하는 단어입니다. 분석과 관계없으며, 자주 등장하는 빈도 때문에 성능에 영향을 미치므로 사전에 제거해 주어야 합니다. 불용어 예로 "a", "the", "she", "he" 등이 있습니다.

- **어간 추출**(stemming): 단어를 기본 형태로 만드는 작업입니다. 예를 들어 'consign', 'consigned', 'consigning', 'consignment'가 있을 때 기본 단어인 'consign'으로 통일하는 것이 어간 추출입니다.

▼ 그림 9-3 어간 추출

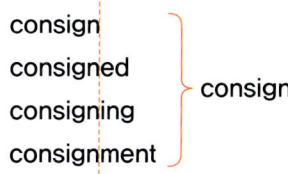

- **품사 태깅**(part-of-speech tagging): 주어진 문장에서 품사를 식별하기 위해 붙여 주는 태그 (식별 정보)를 의미합니다.

▼ 그림 9-4 품사 태깅

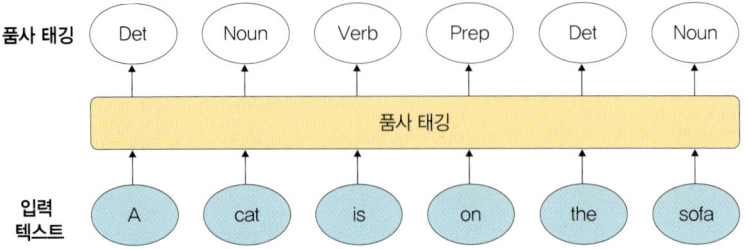

품사 태깅을 위한 정보는 다음과 같습니다.

- **Det**: 한정사
- **Noun**: 명사
- **Verb**: 동사
- **Prep**: 전치사

품사 태깅은 NLTK를 이용할 수 있습니다(NLTK는 9.1.2절에서 설명합니다).

NLTK는 아나콘다가 설치되어 있다면 추가적으로 설치할 필요가 없지만, 책에서는 가상 환경에서 실습하므로 다음 명령으로 설치합니다.

> `pip install nltk`

품사 태깅을 위해 주어진 문장에 대해 토큰화를 먼저 진행합니다. 다음 코드를 실행하면 NLTK Downloader 창이 뜹니다. **Download**를 눌러 내려받습니다.

코드 9-1 문장 토큰화

```
import nltk
nltk.download()
text = nltk.word_tokenize("Is it possible distinguishing cats and dogs")
text
```

> **Note** **NLTK Downloader**
>
> 주피터 노트북에서 nltk.download() 코드를 실행하면 다음과 같이 NLTK Downloader 창이 뜹니다(윈도에서는 작업 표시줄에 🔘 표시로 나타납니다). 왼쪽 아래의 **Download**를 눌러야 관련 패키지 등을 내려받을 수 있습니다. 내려받기가 완료된 후에는 File > Exit를 선택해야 다음 단계를 진행할 수 있습니다.
>
> ▼ 그림 9-5 NLTK 내려받기

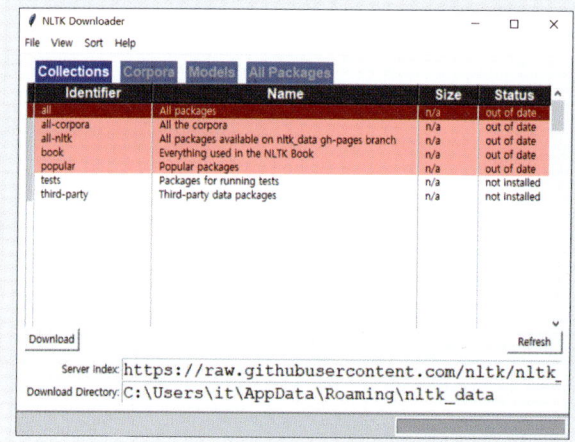

다음은 문장 토큰화를 진행한 결과입니다.

['Is', 'it', 'possible', 'distinguishing', 'cats', 'and', 'dogs']

태깅에 필요한 자원을 내려받습니다.

코드 9-2 태깅에 필요한 자원 내려받기

```
nltk.download('averaged_perceptron_tagger')  ------ 태깅에 필요한 자원 내려받기
```

모두 내려받으면 다음과 같이 출력됩니다.

```
True
```

내려받은 자원을 이용하여 품사를 태깅합니다.

코드 9-3 품사 태깅

```
nltk.pos_tag(text)
```

다음은 품사 태깅에 대한 출력 결과입니다.

```
[('Is', 'VBZ'),
 ('it', 'PRP'),
 ('possible', 'JJ'),
 ('distinguishing', 'VBG'),
 ('cats', 'NNS'),
 ('and', 'CC'),
 ('dogs', 'NNS')]
```

여기에서 사용되는 품사 의미는 다음과 같습니다.

- **VBZ**: 동사, 동명사 또는 현재 분사
- **PRP**: 인칭 대명사(PP)
- **JJ**: 형용사
- **VBG**: 동사, 동명사 또는 현재 분사
- **NNS**: 명사, 복수형
- **CC**: 등위 접속사

자연어 처리 과정

자연어는 인간 언어입니다. 인간 언어는 컴퓨터가 이해할 수 없기 때문에 컴퓨터가 이해할 수 있는 언어로 바꾸고 원하는 결과를 얻기까지 크게 네 단계를 거칩니다.

첫 번째로 인간 언어인 자연어가 입력 텍스트로 들어오게 됩니다. 이때 인간 언어가 다양하듯 처리 방식이 조금씩 다르며, 현재는 영어에 대한 처리 방법들이 잘 알려져 있습니다.

두 번째로는 입력된 텍스트에 대한 전처리 과정이 필요합니다.

세 번째로 전처리가 끝난 단어들을 임베딩합니다. 즉, 단어를 벡터로 변환하는 방법으로 '10장 자연어 처리를 위한 임베딩'에서 자세히 다룹니다.

마지막으로 컴퓨터가 이해할 수 있는 데이터가 완성되었기 때문에 모델/모형(예 결정 트리)을 이용하여 데이터에 대한 분류 및 예측을 수행합니다. 이때 데이터 유형에 따라 분류와 예측에 대한 결과가 달라집니다.

▼ 그림 9-6 자연어 처리 과정

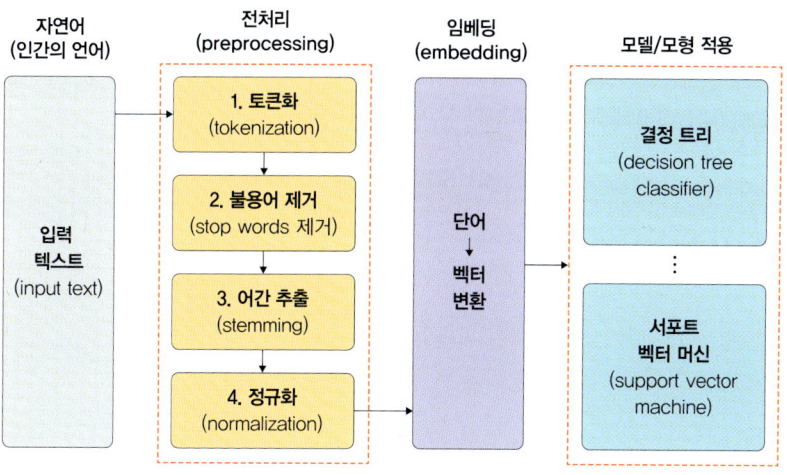

9.1.2 자연어 처리를 위한 라이브러리

NLTK

NLTK(Natural Language ToolKit)는 교육용으로 개발된 자연어 처리 및 문서 분석용 파이썬 라이브러리입니다. 다양한 기능 및 예제를 가지고 있으며 실무 및 연구에서도 많이 사용되고 있습니다.

다음은 NLTK 라이브러리가 제공하는 주요 기능입니다.

- 말뭉치
- 토큰 생성
- 형태소 분석
- 품사 태깅

설치한 NLTK 라이브러리를 이용하여 예제를 살펴보겠습니다.

코드 9-4 nltk 라이브러리 호출 및 문장 정의

```
import nltk
nltk.download('punkt')  ------ 문장을 단어로 쪼개기 위한 자원 내려받기
string1 = "my favorite subject is math"
string2 = "my favorite subject is math, english, economic and computer science"
nltk.word_tokenize(string1)
```

다음은 string1에 대해 문장을 단어로 쪼갠 결과입니다.

['my', 'favorite', 'subject', 'is', 'math']

이번에는 string2를 nltk를 이용해서 단어 단위로 분리해 보겠습니다.

코드 9-5 단어 단위로 분리

```
nltk.word_tokenize(string2)
```

다음은 string2에 대해 문장을 단어로 분리시킨 결과입니다.

```
['my',
 'favorite',
 'subject',
 'is',
 'math',
 ',',
 'english',
 ',',
 'economic',
 'and',
 'computer',
 'science']
```

KoNLPy

KoNLPy(코엔엘파이라고 읽음)는 한국어 처리를 위한 파이썬 라이브러리입니다. KoNLPy는 파이썬에서 사용할 수 있는 오픈 소스 형태소 분석기로, 기존에 공개된 꼬꼬마(Kkma), 코모란(Komoran), 한나눔(Hannanum), 트위터(Twitter), 메카브(Mecab) 분석기를 한 번에 설치하고 동일한 방법으로 사용할 수 있도록 해 줍니다.

윈도 환경에서 KoNLPy 설치 방법

1단계. Oracle JDK 설치

1. KoNLPy를 설치하기 전에 Oracle JDK를 설치해야 합니다(KoNLPy 공식 사이트에서는 Oracle JDK를 설치하는 것을 권고하고 있으며, 해당 파일을 내려받을 수 있는 URL을 제시함

니다). 다음 URL에 접속합니다.

https://www.oracle.com/java/technologies/javase-downloads.html

2. Oracle JDK 하위의 **Download**를 누릅니다.

▼ 그림 9-7 Oracle JDK Download

3. 필자는 x64 MSI Installer를 선택했습니다.

▼ 그림 9-8 Oracle JDK 버전 선택

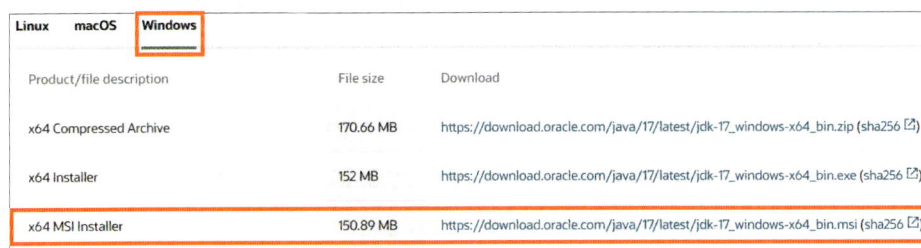

4. 내려받은 파일을 더블클릭하여 설치합니다. JDK 파일을 설치하는 단계입니다. **Next**를 누릅니다.

▼ 그림 9-9 JDK 설치 시작

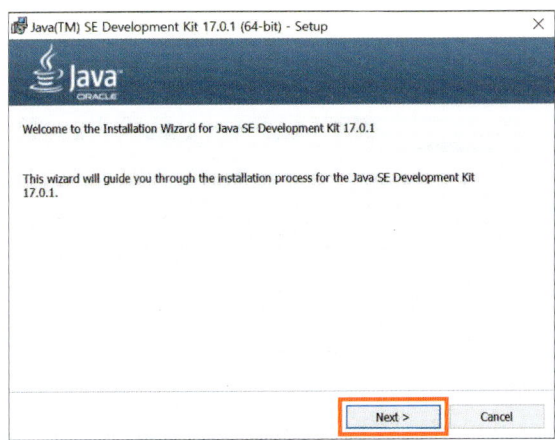

5. 추가적인 기능 설치와 설치 경로를 지정하는 단계입니다. 기본값을 그대로 두고 **Next**를 누릅니다.

▼ 그림 9-10 기능과 설치 경로 지정

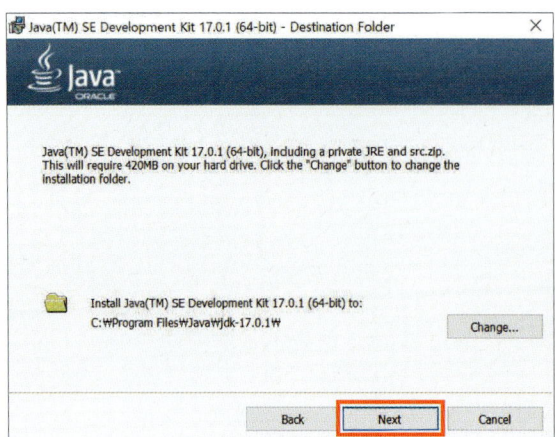

6. 설치가 진행되고 있는 화면입니다.

▼ 그림 9-11 설치 중

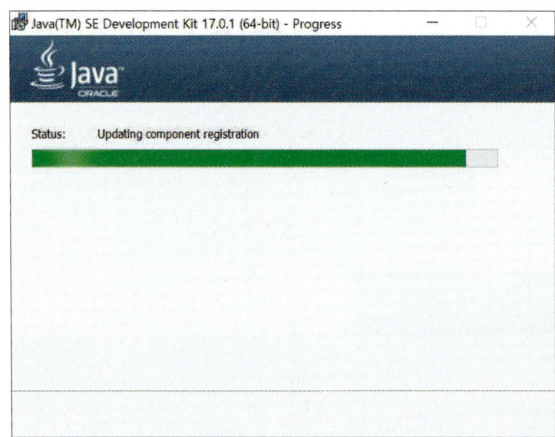

7. 설치가 완료되었습니다. **Close**를 누릅니다.

▼ 그림 9-12 설치 완료

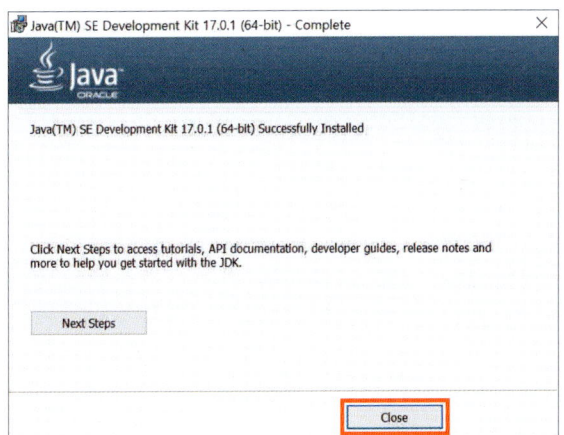

2단계. JPype1 설치

1. 다음 URL에서 JPype1을 내려받아 설치합니다. 이때 64비트 윈도는 win-amd64, 32비트 윈도는 win32라고 표시된 파일을 내려받아야 합니다. 필자는 JPype1-1.3.0-cp39-cp39-win_amd64.whl 버전을 내려받았습니다.

   https://www.lfd.uci.edu/~gohlke/pythonlibs/#jpype

▼ 그림 9-13 JPype1 버전 선택

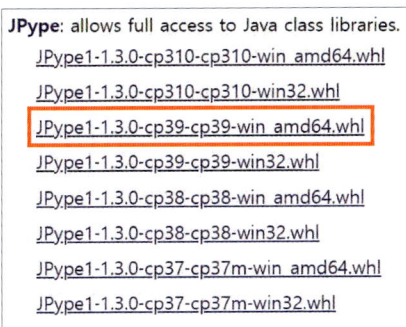

2. 아나콘다 프롬프트에서 tf2_book 가상 환경으로 접속한 후 내려받은 JPype1 파일을 설치합니다. 이때 내려받은 파일의 경로까지 모두 적어야 합니다.

```
> pip install JPype1-1.3.0-cp39-cp39-win_amd64.whl
```

> **Note** **JPype1을 설치할 때 오류가 발생한다면**
>
> 먼저 다음 명령으로 pip를 업그레이드합니다. 그러고 나서 다시 JPype1을 설치해 보세요.
>
> ```
> > pip install --upgrade pip
> ```
>
> pip를 업그레이드하는 데 다음과 같은 오류 메시지가 표시되었다면 권한이 부족하다는 이야기이므로 아나콘다 프롬프트를 관리자 권한(아나콘다 프롬프트 메뉴에서 마우스 오른쪽 버튼을 눌러 **관리자 권한** 선택)으로 실행한 후 다시 시도해 보세요.
>
> ```
> ERROR: Could not install packages due to an EnvironmentError: [WinError 5] 액세스가 거
> 부되었습니다: 'C:\\Users\\it\\AppData\\Local\\Temp\\pip-uninstall-xb8elb6e\\pip.exe'
> Consider using the `--user` option or check the permissions.
> ```

3단계. KoNLPy 설치

KoNLPy를 설치합니다.

```
> pip install konlpy
```

우분투에서 KoNLPy 설치 방법

우분투에서는 다음 명령으로 Oracle JDK와 JPype1을 바로 설치할 수 있습니다.

```
$ sudo apt-get install g++ openjdk-11-jdk
$ sudo apt-get install python3-dev; pip3 install konlpy
```

설치가 완료되었으니, 예제를 살펴보겠습니다.

코드 9-6 라이브러리 호출 및 문장을 형태소로 변환[1]

```python
from konlpy.tag import Komoran
komoran = Komoran()
print(komoran.morphs('딥러닝이 쉽나요? 어렵나요?'))  ------ 텍스트를 형태소로 반환
```

다음은 문장을 형태소로 변환한 출력 결과입니다.

```
['딥러닝이', '쉽', '나요', '?', '어렵', '나요', '?']
```

---

[1] AttributeError: module 'tweepy' has no attribute 'StreamListener' 같은 오류가 발생한다면 tweepy 버전이 4.0.0으로 업그레이드되었기 때문입니다. 다음 명령을 아나콘다 프롬프트에서 설치한 후 커널을 재시작하면 정상적으로 실행됩니다.

```
> pip install tweepy==3.10.0
```

이번에는 문장을 형태소로 변환한 후 품사를 태깅해 보겠습니다.

코드 9-7 품사 태깅

```
print(komoran.pos('소파 위에 있는 것이 고양이인가요? 강아지인가요?'))
```
······ 텍스트에서 품사를 태깅하여 반환

다음은 문장을 형태소로 분해하여 품사를 태깅한 출력 결과입니다.

[('소파', 'NNP'), ('위', 'NNG'), ('에', 'JKB'), ('있', 'VV'), ('는', 'ETM'), ('것', 'NNB'), ('이', 'JKS'), ('고양이', 'NNG'), ('이', 'VCP'), ('ㄴ가요', 'EF'), ('?', 'SF'), ('강아지', 'NNG'), ('이', 'VCP'), ('ㄴ가요', 'EF'), ('?', 'SF')]

참고로 KoNLPy에서 제공하는 주요 기능은 다음과 같습니다.

- 형태소 분석
- 품사 태깅

> **Note ≡ 형태소**
>
> 형태소는 언어를 쪼갤 때 의미를 가지는 최소 단위입니다. 다음 그림은 형태소 분석을 위한 단계를 도식화한 것입니다.
>
> ▼ 그림 9-14 형태소

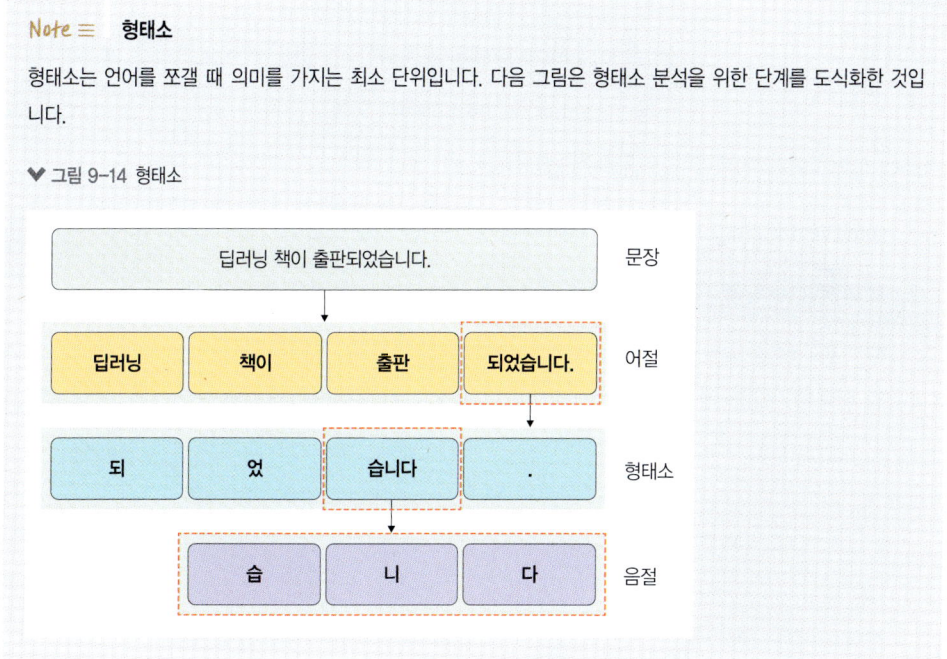

Gensim

Gensim은 파이썬에서 제공하는 워드투벡터(Word2Vec) 라이브러리입니다. 딥러닝 라이브러리는 아니지만 효율적이고 확장 가능하기 때문에 폭넓게 사용하고 있습니다.

다음은 Gensim에서 제공하는 주요 기능입니다.

- **임베딩**: 워드투벡터[2]
- 토픽 모델링[3]
- LDA(Latent Dirichlet Allocation)[4]

Gensim을 사용하려면 다음 명령으로 먼저 설치해야 합니다. 9.2절에서 사용하므로 여기에서 설치합시다.

```
> pip install -U gensim
```

사이킷런

사이킷런(scikit-learn)은 파이썬을 이용하여 문서를 전처리할 수 있는 라이브러리를 제공합니다. 특히 자연어 처리에서 특성 추출 용도로 많이 사용됩니다.

다음은 사이킷런에서 제공하는 주요 기능입니다.

- `CountVectorizer`: 텍스트에서 단어의 등장 횟수를 기준으로 특성을 추출합니다.
- `TfidfVectorizer`: TF-IDF 값을 사용해서 텍스트에서 특성을 추출합니다.
- `HashingVectorizer`: CountVectorizer와 방법이 동일하지만 텍스트를 처리할 때 해시 함수를 사용하기 때문에 실행 시간이 감소합니다.

---

[2] 워드투벡터는 10장에서 자세히 다룹니다.
[3] 문서 집합의 추상적인 주제를 발견하기 위한 통계적 모델 중 하나로, 텍스트 본문의 숨겨진 의미 구조를 발견하는 데 사용되는 텍스트 마이닝 기법입니다. 한마디로 각 주제별로 단어 표현을 묶어 주는 것입니다.
[4] 주어진 문서에 대해 각 문서에 어떤 주제들이 존재하는지를 서술하는 확률적 토픽 모델 기법입니다.

9.2 전처리

머신 러닝이나 딥러닝에서 텍스트 자체를 특성으로 사용할 수는 없습니다. 텍스트 데이터에 대한 전처리 작업이 필요한데, 이때 전처리를 위해 토큰화, 불용어 제거 및 어간 추출 등 작업이 필요합니다.

앞서도 살펴보았지만, 전처리 과정은 다음 그림과 같습니다.

▼ 그림 9-15 전처리 과정

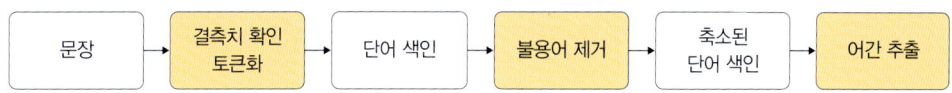

9.2.1 결측치 확인

결측치는 다음 표의 성춘향에 대한 '몸무게'처럼 주어진 데이터셋에서 데이터가 없는(NaN) 것입니다. 결측치 확인 및 처리는 다음 방법을 이용합니다.

▼ 표 9-1 결측치

ID	이름	몸무게	키
1	홍길동	76	177
2	성춘향	NaN	155
3	이도령	65	170

결측치 확인하기

결측치를 확인하기 위해 내려받은 예제 파일의 data 폴더에 있는 class2.csv 파일[5]을 사용합니다.

---

5 The mini-MIAS database of mammograms(http://peipa.essex.ac.uk/info/mias.html)에서 제공하는 유방 조영술 관련 데이터셋을 수정하여 사용합니다.

코드 9-8 결측치를 확인할 데이터 호출

```
import pandas as pd
df = pd.read_csv('..\chap09\data\class2.csv')
df ------ 주어진 데이터를 확인
```

다음과 같이 class2.csv 데이터셋을 확인할 수 있습니다.

▼ 그림 9-16 class2.csv 데이터셋

	Unnamed: 0	id	tissue	class	class2	x	y	r
0	0	mdb000	C	CIRC	N	535.0	475.0	192.0
1	1	mdb001	A	CIRA	N	433.0	268.0	58.0
2	2	mdb002	A	CIRA	I	NaN	NaN	NaN
3	3	mdb003	C	CIRC	B	NaN	NaN	NaN
4	4	mdb004	F	CIRF	I	488.0	145.0	29.0
5	5	mdb005	F	CIRF	B	544.0	178.0	26.0

여기에서 주어진 데이터 중 NaN으로 표시된 부분들이 결측치입니다.

isnull() 메서드를 사용하여 결측치 개수를 확인합니다.

코드 9-9 결측치 개수 확인

```
df.isnull().sum() ------ isnull() 메서드를 사용하여 결측치가 있는지 확인한 후,
                         sum() 메서드를 사용하여 결측치가 몇 개인지 합산하여 보여 줍니다.
```

다음은 결측치 개수에 대한 출력 결과입니다.

```
Unnamed: 0    0
id            0
tissue        0
class         0
class2        0
x             2
y             2
r             2
dtype: int64
```

결측치는 x, y, r 각각 두 개씩 존재합니다.

전체 데이터 대비 결측치 비율을 확인해 봅시다.

코드 9-10 결측치 비율

```
df.isnull().sum() / len(df)
```

다음은 결측치 비율에 대한 출력 결과입니다.

```
Unnamed: 0    0.000000
id            0.000000
tissue        0.000000
class         0.000000
class2        0.000000
x             0.333333
y             0.333333
r             0.333333
dtype: float64
```

결측치 처리하기

다음은 모든 행에 결측치가 존재한다면(모든 행이 NaN일 때) 해당 행을 삭제하는 처리 방법입니다.

코드 9-11 결측치 삭제 처리

```
df = df.dropna(how='all')    ------ 모든 행이 NaN일 때만 삭제
print(df)    ------ 데이터 확인(삭제 유무 확인)
```

다음은 결측치를 삭제 처리하여 출력된 결과입니다. 모든 행에 NaN이 있는 것이 아니라서 삭제된 행이 없습니다.

```
   Unnamed: 0  id tissue class class2      x      y      r
0           0  mdb000   C   CIRC      N  535.0  475.0  192.0
1           1  mdb001   A   CIRA      N  433.0  268.0   58.0
2           2  mdb002   A   CIRA      I    NaN    NaN    NaN
3           3  mdb003   C   CIRC      B    NaN    NaN    NaN
4           4  mdb004   F   CIRF      I  488.0  145.0   29.0
5           5  mdb005   F   CIRF      B  544.0  178.0   26.0
```

다음은 결측치가 하나라도 존재한다면(데이터가 하나라도 NaN 값이 있을 때) 해당 행을 삭제하는 처리 방법입니다.

코드 9-12 결측치 삭제 처리

```
df1 = df.dropna()    ······ 데이터에 하나라도 NaN 값이 있으면 행을 삭제
print(df1)
```

다음은 결측치를 삭제 처리하여 출력된 결과입니다.

```
   Unnamed: 0   id tissue class class2     x      y      r
0           0  mdb000      C  CIRC      N  535.0  475.0  192.0
1           1  mdb001      A  CIRA      N  433.0  268.0   58.0
4           4  mdb004      F  CIRF      I  488.0  145.0   29.0
5           5  mdb005      F  CIRF      B  544.0  178.0   26.0
```

다음은 결측치를 다른 값으로 채우는 방법입니다. 결측치를 '0'으로 채워 보겠습니다.

코드 9-13 결측치를 0으로 채우기

```
df2 = df.fillna(0)
print(df2)
```

다음은 결측치를 0으로 채운 출력 결과입니다. NaN이 0으로 채워진 것을 확인할 수 있습니다.

```
   Unnamed: 0   id tissue class class2     x      y      r
0           0  mdb000      C  CIRC      N  535.0  475.0  192.0
1           1  mdb001      A  CIRA      N  433.0  268.0   58.0
2           2  mdb002      A  CIRA      I    0.0    0.0    0.0
3           3  mdb003      C  CIRC      B    0.0    0.0    0.0
4           4  mdb004      F  CIRF      I  488.0  145.0   29.0
5           5  mdb005      F  CIRF      B  544.0  178.0   26.0
```

다음으로 결측치를 해당 열의 평균값으로 채워 보겠습니다.

코드 9-14 결측치를 평균으로 채우기

```
df['x'].fillna(df['x'].mean(), inplace=True)
print(df)
```

다음은 결측치를 평균으로 채운 출력 결과입니다. x열에 대해 평균값(500.0)으로 NaN 값이 채워져 있는 것을 확인할 수 있습니다.

```
   Unnamed: 0   id tissue class class2     x      y      r
0           0  mdb000      C  CIRC      N  535.0  475.0  192.0
```

1	1	mdb001	A	CIRA	N	433.0	268.0	58.0
2	2	mdb002	A	CIRA	I	500.0	NaN	NaN
3	3	mdb003	C	CIRC	B	500.0	NaN	NaN
4	4	mdb004	F	CIRF	I	488.0	145.0	29.0
5	5	mdb005	F	CIRF	B	544.0	178.0	26.0

이외에도 다음 방법들로 결측치를 처리할 수 있습니다.

- 데이터에 하나라도 NaN 값이 있을 때 행 전체를 삭제
- 데이터가 거의 없는 특성(열)은 특성(열) 자체를 삭제
- 최빈값 혹은 평균값으로 NaN 값을 대체

9.2.2 토큰화

토큰화(tokenization)는 주어진 텍스트를 단어/문자 단위로 자르는 것을 의미합니다. 따라서 토큰화는 문장 토큰화와 단어 토큰화로 구분됩니다. 예를 들어 'A cat is on the sofa'라는 문장이 있을 때 단어 토큰화를 진행하면 각각의 단어인 'A', 'cat', 'is', 'on', 'the', 'sofa'로 분리됩니다.

문장 토큰화

주어진 문장을 토큰화한다는 것은 마침표(.), 느낌표(!), 물음표(?) 등 문장의 마지막을 뜻하는 기호에 따라 분리하는 것입니다.

NLTK를 이용하여 문장 토큰화를 구현해 보겠습니다.

코드 9-15 문장 토큰화

```
from nltk import sent_tokenize
text_sample = 'Natural Language Processing, or NLP, is the process of extracting the meaning, or intent, behind human language. In the field of Conversational artificial intelligence (AI), NLP allows machines and applications to understand the intent of human language inputs, and then generate appropriate responses, resulting in a natural conversation flow.'
tokenized_sentences = sent_tokenize(text_sample)
print(tokenized_sentences)
```

다음은 문장 토큰화를 실행한 결과입니다. 정확하게 문장 단위로 구분되는 것을 확인할 수 있습니다.

['Natural Language Processing, or NLP, is the process of extracting the meaning, or intent, behind human language.', 'In the field of Conversational artificial intelligence (AI), NLP allows machines and applications to understand the intent of human language inputs, and then generate appropriate responses, resulting in a natural conversation flow.']

단어 토큰화

단어 토큰화는 다음과 같이 띄어쓰기를 기준으로 문장을 구분합니다.

▼ 그림 9-17 단어 토큰화

"This book is for deep learning learners"

하지만 한국어는 띄어쓰기만으로 토큰을 구분하기 어려운 단점이 있습니다(한글 토큰화는 뒤에서 학습할 KoNLPy를 사용합니다). 역시 NLTK 라이브러리를 이용하여 주어진 문장을 단어 단위로 토큰화해 보겠습니다.

코드 9-16 단어 토큰화

```
from nltk import word_tokenize
sentence = "This book is for deep learning learners"
words = word_tokenize(sentence)
print(words)
```

다음은 단어 토큰화를 실행한 결과입니다.

['This', 'book', 'is', 'for', 'deep', 'learning', 'learners']

그렇다면 아포스트로피(')가 있는 문장은 어떻게 구분할까요?

아포스트로피에 대한 분류는 NLTK에서 제공하는 WordPunctTokenizer를 이용합니다.

예를 들어 it's는 it, ', s로 구분했고, don't는 don, ', t로 구분합니다. 다음 코드는 아포스트로피가 포함된 문장을 구분합니다.

코드 9-17 아포스트로피가 포함된 문장에서 단어 토큰화

```python
from nltk.tokenize import WordPunctTokenizer
sentence = "it's nothing that you don't already know except most people aren't aware of how their inner world works."
words = WordPunctTokenizer().tokenize(sentence)
print(words)
```

다음은 아포스트로피가 포함된 문장에서 단어 토큰화를 실행한 결과입니다.

```
['it', "'", 's', 'nothing', 'that', 'you', 'don', "'", 't', 'already', 'know', 'except', 'most', 'people', 'aren', "'", 't', 'aware', 'of', 'how', 'their', 'inner', 'world', 'works', '.']
```

한글 토큰화 예제

한국어 토큰화는 앞서 배운 KoNLPy 라이브러리를 사용합니다. 9장 예제 data 폴더의 ratings_train.txt[6] 데이터 파일을 사용합니다.

코드 9-18 라이브러리 호출 및 데이터셋 준비

```python
import csv
from konlpy.tag import Okt
from gensim.models import word2vec

f = open(r'..\data\ratings_train.txt', 'r', encoding='utf-8')
rdr = csv.reader(f, delimiter='\t')
rdw = list(rdr)
f.close()
```

한글 형태소 분석을 위해 오픈 소스 한글 형태소 분석기(Twitter(Okt))를 사용합니다.

코드 9-19 오픈 소스 한글 형태소 분석기 호출

```python
twitter = Okt()

result = []
```

---

6 https://github.com/e9t/nsmc에 오픈된 데이터 중 하나입니다.

```
for line in rdw:   ······ 텍스트를 한 줄씩 처리
    malist = twitter.pos(line[1], norm=True, stem=True)   ······ 형태소 분석
    r = []
    for word in malist:
        if not word[1] in ["Josa","Eomi","Punctuation"]:   ······ 조사, 어미, 문장 부호는 제외하고 처리
            r.append(word[0])
    rl = (" ".join(r)).strip()   ······ 형태소 사이에 " "(공백)을 넣고, 양쪽 공백은 삭제
    result.append(rl)
    print(rl)
```

다음은 형태소 분석 결과입니다.

```
document
아 더빙 진짜 짜증나다 목소리
홈 포스터 보고 초딩 영화 줄 오버 연기 가볍다 않다
너 무재 밎었 다그 래서 보다 추천 다
교도소 이야기 구먼 솔직하다 재미 없다 평점 조정
... 중간 생략 ...
이 뭐 한국인 거들다 먹거리 필리핀 혼혈 착하다
청춘 영화 최고봉 방황 우울하다 날 들 자화상
한국 영화 최초 수간 하다 내용 담기다 영화
```

앞서 생성했던 형태소를 별도 파일로 저장합니다. 이 부분은 한국어 토큰화와 관련성은 없으나 사용 방법을 소개하기 위해 포함했습니다.

코드 9-20 형태소 저장

```
with open("NaverMovie.nlp", 'w', encoding='utf-8') as fp:
    fp.write("\n".join(result))
```

Word2Vec 모델을 생성한 후 저장합니다.

코드 9-21 Word2Vec 모델 생성

```
mData = word2vec.LineSentence("NaverMovie.nlp")
mModel = word2vec.Word2Vec(mData, vector_size=200, window=10, hs=1, min_count=2, sg=1)
mModel.save("NaverMovie.model")   ······ 모델 저장
```

한글에 대한 토큰화도 크게 다르지 않은 것을 확인할 수 있었습니다. 토큰화를 왜 해야 하고 어떻게 하는지에 대한 방법만 알면 언어에 관계없이 수행할 수 있습니다.

9.2.3 불용어 제거

불용어(stop word)란 문장 내에서 빈번하게 발생하여 의미를 부여하기 어려운 단어들을 의미합니다. 예를 들어 'a', 'the' 같은 단어들은 모든 구문(phrase)에 매우 많이 등장하기 때문에 아무런 의미가 없습니다. 특히 불용어는 자연어 처리에 있어 효율성을 감소시키고 처리 시간이 길어지는 단점이 있기 때문에 반드시 제거가 필요합니다.

다음은 NLTK 라이브러리를 이용한 코드입니다.

코드 9-22 불용어 제거

```python
import nltk
from nltk.corpus import stopwords
nltk.download('stopwords')
nltk.download('punkt')
from nltk.tokenize import word_tokenize

sample_text = "One of the first things that we ask ourselves is what are the pros and cons of any task we perform."
text_tokens = word_tokenize(sample_text)

tokens_without_sw = [word for word in text_tokens if not word in stopwords.words(
                    'english')]
print("불용어 제거 미적용:", text_tokens, '\n')
print("불용어 제거 적용:", tokens_without_sw)
```

다음은 불용어 제거와 미제거에 대한 실행 결과입니다.

불용어 제거 미적용: ['One', 'of', 'the', 'first', 'things', 'that', 'we', 'ask', 'ourselves', 'is', 'what', 'are', 'the', 'pros', 'and', 'cons', 'of', 'any', 'task', 'we', 'perform', '.']

불용어 제거 적용: ['One', 'first', 'things', 'ask', 'pros', 'cons', 'task', 'perform', '.']

불용어 제거를 적용한 결과는 'of', 'the' 같은 단어가 삭제된 것을 확인할 수 있습니다.

9.2.4 어간 추출

어간 추출(stemming)과 표제어 추출(lemmatization)은 단어 원형을 찾아 주는 것입니다. 예를 들어 '쓰다'의 다양한 형태인 writing, writes, wrote에서 write를 찾는 것입니다.

어간 추출은 단어 그 자체만 고려하기 때문에 품사가 달라도 사용 가능합니다. 예를 들어 어간 추출은 다음과 같이 사용됩니다.

- Automates, automatic, automation → automat

반면 표제어 추출은 단어가 문장 속에서 어떤 품사로 쓰였는지 고려하기 때문에 품사가 같아야 사용 가능합니다. 예를 들어 다음 표제어 추출이 가능합니다.

- am, are, is → be
- car, cars, car's, cars' → car

즉, 어간 추출과 표제어 추출은 둘 다 어근 추출이 목적이지만, 어간 추출은 사전에 없는 단어도 추출할 수 있고 표제어 추출은 사전에 있는 단어만 추출할 수 있다는 점에서 차이가 있습니다.

NLTK의 어간 추출로는 대표적으로 포터(porter)와 랭커스터(lancaster) 알고리즘이 있습니다. 이 둘에 대한 차이를 코드로 확인해 보겠습니다.

먼저 포터 알고리즘을 적용해 보겠습니다.

코드 9-23 포터 알고리즘

```python
from nltk.stem import PorterStemmer
stemmer = PorterStemmer()

print(stemmer.stem('obesses'), stemmer.stem('obssesed'))
print(stemmer.stem('standardizes'), stemmer.stem('standardization'))
print(stemmer.stem('national'), stemmer.stem('nation'))
print(stemmer.stem('absentness'), stemmer.stem('absently'))
print(stemmer.stem('tribalical'), stemmer.stem('tribalicalized'))  # 사전에 없는 단어
```

다음은 포터 알고리즘을 실행한 결과입니다.

```
obsess obsess
standard standard
nation nation
absent absent
tribal tribalic
```

포터 알고리즘 수행 결과 단어 원형이 비교적 잘 보존되어 있는 것을 확인할 수 있습니다.

이번에는 랭커스터 알고리즘을 적용해 보겠습니다.

코드 9-24 랭커스터 알고리즘

```python
from nltk.stem import LancasterStemmer
stemmer = LancasterStemmer()

print(stemmer.stem('obsesses'), stemmer.stem('obsessed'))
print(stemmer.stem('standardizes'), stemmer.stem('standardization'))
print(stemmer.stem('national'), stemmer.stem('nation'))
print(stemmer.stem('absentness'), stemmer.stem('absently'))
print(stemmer.stem('tribalical'), stemmer.stem('tribalicalized')) # ······ 사전에 없는 단어
```

다음은 랭커스터 알고리즘을 실행한 결과입니다.

```
obsess obsess
standard standard
nat nat
abs abs
trib trib
```

포터 알고리즘과 다르게 랭커스터 알고리즘은 단어 원형을 알아볼 수 없을 정도로 축소시키기 때문에 정확도가 낮습니다. 따라서 일반적인 상황보다는 데이터셋을 축소시켜야 하는 특정 상황에서나 유용합니다.

표제어 추출

일반적으로 어간 추출보다 표제어 추출의 성능이 더 좋습니다. 품사와 같은 문법뿐만 아니라 문장 내에서 단어 의미도 고려하기 때문에 성능이 좋습니다. 하지만 어간 추출보다 시간이 더 오래 걸리는 단점이 있습니다.

표제어 추출은 WordNetLemmatizer를 주로 사용합니다.

코드 9-25 표제어 추출

```python
import nltk
nltk.download('wordnet')

from nltk.stem import WordNetLemmatizer # ······ 표제어 추출 라이브러리
lemma = WordNetLemmatizer()

print(stemmer.stem('obsesses'), stemmer.stem('obsessed'))
print(lemma.lemmatize('standardizes'), lemma.lemmatize('standardization'))
```

```
print(lemma.lemmatize('national'), lemma.lemmatize('nation'))
print(lemma.lemmatize('absentness'), lemma.lemmatize('absently'))
print(lemma.lemmatize('tribalical'), lemma.lemmatize('tribalicalized'))
```

다음은 표제어 추출을 실행한 결과입니다.

```
obesses obssesed
standardizes standardization
national nation
absentness absently
tribalical tribalicalized
```

일반적으로 표제어 추출의 성능을 높이고자 단어에 대한 품사 정보를 추가하곤 합니다. 다음 코드와 같이 두 번째 파라미터에 품사 정보를 넣어 주면 정확하게 어근 단어를 추출할 수 있습니다.

코드 9-26 품사 정보가 추가된 표제어 추출

```
print(lemma.lemmatize('obsesses','v'), lemma.lemmatize('obsessed','a'))
print(lemma.lemmatize('standardizes','v'), lemma.lemmatize('standardization','n'))
print(lemma.lemmatize('national','a'), lemma.lemmatize('nation','n'))
print(lemma.lemmatize('absentness','n'), lemma.lemmatize('absently','r'))
print(lemma.lemmatize('tribalical','a'), lemma.lemmatize('tribalicalized','v'))
```

다음은 품사 정보가 추가된 표제어 추출을 실행한 결과입니다. 몇 개의 단어만 예시로 진행했기 때문에 앞에서 진행했던 결과와 동일하게 나타나지만 수백~수천 단어를 진행할 때는 차이가 크게 나타납니다.

```
obsess obsessed
standardize standardization
national nation
absentness absently
tribalical tribalicalized
```

9.2.5 정규화

데이터셋이 가진 특성(혹은 칼럼)의 모든 데이터가 동일한 정도의 범위(스케일 혹은 중요도)를 갖도록 하는 것이 정규화(normalization)입니다.

머신 러닝/딥러닝은 데이터 특성들을 비교하여 패턴을 분석합니다. 이때 각각의 데이터가 갖는 스케일 차이가 크면 어떤 결과가 나타날까요? 예를 들어 다음과 같은 데이터셋이 있다고 가정해 봅시다. MonthlyIncome은 0~10000의 범위를 갖지만, RelationshipSatisfaction은 0~5의 범위를 갖습니다. 즉, MonthlyIncome과 RelationshipSatisfaction은 상당히 다른 값의 범위를 갖는데, 이 상태에서 데이터를 분석하면 MonthlyIncome 값이 더 크기 때문에 상대적으로 더 많은 영향을 미치게 됩니다. 하지만 중요한 것은 값이 크다고 해서 분석에 더 중요한 요소라고 간주할 수 없기 때문에 정규화가 필요한 것입니다.

▼ 표 9-2 정규화

MonthlyIncome	Age	PercentSalaryHike	RelationshipSatisfaction	TrainingTimesLastYear	YearsInCurrentRole
5993	23	11	1	0	4
5130	55	23	4	3	7
2090	45	15	2	3	0
2909	60	11	3	3	7
3468	47	12	4	3	2
3068	51	13	3	2	7
2670	19	20	1	3	0
2693	33	22	2	2	0
9526	37	21	2	2	7
5237	59	13	2	3	7

좀 더 자세한 내용을 살펴보기 위해 예제를 진행해 보겠습니다. 먼저 예제를 진행하기 위해 필요한 라이브러리를 호출합니다.

코드 9-27 라이브러리 호출

```python
import pandas as pd
import torch
import torch.nn as nn
from torch.utils.data import Dataset, DataLoader

from sklearn.model_selection import train_test_split    # 데이터셋을 훈련과 테스트 용도로 분리하기 위한 라이브러리
from sklearn.preprocessing import StandardScaler, MinMaxScaler    # 정규화와 관련된 라이브러리

device = torch.device("cuda" if torch.cuda.is_available() else "cpu")
```

예제에서 사용할 데이터셋은 당뇨병과 관련된 것입니다. 총 아홉 개의 칼럼으로 구성되어 있으며 여덟 개는 당뇨병을 예측하기 위한 독립 변수, 한 개는 당뇨병인지 아닌지 나타내는 종속 변수로 구성되어 있습니다. 데이터셋은 다음 URL을 통해서도 내려받을 수 있습니다.

https://www.kaggle.com/saurabh00007/diabetescsv

데이터셋이 위치한 경로를 지정한 후 훈련과 테스트 용도로 분리합니다. 전체 데이터셋 중 67%는 훈련 용도이며 33%는 테스트 용도로 사용합니다.

코드 9-28 데이터셋 경로 지정 및 훈련과 테스트 용도로 분리

```
df = pd.read_csv('../chap09/data/diabetes.csv')
X = df[df.columns[:-1]] ------ 여덟 개의 칼럼은 당뇨병을 예측하는 데 사용
y = df['Outcome'] ------ 당뇨병인지 아닌지 나타내는 레이블(정답)

X = X.values
y = torch.tensor(y.values)
X_train, X_test, y_train, y_test = train_test_split(X, y, test_size=0.33)
```

훈련과 테스트용 데이터를 고르게 분포시키기 위해 정규화를 진행합니다. 훈련용 데이터는 StandardScaler()를, 테스트용 데이터는 MinMaxScaler()를 이용하여 정규화합니다. 정규화 방법에 대해서는 이미 앞에서 사용 방법을 살펴보았기 때문에 어렵지 않게 이해할 수 있을 것입니다.

코드 9-29 훈련과 테스트용 데이터를 정규화

```
ms = MinMaxScaler() ------①
ss = StandardScaler() ------②

X_train = ss.fit_transform(X_train)
X_test = ss.fit_transform(X_test)
y_train = y_train.reshape(-1, 1) ------ (?, 1)의 형태를 갖도록 변경, 즉 열의 수만 1로 고정
y_test = y_test.reshape(-1, 1)
y_train = ms.fit_transform(y_train)
y_test = ms.fit_transform(y_test)
```

① MinMaxScaler(): 모든 칼럼이 0과 1 사이에 위치하도록 값의 범위를 조정합니다. 이때 특정 범위에서 많이 벗어난 데이터(이상치)의 경우 좁은 범위로 압축될 수 있습니다. 즉, 이상치에 매우 민감할 수 있기 때문에 주의해야 합니다.

MinMaxScaler()를 구하는 공식은 다음과 같습니다.

$$MinMaxScaler() = \frac{x - x_{min}}{x_{max} - x_{min}}$$

(x: 입력 데이터)

다음은 MinMaxScaler()를 구현하는 예시 코드입니다.

```
from sklearn.preprocessing import MinMaxScaler
minMaxScaler = MinMaxScaler()  ------ MinMaxScaler 객체 생성
minMaxScaler.fit(train_data)  ------ fit() 함수를 사용하여 데이터셋에 정규화를 적용
train_data_minMaxScaled = minMaxScaler.transform(train_data)  ------
                          transform() 함수를 사용하여 훈련 데이터셋을 적용
```

② StandardScaler(): 각 특성의 평균을 0, 분산을 1로 변경하여 칼럼 값의 범위를 조정합니다.

StandardScaler()를 구하는 공식은 다음과 같습니다.

$$StandardScaler() = \frac{x - \mu}{\sigma}$$

(x: 입력 데이터, μ: 평균, σ: 표준편차)

다음은 StandardScaler()를 구현하는 예시 코드입니다.

```
from sklearn.preprocessing import StandardScaler
standardScaler = StandardScaler()  ------ StandardScaler 객체 생성
standardScaler.fit(train_data)
train_data_standardScaled = standardScaler.transform(train_data)
```

정규화 방법은 예제에서 구현한 MinMaxScaler(), StandardScaler() 외에도 두 가지가 더 있습니다.

- **RobustScaler()**: 평균과 분산 대신 중간 값(median)과 사분위수 범위(InterQuartile Range, IQR)를 사용합니다. StandardScaler()와 비교하면 그림 9-18과 같이 정규화 이후 동일한 값이 더 넓게 분포되어 있는 것을 확인할 수 있습니다.

▼ 그림 9-18 StandardScaler와 RobustScaler 비교

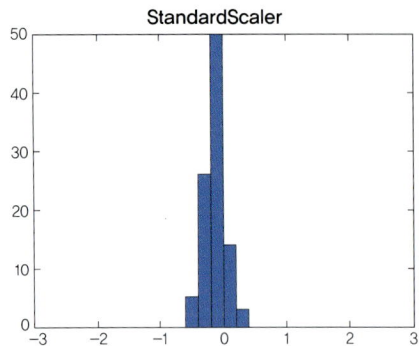
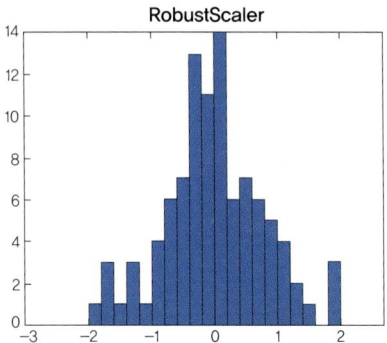

> **Note ≡ 사분위수 범위(IQR)**
>
> 사분위수란 전체 관측 값을 오름차순으로 정렬한 후 전체를 사등분하는 값을 나타냅니다. 따라서 다음과 같이 표현할 수 있습니다.
>
> - 제1사분위수=Q1=제25백분위수
> - 제2사분위수=Q2=제50백분위수
> - 제3사분위수=Q3=제75백분위수
>
> 이때 제3사분위수와 제1사분위수 사이 거리를 데이터가 흩어진 정도의 척도로 사용할 수 있는데, 이 수치를 사분위수 범위(IQR)라고 합니다. 따라서 사분위수 범위는 다음과 같이 표현할 수 있습니다.
>
> 사분위수 범위: IQR=제3사분위수−제1사분위수=Q3−Q1

다음은 RobustScaler( )를 구현하는 예시 코드입니다.

```python
from sklearn.preprocessing import RobustScaler
robustScaler = RobustScaler()
robustScaler.fit(train_data)
train_data_robustScaled = robustScaler.transform(train_data)
```

- **MaxAbsScaler( )**: 절댓값이 0~1 사이가 되도록 조정합니다. 즉, 모든 데이터가 −1~1의 사이가 되도록 조정하기 때문에 양의 수로만 구성된 데이터는 MinMaxScaler( )와 유사하게 동작합니다. 또한, 큰 이상치에 민감하다는 단점이 있습니다.

다음은 MaxAbsScaler( )를 구현하는 예시 코드입니다.

```python
from sklearn.preprocessing import MaxAbsScaler
maxAbsScaler = MaxAbsScaler()
```

```
maxAbsScaler.fit(train_data)
train_data_maxAbsScaled = maxAbsScaler.transform(train_data)
```

이제 데이터셋을 좀 더 다루기 쉽도록 커스텀 데이터셋(customdataset())을 생성합니다. customdataset()은 미니 배치나 데이터를 무작위로 섞는(shuffle) 등의 용도로 사용할 수 있습니다.

코드 9-30 커스텀 데이터셋 생성

```python
class customdataset(Dataset):
    def __init__(self, X, y):
        self.X = X
        self.y = y
        self.len = len(self.X)
    def __getitem__(self, index):
        return self.X[index], self.y[index]
    def __len__(self):
        return self.len
```

파이토치의 데이터셋과 데이터로더를 이용하면 방대한 양의 데이터를 배치 단위로 쪼개서 처리할 수 있고, 데이터를 무작위로 섞을 수 있기 때문에 효율적으로 데이터를 처리할 수 있습니다. 또한, 여러 개의 GPU를 사용하여 데이터를 병렬로 학습시킬 수도 있습니다. 즉, 데이터양이 많을 때 주로 사용하며 데이터양이 많지 않다면 꼭 사용할 필요는 없습니다.

예제는 데이터양이 많지는 않지만 사용 방법을 익히기 위해 사용했습니다. 데이터로더에 담긴 데이터는 이후 배치 단위로 불러오게 됩니다.

코드 9-31 데이터로더에 데이터 담기

```python
train_data = customdataset(torch.FloatTensor(X_train),
                           torch.FloatTensor(y_train))
test_data = customdataset(torch.FloatTensor(X_test),
                          torch.FloatTensor(y_test))

train_loader = DataLoader(dataset=train_data, batch_size=64, shuffle=True)
test_loader = DataLoader(dataset=test_data, batch_size=64, shuffle=False)
```

이제 데이터를 제공할 모델의 네트워크를 생성합니다. 네트워크는 배치 정규화(batch normalization)가 포함된 선형 계층으로 구성합니다.

코드 9-32 네트워크 생성

```python
class binaryClassification(nn.Module):
    def __init__(self):
        super(binaryClassification, self).__init__()
        self.layer_1 = nn.Linear(8, 64, bias=True) ------ 칼럼이 여덟 개이므로 입력 크기는 8을 사용
        self.layer_2 = nn.Linear(64, 64, bias=True)
        self.layer_out = nn.Linear(64, 1, bias=True) ------ 출력으로는 당뇨인지 아닌지를 나타내는
        self.relu = nn.ReLU()                              0과 1의 값만 가지므로 1을 사용
        self.dropout = nn.Dropout(p=0.1)
        self.batchnorm1 = nn.BatchNorm1d(64)
        self.batchnorm2 = nn.BatchNorm1d(64)

    def forward(self, inputs):
        x = self.relu(self.layer_1(inputs))
        x = self.batchnorm1(x)
        x = self.relu(self.layer_2(x))
        x = self.batchnorm2(x)
        x = self.dropout(x)
        x = self.layer_out(x)
        return x
```

모델에서 사용할 손실 함수와 옵티마이저를 지정합니다.

코드 9-33 손실 함수와 옵티마이저 지정

```python
epochs = 1000+1
print_epoch = 100
LEARNING_RATE = 1e-2

model = binaryClassification()
model.to(device)
print(model)
BCE = nn.BCEWithLogitsLoss() ------ ①
optimizer = torch.optim.SGD(model.parameters(), lr=LEARNING_RATE) ------
                    훈련 데이터셋에서 무작위로 샘플을 추출하고 그 샘플만 이용해서 기울기를 계산
```

① 이진 분류(예제처럼 당뇨병인지 아닌지를 판별/예측하는 문제)에서 사용하는 손실 함수로는 이진 교차 엔트로피(Binary Cross Entropy Loss, BCELoss)와 BCEWithLogitsLoss 함수가 있습니다.

BCELoss 손실 함수에 시그모이드(sigmoid) 함수가 함께 결합된 것이 BCEWithLogitsLoss 손실 함수입니다. 따라서 다음과 같이 표현할 수 있습니다.

```
torch.nn.BCEWithLogitsLoss = torch.nn.BCELoss + torch.sigmoid
```

다음은 앞에서 생성한 모델의 네트워크를 보여 줍니다.

```
binaryClassification(
    (layer_1): Linear(in_features=8, out_features=64, bias=True)
    (layer_2): Linear(in_features=64, out_features=64, bias=True)
    (layer_out): Linear(in_features=64, out_features=1, bias=True)
    (relu): ReLU()
    (dropout): Dropout(p=0.1, inplace=False)
    (batchnorm1): BatchNorm1d(64, eps=1e-05, momentum=0.1, affine=True, track_running_stats=True)
    (batchnorm2): BatchNorm1d(64, eps=1e-05, momentum=0.1, affine=True, track_running_stats=True)
)
```

모델 성능을 측정하기 위한 함수를 정의합니다.

코드 9-34 모델 성능 측정 함수 정의

```
def accuracy(y_pred, y_test):
    y_pred_tag = torch.round(torch.sigmoid(y_pred))
    correct_results_sum = (y_pred_tag == y_test).sum().float()    ------ 실제 정답과 모델의 결과가 일치하는
    acc = correct_results_sum/y_test.shape[0]                            개수를 실수 형태로 변수에 저장
    acc = torch.round(acc * 100) ------ ①
    return acc
```

① torch.round()는 반올림을 할 때 사용하며 사용 방법은 다음과 같습니다.

```
print(round(3.2))
print(round(8.7))
print(round(-3.2))
```

반올림이 적용된 결과는 다음과 같습니다.

```
3
9
-3
```

데이터셋과 모델의 네트워크가 준비되었기 때문에 이제 모델을 학습시킵니다.

> 코드 9-35 모델 학습

```python
for epoch in range(epochs):
    iteration_loss = 0.       # 변수를 0으로 초기화
    iteration_accuracy = 0.

    model.train()       # 모델 학습
    for i, data in enumerate(train_loader):       # 데이터로더에서 훈련 데이터셋을 배치 크기만큼 불러옵니다.
        X, y = data
        y_pred = model(X.float())       # 독립 변수를 모델에 적용하여 훈련
        loss = BCE(y_pred, y.reshape(-1,1).float())       # 모델에 적용하여 훈련시킨 결과와 정답(레이블)을
                                                          # 손실 함수에 적용
        iteration_loss += loss       # 오차 값을 변수에 누적하여 저장
        iteration_accuracy += accuracy(y_pred, y)       # 모델 성능(정확도)을 변수에 누적하여 저장
        optimizer.zero_grad()
        loss.backward()
        optimizer.step()
    if(epoch % print_epoch == 0):
        print('Train: epoch: {0} - loss: {1:.5f}; acc: {2:.3f}'.format(epoch,
            iteration_loss/(i+1), iteration_accuracy/(i+1)))

    iteration_loss = 0.
    iteration_accuracy = 0.
    model.eval()       # 모델 검증(테스트)
    for i, data in enumerate(test_loader):       # 데이터로더에서 테스트 데이터셋을 배치 크기만큼 불러옵니다.
        X, y = data
        y_pred = model(X.float())
        loss = BCE(y_pred, y.reshape(-1,1).float())
        iteration_loss += loss
        iteration_accuracy += accuracy(y_pred, y)
    if(epoch % print_epoch == 0):
        print('Test: epoch: {0} - loss: {1:.5f}; acc: {2:.3f}'.format(epoch,
            iteration_loss/(i+1), iteration_accuracy/(i+1)))
```

다음은 훈련과 테스트 데이터셋을 이용했을 때의 모델에 대한 성능 측정 결과입니다.

```
Train: epoch: 0 - loss: 0.68347; acc: 61.889
Test: epoch: 0 - loss: 0.66168; acc: 68.750
Train: epoch: 100 - loss: 0.44345; acc: 77.667
Test: epoch: 100 - loss: 0.50527; acc: 74.500
Train: epoch: 200 - loss: 0.39210; acc: 79.111
Test: epoch: 200 - loss: 0.52259; acc: 75.250
Train: epoch: 300 - loss: 0.48408; acc: 74.778
```

```
Test: epoch: 300 - loss: 0.56054; acc: 76.250
Train: epoch: 400 - loss: 0.44070; acc: 78.000
Test: epoch: 400 - loss: 0.56288; acc: 74.750
Train: epoch: 500 - loss: 0.34182; acc: 83.111
Test: epoch: 500 - loss: 0.54534; acc: 74.500
Train: epoch: 600 - loss: 0.54537; acc: 73.111
Test: epoch: 600 - loss: 0.52528; acc: 76.000
Train: epoch: 700 - loss: 0.38392; acc: 82.333
Test: epoch: 700 - loss: 0.53089; acc: 73.500
Train: epoch: 800 - loss: 0.41045; acc: 83.000
Test: epoch: 800 - loss: 0.52983; acc: 74.500
Train: epoch: 900 - loss: 0.37035; acc: 85.111
Test: epoch: 900 - loss: 0.56305; acc: 72.250
Train: epoch: 1000 - loss: 0.30108; acc: 87.444
Test: epoch: 1000 - loss: 0.55002; acc: 74.500
```

학습이 진행될수록 훈련과 테스트 데이터셋에 대한 성능이 모두 좋아지고 있습니다. 오차는 줄어들고 정확도는 높아지고 있지만 테스트 데이터셋의 경우 오차가 획기적으로 줄어들지는 않았습니다. 전체 769건의 데이터 중에서 훈련과 테스트 용도로 분리하여 사용했기 때문에 상당히 적은 양의 데이터가 사용되었습니다. 데이터양이 많았다면 조금 더 극적인 효과를 볼 수 있을 것입니다.

이 장에서는 자연어 전처리를 알아보았습니다. 다음 장에서는 임베딩에 대해 알아보겠습니다.

memo

10장

자연어 처리를 위한 임베딩

10.1 임베딩
10.2 트랜스포머 어텐션
10.3 한국어 임베딩

10.1 임베딩

임베딩(embedding)은 사람이 사용하는 언어(자연어)를 컴퓨터가 이해할 수 있는 언어(숫자) 형태인 벡터(vector)로 변환한 결과 혹은 일련의 과정을 의미합니다.

임베딩 역할은 다음과 같습니다.

- 단어 및 문장 간 관련성 계산
- 의미적 혹은 문법적 정보의 함축(예 왕-여왕, 교사-학생)

임베딩 방법에 따라 희소 표현 기반 임베딩, 횟수 기반 임베딩, 예측 기반 임베딩, 횟수/예측 기반 임베딩이 있습니다.

10.1.1 희소 표현 기반 임베딩

희소 표현(sparse representation)은 대부분의 값이 0으로 채워져 있는 경우로, 대표적으로 원-핫 인코딩이 있습니다.

원-핫 인코딩

원-핫 인코딩(one-hot encoding)이란 주어진 텍스트를 숫자(벡터)로 변환해 주는 것입니다. 다시 말해 단어 N개를 각각 N차원의 벡터로 표현하는 방식으로, 단어가 포함되어 있는 위치에 1을 넣고 나머지에는 0 값을 채웁니다. 예를 들어 딕셔너리에 [calm, fast, cat] 같은 값이 있다면 fast를 표현하는 벡터는 [0, 1, 0]이 됩니다.

▼ 그림 10-1 원-핫 인코딩

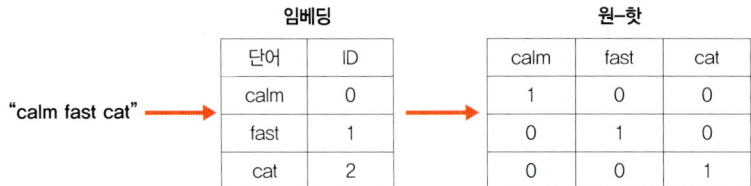

사이킷런을 이용하여 원-핫 인코딩을 적용한 예제를 살펴보겠습니다. 9장에서 사용한 class2.csv 파일을 사용하여 예제를 진행합니다.

코드 10-1 원-핫 인코딩 적용

```python
import pandas as pd
class2 = pd.read_csv("..\chap10\data\class2.csv")   ------ 데이터셋을 메모리로 로딩

from sklearn import preprocessing                   ┌--- 데이터를 인코딩하는 데 사용하며, 다음의
label_encoder = preprocessing.LabelEncoder()    ----┤    OneHotEncoder()와 함께 사용
onehot_encoder = preprocessing.OneHotEncoder()  ------ 데이터를 숫자 형식으로 표현

train_x = label_encoder.fit_transform(class2['class2'])
train_x
```

다음은 원-핫 인코딩을 적용한 결과입니다.

```
array([2, 2, 1, 0, 1, 0])
```

하지만 원-핫 인코딩에는 치명적인 단점이 있습니다.

첫째, 수학적인 의미에서 원-핫 벡터들은 하나의 요소만 1 값을 갖고 나머지는 모두 0인 희소 벡터(sparse vector)를 갖습니다. 이때 두 단어에 대한 벡터의 내적(inner product)을 구해 보면 0 값을 갖게 되므로 직교(orthogonal)를 이룹니다. 즉, 단어끼리 관계성(유의어, 반의어) 없이 서로 독립적(independent)인 관계가 됩니다.

둘째, '차원의 저주(curse of dimensionality)' 문제가 발생합니다. 하나의 단어를 표현하는 데 말뭉치(corpus)에 있는 수만큼 차원이 존재하기 때문에 복잡해집니다. 예를 들어 단어 10만 개를 포함한 데이터셋에 원-핫 인코딩 배열을 구성한다면 그 차원 개수는 10만 개에 이르게 됩니다.

원-핫 인코딩에 대한 대안으로 신경망에 기반하여 단어를 벡터로 바꾸는 방법론들이 주목을 받고 있습니다. 예를 들어 워드투벡터(Word2Vec), 글로브(GloVe), 패스트텍스트(FastText) 등이 대표적인 방법론입니다.

10.1.2 횟수 기반 임베딩

횟수 기반은 단어가 출현한 빈도를 고려하여 임베딩하는 방법입니다. 대표적으로 카운터 벡터와 TF-IDF가 있습니다.

카운터 벡터

카운터 벡터(counter vector)는 문서 집합에서 단어를 토큰으로 생성하고 각 단어의 출현 빈도수를 이용하여 인코딩해서 벡터를 만드는 방법입니다. 즉, 토크나이징과 벡터화가 동시에 가능한 방법입니다.

카운터 벡터는 사이킷런의 CountVectorizer()를 사용하여 코드로 구현할 수 있습니다. CountVectorizer()는 다음 작업이 가능합니다.

1. 문서를 토큰 리스트로 변환합니다.

2. 각 문서에서 토큰의 출현 빈도를 셉니다.

3. 각 문서를 인코딩하고 벡터로 변환합니다.

다음은 사이킷런을 이용한 예제입니다.

코퍼스를 정의하고 CountVectorizer() 객체를 생성합니다.

코드 10-2 코퍼스에 카운터 벡터 적용

```python
from sklearn.feature_extraction.text import CountVectorizer
corpus = [
    'This is last chance.',
    'and if you do not have this chance.',
    'you will never get any chance.',
    'will you do get this one?',
    'please, get this chance',
]
vect = CountVectorizer()
vect.fit(corpus)
vect.vocabulary_
```

다음은 코퍼스에 카운터 벡터를 적용한 결과입니다.

```
{'this': 13,
 'is': 7,
 'last': 8,
 'chance': 2,
 'and': 0,
 'if': 6,
 'you': 15,
 'do': 3,
```

```
 'not': 10,
 'have': 5,
 'will': 14,
 'never': 9,
 'get': 4,
 'any': 1,
 'one': 11,
 'please': 12}
```

이번에는 CountVectorizer() 적용 결과를 배열로 변환해 보겠습니다.

코드 10-3 배열 변환

```
vect.transform(['you will never get any chance.']).toarray()
```

다음은 배열로 변환한 출력 결과입니다.

```
array([[0, 1, 1, 0, 1, 0, 0, 0, 0, 1, 0, 0, 0, 0, 1, 1]], dtype=int64)
```

이번에는 불용어를 제거한 카운터 벡터를 확인해 보겠습니다.

코드 10-4 불용어를 제거한 카운터 벡터

```
vect = CountVectorizer(stop_words=["and", "is", "please", "this"]).fit(corpus)
vect.vocabulary_
```
stop_words를 사용하여 is, not, an 같은 불용어 제거

불용어를 제거한 카운터 벡터가 다음과 같이 출력됩니다.

```
{'last': 6,
 'chance': 1,
 'if': 5,
 'you': 11,
 'do': 2,
 'not': 8,
 'have': 4,
 'will': 10,
 'never': 7,
 'get': 3,
 'any': 0,
 'one': 9}
```

TF-IDF

TF-IDF(Term Frequency-Inverse Document Frequency)는 정보 검색론(Information Retrieval, IR)에서 가중치를 구할 때 사용되는 알고리즘입니다.

TF(Term Frequency)(단어 빈도)는 문서 내에서 특정 단어가 출현한 빈도를 의미합니다. 예를 들어 TF에 딥러닝과 신문기사라는 단어가 포함되어 있다고 가정합니다. 이것은 '신문기사'에서 '딥러닝'이라는 단어가 몇 번 등장했는지 의미합니다. 즉, '신문기사'에서 '딥러닝'이라는 단어가 많이 등장한다면 이 기사는 딥러닝과 관련이 높다고 할 수 있으며, 다음 수식을 사용합니다. 이때 $tf_{t,d}$는 특정 문서 d에서 특정 단어 t의 등장 횟수를 의미합니다.

$$tf_{t,d} = \begin{cases} 1 + \log count(t,d) & count(t,d) > 0 \text{일 때} \\ 0 & \text{그 외} \end{cases}$$

혹은

$$tf_{t,d} = \log(count(t,d) + 1)$$

(t(term): 단어, d(document): 문서 한 개)

IDF(Inverse Document Frequency)(역문서 빈도)를 이해하려면 DF(Document Frequency)(문서 빈도)에 대한 개념부터 이해해야 합니다. DF는 한 단어가 전체 문서에서 얼마나 공통적으로 많이 등장하는지 나타내는 값입니다. 즉, 특정 단어가 나타난 문서 개수라고 이해하면 됩니다.

$$df_t = \text{특정 단어 } t \text{가 포함된 문서 개수}$$

특정 단어 t가 모든 문서에 등장하는 일반적인 단어(예 a, the)라면, TF-IDF 가중치를 낮추어 줄 필요가 있습니다. 따라서 DF 값이 클수록 TF-IDF의 가중치 값을 낮추기 위해 DF 값에 역수를 취하는데, 이 값이 IDF입니다. 역수를 취하면 전체 문서 개수가 많아질수록 IDF 값도 커지므로 IDF는 로그(log)를 취해야 합니다. 이것을 수식으로 표현하면 다음과 같습니다.

$$idf_t = \log(\frac{N}{df_t}) = \log(\frac{\text{전체 문서 개수}}{\text{특정 단어 } t \text{가 포함된 문서 개수}})$$

이때 중요한 점은 전체 문서에 특정 단어가 발생하는 빈도가 0이라면 분모가 0이 되는 상황이 발생합니다. 이를 방지하고자 다음과 같이 분모에 1을 더해 주는 것을 스무딩(smoothing)이라고 합니다.

$$idf_t = \log(\frac{N}{1+df_t}) = \log(\frac{\text{전체 문서 개수}}{1+\text{특정 단어 }t\text{가 포함된 문서 개수}})$$

TF-IDF는 다음 상황에서 사용됩니다.

- 키워드 검색을 기반으로 하는 검색 엔진
- 중요 키워드 분석
- 검색 엔진에서 검색 결과의 순위를 결정

사이킷런의 TfidfVectorizer()를 이용한 TF-IDF 예제를 살펴보겠습니다.

코퍼스를 정의하고 TfidfVectorizer()를 적용한 후 유사도를 계산하여 행렬로 표현합니다.

코드 10-5 TF-IDF를 적용한 후 행렬로 표현

```python
from sklearn.feature_extraction.text import TfidfVectorizer
doc = ['I like machine learning', 'I love deep learning', 'I run everyday']
tfidf_vectorizer = TfidfVectorizer(min_df=1)
tfidf_matrix = tfidf_vectorizer.fit_transform(doc)
doc_distance = (tfidf_matrix * tfidf_matrix.T)
print('유사도를 위한', str(doc_distance.get_shape()[0]), 'x', str(doc_distance.get_
      shape()[1]), '행렬을 만들었습니다.')
print(doc_distance.toarray())
```

다음은 TF-IDF를 적용한 후 행렬로 표현한 결과입니다.

```
유사도를 위한 3 x 3 행렬을 만들었습니다.
[[1.       0.224325 0.      ]
 [0.224325 1.       0.      ]
 [0.       0.       1.      ]]
```

TF-IDF 값은 특정 문서 내에서 단어의 출현 빈도가 높거나 전체 문서에서 특정 단어가 포함된 문서가 적을수록 TF-IDF 값이 높습니다. 따라서 이 값을 사용하여 문서에 나타나는 흔한 단어(예 a, the)들을 걸러 내거나 특정 단어에 대한 중요도를 찾을 수 있습니다.

10.1.3 예측 기반 임베딩

예측 기반 임베딩은 신경망 구조 혹은 모델을 이용하여 특정 문맥에서 어떤 단어가 나올지 예측하면서 단어를 벡터로 만드는 방식입니다. 대표적으로 워드투벡터가 있습니다.

워드투벡터

워드투벡터(Word2Vec)는 신경망 알고리즘으로, 주어진 텍스트에서 텍스트의 각 단어마다 하나씩 일련의 벡터를 출력합니다.

워드투벡터의 출력 벡터가 2차원 그래프에 표시될 때, 의미론적으로 유사한 단어의 벡터는 서로 가깝게 표현됩니다. 이때 '서로 가깝다'는 의미는 코사인 유사도를 이용하여 단어 간의 거리를 측정한 결과로 나타나는 관계성을 의미합니다. 즉, 워드투벡터를 이용하면 특정 단어의 동의어를 찾을 수 있습니다.

워드투벡터가 수행되는 과정은 다음 그림과 같습니다. 일정한 크기의 윈도우(window)로 분할된 텍스트를 신경망 입력으로 사용합니다. 이때 모든 분할된 텍스트는 한 쌍의 대상 단어와 컨텍스트로 네트워크에 공급됩니다. 다음 그림과 같이 대상 단어는 'one'이고 컨텍스트는 'and', 'I', 'love', 'this' 단어로 구성됩니다. 또한, 네트워크의 은닉층에는 각 단어에 대한 가중치가 포함되어 있습니다.

▼ 그림 10-2 워드투벡터

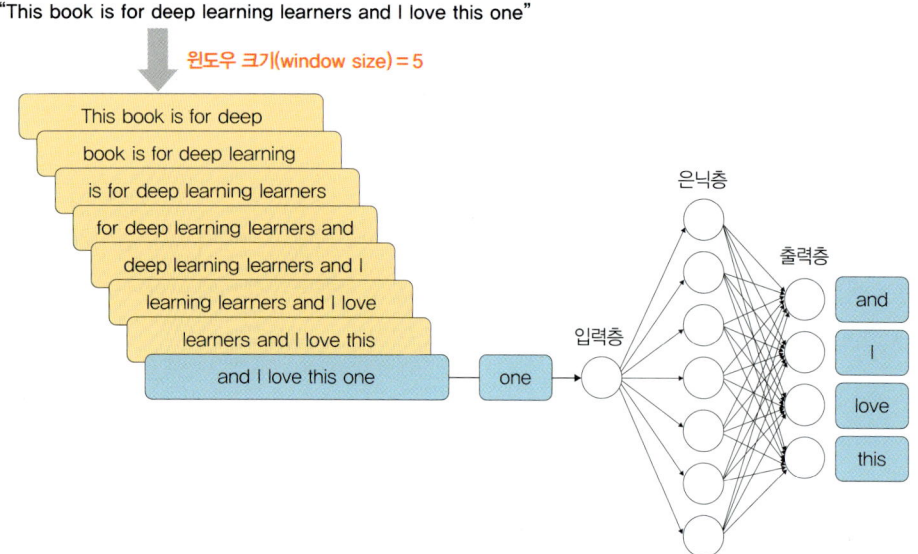

워드투벡터를 이용하여 텍스트를 벡터로 변환하는 예제를 살펴보겠습니다.

처음에 할 일은 필요한 모든 라이브러리를 호출하고 텍스트 데이터셋(peter.txt)[1]을 메모리로 로딩합니다. 메모리로 로딩된 데이터셋에 NLTK의 word_tokenize를 적용하여 토큰화합니다.

코드 10-6 데이터셋을 메모리로 로딩하고 토큰화 적용

```
from nltk.tokenize import sent_tokenize, word_tokenize
import warnings
warnings.filterwarnings(action='ignore')
import gensim
from gensim.models import Word2Vec

sample = open("..\chap10\data\peter.txt", "r", encoding='UTF8') ------ 피터팬 데이터셋 로딩
s = sample.read()

f = s.replace("\n", " ") ------ 줄바꿈(\n)을 " "(공백)으로 변환
data = []

for i in sent_tokenize(f): ------ 로딩한 파일의 각 문장마다 반복
    temp = []
    for j in word_tokenize(i): ------ 문장을 단어로 토큰화
        temp.append(j.lower()) ------ 토큰화된 단어를 소문자로 변환하여 temp에 저장
    data.append(temp)

data
```

다음은 코퍼스에 토큰화를 진행한 결과입니다.

```
[['once',
  'upon',
  'a',
  'time',
  'in',
  'london',
  ',',
  'the',
  'darlings',
  'went',
  'out',
```

---

[1] 이 데이터셋은 제임스 매슈 배리(James Matthew Barrie)의 〈피터팬〉 무료 이북 텍스트입니다(https://www.gutenberg.org/files/16/16-h/16-h.htm).

```
        'to',
        'a',
        'dinner',
        'party',
        'leaving',
        'their',
        'three',
        'children',
        'wendy',
        ',',
        'jhon',
        ',',
        'and',
        'michael',
        'at',
        'home',
        '.'],
    ... 이하 생략 ...
```

출력 결과를 보면 단어 기준으로 토큰화가 되어 있는데, CBOW와 skip-gram을 이용하여 단어 간 유사성을 살펴보겠습니다.

CBOW

CBOW(Continuous Bag Of Words)는 단어를 여러 개 나열한 후 이와 관련된 단어를 추정하는 방식입니다. 즉, 문장에서 등장하는 n개의 단어 열에서 다음에 등장할 단어를 예측합니다. 예를 들어 "calm cat slept on the sofa"라는 문장이 있을 때, "calm cat on the sofa"라는 문맥이 주어지면 "slept"를 예측하는 것이 CBOW입니다.

CBOW는 다음 그림과 같은 신경망 구조를 갖습니다. 여기에서 각 문맥 단어를 은닉층으로 투사하는 가중치 행렬은 모든 단어에서 공통으로 사용됩니다.

▼ 그림 10-3 CBOW 구조와 예시

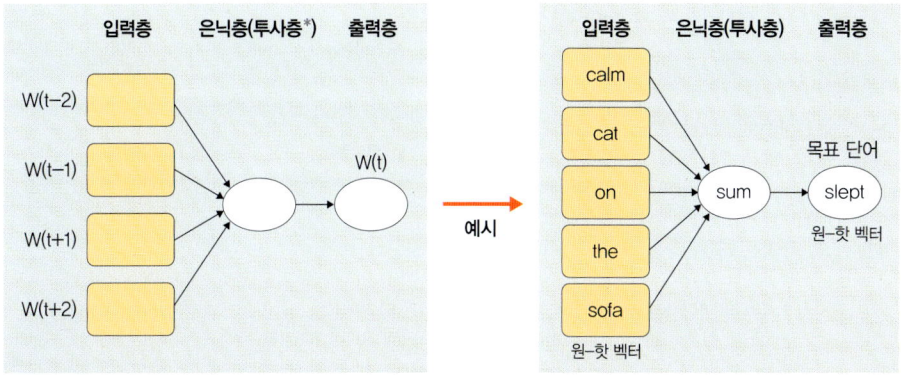

* 투사층(projection layer): 심층 신경망의 은닉층과 유사하지만 활성화 함수가 없으며, 룩업 테이블이라는 연산을 담당

CBOW의 신경망을 좀 더 자세히 살펴보겠습니다. CBOW 신경망에서 크기가 N인 은닉층을 가지고 있을 때, 은닉층 크기 N은 입력 텍스트를 임베딩한 벡터 크기입니다. 다시 말해 다음 그림에서 은닉층 크기는 $N=5$이기 때문에 해당 CBOW를 수행한 후 벡터 크기는 5가 됩니다. 다음으로 입력층과 은닉층 사이의 가중치 W는 $V \times N$ 행렬이며, 은닉층에서 출력층 사이의 가중치 W'는 $N \times V$ 행렬입니다. 여기에서 V는 단어 집합의 크기를 의미합니다. 즉, 다음 그림과 같이 원-핫 벡터의 차원이 7이고, N이 5라면 가중치 W는 7×5 행렬이고, W'는 5×7 행렬이 됩니다.

▼ 그림 10-4 CBOW 신경망

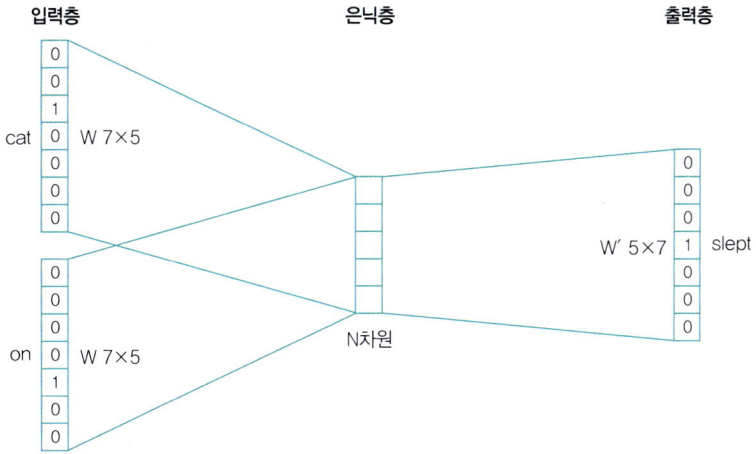

코드 10-7은 워드투벡터에서 진행했던 peter.txt 데이터셋을 사용하여 CBOW 코드를 작성한 예제입니다.

코드 10-7 데이터셋에 CBOW 적용 후 'peter'와 'wendy'의 유사성 확인

```
model1 = gensim.models.Word2Vec(data, min_count=1,
                                vector_size=100, window=5, sg=0) ------ ①
print("Cosine similarity between 'peter' " +
      "'wendy' - CBOW : ",
      model1.wv.similarity('peter', 'wendy')) ------ 결과 출력
```

① Word2Vec의 파라미터는 다음과 같습니다.

```
gensim.models.Word2Vec(data, min_count=1, vector_size=100,
                       ⓐ      ⓑ              ⓒ
                       window=5, sg=0)
                       ⓓ        ⓔ
```

ⓐ 첫 번째 파라미터: CBOW를 적용할 데이터셋

ⓑ min_count: 단어에 대한 최소 빈도수 제한(빈도가 적은 단어들은 학습하지 않음)

ⓒ vector_size: 워드 벡터의 특징 값. 즉, 임베딩된 벡터의 차원

ⓓ window: 컨텍스트 윈도우 크기

ⓔ sg: sg가 0일 때는 CBOW를 의미하며, sg가 1일 때는 skip-gram을 나타냅니다. 그리고 값을 지정하지 않으면 기본값은 CBOW를 의미합니다.

다음은 CBOW를 적용한 후 'peter'와 'wendy'의 유사성에 대한 출력 결과입니다. 참고로 워드 투벡터는 무작위로 초기화되고, 훈련 과정에서도 무작위 처리되기 때문에 결과가 책과 다를 수 있습니다. 무작위성 처리에 대한 자세한 내용은 다음 URL의 Q11을 참고하세요.

https://github.com/RaRe-Technologies/gensim/wiki/Recipes-&-FAQ

```
Cosine similarity between 'peter' 'wendy' - CBOW :  1.0
```

'peter'와 'wendy'에 대한 코사인 유사도가 100%로 나타나고 있습니다.

이번에는 'peter'와 'hook'의 유사성에 대해 알아보겠습니다.

코드 10-8 'peter'와 'hook'의 유사성 확인

```
print("Cosine similarity between 'peter' " +
      "'hook' - CBOW : ",
      model1.wv.similarity('peter', 'hook'))
```

다음은 'peter'와 'hook'의 유사성에 대한 출력 결과입니다.

```
Cosine similarity between 'peter' 'hook' - CBOW :  0.027709894
```

'peter'와 'hook'에 대한 코사인 유사도는 1%도 안 되는 낮은 관계성을 보여 주고 있습니다.

skip-gram

skip-gram 방식은 CBOW 방식과 반대로 특정한 단어에서 문맥이 될 수 있는 단어를 예측합니다. 즉, skip-gram은 다음 그림과 같이 중심 단어에서 주변 단어를 예측하는 방식을 사용합니다. 예를 들어 다음 그림과 같이 중심 단어 'slept'를 이용하여 그 앞과 뒤의 단어들을 유추하는 것이 skip-gram입니다.

▼ 그림 10-5 skip-gram

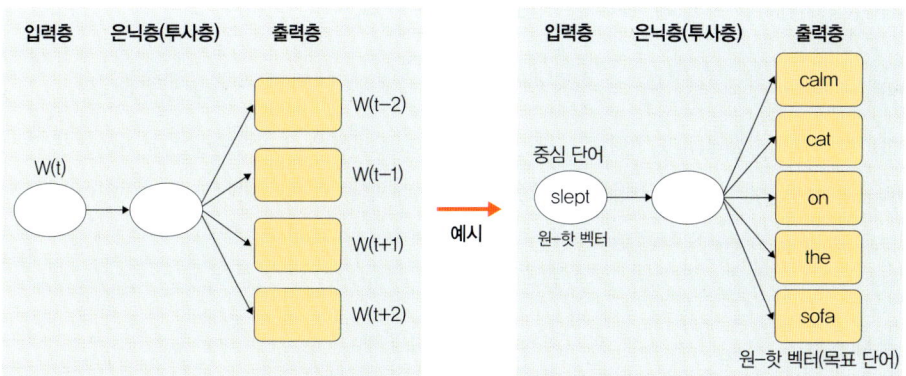

보통 입력 단어 주변의 단어 k개를 문맥으로 보고 예측 모형을 만드는데, 이 k 값을 윈도우 크기라고 합니다.

계속해서 피터팬(peter.txt) 데이터셋을 사용한 예제입니다.

코드 10-9 데이터셋에 skip-gram 적용 후 'peter'와 'wendy'의 유사성 확인

```
model2 = gensim.models.Word2Vec(data, min_count=1, vector_size=100,
                                window=5, sg=1) ······ skip-gram 모델 사용
print("Cosine similarity between 'peter' " +
      "'wendy' - Skip Gram : ",
      model2.wv.similarity('peter', 'wendy')) ······ 결과 출력
```

'peter'와 'wendy'의 유사성을 출력한 결과입니다.

```
Cosine similarity between 'peter' 'wendy' - Skip Gram :  0.40088683
```

CBOW와 다르게 'peter'와 'wendy'의 코사인 유사도가 40%로 떨어졌습니다.

이번에는 'peter'와 'hook'의 유사성에 대해 알아보겠습니다.

코드 10-10 'peter'와 'hook'의 유사성

```
print("Cosine similarity between 'peter' " +
        "'hook' - Skip Gram : ",
      model2.wv.similarity('peter', 'hook'))
```

다음은 'peter'와 'hook'의 유사성에 대한 출력 결과입니다.

```
Cosine similarity between 'peter' 'hook' - Skip Gram :  0.52016735
```

'peter'와 'hook'의 코사인 유사도 역시 CBOW와 다르게 관계성이 52%로 높아졌습니다.

즉, CBOW와 skip-gram 중 어떤 알고리즘이 더 좋다고 결론을 내리기보다는 분석하고자 하는 데이터 성격, 분석에 대한 접근 방법 및 도출하고자 하는 결론 등을 종합적으로 고려하여 필요한 라이브러리를 사용할 수 있어야 합니다.

패스트텍스트

패스트텍스트(FastText)는 워드투벡터의 단점을 보완하고자 페이스북에서 개발한 임베딩 알고리즘입니다. 기존 워드투벡터의 워드 임베딩 방식은 분산 표현(distributed representation)을 이용하여 단어의 분산 분포가 유사한 단어들에 비슷한 벡터 값을 할당하여 표현합니다. 따라서 워드투벡터는 사전에 없는 단어에 대해서는 벡터 값을 얻을 수 없습니다. 또한, 워드투벡터는 자주 사용되지 않는 단어에 대해서는 학습이 불안정합니다.

▼ 그림 10-6 워드투벡터 단점

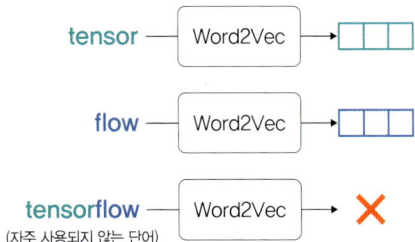

패스트텍스트는 이러한 단점들을 보완하려고 개발된 단어 표현(word representation) 방법을 사용합니다. 패스트텍스트는 노이즈에 강하며, 새로운 단어에 대해서는 형태적 유사성을 고려한 벡터 값을 얻기 때문에 자연어 처리 분야에서 많이 사용되는 알고리즘입니다. 패스트텍스트가 워드투벡터 단점을 극복하는 방법은 다음과 같습니다.

사전에 없는 단어에 벡터 값을 부여하는 방법

패스트텍스트는 주어진 문서의 각 단어를 n-그램(n-gram)으로 표현합니다. 이때 n의 설정에 따라 단어의 분리 수준이 결정됩니다. 예를 들어 n을 3으로 설정(트라이그램(trigram))하면 'This is Deep Learning Book'은 This is Deep, is Deep Learning, Deep Learning Book으로 분리한 후 임베딩합니다. 즉, 다음 그림과 같이 분리됩니다.

▼ 그림 10-7 트라이그램

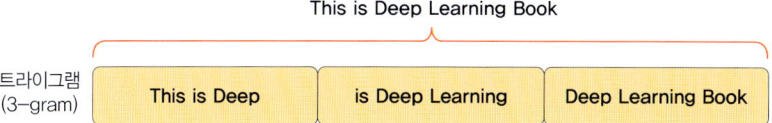

n 값에 따른 단어의 분리(부분 단어(subword))는 다음 표와 같습니다.

▼ 표 10-1 n 값에 따른 단어의 분리

문장	n 값	단어의 분리
This is Deep Learning Book	1	〈This, is, Deep, Learning, Book〉
	2	〈This is, is Deep, Deep Learning, Learning Book〉
	3	〈This is Deep, is Deep Learning, Deep Learning Book〉

패스트텍스트는 인공 신경망을 이용하여 학습이 완료된 후 데이터셋의 모든 단어를 각 n-그램에 대해 임베딩합니다. 따라서 사전에 없는 단어가 등장한다면 n-그램으로 분리된 부분 단어와 유사도를 계산하여 의미를 유추할 수 있습니다.

> **Note** **n-그램**
>
> n-그램(n-gram)은 n개의 어절/음절을 연쇄적으로 분류하여 그 빈도를 따집니다. n이 1일 때를 유니그램(unigram)이라 하고, n이 2일 때를 바이그램(bigram)이라 하고, n이 3일 때를 트라이그램(trigram)이라고 합니다.
>
> 예를 들어 다음 문장에 대한 바이그램을 살펴볼 수 있습니다.
>
> "소파 위에 있는 고양이가 낮잠을 자고 있습니다."
> ↓ 바이그램 적용 결과
> ['소파', '위에'], ['위에', '있는'], ['있는', '고양이가'], ['고양이가', '낮잠을'], ['낮잠을', '자고'], ['자고', '있습니다.']
>
> 이와 같이 n-그램은 문자열에서 n개의 연속된 요소를 추출할 때 유용합니다.

자주 사용되지 않는 단어에 학습 안정성을 확보하는 방법

워드투벡터는 단어의 출현 빈도가 적으면 임베딩의 정확도가 낮은 단점이 있었습니다. 참고할 수 있는 경우의 수가 적기 때문에 상대적으로 정확도가 낮아 임베딩되지 않습니다. 하지만 패스트텍스트는 등장 빈도수가 적더라도, n-그램으로 임베딩하기 때문에 참고할 수 있는 경우의 수가 많습니다. 따라서 상대적으로 자주 사용되지 않는 단어에서도 정확도가 높습니다.

이제 9장에서 배운 Gensim을 이용하여 패스트텍스트를 구현해 보겠습니다.

먼저 필요한 라이브러리와 데이터를 호출합니다. 데이터는 앞서 사용했던 'peter.txt' 파일을 사용합니다.

코드 10-11 라이브러리 및 데이터 호출

```
from gensim.test.utils import common_texts
from gensim.models import FastText

model = FastText('..\chap10\data\peter.txt', vector_size=4, window=3, min_count=1,
                epochs=10) ······ ①
```

① FastText에서 사용하는 파라미터는 Word2Vec와 같습니다. 복습 차원에서 파라미터에 대해 다시 정리하겠습니다.

FastText('..\chap10\data\peter.txt', vector_size=4, window=3, min_count=1, epochs=10)
          ⓐ   ⓑ   ⓒ   ⓓ   ⓔ

ⓐ 첫 번째 파라미터: 패스트텍스트에 적용할 데이터셋

ⓑ vector_size: 학습할 임베딩의 크기. 즉, 임베딩된 벡터의 차원

ⓒ window: 고려할 앞뒤 폭(앞뒤 세 단어)

ⓓ min_count: 단어에 대한 최소 빈도수 제한(1회 이하 단어 무시)

ⓔ epochs: 반복 횟수(이전에는 iter를 사용했지만 현재는 epochs로 변경)

wv.similarity()에 'peter'와 'wendy' 두 단어를 넘겨주고 코사인 유사도를 구합니다.

코드 10-12 'peter', 'wendy'에 대한 코사인 유사도

```
sim_score = model.wv.similarity('peter', 'wendy')
print(sim_score)
```

다음은 'peter'와 'wendy'의 코사인 유사도 결과입니다.

```
0.45924556
```

두 단어에 대한 유사도 결과가 45%입니다. 이번에는 'peter', 'hook'의 두 단어에 대한 코사인 유사도를 구합니다.

코드 10-13 'peter'와 'hook'에 대한 코사인 유사도

```
sim_score = model.wv.similarity('peter', 'hook')
print(sim_score)
```

다음은 'peter'와 'hook'에 대한 코사인 유사도 결과입니다.

```
0.043825187
```

'peter'와 'hook' 두 단어에 대한 유사도 역시 매우 낮지만, 'peter'와 'wendy'보다는 높습니다. 앞서 설명이 있었지만, 데이터가 랜덤으로 사용되므로 결과가 책과 다를 수 있습니다. 대체적으로 'peter'와 'wendy' 간의 유사도가 더 높은 것으로 나타났습니다.

이번에는 사전 훈련된 패스트텍스트 모델을 사용하는 예제를 살펴보겠습니다. 사전 훈련된 패스트텍스트 예제를 위해 다음 URL에서 한국어 모델(Korean > text 버전으로, 파일 이름은 wiki.co.vec)을 내려받습니다.[2] 다음 URL에 있는 모델은 전 세계 언어 294개로 된 wikipedia 데이터를 사전 학습하여 제공하고 있습니다.

https://fasttext.cc/docs/en/pretrained-vectors.html

---

2 내려받은 wiki.co.vec 파일(약 2GByte)은 chap10의 data 폴더 아래에 넣어 주세요. bin+txt 형태의 압축 파일(약 4GByte)을 내려받았다면 압축을 해제한 후 wiki.co.vec 파일만 data 폴더 안에 넣어 주면 됩니다.

사전 학습된 패스트텍스트는 fastText API 또는 Gensim을 이용합니다. 먼저 필요한 라이브러리와 사전 훈련된 모델을 호출합니다.

코드 10-14 라이브러리와 사전 훈련된 모델 호출

```
from __future__ import print_function
from gensim.models import KeyedVectors

model_kr = KeyedVectors.load_word2vec_format('../chap10/data/wiki.ko.vec')
```

gensim은 자연어를 벡터로 변환하는 데 필요한 편의 기능을 제공하는 라이브러리입니다.

wiki.ko.vec 파일을 메모리로 불러옵니다.

사전 훈련된 모델을 이용하여 '노력'과 유사한 단어와 유사도를 확인해 보겠습니다.

코드 10-15 '노력'과 유사한 단어와 유사도 확인

```
find_similar_to = '노력'

for similar_word in model_kr.similar_by_word(find_similar_to):
    print("Word: {0}, Similarity: {1:.2f}".format(
        similar_word[0], similar_word[1]
    ))
```

다음은 '노력'과 유사한 단어와 유사도에 대한 결과입니다.

```
Word: 노력함, Similarity: 0.80
Word: 노력중, Similarity: 0.75
Word: 노력만, Similarity: 0.72
Word: 노력과, Similarity: 0.71
Word: 노력의, Similarity: 0.69
Word: 노력가, Similarity: 0.69
Word: 노력이나, Similarity: 0.69
Word: 노력없이, Similarity: 0.68
Word: 노력맨, Similarity: 0.68
Word: 노력보다는, Similarity: 0.68
```

대부분 노력이라는 단어에 조사가 붙은 결과를 보여 줍니다.

이번에는 '동물', '육식동물'에는 긍정적이지만 '사람'에는 부정적인 단어를 알아보겠습니다.

코드 10-16 '동물', '육식동물'에는 긍정적이지만 '사람'에는 부정적인 단어와 유사도 확인

```
similarities = model_kr.most_similar(positive=['동물', '육식동물'], negative=['사람'])
print(similarities)
```

다음은 '동물', '육식동물'에는 긍정적이지만 '사람'에는 부정적인 단어와 유사도에 대한 결과입니다.

[('초식동물', 0.7804122567176819), ('거대동물', 0.7547270655632019), ('육식동물의', 0.7547166347503662), ('유두동물', 0.753511369228363), ('반추동물', 0.7470757961273193), ('독동물', 0.7466291785240173), ('육상동물', 0.746031641960144), ('유즐동물', 0.7450903654098511), ('극피동물', 0.7449344396591187), ('복모동물', 0.742434561252594)]

사람과는 관계가 없으면서 동물과 관련된 단어들을 보여 주고 있습니다.

계속 언급하지만 워드투벡터 기반은 데이터를 랜덤으로 사용하기 때문에 결과가 책과 다를 수 있습니다.

10.1.4 횟수/예측 기반 임베딩

앞서 살펴본 횟수 기반과 예측 기반의 단점을 보완하기 위한 임베딩 기법에는 대표적으로 글로브가 있습니다.

글로브

글로브(GloVe, Global Vectors for Word Representation)는 횟수 기반의 LSA(Latent Semantic Analysis)(잠재 의미 분석)와 예측 기반의 워드투벡터 단점을 보완하기 위한 모델입니다. 글로브는 그 이름에서 유추할 수 있듯이 단어에 대한 글로벌 동시 발생 확률(global co-occurrence statistics) 정보를 포함하는 단어 임베딩 방법입니다. 즉, 단어에 대한 통계 정보와 skip-gram을 합친 방식이라고 할 수 있습니다. 다시 풀어서 이야기하면 skip-gram 방법을 사용하되 통계적 기법이 추가된 것이라고 할 수 있습니다. 따라서 글로브를 사용하면 다음 그림과 같이 단어 간 관련성을 통계적 방법으로 표현해 줍니다.

▼ 그림 10-8 글로브를 이용한 단어 간 관련성 예시

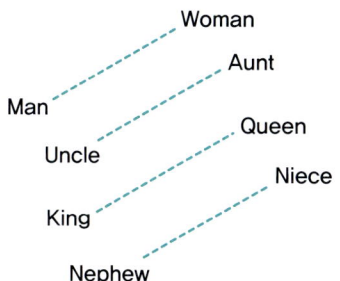

그럼 이제 Gensim을 이용한 예제를 살펴보겠습니다. 먼저 필요한 라이브러리를 호출하고 glove.6B.100d.txt 데이터셋[3]을 메모리로 로딩합니다.

코드 10-17 라이브러리 호출 및 데이터셋 로딩

```python
import numpy as np
%matplotlib notebook
import matplotlib.pyplot as plt
plt.style.use('ggplot')
from sklearn.decomposition import PCA
from gensim.test.utils import datapath, get_tmpfile
from gensim.models import KeyedVectors
from gensim.scripts.glove2word2vec import glove2word2vec

# 아래 상대 경로에 오류가 발생한다면 절대 경로로 지정해 주세요.
glove_file = datapath('..\chap10\data\glove.6B.100d.txt')  ------ ①
word2vec_glove_file = get_tmpfile("glove.6B.100d.word2vec.txt")  ------ 글로브 데이터를 워드투벡터
glove2word2vec(glove_file, word2vec_glove_file)  ------ ②                형태로 변환
```

① 내려받은 glove.6B.100d.txt 파일을 메모리로 로딩합니다. (인터넷에서 내려받아 ..\chap10\data 위치에 두고 실습을 진행합니다. txt 파일이 없다는 오류가 표시된다면 절대 경로로 지정해 주세요.) glove.6B.100d.txt는 수많은 단어에 대해 차원 100개를 가지는 임베딩 벡터를 제공합니다.

② Gensim의 glove2word2vec() 함수를 사용하여 glove를 워드투벡터 형태로 변경할 수 있습니다. 이후부터는 변경된 형태를 이용하여 기존 워드투벡터의 함수를 사용할 수 있습니다.

```
glove2word2vec(glove_file, word2vec_glove_file)
               ⓐ           ⓑ
```

ⓐ 첫 번째 인자: 글로브 입력 파일

ⓑ 두 번째 인자: 워드투벡터 출력 파일

즉, 글로브 데이터를 워드투벡터로 변환하겠다는 의미입니다.

다음은 glove.6B.100d.txt 데이터셋에 대한 정보를 출력한 결과입니다.

```
(400000, 100)
```

---

[3] 단어 표현을 위한 글로벌 벡터입니다. https://nlp.stanford.edu/projects/glove/에서 제공하는 데이터셋으로, 해당 URL에서 glove.6B. zip을 내려받아 압축을 해제해서 사용합니다. 또는 길벗출판사의 깃허브(https://github.com/gilbutITbook/080289) 첫 페이지의 URL을 클릭해도 내려받을 수 있습니다. 준비된 파일은 data 폴더에 넣어 주세요.

글로브가 적용되었다면, 'bill'과 유사한 단어의 리스트를 보여 주는 코드를 작성해 보겠습니다.

코드 10-18 'bill'과 유사한 단어의 리스트를 반환

```
                load_word2vec_format() 메서드를 이용하여 word2vec.c 형식으로 벡터를 가져옵니다.
model = KeyedVectors.load_word2vec_format(word2vec_glove_file)
model.most_similar('bill')  ······ 단어(bill) 기준으로 가장 유사한 단어들의 리스트를 보여 줍니다.
```

다음은 'bill'과 유사한 단어의 리스트를 반환한 결과입니다.

```
[('legislation', 0.8072139620780945),
 ('proposal', 0.730686366558075),
 ('senate', 0.7142541408538818),
 ('bills', 0.704440176486969),
 ('measure', 0.6958035230636597),
 ('passed', 0.690624475479126),
 ('amendment', 0.6846879720687866),
 ('provision', 0.6845567226409912),
 ('plan', 0.6816462874412537),
 ('clinton', 0.6663140058517456)]
```

'clinton'이라는 이름도 보이네요. 재미있는 결과입니다.

이번에는 'cherry'라는 단어와 유사한 단어의 리스트를 보여 주는 코드를 작성해 보겠습니다.

코드 10-19 'cherry'와 유사한 단어의 리스트를 반환

```
model.most_similar('cherry')  ······ 단어(cherry) 기준으로 가장 유사한 단어들의 리스트를 보여 줍니다.
```

다음은 'cherry'와 유사한 단어의 리스트를 반환한 결과입니다.

```
[('peach', 0.688809871673584),
 ('mango', 0.683819055557251),
 ('plum', 0.6684104204177856),
 ('berry', 0.6590359210968018),
 ('grove', 0.658155083656311),
 ('blossom', 0.6503506302833557),
 ('raspberry', 0.6477391719818115),
 ('strawberry', 0.6442098021507263),
 ('pine', 0.6390928626060486),
 ('almond', 0.6379212737083435)]
```

대체로 cherry라는 단어와 연관된 berry, blossom 등이 보입니다.

이번에는 'cherry'와 관련성이 없는 단어의 리스트를 보여 주는 코드를 작성해 보겠습니다.

> **코드 10-20** 'cherry'와 관련성이 없는 단어의 리스트를 반환
>
> ```
> model.most_similar(negative=['cherry'])    ------ 단어(cherry)와 관련성이 없는 단어들을 반환
> ```

다음은 'cherry'와 관련성이 없는 단어의 리스트를 반환한 결과입니다.

```
[('str94', 0.5899437069892883),
 ('http://www.ecb.int', 0.5723982453346252),
 ('rw95', 0.5641242265701294),
 ('js04bb', 0.5608091354370117),
 ('http://www.opel.com', 0.5586654543876648),
 ('obloquy', 0.5543686151504517),
 ('backstrap', 0.5506628155708313),
 ('disinfects', 0.5451074838638306),
 ('shepherdesses', 0.5444405674934387),
 ('hereros', 0.5441645383834839)]
```

cherry와 관련성이 없는 아무 단어나 출력한 듯합니다.

이번에는 'woman', 'king'과 유사성이 높으면서 'man'과 관련성이 없는 단어를 보여 주는 코드를 구현해 보겠습니다.

> **코드 10-21** 'woman', 'king'과 유사성이 높으면서 'man'과 관련성이 없는 단어를 반환
>
> ```
> result = model.most_similar(positive=['woman', 'king'], negative=['man'])  ------ woman, king과 유사성이 높으면서 man과 관련성이 없는 단어를 반환
> print("{}: {:.4f}".format(*result[0]))
> ```

다음은 'woman', 'king'과 유사성이 높으면서 'man'과 관련성이 없는 단어를 반환하는 결과입니다.

```
queen: 0.7699
```

woman, king과 유사성이 높으면서 man과 관련성이 없는 단어 'queen'을 출력했습니다. 단어 간 긍정적, 부정적 관련성을 고려하여 정확하게 결과를 반환하고 있는 것을 확인할 수 있습니다.

또는 다음과 같이 다수의 단어 간 긍정적, 부정적 관련성을 표현할 수 있습니다.

> **코드 10-22** 'australia', 'beer', 'france'와 관련성이 있는 단어를 반환
```
def analogy(x1, x2, y1):
    result = model.most_similar(positive=[y1, x2], negative=[x1])
    return result[0][0]
analogy('australia', 'beer', 'france')
```

다음은 'australia'와 관계없으면서 'beer', 'france'와 관련성이 있는 단어를 반환하는 결과입니다.

'champagne'

'beer', 'france'와 관련성이 있는 샴페인을 출력했습니다.

주어진 'tall', 'tallest', 'long' 단어를 기반으로 새로운 단어를 유추하는 코드를 작성해 보겠습니다.

> **코드 10-23** 'tall', 'tallest', 'long' 단어를 기반으로 새로운 단어를 유추
```
analogy('tall', 'tallest', 'long')
```

다음은 'tall', 'tallest', 'long' 단어를 기반으로 새로운 단어를 유추한 결과입니다.

'longest'

'tall', 'tallest'로 'long', 'longest'를 유추한 듯합니다.

이번에는 열거된 단어 중 유사성이 가장 떨어지는 단어를 반환하는 코드를 작성해 보겠습니다.

> **코드 10-24** 'breakfast cereal dinner lunch' 중 유사도가 낮은 단어를 반환
```
print(model.doesnt_match("breakfast cereal dinner lunch".split()))
```
유사도가 가장 낮은 단어를 반환

다음은 'breakfast cereal dinner lunch' 중 유사도가 낮은 단어를 반환하는 결과입니다.

cereal

역시 breakfast cereal dinner lunch 중 가장 유사도가 낮은 cereal을 출력했습니다.

10.2 트랜스포머 어텐션

어텐션(attention)은 주로 언어 번역에서 사용되기 때문에 인코더와 디코더 네트워크를 사용합니다. 즉, 입력에 대한 벡터 변환을 인코더(encoder)에서 처리하고 모든 벡터를 디코더로 보냅니다. 이렇게 모든 벡터를 전달하는 이유는 시간이 흐를수록 초기 정보를 잃어버리는 기울기 소멸 문제를 해결하기 위해서입니다. 하지만 모든 벡터가 전달되기 때문에 행렬 크기가 굉장히 커지는 단점이 있는데, 이것을 해결하기 위해 소프트맥스 함수를 사용하여 가중합을 구하고 그 값을 디코더에 전달합니다.

가중합만 전달되었더라도 정보를 많이 전달받은 디코더는 부담일 수밖에 없습니다. 따라서 디코더는 은닉 상태에 대해 중점적으로 집중(attention)해서 보아야 할 벡터를 소프트맥스 함수로 점수를 매긴 후 각각을 은닉 상태의 벡터들과 곱합니다. 그리고 이 은닉 상태를 모두 더해서 하나의 값으로 만듭니다. 즉, 어텐션은 모든 벡터 중에서 꼭 살펴보아야 할 벡터들에 집중하겠다는 의미입니다.

▼ 그림 10-9 어텐션

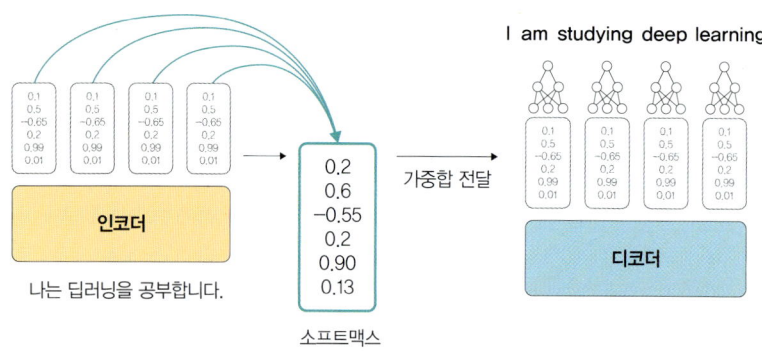

트랜스포머(transformer)는 2017년 6월에 "Attention is All You Need"(Ashish Vaswani et al.) 논문에서 발표된 것으로 어텐션을 극대화하는 방법입니다. 어텐션에서 다룬 인코더와 디코더에는 네트워크가 하나씩 있었습니다. 하지만 트랜스포머는 인코더와 디코더를 여러 개 중첩시킨 구조입니다. 이때 각각의 인코더와 디코더를 블록(block)이라고 합니다(논문에서는 인코더 블록과 디코더 블록을 여섯 개씩 중첩시킨 구조를 사용합니다).

▼ 그림 10-10 어텐션에서 인코더와 디코더

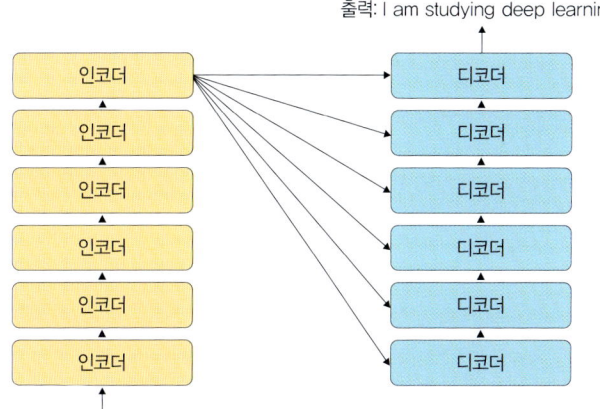

먼저 인코더 블록 구조를 살펴보겠습니다. 참고로 모든 블록 구조는 동일합니다. 하나의 인코더는 셀프 어텐션(self-attention)과 전방향 신경망(feed forward neural network)으로 구성되어 있습니다. 인코더에서는 단어를 벡터로 임베딩하며, 이를 셀프 어텐션과 전방향 신경망으로 전달합니다. 이때 셀프 어텐션은 문장에서 각 단어끼리 얼마나 관계가 있는지를 계산해서 반영합니다. 즉, 셀프 어텐션으로 문장 안에서 단어 간 관계를 파악할 수 있습니다. 셀프 어텐션에서 파악된 단어 간 관계는 전방향 신경망으로 전달됩니다.

▼ 그림 10-11 어텐션의 인코더 상세 구조

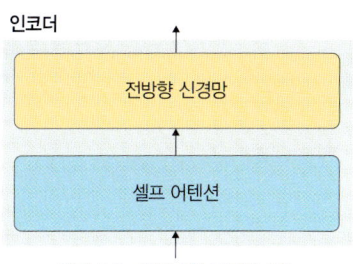

이번에는 디코더를 알아보겠습니다. 디코더는 층을 총 세 개 가지고 있는데, 인코더에서 넘어온 벡터가 처음으로 만나는 것이 셀프 어텐션 층입니다. 즉, 인코더와 동일하다고 이해하면 됩니다. 셀프 어텐션 층을 지나면 인코더-디코더 어텐션(encoder-decoder attention) 층이 있습니다. 인코더-디코더 어텐션 층에서는 인코더가 처리한 정보를 받아 어텐션 메커니즘을 수행하고, 마지막으로 전방향 신경망으로 데이터가 전달됩니다.

▼ 그림 10-12 어텐션의 디코더 상세 구조

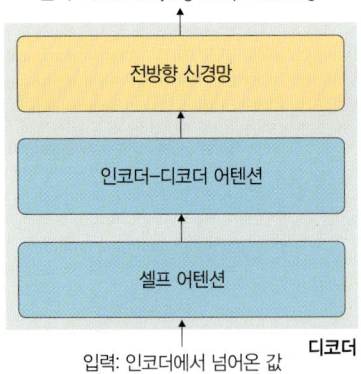

어텐션 메커니즘을 구체적으로 수식을 이용하여 알아보겠습니다.

어텐션 메커니즘을 이용하기 위해서는 가장 먼저 어텐션 스코어를 구해야 합니다.

$$e_{ij} = a(s_{i-1}, h_j)$$

어텐션 스코어란 현재 디코더의 시점 i에서 단어를 예측하기 위해, 인코더의 모든 은닉 상태 값(h_j)이 디코더의 현 시점의 은닉 상태(s_i)와 얼마나 관련이 있는지(유사한지)를 판단하는 값입니다. 따라서 어텐션 스코어는 앞의 수식처럼 인코더의 모든 은닉 상태의 값(h_j)과 디코더에서의 이전 시점의 은닉 상태(s_{i-1}) 값을 이용하여 구할 수 있습니다.

어텐션 스코어가 계산되었다면 이 값을 소프트맥스(softmax) 함수에 적용하여 확률로 변환합니다. 이렇게 계산된 0~1 사이의 값들이 특정 시점(time step)에 대한 가중치, 즉 시간의 가중치가 되며 다음과 같은 수식을 이용합니다.

$$a_{ij} = \frac{\exp(e_{ij})}{\sum_{k=1}^{T_x} \exp(e_{ik})}$$

이제 시간의 가중치(a_{ij})와 은닉 상태(h_j)의 가중합을 계산하면 하나의 벡터가 계산되는데, 이것이 컨텍스트 벡터(context vector)입니다. 수식은 다음과 같습니다.

$$c_i = \sum_{j=1}^{T_x} a_{ij} h_j$$

마지막으로 디코더의 은닉 상태를 구해야 합니다. 디코더의 은닉 상태를 구하기 위해서는 컨텍스트 벡터와 디코더 이전 시점의 은닉 상태와 출력이 필요합니다. 다음과 같이 어텐션이 적용된 인코더-디코더의 수식에서는 컨텍스트 벡터(c_i)가 계속 변하고 있는 반면에 어텐션이 적용되지 않은 인코더-디코더 수식에서는 컨텍스트 벡터(c)가 고정되어 있습니다. 이전 시점의 은닉 상태 값을 구하는 공식은 다음과 같습니다.

(어텐션 적용) 이전 시점의 은닉 상태 값을 구하는 수식: $s_i = f(s_{i-1}, y_{i-1}, c_i)$

(어텐션 미적용) 이전 시점의 은닉 상태 값을 구하는 수식: $s_i = f(s_{i-1}, y_{i-1}, c)$

이 모든 과정을 순전파 과정을 통해 정리하면 다음과 같습니다.

'They are cats'라는 입력 시퀀스에 대해 현 시점의 디코더 은닉 상태인 s_2와 그 출력인 y_2를 계산하기 위해 먼저 s_1과 모든 인코더 은닉 상태에 대한 어텐션 스코어를 계산합니다. e_{21}, e_{22}, e_{23}처럼 어텐션 스코어를 구했으면 소프트맥스 함수를 적용하여 시간의 가중치(a_{21}, a_{22}, a_{23})를 구합니다. 이후 '시간의 가중치'와 인코더의 은닉 상태 값들을 이용하여 가중합을 계산함으로써 컨텍스트 벡터(c_2)를 구합니다.

최종적으로 앞에서 구한 컨텍스트 벡터와 디코더 이전 시점의 은닉 상태와 출력을 이용하여 최종적으로 다음 디코더의 은닉 상태(y_2)를 출력합니다.

▼ 그림 10-13 어텐션 메커니즘 예시

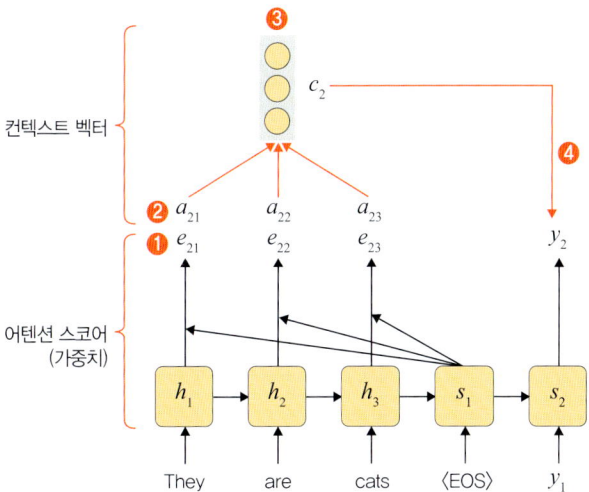

자세한 구현 방법은 이어서 seq2seq, 버트(BERT)에서 예제로 알아보겠습니다.

10.2.1 seq2seq

seq2seq(sequence to sequence)는 입력 시퀀스(input sequence)에 대한 출력 시퀀스(output sequence)를 만들기 위한 모델입니다. seq2seq는 품사 판별과 같은 시퀀스 레이블링(sequence labeling)과는 차이가 있습니다. 시퀀스 레이블링이란 입력 단어가 $x_1, x_2, \cdots, x_n$이라면 출력은 $y_1, y_2, \cdots, y_n$이 되는 형태입니다. 즉, 입력과 출력에 대한 문자열(sequence)이 같습니다. 하지만 seq2seq는 품사 판별보다는 번역에 초점을 둔 모델입니다. 번역은 입력 시퀀스의 $x_{1:n}$과 의미가 동일한 출력 시퀀스 $y_{1:m}$을 만드는 것이며, x_i, y_i 간의 관계는 중요하지 않습니다. 그리고 각 시퀀스 길이도 서로 다를 수 있습니다.

▼ 그림 10-14 seq2seq

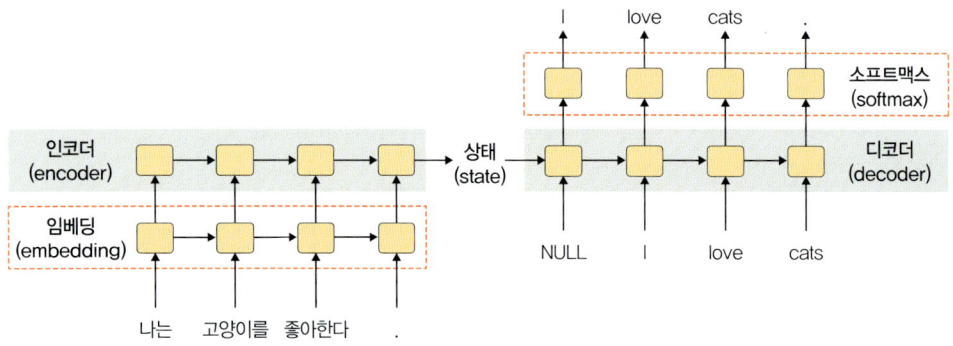

그럼 지금부터 seq2seq를 파이토치로 구현해 보겠습니다. 영어를 프랑스어로 번역하는 예제입니다. 이 예제는 파이토치 튜토리얼에 게시된 코드를 수정한 것입니다. 튜토리얼 코드와 비교하면서 학습해도 좋습니다.

먼저 필요한 라이브러리를 호출합니다.

코드 10-25 라이브러리 호출

```
from __future__ import unicode_literals, print_function, division ------①
import torch
import torch.nn as nn
import torch.optim as optim
import torch.nn.functional as F

import numpy as np
import pandas as pd

import os
```

```
import re ------ ②
import random

device = torch.device("cuda" if torch.cuda.is_available() else "cpu")
```

① `__future__`는 구 버전에서 상위 버전의 기능을 이용해야 할 때 사용합니다. 모듈을 import하여 사용하는 것처럼 `__future__`를 import하여 상위 버전의 기능을 사용합니다. 물론 최신 버전의 파이토치를 사용하는 경우에는 필요하지 않습니다. 예제는 사용 방법을 익히기 위해 추가해 두었습니다.

② re 모듈은 정규표현식(regular expression)을 사용하고자 할 때 씁니다. 이때 정규표현식이란 특정한 규칙을 갖는 문자열의 집합을 표현하기 위한 형식입니다. 일반적으로 복잡한 문자열의 검색과 치환을 위해 사용됩니다.

예를 들어 [cats]와 매칭되는 단어를 찾아보겠습니다. 단, 단어로 인식되지 않고 문자열 하나하나로 매핑된다는 것에 주의하세요.

```
import re
com = re.compile('[cats]')
com.findall('I love cats.')
```

결과는 다음과 같습니다. cats를 하나의 단어로 인식하지 않고 문자열을 하나씩 매핑하여 결과가 출력되었습니다.

```
['c', 'a', 't', 's']
```

데이터셋은 타토에바 프로젝트(https://tatoeba.org/ko) 중에서 영어-프랑스어 파일을 사용합니다. 다음 URL에서 다양한 언어에 대한 것들을 제공하고 있기 때문에 예제에서 사용하는 영어-프랑스어 외에도 다른 언어를 내려받아 사용할 수 있습니다. 물론 영어-한국어도 제공합니다.

http://www.manythings.org/anki/

데이터셋은 다음과 같이 영어와 프랑스어로 구성되어 있습니다.

```
Would you play with me?     Voudriez-vous jouer avec moi ?
Yes, I'm a student too.     Oui, je suis aussi étudiant.
Yesterday was Thursday.     Hier, c'était jeudi.
You are a good student.     Tu es un bon étudiant.
```

파이토치에서는 문장 그대로 사용할 수 없습니다. 문장을 단어로 분할하고 벡터(vector)로 변환해야 합니다.

코드 10-26 데이터 준비

```python
SOS_token = 0
EOS_token = 1
MAX_LENGTH = 20


class Lang:  # ------ 딕셔너리를 만들기 위한 클래스
    def __init__(self):  # ------ 단어의 인덱스를 저장하기 위한 컨테이너를 초기화
        self.word2index = {}
        self.word2count = {}
        self.index2word = {0: "SOS", 1: "EOS"}  # ------ SOS(Start Of Sequence): 문장의 시작,
                                                #        EOS(End Of Sequence): 문장의 끝
        self.n_words = 2  # ------ SOS와 EOS에 대한 카운트

    def addSentence(self, sentence):  # ------ 문장을 단어 단위로 분리한 후 컨테이너(word)에 추가
        for word in sentence.split(' '):
            self.addWord(word)

    def addWord(self, word):  # ------ 컨테이너에 단어가 없다면 추가되고, 있다면 카운트를 업데이트
        if word not in self.word2index:
            self.word2index[word] = self.n_words
            self.word2count[word] = 1
            self.index2word[self.n_words] = word
            self.n_words += 1
        else:
            self.word2count[word] += 1
```

데이터셋으로 사용된 데이터는 앞에서 살펴보았듯이 영어와 프랑스어가 탭(tab)으로 구성된 text 파일입니다. 따라서 데이터는 판다스(pandas)로 불러온 후 정규화해야 합니다.

코드 10-27 데이터 정규화

```python
def normalizeString(df, lang):
    sentence = df[lang].str.lower()  # ------ 소문자로 전환
    sentence = sentence.str.replace('[^A-Za-z\s]+', ' ')  # ------ a-z, A-Z, …, ?, ! 등을 제외하
                                                          #        고 모두 공백으로 바꿈
    sentence = sentence.str.normalize('NFD')  # ------ 유니코드 정규화 방식
    sentence = sentence.str.encode('ascii', errors='ignore').str.decode('utf-8')  # ------
    return sentence                                                              # Unicode를 ASCII로 전환


def read_sentence(df, lang1, lang2):
    sentence1 = normalizeString(df, lang1)  # ------ 데이터셋의 첫 번째 열(영어)
```

```
        sentence2 = normalizeString(df, lang2) ------ 데이터셋의 두 번째 열(프랑스어)
        return sentence1, sentence2

    def read_file(loc, lang1, lang2):
        df = pd.read_csv(loc, delimiter='\t', header=None, names=[lang1, lang2]) ------ ①
        return df

    def process_data(lang1,lang2):                                     데이터셋 불러오기
        df = read_file('../chap10/data/%s-%s.txt' % (lang1, lang2), lang1, lang2)
        sentence1, sentence2 = read_sentence(df, lang1, lang2)

        input_lang = Lang()
        output_lang = Lang()
        pairs = []
        for i in range(len(df)):
            if len(sentence1[i].split(' ')) < MAX_LENGTH and len(sentence2[i].split(' '))
                < MAX_LENGTH:
                full = [sentence1[i], sentence2[i]] ------ 첫 번째와 두 번째 열을 합쳐서 저장
                input_lang.addSentence(sentence1[i]) ------ 입력(input)으로 영어를 사용
                output_lang.addSentence(sentence2[i]) ------ 출력(output)으로 프랑스어를 사용
                pairs.append(full) ------ pairs에는 입력과 출력이 합쳐진 것을 사용

        return input_lang, output_lang, pairs
```

① 데이터셋을 불러오기 위해 read_csv()를 사용합니다.

```
pd.read_csv(loc, delimiter='\t', header=None, names=[lang1, lang2])
            ⓐ      ⓑ              ⓒ            ⓓ
```

ⓐ loc: 예제에서 사용할 데이터셋

ⓑ delimiter: CSV 파일의 데이터가 어떤 형태(\t, ' ', '+' 등)로 나뉘었는지 의미합니다. 데이터를 " "으로 묶어서 처리할 때 사용됩니다. 예를 들어 "Sure, I'm OK"처럼 문자열에 콤마가 포함되어 있을 경우 "Sure"와 "I'm OK"로 나뉘는데, 이를 방지할 수 있습니다. 즉, 하나의 문장이 분할되지 않고 그대로 사용하고 싶을 때 유용합니다.

ⓒ header: 일반적으로 데이터셋의 첫 번째 행을 header(열 이름)로 지정해서 사용하게 되는데, 불러올 데이터에 header가 없을 경우에는 header=None 옵션을 사용합니다.

ⓓ names: 열 이름을 리스트 형태로 입력합니다. 데이터셋은 총 두 개의 열이 있기 때문에 lang1, lang2를 사용합니다.

이제 데이터 쌍(pairs)을 텐서로 변환해야 합니다. 계속 이야기하지만 파이토치의 네트워크는 텐서 유형의 데이터만 인식하기 때문에 매우 중요한 작업입니다. 이 작업이 중요한 또 다른 이유는 지금 진행하고 있는 데이터셋이 문장이기 때문입니다. 따라서 문장의 모든 끝에 입력이 완료되었음을 네트워크에 알려 주어야 하는데, 그것이 토큰입니다.

코드 10-28 텐서로 변환

```
def indexesFromSentence(lang, sentence):      ······ 문장을 단어로 분리하고 인덱스를 반환
    return [lang.word2index[word] for word in sentence.split(' ')]

                                              ┌── 딕셔너리에서 단어에 대한 인덱스를 가져오고
def tensorFromSentence(lang, sentence):  ·····┤   문장 끝에 토큰을 추가
    indexes = indexesFromSentence(lang, sentence)
    indexes.append(EOS_token)
    return torch.tensor(indexes, dtype=torch.long, device=device).view(-1, 1)

def tensorsFromPair(input_lang, output_lang, pair):   ······ 입력과 출력 문장을 텐서로 변환하여 반환
    input_tensor = tensorFromSentence(input_lang, pair[0])
    target_tensor = tensorFromSentence(output_lang, pair[1])
    return(input_tensor, target_tensor)
```

파이토치에서 seq2seq 모델을 사용하기 위해서는 먼저 인코더와 디코더를 정의해야 합니다. 입력(영어) 문장이 인코더로 주입되면 디코더(프랑스어)로 번역되어 출력됩니다. 인코더와 디코더를 이용하면 문장의 번역뿐만 아니라 다음 입력을 예측하는 것도 가능합니다. 이때 각 입력 문장의 끝에는 문장의 끝을 알리는 토큰이 할당됩니다.

▼ 그림 10-15 인코더와 디코더

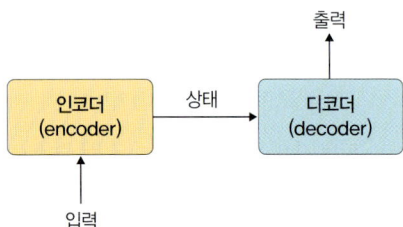

인코더는 입력 문장을 단어별로 순서대로 인코딩을 하게 되며, 문장의 끝을 표시하는 토큰이 붙습니다. 또한, 인코더는 임베딩 계층과 GRU 계층으로 구성됩니다. 코드 10-29와 비교하기 위해 인터넷 네트워크를 영문으로 작성했습니다.

▼ 그림 10-16 임베딩 네트워크

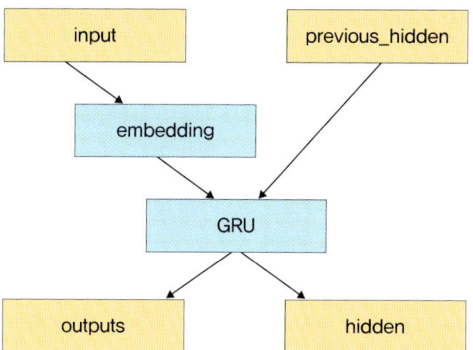

임베딩 계층은 입력에 대한 임베딩 결과가 저장되어 있는 딕셔너리를 조회하는 테이블과도 같습니다. 이후 GRU 계층과 연결되는데, GRU 계층은 연속하여 들어오는 입력을 계산합니다. 또한, 이전 계층의 은닉 상태를 계산한 후 망각 게이트와 업데이트 게이트를 갱신합니다.

코드 10-29 인코더 네트워크

```
class Encoder(nn.Module):
    def __init__(self, input_dim, hidden_dim, embed_dim, num_layers):
        super(Encoder, self).__init__()
        self.input_dim = input_dim       ------ 인코더에서 사용할 입력층
        self.embbed_dim = embed_dim       ------ 인코더에서 사용할 임베딩 계층
        self.hidden_dim = hidden_dim      ------ 인코더에서 사용할 은닉층(이전 은닉층)
        self.num_layers = num_layers      ------ 인코더에서 사용할 GRU의 계층 개수
        self.embedding = nn.Embedding(input_dim, self.embbed_dim)  ------ 임베딩 계층 초기화
        self.gru = nn.GRU(self.embbed_dim, self.hidden_dim, num_layers=self.num_layers)
                        임베딩 차원, 은닉층 차원, GRU의 계층 개수를 이용하여 GRU 계층을 초기화
    def forward(self, src):
        embedded = self.embedding(src).view(1, 1, -1)  ------ 임베딩 처리
        outputs, hidden = self.gru(embedded)  ------ 임베딩 결과를 GRU 모델에 적용
        return outputs, hidden
```

디코더는 인코더 출력을 디코딩하여 다음 출력을 예측합니다. 디코더는 임베딩 계층, GRU 계층, 선형(linear) 계층으로 구성됩니다. 코드 10-30과 비교하기 위해 디코더 네트워크를 영문으로 작성했습니다.

▼ 그림 10-17 디코더 네트워크

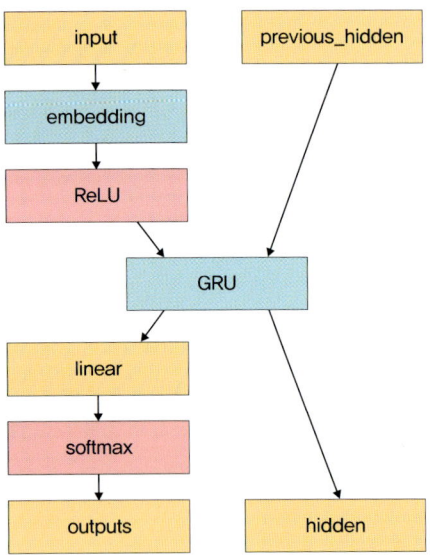

임베딩 계층에서는 출력을 위해 딕셔너리를 조회할 테이블을 만들며, GRU 계층에서는 다음 단어를 예측하기 위한 확률을 계산합니다. 그 후 선형 계층에서는 계산된 확률 값 중 최적의 값(최종 출력 단어)을 선택하기 위해 소프트맥스 활성화 함수를 사용합니다.

코드 10-30 디코더 네트워크

```
class Decoder(nn.Module):
    def __init__(self, output_dim, hidden_dim, embed_dim, num_layers):
        super(Decoder, self).__init__()
        
        self.embbed_dim = embed_dim
        self.hidden_dim = hidden_dim
        self.output_dim = output_dim
        self.num_layers = num_layers
                                                                                          GRU 계층 초기화
        self.embedding = nn.Embedding(output_dim, self.embbed_dim) ------ 임베딩 계층 초기화
        self.gru = nn.GRU(self.embbed_dim, self.hidden_dim, num_layers=self.num_layers)
        self.out = nn.Linear(self.hidden_dim, output_dim) ------ 선형 계층 초기화
        self.softmax = nn.LogSoftmax(dim=1) ------ ①
    
    def forward(self, input, hidden):
        input = input.view(1, -1) ------ 입력을 (1, 배치 크기)로 변경
        embedded = F.relu(self.embedding(input))
        output, hidden = self.gru(embedded, hidden)
```

```
prediction = self.softmax(self.out(output[0]))
return prediction, hidden
```

① 소프트맥스는 일정한 시퀀스의 숫자들을 0과 1 사이의 양의 수로 변환해서 클래스의 확률을 구할 때 사용합니다. 이때 사용하는 수식은 다음과 같습니다.

$$y_i = \frac{\exp(x_i)}{\sum_j \exp(x_j)}$$

참고로 로그 소프트맥스(LogSoftmax)는 소프트맥스와 로그(log) 함수의 결합입니다.

$$\log(y_i) = \log\left(\frac{\exp(x_i)}{\sum_j \exp(x_j)}\right) = x_i - \log(\sum_j \exp(x_j))$$

소프트맥스 활성화 함수에서 발생할 수 있는 기울기 소멸 문제를 방지하기 위해 만들어진 활성화 함수입니다.

앞에서 정의한 인코더와 디코더를 이용하여 seq2seq 모델을 정의합니다. 인코더와 디코더를 이용한 seq2seq 네트워크는 다음 그림과 같습니다.

▼ 그림 10-18 seq2seq 네트워크

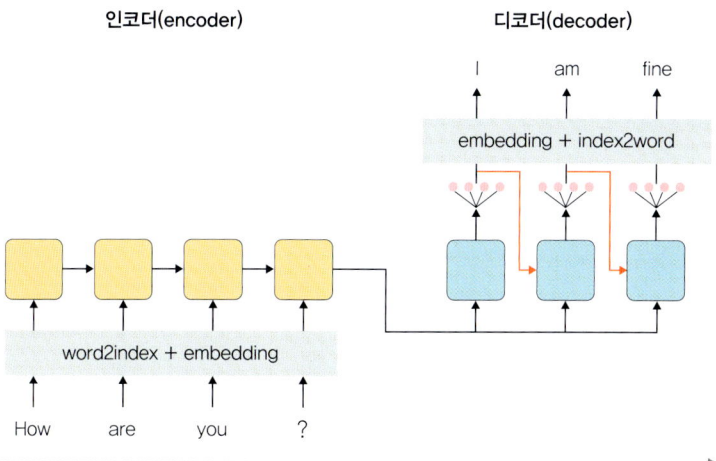

코드 10-31 seq2seq 네트워크

```python
class Seq2Seq(nn.Module):
    def __init__(self, encoder, decoder, device, MAX_LENGTH=MAX_LENGTH):
        super().__init__()

        self.encoder = encoder       ------ 인코더 초기화
        self.decoder = decoder       ------ 디코더 초기화
        self.device = device

    def forward(self, input_lang, output_lang, teacher_forcing_ratio=0.5):
        input_length = input_lang.size(0)     ------ 입력 문자 길이(문장의 단어 수)
        batch_size = output_lang.shape[1]
        target_length = output_lang.shape[0]
        vocab_size = self.decoder.output_dim                      예측된 출력을 저장하기 위한 변수 초기화
        outputs = torch.zeros(target_length, batch_size, vocab_size).to(self.device) ------

        for i in range(input_length):                             문장의 모든 단어를 인코딩
            encoder_output, encoder_hidden = self.encoder(input_lang[i])  ------
        decoder_hidden = encoder_hidden.to(device)   ------ 인코더의 은닉층을 디코더의 은닉층으로 사용
        decoder_input = torch.tensor([SOS_token], device=device)  ------ 첫 번째 예측 단어 앞에
                                                                        토큰(SOS) 추가

        for t in range(target_length):   ------ 현재 단어에서 출력 단어를 예측
            decoder_output, decoder_hidden = self.decoder(decoder_input, decoder_hidden)
            outputs[t] = decoder_output
            teacher_force = random.random() < teacher_forcing_ratio  ------ ①
            topv, topi = decoder_output.topk(1)                      ------ teacher_force를 활성화하면
            input = (output_lang[t] if teacher_force else topi)            목표 단어를 다음 입력으로 사용
            if(teacher_force == False and input.item() == EOS_token):  ------
                break                                                teacher_force를 활성화하지 않으면
        return outputs                                               자체 예측 값을 다음 입력으로 사용
```

① 티처포스(teacher_force)는 seq2seq(인코더-디코더) 모델에서 많이 사용되는 기법입니다. 티처포스는 다음 그림과 같이 번역(예측)하려는 목표 단어(ground truth라고도 함)를 디코더의 다음 입력으로 넣어 주는 기법입니다.

▼ 그림 10-19 티처포스

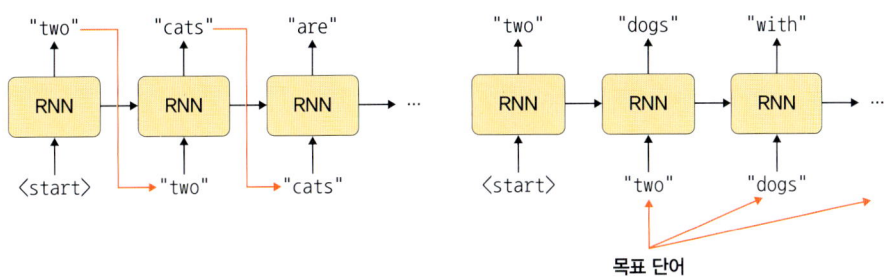

티처포스를 사용하면 학습 초기에 안정적인 훈련이 가능하며, 기울기를 계산할 때 빠른 수렴이 가능한 장점이 있지만 네트워크가 불안정해질 수 있는 단점이 있습니다.

모델 훈련을 위한 함수를 정의합니다. 여기에서는 모델의 오차를 계산하는 부분만 정의합니다.

코드 10-32 모델의 오차 계산 함수 정의

```
teacher_forcing_ratio = 0.5

def Model(model, input_tensor, target_tensor, model_optimizer, criterion):
    model_optimizer.zero_grad()
    input_length = input_tensor.size(0)
    loss = 0
    epoch_loss = 0
    output = model(input_tensor, target_tensor)
    num_iter = output.size(0)

    for ot in range(num_iter):
        loss += criterion(output[ot], target_tensor[ot])  ------ 모델의 예측 결과와 정답(예상 결과)을
    loss.backward()                                              이용하여 오차를 계산
    model_optimizer.step()
    epoch_loss = loss.item() / num_iter
    return epoch_loss
```

옵티마이저 및 손실 함수 등 모델에서 사용하는 파라미터를 지정합니다. 모델의 오차를 계산하는 부분과 합쳐서 모델을 정의할 수도 있지만 여기에서는 가독성을 위해 분리했습니다.

코드 10-33 모델 훈련 함수 정의

```python
def trainModel(model, input_lang, output_lang, pairs, num_iteration=20000):
    model.train()
    optimizer = optim.SGD(model.parameters(), lr=0.01) ------ 옵티마이저로 SGD를 사용
    criterion = nn.NLLLoss() ------ ①
    total_loss_iterations = 0

    training_pairs = [tensorsFromPair(input_lang, output_lang, random.choice(pairs))
                      for i in range(num_iteration)]

    for iter in range(1, num_iteration+1):
        training_pair = training_pairs[iter - 1]
        input_tensor = training_pair[0]
        target_tensor = training_pair[1]                       Model 객체를 이용하여 오차 계산
        loss = Model(model, input_tensor, target_tensor, optimizer, criterion) ------
        total_loss_iterations += loss

        if iter % 5000 == 0: ------ 5000번째마다 오차 값에 대해 출력
            average_loss= total_loss_iterations / 5000
            total_loss_iterations = 0
            print('%d %.4f' % (iter, average_loss))

    torch.save(model.state_dict(), '../chap10/data/mytraining.pt')
    return model
```

① NLLLoss 역시 크로스엔트로피 손실 함수(CrossEntropyLoss)와 마찬가지로 분류 문제에 사용합니다. 이 둘 간의 차이는 다음과 같습니다. 크로스엔트로피 손실 함수에는 LogSoftmax + NLLLoss가 포함되어 있습니다. 따라서 크로스엔트로피 손실 함수를 사용할 경우에는 소프트맥스를 명시하지 않아도 되지만 NLLLoss를 사용할 때는 사용자가 소프트맥스를 사용할 것임을 명시해야 합니다. 이러한 이유로 모델 네트워크 부분에서도 소프트맥스 활성화 함수를 지정해 주었습니다(코드 10-30 참고).

이제 모델을 평가하기 위한 함수를 정의합니다.

코드 10-34 모델 평가

```python
def evaluate(model, input_lang, output_lang, sentences, max_length=MAX_LENGTH):
    with torch.no_grad():
        input_tensor = tensorFromSentence(input_lang, sentences[0]) ------ 입력 문자열을 텐서로 변환
        output_tensor = tensorFromSentence(output_lang, sentences[1]) ------
        decoded_words = []                                          출력 문자열을 텐서로 변환
```

```python
            output = model(input_tensor, output_tensor)

            for ot in range(output.size(0)):
                topv, topi = output[ot].topk(1)  # 각 출력에서 가장 높은 값을 찾아 인덱스를 반환

                if topi[0].item() == EOS_token:
                    decoded_words.append('<EOS>')  # EOS 토큰을 만나면 평가를 멈춥니다.
                    break
                else:  # 예측 결과를 출력 문자열에 추가
                    decoded_words.append(output_lang.index2word[topi[0].item()])
        return decoded_words
                                    # 훈련 데이터셋으로부터 임의의 문장을 가져와서 모델 평가
def evaluateRandomly(model, input_lang, output_lang, pairs, n=10):
    for i in range(n):
        pair = random.choice(pairs)  # 임의로 문장을 가져옵니다.
        print('input {}'.format(pair[0]))
        print('output {}'.format(pair[1]))           # 모델 평가 결과는
        output_words = evaluate(model, input_lang, output_lang, pair)  # output_words에 저장
        output_sentence = ' '.join(output_words)
        print('predicted {}'.format(output_sentence))
```

7만 5000번 동안 반복하여 모델을 훈련합니다.

코드 10-35 모델 훈련

```python
lang1 = 'eng'  # 입력으로 사용할 영어
lang2 = 'fra'  # 출력으로 사용할 프랑스어
input_lang, output_lang, pairs = process_data(lang1, lang2)

randomize = random.choice(pairs)
print('random sentence {}'.format(randomize))

input_size = input_lang.n_words
output_size = output_lang.n_words
print('Input : {} Output : {}'.format(input_size, output_size))  # 입력과 출력에 대한
                                                                  # 단어 수 출력

embed_size = 256         # 디코더의 첫 번째 입력으로 <SOS> 토큰이 제공되고, 인코더의
hidden_size = 512        # 마지막 은닉 상태가 디코더의 첫 번째 은닉 상태로 제공됩니다.
num_layers = 1
num_iteration = 75000  # 7만 5000번 반복하여 모델 훈련
                                       # 인코더에 훈련 데이터셋을 입력하고 모든 출력과 은닉 상태를 저장
encoder = Encoder(input_size, hidden_size, embed_size, num_layers)
decoder = Decoder(output_size, hidden_size, embed_size, num_layers)
```

```
model = Seq2Seq(encoder, decoder, device).to(device) ------ 인코더-디코더 모델(seq2seq)의 객체 생성

print(encoder)
print(decoder)

model = trainModel(model, input_lang, output_lang, pairs, num_iteration) ------ 모델 학습
```

다음은 어텐션이 적용되지 않은 모델에서 사용하는 네트워크와 학습 결과입니다.

```
random sentence ['how could i forget', 'comment pourraisje oublier ']
Input : 13366 Output : 25937
Encoder(
  (embedding): Embedding(13366, 256)
  (gru): GRU(256, 512)
)
Decoder(
  (embedding): Embedding(25937, 256)
  (gru): GRU(256, 512)
  (out): Linear(in_features=512, out_features=25937, bias=True)
  (softmax): LogSoftmax(dim=1)
)
5000 4.8727
10000 4.6251
15000 4.5742
20000 4.5565
25000 4.4561
30000 4.5035
35000 4.5094
40000 4.4538
45000 4.4900
50000 4.4364
55000 4.4599
60000 4.4883
65000 4.4649
70000 4.4384
75000 4.4197
```

학습이 진행될수록 오차가 줄어들고 있습니다.

임의로 선택한 문장에 대한 번역 결과를 보여 주기 위해 evaluateRandomly 함수를 호출합니다.

> **코드 10-36** 임의의 문장에 대한 평가 결과
>
> ```
> evaluateRandomly(model, input_lang, output_lang, pairs)
> ```

다음은 임의의 입력을 가져와서 번역된 출력을 보여 주는 결과입니다.

```
input what would we do instead
output que ferionsnous  la place
predicted je ne pas  <EOS>
input he is eight
output il a huit ans
predicted je ne pas  <EOS>
input what time is your plane due to take off
output  quelle heure votre avion doit dcoller
predicted je ne pas  <EOS>
input you must take advantage of the opportunity
output tu dois saisir cette occasion
predicted je ne pas  <EOS>
input he is always finding fault with other people
output il trouve toujours  redire aux autres
predicted je ne pas  <EOS>
input you have many books
output tu as de nombreux livres
predicted je ne pas  <EOS>
input i have an appointment with my lawyer today
output jai rendezvous avec mon avocat aujourdhui
predicted je ne pas  <EOS>
input he wiped his nose on his sleeve
output il essuya la morve sur sa manche
predicted je ne pas  <EOS>
input youve been very kind to me
output tu as t trs gentille avec moi
predicted je ne pas  <EOS>
input at that time tom wasnt very happy
output  cette poque thomas ntait pas vraiment heureux
predicted je ne pas  <EOS>
```

정확하게 번역되었는지 확인하기 위해 구글과 같은 번역 사이트를 이용해 보세요. 정확하지는 않지만 비슷하게 번역된 듯합니다.

seq2seq는 인코더와 디코더 네트워크를 사용합니다. 하지만 일반적인 seq2seq 모델은 입력 문장이 긴 시퀀스일 경우 정확한 처리가 어렵습니다. 그림 10-20의 (a)와 같이 인코더에서 사용하는 RNN(LSTM, GRU)의 마지막 은닉 상태만 디코더로 전달되기 때문입니다. 즉, 다음과 같은 이유로 어텐션 메커니즘(attention mechanism)이 등장했습니다.

1. 하나의 고정된 크기의 벡터에 모든 정보를 담다 보니 정보의 손실 발생
2. RNN에서 발생할 수 있는 기울기 소멸(vanishing gradient) 문제 발생

어텐션 메커니즘은 그림 10-20의 (b)와 같이 디코딩 프로세스 동안 입력 시퀀스의 모든 숨겨진 상태를 유지하고 활용하기 때문에 정보의 손실과 기울기 소멸 문제가 발생하지 않습니다. 즉, 그림 10-20의 (b)와 같이 컨텍스트 벡터는 인코더의 전체 은닉 상태들과 디코더의 이전 은닉 상태를 바탕으로 만들어집니다.

▼ 그림 10-20 어텐션 디코딩

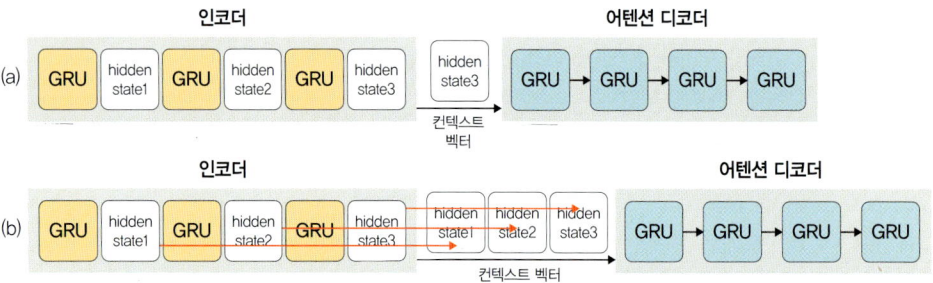

정리하면 어텐션 메커니즘이 쓰이지 않은 기존 모델과 다른 점은 디코더에서 컨텍스트 벡터가 모두 같은 것을 쓰거나 단순히 전파되는 것이 아니라 특정 시점(time step)마다 다른 컨텍스트 벡터를 사용한다는 것입니다.

다음 그림은 코드 10-37에서 사용되는 모델의 네트워크를 도식화한 것입니다. 모델과 비교를 위해 네트워크의 영문명을 그대로 사용했습니다.

▼ 그림 10-21 어텐션이 적용된 디코더

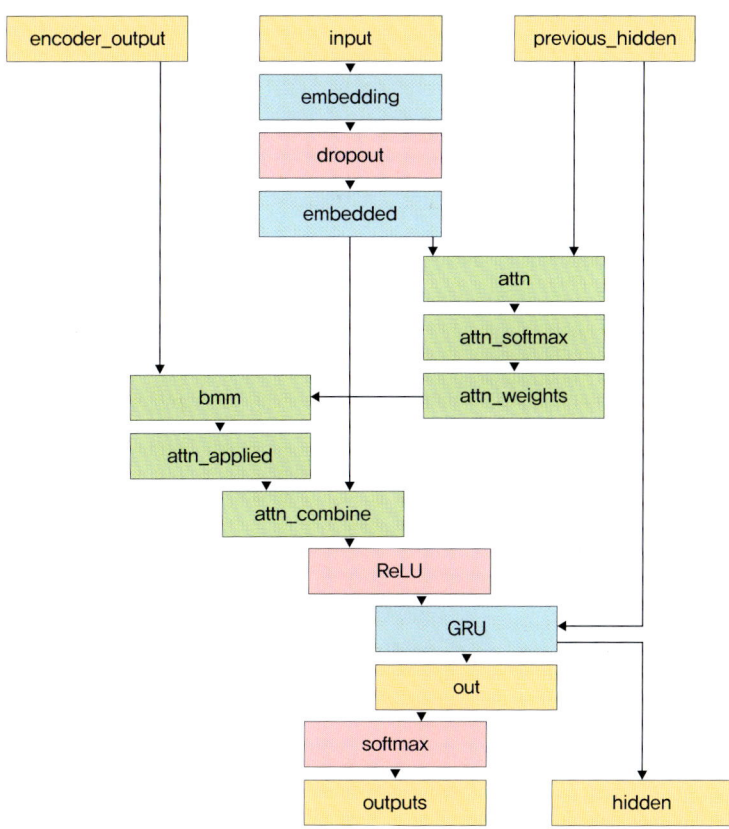

코드 10-37 어텐션이 적용된 디코더

```
class AttnDecoderRNN(nn.Module):
    def __init__(self, hidden_size, output_size, dropout_p=0.1, max_length=MAX_LENGTH):
        super(AttnDecoderRNN, self).__init__()
        self.hidden_size = hidden_size
        self.output_size = output_size
        self.dropout_p = dropout_p
        self.max_length = max_length
                                                                        임베딩 계층 초기화
        self.embedding = nn.Embedding(self.output_size, self.hidden_size) ┄┄┄
        self.attn = nn.Linear(self.hidden_size * 2, self.max_length) ┄┄┄ ①
        self.attn_combine = nn.Linear(self.hidden_size * 2, self.hidden_size)
        self.dropout = nn.Dropout(self.dropout_p)
        self.gru = nn.GRU(self.hidden_size, self.hidden_size)
        self.out = nn.Linear(self.hidden_size, self.output_size)

    def forward(self, input, hidden, encoder_outputs):
```

```
embedded = self.embedding(input).view(1, 1, -1)
embedded = self.dropout(embedded)

attn_weights = F.softmax(
            self.attn(torch.cat((embedded[0], hidden[0]), 1)), dim=1)
attn_applied = torch.bmm(attn_weights.unsqueeze(0),
                    encoder_outputs.unsqueeze(0)) ------ ②

output = torch.cat((embedded[0], attn_applied[0]), 1)
output = self.attn_combine(output).unsqueeze(0)

output = F.relu(output)
output, hidden = self.gru(output, hidden)

output = F.log_softmax(self.out(output[0]), dim=1)
return output, hidden, attn_weights
```

① 어텐션은 입력을 디코더로 변환합니다. 즉, 어텐션은 입력 시퀀스와 길이가 같은 인코딩된 시퀀스로 변환하는 역할을 합니다. 따라서 'self.max_length'는 모든 입력 시퀀스의 최대 길이여야 합니다.

② torch.bmm 함수는 배치 행렬 곱(Batch Matrix Multiplication, BMM)을 수행하는 함수로, 다음 그림과 같이 두 개 이상의 차원을 지닌 텐서가 주어졌을 때 뒤의 두 개 차원에 대해 행렬 곱을 수행하는 함수입니다. 예를 들어 (BN, A, B)와 (BN, B, C)라는 행렬이 두 개 주어졌을 때 각 행렬에서 뒤 두 개의 차원((A, B), (B, C))에 대해 행렬 곱을 수행하면 (BN, A, C)라는 결과를 얻을 수 있습니다.

▼ 그림 10-22 torch.bmm

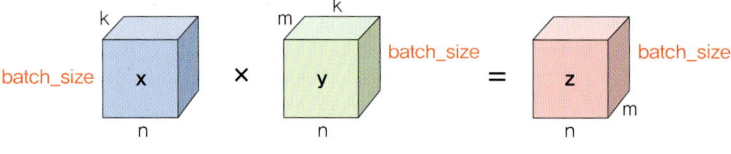

$torch.bmm(x, y) = (x \times y = z)$
$\qquad = (batch\_size, n, k) \times (batch\_size, k, m) = (batch\_size, n, m)$

따라서 torch.bmm(attn_weights.unsqueeze(0), encoder_outputs.unsqueeze(0))은 가중치와 인코더의 출력 벡터를 곱하겠다는 의미이며, 그 결과(attn_applied)는 입력 시퀀스의 특정 부분에 관한 정보를 포함하고 있기 때문에 디코더가 적절한 출력 단어를 선택하도록 도와줍니다.

인코더와 어텐션 디코더를 이용하여 모델을 학습시키기 위한 함수를 정의합니다.

코드 10-38 어텐션 디코더 모델 학습을 위한 함수

```python
def trainIters(encoder, decoder, n_iters, print_every=1000, plot_every=100,
               learning_rate=0.01):
    start = time.time()
    plot_losses = []
    print_loss_total = 0
    plot_loss_total = 0
                                                        # 인코더와 디코더에 SGD 옵티마이저 적용
    encoder_optimizer = optim.SGD(encoder.parameters(), lr=learning_rate)
    decoder_optimizer = optim.SGD(decoder.parameters(), lr=learning_rate)
    training_pairs = [tensorsFromPair(input_lang, output_lang, random.choice(pairs))
                      for i in range(n_iters)]
    criterion = nn.NLLLoss()

    for iter in range(1, n_iters + 1):
        training_pair = training_pairs[iter - 1]
        input_tensor = training_pair[0]      # 입력+출력 쌍에서 입력을 input_tensor로 사용
        target_tensor = training_pair[1]     # 입력+출력 쌍에서 출력을 target_tensor로 사용
        loss = Model(model, input_tensor, target_tensor, decoder_optimizer, criterion)
        print_loss_total += loss
        plot_loss_total += loss

        if iter % 5000 == 0:     # 모델을 7만 5000번 훈련을 진행하며 5000번째마다 오차를 출력
            print_loss_avg = print_loss_total / 5000
            print_loss_total = 0
            print('%d,  %.4f' % (iter, print_loss_avg))
```

인코더와 어텐션 디코더를 이용하여 모델을 훈련시킵니다.

코드 10-39 어텐션 디코더 모델 훈련

```python
import time

embed_size = 256
hidden_size = 512
num_layers = 1
input_size = input_lang.n_words
output_size = output_lang.n_words

encoder1 = Encoder(input_size, hidden_size, embed_size, num_layers)
attn_decoder1 = AttnDecoderRNN(hidden_size, output_size, dropout_p=0.1).to(device)
```

```
print(encoder1)
print(attn_decoder1)

attn_model = trainIters(encoder1, attn_decoder1, 75000, print_every=5000,
                        plot_every=100, learning_rate=0.01) ------ 인코더와 어텐션 디코더를 이용한 모델 생성
```

다음은 인코더와 어텐션 디코더에 대한 네트워크와 모델 훈련 결과를 보여 줍니다.

```
Encoder(
   (embedding): Embedding(13366, 256)
   (gru): GRU(256, 512)
)
AttnDecoderRNN(
   (embedding): Embedding(25937, 512)
   (attn): Linear(in_features=1024, out_features=20, bias=True)
   (attn_combine): Linear(in_features=1024, out_features=512, bias=True)
   (dropout): Dropout(p=0.1, inplace=False)
   (gru): GRU(512, 512)
   (out): Linear(in_features=512, out_features=25937, bias=True)
)
5000,   4.6978
10000,  4.7173
15000,  4.6978
20000,  4.7262
25000,  4.7349
30000,  4.7383
35000,  4.6993
40000,  4.6851
45000,  4.7425
50000,  4.7331
55000,  4.7473
60000,  4.7026
65000,  4.7150
70000,  4.7498
75000,  4.7222
```

어텐션이 적용되지 않은 디코더와 비교할 때 어텐션이 적용되었다고 좋아진 것은 없어 보입니다. 오히려 훈련이 진행될수록 오차 값이 증가하고 있습니다. 어텐션 메커니즘의 성능 향상 효과를 보려면 시퀀스가 길수록 좋다는 점을 기억해 두세요.

10.2.2 버트(BERT)

2018년 11월, 구글이 공개한 인공지능(AI) 언어 모델 BERT(Bidirectional Encoder Representations from Transformers)(이하 버트)는 기존의 단방향 자연어 처리 모델들의 단점을 보완한 양방향 자연어 처리 모델입니다. 검색 문장의 단어를 입력된 순서대로 하나씩 처리하는 것이 아니라, 트랜스포머를 이용하여 구현되었으며 방대한 양의 텍스트 데이터로 사전 훈련된 언어 모델입니다.

▼ 그림 10-23 버트 모델

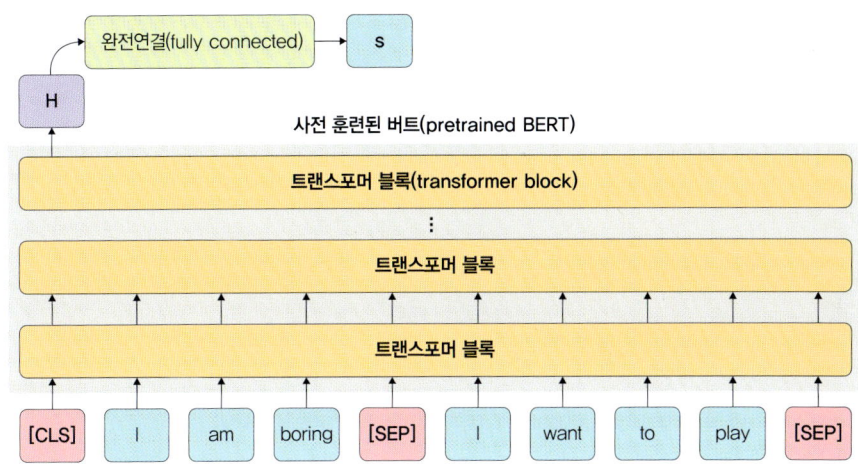

버트의 기본 구조는 그림 10-23과 같이 트랜스포머(transformer)라는 인코더를 쌓아 올린 구조로, 주로 문장 예측(Next Sentence Prediction, NSP)을 할 때 사용합니다. 튜닝[4]을 통해 최고의 성능을 낸 기존 사례들을 참고해서 사전 학습된 버트 위에 분류를 위한 신경망을 한층 추가하는 방식을 사용합니다. 즉, 버트는 트랜스포머와 사전 학습을 사용하여 성능을 향상시킨 모델입니다.

버트의 학습 절차는 다음과 같습니다.

1. 그림 10-23과 같이 문장을 버트의 입력 형식에 맞게 변환합니다. 이때 문장의 시작은 [CLS], 문장의 끝은 [SEP]로 표시합니다.

2. 한 문장의 단어들에 대해 토큰화(tokenization)를 진행합니다. 예를 들어 '고양이'라는 단어의 경우 '고##', '#양#', '##이'로 토큰화합니다.

3. 마지막으로 각 토큰들에 대해 고유의 아이디를 부여합니다. 토큰이 존재하지 않는 자리는 0으로 채웁니다.

---

[4] 튜닝은 하이퍼파라미터 값을 미세하게 조정하는 과정으로 미세 조정이라고도 합니다. 또한, 튜닝하는 학습 과정을 전이 학습(transfer learning)이라고도 합니다.

버트 모델은 전이 학습을 기반으로 한다고 했는데, 이때 전이는 인코더-디코더로 된 모델입니다. 기존 인코더-디코더 모델들과 다르게 CNN, RNN을 이용하지 않고 어텐션 개념을 도입했습니다. 즉, 버트에서 전이 학습은 인코더-디코더 중 인코더만 사용하는 모델입니다.

버트는 두 가지 버전이 있는데, BERT-base(L=12, H=768, A=12)와 BERT-large(L=24, H=1024, A=16)입니다. 이때 L은 전이 블록 숫자이고, H는 은닉층 크기, A는 전이 블록에서 사용되는 어텐션 블록 숫자입니다. 즉, L, H, A가 크다는 것은 블록을 많이 쌓았고, 표현하는 은닉층이 크며 어텐션 개수를 많이 사용했다는 의미입니다. BERT-base는 학습 파라미터 1.1억 개가 있고, BERT-large는 학습 파라미터 3.4억 개가 있습니다.

예제를 진행하기에 앞서 파이토치에서 버트를 사용하기 위한 라이브러리를 설치합니다.[5]

> `pip install transformers`
> `pip install pytorch-transformers`

예제에서 사용하는 데이터셋은 네이버 영화 리뷰입니다. 데이터셋은 다음 URL에서도 내려받을 수 있습니다.

https://raw.githubusercontent.com/e9t/nsmc/master/ratings_train.txt

https://raw.githubusercontent.com/e9t/nsmc/master/ratings_test.txt

먼저 필요한 라이브러리를 불러옵니다.

코드 10-40 라이브러리 호출

```
import matplotlib.pyplot as plt
import pandas as pd
import torch
import torch.nn as nn
from torch.utils.data import Dataset, DataLoader
from pytorch_transformers import BertTokenizer, BertForSequenceClassification      ┄ 버트 사용을 위한 라이브러리
import torch.nn.functional as F
import torch.optim as optim
from sklearn.metrics import accuracy_score, classification_report, confusion_matrix ┄ 모델 평가를 위해 사용
import seaborn as sns

device = torch.device("cuda" if torch.cuda.is_available() else "cpu")
```

---

5   설치 후 주피터 노트북에서 오류 발생 시 커널을 재시작한 후 다시 실행해 주세요.

버트 예제에서 사용할 데이터셋을 불러옵니다. 참고로 훈련과 테스트 용도의 데이터셋을 내려받았지만, 검증용 데이터셋을 위해 훈련 데이터셋을 임의로 나누었습니다.

코드 10-41 데이터셋 불러오기

```
train_df = pd.read_csv('../chap10/data/training.txt', sep='\t')
valid_df = pd.read_csv('../chap10/data/validing.txt', sep='\t')
test_df = pd.read_csv('../chap10/data/testing.txt', sep='\t')
```

모델 훈련을 위해 주어진 데이터셋의 10%만 사용합니다. 빠른 예제 처리를 위해 전체 데이터셋 중 일부만 사용하기 때문에 성능은 좋지 않을 수 있습니다. 컴퓨터 성능이 좋다면 전체 데이터셋을 모두 사용해도 좋습니다.

코드 10-42 불러온 데이터셋 중 일부만 사용

```
train_df = train_df.sample(frac=0.1, random_state=500)
valid_df = valid_df.sample(frac=0.1, random_state=500)
test_df = test_df.sample(frac=0.1, random_state=500)
```

주어진 데이터를 이용한 데이터셋(파이토치에서 사용하는 data.Dataset을 의미)을 생성하기 위한 함수를 정의합니다.

코드 10-43 데이터셋 생성

```
class Datasets(Dataset):
    def __init__(self, df):
        self.df = df

    def __len__(self):
        return len(self.df)

    def __getitem__(self, idx):
        text = self.df.iloc[idx, 1]  ------ ①
        label = self.df.iloc[idx, 2]
        return text, label
```

① 주어진 데이터셋은 다음과 같습니다.

```
id  document  label
5686145  당시 대박쳤던 영화..괜찮다!!    1
8392466  억지스러운 시나리오..지루한 전개.. 1편 보다 못한 구성등.. 2편은 안나오는게 나았다..망
작..배우들이 영화보는 눈이 없어서 안타깝다.   0
3398398  ㅋㅋㅋㅋㅋㅋㅋ 반도 안되는 영화 0
2504572  이 영화가 평점이 높은 이유를 모르겠어..ㅡ.ㅡ::  0
1747519  평생 기억할만한 영화,정상적인 소재는 아니지만    1
9972054  요즘 상황 보고 이 영화가 생각났다.    1
10226361    많을 것을 생각하게 만드는 영화입니다.마지막에 사람들이 짐승으로 보이고 아수라가 사
람같아 보였습니다.    1
```

따라서 `self.df.iloc[idx, 1]`처럼 인덱스를 1번부터 사용하는 것은 `id`는 사용하지 않고, `document`와 `label`만 사용하겠다는 의미입니다.

이제 배치 크기만큼 데이터를 메모리로 불러오기 위해 데이터셋을 데이터로더에 전달합니다. 메모리로 불러올 때는 훈련, 검증, 테스트 용도로 분리해서 가져옵니다.

코드 10-44 데이터셋의 데이터를 데이터로더로 전달

```
train_dataset = Datasets(train_df)
train_loader = DataLoader(train_dataset, batch_size=2, shuffle=True, num_workers=0)

valid_dataset = Datasets(valid_df)
valid_loader = DataLoader(valid_dataset, batch_size=2, shuffle=True, num_workers=0)

test_dataset = Datasets(test_df)
test_loader = DataLoader(test_dataset, batch_size=2, shuffle=True, num_workers=0)
```

토큰화를 진행하기 위해 버트 토크나이저를 내려받습니다.

코드 10-45 버트 토크나이저 내려받기

```
tokenizer = BertTokenizer.from_pretrained('bert-base-uncased') ------ ①
model = BertForSequenceClassification.from_pretrained('bert-base-uncased') ------ ②
model.to(device)
```

① 예제에서는 버트 모델 중 'bert-base-uncased'를 사용했지만 한국어를 사용하기 위해서는 'bert-base-multilingual-cased'를 사용하는 것이 맞습니다(기본은 영어에 사용되도록 만들어졌습니다). 'bert-base-multilingual-cased'의 경우에는 100개 이상의 언어를 적용할 수 있는 모델입니다. 'bert-base-multilingual-cased'는 '10.3 한국어 임베딩'에서 사용합니다.

참고로 'bert-base-uncased' 모델은 버트의 가장 기본적인 모델을 의미하며, uncased는 모든 문장을 소문자로 대체하겠다는 것입니다. 또한, BertTokenizer.from_pretrained는 사전 훈련된 버트의 토크나이저를 사용하겠다는 의미입니다.

② 데이터를 분류하기 위해 버트 모델을 내려받습니다. 토크나이저처럼 사전 훈련된 버트 모델을 명시해야 합니다. 즉, 버트 모델을 생성하는 단계입니다.

다음은 사전 훈련된 버트 모델을 내려받은 후 모델의 네트워크를 보여 줍니다.

```
100%|
       | 231508/231508 [00:01<00:00, 224129.83B/s]
100%|
       | 433/433 [00:00<00:00, 86850.64B/s]
100%|                                                                              |
440473133/440473133 [04:23<00:00, 1670428.30B/s]
BertForSequenceClassification(
  (bert): BertModel(
    (embeddings): BertEmbeddings(
      (word_embeddings): Embedding(30522, 768, padding_idx=0)
      (position_embeddings): Embedding(512, 768)
      (token_type_embeddings): Embedding(2, 768)
      (LayerNorm): LayerNorm((768,), eps=1e-12, elementwise_affine=True)
      (dropout): Dropout(p=0.1, inplace=False)
    )
    (encoder): BertEncoder(
      (layer): ModuleList(
        (0): BertLayer(
          (attention): BertAttention(
            (self): BertSelfAttention(
              (query): Linear(in_features=768, out_features=768, bias=True)
              (key): Linear(in_features=768, out_features=768, bias=True)
              (value): Linear(in_features=768, out_features=768, bias=True)
              (dropout): Dropout(p=0.1, inplace=False)
            )
            (output): BertSelfOutput(
              (dense): Linear(in_features=768, out_features=768, bias=True)
              (LayerNorm): LayerNorm((768,), eps=1e-12, elementwise_affine=True)
              (dropout): Dropout(p=0.1, inplace=False)
            )
          )
          (intermediate): BertIntermediate(
            (dense): Linear(in_features=768, out_features=3072, bias=True)
```

```
          )
          (output): BertOutput(
            (dense): Linear(in_features=3072, out_features=768, bias=True)
            (LayerNorm): LayerNorm((768,), eps=1e-12, elementwise_affine=True)
            (dropout): Dropout(p=0.1, inplace=False)
          )
        )
        (1): BertLayer(
          (attention): BertAttention(
            (self): BertSelfAttention(
              (query): Linear(in_features=768, out_features=768, bias=True)
              (key): Linear(in_features=768, out_features=768, bias=True)
              (value): Linear(in_features=768, out_features=768, bias=True)
              (dropout): Dropout(p=0.1, inplace=False)
            )
            (output): BertSelfOutput(
              (dense): Linear(in_features=768, out_features=768, bias=True)
              (LayerNorm): LayerNorm((768,), eps=1e-12, elementwise_affine=True)
              (dropout): Dropout(p=0.1, inplace=False)
            )
          )
          (intermediate): BertIntermediate(
            (dense): Linear(in_features=768, out_features=3072, bias=True)
          )
          (output): BertOutput(
            (dense): Linear(in_features=3072, out_features=768, bias=True)
            (LayerNorm): LayerNorm((768,), eps=1e-12, elementwise_affine=True)
            (dropout): Dropout(p=0.1, inplace=False)
          )
        )
        ... 중간 생략 ...
    (pooler): BertPooler(
      (dense): Linear(in_features=768, out_features=768, bias=True)
      (activation): Tanh()
    )
  )
  (dropout): Dropout(p=0.1, inplace=False)
  (classifier): Linear(in_features=768, out_features=2, bias=True)
)
```

버트 모델의 경우 인코더와 어텐션이 반복되고 있는 것을 확인할 수 있습니다.

다음은 최적화된 모델을 저장하기 위한 함수입니다.

코드 10-46 최적화 모델 저장

```python
def save_checkpoint(save_path, model, valid_loss):  # ------ 모델 평가를 위해 훈련 과정을 저장
    if save_path == None:
        return
    state_dict = {'model_state_dict': model.state_dict(),
                  'valid_loss': valid_loss}
    torch.save(state_dict, save_path)
    print(f'Model saved to ==> {save_path}')

def load_checkpoint(load_path, model):  # ------ save_checkpoint 함수에서 저장된 모델을 가져옵니다.
    if load_path == None:
        return
    state_dict = torch.load(load_path, map_location=device)
    print(f'Model loaded from <== {load_path}')
    model.load_state_dict(state_dict['model_state_dict'])
    return state_dict['valid_loss']

                                                                          # 훈련, 검증에 대한 오차와 에포크를 저장
def save_metrics(save_path, train_loss_list, valid_loss_list, global_steps_list):  # ------
    if save_path == None:
        return
    state_dict = {'train_loss_list': train_loss_list,
                  'valid_loss_list': valid_loss_list,
                  'global_steps_list': global_steps_list}
    torch.save(state_dict, save_path)
    print(f'Model saved to ==> {save_path}')

def load_metrics(load_path):  # ------ save_metrics에 저장해 둔 정보를 불러옵니다.
    if load_path == None:
        return
    state_dict = torch.load(load_path, map_location=device)
    print(f'Model loaded from <== {load_path}')
    return state_dict['train_loss_list'], state_dict['valid_loss_list'], \
           state_dict['global_steps_list']
```

버트 모델을 학습시키기 위한 함수를 정의합니다. 코드가 상당히 길어 보이지만 복잡하지는 않습니다. 옵티마이저 설정, 에포크 주기별로 오차를 기록하는 것이 학습 과정의 전부입니다. 단지 훈련과 검증이 하나의 함수에 포함되어 있어 길어 보일 뿐입니다.

코드 10-47 모델 훈련 함수 정의

```python
def train(model,
```

```
                optimizer,
                criterion=nn.BCELoss(),       ····· 영화 리뷰는 좋고 나쁨만 있으므로
                                                    BinaryCrossEntropy(BCELoss)를 사용
                num_epochs=5,       ······ 에포크를 5로 사용
                eval_every=len(train_loader)//2,
                best_valid_loss=float("Inf")):

    total_correct = 0.0
    total_len = 0.0
    running_loss = 0.0
    valid_running_loss = 0.0
    global_step = 0
    train_loss_list = []
    valid_loss_list = []
    global_steps_list = []

    model.train()  ······ 모델 훈련
    for epoch in range(num_epochs):
        for text, label in train_loader:          인코딩 결과에 제로패딩(zero-padding)을 적용
            optimizer.zero_grad()
            encoded_list = [tokenizer.encode(t, add_special_tokens=True) for t in text]
            padded_list = [e + [0] * (512-len(e)) for e in encoded_list]  ·····················
            sample = torch.tensor(padded_list)
            sample, label = sample.to(device), label.to(device)
            labels = torch.tensor(label)
            outputs = model(sample, labels=labels)
            loss, logits = outputs

            pred = torch.argmax(F.softmax(logits), dim=1)  ······ ①
            correct = pred.eq(labels)
            total_correct += correct.sum().item()
            total_len += len(labels)
            running_loss += loss.item()
            loss.backward()
            optimizer.step()
            global_step += 1

            if global_step % eval_every == 0:   ······ 모델 평가
                model.eval()
                with torch.no_grad():
                    for text, label in valid_loader:
                        encoded_list = [tokenizer.encode(t, add_special_tokens=True)
                                        for t in text]
                        padded_list = [e + [0] * (512-len(e)) for e in encoded_list]
                        sample = torch.tensor(padded_list)
```

```
                    sample, label = sample.to(device), label.to(device)
                    labels = torch.tensor(label)
                    outputs = model(sample, labels=labels)
                    loss, logits = outputs
                    valid_running_loss += loss.item()

            average_train_loss = running_loss / eval_every
            average_valid_loss = valid_running_loss / len(valid_loader)
            train_loss_list.append(average_train_loss)
            valid_loss_list.append(average_valid_loss)
            global_steps_list.append(global_step)

            running_loss = 0.0
            valid_running_loss = 0.0
            model.train()

            print('Epoch [{}/{}], Step [{}/{}], Train Loss: {:.4f}, Valid Loss: {:.4f}'
                  .format(epoch+1, num_epochs, global_step, num_epochs*len(train_
                  loader), average_train_loss, average_valid_loss))

            if best_valid_loss > average_valid_loss:  ······ ②
                best_valid_loss = average_valid_loss              오차가 작아지면 모델 저장
                save_checkpoint('../chap10/data/model.pt', model, best_valid_loss)
                save_metrics('../chap10/data/metrics.pt', train_loss_list,
                             valid_loss_list, global_steps_list)
                                    평가에 사용된 훈련 오차, 검증 오차, 에포크(스텝)를 저장
save_metrics('../chap10/data/metrics.pt', train_loss_list, valid_loss_list,
             global_steps_list)  ······ 최종으로 사용된 훈련 오차, 검증 오차, 에포크(스텝)를 저장
print('훈련 종료!')
```

① argmax는 이미 여러 차례 알아보았습니다. argmax는 출력된 열 중에서 가장 큰 값을 반환합니다. 예를 들어 다음과 같이 사용할 수 있습니다.

```
import torch
a = torch.randn(4, 4)
argmax = torch.argmax(a)
print(a)
print(argmax)
```

다음과 같이 4×4 형태의 임의의 텐서를 생성한 후 그중 가장 큰 값(2.2177)을 갖는 인덱스(13)를 반환합니다.

```
tensor([[ 0.6908, -0.2365,  0.3776, -0.7609],
        [ 1.0446, -0.2636,  0.4735,  1.6540],
        [-1.4138,  0.3427,  0.4632, -0.4743],
        [-0.2170,  2.2177,  0.2166, -0.2508]])
tensor(13)
```

따라서 softmax(logits) 값 중에서 가장 큰 값을 반환합니다.

② 데이터셋에 대한 오차가 감소할 때마다 모델을 저장하여 가장 낮은 오차를 갖는 모델로 학습을 마치도록 합니다.

사전 학습된 버트 모델에서 파라미터(옵티마이저와 학습률)를 미세 조정 후 모델을 학습시킵니다.

코드 10-48 모델의 파라미터(옵티마이저) 미세 조정 및 모델 훈련

```
optimizer = optim.Adam(model.parameters(), lr=2e-5)  ······ 아담 옵티마이저와 적절한 학습률(2e-5)로
                                                            버트 모델을 미세 조정합니다.
train(model=model, optimizer=optimizer)  ······ 모델을 학습시킵니다.
```

다음은 모델의 학습 결과입니다.

```
Epoch [1/5], Step [510/5100], Train Loss: 0.7124, Valid Loss: 0.6968
Model saved to ==> e:/torch/chap10/data/model.pt
Model saved to ==> e:/torch/chap10/data/metrics.pt
Epoch [1/5], Step [1020/5100], Train Loss: 0.7127, Valid Loss: 0.6970
Epoch [2/5], Step [1530/5100], Train Loss: 0.7067, Valid Loss: 0.6943
Model saved to ==> e:/torch/chap10/data/model.pt
Model saved to ==> e:/torch/chap10/data/metrics.pt
Epoch [2/5], Step [2040/5100], Train Loss: 0.7023, Valid Loss: 0.7232
Epoch [3/5], Step [2550/5100], Train Loss: 0.7059, Valid Loss: 0.6932
Model saved to ==> e:/torch/chap10/data/model.pt
Model saved to ==> e:/torch/chap10/data/metrics.pt
Epoch [3/5], Step [3060/5100], Train Loss: 0.6999, Valid Loss: 0.6927
Model saved to ==> e:/torch/chap10/data/model.pt
Model saved to ==> e:/torch/chap10/data/metrics.pt
Epoch [4/5], Step [3570/5100], Train Loss: 0.7023, Valid Loss: 0.6943
Epoch [4/5], Step [4080/5100], Train Loss: 0.6990, Valid Loss: 0.6928
Epoch [5/5], Step [4590/5100], Train Loss: 0.7005, Valid Loss: 0.6928
Epoch [5/5], Step [5100/5100], Train Loss: 0.6984, Valid Loss: 0.6968
Model saved to ==> ../chap10/data/metrics.pt
훈련 종료!
```

학습 결과는 훈련과 검증 데이터셋의 오차를 보여 주는데, 훈련이 진행될수록 훈련 데이터셋의 오차는 감소하고 있지만 검증 데이터셋에 대한 오차는 일정하지 않게 나타나고 있습니다.

최적의 모델을 불러와서 훈련과 검증 데이터셋에 대한 오차를 그래프로 그려서 결과를 확인해 봅시다.

코드 10-49 오차 정보를 그래프로 확인

```
train_loss_list, valid_loss_list, global_steps_list = load_metrics('../chap10/data/
                                                        metrics.pt')  ······ 최종으로 저장된
                                                                             모델을 불러옵니다.
plt.plot(global_steps_list, train_loss_list, label='Train')  ······ 훈련 데이터셋에 대한 오차
plt.plot(global_steps_list, valid_loss_list, label='Valid')  ······ 검증 데이터셋에 대한 오차
plt.xlabel('Global Steps')
plt.ylabel('Loss')
plt.legend()
plt.show()
```

다음 그림은 오차 정보를 그래프로 표현한 결과입니다.

▼ 그림 10-24 오차 정보를 그래프로 표현한 결과

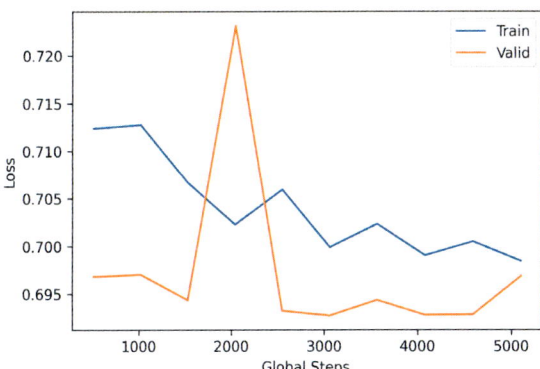

실제로 훈련 데이터셋에 대한 오차는 훈련이 진행될수록 감소하고 있으나 검증 데이터셋은 2000번째 갑자기 상승한 이후 낮아졌다 높아지는 것이 반복되고 있습니다. 즉, 훈련 데이터에 대해서는 학습이 잘되었지만 검증 데이터셋에 대해서는 모델의 정확도가 많이 떨어지는 것을 확인할 수 있습니다.

모델 평가를 위해 테스트 데이터셋을 이용합니다. 모델이 예측한 결과를 실제 레이블(정답)과 비교하여 모델 평가를 진행합니다. 평가 결과는 정확도, 정밀도, 재현율, F1-스코어로 표현되는 혼동 행렬을 이용합니다. 또한, 혼동 행렬 결과를 이해하기 쉽도록 히트맵(heatmap)으로 표현해 보겠습니다.

코드 10-50 모델 평가 함수 정의

```python
def evaluate(model, test_loader):
    y_pred = []
    y_true = []

    model.eval() # ------ 테스트 데이터셋으로 모델 평가
    with torch.no_grad():
        for text, label in test_loader:
            encoded_list = [tokenizer.encode(t, add_special_tokens=True) for t in text]
            padded_list =  [e + [0] * (512-len(e)) for e in encoded_list]
            sample = torch.tensor(padded_list)
            sample, label = sample.to(device), label.to(device)
            labels = torch.tensor(label)
            output = model(sample, labels=labels)
            _, output = output
            y_pred.extend(torch.argmax(output, 1).tolist())
            y_true.extend(labels.tolist())

    print('Classification 결과:')
    print(classification_report(y_true, y_pred, labels=[1,0], digits=4))

    cm = confusion_matrix(y_true, y_pred, labels=[1,0]) # ------ ①
    ax = plt.subplot()
    sns.heatmap(cm, annot=True, ax=ax, cmap='Blues', fmt="d") # ------ ②
    ax.set_title('Confusion Matrix')
    ax.set_xlabel('Predicted Labels')
    ax.set_ylabel('True Labels')
    ax.xaxis.set_ticklabels(['0', '1'])
    ax.yaxis.set_ticklabels(['0', '1'])
```

① 사이킷런은 정밀도, 재현율, F1-스코어를 구하기 위해 classification_report를 제공합니다. 이 것은 각각의 클래스를 긍정(positive) 클래스로 간주했을 때의 정밀도, 재현율, F1-스코어를 각각 구 하고 그 평균값으로 전체 모델 성능을 평가합니다. 이때 사용되는 파라미터는 다음과 같습니다.

confusion_matrix(y_true, y_pred, labels=[1,0])
                    ⓐ   ⓑ   ⓒ

ⓐ 첫 번째 파라미터: 레이블(정답)

ⓑ 두 번째 파라미터: 모델이 예측한 값

ⓒ labels: 출력에 대한 순서 변경

예를 들어 confusion_matrix의 결과가 다음과 같다고 가정해 봅시다.

array([[1, 2],
       [3, 4]])

이때 labels=[1,0]을 지정하면 결과가 다음과 같이 변경됩니다.

array([[3, 4],
       [1, 2]])

② heatmap은 말 그대로 heat와 map이 합쳐진 것과 같습니다. 즉, 데이터의 배열을 색상으로 표현하고자 할 때 사용합니다. 이때 사용되는 파라미터는 다음과 같습니다.

sns.heatmap(cm, annot=True, ax=ax, cmap='Blues', fmt="d")
      ⓐ   ⓑ   ⓒ   ⓓ   ⓔ

ⓐ 첫 번째 파라미터: heatmap으로 표현할 데이터셋

ⓑ annot: heatmap의 각 셀에 숫자를 입력

ⓒ ax: 플롯에 대한 축

ⓓ cmap: heatmap의 색상

ⓔ fmt: annot에 숫자를 입력하겠다고 했고, 그 숫자의 형태를 정수로 표현하겠다는 의미입니다.

앞에서 저장했던 최적의 모델을 불러와서 평가를 진행합니다.

코드 10-51 모델 평가

```
best_model = model.to(device)
load_checkpoint('../chap10/data/model.pt', best_model)
evaluate(best_model, test_loader)
```

다음은 혼동 행렬에 대한 결과입니다.

```
Model loaded from <== ../chap10/data/model.pt
Classification 결과:
          precision    recall  f1-score   support

       1     0.5091    1.0000    0.6747       558
       0     0.0000    0.0000    0.0000       538
```

```
   accuracy                           0.5091    1096
  macro avg       0.2546    0.5000    0.3374    1096
weighted avg      0.2592    0.5091    0.3435    1096
```

혼동 행렬 결과를 이해하기 어렵다면 다음 그림과 같이 히트맵(heatmap)을 이용하여 시각적으로 표현하면 이해하기 쉽습니다.

▼ 그림 10-25 혼동 행렬 결과

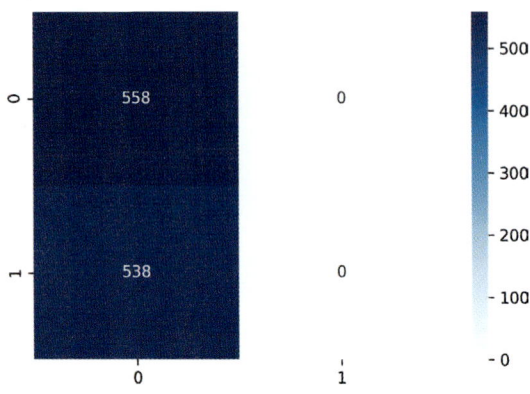

역시 결과가 좋지 않습니다. 모델을 훈련시키기 위한 데이터가 작았고, 사전 훈련된 모델도 다국어를 지원하는 모델이 아니었습니다. 다국어를 지원하는 모델은 '10.3 한국어 임베딩'에서 사용합니다.

10.3 한국어 임베딩

지금까지 영어에 대한 임베딩을 진행했는데, 한국어에 대한 임베딩도 영어와 동일합니다. 얼마나 동일한지 코드로 직접 확인해 보겠습니다. 예를 들어 '10.2.2 버트'에서 사용했던 데이터셋과 사전 훈련된 버트 모델 'bert-base-multilingual-cased'를 사용해서 한국어 임베딩을 확인해 보겠습니다.

먼저 필요한 라이브러리를 호출합니다.

코드 10-52 라이브러리 불러오기

```python
import torch
from transformers import BertTokenizer, BertModel
tokenizer = BertTokenizer.from_pretrained('bert-base-multilingual-cased')
```
한국어를 위한 버트 토크나이저 'bert-base-multilingual-cased'를 내려받습니다.

사전 훈련된 버트 토크나이저 'bert-base-multilingual-cased'를 내려받은 결과는 다음과 같습니다.

```
Downloading:                    996k/996k [00:01<00:00,
100%                            1.05MB/s]

Downloading:                    29.0/29.0 [00:00<00:00,
100%                            400B/s]

Downloading:                    1.96M/1.96M [00:01<00:00,
100%                            1.44MB/s]

Downloading:                    625/625 [00:00<00:00,
100%                            9.40kB/s]
```

버트 모델을 이용해서 한글에 대한 토크나이징을 진행해 보겠습니다.

코드 10-53 문장의 토크나이징

```python
text = "나는 파이토치를 이용한 딥러닝을 학습중이다."
marked_text = "[CLS] " + text + " [SEP]"
tokenized_text = tokenizer.tokenize(marked_text)
print(tokenized_text)
```
- 문장의 시작은 [CLS], 문장의 끝은 [SEP]로 형태를 맞춥니다.
- 사전 훈련된 버트 토크나이저를 이용해서 문장을 단어로 쪼갭니다.

다음은 "나는 파이토치를 이용한 딥러닝을 학습중이다."라는 문장을 쪼갠(토크나이징한) 결과입니다.

```
['[CLS]', '나는', '파', '##이', '##토', '##치를', '이', '##용한', '딥', '##러', '##닝',
'##을', '학', '##습', '##중', '##이다', '.', '[SEP]']
```

쪼개진 단어들이 정확하지 않은 것을 확인할 수 있습니다. 이것은 버트 토크나이저가 단어의 가장 작은 조각을 기준으로 쪼개도록 설계되었기 때문입니다. 따라서 과하다 싶을 정도로 잘게 쪼개져 있습니다. 영어의 경우 단어 기준으로 쪼개지기는 하지만 영어가 아닌 경우에는 토크나이징이 정확하지 않을 수 있기 때문에 KoBert 같은 국내에서 개발한 모델들을 이용하는 것도 좋습니다.

이제 모델을 훈련시킬 텍스트를 정의해 볼 텐데, 문장의 유사성을 확인하기 위해 '사과'라는 단어가 들어간 세 개의 문장을 만들었습니다. 이후 문장에 대한 토크나이징을 진행합니다.

코드 10-54 모델을 훈련시킬 텍스트 정의

```
text = "과수원에 사과가 많았다." \
       "친구가 나에게 사과했다." \
       "백설공주는 독이 든 사과를 먹었다."
marked_text = "[CLS] " + text + " [SEP]"    ------ 생성된 문장의 앞에는 [CLS]를, 뒤에는 [SEP]를 추가
tokenized_text = tokenizer.tokenize(marked_text)    ------ 문장을 토큰으로 분리
indexed_tokens = tokenizer.convert_tokens_to_ids(tokenized_text)    ------ 토큰 문자열에 인덱스를 매핑
for tup in zip(tokenized_text, indexed_tokens):    ------ 단어와 인덱스를 출력
    print('{:<12} {:>6,}'.format(tup[0], tup[1]))
```

다음은 앞에서 정의한 문장의 단어(토큰)와 인덱스를 출력한 결과입니다.

```
[CLS]              101
과               8,898
##수            15,891
##원에         108,280
사               9,405
##과           11,882
##가           11,287
많               9,249
##았다         27,303
.                  119
친               9,781
##구           17,196
##가           11,287
나               8,982
##에게         26,212
사               9,405
##과           11,882
##했다         12,490
.                  119
백               9,331
##설           31,928
##공           28,000
##주는        100,633
독               9,088
##이           10,739
든               9,115
사               9,405
```

```
##과        11,882
##를        11,513
먹           9,266
##었다      17,706
.              119
[SEP]          102
```

버트는 문장을 구별하기 위해 1과 0을 사용합니다. 즉, 문장이 바뀔 때마다 0에서 1로 바뀌고, 또 다시 문장이 바뀌면 1에서 0으로 바뀝니다. 예를 들어 [0, 0, 1, 1, 1, 0, 0, 0]이라는 결과가 있다면 이것은 세 개의 문장으로 구성되었음을 의미합니다.

예제에서는 하나의 문장으로 인식시키기 위해 33개의 토큰에 벡터 1을 부여합니다.

코드 10-55 문장 인식 단위 지정

```python
segments_ids = [1] * len(tokenized_text)
print(segments_ids)
```

다음은 각각의 토큰에 1이 할당되어 있음을 보여 줍니다.

[1, 1, 1, 1, 1, 1, 1, 1, 1, 1, 1, 1, 1, 1, 1, 1, 1, 1, 1, 1, 1, 1, 1, 1, 1, 1, 1, 1, 1, 1, 1, 1, 1]

인덱스와 토크나이징 결과를 텐서로 변환합니다.

코드 10-56 데이터를 텐서로 변환

```python
tokens_tensor = torch.tensor([indexed_tokens])
segments_tensors = torch.tensor([segments_ids])
```

사전 훈련된 버트 모델을 내려받습니다. 특히 한국어 훈련을 위해 'bert-base-multilingual-cased' 모델을 내려받습니다.

코드 10-57 모델 생성

```python
model = BertModel.from_pretrained('bert-base-multilingual-cased',
                                  output_hidden_states=True) ------ ①
model.eval() ------ 모델을 평가 모드로 설정
```

① `from_pretrained`를 사용하여 인터넷에서 사전 훈련된 모델을 내려받습니다. 'bert-base-multilingual-cased' 모델은 12개의 계층(임베딩 계층을 포함한다면 13개의 계층)으로 구성된 심층 신경망입니다.

    BertModel.from_pretrained('bert-base-multilingual-cased',
                                   ⓐ
                       output_hidden_states=True)
                             ⓑ

ⓐ bert-base-multilingual-cased: 영어 외에 다국어에 대한 임베딩 처리를 할 때 사용하는 모델입니다.

ⓑ output_hidden_states: 버트 모델에서 은닉 상태의 값을 가져오기 위해 사용합니다.

다음은 'bert-base-multilingual-cased' 모델을 내려받은 결과와 모델의 네트워크 형태를 보여 줍니다.

```
Downloading: ███████████████████████████  714M/714M [01:01<00:00, 11.8MB/s]
100%

BertModel(
  (embeddings): BertEmbeddings(
    (word_embeddings): Embedding(119547, 768, padding_idx=0)
    (position_embeddings): Embedding(512, 768)
    (token_type_embeddings): Embedding(2, 768)
    (LayerNorm): LayerNorm((768,), eps=1e-12, elementwise_affine=True)
    (dropout): Dropout(p=0.1, inplace=False)
  )
  (encoder): BertEncoder(
    (layer): ModuleList(
      (0): BertLayer(
        (attention): BertAttention(
          (self): BertSelfAttention(
            (query): Linear(in_features=768, out_features=768, bias=True)
            (key): Linear(in_features=768, out_features=768, bias=True)
            (value): Linear(in_features=768, out_features=768, bias=True)
            (dropout): Dropout(p=0.1, inplace=False)
          )
          (output): BertSelfOutput(
            (dense): Linear(in_features=768, out_features=768, bias=True)
            (LayerNorm): LayerNorm((768,), eps=1e-12, elementwise_affine=True)
            (dropout): Dropout(p=0.1, inplace=False)
```

```
          )
        )
        (intermediate): BertIntermediate(
          (dense): Linear(in_features=768, out_features=3072, bias=True)
        )
        (output): BertOutput(
          (dense): Linear(in_features=3072, out_features=768, bias=True)
          (LayerNorm): LayerNorm((768,), eps=1e-12, elementwise_affine=True)
          (dropout): Dropout(p=0.1, inplace=False)
        )
      )
      ... 중간 생략 ...
  )
  (pooler): BertPooler(
    (dense): Linear(in_features=768, out_features=768, bias=True)
    (activation): Tanh()
  )
)
(dropout): Dropout(p=0.1, inplace=False)
(classifier): Linear(in_features=768, out_features=2, bias=True)
)
```

이제 앞에서 토큰화 처리했던 데이터를 버트 모델에 적용하여 훈련시킵니다.

코드 10-58 모델 훈련

```
with torch.no_grad():    ······ 모델을 평가할 때는 기울기를 계산하지 않습니다.
    outputs = model(tokens_tensor, segments_tensors)
    hidden_states = outputs[2]    ······ 네트워크의 은닉 상태를 가져옵니다.
```

은닉 상태에 대한 정보는 다음과 같습니다.

코드 10-59 모델의 은닉 상태 정보 확인

```
print("계층 개수:", len(hidden_states), "  (initial embeddings + 12 BERT layers)")
layer_i = 0
print("배치 개수:", len(hidden_states[layer_i]))
batch_i = 0
print("토큰 개수:", len(hidden_states[layer_i][batch_i]))
token_i = 0
print("은닉층의 유닛 개수:", len(hidden_states[layer_i][batch_i][token_i]))
```

다음은 은닉 상태에 대한 상세 정보입니다.

계층 개수: 13 (initial embeddings + 12 BERT layers)
배치 개수: 1
토큰 개수: 33
은닉층의 유닛 개수: 768

계층 개수(13개의 계층으로 구성), 배치 개수(한 개의 문장으로 구성), 토큰 개수(33개의 토큰으로 구성), 은닉층의 유닛 개수(768 특성(feature))로 구성되어 있는 것을 확인할 수 있습니다. 원래 버트는 12개의 계층으로 구성되어 있지만 최종 13개로 표현되는 이유는(중간 생략했기 때문에 13개인지 확인할 수 없으니 예제 결과를 확인) 첫 번째 임베딩 계층이 포함되었기 때문입니다.

앞에서 확인했듯이 현재는 네 개의 차원(계층, 배치, 토큰, 은닉층 유닛)으로 구성되어 있습니다. 이것을 세 개의 차원(토큰, 계층, 은닉층 유닛)으로 변환합니다.

코드 10-60 모델의 은닉 상태 정보 확인

```
print('은닉 상태의 유형: ', type(hidden_states))
print('각 계층에서의 텐서 형태: ', hidden_states[0].size())
```

다음은 은닉 상태의 유형과 각 계층에서의 텐서의 형태를 보여 줍니다.

은닉 상태의 유형: <class 'tuple'>
각 계층에서의 텐서 형태: torch.Size([1, 33, 768])

은닉 상태는 튜플로 구성되어 있으며 각 계층에서의 텐서는 [1, 33, 768] 형태를 갖습니다.

이제 각 계층의 텐서를 결합하여 하나의 텐서를 생성합니다.

코드 10-61 텐서의 형태 변경

```
token_embeddings = torch.stack(hidden_states, dim=0) ------ 각 계층의 텐서 결합은 stack을 사용
token_embeddings.size() ------ 최종 텐서의 형태를 출력
```

최종적인 텐서의 형태는 다음과 같습니다.

torch.Size([13, 1, 33, 768])

최종 텐서에서 불필요한 '배치' 차원을 제거합니다.

> **코드 10-62** 텐서의 형태 변경
>
> ```
> token_embeddings = torch.squeeze(token_embeddings, dim=1) ------ 배치 차원(1) 제거
> token_embeddings.size() ------ 배치 차원 제거 후 최종 텐서의 형태를 출력
> ```

다음은 배치 차원이 제거된 텐서의 최종 형태를 출력한 결과입니다.

```
torch.Size([13, 33, 768])
```

마지막으로 permute를 사용하여 '계층 개수'와 '토큰 개수'에 대한 차원의 위치를 바꾸어 줍니다.

> **코드 10-63** 텐서 차원 변경
>
> ```
> token_embeddings = token_embeddings.permute(1, 0, 2) ------ ①
> token_embeddings.size()
> ```

① permute는 transpose와 유사하게 차원을 맞교환할 때 사용합니다. 구체적인 사용 방법은 다음과 같습니다.

```python
import torch
x = torch.rand(2, 3, 3) ------ 임의의 값을 갖는 텐서 생성
y = x.permute(2, 1, 0)
print(x)
print(y)
```

permute가 적용되면 다음 결과처럼 행과 열이 바뀌어 출력되는 것을 확인할 수 있습니다.

```
tensor([[[0.4027, 0.3268, 0.8037],
         [0.8018, 0.3750, 0.0183],
         [0.2184, 0.3658, 0.8037]],

        [[0.1167, 0.4351, 0.8115],
         [0.5717, 0.0638, 0.2578],
         [0.6361, 0.2452, 0.7153]]])
tensor([[[0.4027, 0.1167],
         [0.8018, 0.5717],
         [0.2184, 0.6361]],

        [[0.3268, 0.4351],
         [0.3750, 0.0638],
         [0.3658, 0.2452]],
```

```
       [[0.8037, 0.8115],
        [0.0183, 0.2578],
        [0.8037, 0.7153]]])
```

다음은 permute를 적용하여 차원이 변환된 결과입니다.

```
torch.Size([33, 13, 768])
```

쪼개진 단어에 대한 벡터를 생성합니다.

코드 10-64 각 단어에 대한 벡터 형태 확인

```
token_vecs_cat = [] ------ 형태가 [33×(33×768)]인 벡터를 [33×25,344]로 변경하여 저장
for token in token_embeddings: ------ token_embeddings는 [33×12×768] 형태의 텐서를 갖습니다.
    cat_vec = torch.cat((token[-1], token[-2], token[-3], token[-4]), dim=0)
    token_vecs_cat.append(cat_vec) ------ ①
print('형태는: %d x %d' % (len(token_vecs_cat), len(token_vecs_cat[0])))
```

① 개별적 토큰은 [12 x 768]의 형태를 가지며, 네 개의 계층을 이어 붙이면 각 계층의 벡터는 768개의 값을 갖게 되므로 'cat_vec'의 길이는 3072가 됩니다. 이때 'cat_vec'는 토큰을 의미합니다.

다음은 최종 토큰의 형태를 출력한 결과입니다.

```
형태는: 33 x 3072
```

마지막으로 네 개의 계층을 연결하여 단어 벡터를 생성합니다.

코드 10-65 계층을 결합하여 최종 단어 벡터 생성

```
token_vecs_sum = [] ------ [33×768] 형태의 토큰을 벡터로 저장
for token in token_embeddings: ------ 'token_embeddings'는 [33×12×768] 형태의 토큰을 갖습니다.
    sum_vec = torch.sum(token[-4:], dim=0) ------ 마지막 네 개 계층의 벡터를 합산
    token_vecs_sum.append(sum_vec) ------ 'sum_vec'를 사용하여 토큰을 표현
print('형태는: %d x %d' % (len(token_vecs_sum), len(token_vecs_sum[0])))
```

다음은 최종 토큰의 형태를 출력한 결과입니다.

```
형태는: 33 x 768
```

이제 전체 문장에 대한 단일 벡터를 구해야 합니다. 간단하게 768 길이의 벡터를 생성하는 각 토큰의 두 번째에서 마지막 은닉 계층을 평균화하면 쉽게 구할 수 있습니다.

코드 10-66 문장 벡터

```
token_vecs = hidden_states[-2][0]   ------ ①
sentence_embedding = torch.mean(token_vecs, dim=0)
print("최종 임베딩 벡터의 형태:", sentence_embedding.size())
```

① 은닉 상태(hidden_states)의 형태는 [13 x 1 x 33 x 768]입니다. 또한, 'token_vecs'의 텐서 형태는 [33 x 768]이 됩니다.

다음은 최종 임베딩에 대한 벡터 형태를 출력한 결과입니다.

　　최종 임베딩 벡터의 형태: torch.Size([768])

tokenized_text에서 토큰들을 꺼내서 인덱스와 함께 출력하도록 합니다.

코드 10-67 토큰과 인덱스 출력

```
for i, token_str in enumerate(tokenized_text):
    print(i, token_str)
```

다음은 토큰과 인덱스의 출력 결과를 보여 줍니다.

```
0 [CLS]
1 과
2 ##수
3 ##원에
4 사
5 ##과
6 ##가
7 많
8 ##았다
9 .
10 친
11 ##구
12 ##가
13 나
14 ##에게
15 사
16 ##과
17 ##했다
18 .
19 백
20 ##설
```

```
21 ##공
22 ##주는
23 독
24 ##이
25 든
26 사
27 ##과
28 ##를
29 먹
30 ##었다
31 .
32 [SEP]
```

코드에서 '사과'는 4, 5, 15, 16, 26, 27에 있습니다. 원래는 붙어 있어야 하나의 단어가 되지만 쪼개진 상태에서 어떤 결과를 보여 주는지 계속 진행해 보겠습니다.

이제 분석을 위해 네 개의 계층을 합산하여 만든 벡터를 사용합니다.

코드 10-68 단어 벡터 확인

```python
print("사과가 많았다", str(token_vecs_sum[6][:5]))
print("나에게 사과했다", str(token_vecs_sum[10][:5]))
print("사과를 먹었다", str(token_vecs_sum[19][:5]))
```

다음은 '사과가 많았다', '나에게 사과했다', '사과를 먹었다'에 대한 벡터 출력 결과입니다.

```
사과가 많았다 tensor([-0.5844, -4.0836,  0.4906,  0.8915, -1.8054])
나에게 사과했다 tensor([-0.8631, -3.4047, -0.7351,  0.9805, -2.6700])
사과를 먹었다 tensor([ 0.6756, -0.3618,  0.0586,  2.2050, -2.4193])
```

값이 서로 다른 것을 알 수 있지만 보다 정확한 비교를 위해 벡터 간의 코사인 유사도를 확인해 보겠습니다.

문장에서 '사과'라는 단어 사이의 코사인 유사도를 확인합니다.

코드 10-69 코사인 유사도 계산

```python
# '사과가 많았다'와 '나에게 사과했다'에서 단어 '사과' 사이의 코사인 유사도를 계산
from scipy.spatial.distance import cosine
diff_apple = 1 - cosine(token_vecs_sum[5], token_vecs_sum[27])
same_apple = 1 - cosine(token_vecs_sum[5], token_vecs_sum[16])
print('*유사한* 의미에 대한 벡터 유사성:  %.2f' % same_apple)
print('*다른* 의미에 대한 벡터 유사성:  %.2f' % diff_apple)
# '사과가 많았다', '사과를 먹었다'에 있는 '사과' 사이의 코사인 유사도를 계산
```

다음은 문장에서 사용되는 '사과'라는 단어의 코사인 유사도를 측정한 결과입니다.

```
*유사한* 의미에 대한 벡터 유사성:  0.86
*다른* 의미에 대한 벡터 유사성:    0.91
```

역시 다국어 버트 모델을 사용하더라도 한국어에 대해서는 정확한 판별이 어려운 것을 확인할 수 있습니다. 또한, 사과라는 단어가 한 번 더 쪼개져 있기 때문에 정확한 결과라고 하기도 어렵습니다. 한국어에 대한 임베딩은 국내에서 개발된 모델을 이용하는 것이 정확도가 더 높기 때문에 KoBert 같은 모델도 학습해 보기 바랍니다.

어떤가요? 영어와 다르지 않다는 것을 확인할 수 있었습니다. 즉, 자연어 처리를 위한 임베딩 방법만 알고 있다면 언어와 상관없이 단어/문장에 대한 임베딩을 진행하며, 모델을 생성하고 훈련시킨 후 예측 및 분류를 수행할 수 있습니다.

지금까지 9~10장에 걸쳐 자연어 처리를 간단히 살펴보았습니다. 다음 장에서는 클러스터링을 배워 보겠습니다.

memo

11장

클러스터링

11.1 클러스터링이란
11.2 클러스터링 알고리즘 유형

11.1 클러스터링이란

클러스터링은 어떤 데이터들이 주어졌을 때 특성이 비슷한 데이터끼리 묶어 주는 머신 러닝 기법입니다. 하지만 머신 러닝 알고리즘에 딥러닝을 적용한다면 성능이 더 향상될 수 있습니다. 이 장에서는 그 방법을 배워 보겠습니다.

11.2 클러스터링 알고리즘 유형

클러스터링 알고리즘 유형은 이미 3장에서 배웠습니다. 이 장에서는 3장에서 배운 K-평균 군집화(K-Means) 알고리즘에 딥러닝을 결합한 방법과 3장에서 다루지 않은 추가적인 클러스터링 알고리즘을 알아보겠습니다.

11.2.1 K-평균 군집화

3장에서 K-평균 군집화 알고리즘에 대해 배웠지만, 이번에는 K-평균 군집화에 딥러닝 알고리즘을 적용하여 이미지를 분류하는 방법을 알아보겠습니다.

예제를 확인하기 전에 다시 한 번 K-평균 군집화 원리를 리마인드하고 넘어가겠습니다.

K-평균 군집화 알고리즘 원리

K-평균 군집화 알고리즘의 학습 원리는 다음과 같습니다.

1. 클러스터 중심인 중심점을 구하기 위해 임의의 점 K(여기에서 $K=2$)를 선택합니다.

    ▼ 그림 11-1 임의의 점 K 선택

    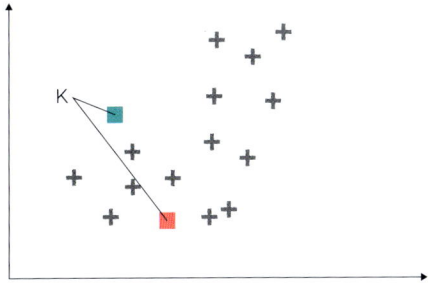

2. 각 중심에 대한 거리를 계산하여 각 데이터를 가장 가까운 클러스터에 할당합니다.

    ▼ 그림 11-2 클러스터에 할당

    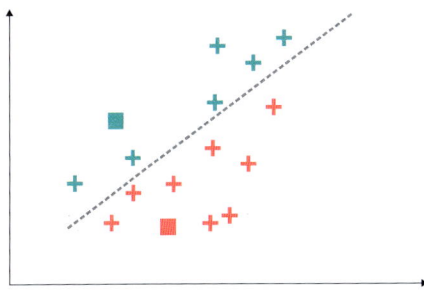

3. 할당된 데이터 평균을 계산하여 새로운 클러스터 중심을 결정합니다.

    ▼ 그림 11-3 새로운 중심 결정

    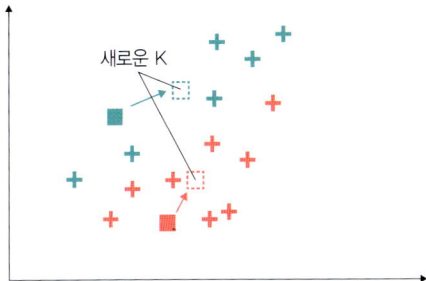

4. 클러스터 할당이 변경되지 않을 때까지 2~3을 반복합니다.

▼ 그림 11-4 최종 클러스터 구성

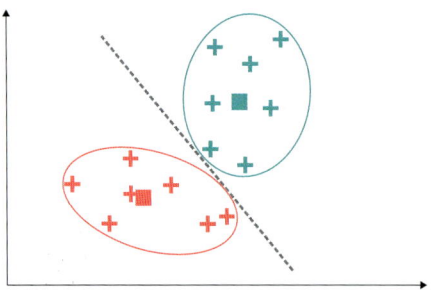

참고로 클러스터 개수(K 개수)를 결정하는 것은 쉽지 않습니다. 클러스터 개수를 좀 더 편리하게 결정할 수 있는 방법은 다음과 같이 클러스터 개수와 WCSS(Within Cluster Sum of Squares) 간 관계를 그래프로 표현한 후, WCSS 변경이 평평하게 하락하는 구간을 선택하는 것입니다(다음 그래프에서는 3이 됩니다).

▼ 그림 11-5 클러스터 개수와 WCSS

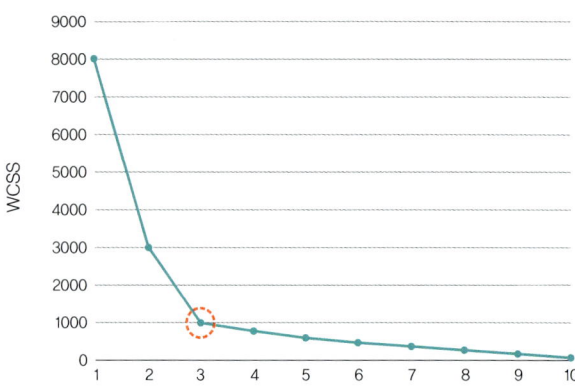

> **Note ≡ WCSS**
>
> 올바른 클러스터 개수를 알아내는 이상적인 방법은 WCSS를 계산하는 것입니다. WCSS는 모든 클러스터에 있는 각 데이터가 중심까지의 거리를 제곱하여 합을 계산하는 것으로, 수식은 다음과 같습니다.
>
> $$WCSS = \sum_{C_k}^{C_n} (\sum_{d_i in C_i}^{d_m} distance(d_i, C_k)^2)$$
>
> $\begin{pmatrix} C: \text{클러스터의 중심 값} \\ d: \text{클러스터 내에 있는 데이터} \end{pmatrix}$

◌ 계속

이때 합계를 최소화하는 것이 가장 이상적입니다. 주어진 데이터셋에 n개의 관측치가 있고 n개의 클러스터 개수($k=n$)를 가정하면, 데이터들이 중심 값이 되어 거리가 0이 되므로 이상적으로는 완벽한 클러스터를 형성하여 WCSS는 0이 됩니다. 그러나 이것은 관측치만큼 많은 클러스터를 가지고 있기 때문에 의미 없는 결과입니다. 이러한 문제를 해결하기 위해 '엘보 그래프(elbow graph)'를 많이 사용합니다.

엘보 그래프는 K 값 범위에 대해 K-평균 알고리즘을 무작위로 초기화하고, 각 K 값을 WCSS에 플로팅합니다. 이것에 대한 결과 그래프는 다음 그림과 같습니다.

최적의 엘보를 찾는 방법은 다음과 같습니다.

1. 곡선의 처음과 마지막 점을 직선으로 연결
2. 각 점에서 직선까지의 수직 거리를 계산
3. 가장 긴 거리를 엘보(elbow)로 선정

▼ 그림 11-6 엘보

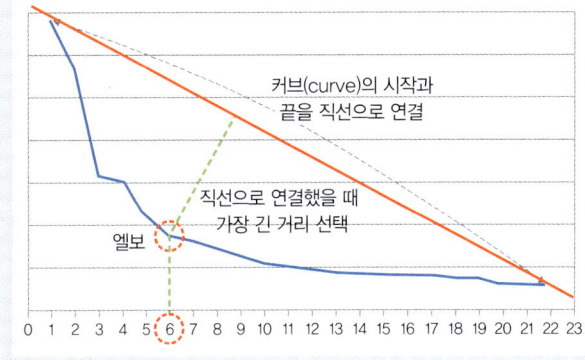

K-평균 군집화를 대략적으로 살펴보았으므로 이제 파이토치에서 사용하는 방법을 예제로 확인해 봅시다. 미리 말해 두지만 파이토치는 딥러닝을 위한 프레임워크이기 때문에 머신 러닝 기법들을 간편하게 사용할 수 있는 방법들을 제공하지 않습니다. 파이토치에서는 머신 러닝 알고리즘이 수행해야 할 일들을 개발자가 일일이 함수로 구현해 주어야 합니다. 이러한 과정이 번거롭다면 간편하게 사이킷런(scikit-learn) 라이브러리를 사용해야 합니다. 그럼에도 파이토치에서 머신 러닝 기법에 대한 사용 방법을 알아보는 이유는 여러분이 인터넷이나 논문을 통해 파이토치로 구현된 머신 러닝 알고리즘을 마주했을 때 부담 없이 코드를 받아들일 수 있도록 돕기 위해서입니다.

파이토치로 K-평균 군집화 예제 구현하기

파이토치에서 K-평균 군집화 알고리즘을 사용하여 데이터를 분류하는 방법을 살펴보겠습니다.

먼저 K-평균 군집화를 사용하기 위한 라이브러리를 설치해야 합니다. 아나콘다 프롬프트에서 다음 명령을 실행해 주세요.

```
> pip install kmeans_pytorch
```

kmeans_pytorch 라이브러리는 파이토치에서 K-평균 군집화를 손쉽게 구현할 수 있도록 제공합니다. 하지만 파이토치에서 모든 유형의 머신 러닝을 사용할 수 있는 라이브러리가 있는 것은 아닙니다.

먼저 필요한 라이브러리를 가져와서 시작합니다.

코드 11-1 라이브러리 호출

```python
import pandas as pd
from sklearn.model_selection import train_test_split   ------ 데이터셋을 분리할 때 사용하기 위한 라이브러리
import torch
from kmeans_pytorch import kmeans, kmeans_predict   ------ K-평균 군집화 사용
```

예제에서 사용하는 데이터는 아이리스 데이터셋입니다. 다음 URL에서 데이터셋을 내려받을 수 있습니다.

https://www.kaggle.com/saurabh00007/iriscsv?select=Iris.csv

코드 11-2 데이터셋 불러오기

```python
df = pd.read_csv('../chap11/data/iris.csv')
df.info()   ------ 데이터셋에 대한 전반적인 정보를 출력
print('----------------------------------------')
print(df)   ------ 아이리스 데이터셋의 데이터 출력
```

df.info()를 통해 확인하고 싶은 내용은 데이터 타입입니다. 데이터 타입이 'object'라면 'float64'로 바꾸어야 하기 때문에 사전 확인이 필요합니다.

다음은 불러온 데이터셋에 대한 정보입니다.

```
<class 'pandas.core.frame.DataFrame'>
RangeIndex: 150 entries, 0 to 149
Data columns (total 6 columns):
 #   Column         Non-Null Count   Dtype
---  ------         --------------   -----
 0   Id             150 non-null     int64
```

```
 1   SepalLengthCm   150 non-null    float64
 2   SepalWidthCm    150 non-null    float64
 3   PetalLengthCm   150 non-null    float64
 4   PetalWidthCm    150 non-null    float64
 5   Species         150 non-null    object
dtypes: float64(4), int64(1), object(1)
memory usage: 7.2+ KB
-----------------------------------------
      Id  SepalLengthCm  SepalWidthCm  PetalLengthCm  PetalWidthCm  \
0      1            5.1           3.5            1.4           0.2
1      2            4.9           3.0            1.4           0.2
2      3            4.7           3.2            1.3           0.2
3      4            4.6           3.1            1.5           0.2
4      5            5.0           3.6            1.4           0.2
..   ...            ...           ...            ...           ...
145  146            6.7           3.0            5.2           2.3
146  147            6.3           2.5            5.0           1.9
147  148            6.5           3.0            5.2           2.0
148  149            6.2           3.4            5.4           2.3
149  150            5.9           3.0            5.1           1.8

            Species
0       Iris-setosa
1       Iris-setosa
2       Iris-setosa
3       Iris-setosa
4       Iris-setosa
..              ...
145  Iris-virginica
146  Iris-virginica
147  Iris-virginica
148  Iris-virginica
149  Iris-virginica

[150 rows x 6 columns]
```

확인 결과 Species 칼럼이 'object'라는 데이터 타입을 갖습니다. 추후 Species를 'float64'로 변경할 예정입니다.

> Note 아이리스(붓꽃) 데이터셋
>
> 아이리스(붓꽃) 데이터셋은 꽃잎의 너비와 길이 등을 측정한 데이터이며 150개의 레코드로 구성되어 있습니다. 아이리스 꽃은 다음 그림과 같으며 프랑스의 국화로도 알려져 있습니다.
>
> ▼ 그림 11-7 아이리스 꽃(출처: https://www.kaggle.com/alexisbcook/distributions)

'object'라는 데이터 타입을 갖는 Species 칼럼은 숫자가 아닌 단어로 구성되어 있습니다. 단어는 꽃잎의 너비와 길이에 따라 아이리스(붓꽃)의 세 가지 범주를 나타냅니다. 이와 같이 단어를 숫자로 바꾸어 주는 것을 워드 임베딩이라고 하며, 이를 위한 다양한 방법이 있지만 여기에서는 get_dummies()를 사용합니다.

코드 11-3 워드 임베딩

```
data = pd.get_dummies(df, columns=['Species'])
data
```

다음은 워드 임베딩이 적용된 데이터셋 결과입니다.

	Id	SepalLengthCm	SepalWidthCm	PetalLengthCm	PetalWidthCm	Species_Iris-setosa	Species_Iris-versicolor	Species_Iris-virginica
0	1	5.1	3.5	1.4	0.2	1	0	0
1	2	4.9	3.0	1.4	0.2	1	0	0
2	3	4.7	3.2	1.3	0.2	1	0	0
3	4	4.6	3.1	1.5	0.2	1	0	0
4	5	5.0	3.6	1.4	0.2	1	0	0
...	...	...	...	...	...	...	...	...
145	146	6.7	3.0	5.2	2.3	0	0	1
146	147	6.3	2.5	5.0	1.9	0	0	1
147	148	6.5	3.0	5.2	2.0	0	0	1
148	149	6.2	3.4	5.4	2.3	0	0	1
149	150	5.9	3.0	5.1	1.8	0	0	1

이제 훈련과 테스트 용도로 데이터셋을 분리할 텐데 예제에서는 사이킷런을 사용합니다. 데이터 분리는 사이킷런뿐만 아니라 파이토치의 random_split()을 사용할 수도 있습니다. 하지만

random_split()을 사용할 경우 데이터셋의 인덱스를 텐서 형태로 반환하기 때문에 인덱스가 아닌 데이터를 이용해야 하는 이번 예제와 맞지 않아 사이킷런을 사용합니다.

코드 11-4 데이터셋 분리

```
from sklearn.model_selection import train_test_split

x, y = train_test_split(data, test_size=0.2, random_state=123)
```

GPU가 설치되었을 경우 GPU를 사용하며, 설치되어 있지 않다면 CPU를 사용하도록 설정합니다.

코드 11-5 GPU 사용하도록 설정

```
if torch.cuda.is_available():
    device = torch.device('cuda:0')
else:
    device = torch.device('cpu')
```

워드 임베딩이 적용된 데이터셋의 결과를 보면 데이터 값이 다양합니다(SepalLengthCm, SepalWidthCm, PetalLengthCm, PetalWidthCm 칼럼은 1~6의 값을 가지며, Species는 0~1의 값을 갖습니다). 이러한 값의 범위가 평균은 0, 분산은 1이 되도록 조정합니다. 이러한 것을 특성 스케일링(feature scaling)이라고 하며, 대표적인 방법으로는 표준화(standardization)와 정규화(normalization)가 있습니다. 이번 예제에서는 표준화를 사용합니다.

코드 11-6 특성 스케일링

```
from sklearn.preprocessing import StandardScaler

scaler = StandardScaler()
X_scaled = scaler.fit(data).transform(x) ------ ①
y_scaled = scaler.fit(y).transform(y)
```

① StandardScaler()는 각 특성의 평균을 0, 분산을 1로 변경하여 특성의 스케일을 변경합니다.

X_scaled = scaler.fit(data).transform(x)
                    ⓐ   ⓑ

ⓐ fit: 평균과 표준편차를 계산

ⓑ transform: 계산된 평균과 표준편차를 적용

배열로 구성된 데이터를 텐서로 변경합니다.

코드 11-7 데이터를 텐서로 변경

```
x = torch.from_numpy(X_scaled)  ------ ①
y = torch.from_numpy(y_scaled)
```
---

① torch.from_numpy()는 넘파이 배열을 입력받아(X_scaled) 텐서 형태로 바꾸어 줍니다. from_numpy()는 다음과 같이 사용합니다.

```
x = np.array([1,2,3])  ------ [1, 2, 3] 값을 갖는 배열을 x 변수에 저장
y = torch.from_numpy(x)  ------ x 변수에 담긴 값을 텐서로 변환
print('텐서 결과:', y)

y[0] = -1  ------ y 변수에 담긴 값 중 첫 번째(0번째) 값을 -1로 변경
print('넘파이 배열로 변경:', x)  ------ y 변수의 값을 변경했을 때 x에 어떤 영향을 미치는지 확인
```

다음은 from_numpy()에 대한 실행 결과입니다.

```
텐서 결과: tensor([1, 2, 3], dtype=torch.int32)
넘파이 배열로 변경: [-1  2  3]
```

결과를 보면 from_numpy()를 적용할 경우 배열이 텐서로 변경되며, y 변수의 값을 변경했을 때 x에도 영향을 미친다는 것을 확인할 수 있습니다.

데이터셋에 대한 전처리가 완료되었기 때문에 훈련과 테스트 데이터셋에 대한 크기를 확인해 보겠습니다.

코드 11-8 훈련과 테스트 데이터셋 크기

```
print(x.size())  ------ 훈련 데이터셋에 대한 크기
print(y.size())  ------ 테스트 데이터셋에 대한 크기
print(x)  ------ 텐서로 변경된 훈련 데이터셋의 데이터 확인
```

다음은 훈련과 테스트 데이터셋의 크기에 대한 결과입니다.

```
torch.Size([120, 8])
torch.Size([30, 8])
tensor([[ 1.2817e+00,  1.8862e+00, -5.8776e-01,  1.3314e+00,  9.2206e-01, -7.0711e-01,
         -7.0711e-01,  1.4142e+00],
        [ 1.0277e+00,  1.8983e-01, -1.9762e+00,  7.0589e-01,  3.9617e-01,
```

```
                -7.0711e-01, -7.0711e-01,  1.4142e+00],
               [-1.0508e+00, -1.3854e+00,  3.3785e-01, -1.2275e+00, -1.3130e+00,  1.4142e+00,
                -7.0711e-01, -7.0711e-01],
               [-1.7205e+00, -9.0068e-01,  1.0321e+00, -1.3413e+00, -1.3130e+00,  1.4142e+00,
                -7.0711e-01, -7.0711e-01],
               [-2.8868e-01,  1.8983e-01, -1.9762e+00,  1.3724e-01, -2.6119e-01, -7.0711e-01,
                 1.4142e+00, -7.0711e-01],
... 중간 생략 ...
               [ 1.1201e+00,  5.5333e-01, -8.1917e-01,  6.4903e-01,  7.9059e-01,
                -7.0711e-01, -7.0711e-01,  1.4142e+00],
               [ 7.2748e-01, -1.1430e+00, -1.2820e+00,  4.2156e-01,  6.5912e-01, -7.0711e-01,
                -7.0711e-01,  1.4142e+00],
               [ 1.9630e-01,  1.8983e-01, -8.1917e-01,  7.6276e-01,  5.2764e-01,
                -7.0711e-01,  1.4142e+00, -7.0711e-01],
               [-1.3279e+00, -9.0068e-01,  1.0321e+00, -1.3413e+00, -1.1815e+00,  1.4142e+00,
                -7.0711e-01, -7.0711e-01],
               [ 5.4272e-01, -9.0068e-01, -1.2820e+00, -4.3142e-01, -1.2972e-01, -7.0711e-01,
                 1.4142e+00, -7.0711e-01],
               [-1.9630e-01, -2.9484e-01, -1.2496e+00,  4.2156e-01,  3.9617e-01, -7.0711e-01,
                 1.4142e+00, -7.0711e-01],
               [ 1.1894e+00,  4.3217e-01, -5.8776e-01,  5.9216e-01,  7.9059e-01,
                -7.0711e-01, -7.0711e-01,  1.4142e+00],
               [ 7.9676e-01,  1.6438e+00,  1.2635e+00,  1.3314e+00,  1.7109e+00,
                -7.0711e-01, -7.0711e-01,  1.4142e+00]], dtype=torch.float64)
```

결과를 보면 훈련 데이터셋은 120개, 테스트 데이터셋은 30개로 분리되었습니다. 또한, from_numpy()가 적용되었기 때문에 훈련과 테스트 데이터셋은 텐서로 변경된 상태입니다.

이제 K-평균 군집화를 적용합니다.

코드 11-9 K-평균 군집화 적용

```
num_clusters = 3 ······ 아이리스(붓꽃) 유형이 세 개라서 3으로 지정
cluster_ids_x, cluster_centers = kmeans(
    X=x, num_clusters=num_clusters, distance='euclidean', device=device
) ······ ①
```

① K-평균 군집화 알고리즘에 대한 훈련은 kmeans()를 이용하며, 이때 사용되는 파라미터는 다음과 같습니다.

```
cluster_ids_x, cluster_centers = kmeans(
    X=x, num_clusters=num_clusters, distance='euclidean', device=device)
      ⓐ            ⓑ                     ⓒ                  ⓓ
```

ⓐ 첫 번째 파라미터: 훈련 데이터셋

ⓑ num_clusters: 클러스터 개수

ⓒ distance: 클러스터를 구성하기 위해 데이터 간의 거리를 계산하는 방법입니다. 데이터 간 유사도(거리)를 측정하는 방법으로 유클리드 거리, 맨해튼 거리, 민코프스키 거리, 코사인 유사도 등이 있습니다. 예제에서는 유클리드 거리 계산 방법을 사용했으며 공식은 다음과 같습니다.

다음과 같이 (x_1, y_1)과 (x_2, y_2)라는 좌표(데이터)가 있다고 가정해 보겠습니다.

▼ 그림 11-8 (x_1, y_1), (x_2, y_2)에 대한 좌표

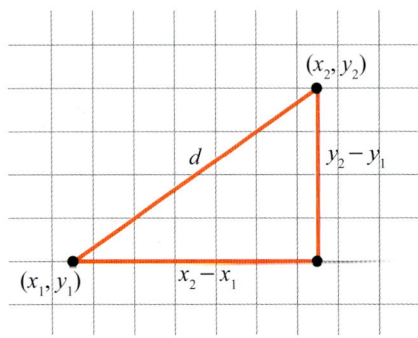

이때 이 두 데이터 간의 거리 계산은 다음과 같습니다.

$$\sqrt{(x_2 - x_1)^2 + (y_2 - y_1)^2}$$

ⓓ device: GPU/CPU를 사용하도록 설정

다음은 훈련 데이터셋을 이용한 학습 결과입니다.

```
[running kmeans]: 3it [00:00, 176.95it/s, center_shift=0.000000, iteration=4,
tol=0.000100]
running k-means on cpu..
```

학습 결과는 다음과 같은 의미를 갖습니다.

center_shift=0.000000, iteration=4, tol=0.000100
   ⓐ   ⓑ   ⓒ

ⓐ center_shift: 유클리드 거리 계산을 이용하여 반복적으로 클러스터 중심을 변경합니다. 이 과정은 더 이상 클러스터 중심을 옮길 필요가 없을 때까지 반복되며 'iteration' 파라미터에 의해 최종 반복 횟수가 출력됩니다.

ⓑ iteration: 중지할 기준(tol)을 만족하면 학습을 멈추고 반복 횟수를 출력합니다.

ⓒ tol: tolerance의 약자로 학습을 중지할 기준이 되는 값입니다.

훈련 결과를 통해 얻은 클러스터 ID와 클러스터 중심에 대한 값을 알아보겠습니다. K-평균 군집화와는 관계가 없지만 정보 확인을 위한 코드입니다.

코드 11-10 클러스터 ID와 클러스터 중심에 대한 값 확인

```
print(cluster_ids_x)
print(cluster_centers)
```

다음은 클러스터 ID와 클러스터 중심에 대한 값을 출력한 결과입니다.

```
tensor([2, 2, 1, 1, 0, 0, 2, 1, 1, 0, 0, 1, 2, 2, 2, 2, 2, 0, 1, 1, 2, 1, 1, 0,
        0, 0, 0, 2, 0, 2, 1, 2, 0, 1, 1, 2, 0, 2, 2, 1, 0, 0, 2, 1, 2, 0, 0, 1,
        2, 2, 1, 1, 0, 0, 2, 1, 1, 0, 1, 0, 2, 1, 2, 1, 1, 0, 1, 1, 0, 2, 0, 0,
        0, 1, 1, 0, 2, 1, 1, 0, 0, 0, 2, 0, 0, 0, 2, 1, 1, 0, 2, 2, 2, 2, 1, 0,
        1, 0, 0, 1, 0, 2, 0, 2, 2, 1, 0, 1, 2, 2, 0, 0, 2, 2, 0, 1, 0, 0, 2, 2])
tensor([[-0.0063,  0.1292, -0.6246,  0.2742,  0.1631, -0.7071,  1.4142, -0.7071],
        [-1.1850, -1.0022,  0.8757, -1.3028, -1.2384,  1.4142, -0.7071, -0.7071],
        [ 1.1509,  0.9013, -0.2199,  1.0354,  1.0906, -0.7071, -0.7071,  1.4142]])
```

출력 결과 클러스터에 대한 ID(cluster_idx_x)와 클러스터 중심 값(cluster_centers) 모두 텐서 형태를 보여 줍니다. 클러스터 개수를 3으로 지정했기 때문에 클러스터 ID는 0, 1, 2의 값을 가지며(클러스터를 4로 지정하면 클러스터 ID는 0, 1, 2, 3의 값을 가짐), 클러스터 중심 값은 유클리드 거리 계산 기법을 이용합니다.

이제 테스트 데이터셋을 이용하여 예측해 보겠습니다.

코드 11-11 K-평균 군집화 예측

```
cluster_ids_y = kmeans_predict(
    y, cluster_centers, 'euclidean', device=device
) ------ 예측을 위해서는 kmeans_predict()를 사용
```

다음은 K-평균 군집화에 대한 예측 결과입니다.

> predicting on cpu..

별다른 결과 없이 어떤 장치(GPU/CPU)를 사용하는지에 대해서만 출력합니다.

예측 결과를 그래프로 알아보기 전에 테스트 데이터셋에 대한 클러스터 ID 값을 먼저 살펴보겠습니다.

코드 11-12 테스트 데이터셋에 대한 클러스터 ID

```python
print(cluster_ids_y)
```

다음은 테스트 데이터셋에 대한 클러스터 ID 값입니다.

> tensor([0, 2, 2, 0, 1, 2, 0, 1, 1, 0, 2, 1, 0, 2, 2, 2, 1, 1, 0, 1, 1, 2, 1, 2, 1, 1, 1, 2, 2, 1])

ID 값은 훈련 데이터셋과 마찬가지로 0, 1, 2의 범주 값(앞에서 클러스터를 3으로 설정)으로 구성되어 있습니다.

이제 마지막으로 예측 결과를 그래프로 살펴보겠습니다.

코드 11-13 예측 결과 그래프로 확인

```python
import matplotlib.pyplot as plt

plt.figure(figsize=(4, 3), dpi=160)
plt.scatter(y[:, 0], y[:, 1], c=cluster_ids_y, cmap='viridis', marker='x')  # 테스트 데이터셋에 적용된 클러스터 결과 출력
plt.scatter(
    cluster_centers[:, 0], cluster_centers[:, 1],
    c='white',
    alpha=0.6,
    edgecolors='black',
    linewidths=2
)

plt.tight_layout()  # ①
plt.show()
```

① subplot을 사용하면 하나의 그래프가 다른 레이아웃에 넘어가는 경우가 종종 발생하는데, 이때 tight_layout()을 사용하면 그래프가 레이아웃에 자동으로 맞추어서 출력됩니다.

다음은 K-평균 군집화에 대한 예측을 그래프로 출력한 결과입니다.

```
[running kmeans]: 4it [00:03,  1.06it/s, center_shift=0.000000, iteration=4, tol=0.000100]
```

▼ 그림 11-9 K-평균 군집화 결과

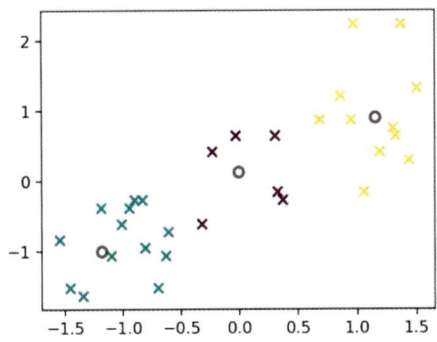

데이터들을 하나의 클러스터로 묶기 위한 중심이 형성된 것을 확인할 수 있습니다. 하지만 이번 예제의 중요한 단점이 하나 있었습니다. 더 좋은 결과를 얻을 수 있는 하이퍼파라미터 변경이 매우 제한적이라는 것입니다. 더 많은 하이퍼파라미터를 수정하여 성능을 향상하고 싶다면 kmeans_pytorch 라이브러리를 이용하는 것이 아닌, 클러스터를 형성하고 거리를 계산하는 부분들을 모두 개발자가 직접 함수로 구현해야 합니다. 매우 번거롭고 귀찮은 작업입니다.

이와 같이 파이토치는 딥러닝을 위한 프레임워크입니다. 머신 러닝 알고리즘을 적용하고 싶다면 파이토치가 아닌 사이킷런 같은 라이브러리를 사용하는 것이 편리합니다.

지금부터는 3장에서 다루지 않은 클러스터링 모델을 좀 더 알아보겠습니다. 대표적으로 가우시안 혼합 모델과 자기 조직화 지도가 있으며, 가우시안 혼합 모델부터 알아보겠습니다. 간단한 예제로 파이토치는 이용하지 않을 예정입니다(실제로 파이토치를 이용할 경우 코드가 더 복잡해지기 때문에 머신 러닝 알고리즘을 알아보는 11장에서는 더 이상 파이토치는 사용하지 않습니다).

하지만 머신 러닝에서 사용하는 클러스터링 알고리즘은 많이 사용되고 있으므로 사용 방법에 대한 가이드 차원에서 간단히 언급할 예정입니다.

11.2.2 가우시안 혼합 모델

가우시안 혼합 모델(Gaussian Mixture Model, GMM)은 이름 그대로 가우시안 분포(gaussian distribution)가 여러 개 혼합된 클러스터링 알고리즘입니다. 현실에 있는 복잡한 형태의 확률 분포를 다음 그림과 같이 가우시안 분포 K개를 혼합하여 표현하자는 것이 가우시안 혼합 분포(gaussian mixture distribution)입니다. 이때 K는 하이퍼파라미터입니다.

▼ 그림 11-10 가우시안 분포와 가우시안 혼합 분포

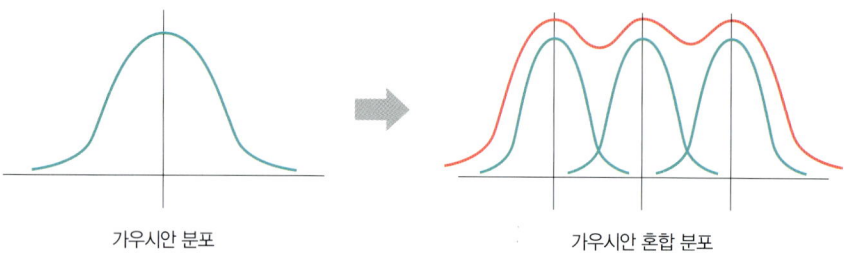

가우시안 분포 → 가우시안 혼합 분포

가우시안 혼합 모델을 이용한 분류는 주어진 데이터 x_n에 대해 이 데이터가 어떤 가우시안 분포에 속하는지 찾는 것으로, 다음 수식을 사용합니다.

$$\gamma(z_{nk}) = P(z_{nk} = 1 \mid x_n)$$

$z_{nk}(z_{nk} \in \{0, 1\})$은 x_n이 주어졌을 때 가우시안 혼합 모델의 K번째 가우시안 분포가 선택되면 1을 갖고, 아니면 0 값을 갖습니다. 즉, z_{nk}가 1이라는 의미는 x_n이 K번째 가우시안 분포에 속한다는 것입니다. 다시 말해 가우시안 혼합 모델을 이용한 분류는 x_n이 주어졌을 때, K개의 $\gamma(z_{nk})$를 계산하여 가장 높은 값의 가우시안 분포를 선택하는 것이라고 할 수 있습니다.

가우시안 혼합 모델의 모든 파라미터 π, μ, Σ의 값이 결정되었다면, 베이즈 정리(Bayes' theorem)를 이용하여 $\gamma(z_{nk})$를 다음과 같이 정리할 수 있습니다.

$$\begin{aligned}\gamma(z_{nk}) &= P(z_{nk} = 1 \mid x_n) \\ &= \frac{P(z_{nk}=1)P(x_n \mid z_{nk}=1)}{\sum_{j=1}^{k} P(z_{nj}=1)P(x_n \mid z_{nj}=1)} \\ &= \frac{\pi_k N(x_n \mid \mu_k, \Sigma_k)}{\sum_{j=1}^{k} \pi_j N(x_n \mid \mu_j, \Sigma_k)}\end{aligned}$$

π_k와 $p(z_{nk}=1)$은 모두 K번째 가우시안 분포에 선택될 확률을 나타내기 때문에 수식에서 $p(z_{nj}=1)$

이 π_j로 치환되었습니다.

π_k는 $z_k=1$일 때의 사전 확률 값이며, $\gamma(z_{nk})$는 관찰 데이터 x가 주어졌을 때의 사후 확률 값입니다. 또한, $\gamma(z_k)$를 성분 K에 대한 책임 값(responsibility)이라고 합니다.

그럼 이제 코드로 확인해 보겠습니다.

사이킷런을 이용하여 GMM을 구현해 보겠습니다. 데이터셋은 data.npy 파일을 사용할 텐데, 이 파일은 배열 한 개를 넘파이 형식으로 저장해 놓은 것입니다.

먼저 필요한 라이브러리를 호출하고, 데이터를 메모리로 로딩합니다. 코드에서 사용된 data.npy 파일은 파이썬 소프트웨어 패키지가 만든 넘파이 배열 파일입니다.

코드 11-14 라이브러리 호출 및 데이터 로딩

```
import numpy as np
import matplotlib.pyplot as plt
from sklearn.mixture import GaussianMixture
X_train = np.load('..\chap11\data\data.npy') ------ ①
```

① 파일을 배열로 불러오는 방법은 다음과 같습니다.

- np.load(): np.save()로 저장된 data.npy 파일을 배열로 불러옵니다.
- np.save(): 배열 한 개를 넘파이 형식의 바이너리 파일로 저장합니다.

즉, data.npy는 배열 한 개가 넘파이 형식으로 저장된 것이며, 이 파일을 배열로 불러오겠다는 의미입니다.

클러스터링은 비지도 학습으로, 입력은 정답(레이블)이 없는 2D(2차원) 형식을 갖습니다. 사이킷런의 GaussianMixture 클래스를 사용하여 가우시안 분포 두 개가 겹쳐 보이도록 구성합니다. 사이킷런의 GaussianMixture 클래스를 사용하면 코드 몇 줄도 쉽게 GMM을 생성할 수 있습니다.

코드 11-15 GMM 생성

```
gmm = GaussianMixture(n_components=2)  ------ n_components는 가우시안 개수를 의미하므로,
gmm.fit(X_train)                               가우시안 두 개가 겹쳐 보이게 구성

print(gmm.means_)
print('\n')
print(gmm.covariances_)

X, Y = np.meshgrid(np.linspace(-1,6), np.linspace(-1,6))
XX = np.array([X.ravel(), Y.ravel()]).T
```

```
Z = gmm.score_samples(XX)
Z = Z.reshape((50,50))

plt.contour(X, Y, Z)
plt.scatter(X_train[:,0], X_train[:,1])
plt.show()
```

다음은 GMM을 생성한 출력 결과입니다.

```
[[3.04641134 3.10654272]
 [1.60718016 1.35251723]]

[[[ 0.83656079  0.37865596]
  [ 0.37865596  0.72727426]]

 [[ 0.74995307 -0.5010097 ]
  [-0.5010097   0.74377694]]]
```

▼ 그림 11-11 가우시안 혼합 분포 예제 결과

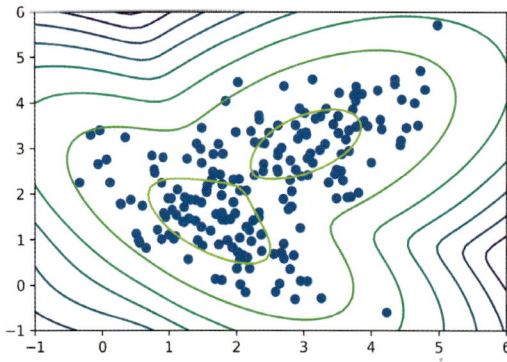

이 코드는 단순히 −1과 6 사이의 X와 Y 좌표에 데이터를 플로팅하는 단순한 예제입니다. 결과를 보면 평균 주위에 대부분의 데이터가 모여 있습니다. 즉, 타원 가장 안쪽 부분에 대부분의 데이터가 있습니다. 이와 같이 가우시안 혼합 모델은 데이터가 두 개 이상의 가우시안 분포를 따르는 경우에 사용할 수 있는 클러스터링 기술입니다.

11.2.3 자기 조직화 지도

자기 조직화 지도(Self-Organizing Map, SOM)는 신경 생리학적 시스템을 모델링한 것으로, 입력 패턴에 대해 정확한 정답을 주지 않고 스스로 학습을 하여 클러스터링(clustering)하는 알고리즘입니다.

SOM 구조

핀란드 헬싱키 공과 대학의 테우보 코호넨 (Teuvo Kohonen)은 자기 조직화 지도를 설명하려고 네트워크를 층 두 개로 구성했습니다. 입력층(input layer)과 2차원 격자(grid)로 된 경쟁층(competitive layer)인데, 입력층과 경쟁층은 서로 연결되어 있습니다. 이때 가중치는 연결 강도(weight)를 나타내며, 0과 1 사이의 정규화(normalize)된 값을 사용합니다.

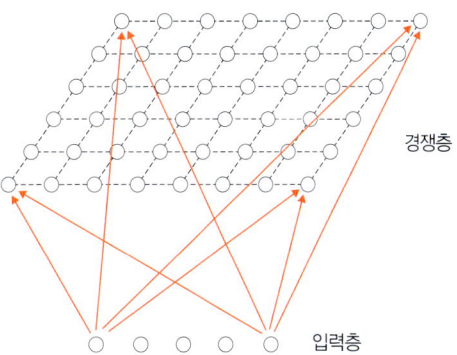

▼ 그림 11-12 자기 조직화 지도

자기 조직화 지도의 학습은 네 단계로 진행됩니다.

1. **초기화**(initialization): 모든 연결 가중치는 작은 임의의 값으로 초기화합니다.
2. **경쟁**(competition): 자기 조직화 지도는 경쟁 학습(competive learning)을 이용하여 입력층과 경쟁층을 연결합니다. 자기 조직화 지도는 연결 강도 벡터가 입력 벡터와 얼마나 가까운지 계산하여 가장 가까운 뉴런이 승리하는 '승자 독점(winner take all)' 방식을 사용합니다. 이때 사용되는 수식은 다음과 같습니다.

$$D_{ij} = \sum_{i=1}^{n}(W_{ij} - X_i)^2$$

$$\begin{pmatrix} n : \text{입력 벡터 크기} \\ W_{ij} : \text{가중치 테이블에서 } i\text{행 } j\text{열의 값} \\ X_i : \text{입력 벡터의 } i\text{번째 값} \end{pmatrix}$$

D_{ij} 값이 작을수록 연결 강도 벡터와 입력 벡터가 가까운 노드이며, 연결 강도는 다음 식을 사용하여 새로운 값으로 업데이트합니다.

$$W_{ij}(new) = W_{ij}(old) + \alpha(X_i - W_{ij}(old))$$

$$\begin{pmatrix} W_{ij}(old) : \text{입력 벡터가 들어오기 전 연결 강도} \\ X_i : \text{입력 벡터} \\ W_{ij}(new) : \text{새로운 연결 강도} \\ \alpha : \text{학습률} \end{pmatrix}$$

연결 강도 벡터와 입력 벡터가 가장 가까운 뉴런으로 계산되면 그 뉴런의 이웃 뉴런들도 학습을 하게 되는데, 이때 모든 뉴런이 아닌 제한된 이웃 뉴런들만 학습합니다.

3. **협력**(cooperation): 승자 뉴런은 네트워크에서 가장 좋은 공간 위치를 차지하게 되며, 승자와 함께 학습할 이웃 크기를 정의합니다.

▼ 그림 11-13 최초의 네트워크와 승자 독식 네트워크

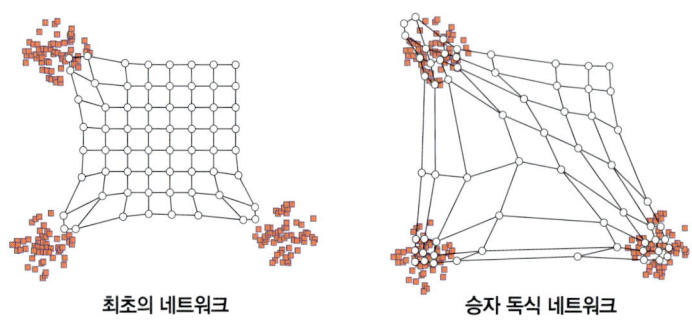

최초의 네트워크   승자 독식 네트워크

4. **적응**(adaptation): 승리한 뉴런의 가중치와 이웃 뉴런을 업데이트합니다.

그리고 최종적으로 원하는 횟수만큼 2~3의 과정을 반복합니다.

자기 조직화 지도를 예제로 살펴보기

자기 조직화 지도를 구현해 볼 텐데, 데이터셋은 사이킷런에서 제공하는 숫자(digit) 필기 이미지를 사용합니다.

자기 조직화 지도를 위해 MiniSom 라이브러리를 설치합니다.

```
> pip install MiniSom
```

먼저 필요한 라이브러리를 호출하고 사이킷런에서 제공하는 숫자 필기 이미지 데이터셋을 내려받습니다.

코드 11-16 라이브러리 호출 및 데이터셋 내려받기

```python
import numpy as np
from sklearn.datasets import load_digits
from minisom import MiniSom
from pylab import plot, axis, show, pcolor, colorbar, bone

digits = load_digits()  ------ 숫자 필기 이미지 데이터셋 내려받기
```

```
data = digits.data      ------ 훈련 데이터셋
labels = digits.target  ------ 정답(레이블)
```

이제 클러스터링을 위해 MiniSom 알고리즘을 사용합니다. MiniSom 알고리즘을 생성하면서 지도에 대한 차원과 입력 데이터의 차원을 함께 정의합니다.

코드 11-17 훈련 데이터셋을 MiniSom 알고리즘에 적용

```
som = MiniSom(16, 16, 64, sigma=1.0, learning_rate=0.5) ------ ①
som.random_weights_init(data)
print("SOM 초기화.")
som.train_random(data,10000)
print("\n. SOM 진행 종료")

bone()
pcolor(som.distance_map().T)
colorbar()
```

① MiniSom은 시각화 기능이 거의 없는 SOM을 구현할 수 있는 라이브러리로, 여기에서 사용되는 파라미터는 다음과 같습니다.

```
MiniSom(16, 16, 64, sigma=1.0, learning_rate=0.5)
         ⓐ   ⓑ   ⓒ      ⓓ            ⓔ
```

ⓐ 첫 번째 파라미터: SOM에서 x축에 대한 차원

ⓑ 두 번째 파라미터: SOM에서 y축에 대한 차원

ⓒ 세 번째 파라미터: 입력 벡터 개수

ⓓ sigma: 이웃 노드와의 인접 반경으로 공식은 다음과 같습니다.

$$sigma(t) = sigma/(1+t/T)$$

(이때 T=반복 횟수(iteration number)/2)

ⓔ learning_rate: 한 번 학습할 때 얼마큼 변화를 주는지에 대한 상수로 공식은 다음과 같습니다.

$$Learning\ rate(t) = learning\ rate/((1+t)/(0.5*t))$$

(이때 t=반복 구분자(iteration index))

그림 11-14는 훈련 데이터셋을 MiniSom 알고리즘에 적용한 결과입니다.

▼ 그림 11-14 훈련 데이터셋을 MiniSom 알고리즘에 적용한 결과

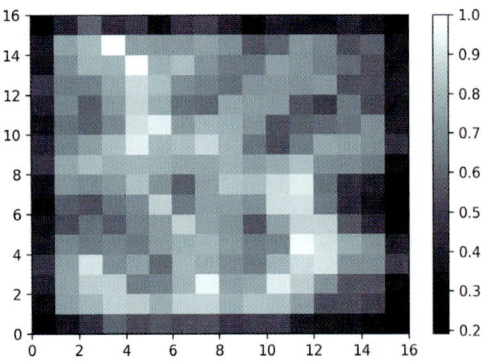

이제 각 클래스에 대한 데이터를 서로 다른 모양과 색상으로 시각적으로 표현해 봅시다.

코드 11-18 클래스에 대해 레이블 설정 및 색상 할당

```
labels[labels=='0'] = 0 ······ 레이블 설정
labels[labels=='1'] = 1
labels[labels=='2'] = 2
labels[labels=='3'] = 3
labels[labels=='4'] = 4
labels[labels=='5'] = 5
labels[labels=='6'] = 6
labels[labels=='7'] = 7
labels[labels=='8'] = 8
labels[labels=='9'] = 9

markers = ['o', 'v', '1', '3', '8', 's', 'p', 'x', 'D', '*']
colors = ["r", "g", "b", "y", "c", (0,0.1,0.8), (1,0.5,0), (1,1,0.3), "m", (0.4,0.6,0)]
for cnt, xx in enumerate(data): ······ 시각화 처리
    w = som.winner(xx) ······ 승자(우승 노드) 식별
    plot(w[0]+.5, w[1]+.5, markers[labels[cnt]], ······ ①
         markerfacecolor='None', markeredgecolor=colors[labels[cnt]],
         markersize=12, markeredgewidth=2)
show()
```

① BMU(Best Matching Unit)를 이용하여 승자를 식별하고 클래스별로 마커를 플로팅합니다. 여기에서 BMU는 MiniSom 알고리즘을 이용해서 모든 가중치 벡터의 데이터 공간에서 유클리드 거리를 측정하여 승자를 식별합니다.

다음 그림은 서로 다른 모양과 색상으로 클래스를 표현한 결과입니다.

▼ 그림 11-15 예제 실행 결과에 레이블과 색상 할당

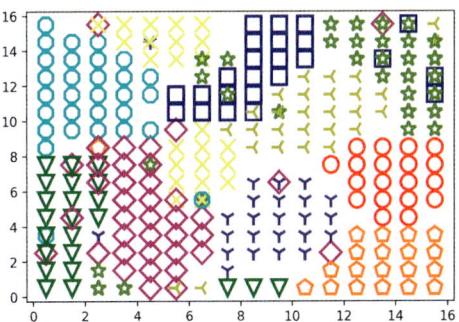

이 코드는 16×16 노드로 구성된 플롯을 제공합니다. 중첩이 있기는 하지만, 대부분의 경우 각 클래스는 별도 영역을 차지하며 잘 분리되어 있는 것을 확인할 수 있습니다.

memo

12장

강화 학습

12.1 강화 학습이란
12.2 마르코프 결정 과정
12.3 MDP를 위한 벨만 방정식
12.4 큐-러닝
12.5 몬테카를로 트리 탐색

12.1 강화 학습이란

강화 학습(reinforcement learning)은 머신 러닝/딥러닝의 한 종류로, 어떤 환경에서 어떤 행동을 했을 때 그것이 잘된 행동인지 잘못된 행동인지를 판단하고 보상(또는 벌칙)을 주는 과정을 반복해서 스스로 학습하게 하는 분야입니다.

이때 어떤 환경에서 어떤 행동을 하는지 알기 위해 '환경(environment)'과 '에이전트(agent)'라는 구성 요소를 사용합니다. 환경이란 에이전트가 다양한 행동을 해 보고, 그에 따른 결과를 관측할 수 있는 시뮬레이터를 가리킵니다. 에이전트는 환경에서 행동하는 주체가 됩니다. 예를 들어 게임에서는 게임기가 환경이 되고 게임을 하는 사람이 에이전트가 됩니다.

강화 학습의 목표는 환경과 상호 작용하는 에이전트를 학습시키는 것입니다. 에이전트는 상태(state)라고 하는 다양한 상황 안에서 행동(action)을 취하며, 조금씩 학습해 나갑니다. 에이전트가 취한 행동은 그에 대한 응답으로 양(+)이나 음(-) 또는 0의 보상(reward)을 돌려받습니다.

▼ 그림 12-1 강화 학습

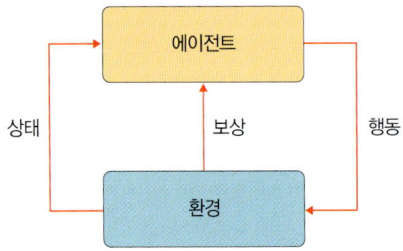

그림을 이해하기 위한 용어를 정리해 보겠습니다.

상태는 에이전트가 관찰 가능한 상태의 집합으로, '자신의 상황에 대한 관찰'입니다. 에이전트의 상태는 시간에 따라 달라집니다. 에이전트가 가질 수 있는 모든 상태의 집합을 S라고 할 때, 시간 t에서 에이전트의 상태 s는 다음과 같이 나타냅니다.

$$S_t = s \quad \{s \in S\}$$

행동이란 에이전트가 상태 S_t에서 가능한 행동입니다. 전체 행동의 집합을 A라고 할 때, 에이전트가 시간 t에서 특정 행동 a를 하는 것을 다음과 같이 나타냅니다.

$$A_t = a \quad \{a \in A\}$$

강화 학습의 문제들은 마르코프 결정 과정으로 표현하고, 이 마르코프 결정 과정은 모두 마르코프 프로세스에 기반합니다. 따라서 마르코프 프로세스부터 차근차근 학습해 보겠습니다.

12.2 마르코프 결정 과정

강화 학습은 마르코프 결정 과정에 학습 개념을 추가한 것이라고 할 수 있습니다. 그러므로 마르코프 결정 과정에 대해 잘 이해하는 것이 강화 학습에서는 중요합니다. 마르코프 결정 과정을 포함하여 강화 학습의 주요 이론을 살펴보겠습니다.

12.2.1 마르코프 프로세스

마르코프 프로세스(Markov Process, MP)는 어떤 상태가 일정한 간격으로 변하고, 다음 상태는 현재 상태에만 의존하는 확률적 상태 변화를 의미합니다. 즉, 현재 상태에 대해서만 다음 상태가 결정되며, 현재 상태까지의 과정은 전혀 고려할 필요가 없습니다. 이렇듯 변화 상태들이 체인처럼 엮여 있다고 하여 마르코프 체인(Markov chain)이라고도 합니다.

또 다른 마르코프 프로세스의 정의로는 마르코프 특성(Markov property)을 지니는 이산 시간(discrete time)에 대한 확률 과정(stochastic process)입니다. 확률 과정은 앞서 살펴보았듯이 시간에 따라 어떤 사건의 확률이 변화하는 과정을 의미하며, 이산 시간은 시간이 연속적이 아닌 이산적으로 변함을 의미합니다. 또한, 마르코프 특성은 과거 상태들(S_1, …, S_{t-1})과 현재 상태(S_t)가 주어졌을 때, 미래 상태(S_{t+1})는 과거 상태와는 독립적으로 현재 상태로만 결정된다는 것을 의미합니다. 즉, 과거와 현재 상태 모두를 고려했을 때 미래 상태가 나타날 확률과 현재 상태만 고려했을 때 미래 상태가 발생할 확률이 동일하다는 의미입니다. 이것을 수식으로 표현하면 다음과 같습니다.

$$P(S_{t+1} \mid S_t) = P(S_{t+1} \mid S_1, \cdots, S_t)$$

(P: 확률을 의미)

마르코프 체인은 시간에 따른 상태 변화를 나타내며, 이때 상태 변화를 전이(transition)라고 합니다. 마르코프 프로세스에서 상태 간 이동인 전이는 확률로 표현하게 되는데, 이를 상태 전이 확률

(state transition probability)이라고 합니다. 즉, 시간 t에서의 상태를 s라고 하며, 시간 $t+1$에서의 상태를 s'라고 할 때 상태 전이 확률은 다음과 같이 수식으로 표현할 수 있습니다.

$$P(S_{t+1} = s' \mid S_t = s) = P_{ss'}$$

$$\begin{pmatrix} S: \text{상태의 집합} \\ P_{ss'}: \text{상태의 변화를 확률로 표현} \end{pmatrix}$$

상태 전이 확률은 어떤 상태 i가 있을 때 그다음 상태 j가 될 확률을 의미합니다. 여기에서 $P(A|B)$는 조건부 확률로 B가 발생했을 때 A가 발생할 확률을 의미합니다.

예를 들어 다음 그림은 병원을 방문한 어느 하루에 대한 마르코프 체인을 표현한 것입니다. 이 날의 상태가 병원에서의 대기와 진찰, 독서, 웹 서핑, 취침으로만 구성되어 있다고 가정하면, 다섯 가지 상태가 있는 마르코프 프로세스로 표현할 수 있습니다. 이때 하나의 상태에서 다른 상태로 이동할 확률의 합은 1을 유지한 상태로, 여러 상태가 연쇄적으로 이어져 있습니다. 예를 들어 대기→진찰, 대기→독서, 대기→웹 서핑으로 진행되는 모든 프로세스의 합은 1이 되어야 합니다. 또한, '취침'은 하루를 끝마치는 종료 상태에 해당됩니다.

▼ 그림 12-2 마르코프 프로세스 사례

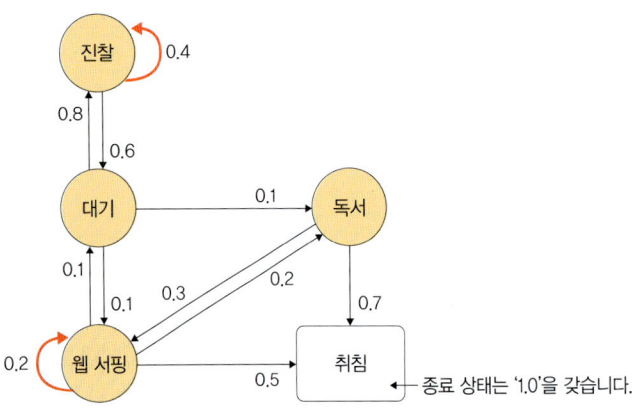

그리고 그림 12-2의 상태 전이 확률을 다음과 같이 행렬 형태로 정리한 것을 상태 전이 확률 행렬(state transition probability matrix)이라고 합니다.

다음 그림에서 상태 전이 확률 행렬에서 각 행의 요소를 모두 더하면 1이 되는 것을 확인할 수 있습니다.

▼ 그림 12-3 마르코프 프로세스의 행렬

	대기	독서	웹 서핑	진찰	취침
대기		0.1	0.1	0.8	
독서			0.3		0.7
웹 서핑	0.1	0.2	0.2		0.5
진찰	0.6			0.4	
취침					1.0

한 가지 주의할 사항은 '현재 상태가 바로 이전의 상태로 결정된다'는 말을 오해하면 안 된다는 점입니다. 내용을 글자 그대로 해석하면 현재 상태가 A일 때 다음 상태는 A가 유일하게 결정하는, 다른 경우가 있을 수 없는 것이라고 오해할 수 있습니다. 그러나 핵심은 '유일하게 결정한다'가 아니라 '현재 상태는 바로 직전의 상태에만 의존한다'는 점입니다. 다시 말해 이전에 아무리 많은 상태가 있었더라도 다음 상태에 영향을 미치는 것은 지금 현재 상태뿐이라는 것을 암시하며, 지금 현재 상태에서 다음 상태를 결정할 때는 여러 가지 확률 변수가 개입하게 됩니다.

12.2.2 마르코프 보상 프로세스

마르코프 보상 프로세스(Markov Reward Process, MRP)는 마르코프 프로세스에서 각 상태마다 좋고 나쁨(reward)이 추가된 확률 모델입니다. 다음 그림과 같이 상태 s에서 s'로 이동했을 때 이동 결과가 좋고 나쁨에 대해 보상(혹은 벌칙)을 주는 것이 마르코프 보상 프로세스입니다.

▼ 그림 12-4 마르코프 보상 프로세스

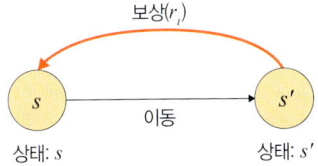

이때 각 상태의 보상 총합을 리턴(return)이라고 하며, 다음과 같이 표현합니다.

▼ 그림 12-5 리턴

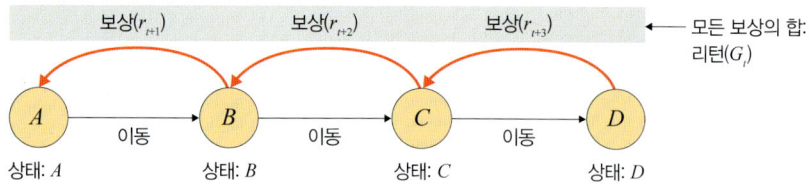

하지만 상태의 정확한 가치를 구하기 위해서는 어느 시점에서 보상을 받을지가 중요합니다. 즉, '특정 상태에 빨리 도달해서 즉시 보상을 받을 것인지? 아니면 나중에 도달해서 보상을 받을 것인지?'에 대한 가치 판단이 필요합니다. 예를 들어 A가 B에게 돈을 빌려주면, A는 원금과 이자를 합산하여 돌려 받습니다. 이때 이자는 현재 가치와 미래 가치를 판단하게 해 주는 척도입니다.

(현재 가치)에 (이자: 현재 가치×이자율)을 더하면 (미래 가치)가 됩니다. 그렇다면 (현재 가치)와 (미래 가치)를 비교한다면 (현재 가치) < (미래 가치)가 성립할까요? (현재 가치)와 (미래 가치)를 비교하기 위해서는 시간 개념이 필요합니다. (현재 가치)는 t 시간이고 (미래 가치)는 t 시간보다 더 미래의 시간입니다. 미래 가치는 t 시간으로부터 충분히 시간이 지나고, 그에 따른 이자가 붙어야만 현재 가치와 동일해집니다. 즉, 미래 가치를 현재 시점으로 보면 현재 가치보다 적은 것입니다. 이를 수식적으로 반영한 것이 할인율(discounting factor, γ)입니다. 보통 γ는 0과 1 사이의 값으로 하여 미래 가치를 현재 시점에서의 가치로 변환합니다.

그리고 미래에 받게 될 보상들이 모두 0이 되면, 바로 다음의 보상만 추구하는 근시안적인 행동을 하게 될 것입니다. 반대로 할인율이 1과 가까워질수록 미래 보상에 대한 할인이 적어지기 때문에 미래 보상들을 더 많이 고려하게 되는 원시안적인 행동을 하게 됩니다.

따라서 할인율이 적용된 리턴(G_t)은 다음 수식을 사용합니다.

$$G_t = \underbrace{r_{t+1} + \gamma r_{t+2} + \gamma^2 r_{t+3} + \cdots}_{k+1 \text{ 시점 이후부터 } \gamma^k \text{ 적용}} = \sum_{k=1}^{\infty} \gamma^k r_{t+k+1}$$

추가적으로 가치 함수(value function)에 대한 이해도 필요합니다. 현재 상태가 s일 때 앞으로 발생할 것으로 기대되는(E) 모든 보상의 합을 가치(value)라고 합니다. 이것을 수학적으로 표현하면 다음과 같습니다.

$$v(s) = E[G_t \mid S_t = s]$$

즉, 가치 함수는 현재 시점에서 미래의 모든 기대되는 보상을 표현하는 미래 가치라고 할 수 있습니다. 따라서 강화 학습의 핵심은 가치 함수를 최대한 정확하게 찾는 것입니다. 다시 말해 미래 가치가 가장 클 것으로 기대되는 결정을 하고 행동하는 것이 강화 학습의 목표라고 할 수 있습니다.

그러면 병원을 방문한 어느 하루에 대한 마르코프 프로세스에 보상을 추가해 보겠습니다.

▼ 그림 12-6 마르코프 프로세스 사례에 할인율 0 반영

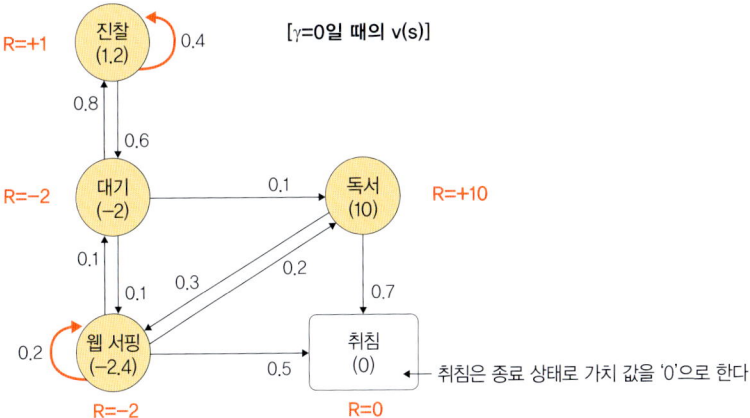

예제에서 γ=0일 때 '웹 서핑'에 대한 가치(value) 값을 −2.4로, '진찰'에 대한 가치 값을 1.2로 가정하면 '독서'와 '대기'에 대한 가치는 다음과 같이 구할 수 있습니다.

"독서" = 10 + 0 × [(−2.4 × 0.3) + (0 × 0.7)] = 10
"대기" = −2 + 0 × [(−2.4 × 0.1) + (10 × 0.1) + (1.2 × 0.8)] = −2

할인율이 0이므로 미래의 보상을 고려하지 않았기 때문에 근시안적인 가치 값으로만 나타납니다.

이번에는 할인율이 0.9라고 전제하고 가치 값을 구해 보겠습니다.

▼ 그림 12-7 마르코프 프로세스 사례에 할인율 0.9 반영

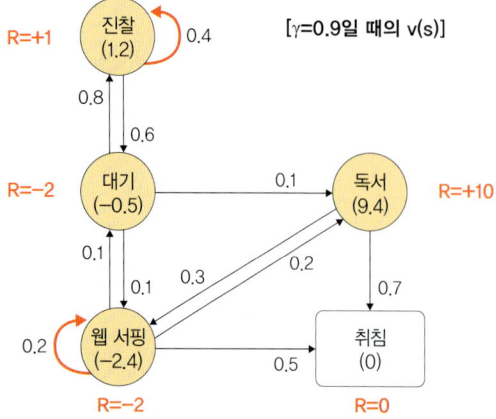

'독서'와 '대기'에 대한 가치는 다음과 같이 구할 수 있습니다.

"독서" = 10 + 0.9×[(−2.4×0.3) + (0×0.7)] = 9.4

"대기" = −2 + 0.9×[(−2.4×0.1) + (9.4×0.1) + (1.2×0.8)] = −0.5

(소수점 둘째 자리에서 반올림)

할인율이 0일 때와 차이가 있어 보이나요? 이번에는 할인율이 1인 경우를 알아볼 텐데, 좀 더 극적인 효과를 위해 '웹 서핑'에 대한 가치 값을 −24로, '진찰'에 대한 가치 값을 0.3으로 가정해 보겠습니다.

▼ 그림 12-8 마르코프 프로세스 사례에 할인율 1 반영

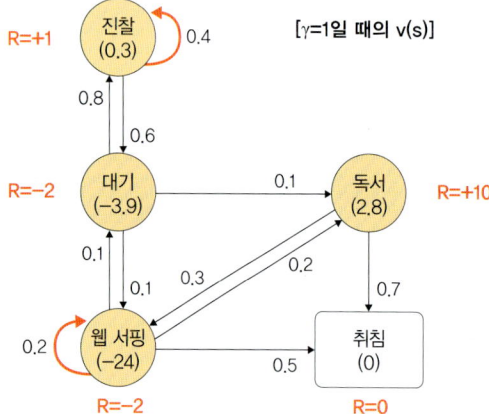

"독서" = 10 + 1×[(−24×0.3) + (0×0.7)] = 2.8
"대기" = −2 + 1×[(−24×0.1) + (2.8×0.1) + (0.3×0.8)] = −3.9
(소수점 둘째 자리에서 반올림)

할인율이 1일 때는 모든 미래 가치에 대해 할인을 고려하지 않았으므로 매우 원시안적인 상태로 가치 값들이 나타납니다.

12.2.3 마르코프 결정 과정

마르코프 결정 과정(Markov Decision Process, MDP)은 기존 마르코프 보상 과정에서 행동이 추가된 확률 모델입니다. MDP 목표는 정의된 문제에 대해 각 상태마다 전체적인 보상을 최대화하는 행동이 무엇인지 결정하는 것입니다. 이때 각각의 상태마다 행동 분포(행동이 선택될 확률)를 표현하는 함수를 정책(policy, π)이라고 하며, π는 주어진 상태 s에 대한 행동 분포를 표현한 것으로 수식은 다음과 같습니다.

$$\pi(a|s) = P(A_t = a \mid S_t = s)$$

MDP가 주어진 π를 따를 때 s에서 s'로 이동할 확률은 다음 수식으로 계산됩니다.

$$P_{ss',\pi}^{\pi} = \sum_{a \in A} \pi(a|s) P_{ss'}^{a}$$

이때 s에서 얻을 수 있는 보상(R)은 다음과 같습니다.

$$R_s^{\pi} = \sum_{a \in A} \pi(a|s) R_s^{a}$$

또한, MDP를 이해하기 위해서는 가치 함수도 이해해야 합니다. MDP에서 가치 함수는 에이전트가 놓인 상태 가치를 함수로 표현한 상태-가치 함수(state-value function)와 상태와 행동에 대한 가치를 함수로 표현한 행동-가치 함수(action-value function)가 있습니다.

상태-가치 함수

MDP에서 상태-가치 함수($v_\pi(s)$)는 MRP의 가치 함수와 마찬가지로 상태 s에서 얻을 수 있는 리턴의 기댓값을 의미합니다. 하지만 MRP와 차이는 주어진 정책(π)에 따라 행동을 결정하고 다음 상태로 이동하기 때문에 MDP에서 상태-가치 함수는 다음 수식을 사용합니다.

$$v_\pi(s) = E_\pi[G_t \mid S_t = s]$$
$$= E_\pi[\sum_{k=0}^{\infty} \gamma^k R_{t+k+1} \mid S_t = s]$$
$$= E_\pi[R_{t+1} + \gamma G_{t+1} \mid S_t = s]$$
$$= E_\pi[\underbrace{R_{t+1}}_{①} + \underbrace{\gamma v_\pi(S_{t+1})}_{②} \mid S_t = s]$$

여기에서 ①은 $t+1$ 시점에 받는 보상, 즉, **즉각적 보상**이며 ②는 **미래의 보상에 할인율이 곱해진 것**입니다. 주목해야 할 것은 현재 시점(t)의 상태-가치 함수가 바로 다음 시점($t+1$)의 상태-가치 함수로 표현된다는 것입니다. 이 수식에 대한 도출은 12.3.1절에서 알아보겠습니다.

행동-가치 함수

행동-가치 함수($q_\pi(s,a)$)는 상태 s에서 a라는 행동을 취했을 때 얻을 수 있는 리턴의 기댓값을 의미합니다. 행동-가치 함수에 대한 수식은 다음과 같습니다.

$$q_\pi(s,a) = E_\pi[G_t \mid S_t = s, A_t = a]$$
$$= E_\pi[\sum_{k=0}^{\infty} \gamma^k R_{t+k+1} \mid S_t = s, A_t = a]$$
$$= E_\pi[R_{t+1} + \gamma G_{t+1} \mid S_t = s, A_t = a]$$

가치 함수(상태-가치 함수, 행동-가치 함수)를 계산하는 방법은 $O(n^3)$(세제곱 시간) 시간 복잡도가 필요하기 때문에 상태 수가 많으면 적용하기가 어려운데, 이 문제를 해결하는 방법은 다음 네 가지입니다. 각 방법론은 이전 단계의 단점을 보완하고 학습 효율을 높이는 방향으로 발전되었습니다.

1. **다이나믹 프로그래밍**(dynamic programming): 마르코프 결정 과정의 상태와 행동이 많지 않고 모든 상태와 전이 확률을 알고 있다면 다이나믹 프로그래밍 방식으로 각 상태의 가치와 최적의 행동을 찾을 수 있습니다. 하지만 대부분의 강화 학습 문제는 상태도 많고, 상태가 전이되는 경우의 수도 많으므로 다이나믹 프로그래밍을 적용하기 어렵습니다.

2. **몬테카를로**(Monte Carlo method): 마르코프 결정 과정에서 상태가 많거나 모든 상태를 알 수 없는 경우에는 다이나믹 프로그래밍을 적용할 수 없었습니다. 몬테카를로는 전체 상태 중 일부 구간만 방문하여 근사적으로 가치를 추정합니다. 초기 상태에서 시작하여 중간 상태들을 경유해서 최종(terminal) 상태까지 간 후 최종 보상을 측정하고 방문했던 상태들의 가치를 업데이트합니다.

3. **시간 차 학습**(temporal difference learning): 몬테카를로는 최종 상태까지 도달한 후에야 방문한 상태들의 업데이트가 가능하다는 단점이 있습니다. 시간 차 학습 방식은 최종 상태에 도달하기 전에 방문한 상태의 가치를 즉시 업데이트합니다. 즉, 시간 차 학습은 다이나믹 프로그래밍과 몬테카를로의 중간적인 특성을 가지며 본격적인 강화 학습의 단계라고 할 수 있습니다.

4. **함수적 접근 학습**(function approximation learning): 마르코프 결정 과정의 상태가 아주 많거나, 상태가 연속적인 값을 갖는 경우는 상태-가치 함수나 행동-가치 함수를 테이블 형태로 학습하기 어렵습니다. 함수적 접근 학습 방법은 연속적인 상태를 학습하고자 상태와 관련된 특성 벡터를 도입했습니다. 특성의 가중치를 업데이트하여 가치의 근사치를 찾을 수 있습니다.

다이나믹 프로그래밍은 12.3.3절에서 자세히 다룹니다.

12.3 MDP를 위한 벨만 방정식

벨만 방정식(Bellman equation)은 앞서 다룬 상태-가치 함수와 행동-가치 함수의 관계를 나타내는 방정식입니다. 벨만 방정식은 벨만 기대 방정식과 벨만 최적 방정식이 있습니다.

12.3.1 벨만 기대 방정식

가치 함수 $v_\pi(s)$는 단순히 어떤 상황에서 미래의 보상을 포함한 가치를 나타냅니다. 다음 상태로 이동하려면 어떤 정책(policy)에 따라 행동해야 하는데, 이때 정책을 고려한 다음 상태로의 이동이 벨만 기대 방정식(Bellman expectation equation)입니다.

벨만 기대 방정식으로 상태-가치 함수와 행동-가치 함수를 기댓값 E로 표현할 수 있습니다. 상태-가치 함수의 벨만 기대 방정식을 알아보기 전에 MDP의 상태-가치 함수에 대한 도출 과정을 먼저 살펴봅시다.

MDP의 상태-가치 함수에 대한 수식을 다시 써 보겠습니다.

$$v_\pi(s) = E_\pi[R_{t+1} + \gamma v_\pi(S_{t+1}) | S_t = s]$$

여기에서 $t+2$ 시점부터의 보상($\gamma R_{t+2} + \gamma R_{t+3} + \cdots$)을 할인율($\gamma(R_{t+2} + R_{t+3} + \cdots)$)로 묶어 주면, 이 묶인 수식은 $t+1$ 시점부터 받을 보상을 의미합니다. 다시 말해 $t+1$ 시점에서의 가치 함수로 표현할 수 있습니다. 즉, 다음과 같이 다음 상태와 현재 상태의 가치 함수 관계를 식으로 나타낼 수 있습니다.

$$\begin{aligned}
v_\pi(s) &= E_\pi[G_t | S_t = s] \quad \cdots ① \\
&= E_\pi[R_{t+1} + \gamma R_{t+2} + \gamma^2 R_{t+3} + \cdots | S_t = s] \quad \cdots ② \\
&= E_\pi[R_{t+1} + \gamma(R_{t+2} + \gamma R_{t+3} + \cdots) | S_t = s] \quad \cdots ③ \\
&= E_\pi[R_{t+1} + \gamma G_{t+1} | S_t = s] \quad \cdots ④ \\
&= E_\pi[R_{t+1} + \gamma v_\pi(S_{t+1}) | S_t = s] \quad \cdots ⑤
\end{aligned}$$

$$\left(\begin{array}{l} \text{즉각적 보상: } R_{t+1}, \text{ 다음 상태의 가치 함수: } \gamma v_\pi(S_{t+1}) \text{은} \\ \text{현재 받을 수 있는 리턴과 앞으로 받을 리턴의 총합} \end{array} \right)$$

이것을 다시 풀어서 설명하겠습니다. 앞 공식에서 가치 함수는 ①처럼 현재 시점에서 미래에 기대되는 보상들의 총합으로 표현합니다(행동을 어느 방향으로 진행할지 모르기 때문에 기댓값(E)으로 정의합니다). 여기에 할인율을 적용하여 풀어서 쓰면 ②와 같습니다. ②의 공식($R_{t+1} + \gamma R_{t+2} + \gamma^2 R_{t+3} + \cdots$)을 할인율을 기준으로 묶어 주면 ③처럼 $R_{t+1} + \gamma(R_{t+2} + \gamma R_{t+3} + \cdots)$으로 정리할 수 있습니다. 이때 ③의 괄호 식을 주의 깊게 살펴봅시다. ②의 식($R_{t+1} + \gamma R_{t+2} + \gamma^2 R_{t+3} + \cdots$)은 현재 상태의 가치($G_t$)이므로 ③의 식($R_{t+2} + \gamma R_{t+3} + \cdots$)은 다음 상태의 가치($G_{t+1}$)가 됩니다. 즉, $G_{t+1} = (R_{t+2} + \gamma R_{t+3} + \cdots)$이므로 ④처럼 정리할 수 있습니다. 이제 마지막으로 ⑤ 식의 도출 과정을 살펴봅시다. ①에서 현재 상태의 가치를 $v_\pi(s) = G_t$라고 했으므로 다음 상태의 가치는 $v_\pi(s_{t+1}) = G_{t+1}$로 정리할 수 있습니다. 따라서 최종적으로 ⑤처럼 $R_{t+1} + \gamma v_\pi(S_{t+1})$로 정리 가능합니다.

지금까지 현재 시점의 가치는 현재의 보상과 다음 시점의 가치로 표현할 수 있다는 것을 학습했습니다. 즉, 재귀적인 형태로서 미래의 가치들이 현재의 가치에 영향을 주고 있는 형태라고 이해하면 됩니다.

이제 MDP에서의 두 가지 가치 함수를 벨만 방정식으로 표현해 보겠습니다.

상태-가치 함수

MDP의 상태-가치 함수를 벨만 방정식으로 표현하기 위해 앞의 수식을 다시 살펴보겠습니다.

$$\begin{aligned}v_\pi(s) &= E_\pi[G_t \mid S_t = s]\\ &= E_\pi[R_{t+1} + \gamma R_{t+2} + \gamma^2 R_{t+3} + \cdots \mid S_t = s]\\ &= E_\pi[R_{t+1} + \gamma(R_{t+2} + \gamma R_{t+3} + \cdots) \mid S_t = s]\\ &= E_\pi[R_{t+1} + \gamma G_{t+1} \mid S_t = s] \cdots ①\\ &= E_\pi[R_{t+1} + \gamma v_\pi(S_{t+1}) \mid S_t = s]\end{aligned}$$

① 수식에서 R_{t+1}, γG_{t+1}과 기댓값을 분리해서 생각해 봅시다.

먼저 기댓값을 풀어서 이야기하면, 기댓값은 현재 상태에서 정책에 따라 행동했을 때 얻을 수 있는 각각의 행동($\pi(a \mid s)$)과 그 행동이 발생할 확률($p(s',r \mid s,a)$)을 곱한 것입니다. 즉, 현재 기대되는 결과에 그 결과가 일어날 확률로 가중치가 곱해진 것과 같습니다.

R_{t+1}은 현재 행동을 선택했을 때 즉각적으로 얻어지는 보상이며, γG_{t+1}은 더 미래에 일어날 보상에 할인율이 곱해진 것이라고 했습니다. γG_{t+1}은 또다시 기댓값으로 풀어 쓴다면 '미래에 일어날 모든 일의 평균치'와 같은 의미로 사용할 수 있습니다. 따라서 이것을 정리하면 다음 수식으로 나타낼 수 있습니다.

$$\begin{aligned}v_\pi(s) &= E_\pi[R_{t+1} + \gamma G_{t+1} \mid S_t = s]\\ &= \sum_{a \in A} \pi(a \mid s) \sum_{s',r} P(s',r \mid s,a)[r + \gamma E_\pi[G_{t+1} \mid S_{t+1} = s']] \cdots ②\end{aligned}$$

또한, 이 기댓값은 다음 상태인 s'의 상태-가치 함수가 되기 때문에 ② 수식의 기댓값을 가치 함수로 변환하면 다음과 같이 사용할 수 있습니다.

$$\begin{aligned}v_\pi(s) &= E_\pi[R_{t+1} + \gamma G_{t+1} \mid S_t = s]\\ &= \sum_{a \in A} \pi(a \mid s) \sum_{s',r} P(s',r \mid s,a)[r + \gamma E_\pi[G_{t+1} \mid S_{t+1} = s']]\\ &= \sum_{a \in A} \pi(a \mid s) \sum_{s',r} P(s',r \mid s,a)[r + \gamma v_\pi(s')] \cdots ③\\ &= \sum_{a \in A} \pi(a \mid s) q_\pi(s,a) \cdots ④\end{aligned}$$

위 수식의 ③, ④를 상태-가치 함수의 벨만 방정식이라고 합니다.

이제 ④의 식에서 $q_\pi(s,a)$를 다시 풀어 써 보겠습니다.

그림 12-9와 같이 상태 s에서 행동 a를 했을 때의 행동에 대한 가치는 두 가지 요소로 구성되어 있는데, 상태 s에서 행동 a를 했을 때의 보상과 그다음 상태의 가치 함수입니다. 그런데 이 중 다음 상태-가치 함수($v_\pi(s')$)는 $t+1$ 시점에서의 가치 함수이므로 할인율과 현재(t) 상태 s에서 다음($t+1$) 상태 s'로 전이될 확률도 적용해 주어야 합니다.

▼ 그림 12-9 상태 s에서 행동 a를 했을 때의 보상과 그다음 상태의 가치 함수

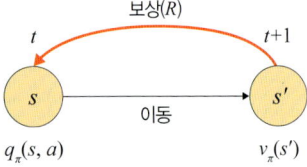

따라서 다음 식이 도출됩니다.

$$q_\pi(s,a) = R_s^a + \gamma \sum_{s' \in S} P_{ss'}^a v_\pi(s') \cdots ⑤$$

또한, 수식 ⑤의 행동-가치 함수를 ④의 수식에 대입하면 다음과 같이 정리할 수 있습니다.

$$v_\pi(s) = \sum_{a \in A} \pi(a \mid s)(R_s^a + \gamma \sum_{s' \in S} P_{ss'}^a v_\pi(s'))$$

행동-가치 함수

이번에는 행동-가치 함수의 벨만 방정식을 유도해 보겠습니다.

먼저 행동-가치 함수를 정리하면 다음과 같습니다.

$$\begin{aligned} q_\pi(s,a) &= E_\pi[G_t \mid S_t = s, A_t = a] \\ &= E_\pi[R_{t+1} + \gamma E_\pi(G_{t+1} \mid S_{t+1} = s') \mid S_t = s, A_t = a] \\ &= E_\pi[R_{t+1} + \gamma E(G_{t+1} \mid S_{t+1} = s', A_{t+1} = a') \mid S_t = s, A_t = a] \end{aligned}$$

또한, 다음과 같은 정리가 가능합니다.

- $R_s^a = E_\pi[R_{t+1} \mid S_t = s, A_t = a]$
- $P_{ss'}^a = P(s' \mid s, a) = P[S_{t+1} == s' \mid S_t = s, A_t = a]$

이제 $q_\pi(s,a) = E_\pi[R_{t+1} + \gamma E(G_{t+1} \mid S_{t+1} = s', A_{t+1} = a') \mid S_t = s, A_t = a]$ 수식을 R_s^a와 $P_{ss'}^a$로 바꾸어 주면 다음과 같이 정리할 수 있습니다.

$$q_\pi(s,a) = R_s^a + \gamma \sum_{s' \in S} P_{ss'}^a v_\pi(s')$$

정리된 수식에 또다시 다음의 상태-가치 함수를 적용합니다.

$$q_\pi(s,a) = R_s^a + \gamma \sum_{s'\in S} P_{ss'}^a v_\pi(s') \qquad v_\pi(s) = \sum_{a\in A} \pi(a|s) q_\pi(s,a)$$

적용

이제 행동-가치 함수를 다음과 같이 정리할 수 있습니다.

$$q_\pi(s,a) = R_s^a + \gamma \sum_{s'\in S} P_{ss'}^a \sum_{a'\in A} \pi(a'|s') q_\pi(s',a')$$

행동-가치 함수는 최종적으로 다음과 같이 정리할 수 있습니다.

$$\begin{aligned} q_\pi(s,a) &= E_\pi[G_t | S_t = s, A_t = a] \\ &= E_\pi[R_{t+1} + \gamma E_\pi(G_{t+1} | S_{t+1} = s') | S_t = s, A_t = a] \\ &= E_\pi[R_{t+1} + \gamma E(G_{t+1} | S_{t+1} = s', A_{t+1} = a') | S_t = s, A_t = a] \\ &= E_\pi[R_{t+1} + \gamma v_\pi(s') | S_t = s, A_t = a] \\ &= R_s^a + \gamma \sum_{s'\in S} P_{ss'}^a \sum_{a'\in A} \pi(a'|s') q_\pi(s',a') \end{aligned}$$

앞서 정리한 상태-가치 함수와 행동-가치 함수를 사용하여 현재와 바로 다음 상태, 그리고 행동 간 관계가 드러나도록 다음과 같이 수식을 정리했습니다.

$$v_\pi(s) = \sum_{a\in A} \pi(a|s)(R_s^a + \gamma \sum_{s'\in S} P_{ss'}^a v_\pi(s'))$$

$$q_\pi(s,a) = R_s^a + \gamma \sum_{s'\in S} P_{ss'}^a \sum_{a'\in A} \pi(a'|s') q_\pi(s',a')$$

또한, 지금까지 학습한 상태-가치 함수와 행동-가치 함수의 벨만 방정식을 다이어그램으로 표현할 수 있습니다. 이것을 백업 다이어그램이라고 하는데, 다음 그림과 같이 표현합니다.

❤ 그림 12-10 백업 다이어그램

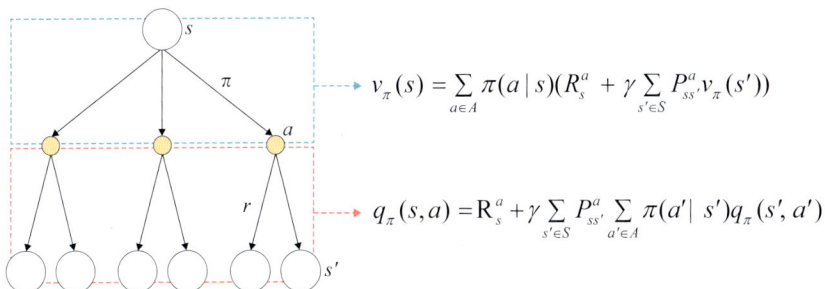

상태-가치 함수 $v_\pi(s)$는 뒤따를 행동-가치 함수의 정책 기반 가중 평균으로 이해하면 되고, 행동-가치 함수 $q_\pi(s,a)$는 다음 상태-가치 함수에 대한 보상과 상태 전이 확률에 대한 결합 확률의

가중 평균으로 이해하면 됩니다.

지금까지 살펴본 벨만 기대 방정식을 좀 더 쉽게 이해할 수 있도록 강화 학습 과정으로 살펴보겠습니다.

1. 처음 에이전트가 접하는 상태 s나 행동 a는 임의의 값으로 설정합니다.
2. 환경과 상호 작용하면서 얻은 보상과 상태에 대한 정보들을 이용하여 어떤 상태에서 어떤 행동을 취하는 것이 좋은지(최대의 보상을 얻을 수 있는지) 판단합니다.
3. 이때 최적의 행동을 판단하는 수단이 상태-가치 함수와 행동-가치 함수이고, 이것을 벨만 기대 방정식을 이용하여 업데이트하면서 점점 높은 보상을 얻을 수 있는 상태와 행동을 학습합니다.
4. 2~3의 과정 속에서 최대 보상을 갖는 행동들을 선택하도록 최적화된 정책을 찾습니다.

따라서 벨만 기대 방정식이 갖는 의미는 미래의 가치 함수 값들을 이용하여 초기화된 임의의 값들을 업데이트하면서 최적의 가치 함수로 다가가는 것입니다. 즉, 강화 학습은 가치 함수 초깃값(0 혹은 랜덤한 숫자들)을 2~3의 과정을 반복하며 얻은 정보들로 업데이트하여 최적의 값을 얻는 것입니다. 그리고 이렇게 반복적으로 얻은 값이 가장 클 때 이를 벨만 최적 방정식이라고 합니다.

이 벨만 최적 방정식을 알아보겠습니다.

12.3.2 벨만 최적 방정식

강화 학습에서 추구하고자 하는 목표는 최적의 가치 함수 값을 찾는 것이 아닌 **최대의 보상을 얻는 정책을 찾는 것**입니다. 즉, 최대의 보상을 얻기 위한 정책을 찾기 위해 가치 함수 값이 가장 큰 값을 찾습니다. 또한, 강화 학습에서 어떤 목표를 이루었을 때를 '최적(optimal)'의 상태, 즉 어떤 목적이 달성된 상태라고 합니다. 그래서 강화 학습 목표에 따라 찾은 정책을 **최적화된 정책**(optimal policy)이라고 하며, 이러한 최적화된 정책을 따르는 벨만 방정식을 **벨만 최적 방정식**(Bellman optimality equation)이라고 합니다.

최적의 가치 함수

최적의 가치 함수(optimal value function)란 최대의 보상을 갖는 가치 함수입니다. 따라서 다음과 같이 두 가지 함수의 최적화를 구할 수 있습니다.

상태-가치 함수는 어떤 상태가 더 많은 보상을 받을 수 있는지 알려 주며, 행동-가치 함수는 어떤 상태에서 어떤 행동을 취해야 더 많은 보상을 받을 수 있는지 알려 줍니다. 따라서 모든 상태에 대해 상태-가치 함수를 계산할 수 있다면, 모든 상태에 대해 최적의 행동(optimal action)을 선택할 수 있습니다.

최적의 행동을 위한 최적의 상태-가치 함수와 최적의 행동-가치 함수를 알아보겠습니다.

최적의 상태-가치 함수(optimal state-value function)

최적의 상태-가치 함수($v_*(s)$)는 주어진 모든 정책에 대한 상태-가치 함수의 최댓값이며, 수식은 다음과 같습니다.

$$v_*(s) = \max_\pi v_\pi(s)$$

최적의 행동-가치 함수(optimal action-value function)

최적의 상태-가치 함수와 유사하게 최적의 행동-가치 함수($q_*(s,a)$)는 주어진 모든 정책에 대해 행동-가치 함수의 최댓값이며, 다음 수식을 사용합니다.

$$q_*(s,a) = \max_\pi q_\pi(s,a)$$

행동-가치 함수는 현재 상태 s에서 정책 π를 따라 행동 a를 했을 때의 가치를 의미합니다.

♥ 그림 12-11 행동-가치 함수

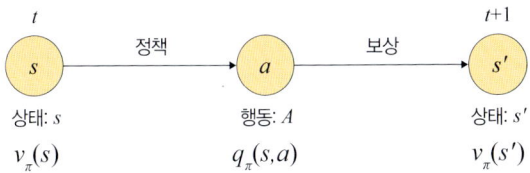

이때 행동-가치 함수(큐-함수라고도 함)에 대한 최적의 가치 함수를 구할 수 있다면 주어진 상태에서 q 값이 가장 높은 행동을 선택할 수 있게 됩니다. 따라서 최적화된 정책을 구할 수 있습니다. 이렇게 선택된 최적화된 정책은 다음 수식으로 정리할 수 있습니다.

$$\pi_*(a|s) = \begin{cases} 1 & a = \mathrm{argmax}_a\, q_*(s,a) \text{ 일 때} \\ 0 & \text{그 외} \end{cases}$$

즉, 행동-가치 함수를 최대로 하는 행동만 취하겠다는 의미입니다. 이렇듯 $q_*(s,a)$를 찾게 되면 최적화된 정책을 구할 수 있습니다.

12.3.3 다이나믹 프로그래밍

다이나믹(dynamic)은 연속적으로 발생되는 문제들을 푸는 것이고, 프로그래밍(programming)은 개발 언어가 아니라 수학적인 문제를 의미합니다. 따라서 다이나믹 프로그래밍(dynamic programming)은 연속적으로 발생되는 문제를 수학적으로 최적화(optimizing)하여 풀어내는 것이라고 할 수 있습니다.

다이나믹 프로그래밍은 MDP의 모든 상황에 대한 것을 이미 알고 있다고 가정합니다. 그렇기 때문에 계획(planning)이 가능합니다. 어떤 행동을 취했을 때 어떤 상태가 되는지 미리 알고 있기에 계획이 가능한 것과 동일합니다.

MDP와 정책을 입력으로 하여 가치 함수를 찾아내는 것이 예측(prediction) 과정입니다. 그리고 MDP를 입력으로 하여 기존 가치 함수를 더욱 최적화하는 것이 컨트롤(control) 과정입니다. 최종적으로 정책은 가치 함수를 사용하여 최적화된 정책을 찾을 수 있습니다.

정책 이터레이션(policy iteration)

정책을 더 좋게 업데이트하려면 어떻게 해야 할까요? 평가와 발전이라는 두 가지 접근 방식으로 정책을 업데이트할 수 있습니다.

현재 정책을 이용해서 가치 함수를 찾는 것을 평가(evaluate)라고 합니다. 그리고 이 가치 값과 행동에 대한 가치 값을 비교하여 더 좋은 정책을 찾아가는 과정을 발전(improve)이라고 합니다. 이 두 가지 과정을 반복하여 수행하면 정책과 가치는 특정 값으로 수렴하게 되고, 그때가 최적화된 정책과 가치라고 할 수 있습니다.

그럼 먼저 정책 평가를 살펴보겠습니다.

정책 평가

정책 이터레이션은 정책을 평가하고 발전시켜 나가는 것이 중요합니다. 앞서 언급했듯이 가치 함수는 정책이 얼마나 좋은지 판단하는 근거가 됩니다. 어떤 정책을 따라야 더 나은 보상을 받을 수 있을지 알 수 있기 때문입니다.

모든 상태에 대해 그다음 상태가 될 수 있는 행동에 대한 보상의 합을 저장하는 것이 정책 평가(policy evaluation)입니다. 즉, 주변 상태의 가치 함수와 바로 다음 상태에서 얻어지는 보상만 고려해서 현재 상태의 다음 가치 함수를 계산하는 것이라고 할 수 있습니다. 이렇게 계산한 값이 실제 가치 함수 값은 아니지만 무한히 반복하다 보면 어떤 값에 수렴하게 되고, 그 수렴된 값을 실제 가치 함수 값으로 유추할 수 있습니다.

정책 발전

정책 발전(policy improvement)으로 가장 많이 알려진 방법이 욕심쟁이 정책 발전(greedy policy improvement)입니다. 욕심쟁이 정책 발전은 에이전트가 할 수 있는 행동들의 행동-가치 함수를 비교하고 가장 큰 함수 값을 가진 행동을 취하는 것입니다. 따라서 욕심쟁이 정책 발전으로 정책을 업데이트하면 이전 가치 함수에 비해 업데이트된 정책으로 움직였을 때 받을 가치 함수는 무조건 크거나 같고, 장기적으로 최적화된 정책에 수렴할 수 있습니다. 정책 발전에서 사용되는 수식은 다음과 같습니다.

$$\pi'(s) = \underset{a \in A}{\mathrm{argmax}}\, q_\pi(s,a)$$

가치 이터레이션

가치 이터레이션(value iteration)은 최적의 정책을 가정하고 벨만 최적 방정식을 이용하여 순차적으로 행동을 결정합니다. 가치 이터레이션은 정책 이터레이션과 달리 따로 정책 발전이 필요하지 않습니다. 벨만 최적 방정식으로 문제를 푸는 이 방법은 한 번의 정책 평가 과정을 거치면 최적의 가치 함수와 최적의 정책이 구해지면서 MDP 문제를 풀 수 있기 때문입니다. 가치 이터레이션에서 사용하는 수식은 다음과 같습니다.

$$v_*(s) = \max_a E[R_{t+1} + \gamma v_*(S_{t+1}) | S_t = s,\, A_t = a]$$

12.4 큐-러닝

큐-러닝(Q-learning)은 모델 없이 학습하는 강화 학습 기법 중 하나입니다. 큐-러닝은 마르코프 결정 과정에서 최적의 정책을 찾는 데 사용됩니다.

12.4.1 큐-러닝

큐-러닝은 에이전트가 주어진 상태에서 행동을 취했을 경우 받을 수 있는 보상의 기댓값을 예측하는 큐-함수(Q-function)를 사용하여 최적화된 정책을 학습하는 강화 학습 기법입니다. 즉, 큐-

러닝은 여러 실험(episode)을 반복하여 최적의 정책을 학습합니다.

▼ 그림 12-12 큐-러닝

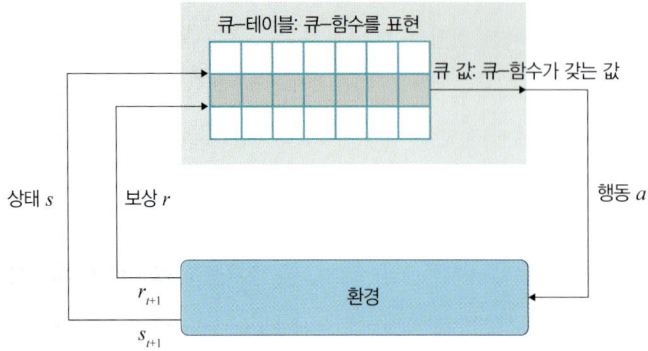

매 실험에서 각 상태마다 행동을 취하는데, 이때 행동은 랜덤한 선택을 하게 합니다. 그 이유는 가보지 않을 곳을 탐험하면서 새로운 좋은 경로를 찾으려고 하기 때문이죠. 이렇듯 새로운 길을 탐험하는 것을 말 그대로 탐험이라 정의하고, 욕심쟁이(greedy) 방법을 이용하여 수행합니다. 0~1 사이로 랜덤하게 난수를 추출해서 그 값이 특정 임계치(threshold)(예 0.1)보다 낮으면 랜덤하게 행동을 취합니다. 그리고 임계치는 실험이 반복되면서(학습이 진행되면서) 점점 낮은 값을 갖습니다. 따라서 학습이 수만 번 진행되면 임계치 값은 거의 0에 수렴되고, 행동을 취하고, 보상을 받고, 다음 상태를 받아 현재 상태와 행동에 대한 큐 값을 업데이트하는 과정을 무수히 반복합니다.

예를 들어 이것을 코드로 구현하면 다음과 같습니다.

```
while not done :                          행동 중 가장 보상(r)이 큰 행동을 고르고, 랜덤 노이즈 방식으로 활용과 탐험 구현
    action = np.argmax(Q[state, :] + np.random.randn(1, env.action_space.n) / (i+1))

    new_state, reward, done, _ = env.step(action)  ------ 해당 행동을 했을 때 환경이 변하고, 새로운 상태(state),
                                                          보상(reward), 완료(done) 여부를 반환
    Q[state, action] = reward + dis * np.max(Q[new_state, :])  ------ Q = R + Q

    rAll += reward
    state = new_state
```

앞서 탐험이라는 단어를 정의해 보았습니다. 경험으로 학습하는 강화 학습에서 최단 시간에 주어진 환경의 모든 상태를 관찰하고, 이를 기반으로 보상을 최대화할 수 있는 행동을 수행하려면 활용(exploitation)과 탐험(exploration) 사이의 균형이 필요합니다.

그럼 활용이란 무엇일까요? 활용이란 현재까지 경험 중 현 상태에서 가장 최대의 보상을 받을 수 있는 행동을 하는 것입니다. 이러한 다양한 경험을 쌓기 위한 새로운 시도를 탐험이라고 합니다. 탐험을 통해 얻는 경험이 늘 최상의 결과를 얻는 것은 아니기 때문에 시간과 자원에 대한 낭비가 발생합니다. 즉, 풍부한 경험이 있어야만 더 좋은 선택을 할 수 있지만, 경험을 쌓기 위한 새로운 시도들은 시간과 자원이 낭비되기 때문에 이 둘 사이의 균형이 필요합니다.

활용과 탐험을 반복하는 큐–러닝의 학습 절차는 다음과 같습니다.

1. **초기화**: 큐–테이블(Q–table)[1]에 있는 모든 큐 값을 '0'으로 초기화합니다.

▼ 표 12-1 큐–러닝의 큐–테이블

큐–테이블	행동				
	$Action_1$	$Action_2$	...	$Action_{n-1}$	$Action_n$
상태 $State_1$	0	0	...	0	0
$State_2$	0	0	...	0	0
...	...	...	...	...	...
$State_{n-1}$	0	0	...	0	0
$State_n$	0	0	...	0	0

예를 들어 '0'으로 초기화하는 코드는 다음과 같습니다.

```
Q = np.zeros([env.observation_space.n, env.action_space.n])
```

2. 행동 a를 선택하고 실행합니다.
3. 보상 r과 다음 상태 s'를 관찰합니다.
4. 상태 s'에서 가능한 모든 행동에 대해 가장 높은 큐 값을 갖는 행동인 a'를 선택합니다.
5. 다음 공식을 이용하여 상태에 대한 큐 값을 업데이트합니다.

$$Q_t(s_t, a_t) \leftarrow Q_{t-1}(s_t, a_t) + \alpha [R_{t+1} + \gamma \max_{a'} Q_t(s', a') - Q_{t-1}(s_t, a_t)]$$

여기에서 R_{t+1}은 현재 상태 s에서 어떤 행동 a를 취했을 때 얻는 즉각적 보상이고, $\max_{a'} Q_t(s', a')$는 미래에 보상이 가장 클 행동을 했다고 가정하고 얻은 다음 단계의 가치입니다. 따라서 목표 값(target value)은 $R_{t+1} + \gamma \max_{a'} Q_t(s', a')$이고, 이 목표 값과 실제로 관측해서 얻은 $Q_{t-1}(s_t, a_t)$

---

[1] 모든 상태와 행동에 대한 기록을 담고 있으며, 이 테이블 용도는 각 상태마다 최적의 행동을 취할 수 있는 가이드를 제공하는 것입니다.

값의 차이만큼 업데이트를 진행합니다.

6. 종료 상태에 도달할 때까지 **2~5**를 반복합니다.

하지만 이러한 큐-러닝은 실제로 실행해 보면 다음 이유로 잘 동작하지 않는 경우가 빈번합니다.

- 에이전트가 취할 수 있는 상태 개수가 많은 경우 큐-테이블 구축에 한계가 있습니다.
- 데이터 간 상관관계로 학습이 어렵습니다.

이와 같은 이유로 큐-러닝은 잘 동작하지 않습니다. 이러한 큐-러닝의 단점을 보완하고자 큐-러닝 기반의 DQN(Deep Q Network)이 출현했습니다.

12.4.2 딥 큐-러닝

딥 큐-러닝(Deep Q-Learning)은 합성곱 신경망을 이용하여 큐-함수를 학습하는 강화 학습 기법입니다. 이때 합성곱층을 깊게 하여 훈련할 때, 큐 값의 정확도를 높이는 것을 목표로 합니다.

❤ 그림 12-13 딥 큐-러닝

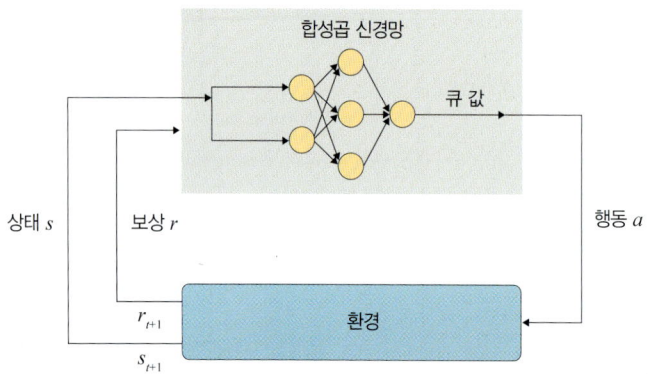

딥 큐-러닝의 특징들을 하나씩 살펴보겠습니다.

강화 학습을 위한 시뮬레이션 환경을 제공(참고로 강화 학습은 주로 게임에서 사용)

강화 학습을 위한 시뮬레이션 환경을 구현하는 데 중요한 함수가 세 개 있습니다.

- reset() 함수: 환경을 초기화할 때 사용합니다. 에이전트가 게임을 시작하거나 초기화가 필요할 때 reset() 함수를 사용하며, 초기화될 때는 관찰 변수(상태를 관찰하고 그 정보를 저장)를 함께 반환합니다.

- step() 함수: 에이전트에 명령을 내리는 함수입니다. 따라서 가장 많이 호출되는 함수로, 이 함수로 행동 명령을 보내고 환경에서 관찰 변수, 보상 및 게임 종료 여부 등 변수를 반환합니다.
- render() 함수: 화면에 상태를 표시하는 역할을 합니다.

타깃 큐-네트워크

큐-러닝에서는 큐-함수가 학습되면서 큐 값이 계속 바뀌는 문제가 있었는데, 딥 큐-러닝에서는 이 문제를 해결하기 위해 타깃 큐-네트워크(target Q-network)를 사용합니다. 즉, 큐-네트워크 외에 별도로 타깃 큐-네트워크를 두는 것이 특징입니다. 두 네트워크는 가중치 파라미터만 다르고 완전히 같습니다. DQN에서는 수렴을 원활하게 시키기 위해 타깃 큐-네트워크를 계속 업데이트하는 것이 아니라 주기적으로 한 번씩 업데이트합니다.

▼ 그림 12-14 딥 큐-러닝 네트워크 상세 구조

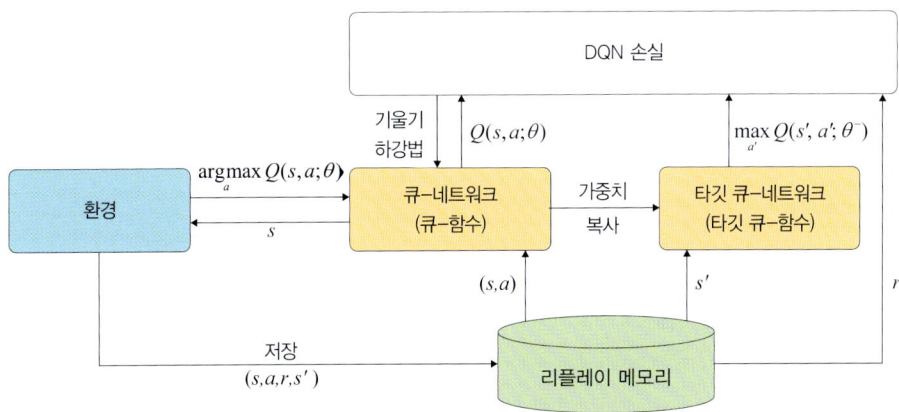

훈련을 수행할 때의 손실 함수로는 MSE를 사용합니다. 네트워크 두 개가 분리되어 있으므로 각 네트워크에서 사용되는 파라미터 θ의 표기가 다른 것을 확인할 수 있습니다.

$$L_i(\theta_i) = E_{(s,a,r,s') \sim U(D)}[(r + \gamma \max_{a'} Q(s', a'; \theta_i^-) - Q(s, a; \theta_i))^2]$$

리플레이 메모리

리플레이 메모리(replay memory)는 에이전트가 수집한 데이터를 저장해 두는 저장소입니다. 큐-러닝에서는 데이터 간의 상관관계로 학습 속도가 느려지는 문제가 있었는데, 딥 큐-러닝에서는 리플레이 메모리를 도입하여 해결하고 있습니다. 즉, 에이전트 상태가 변경되어도 즉시 훈련시키지 않고 일정 수의 데이터가 수집되는 동안 기다립니다. 나중에 일정 수의 데이터가 리플레이 메모리(버퍼)에 쌓이게 되면 랜덤하게 데이터를 추출하여 미니 배치를 활용해서 학습합니다. 이때 하나의 데이터에는 상태, 행동, 보상, 다음 상태가 저장됩니다.

$$e_t = (s_t, a_t, r_t, s_{t+1})$$

데이터 여러 개로 훈련을 수행한 결과들을 모두 수렴하여 결과를 내므로 상관관계 문제를 해결할 수 있습니다.

합성곱 신경망을 활용한 큐-함수

딥 큐-러닝은 큐 값의 정확도를 높이려고 합성곱 신경망을 도입했습니다.

이제 딥 큐-러닝(DQN)을 예제로 살펴보겠습니다.

이번에 진행할 예제에서는 OpenAI Gym의 CartPole-v1을 이용합니다. CartPole-v1의 에이전트는 카트에 부착된 막대기가 수직 상태를 유지할 수 있도록 카트를 왼쪽 또는 오른쪽으로 이동하는 작업을 반복합니다. 즉, 중심을 찾기 위해 지속적으로 이동하는 과정을 반복합니다.

❤ 그림 12-15 딥 큐-러닝 예제

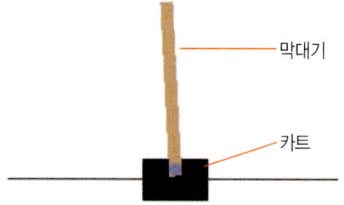

에이전트가 환경의 현재 상태를 관찰하고 카트를 오른쪽 혹은 왼쪽으로 이동하면 환경은 새로운 상태로 전이되고 행동(왼쪽 혹은 오른쪽 이동)의 결과로 보상을 받게 됩니다. 보상은 +1이 주어집니다. 막대기가 중심에서 너무 멀리 떨어지거나 카트가 중심에서 멀어지면 게임은 종료됩니다. 즉, 게임이 오래 지속될수록 더 많은 보상을 받을 수 있습니다.

CartPole에 대한 상태는 다음 표와 같습니다.

❤ 표 12-2 CartPole에 대한 상태

위치	왼쪽
	오른쪽
속도	
가속도	

신경망은 이전의 화면(screen)과 현재 화면(screen)의 차이를 통해 위치, 속도 등을 계산합니다.

다음 표는 에이전트가 취할 수 있는 행동입니다.

▼ 표 12-3 에이전트 행동

왼쪽
오른쪽

또한, 각 행동마다 +1을 보상으로 받습니다.

예제를 실행하기 위해 다음 패키지를 아나콘다 프롬프트에서 설치합니다.

> `pip install gym`

gym은 손쉽게 강화 학습 환경을 구성할 수 있도록 도와주는 파이썬 패키지입니다. gym 패키지를 이용해서 강화 학습(DQN)에 대한 예제를 진행하겠습니다.

예제는 파이토치 튜토리얼에서 제공하는 코드를 조금 수정한 것입니다. 튜토리얼의 코드와 비교하면서 살펴보거나 직접 조금씩 변경하여 학습하면 빠르게 실력을 향상시킬 수 있습니다. 먼저 필요한 라이브러리(패키지)를 호출합니다.

코드 12-1 라이브러리 호출

```python
import gym
import math
import random
import numpy as np
import matplotlib
import matplotlib.pyplot as plt
from collections import namedtuple  ------ 튜플에 담긴 요소들의 인덱스와 값으로 모두 접근 가능
from itertools import count  ------ 무한 루프 사용을 위한 라이브러리
from PIL import Image  ------ 이미지 처리를 위한 라이브러리

import torch
import torch.nn as nn
import torch.optim as optim
import torch.nn.functional as F
import torchvision.transforms as T

env = gym.make('CartPole-v1').unwrapped  ------ cartpole이라는 강화 학습 환경을 불러옵니다.
plt.ion()
device = torch.device("cuda" if torch.cuda.is_available() else "cpu")
```

다음은 출력 결과에서 한글이 깨지는 현상을 방지하기 위한 코드를 작성합니다. 경로 변경 없이 그대로 사용해야 합니다.

코드 12-2 한글 깨짐 방지

```python
from matplotlib import font_manager
font_fname = 'C:/Windows/Fonts/malgun.ttf'
font_family = font_manager.FontProperties(fname=font_fname).get_name()
plt.rcParams["font.family"] = font_family
```

DQN은 리플레이 메모리를 사용합니다. 리플레이 메모리에 에이전트가 관찰한 상태 전이(state transition)[2], 상태, 행동 등을 저장하여 나중에 재사용합니다.

코드 12-3 리플레이 메모리

```python
Transition = namedtuple('Transition',
                        ('state', 'action', 'next_state', 'reward')) ------ ①

class ReplayMemory(object): ------ ②
    def __init__(self, capacity):
        self.capacity = capacity
        self.memory = []
        self.position = 0

    def push(self, *args):
        if len(self.memory) < self.capacity:
            self.memory.append(None)
        self.memory[self.position] = Transition(*args)
        self.position = (self.position + 1) % self.capacity

    def sample(self, batch_size):
        return random.sample(self.memory, batch_size)

    def __len__(self):
        return len(self.memory)
```

① namedtuple에는 상태 전이와 관련된 정보들을 포함합니다. 현재의 상태와 행동(state, action)은 다음 상태와 보상(next_state, reward)으로 매핑됩니다. 즉, 현재의 상태에 대해 행동을 하게 되면 그것에 대한 보상이 주어지고 다음 상태를 보여 주기 때문에 현재 상태, 행동, 다음 상태, 보

---

[2] 현재 상태에서 다음 상태로의 변환을 의미합니다.

상('state', 'action', 'next_state', 'reward')에 대한 정보들을 관리합니다.

② 리플레이 메모리(버퍼)에는 최근에 관찰된 전이(transition), 현재 상태, 행동, 다음 상태, 보상 정보들이 담기게 됩니다. 또한, .sample() 메서드는 리플레이 메모리에 저장된 데이터 중 랜덤하게 배치 크기(batch_size)만큼 반환합니다.

CartPole 예제는 통제된 상황(에이전트의 모든 행동이 예측 가능한 상황)을 가정합니다. 하지만 현실에서는 완벽하게 통제된 상황은 존재하지 않습니다. 따라서 DQN 신경망을 이용하여 Q(action-value) 함수와 유사하도록 네트워크를 생성합니다. 또한, 모델 학습의 목표는 누적 보상이 최대가 되는 것입니다.

코드 12-4 DQN 모델 네트워크

```python
class DQN(nn.Module):
    def __init__(self, h, w, outputs):
        super(DQN, self).__init__()
        self.conv1 = nn.Conv2d(3, 16, kernel_size=5, stride=2)
        self.bn1 = nn.BatchNorm2d(16)
        self.conv2 = nn.Conv2d(16, 32, kernel_size=5, stride=2)
        self.bn2 = nn.BatchNorm2d(32)
        self.conv3 = nn.Conv2d(32, 32, kernel_size=5, stride=2)
        self.bn3 = nn.BatchNorm2d(32)

        def conv2d_size_out(size, kernel_size=5, stride=2):
            return(size - (kernel_size-1)-1) // stride + 1

        convw = conv2d_size_out(conv2d_size_out(conv2d_size_out(w)))
        convh = conv2d_size_out(conv2d_size_out(conv2d_size_out(h)))
        linear_input_size = convw * convh * 32      ------①
        self.head = nn.Linear(linear_input_size, outputs)

    def forward(self, x):
        x = F.relu(self.bn1(self.conv1(x)))
        x = F.relu(self.bn2(self.conv2(x)))
        x = F.relu(self.bn3(self.conv3(x)))
        return self.head(x.view(x.size(0), -1))   ----- 함수의 반환값은 [[left0exp,right0exp]···]와 같으며 다음 행동을 결정하기 위해 사용
```

① 선형 계층의 입력은 합성곱층(Conv2d)의 출력과 입력 이미지의 크기에 따라 달라지므로 ①과 같이 계산해야 합니다.

이제 환경에서 이미지를 추출하고 처리하는 함수를 정의합니다. 이때 다양한 이미지 변환을 쉽게 처리할 수 있도록 torchvision 패키지를 사용합니다.

먼저 pyglet 패키지를 설치합니다.

```
> pip install pyglet
```

코드 12-5 이미지 추출 및 처리

```python
import pyglet

resize = T.Compose([T.ToPILImage(),
                    T.Resize(40, interpolation=Image.CUBIC),
                    T.ToTensor()])  # ------ 이미지 크기 및 텐서 변환

def get_cart_location(screen_width):  # ------ 카트의 위치 정보 가져오기
    world_width = env.x_threshold * 2
    scale = screen_width / world_width
    return int(env.state[0] * scale + screen_width / 2.0)  # ------ 카트의 중간(중앙) 위치

def get_screen():  # ------ ①
    screen = env.render(mode='rgb_array').transpose((2, 0, 1))  # ------ ②
    _, screen_height, screen_width = screen.shape
    screen = screen[:, int(screen_height*0.4):int(screen_height * 0.8)]
    view_width = int(screen_width * 0.6)
    cart_location = get_cart_location(screen_width)
    if cart_location < view_width // 2:  # ------ 카트는 출력 화면의 아래쪽 중앙에 존재하므로
                                         #        화면의 위쪽과 아래쪽을 제거
        slice_range = slice(view_width)  # ------ ③
    elif cart_location > (screen_width - view_width // 2):
        slice_range = slice(-view_width, None)
    else:
        slice_range = slice(cart_location - view_width // 2,
                            cart_location + view_width // 2)
    screen = screen[:, :, slice_range]  # ------ 카트가 화면의 중앙에 위치하도록 가장자리를 제거
    screen = np.ascontiguousarray(screen, dtype=np.float32) / 255  # ------ ④
    screen = torch.from_numpy(screen)  # ------ 텐서로 변환
    return resize(screen).unsqueeze(0).to(device)  # ------ 출력 크기 조정 및 배치 차원 추가하여 데이터는
                                                   #        (배치, 채널, 높이, 너비)의 형태를 갖습니다.

env.reset()  # ------ 환경을 초기화
plt.figure()
plt.imshow(get_screen().cpu().squeeze(0).permute(1, 2, 0).numpy(),
           interpolation='none')  # ------ permute 함수는 transpose 함수처럼 차원을 바꾸어서 표현할 때 사용
```

```
plt.title('화면 예시')
plt.show()
```

① 엡실론 욕심쟁이 정책(epsilon greedy policy)[3]에 따라 행동(action)을 선택합니다. 즉, 행동을 선택하기 위해 활용(exploitation)과 탐험(exploration)이라는 방법을 이용합니다. 따라서 때로는 모델을 활용하게 되고 때로는 리플레이 메모리의 데이터를 랜덤하게 샘플링(sampling)하여 탐험을 합니다. 랜덤 샘플링을 선택할 확률은 EPS_START에서 시작하여 EPS_END를 향해 기하급수적으로 감소합니다. 또한, EPS_DECAY는 감소하는 비율을 제어합니다.

② gym을 이용한 출력은 400×600×3의 형태를 갖지만 때로는 800×1200×3의 형태를 갖기도 합니다. 이때는 데이터의 형태를 (채널, 높이, 너비)로 바꾸어 주어야 합니다.

③ slice는 데이터 중 일부를 잘라서 가져올 때 사용하며 이용 방법은 다음과 같습니다.

```
text = 'python with pytorch'
sliced_text = slice(6) ······ 인덱스 0부터 시작해서 5까지 반환
print(text[sliced_text]) ······ text의 데이터에서 인덱스 0부터 시작해서 5까지 반환
```

slice를 적용한 결과는 다음과 같습니다.

```
python
```

④ 데이터를 실수(float)로 변환하고 출력의 크기를 조정합니다. 또한, np.ascontiguousarray는 메모리에서 연속적인 배열을 반환하고자 할 때 사용합니다. 사용 방법은 다음과 같습니다.

먼저 임의의 데이터(배열)를 생성합니다.

```
x = np.arange(12).reshape(3,4) ······ np.arange()를 이용하여 3×4 형태의 배열 생성
x
```

다음은 생성된 배열의 출력 결과입니다.

```
array([[ 0,  1,  2,  3],
       [ 4,  5,  6,  7],
       [ 8,  9, 10, 11]])
```

이번에는 np.ascontiguousarray를 이용해 보겠습니다.

```
np.ascontiguousarray(x, dtype=np.float32)
```

---

[3] 활용(exploitation)과 탐험(exploration)을 이용하여 학습하는 방법입니다.

다음은 np.ascontiguousarray를 이용했을 때의 출력 결과입니다.

```
array([[ 0.,  1.,  2.,  3.],
       [ 4.,  5.,  6.,  7.],
       [ 8.,  9., 10., 11.]], dtype=float32)
```

어떤가요? 결과가 같습니다. 잊지 말아야 할 것은 ascontiguousarray 함수는 메모리에 연속적으로 저장되지 않는 배열을 연속적으로 저장되는 배열로 변환하기 때문에 더 빠르게 데이터를 불러올 수 있습니다.

또한, np.ascontiguousarray에서 사용하는 파라미터는 다음과 같습니다.

np.ascontiguousarray(<u>screen</u>, <u>dtype=np.float32</u>)
         ⓐ   ⓑ

ⓐ screen: 변환될 데이터(입력 데이터)

ⓑ dtype: 반환되는 데이터의 형태(타입)

다음 그림은 CartPole의 화면에 대한 출력 결과입니다.

▼ 그림 12-16 CartPole 화면 예시

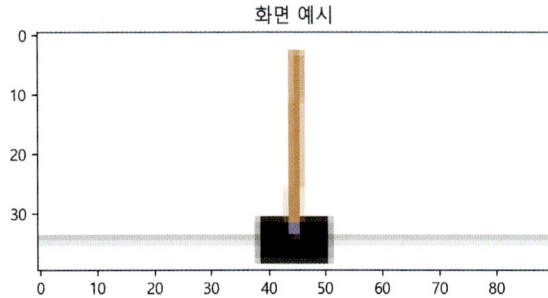

DQN을 policy_net, target_net이라는 이름으로 모델을 객체화하고 손실 함수를 정의해서 학습을 위한 준비를 합니다.

코드 12-6 모델 객체화 및 손실 함수 정의

```
BATCH_SIZE = 128
GAMMA = 0.999
EPS_START = 0.9
EPS_END = 0.05
EPS_DECAY = 200
TARGET_UPDATE = 10
```

```
init_screen = get_screen() ……①
_, _, screen_height, screen_width = init_screen.shape
n_actions = env.action_space.n ……  gym에서 행동(action)에 대한 횟수를 가져옵니다.

policy_net = DQN(screen_height, screen_width, n_actions).to(device)
target_net = DQN(screen_height, screen_width, n_actions).to(device)
target_net.load_state_dict(policy_net.state_dict()) ……②
target_net.eval()

optimizer = optim.RMSprop(policy_net.parameters())
memory = ReplayMemory(10000)

steps_done = 0

def select_action(state):
    global steps_done
    sample = random.random()
    eps_threshold = EPS_END + (EPS_START - EPS_END) * \
        math.exp(-1. * steps_done / EPS_DECAY)
    steps_done += 1
    if sample > eps_threshold:
        with torch.no_grad():
            return policy_net(state).max(1)[1].view(1, 1) ……  max(1)은 각 행의 가장 큰 열 값을 반환
    else:
        return torch.tensor([[random.randrange(n_actions)]], device=device,
                            dtype=torch.long)

episode_durations = []
```

① gym의 출력 모양에 따라 네트워크 계층을 올바르게 초기화할 수 있도록 화면 크기를 가져옵니다. 이때 화면의 크기는 $3 \times 40 \times 90$에 가까운데, get_screen() 함수에서 압축 및 축소한 결과입니다. get_screen() 함수에서 env.render()를 통해 화면의 크기 정보를 가져왔고, 여기에 slice()를 적용하여 크기를 축소했습니다.

② 모델을 불러와서 파라미터 값을 채워 줍니다.

   target_net.load_state_dict(policy_net.state_dict())
                  ⓐ   ⓑ

ⓐ load_state_dict: state_dict 값을 읽고(policy_net이라는 모델을 가져와서) 모델의 파라미터 값을 채워 줍니다.

ⓑ state_dict: 모델의 저장, 업데이트, 변경 및 복원을 위해 사용합니다. 여기에서 말하는 모델이란 모델에서 사용하는 가중치, 옵티마이저 등의 값을 의미합니다.

모델 학습을 위해서는 먼저 리플레이 메모리에서 샘플 데이터(텐서)를 가져와서 torch.cat을 이용하여 하나의 텐서로 연결합니다. 이후 $Q(s_t, a_t)$ 및 $V(s_{t+1})$을 계산한 후 손실 함수에서 사용합니다. 참고로 s가 최종 상태(게임의 종료)이면 $V(s)=0$으로 설정합니다. 알고리즘의 안정성을 높이기 위해 타깃 네트워크(target_net)를 사용하여 $V(s_{t+1})$도 계산합니다. 타깃 네트워크의 가중치는 일정 시간 동안 고정된 상태로 유지되지만 정기적으로 정책 네트워크의 가중치로 업데이트됩니다.

코드 12-7 모델에서 사용할 옵티마이저 정의

```
def optimize_model():
    if len(memory) < BATCH_SIZE:
        return

    transitions = memory.sample(BATCH_SIZE)
    batch = Transition(*zip(*transitions))  ------ ①
    non_final_mask = torch.tensor(tuple(map(lambda s: s is not None,
                                  batch.next_state)), device=device, dtype=torch.bool)   ②
    non_final_next_states = torch.cat([s for s in batch.next_state
                                       if s is not None])  ------ torch.cat을 이용하여 s 값들을
                                                                   이어 붙입니다.
    state_batch = torch.cat(batch.state)
    action_batch = torch.cat(batch.action)
    reward_batch = torch.cat(batch.reward)

    state_action_values = policy_net(state_batch).gather(1, action_batch)  ------ $Q(s_t, a_t)$를 계산
    next_state_values = torch.zeros(BATCH_SIZE, device=device)
    next_state_values[non_final_mask] = target_net(non_final_next_states).max(1)[0].
                                        detach()  ------ ③
    expected_state_action_values = (next_state_values * GAMMA) + reward_batch  ------
                                                                                    $V(s_{t+1})$을 계산
    loss = F.smooth_l1_loss(state_action_values, expected_state_action_values.unsqueeze(1))  ---- ④
    optimizer.zero_grad()
    loss.backward()

    for param in policy_net.parameters():
        param.grad.data.clamp_(-1, 1)
    optimizer.step()
```

① zip은 transpose와 같은 역할을 합니다. 예를 들어 다음과 같습니다.

▼ 그림 12-17 zip 예제

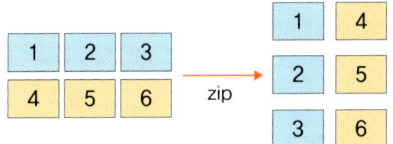

```
list_data = [[1,2,3],[4,5,6]]   ······ 2×3 형태의 행렬 생성
list(zip(*list_data))   ······ zip 함수와 *를 함께 사용해야 합니다.
```

zip을 적용한 결과는 다음과 같습니다.

```
[(1, 4), (2, 5), (3, 6)]
```

transpose를 적용한 결과와 동일한 것을 확인할 수 있습니다. 따라서 예제는 transitions 데이터의 행과 열을 바꾸겠다는 의미입니다.

그럼 이제 zip에서 사용했던 애스터리스크(*)에 대해 알아보겠습니다. 애스터리스크(*)는 다음과 같은 목적을 위해 사용합니다.

1. 함수 내에서 튜플[4]을 의미합니다.

```
def tuple_data(*args):
    print(type(args))
    print(args)
tuple_data(1,2,3,4)
```

출력 결과는 다음과 같습니다.

```
<class 'tuple'>
(1, 2, 3, 4)
```

2. 튜플 혹은 리스트의 데이터를 풀어서 사용할 수 있습니다. 예를 들어 다음과 같이 사용할 수 있습니다.

```
def tuple_data(*args):
    print(*args)   ······ 애스터리스크가 함께 사용된 것에 주의하세요.
tuple_data(1,2,3,4)
```

---

4 리스트처럼 여러 개의 데이터를 담아 두는 데 사용합니다.

다음은 출력 결과를 보여 줍니다.

1 2 3 4

애스터리스크는 주로 1의 항목과 zip 함수에서 사용됩니다.

② 게임의 상태(종료가 아닌 모든 상태)를 계산하기 위한 코드입니다.

non_final_mask = torch.tensor(tuple(map(lambda s: s is not None, batch.next_state)),
      ⓐ   ⓑ   ⓒ
        device=device, dtype=torch.bool)
         ⓓ   ⓔ

ⓐ torch.tensor: 파이토치에서 사용하는 텐서로 변환

ⓑ torch.tensor(tuple): 튜플을 텐서로 변형하겠다는 의미

ⓒ map: map은 여러 개의 데이터를 한 번에 다른 형태로 변환할 때 사용합니다. 이때 여러 개의 데이터를 담고 있는 list나 tuple을 주로 사용합니다.

map의 사용 형식은 다음과 같습니다.

map(변환 함수, 리스트/튜플)

map()은 두 번째 인자의 리스트/튜플에 포함된 모든 데이터에 변환 함수를 적용하여 다른 형태(타입)의 데이터로 바꾸어 줍니다.

```
def multiply(x):
    return x * 5
```

```
tuple(map(multiply, [1, 2, 3, 4]))
```

map()을 적용한 결과는 다음과 같습니다.

(5, 10, 15, 20)

[1, 2, 3, 4]의 각 값에 5를 곱한 결과를 보여 줍니다.

ⓓ device: 어떤 장치(CPU/GPU)를 사용할지 지정

ⓔ torch.bool: 참과 거짓을 표현하는 자료형

③ 발생 가능한 다음 상태($V(s_{t+1})$)를 계산하기 위한 코드입니다. 다음 상태에서 발생할 행동 (action)의 기댓값 계산은 타깃 네트워크(target_net)를 사용하며, 다음 상태의 행동은 보상이 최대(max(1)[0])가 되는 것을 선택합니다.

④ 오차를 계산하기 위해 smooth_l1_loss 손실 함수를 사용합니다. smooth_l1_loss는 L1 손실과 L2 손실을 함께 사용합니다. 배열(텐서)에서 요소별 오차의 절댓값이 베타 미만의 값이면 제곱 항 (L2 손실)을 사용하고 그렇지 않으면 L1 손실을 사용합니다.

L1 손실의 경우 V자 형태를 갖기 때문에 미분 불가능한 지점이 있지만, 상대적으로 L2 손실에 비해 이상치에 의한 영향은 적은 장점이 있습니다. 반면에 L2 손실의 경우 U자 형태로 모든 지점에서 미분 가능하지만 이상치에 취약한 단점이 있습니다. 결국 smooth_l1_loss는 L1 손실과 L2 손실의 장점을 결합한 손실 함수라고 할 수 있습니다.

smooth_l1_loss의 수식은 다음과 같습니다.

$$loss(x,y) = \frac{1}{n}\sum_i z_i$$

이때 z_i 조건은 다음과 같습니다.

$$z_i = \begin{cases} 0.5(x_i - y_i)^2 / beta & |x_i - y_i| < beta \text{ 일 때} \\ |x_i - y_i| - 0.5 \times beta & \text{그 외} \end{cases}$$

이때 beta의 기본값은 1.0입니다. smooth_l1_loss는 nn.MSELoss보다 이상치에 덜 민감하며 경우에 따라 기울기 폭발을 방지합니다. 특히 기울기 폭발 문제가 발생할 수 있는 Fast R-CNN 모델에서 많이 사용됩니다.

smooth_l1_loss에서 사용하는 파라미터는 다음과 같습니다.

```
F.smooth_l1_loss(state_action_values, expected_state_action_values.unsqueeze(1))
                 ⓐ                    ⓑ
```

ⓐ 첫 번째 파라미터: $Q(s_t, a_t)$ 값

ⓑ 두 번째 파라미터: $V(s_{t+1})$ 값

모델 학습의 목표는 카트를 이동하면서 막대기를 수직으로 위치시키는 것입니다. 이를 위해 행동은 무작위로 선택되거나 정책에 따라 움직이게 되며, 행동에 대한 결과를 리플레이 메모리 (ReplayMemory())에 기록합니다. 그리고 모든 학습(에포크)에서는 optimize_model()을 사용합니다. optimize_model()은 리플레이 메모리에서 무작위 데이터를 선택하여 새로운 정책을 학습합니다. 마지막으로 최신 상태를 유지하기 위해 target_net에 가중치 및 바이어스를 업데이트합니다. 정리하면 모델 학습은 다음 그림과 같습니다.

▼ 그림 12-18 모델 학습 과정

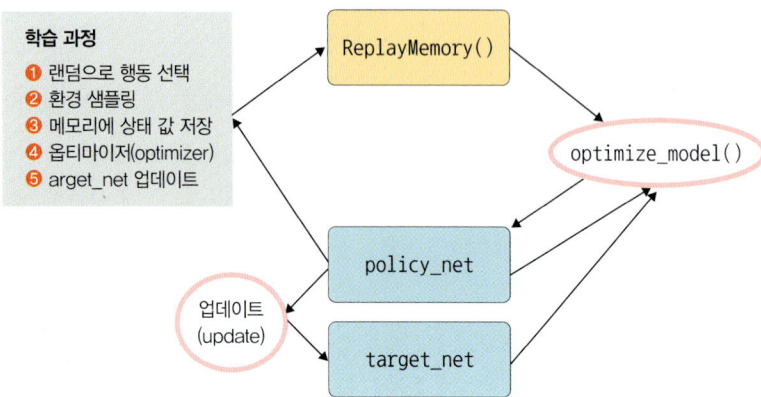

예제에서는 반복을 50으로 설정했지만 좀 더 정확한 결과를 얻고 싶다면 300회 이상의 학습을 진행해야 합니다.

코드 12-8 모델 학습

```
num_episodes = 50

for i_episode in range(num_episodes):
    env.reset() ------ 환경과 상태 초기화
    last_screen = get_screen()
    current_screen = get_screen()
    state = current_screen - last_screen

    for t in count():
        action = select_action(state) ------ 행동 선택 및 실행
        _, reward, done, _ = env.step(action.item()) ------ 선택한 행동(action)을 환경으로 보냅니다.
        reward = torch.tensor([reward], device=device)

        last_screen = current_screen
        current_screen = get_screen()

        if not done: ------ 새로운 상태 관찰(observe)
            next_state = current_screen - last_screen
        else:
```

```
            next_state = None

        memory.push(state, action, next_state, reward) ------ 상태 전이(state transition)를 메모리에 저장
        state = next_state ------ 다음 상태로 이동

        optimize_model() ------ 타깃(큐) 네트워크에 대해 최적화 진행
        if done:
            episode_durations.append(t + 1)
            break

    if i_episode % TARGET_UPDATE == 0:
        target_net.load_state_dict(policy_net.state_dict()) ------ 큐 네트워크의 모든 가중치와
                                                                   바이어스를 복사하여 타깃(큐)
                                                                   네트워크를 업데이트합니다.
print('종료')
env.render() ------ 화면을 출력
env.close() ------ 화면을 종료
plt.show()
```

다음 그림은 모델을 학습시킨 결과입니다.

▼ 그림 12-19 모델 학습 결과

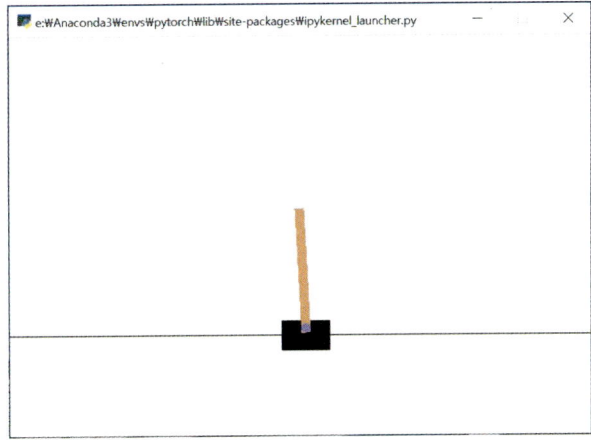

학습 결과는 주피터 노트북이 아닌 새로운 창에 실행됩니다. 새로운 창에서 카트가 왼쪽과 오른쪽으로 이동하면서 학습하게 되고, 학습이 완료되면 창은 자동으로 닫힙니다.

강화 학습은 주로 게임에서 사용하기 때문에 많은 예제가 공개되어 있습니다. 특히 DQN 관련 예제들을 찾아서 추가적으로 구현해 보는 것도 학습에 많은 도움이 될 것입니다.

12.5 몬테카를로 트리 탐색

몬테카를로 트리 탐색은 알파고에서 사용된 알고리즘으로 유명합니다. 이 알고리즘은 바둑처럼 다양한 경우의 수를 고려해야 할 때 주로 사용됩니다.

12.5.1 몬테카를로 트리 탐색 원리

몬테카를로 트리 탐색은 모든 트리 노드를 대상으로 탐색하는 대신 게임 시뮬레이션을 이용하여 가장 가능성이 높아 보이는 방향으로 행동을 결정하는 탐색 방법입니다. 즉, 경우의 수가 많을 때 순차적으로 시도하는 것이 아닌 무작위 방법 중 가장 승률이 높은 값을 기반으로 시도하는 것이 몬테카를로 트리 탐색입니다.

▼ 그림 12-20 몬테카를로 트리 탐색 원리

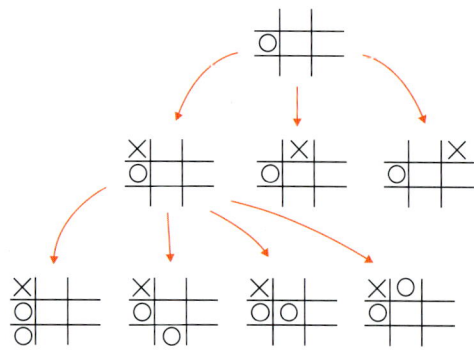

몬테카를로 트리 탐색 알고리즘은 총 네 단계로 학습합니다.

1. **선택**: 루트 R에서 시작하여 현재까지 펼쳐진 트리 중 가장 승산 있는 자식 노드 L을 선택합니다. 이때 선택은 다음 수식을 사용합니다.

$$\frac{w_i}{n_i} + C\sqrt{\frac{\log t}{n_i}} \quad \begin{pmatrix} w_i : i\text{번 움직인 후의 승리 횟수입니다.} \\ n_i : i\text{번 움직인 후의 시뮬레이션 횟수입니다.} \\ C : \text{탐험 파라미터로 } \sqrt{2}\text{를 처음 초깃값으로 많이 사용합니다.} \\ \text{하지만 이 값은 실험을 해서 조정되어야 합니다.} \\ t : \text{시뮬레이션의 전체 횟수입니다. 즉, 모든 } n_i\text{의 합이므로} \\ \text{이 값은 결국 부모 노드의 } n_i \text{ 값입니다.} \end{pmatrix}$$

2. **확장**: 노드 L에서 게임이 종료되지 않는다면 하나 또는 그 이상의 자식 노드를 생성하고 그중 하나의 노드 C를 선택합니다.
3. **시뮬레이션**: 노드 C에서 랜덤으로 자식 노드를 선택하여 게임을 반복 진행합니다.
4. **역전파**: 시뮬레이션 결과로 C, L, R까지 경로에 있는 노드들의 정보를 갱신합니다.

▼ 그림 12-21 몬테카를로 트리 탐색

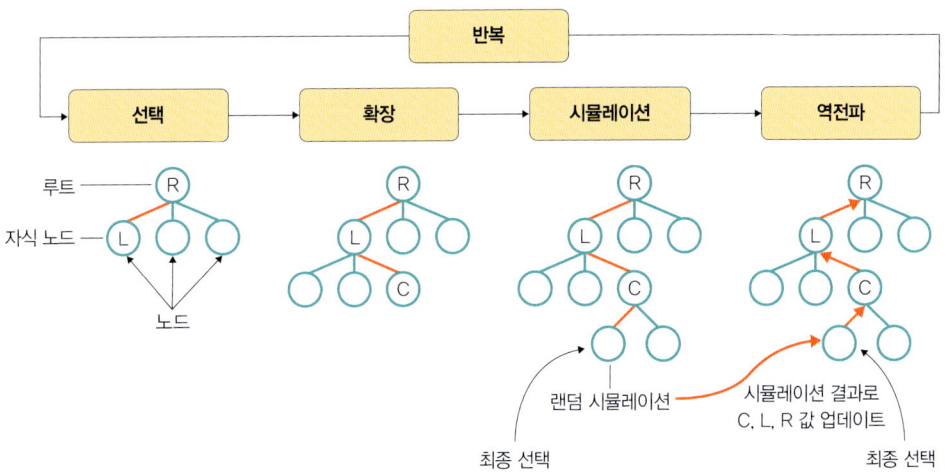

이와 같이 몬테카를로 트리 탐색은 최선의 선택을 하기 위한 방법으로 트리에서 랜덤 시뮬레이션을 이용하여 최적의 선택을 결정합니다. 이때 임의로 시행되는 다수의 시뮬레이션으로 각각의 움직임을 측정한 후 효율적인 경우의 수를 예측합니다. 몬테카를로 트리 탐색을 이용한 대표적 알고리즘이 알파고입니다. 또한, 보드 게임, 실시간 비디오 게임, 포커 같은 비결정적 게임에도 사용됩니다.

12.5.2 몬테카를로 트리 탐색을 적용한 틱택토 게임 구현

몬테카를로 트리 탐색을 예제로 알아보기 위해 틱택토 게임을 구현해 봅시다. 틱택토(tic-tac-toe)는 강화 학습 중에서도 몬테카를로 트리 탐색을 위한 예제로 많이 사용하고 있습니다. 간단한 코드 구현을 위해 텐서플로는 사용하지 않았지만, 유사한 코드가 인터넷에 많으니 찾아서 실습해 보길 권장합니다.

게임 이용 방법

커맨드 라인에서 게임을 진행할 수 있는 2인용 틱택토 게임을 만들 예정입니다. 처음에는 비어 있는 보드를 만든 후 플레이어에게서 입력을 받아 승리 조건을 확인하고 승자를 선언하거나, 전체 보드가 채워졌음에도 아무도 이기지 않으면 결과를 '동점'으로 선언합니다.

보드는 키보드의 숫자 패드처럼 번호가 써 있습니다. 플레이어(X와 Y)가 보드판에 숫자를 가로세로 혹은 대각선으로 채우면 승리합니다.

▼ 그림 12-22 몬테카를로 트리 탐색 예제

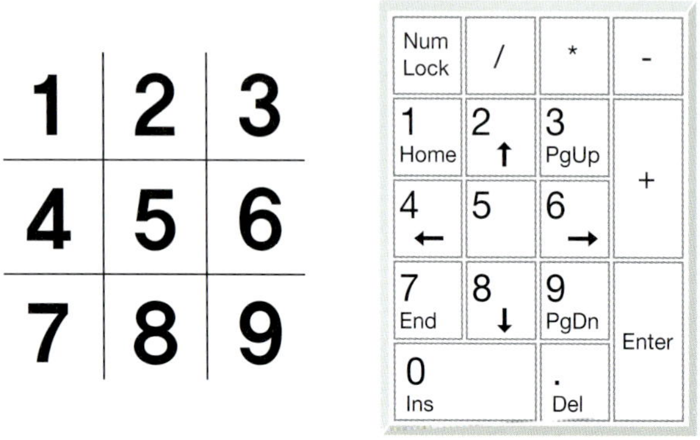

파이썬 코드 구현

틱택토 게임은 딕셔너리를 사용하여 게임 보드를 만듭니다. 딕셔너리는 "key : value" 형식으로 데이터를 저장하는 파이썬의 기본 데이터 유형입니다. 따라서 길이가 9인 딕셔너리를 만드는데 key는 보드의 블록을 나타내며, value는 플레이어의 움직임을 나타냅니다.

먼저 게임에서 사용되는 보드를 생성합니다.

코드 12-9 보드 생성

```python
boarder = {'1': ' ' , '2': ' ' , '3': ' ' ,
           '4': ' ' , '5': ' ' , '6': ' ' ,
           '7': ' ' , '8': ' ' , '9': ' ' }
board_keys = []

for key in boarder:
    board_keys.append(key)
```

보드에 1~9의 숫자를 매핑하는 출력 함수를 정의합니다.

코드 12-10 화면 출력 함수 정의

```python
def visual_Board(board_num):  ······ ①
    print(board_num['1'] + '|' + board_num['2'] + '|' + board_num['3'])
    print('-+-+-')
    print(board_num['4'] + '|' + board_num['5'] + '|' + board_num['6'])
    print('-+-+-')
    print(board_num['7'] + '|' + board_num['8'] + '|' + board_num['9'])
```

① 게임을 진행할 때마다 업데이트된 보드를 출력해야 하므로 visual_Board() 함수를 호출하여 매번 쉽게 보드를 출력할 수 있도록 합니다.

이제 에이전트(플레이어)가 보드를 이동하여 게임을 진행하는 메인 함수를 정의합니다.

코드 12-11 보드 이동 함수 정의

```python
def game():  ······ 플레이어의 보드 이동을 위한 함수
    turn = 'X'
    count = 0
    for i in range(8):
        visual_Board(boarder)
        print("당신 차례입니다," + turn + ". 어디로 이동할까요?")
        move = input()
        if boarder[move] == ' ':
            boarder[move] = turn
            count += 1
        else:
            print("이미 채워져 있습니다.\n어디로 이동할까요?")
            continue

        if count >= 5:  ······ 플레이어 X 또는 Y가 다섯 번 이동 후 이겼는지 확인
            if boarder['1'] == boarder['2'] == boarder['3'] != ' ':  ┈┈┐
                visual_Board(boarder)           상단 1, 2, 3이 채워졌을 경우
                print("\n게임 종료.\n")
                print(" ---------- " + turn + "가 승리했습니다. ----------")
                break

            elif boarder['4'] == boarder['5'] == boarder['6'] != ' ':  ┈┈┐
                visual_Board(boarder)           중앙 4, 5, 6이 채워졌을 경우
                print("\n게임 종료.\n")
                print(" ---------- " + turn + "가 승리했습니다. ----------")
```

```python
            break

        elif boarder['7'] == boarder['8'] == boarder['9'] != ' ':      # 하단 7, 8, 9가 채워졌을 경우
            visual_Board(boarder)
            print("\n게임 종료.\n")
            print(" ---------- " + turn + "가 승리했습니다. ----------")
            break

        elif boarder['1'] == boarder['4'] == boarder['7'] != ' ':      # 보드의 왼쪽 1, 4, 7이 채워졌을 경우
            visual_Board(boarder)
            print("\n게임 종료.\n")
            print(" ---------- " + turn + "가 승리했습니다. ----------")
            break

        elif boarder['2'] == boarder['5'] == boarder['8'] != ' ':      # 보드의 중간 2, 5, 8이 채워졌을 경우
            visual_Board(boarder)
            print("\n게임 종료.\n")
            print(" ---------- " + turn + "가 승리했습니다. ----------")
            break

        elif boarder['3'] == boarder['6'] == boarder['9'] != ' ':      # 보드의 오른쪽 3, 6, 9가 채워졌을 경우
            visual_Board(boarder)
            print("\n게임 종료.\n")
            print(" ---------- " + turn + "가 승리했습니다. ----------")
            break

        elif boarder['1'] == boarder['5'] == boarder['9'] != ' ':      # 대각선 1, 5, 9가 채워졌을 경우
            visual_Board(boarder)
            print("\n게임 종료.\n")
            print(" ---------- " + turn + "가 승리했습니다. ----------")
            break

        elif boarder['3'] == boarder['5'] == boarder['7'] != ' ':      # 대각선 3, 5, 7이 채워졌을 경우
            visual_Board(boarder)
            print("\n게임 종료.\n")
            print(" ---------- " + turn + "가 승리했습니다. ----------")
            break

    if count == 9:      # X, Y 모두 이기지 않고 보드가 꽉 차면 결과를 '동점(tie)'으로 선언
        print("\n게임 종료.\n")
        print("동점입니다")

    if turn == 'X':     # 움직임이 있을 때마다 플레이어 변경(X→Y, Y→X)
```

```
                turn = 'Y'
            else:
                turn = 'X'

if __name__ == "__main__":
    game()
```

다음은 보드를 이동하여 게임을 실행하는 과정입니다. X가 게임에서 승자가 되도록 게임을 진행하겠습니다.

```
 | |
-+-+-
 | |
-+-+-
 | |
당신 차례입니다,X. 어디로 이동할까요?
3
 | |X
-+-+-
 | |
-+-+-
 | |
당신 차례입니다,Y. 어디로 이동할까요?
1
Y| |X
-+-+-
 | |
-+-+-
 | |
당신 차례입니다,X. 어디로 이동할까요?
5
Y| |X
-+-+-
 |X|
-+-+-
 | |
당신 차례입니다,Y. 어디로 이동할까요?
2
Y|Y|X
-+-+-
 |X|
-+-+-
```

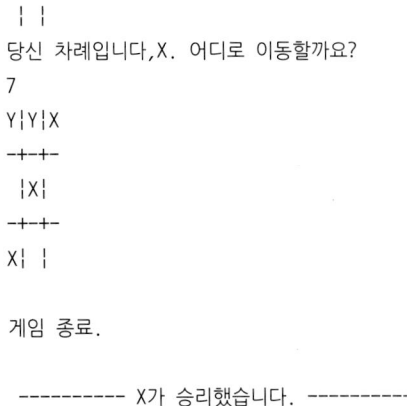

```
 | | 
당신 차례입니다,X. 어디로 이동할까요?
7
Y|Y|X
-+-+-
 |X|
-+-+-
X| |
```

게임 종료.

---------- X가 승리했습니다. -----------

지금까지 강화 학습의 가장 기초적인 부분을 알아보았습니다. 강화 학습은 딥러닝의 꽃과 같은 분야로 그 내용이 상당히 어렵고 복잡합니다. 예제도 가장 기초적인 것만 다루었기 때문에 강화 학습에 관심이 많다면 강화 학습만 다루는 도서를 별도로 보는 것도 좋습니다.

13장
생성 모델

13.1 생성 모델이란

13.2 변형 오토인코더

13.3 적대적 생성 신경망(GAN)이란

13.4 GAN 파생 기술

13.1 생성 모델이란

생성 모델(generative model)은 주어진 데이터를 학습하여 데이터 분포를 따르는 유사한 데이터를 생성하는 모델입니다. 그럼 유사한 데이터는 어떻게 만들고, 생성 모델의 유형은 어떤 것들이 있는지 알아보겠습니다.

13.1.1 생성 모델 개념

기존 합성곱 신경망에서 다룬 이미지 분류, 이미지 검출 등은 입력 이미지(x)가 있을 때 그에 따른 정답(y)을 찾는 것이었습니다. 예를 들어 개와 고양이 이미지 데이터셋이 주어졌을 때, 그 이미지를 개와 고양이로 분류하는 문제들을 다루었습니다. 이렇게 이미지를 분류하는 것을 '판별(자) 모델(discriminative model)'이라고 합니다. 일반적으로 판별자 모델에서는 이미지를 정확히 분류(구별)하고자 해당 이미지를 대표하는 특성들을 잘 찾는 것을 목표로 합니다. 예를 들어 개와 고양이를 구별하려면 개의 귀, 꼬리 등 특성을 찾는 것이 중요합니다.

그리고 판별자 모델에서 추출한 특성들의 조합을 이용하여 새로운 개와 고양이 이미지를 생성할 수 있는데, 이것을 '생성(자) 모델(generative model)'이라고 합니다. 즉, 생성 모델은 입력 이미지에 대한 데이터 분포 $p(x)$를 학습하여 새로운 이미지(새로운 이미지이면서 기존 이미지에서 특성을 추출했기 때문에 최대한 입력 이미지와 유사한 이미지)를 생성하는 것을 목표로 합니다.

❤ 그림 13-1 생성 모델

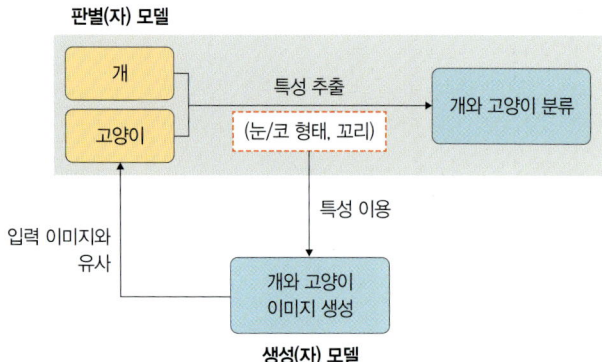

13.1.2 생성 모델의 유형

생성 모델의 유형에는 다음 그림과 같이 모델의 확률 변수를 구하는 '변형 오토인코더 모델'과 확률 변수를 이용하지 않는 'GAN 모델'이 있습니다.

▼ 그림 13-2 생성 모델의 유형

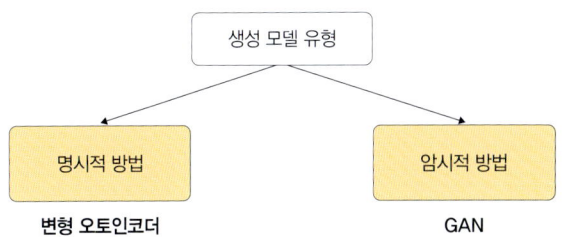

다시 정리하면 생성 모델은 크게 명시적 방법(explicit density)과 암시적 방법(implicit density)으로 분류할 수 있습니다. 명시적 방법은 확률 변수 $p(x)$를 정의하여 사용합니다. 대표적인 모델로 변형 오토인코더(variational autoencoder)가 있습니다. 암시적 방법은 확률 변수 $p(x)$에 대한 정의 없이 $p(x)$를 샘플링[1]하여 사용합니다. 대표적인 모델로 GAN(Generative Adversarial Network)이 있습니다.

변형 오토인코더는 이미지의 잠재 공간(latent space)[2]에서 샘플링하여 완전히 새로운 이미지나 기존 이미지를 변형하는 방식으로 학습을 진행합니다. GAN은 생성자와 판별자가 서로 경쟁하면서 가짜 이미지를 진짜 이미지와 최대한 비슷하게 만들도록 학습을 진행합니다.

변형 오토인코더부터 살펴보겠습니다.

13.2 변형 오토인코더

변형 오토인코더는 오토인코더의 확장입니다. 따라서 오토인코더가 무엇인지 확인한 후 변형 오토인코더로 넘어가겠습니다.

---

[1] 모집단의 데이터에서 최대한 모집단과 유사한 일부 데이터를 추출하는 과정입니다.
[2] 숫자 5 이미지를 입력하면 인코더는 숫자 5를 받아서 분석한 후 2차원 좌표평면, 예를 들어 (5,5)에 표현합니다. 이때 숫자 5 이미지를 고차원 데이터라고 하며 좌표평면에 표현된 벡터는 점 (5,5)에 해당됩니다. 그리고 2차원 좌표평면을 잠재 공간이라고 합니다.

13.2.1 오토인코더란

오토인코더는 단순히 입력을 출력으로 복사하는 신경망으로 은닉층(혹은 병목층이라고도 함)의 노드 수가 입력 값보다 적은 것이 특징입니다. 따라서 입력과 출력이 동일한 이미지라고 예상할 수 있습니다. 하지만 왜 입력을 출력으로 복사하는 방법을 사용할까요? 바로 은닉층 때문입니다. 오토인코더의 병목층은 입력과 출력의 뉴런보다 훨씬 적습니다. 즉, 적은 수의 병목층 뉴런으로 데이터를 가장 잘 표현할 수 있는 방법이 오토인코더입니다. 오토인코더는 네 가지 주요 부분으로 구성됩니다.

1. **인코더**: 인지 네트워크(recognition network)라고도 하며, 특성에 대한 학습을 수행하는 부분입니다.
2. **병목층(은닉층)**: 모델의 뉴런 개수가 최소인 계층입니다. 이 계층에서는 차원이 가장 낮은 입력 데이터의 압축 표현이 포함됩니다.
3. **디코더**: 생성 네트워크(generative network)라고도 하며, 이 부분은 병목층에서 압축된 데이터를 원래대로 재구성(reconstruction)하는 역할을 합니다. 즉, 최대한 입력에 가까운 출력을 생성하도록 합니다.
4. **손실 재구성**: 오토인코더는 다음 그림과 같이 입력층과 출력층의 뉴런 개수가 동일하다는 것만 제외하면 일반적인 다층 퍼셉트론(Multi-Layer Perceptron, MLP)[3]과 구조가 동일합니다. 오토인코더는 압축된 입력을 출력층에서 재구성하며, 손실 함수는 입력과 출력(인코더와 디코더)의 차이를 가지고 계산합니다.

▼ 그림 13-3 오토인코더

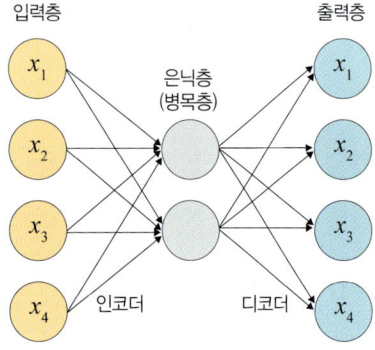

---

[3] 입력층과 출력층 사이에 하나 이상의 은닉층을 두어 비선형적으로 분리되는 데이터에 대해서도 학습이 가능하도록 고안된 것으로 심층 신경망의 기초가 됩니다.

오토인코더 개념을 이해했다면 이번에는 수학적으로 접근해 보겠습니다. 미리 이야기하지만 수학적 접근은 언제나 어렵게 느껴질 수 있습니다. 따라서 한 번 읽어 보고 이해하기 어려운 부분들이 있다면 인공지능 수학 관련 도서를 참고하기 바랍니다.

입력 x와 출력 y는 같은 차원(R^d)에 존재한다는 가정하에 입력 데이터를 인코더 네트워크에 통과시켜 압축된 잠재 벡터[4] z 값을 얻습니다. 이때 z를 구하는 공식은 다음과 같습니다.

$$z = h(x)$$

압축된 z 벡터에서 입력 데이터와 크기가 같은 출력 값은 다음과 같이 계산합니다.

$$y = g(z) = g(h(x))$$

이때 손실(loss) 값은 입력 값 x와 디코더를 통과한 y 값의 차이로 다음과 같이 계산합니다.

$$Loss = \sum_{x \in D} L(x, g(h(x)))$$
$$= \| x - y \|^2$$

즉, 디코더 네트워크를 통과한 출력 값은 입력 값의 크기와 같아야 합니다.

▼ 그림 13-4 오토인코더의 인코더와 디코더

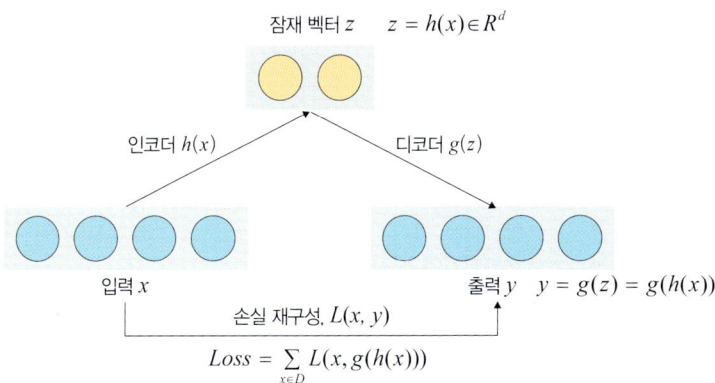

오토인코더가 중요한 이유는 다음 세 가지 때문입니다.

1. **데이터 압축**: 데이터 압축은 메모리 측면에서 상당한 장점입니다. 오토인코더를 이용하여 이미지나 음성 파일의 중요 특성만 압축하면 용량도 작고 품질도 더 좋아집니다.

---

4 잠재 공간에 위치한 벡터를 잠재 벡터라고 하며, 잠재 공간상의 점 하나를 표현 벡터(representation vector)라고 합니다.

2. **차원의 저주**(curse of dimensionality) **예방**: 차원의 저주 문제를 예방할 수 있습니다. 오토인코더는 특성 개수를 줄여 주기 때문에 데이터 차원이 감소하여 차원의 저주를 피할 수 있습니다.
3. **특성 추출**: 오토인코더는 비지도 학습으로 자동으로 중요한 특성을 찾아 줍니다. 예를 들어 눈 모양, 털 색, 꼬리 길이 등 개의 중요한 특성을 자동으로 찾아 줍니다.

이제 파이토치에서 오토인코더를 구현해 볼 텐데, 그동안 진행했던 모델과는 다르게 조금 복잡할 수 있으니 반드시 예제를 실습하면서 이해하기 바랍니다.

예제는 다음 그림과 같은 구조의 오토인코더를 사용합니다.

▼ 그림 13-5 오토인코더의 예제

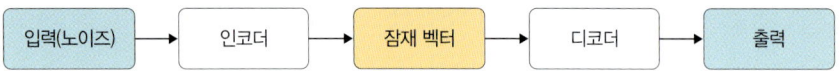

먼저 필요한 라이브러리를 호출합니다.

코드 13-1 라이브러리 호출

```
import torch
import torch.nn as nn
import torch.optim as optim
from torch.utils.data import Dataset, DataLoader
import matplotlib.pylab as plt

import torchvision.datasets as datasets
import torchvision.transforms as transforms

device = torch.device("cuda" if torch.cuda.is_available() else "cpu")
```

이 예제는 케라스에 내장되어 제공하는 MNIST 데이터셋을 사용합니다.

MNIST 데이터셋을 내려받은 후 텐서로 변경하고 데이터로더에 전달합니다.

코드 13-2 MNIST 데이터셋을 내려받아 전처리

```
transform = transforms.Compose([transforms.ToTensor()])    ------ transforms.ToTensor()는 이미지를
                                                                  파이토치의 텐서 형태로 변형시켜 줍니다.
train_dataset = datasets.MNIST(
    root="../chap13/data", train=True, transform=transform, download=True)  ------
                                                           MNIST를 내려받은 후 텐서 형태로 변형
test_dataset = datasets.MNIST(
```

```
        root="../chap13/data", train=False, transform=transform, download=True)

    train_loader = DataLoader(
        train_dataset, batch_size=128, shuffle=True, num_workers=4, pin_memory=False) ------ ①

    test_loader = DataLoader(
        test_dataset, batch_size=32, shuffle=False, num_workers=4)
```

① 데이터로더는 전체 데이터셋을 작은 단위로 쪼개서 메모리로 가져올 때 사용합니다. 데이터로더에서 사용하는 파라미터는 다음과 같습니다. (데이터로더에서 사용하는 파라미터는 앞에서도 계속 살펴보았습니다. 그만큼 중요하고 자주 사용하기 때문에 다시 살펴봅니다.)

train_loader = DataLoader(train_dataset, batch_size=128, shuffle=True,
　　　　　　　　　　　　　　ⓐ　　　　　　　ⓑ　　　　　　　ⓒ
　　　　　　　　　　　num_workers=4, pin_memory=False)
　　　　　　　　　　　　　ⓓ　　　　　　　ⓔ

ⓐ 첫 번째 파라미터: 훈련 데이터셋

ⓑ batch_size: 메모리로 한 번에 불러올 데이터의 크기

ⓒ shuffle: True로 지정하면 데이터를 무작위로 섞겠다는 의미입니다.

ⓓ num_workers: 데이터를 불러올 때 몇 개의 프로세스를 사용할지 지정하는 부분으로 병렬로 데이터를 불러오겠다는 의미입니다. 일반적으로 GPU를 사용할 때 많이 사용하는 파라미터입니다. 너무 많은 값을 할당하면 오버헤드가 발생할 수 있고 작게 할당하면 좋은 성능을 기대할 수 있으므로 적절한 값을 지정해야 합니다. 일반적으로 '4 * GPU 개수'를 지정하지만 모든 상황에 적합한 것은 아니므로 주의해서 사용할 필요가 있습니다.

ⓔ pin_memory: CPU를 사용하다 GPU로 전환할 때 속도 향상을 위해 사용합니다. 따라서 모델 훈련 과정에서 CPU나 GPU만 사용한다면 True로 지정할 필요가 없는 파라미터입니다. pin_memory를 True로 지정하면 훈련에 사용할 데이터셋을 GPU에 미리 불러와서 학습시키기 때문에 속도가 향상됩니다.

이제 모델의 네트워크를 생성해 볼 텐데 인코더와 디코더를 사용하여 간단한 오토인코더를 만들어 봅시다. 이때 데이터셋을 저차원으로 압축하는 것을 인코더라고 하며, 압축된 것을 다시 원래의 차원으로 복원하는 것을 디코더라고 합니다. 따라서 인코더와 디코더에서 사용하는 네트워크 계층은 같아야 합니다.

코드 13-3 네트워크(신경망) 생성

```python
class Encoder(nn.Module): ······ 인코더 네트워크 생성
    def __init__(self, encoded_space_dim,fc2_input_dim):
        super().__init__()

        self.encoder_cnn = nn.Sequential(
            nn.Conv2d(1, 8, 3, stride=2, padding=1),
            nn.ReLU(True),
            nn.Conv2d(8, 16, 3, stride=2, padding=1),
            nn.BatchNorm2d(16),
            nn.ReLU(True),
            nn.Conv2d(16, 32, 3, stride=2, padding=0),
            nn.ReLU(True)
        ) ······ 이미지 데이터셋 처리를 위해 합성곱 신경망 이용

        self.flatten = nn.Flatten(start_dim=1) ······ 완전연결층
        self.encoder_lin = nn.Sequential(
            nn.Linear(3 * 3 * 32, 128),
            nn.ReLU(True),
            nn.Linear(128, encoded_space_dim)
        ) ······ 출력 계층

    def forward(self, x):
        x = self.encoder_cnn(x)
        x = self.flatten(x)
        x = self.encoder_lin(x)
        return x

class Decoder(nn.Module): ······ 디코더 네트워크 생성
    def __init__(self, encoded_space_dim, fc2_input_dim):
        super().__init__()
        self.decoder_lin = nn.Sequential(
            nn.Linear(encoded_space_dim, 128),
            nn.ReLU(True),
            nn.Linear(128, 3 * 3 * 32),
            nn.ReLU(True)
        ) ······ 인코더의 출력을 디코더의 입력으로 사용

        self.unflatten = nn.Unflatten(dim=1,
                           unflattened_size=(32, 3, 3)) ······ 인코더의 완전연결층에 대응
        self.decoder_conv = nn.Sequential(
            nn.ConvTranspose2d(32, 16, 3,
                       stride=2, output_padding=0),
```

```python
            nn.BatchNorm2d(16),
            nn.ReLU(True),
            nn.ConvTranspose2d(16, 8, 3, stride=2,
                               padding=1, output_padding=1),
            nn.BatchNorm2d(8),
            nn.ReLU(True),
            nn.ConvTranspose2d(8, 1, 3, stride=2,
                               padding=1, output_padding=1)
        ) ------ 인코더의 합성곱층에 대응

    def forward(self, x):
        x = self.decoder_lin(x)
        x = self.unflatten(x)
        x = self.decoder_conv(x)
        x = torch.sigmoid(x)
        return x
```

인코더와 디코더 객체를 초기화하고, 모델의 훈련 과정에 필요한 손실 함수와 옵티마이저를 지정합니다.

코드 13-4 손실 함수와 옵티마이저 지정

```python
encoder = Encoder(encoded_space_dim=4, fc2_input_dim=128)
decoder = Decoder(encoded_space_dim=4, fc2_input_dim=128)
encoder.to(device)
decoder.to(device)

params_to_optimize = [
    {'params': encoder.parameters()},
    {'params': decoder.parameters()}
] ------ 인코더와 디코더에서 사용할 파라미터를 다르게 지정
optim = torch.optim.Adam(params_to_optimize, lr=0.001, weight_decay=1e-05)
loss_fn = torch.nn.MSELoss()
```

오토인코더에서 가장 널리 사용되는 손실 함수는 '평균 제곱 오차'와 '이진 크로스 엔트로피'입니다. 입력 값이 (0,1) 범위에 있으면 이진 크로스 엔트로피를 사용하고, 그렇지 않으면 평균 제곱 오차를 사용합니다. 옵티마이저는 아담을 사용했지만 알엠에스프롭(RMSProp) 또는 아다델타(adadelta) 같은 옵티마이저를 이용하여 성능을 비교해 보는 것도 학습에 도움이 많이 되니, 옵션을 변경하여 테스트를 진행해 보기 바랍니다.

다음은 앞에서 생성한 모델 네트워크의 구조를 보여 줍니다(디코더만 보여 줍니다).

```
Decoder(
  (decoder_lin): Sequential(
    (0): Linear(in_features=4, out_features=128, bias=True)
    (1): ReLU(inplace=True)
    (2): Linear(in_features=128, out_features=288, bias=True)
    (3): ReLU(inplace=True)
  )
  (unflatten): Unflatten(dim=1, unflattened_size=(32, 3, 3))
  (decoder_conv): Sequential(
    (0): ConvTranspose2d(32, 16, kernel_size=(3, 3), stride=(2, 2))
    (1): BatchNorm2d(16, eps=1e-05, momentum=0.1, affine=True, track_running_stats=True)
    (2): ReLU(inplace=True)
    (3): ConvTranspose2d(16, 8, kernel_size=(3, 3), stride=(2, 2), padding=(1, 1), output_padding=(1, 1))
    (4): BatchNorm2d(8, eps=1e-05, momentum=0.1, affine=True, track_running_stats=True)
    (5): ReLU(inplace=True)
    (6): ConvTranspose2d(8, 1, kernel_size=(3, 3), stride=(2, 2), padding=(1, 1), output_padding=(1, 1))
  )
)
```

모델 학습에 대한 함수를 생성합니다.

코드 13-5 모델 학습 함수 생성

```
def train_epoch(encoder, decoder, device, dataloader, loss_fn, optimizer,
                noise_factor=0.3):
    encoder.train()  ------ 인코더 훈련
    decoder.train()  ------ 디코더 훈련
    train_loss = []
    for image_batch, _ in dataloader:  ------ 훈련 데이터셋을 이용하여 모델 학습
                                              (비지도 학습으로 레이블은 필요하지 않습니다)
        image_noisy = add_noise(image_batch, noise_factor)
        image_noisy = image_noisy.to(device)  ------ 데이터셋이 CPU/GPU 장치를 사용하도록 지정
        encoded_data = encoder(image_noisy)  ------ 노이즈 데이터를 인코더의 입력으로 사용
        decoded_data = decoder(encoded_data)  ------ 인코더 출력을 디코더의 입력으로 사용
        loss = loss_fn(decoded_data, image_noisy)
        optimizer.zero_grad()
        loss.backward()
        optimizer.step()
        train_loss.append(loss.detach().cpu().numpy())
    return np.mean(train_loss)
```

이제 모델을 검증(테스트)하기 위한 함수를 생성합니다.

코드 13-6 모델 테스트 함수 생성

```python
def test_epoch(encoder, decoder, device, dataloader, loss_fn, noise_factor=0.3):
    # Set evaluation mode for encoder and decoder
    encoder.eval()    ------ 인코더 테스트
    decoder.eval()    ------ 디코더 테스트
    with torch.no_grad():
        conc_out = []    ------ 각 배치에 대한 출력을 저장하기 위해 리스트 형식의 변수 정의
        conc_label = []
        for image_batch, _ in dataloader:
            image_batch = image_batch.to(device)
            encoded_data = encoder(image_batch)
            decoded_data = decoder(encoded_data)
            conc_out.append(decoded_data.cpu())
            conc_label.append(image_batch.cpu())
        conc_out = torch.cat(conc_out)    ------ 리스트 형식으로 저장된 모든 값을 하나의 텐서로 생성
        conc_label = torch.cat(conc_label)
        val_loss = loss_fn(conc_out, conc_label)    ------ 손실 함수를 이용하여 오차 계산
    return val_loss.data
```

입력 데이터셋에 추가할 노이즈를 생성하기 위한 함수를 정의합니다.

코드 13-7 노이즈 데이터 생성

```python
def add_noise(inputs, noise_factor=0.3):
    noisy = inputs + torch.randn_like(inputs) * noise_factor    ------ ①
    noisy = torch.clip(noisy, 0., 1.)    ------ ②
    return noisy
```

① torch.randn_like(inputs)는 입력(inputs)과 동일한 크기의 노이즈 텐서를 생성하고자 할 때 사용합니다.

② torch.clip은 데이터 값의 범위를 조정할 때 사용합니다. torch.clip에서 사용하는 파라미터는 다음과 같은 의미를 갖습니다.

torch.clip(noisy, 0., 1.)
     ⓐ ⓑ ⓒ

ⓐ 첫 번째 파라미터: 값의 범위를 조정할 데이터셋

ⓑ 두 번째 파라미터: 데이터의 범위 중 최솟값을 의미하며 예제에서는 0을 사용했습니다.

ⓒ 세 번째 파라미터: 데이터의 범위 중 최댓값을 의미하며 예제에서는 1을 사용했습니다.

파이썬에서 한글을 출력하면 한글이 깨지는 현상이 발생할 수 있습니다. 다음은 한글 깨짐 현상을 해결하기 위한 코드입니다. 경로 변경 없이 그대로 사용하세요.

코드 13-8 한글 깨짐 문제 해결

```python
from matplotlib import font_manager
font_fname = 'C:/Windows/Fonts/malgun.ttf'
font_family = font_manager.FontProperties(fname=font_fname).get_name()
plt.rcParams["font.family"] = font_family
```

에포크가 진행될수록 노이즈 데이터로 새로운 이미지가 어떻게 만들어지는지 확인하기 위한 함수를 생성합니다. 시각화하여 보여 줄 이미지는 원래의 이미지, 노이즈가 적용되어 손상된 데이터(이미지), 노이즈 데이터를 이용하여 새롭게 생성된 데이터(이미지)입니다.

코드 13-9 이미지 시각화

```python
def plot_ae_outputs(encoder, decoder, n=5, noise_factor=0.3):
    plt.figure(figsize=(10,4.5))
    for i in range(n):
        ax = plt.subplot(3, n, i+1)  ······ subplot에서 사용하는 파라미터는 (행, 열, 인덱스)입니다.
                                           3×5 형태의 이미지가 출력됩니다.
        img = test_dataset[i][0].unsqueeze(0)
        image_noisy = add_noise(img, noise_factor)
        image_noisy = image_noisy.to(device)

        encoder.eval()  ······ 인코더 평가
        decoder.eval()  ······ 디코더 평가
        with torch.no_grad():
            rec_img = decoder(encoder(image_noisy))
                                                           테스트 데이터셋을 출력
        plt.imshow(img.cpu().squeeze().numpy(), cmap='gist_gray')  ······
        ax.get_xaxis().set_visible(False)  ······ set_visible(False)는 그래프의 눈금을
        ax.get_yaxis().set_visible(False)         표시하지 않겠다는 의미
        if i == n//2:
            ax.set_title('원래 이미지')
                                                           테스트 데이터셋에 노이즈가
        ax = plt.subplot(3, n, i + 1 + n)                  적용된 결과를 출력
        plt.imshow(image_noisy.cpu().squeeze().numpy(), cmap='gist_gray')  ······
        ax.get_xaxis().set_visible(False)
        ax.get_yaxis().set_visible(False)
        if i == n//2:
            ax.set_title('노이즈가 적용되어 손상된 이미지')

        ax = plt.subplot(3, n, i + 1 + n + n)
```

```python
            plt.imshow(rec_img.cpu().squeeze().numpy(), cmap='gist_gray')  ┈┈ 노이즈가 추가된 이미지를 인코더와
            ax.get_xaxis().set_visible(False)                                  디코더에 적용한 결과를 출력
            ax.get_yaxis().set_visible(False)
            if i == n//2:
                ax.set_title('재구성된 이미지')
    plt.subplots_adjust(left=0.1,
                        bottom=0.1,
                        right=0.7,
                        top=0.9,
                        wspace=0.3,  ┈┈ subplots_adjust()를 이용하여 subplot들이 겹치지 않도록
                        hspace=0.3)      최소한의 여백을 만들어 줍니다.
    plt.show()
```

앞에서 정의해 두었던 함수를 이용하여 모델을 학습시킵니다. 이때 학습 과정 중에 생성된 이미지도 확인해 보겠습니다.

코드 13-10 모델 학습

```python
import numpy as np

num_epochs = 30
history_da = {'train_loss':[],'val_loss':[]}
loss_fn = torch.nn.MSELoss()

for epoch in range(num_epochs):
    print('EPOCH %d/%d' % (epoch + 1, num_epochs))
    train_loss=train_epoch(
        encoder=encoder,
        decoder=decoder,
        device=device,
        dataloader=train_loader,
        loss_fn=loss_fn,
        optimizer=optim, noise_factor=0.3)  ┈┈ 모델 학습 함수(train_epoch)를 이용하여 모델 학습
    val_loss = test_epoch(
        encoder=encoder,
        decoder=decoder,
        device=device,
        dataloader=test_loader,
        loss_fn=loss_fn, noise_factor=0.3)  ┈┈ 모델 검증(테스트) 함수(test_epoch)를 이용하여 테스트
    history_da['train_loss'].append(train_loss)
    history_da['val_loss'].append(val_loss)
    print('\n EPOCH {}/{} \t train loss {:.3f} \t val loss {:.3f}'.format(epoch + 1,
```

```
                num_epochs,train_loss,val_loss))
        plot_ae_outputs(encoder, decoder, noise_factor=0.3)
```

다음은 모델을 학습시킨 결과입니다.

```
EPOCH 1/30
EPOCH 1/30    train loss 0.089    val loss 0.050
```

▼ 그림 13-6 첫 번째 에포크에 대한 이미지 결과

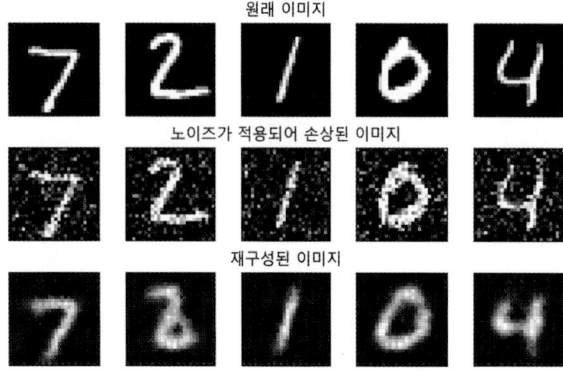

... 중간 생략 ...

```
EPOCH 12/30
EPOCH 12/30    train loss 0.050    val loss 0.039
```

▼ 그림 13-7 12번째 에포크에 대한 이미지 결과

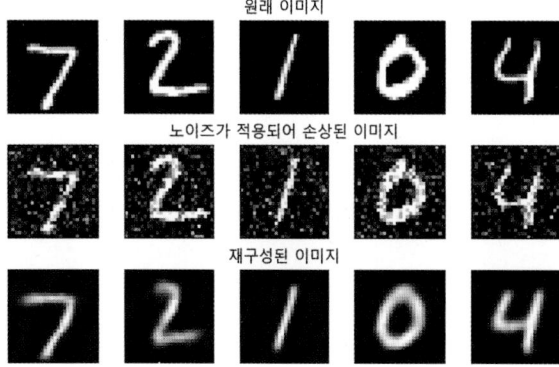

... 중간 생략 ...

```
EPOCH 30/30
EPOCH 30/30    train loss 0.049    val loss 0.037
```

▼ 그림 13-8 30번째 에포크에 대한 이미지 결과

에포크가 진행될수록 훈련과 검증(테스트) 데이터셋에 대한 오차가 줄어들고 있습니다. 또한, 노이즈를 이용하여 생성된 이미지 역시 선명해지는 것을 확인할 수 있습니다.

지금까지 오토인코더 예제를 살펴보았다면 이제 변형 오토인코더를 살펴봅시다.

13.2.2 변형 오토인코더

변형 오토인코더(variational autoencoder)를 좀 더 쉽게 이해할 수 있게 오토인코더와 비교하면서 설명하겠습니다. 오토인코더는 다음 그림과 같이 입력(숫자 2) → 인코더 → 압축(차원 축소) → 디코더 → 출력(숫자 2)이 나오게 하는 방법입니다.

▼ 그림 13-9 오토인코더 실행 과정

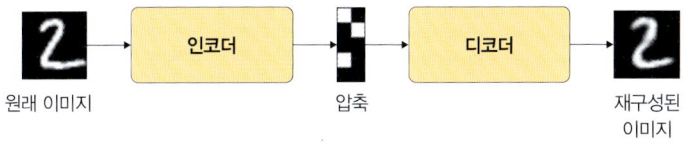

오토인코더는 차원을 줄이는 것이 목표이기 때문에 새롭게 생성된 데이터의 확률 분포에는 관심이 없습니다.

반면 변형 오토인코더는 표준편차와 평균을 이용하여 확률 분포를 만들고, 거기에서 샘플링하여 디코더를 통과시킨 후 새로운 데이터를 만들어 냅니다. 즉, 변형 오토인코더는 입력 데이터와 조금 다른 출력 데이터를 만들어 내는데, 이때 z라는 가우시안 분포를 이용합니다(z를 잠재 벡터(latent vector)라고 합니다). 중요한 특성의 파라미터를 담고 있는 z 분포에서 벡터를 랜덤하게 샘플링하고 이 분포의 오차를 이용하여 입력 데이터와 유사한 다양한 데이터를 만들어 내는 것이 변형 오토인코더입니다.

▼ 그림 13-10 변형 오토인코더 실행 과정

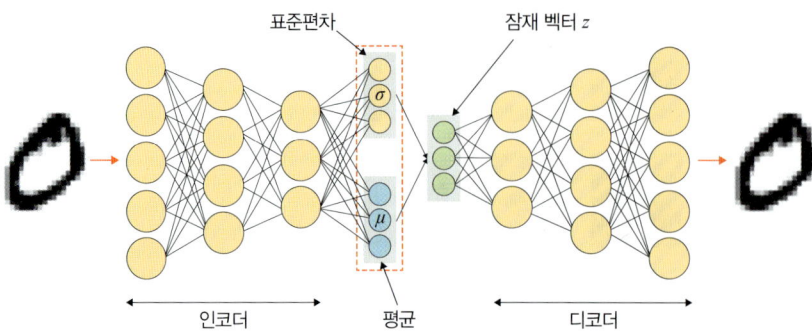

오토인코더는 데이터 벡터에 대한 차원을 축소하여 실제 이미지와 동일한 이미지를 출력하는 것이 목적이었다면, 변형 오토인코더는 데이터가 만들어지는 확률 분포를 찾아 비슷한 데이터를 생성하는 것이 목적입니다.

변형 오토인코더에서 인코더와 디코더에 대한 네트워크는 다음 그림과 같습니다.

▼ 그림 13-11 변형 오토인코더의 인코더와 디코더

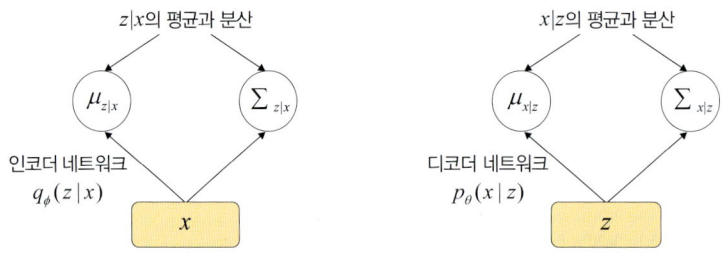

- $q_\phi(z|x)$: x를 입력받아 잠재 벡터 z와 대응되는 평균과 분산을 구하는 네트워크로 인코더 네트워크를 의미합니다.
- $p_\theta(x|z)$: z를 입력받아 x와 대응되는 평균과 분산을 구하는 네트워크로 디코더 네트워크를 의미합니다.

그럼 인코더 네트워크부터 자세히 살펴보겠습니다.

▼ 그림 13-12 변형 오토인코더의 인코더 상세

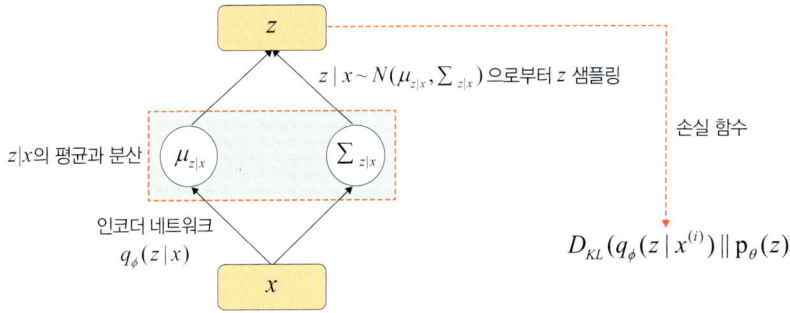

1. 입력 x를 인코더 네트워크 $q_\phi(z|x)$에 보내 $(\mu_{z|x}, \Sigma_{z|x})$를 출력하고, 이를 이용하여 다음 수식의 ②항에 대한 값을 구합니다.

$$L(x^{(i)}, \theta, \phi) = \underbrace{E_z[\log p_\theta(x^{(i)}|z)]}_{①} - \underbrace{D_{KL}(q_\phi(z|x^{(i)}) \| p_\theta(z))}_{②}$$

2. $(\mu_{z|x}, \Sigma_{z|x})$의 가우시안 분포에서 z를 샘플링합니다.

$$z \leftarrow z|x \sim N(\mu_{z|x}, \Sigma_{z|x})$$

이렇게 구해진 z는 디코더 네트워크의 입력으로 사용됩니다. 그럼 디코더 네트워크를 살펴보겠습니다.

▼ 그림 13-13 변형 오토인코더의 디코더 상세

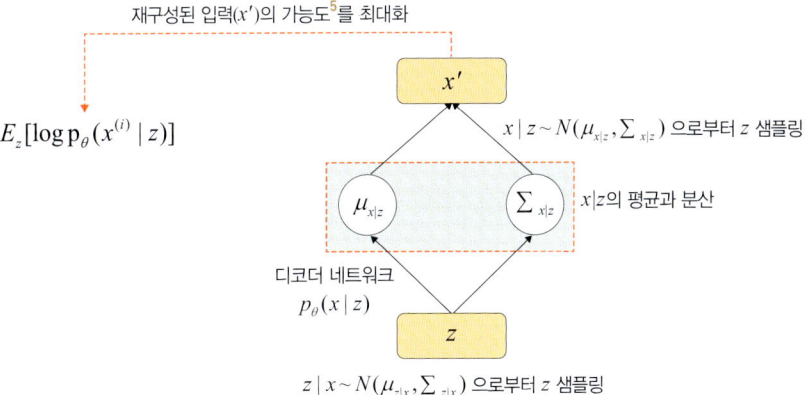

---

5 주어진 표본에서 가장 그럴듯한(likely) 모수를 추정하는 척도입니다.

1. 샘플링한 z를 디코더 네트워크 $p_\theta(x|z)$에 보내 $(\mu_{z|x}, \Sigma_{z|x})$를 출력한 후 이를 이용하여 ①항의 값을 구합니다(다음 수식은 앞의 수식과 동일합니다).

$$L(x^{(i)}, \theta, \phi) = \underbrace{E_z[\log p_\theta(x^{(i)}|z)]}_{①} - \underbrace{D_{KL}(q_\phi(z|x^{(i)}) \| p_\theta(z))}_{②}$$

2. $(\mu_{x|z}, \Sigma_{x|z})$의 가우시안 분포에서 z를 샘플링한 후 x'를 구합니다.

$$x' \leftarrow x|z \sim N(\mu_{x|z}, \Sigma_{x|z})$$

3. 역전파를 이용하여 $L(x^{(i)}, \theta, \phi)$의 값이 높아지는 방향으로 기울기를 업데이트합니다. 즉, 가능도(likelihood)가 증가하는 방향으로 파라미터 θ와 ϕ를 업데이트합니다.

최종적으로 x와 유사한 x'라는 이미지가 생성됩니다.

다음은 인코더와 디코더에서 사용된 수식을 정리한 내용입니다.

$$\underbrace{E_z[\log p_\theta(x^{(i)}|z)]}_{①} - \underbrace{D_{KL}(q_\phi(z|x^{(i)}) \| p_\theta(z))}_{②}$$

①항은 z가 주어졌을 때 x'를 표현하기 위한 확률밀도 함수로 디코더 네트워크를 나타냅니다. 즉, 디코더 네트워크의 가능도가 크면 클수록 θ가 그 데이터를 잘 표현한다고 해석할 수 있습니다. 따라서 ①항이 크면 클수록 모델 가능도가 커집니다.

②항은 x에서 z를 표현하는 확률밀도 함수로 인코더 네트워크와 가우시안 분포가 얼마나 유사한지 나타냅니다. 유사한 정도가 높을수록 쿨백–라이블러 발산(Kullback - Leibler Divergence, D_{KL}[6])은 낮은 값을 나타내므로, 인코더 네트워크가 가우시안 분포를 최대한 잘 표현할 수 있도록 가능도가 최대화됩니다. 따라서 ②항이 작을수록 모델 가능도가 커집니다. 다시 정리하면 ①항은 그 값이 클수록, ②항은 그 값이 작을수록 가짜 데이터를 잘 생성한다고 할 수 있습니다.

이번 예제에서는 텐서보드에서 에포크 진행에 따른 오차를 확인할 예정입니다. 따라서 다음 명령으로 텐서보드를 설치합니다. 텐서보드 사용을 위해 텐서보드 엑스(tensorboardX) 라이브러리를 설치해야 합니다.

> ```
pip install tensorboardX
```

---

[6] 두 확률 분포의 차이를 계산하는 데 사용하는 함수입니다. 딥러닝 모델을 예로 들면 수집된 데이터 분포 $P(x)$와 모델이 추정한 데이터 분포 $Q(x)$의 차이를 구할 때 사용합니다.
```

텐서보드 엑스는 학습 과정을 시각적으로 확인하고자 할 때 사용하는 도구입니다.

변형 오토인코더에서도 오토인코더에서와 마찬가지로 MNIST 데이터셋을 이용합니다. 먼저 필요한 라이브러리를 호출합니다.

코드 13-11 필요한 라이브러리 호출

```python
import datetime
import os
from tensorboardX import SummaryWriter

import torch
import torchvision
import torch.nn as nn
import torch.optim as optim
from torch.utils.data import Dataset, DataLoader
import matplotlib.pylab as plt

import torchvision.datasets as datasets
import torchvision.transforms as transforms

device = torch.device("cuda" if torch.cuda.is_available() else "cpu")
```

MNIST 데이터셋을 내려받은 후 이미지를 텐서로 변환합니다.

코드 13-12 데이터셋을 내려받은 후 텐서 변환

```python
transform = transforms.Compose([transforms.ToTensor()])

train_dataset = datasets.MNIST(
    root="../chap13/data", train=True, transform=transform, download=True)

test_dataset = datasets.MNIST(
    root="../chap13/data", train=False, transform=transform, download=True)

train_loader = DataLoader(
    train_dataset, batch_size=100, shuffle=True, num_workers=4, pin_memory=False)

test_loader = DataLoader(
    test_dataset, batch_size=100, shuffle=False, num_workers=4)
```

모델의 네트워크를 생성합니다. 네트워크는 오토인코더처럼 인코더와 디코더로 구성됩니다.

코드 13-13 인코더 네트워크 생성

```python
class Encoder(nn.Module):
    def __init__(self, input_dim, hidden_dim, latent_dim):
        super(Encoder, self).__init__()
        self.input1 = nn.Linear(input_dim, hidden_dim)
        self.input2 = nn.Linear(hidden_dim, hidden_dim)
        self.mean = nn.Linear(hidden_dim, latent_dim)
        self.var = nn.Linear(hidden_dim, latent_dim)

        self.LeakyReLU = nn.LeakyReLU(0.2)
        self.training = True

    def forward(self, x):
        h_ = self.LeakyReLU(self.input1(x))
        h_ = self.LeakyReLU(self.input2(h_))
        mean = self.mean(h_)
        log_var = self.var(h_)
        return mean, log_var ------ 인코더 네트워크에서 평균과 분산을 반환
```

인코더 역할은 데이터(x)가 주어졌을 때 디코더가 원래 데이터로 잘 복원할 수 있는 이상적인 확률 분포 $p(z|x)$를 찾는 것입니다. 변형 오토인코더에서는 이상적인 확률 분포를 찾는 데 변분추론(variational inference)[7]을 사용합니다.

이번에는 디코더 네트워크를 정의합니다.

코드 13-14 디코더 네트워크

```python
class Decoder(nn.Module):
    def __init__(self, latent_dim, hidden_dim, output_dim):
        super(Decoder, self).__init__()
        self.hidden1 = nn.Linear(latent_dim, hidden_dim)
        self.hidden2 = nn.Linear(hidden_dim, hidden_dim)
        self.output = nn.Linear(hidden_dim, output_dim)
        self.LeakyReLU = nn.LeakyReLU(0.2)

    def forward(self, x):
        h = self.LeakyReLU(self.hidden1(x))
```

---

7 변분추론은 이상적인 확률 분포를 모르지만, 이를 추정하고자 다루기 쉬운 분포(예 가우시안 분포(Gaussian distribution))를 가정하고 이 확률 분포의 모수를 바꾸어 가며 이상적 확률 분포에 근사하게 만들어 그 확률 분포를 대신 사용하는 것입니다.

```
        h = self.LeakyReLU(self.hidden2(h))
        x_hat = torch.sigmoid(self.output(h))
        return x_hat ------ 디코더 결과는 시그모이드를 통과했으므로 0~1 값을 갖습니다.
```

디코더는 추출한 샘플을 입력으로 받아 다시 원본으로 재구축(재생성)하는 역할을 수행합니다.

이제 평균과 표준편차가 주어졌을 때 잠재 벡터 z를 만들기 위해 reparameterization()이라는 이름으로 함수를 생성해 보겠습니다.

코드 13-15 변형 오토인코더 네트워크

```
class Model(nn.Module):
    def __init__(self, Encoder, Decoder):
        super(Model, self).__init__()
        self.Encoder = Encoder
        self.Decoder = Decoder

    def reparameterization(self, mean, var): ------ ①
        epsilon = torch.randn_like(var).to(device)
        z = mean + var * epsilon ------ z 값 구하기
        return z

    def forward(self, x):
        mean, log_var = self.Encoder(x) ------ ②
        z = self.reparameterization(mean, torch.exp(0.5 * log_var))
        x_hat = self.Decoder(z)
        return x_hat, mean, log_var ------ 디코더 결과와 평균, 표준편차(log를 취한 표준편차)를 반환
```

① reparameterization() 함수는 z 벡터를 샘플링하기 위한 용도입니다. z는 가우시안 분포라고 가정했기 때문에 인코더에서 받아 온 평균(μ)과 표준편차(σ)를 이용하여 z를 생성합니다. 그리고 z 벡터를 디코더에 다시 통과시켜서 입력과 동일한 데이터(x')를 만들어 내는 작업을 합니다.

② 인코더에서 받아 온 평균과 표준편차를 이용하지만 표준편차는 값을 그대로 사용하지 않습니다. 값이 음수가 되지 않도록 로그(log)를 취하는데, 다음과 같은 방식을 취합니다.

$$\sigma = \log \sigma^2$$

따라서 변수 이름도 var에서 log_var로 변경했습니다.

필요한 모델의 네트워크(인코더와 디코더) 객체를 초기화합니다.

코드 13-16 인코더와 디코더 객체 초기화

```
x_dim = 784
hidden_dim = 400
latent_dim = 200
epochs = 30
batch_size = 100

encoder = Encoder(input_dim=x_dim, hidden_dim=hidden_dim, latent_dim=latent_dim)
decoder = Decoder(latent_dim=latent_dim, hidden_dim=hidden_dim, output_dim=x_dim)

model = Model(Encoder=encoder, Decoder=decoder).to(device)
```

오차를 계산하기 위한 손실 함수를 정의합니다.

코드 13-17 손실 함수 정의

```
def loss_function(x, x_hat, mean, log_var): ······ ①
    reproduction_loss = nn.functional.binary_cross_entropy(x_hat, x, reduction='sum')
    KLD = -0.5 * torch.sum(1 + log_var - mean.pow(2) - log_var.exp())
    return reproduction_loss, KLD

optimizer = torch.optim.Adam(model.parameters(), lr=1e-3)
```

① 오차를 구하는 함수입니다. 변분추론으로 $p(z|x)$와 $q(z)$ 사이의 쿨백-라이블러 발산(KLD)을 계산하고, KLD가 줄어드는 쪽으로 $q(z)$를 조금씩 업데이트합니다. 즉, 변형 오토인코더에서 손실 함수가 쿨백-라이블러 발산이 되며, 다음 수식을 사용합니다.

$$L = -\underbrace{E_{z\sim q(z|x)}[\log p_\theta(x|z)]}_{ⓐ} + \underbrace{D_{KL}(q(z|x) \| p_\theta(z))}_{ⓑ}$$

즉, 손실 함수에서 반환되는 값(reproduction_loss, KLD)을 수식처럼 모두 더하여 사용하는 것이 최종 손실 함수가 됩니다.

이제 모델 학습에 필요한 함수를 정의합니다.

코드 13-18 모델 학습 함수 정의

```
saved_loc = 'scalar/' ······ 텐서보드에서 사용할 경로
writer = SummaryWriter(saved_loc) ······ ①

model.train()
```

```python
def train(epoch, model, train_loader, optimizer):
    train_loss = 0
    for batch_idx, (x, _) in enumerate(train_loader):
        x = x.view(batch_size, x_dim)
        x = x.to(device)

        optimizer.zero_grad()
        x_hat, mean, log_var = model(x)
        BCE, KLD = loss_function(x, x_hat, mean, log_var)
        loss = BCE + KLD
        writer.add_scalar("Train/Reconstruction Error", BCE.item(), batch_idx + epoch *
                          (len(train_loader.dataset)/batch_size)) ------ ②
        writer.add_scalar("Train/KL-Divergence", KLD.item(), batch_idx + epoch *
                          (len(train_loader.dataset)/batch_size))
        writer.add_scalar("Train/Total Loss", loss.item(), batch_idx + epoch *
                          (len(train_loader.dataset)/batch_size))

        train_loss += loss.item()
        loss.backward()
        optimizer.step()

        if batch_idx % 100 == 0:
            print('Train Epoch: {} [{}/{} ({:.0f}%)]\t Loss: {:.6f}'.format(
                epoch, batch_idx * len(x), len(train_loader.dataset),
                100. * batch_idx / len(train_loader),
                loss.item() / len(x)))

    print("======> Epoch: {} Average loss: {:.4f}".format(
        epoch, train_loss / len(train_loader.dataset)))
```

① 텐서보드는 오차와 같은 주요 측정 항목들이 학습 과정에서 어떻게 변하는지 알고자 할 때 사용합니다. 텐서보드를 사용하기 위해서는 먼저 SummaryWriter 인스턴스를 생성해야 하며 파라미터는 다음과 같습니다.

SummaryWriter(saved_loc)
                ⓐ

ⓐ 첫 번째 파라미터: 측정 항목들의 변화(log)가 저장되는 경로로, 아무것도 지정하지 않는다면 기본값은 ./runs가 됩니다.

② 텐서보드에 오차 등 주요 측정 항목의 결과를 출력할 때 사용하는 것이 add_scalar 함수입니다. 파라미터는 다음과 같습니다.

```
writer.add_scalar("Train/Reconstruction Error", BCE.item(),
                                ⓐ                      ⓑ
                  batch_idx + epoch * (len(train_loader.dataset)/batch_size))
                                                    ⓒ
```

ⓐ 첫 번째 파라미터: 태그(tag)로 어떤 값을 기록할지에 대한 구분자로 그래프 제목을 의미합니다. 예제에서는 훈련 데이터셋에 대한 재구성 오차(reconstruction error)를 구분자(혹은 태그)로 지정합니다.

ⓑ 두 번째 파라미터: 텐서보드에서 확인하고자 하는 값으로 그래프 y축에 해당합니다.

ⓒ 세 번째 파라미터: 그래프 x축을 의미합니다.

테스트 데이터셋을 이용해서 모델을 평가하기 위한 함수를 정의합니다.

코드 13-19 모델 평가 함수 정의

```python
def test(epoch, model, test_loader):
    model.eval()
    test_loss = 0
    with torch.no_grad():
        for batch_idx, (x, _) in enumerate(test_loader):
            x = x.view(batch_size, x_dim)
            x = x.to(device)
            x_hat, mean, log_var = model(x)
            BCE, KLD = loss_function(x, x_hat, mean, log_var)
            loss = BCE + KLD

            writer.add_scalar("Test/Reconstruction Error", BCE.item(), batch_idx +
                              epoch * (len(test_loader.dataset)/batch_size))  ······┐
                                                    테스트 데이터셋에 대해서도 오차를 로그에 저장
            writer.add_scalar("Test/KL-Divergence", KLD.item(), batch_idx + epoch *
                              (len(test_loader.dataset)/batch_size))
            writer.add_scalar("Test/Total Loss", loss.item(), batch_idx + epoch *
                              (len(test_loader.dataset)/batch_size))
            test_loss += loss.item()

            if batch_idx == 0:
                n = min(x.size(0), 8)
                comparison = torch.cat([x[:n], x_hat.view(batch_size, x_dim)[:n]])
                grid = torchvision.utils.make_grid(comparison.cpu())
                writer.add_image("Test image - Above: Real data, below: reconstruction
                                 data", grid, epoch)
```

이제 모델을 학습시킵니다.

코드 13-20 모델 학습

```
from tqdm.auto import tqdm
for epoch in tqdm(range(0, epochs)):
    train(epoch, model, train_loader, optimizer)
    test(epoch, model, test_loader)
    print("\n")
writer.close() ------ ①
```

① 학습이 종료된 후에는 writer 객체를 close하여 값을 저장합니다. close하지 않으면 loss 값이 저장되지 않으니 주의합니다.

다음은 모델을 학습시킨 결과입니다.

```
100%                                    30/30 [15:20<00:00, 30.20s/it]
Train Epoch: 0 [0/60000 (0%)]   Loss: 544.363125
Train Epoch: 0 [10000/60000 (17%)]   Loss: 191.183652
Train Epoch: 0 [20000/60000 (33%)]   Loss: 188.099336
Train Epoch: 0 [30000/60000 (50%)]   Loss: 158.454238
Train Epoch: 0 [40000/60000 (67%)]   Loss: 155.638984
Train Epoch: 0 [50000/60000 (83%)]   Loss: 153.043203
======> Epoch: 0 Average loss: 173.2792


Train Epoch: 1 [0/60000 (0%)]   Loss: 145.601250
Train Epoch: 1 [10000/60000 (17%)]   Loss: 134.434004
Train Epoch: 1 [20000/60000 (33%)]   Loss: 131.372871
Train Epoch: 1 [30000/60000 (50%)]   Loss: 132.994453
Train Epoch: 1 [40000/60000 (67%)]   Loss: 121.873936
Train Epoch: 1 [50000/60000 (83%)]   Loss: 121.991348
======> Epoch: 1 Average loss: 128.7373

... 중간 생략 ...
Train Epoch: 28 [0/60000 (0%)]   Loss: 100.488691
Train Epoch: 28 [10000/60000 (17%)]   Loss: 97.654678
Train Epoch: 28 [20000/60000 (33%)]   Loss: 99.481191
Train Epoch: 28 [30000/60000 (50%)]   Loss: 101.324482
Train Epoch: 28 [40000/60000 (67%)]   Loss: 99.653633
Train Epoch: 28 [50000/60000 (83%)]   Loss: 99.980400
======> Epoch: 28 Average loss: 100.1766
```

```
Train Epoch: 29 [0/60000 (0%)]      Loss: 100.662803
Train Epoch: 29 [10000/60000 (17%)] Loss: 100.196104
Train Epoch: 29 [20000/60000 (33%)] Loss: 102.175928
Train Epoch: 29 [30000/60000 (50%)] Loss: 104.528301
Train Epoch: 29 [40000/60000 (67%)] Loss: 99.064326
Train Epoch: 29 [50000/60000 (83%)] Loss: 102.218926
======> Epoch: 29 Average loss: 100.0594
```

이제 텐서보드에서 오차가 변화되는 과정을 살펴봅시다.

코드 13-21 텐서보드에서 오차 확인

```
%load_ext tensorboard ------①
%tensorboard --logdir scalar --port=6013 ------②
```

① %로 시작하는 것을 매직 커맨드(magic command)라고 합니다. 즉, %를 사용하면 터미널(anaconda prompt) 명령어를 주피터 노트북에서 사용할 수 있도록 해 줍니다. 참고로 터미널에서는 %를 사용하지 않습니다. %로 시작하는 명령어를 사용하여 텐서보드를 실행합니다.

② 텐서보드에서 로그를 보여 줍니다. 이때 사용되는 파라미터는 다음과 같습니다.

```
%tensorboard --logdir scalar --port=6013
                  ⓐ              ⓑ
```

ⓐ --logdir: 오차 등 데이터가 저장된 위치

ⓑ 터미널에서 커맨드를 실행하면 'http://localhost:6013/ 주소에서 텐서보드를 확인'하라는 결과가 출력됩니다. 즉, 웹 브라우저에서 텐서보드를 확인할 때 사용하는 포트 번호입니다. 필요에 따라 포트 번호를 바꿀 수 있으며 기본 포트 번호는 6006이지만 예제에서는 6013을 사용합니다.

텐서보드에 출력되는 각각의 오차는 다음과 같습니다.

먼저 훈련에 대한 오차입니다.

▼ 그림 13-14 KLD 오차

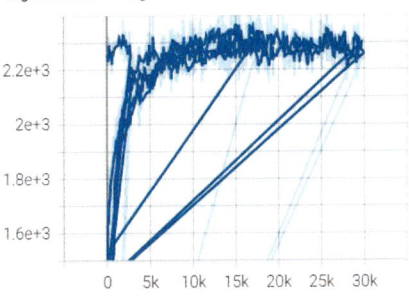

▼ 그림 13-15 재구성 오차

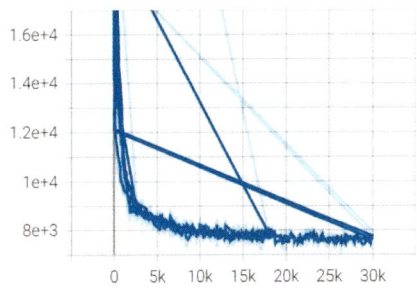

▼ 그림 13-16 전체 오차

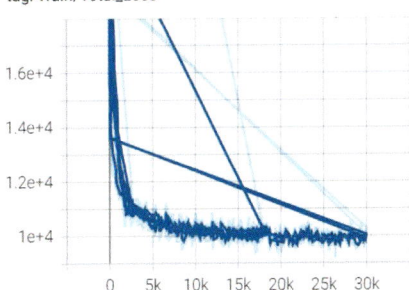

오차 결과 KLD와 재구성 오차가 반비례하면서 전체 오차는 에포크가 진행될수록 작아지는 것을 확인할 수 있습니다. 재구성 오차가 감소하고 있는 것으로 보아 기존 이미지를 이용한 새로운 이미지 생성이 잘 진행되고 있음을 유추해 볼 수 있습니다. 또한, KLD가 증가하는 것이 아니라 일정 범위에서 수렴하는 것으로 보아 $q_\phi(z|x^{(i)})$가 $p_\theta(z)$와 가까워지고 있음을 의미합니다.

그림 13-17~그림 13-19는 테스트 데이터셋에 대한 결과입니다.

▼ 그림 13-17 KLD 오차

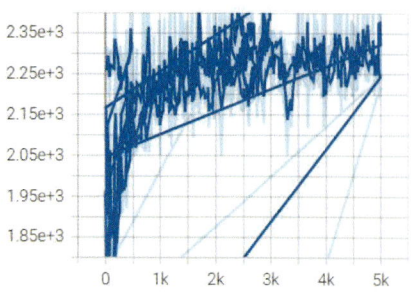

▼ 그림 13-18 재구성 오차

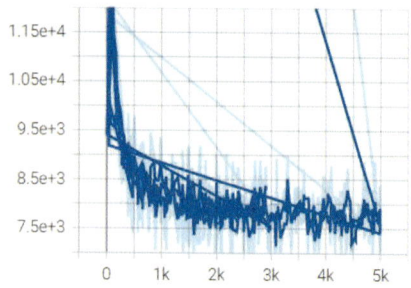

▼ 그림 13-19 전체 오차

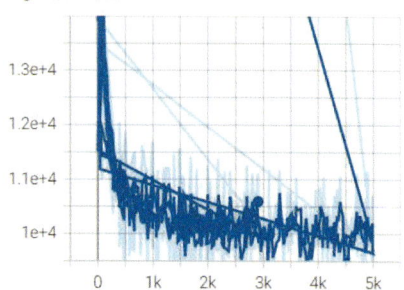

훈련 데이터셋과 마찬가지로 KLD와 재구성 오차는 반비례 관계를 가지며 전체 오차는 에포크가 진행되면서 줄어들고 있습니다. 기존 이미지를 이용한 새로운 이미지가 잘 생성되고 있음을 의미합니다.

13.3 적대적 생성 신경망(GAN)이란

처음 적대적 생성 신경망(Generative Adversarial Network, GAN)을 제안한 이안 굿펠로우(Ian Goodfellow)는 GAN을 경찰과 위조지폐범 사이의 게임에 비유했습니다. 위조지폐범은 진짜와 같은 위조 화폐를 만들어 경찰을 속이고, 경찰은 진짜 화폐와 위조 화폐를 판별하여 위조지폐범을 검거합니다. 위조지폐범과 경찰의 경쟁이 지속되면 어느 순간 위조지폐범은 진짜와 같은 위조지폐를 만들 수 있게 되고, 결국 경찰은 위조지폐와 실제 화폐를 구분할 수 없는 상태에 이르게 됩니다.

▼ 그림 13-20 적대적 생성 신경망

딥러닝 용어로 설명하자면, 경찰은 진짜 지폐와 위조지폐를 구분하는 판별자가 되며 위조지폐범은 위조지폐를 생성하는 생성자가 됩니다. 생성 모델은 최대한 진짜와 비슷한 데이터를 생성하려는 **생성자**와 진짜와 가짜를 구별하는 **판별자**가 각각 존재하여 서로 적대적으로 학습합니다.

적대적 학습에서는 판별자를 먼저 학습시킨 후 생성자를 학습시키는 과정을 반복합니다. 판별자 학습은 크게 두 단계로 진행됩니다. 먼저 실제 이미지를 입력해서 네트워크(신경망)가 해당 이미지를 진짜로 분류하도록 학습시킵니다. 그런 다음 생성자가 생성한 모조 이미지를 입력해서 해당 이미지를 가짜로 분류하도록 학습시킵니다. 이 과정을 거쳐 판별자는 실제 이미지를 진짜로 분류하고, 모조 이미지를 가짜로 분류합니다.

▼ 그림 13-21 적대적 생성 신경망 학습 과정

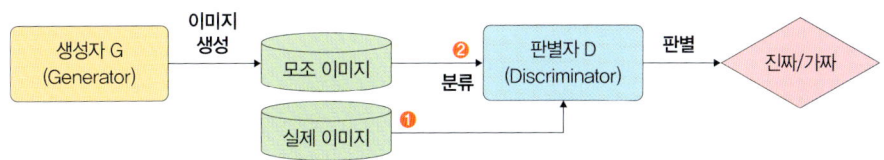

이와 같은 학습 과정을 반복하면 판별자와 생성자가 서로를 적대적인 경쟁자로 인식하여 모두 발전하게 됩니다. 결과적으로 생성자는 진짜 이미지에 완벽히 가까울 정도의 유사한 모조 이미지를 만들고, 이에 따라 판별자는 실제 이미지와 모조 이미지를 구분할 수 없게 됩니다. 즉, 생성자는 분류에 성공할 확률을 낮추고 판별자는 분류에 성공할 확률을 높이면서 서로 경쟁적으로 발전시키는 구조입니다.

13.3.1 GAN 동작 원리

적대적 생성 신경망(GAN)은 생성자(Generator)와 판별자(Discriminator) 네트워크 두 개로 구성되어 있습니다. 이름에서 알 수 있듯이 두 네트워크는 서로 적대적으로 경쟁하여 학습을 진행합니다. 생성자 G는 판별자 D를 속이려고 원래 이미지와 최대한 비슷한 이미지를 만들도록 학습합니다. 반대로 판별자 D는 원래 이미지와 생성자 G가 만든 이미지를 잘 구분하도록 학습을 진행합니다.

▼ 그림 13-22 GAN 동작 원리

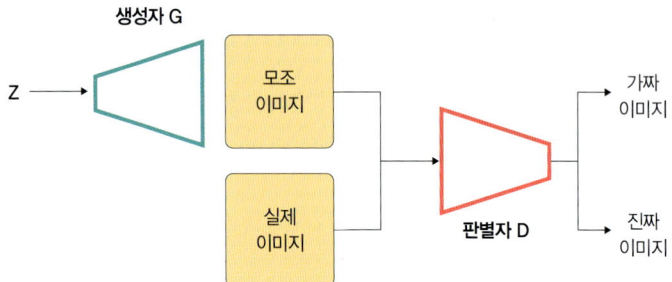

먼저 판별자 D부터 살펴보겠습니다. 판별자 D의 역할은 주어진 입력 이미지가 진짜 이미지인지 가짜 이미지인지 구별하는 것입니다. 즉, 이미지 x가 입력으로 주어졌을 때 판별자 D의 출력에 해당하는 $D(x)$가 진짜 이미지일 확률을 반환합니다.

반면 생성자 G의 역할은 판별자 D가 진짜인지 가짜인지 구별할 수 없을 만큼 진짜와 같은 모조 이미지를 노이즈 데이터를 사용하여 만들어 내는 것입니다. 예를 들어 실제 이미지인 알파벳 z가 입력으로 주어졌을 때 판별자는 z를 학습합니다. 또한, 생성자는 임의의 노이즈 데이터를 사용하여 모조 이미지 $z'(G(z))$를 생성합니다. 이러한 $G(z)$를 다시 판별자 D의 입력으로 주면 판별자는 $G(z)$가 실제 이미지일 확률을 반환합니다.

▼ 그림 13-23 생성자와 판별자

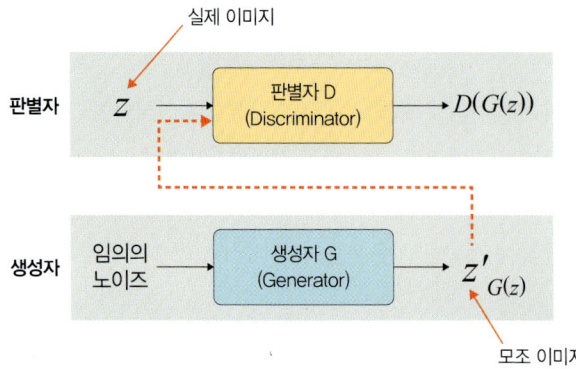

실제 데이터를 판단하려고 판별자 D를 학습시킬 때는 생성자 G를 고정시킨 채 실제 이미지는 높은 확률을 반환하는 방향으로, 모조 이미지는 낮은 확률을 반환하는 방향으로 가중치를 업데이트합니다.

GAN 구조를 살펴보았으니, 이제 GAN의 손실 함수를 살펴보겠습니다. 먼저 GAN의 손실 함수는 다음과 같습니다.

$$\min_G \max_D V(D, G) = E_{x \sim P_{data}}(x)[\log D(x)] + E_{z \sim P_z}(z)[\log(1 - D(G(z)))]$$

- $x \sim P_{data}(x)$: 실제 데이터에 대한 확률 분포에서 샘플링한 데이터
- $z \sim P_z(z)$: 가우시안 분포를 사용하는 임의의 노이즈에서 샘플링한 데이터
- $D(x)$: 판별자 $D(x)$가 1에 가까우면 진짜 데이터로 0에 가까우면 가짜 데이터로 판단, 0이면 가짜를 의미
- $D(G(z))$: 생성자 G가 생성한 이미지인 $G(z)$가 1에 가까우면 진짜 데이터로, 0에 가까우면 가짜 데이터로 판단

수식에서 판별자 D는 실제 이미지 x를 입력받을 경우 $D(x)$를 1로 예측하고, 생성자가 잠재 벡터에서 생성한 모조 이미지 $G(z)$를 입력받을 경우 $D(G(z))$를 0으로 예측합니다. 따라서 판별자가 모조 이미지 $G(z)$를 입력받을 경우 1로 예측하도록 하는 것이 목표입니다.

다시 앞의 손실 함수 전체로 돌아오면, 눈으로 보는 것처럼 상당히 복잡해 보입니다. 따라서 판별자 D와 생성자 G 부분으로 나누어서 살펴보겠습니다. 판별자 D는 다음 식의 최댓값으로 파라미터를 업데이트하는 것을 목표로 합니다. 참고로 판별자는 앞의 수식에서 좌항과 우항을 모두 사용합니다.

$$\max_D \log(D(x)) + \log(1 - D(G(z)))$$

이때 판별자 입장에서는 $D(x)=1$, $D(G(z))=0$이 최상의 결과(진짜 이미지는 1, 가짜 이미지는 0을 출력할 경우)가 될 것이기 때문에 이 식의 최댓값으로 업데이트해야 합니다.

또한, 판별자 입장에서는 $\log(D(x))$와 $\log(1-D(G(z)))$ 모두 최대가 되어야 합니다. 즉, $D(x)$는 1이 되어야 실제 이미지를 진짜라고 분류하며, $1-D(G(z))$는 1이 되어야 생성자가 만든 모조 이미지를 가짜라고 분류합니다.

반면에 생성자 G는 다음 식의 최솟값으로 파라미터를 업데이트하는 것을 목표로 합니다.

$$\min_{G} \log(1 - D(G(z)))$$

이때 생성자 입장에서는 $D(G(z))=1$이 최상의 결과(판별자가 가짜 이미지를 1로 출력한 경우)가 될 것이기 때문에 이 식의 최솟값으로 업데이트해야 합니다.

참고로 GAN을 학습시키려면 판별자와 생성자의 파라미터를 번갈아 가며 업데이트해야 합니다. 또한, 판별자의 파라미터를 업데이트할 때는 생성자의 파라미터를 고정시키고, 생성자의 파라미터를 업데이트할 때는 판별자의 파라미터를 고정해야 합니다.

그럼 이제 예제로 GAN의 구현 방법을 알아보겠습니다.

13.3.2 GAN 구현

GAN 예제 역시 MNIST 데이터셋을 사용하여 파이토치로 구현하는 방법을 알아보겠습니다.

먼저 필요한 라이브러리를 호출합니다.

코드 13-22 라이브러리 호출

```python
import imageio ------ 이미지 데이터를 읽고 쓸 수 있는 쉬운 인터페이스를 제공하는 라이브러리
from tqdm import tqdm

import torch
import torch.nn as nn
import torch.optim as optim
from torch.utils.data import Dataset, DataLoader
import matplotlib.pylab as plt

from torchvision.utils import make_grid, save_image
import torchvision.datasets as datasets
import torchvision.transforms as transforms
matplotlib.style.use('ggplot') ------ ①
device = torch.device("cuda" if torch.cuda.is_available() else "cpu")
```

① 맷플롯립(matplotlib) 라이브러리는 시각화에 사용합니다. 맷플롯립은 폰트, 색상 등을 변경하여 사용할 수 있는데 예제에서는 스타일시트(stylesheet)를 바꾸어서 사용했습니다. 스타일시트로 사용할 수 있는 것들은 다음 코드와 같이 확인할 수 있습니다.

```python
import matplotlib.pyplot as plt
```

```
plt.style.available
```

다음은 사용 가능한 스타일시트 목록에 대한 출력 결과입니다.

```
['Solarize_Light2',
 '_classic_test_patch',
 'bmh',
 'classic',
 'dark_background',
 'fast',
 'fivethirtyeight',
 'ggplot',
 'grayscale',
 'seaborn',
 'seaborn-bright',
 'seaborn-colorblind',
 'seaborn-dark',
 'seaborn-dark-palette',
 'seaborn-darkgrid',
 'seaborn-deep',
 'seaborn-muted',
 'seaborn-notebook',
 'seaborn-paper',
 'seaborn-pastel',
 'seaborn-poster',
 'seaborn-talk',
 'seaborn-ticks',
 'seaborn-white',
 'seaborn-whitegrid',
 'tableau-colorblind10']
```

'ggplot' 스타일시트는 다음 그림과 같이 격자무늬의 백그라운드를 삽입하고자 할 때 사용합니다.

▼ 그림 13-24 ggplot 스타일시트 적용

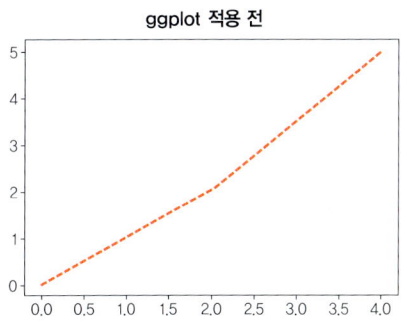
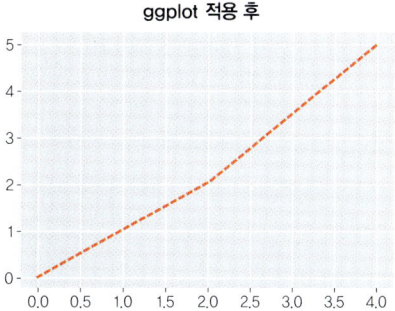

학습을 위해 사용 가능한 스타일시트를 하나씩 적용해 보는 것도 도움이 됩니다.

필요한 변수에 대한 값을 지정합니다.

> **코드 13-23** 변수 값 설정

```
batch_size = 512
epochs = 200
sample_size = 64 ------ ①
nz = 128 ------ ②
k = 1 ------ ③
```

① 노이즈 벡터를 사용하여 가짜 이미지를 생성합니다. sample_size는 생성자에 제공할 고정 크기의 노이즈 벡터에 대한 크기입니다.

② 잠재 벡터의 크기를 의미합니다. 이때 잠재 벡터의 크기는 생성자의 입력 크기와 동일해야 합니다.

③ 판별자에 적용할 스텝 수를 의미합니다. 스텝 수를 1로 지정한 이유는 훈련 비용[8]을 최소화하기 위함입니다.

예제에서 진행할 MNIST를 내려받아 정규화를 적용합니다. 이후에는 데이터로더에 데이터를 전달하여 모델의 학습에 사용할 수 있도록 합니다.

> **코드 13-24** MNIST를 내려받은 후 정규화

```
transform = transforms.Compose([
                    transforms.ToTensor(), ------ 이미지를 텐서로 변환
                    transforms.Normalize((0.5,),(0.5,)), ┐
])                                                      이미지를 평균이 0.5, 표준편차가 0.5가 되도록 정규화

train_dataset = datasets.MNIST(
    root="../chap13/data", train=True, transform=transform, download=True)

train_loader = DataLoader(
    train_dataset, batch_size=batch_size, shuffle=True, num_workers=4)
```

데이터셋이 준비되었기 때문에 네트워크를 생성할 텐데, 먼저 생성자 네트워크를 만들어 보겠습니다. 간단한 예제를 위해 네 개의 선형 계층과 세 개의 리키렐루(LeakyReLU) 활성화 함수를 사용합니다.

---

8 훈련 비용이란 시스템 자원(CPU/GPU 혹은 메모리)뿐만 아니라 훈련 시간을 의미합니다.

코드 13-25 생성자 네트워크 생성

```python
class Generator(nn.Module):
    def __init__(self, nz):
        super(Generator, self).__init__()
        self.nz = nz
        self.main = nn.Sequential(
            nn.Linear(self.nz, 256),
            nn.LeakyReLU(0.2),
            nn.Linear(256, 512),
            nn.LeakyReLU(0.2),
            nn.Linear(512, 1024),
            nn.LeakyReLU(0.2),
            nn.Linear(1024, 784),
            nn.Tanh(),
        )
    def forward(self, x):
        return self.main(x).view(-1, 1, 28, 28)  # 생성자 네트워크의 반환값은
                                                  # '배치 크기×1×28×28'이 됩니다.
```

생성자 네트워크가 완료되었고, 이제 판별자 네트워크를 생성해 보겠습니다. 판별자는 이진 분류자라는 것을 고려하여 신경망을 구축해야 합니다.

코드 13-26 판별자 네트워크 생성

```python
class Discriminator(nn.Module):
    def __init__(self):
        super(Discriminator, self).__init__()
        self.n_input = 784  # 판별자의 입력 크기
        self.main = nn.Sequential(  # 판별자 역시 선형 계층과 리키렐루 활성화 함수로 구성
            nn.Linear(self.n_input, 1024),
            nn.LeakyReLU(0.2),
            nn.Dropout(0.3),
            nn.Linear(1024, 512),
            nn.LeakyReLU(0.2),
            nn.Dropout(0.3),
            nn.Linear(512, 256),
            nn.LeakyReLU(0.2),
            nn.Dropout(0.3),
            nn.Linear(256, 1),
            nn.Sigmoid(),
        )
    def forward(self, x):
        x = x.view(-1, 784)
        return self.main(x)  # 이미지가 진짜인지 가짜인지를 분류하는 값을 반환
```

앞에서 생성한 생성자와 판별자 네트워크를 초기화합니다. 이때 생성자는 잠재 벡터 nz라는 변수를 파라미터로 전달해야 합니다.

코드 13-27 생성자와 판별자 네트워크 초기화

```
generator = Generator(nz).to(device)
discriminator = Discriminator().to(device)
print(generator)
print(discriminator)
```

다음은 앞에서 생성한 생성자와 판별자 네트워크를 보여 줍니다.

```
Generator(
  (main): Sequential(
    (0): Linear(in_features=128, out_features=256, bias=True)
    (1): LeakyReLU(negative_slope=0.2)
    (2): Linear(in_features=256, out_features=512, bias=True)
    (3): LeakyReLU(negative_slope=0.2)
    (4): Linear(in_features=512, out_features=1024, bias=True)
    (5): LeakyReLU(negative_slope=0.2)
    (6): Linear(in_features=1024, out_features=784, bias=True)
    (7): Tanh()
  )
)
Discriminator(
  (main): Sequential(
    (0): Linear(in_features=784, out_features=1024, bias=True)
    (1): LeakyReLU(negative_slope=0.2)
    (2): Dropout(p=0.3, inplace=False)
    (3): Linear(in_features=1024, out_features=512, bias=True)
    (4): LeakyReLU(negative_slope=0.2)
    (5): Dropout(p=0.3, inplace=False)
    (6): Linear(in_features=512, out_features=256, bias=True)
    (7): LeakyReLU(negative_slope=0.2)
    (8): Dropout(p=0.3, inplace=False)
    (9): Linear(in_features=256, out_features=1, bias=True)
    (10): Sigmoid()
  )
)
```

이제 모델의 네트워크에서 사용할 옵티마이저와 손실 함수를 정의합니다. 중요한 것은 생성자와 판별자에서 사용할 옵티마이저를 따로 정의해야 한다는 것입니다.

코드 13-28 옵티마이저와 손실 함수 정의

```
optim_g = optim.Adam(generator.parameters(), lr=0.0002)
optim_d = optim.Adam(discriminator.parameters(), lr=0.0002)

criterion = nn.BCELoss()

losses_g = [] ------ 매 에포크마다 발생하는 생성자 오차를 저장하기 위한 리스트형 변수
losses_d = [] ------ 매 에포크마다 발생하는 판별자 오차를 저장하기 위한 리스트형 변수
images = [] ------ 생성자에 의해 생성되는 이미지를 저장하기 위한 리스트형 변수
```

생성자에 의해 만들어지는 새로운 이미지(텐서)를 저장하기 위한 함수를 저장합니다. 이 함수는 모델 학습에 반드시 필요한 것은 아니지만 이미지가 생성되는 과정을 이해할 수 있도록 시각화하여 보여 줍니다.

코드 13-29 생성된 이미지 저장 함수 정의

```
def save_generator_image(image, path):
    save_image(image, path)
```

판별자를 학습시키기 위한 함수를 정의합니다. 판별자의 학습은 진짜 데이터의 레이블과 가짜 데이터의 레이블을 모두 이용하여 학습합니다.

코드 13-30 판별자 학습을 위한 함수

```
def train_discriminator(optimizer, data_real, data_fake):
    b_size = data_real.size(0) ------ 배치 크기 정보 얻기
    real_label = torch.ones(b_size, 1).to(device) ------ ①
    fake_label = torch.zeros(b_size, 1).to(device) ------ ②
    optimizer.zero_grad()
    output_real = discriminator(data_real)
    loss_real = criterion(output_real, real_label) ------ 진짜 데이터를 판별자에 제공하여 학습한 결과와
    output_fake = discriminator(data_fake)              진짜 데이터의 레이블을 이용하여 오차를 계산
    loss_fake = criterion(output_fake, fake_label) ------ 가짜 데이터를 판별자에 제공하여 학습한 결과와
    loss_real.backward()                                 가짜 데이터의 레이블을 이용하여 오차를 계산
    loss_fake.backward()
    optimizer.step()
    return loss_real + loss_fake ------ 진짜 데이터와 가짜 데이터의 오차가 합쳐진 최종 오차를 반환
```

① GAN에서는 모델 훈련을 위해 진짜 이미지와 생성자에서 생성한 가짜 이미지가 필요합니다. 그뿐만 아니라 레이블 정보도 필요한데, 레이블 정보는 텐서 형태를 가져야 하며 배치 크기와도

동일해야 합니다. 먼저 진짜 데이터에 대한 레이블을 생성합니다.

```
real_label = torch.ones(b_size, 1).to(device)
             ⓐ
```

ⓐ 1 값을 가진 (b_size×1) 크기의 텐서를 생성

② 가짜 데이터에 대한 레이블을 생성합니다.

```
fake_label = torch.zeros(b_size, 1).to(device)
             ⓐ
```

ⓐ 0 값을 가진 (b_size×1) 크기의 텐서를 생성

이제 생성자 학습을 위한 함수를 정의할 텐데, 상대적으로 판별자의 네트워크보다는 간단합니다.

코드 13-31 생성자 학습을 위한 함수

```python
def train_generator(optimizer, data_fake):
    b_size = data_fake.size(0)
    real_label = torch.ones(b_size, 1).to(device)  ------ ①
    optimizer.zero_grad()
    output = discriminator(data_fake)
    loss = criterion(output, real_label)
    loss.backward()
    optimizer.step()
    return loss
```

① 생성자 네트워크에서는 가짜 데이터만 사용하고 있는데, 생성자 입장에서는 가짜 데이터가 실제로 진짜라는 것에 주의할 필요가 있습니다.

이제 for 구문을 이용하여 200회 에포크만큼 모델을 학습시킵니다.

코드 13-32 모델 학습

```python
generator.train()      ------ 생성자를 학습 모드로 설정
discriminator.train()  ------ 판별자를 학습 모드로 설정

for epoch in range(epochs):
    loss_g = 0.0  ------ 생성자 오차를 추적(저장)하기 위한 변수
    loss_d = 0.0  ------ 판별자 오차를 추적(저장)하기 위한 변수
    for idx, data in tqdm(enumerate(train_loader), total=int(len(train_dataset)/train_
                                                        loader.batch_size)):
```

```
            image, _ = data  ------ 학습을 위한 이미지 데이터를 가져옵니다.
            image = image.to(device)  ------ 데이터셋이 CPU/GPU 장치를 사용하도록 지정
            b_size = len(image)
            for step in range(k):  ------ k(1) 스텝 수에 따라 판별자를 실행, 이때 k 수를 증가시킬 수 있지만
                                         학습 시간이 길어질 수 있으므로 주의하세요.
                data_fake = generator(torch.randn(b_size, nz).to(device)).detach()  ------ ①
                data_real = image
                loss_d += train_discriminator(optim_d, data_real, data_fake)  ------ ①'
            data_fake = generator(torch.randn(b_size, nz).to(device))
            loss_g += train_generator(optim_g, data_fake)  ------ 생성자 학습
        generated_img = generator(torch.randn(b_size, nz).to(device)).cpu().detach()
        generated_img = make_grid(generated_img)  ------ 이미지를 그리드 형태로 표현
        save_generator_image(generated_img, f"../chap13/img/gen_img{epoch}.png")  ------
        images.append(generated_img)                              생성된 이미지(텐서)를 디스크에 저장
        epoch_loss_g = loss_g / idx  ------ 에포크에 대한 총 생성자 오차 계산
        epoch_loss_d = loss_d / idxH  ------ 에포크에 대한 총 판별자 오차 계산
        losses_g.append(epoch_loss_g)            생성자를 이용하여 새로운 이미지를 생성하고
        losses_d.append(epoch_loss_d)            CPU 장치를 이용하여 디스크에 저장

print(f"Epoch {epoch} of {epochs}")
print(f"Generator loss: {epoch_loss_g:.8f}, Discriminator loss: {epoch_loss_d:.8f}")
```

① 생성자에서 새로운 이미지 데이터(텐서)를 생성하기 위해서는 노이즈 데이터가 필요합니다. 노이즈 데이터는 torch.randn()을 이용해서 생성할 수 있으며, 여기에서 사용되는 파라미터는 다음과 같습니다.

```
data_fake = generator(torch.randn(b_size, nz).to(device).detach()
                      ⓐ                    ⓑ        ⓒ
```

ⓐ 생성자에서 가짜 이미지를 생성하기 위해서는 생성자에 노이즈 데이터(벡터)를 제공해야 합니다. 노이즈 데이터는 잠재 벡터(nz)의 크기와 동일해야 하며, 평균이 0이고 표준편차가 1인 가우시안 정규분포를 이용하여 (b_size × nz) 크기를 갖도록 합니다.

ⓑ 모델이 데이터를 처리하려면 모델과 데이터 모두 동일한 장치(CPU 혹은 GPU)를 사용해야 합니다. 여기에서는 to(device)를 이용하여 모델이 사용할 장치를 지정합니다.

ⓒ detach()는 Ctrl + X 와 같은 기능을 합니다. 즉, detach()를 통해 떼어 낸 데이터를 이용하여 ①'처럼 판별자를 학습시키고 그 결과를 loss_d에 붙여 넣습니다(Ctrl + V).

다음은 모델을 학습시킨 결과입니다.

```
Epoch 0 of 200
Generator loss: 1.28965569, Discriminator loss: 0.94043517
Epoch 1 of 200
Generator loss: 2.55902362, Discriminator loss: 1.09625375
Epoch 2 of 200
Generator loss: 6.74595404, Discriminator loss: 0.20054729
Epoch 3 of 200
Generator loss: 1.58426058, Discriminator loss: 1.02565455
Epoch 4 of 200
Generator loss: 2.40962863, Discriminator loss: 1.11043680
Epoch 5 of 200
Generator loss: 4.19420624, Discriminator loss: 0.73168665
... 중간 생략 ...
Epoch 194 of 200
Generator loss: 1.26986551, Discriminator loss: 1.09756744
Epoch 195 of 200
Generator loss: 1.28353238, Discriminator loss: 1.06755567
Epoch 196 of 200
Generator loss: 1.26950192, Discriminator loss: 1.08437514
Epoch 197 of 200
Generator loss: 1.23257947, Discriminator loss: 1.10518491
Epoch 198 of 200
Generator loss: 1.28899515, Discriminator loss: 1.08550680
Epoch 199 of 200
Generator loss: 1.31970513, Discriminator loss: 1.07432187
```

다음 그림은 모델 학습 결과 새로 생성된 이미지에 대한 결과입니다.

▼ 그림 13-25 에포크 0번째에서 생성된 이미지   ▼ 그림 13-26 에포크 1번째에서 생성된 이미지

··· 중간 생략 ···

▼ 그림 13-27 에포크 100번째에서 생성된 이미지　　▼ 그림 13-28 에포크 101번째에서 생성된 이미지

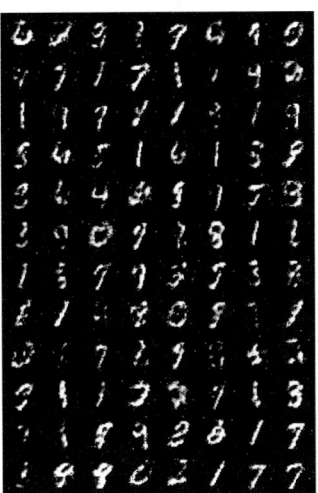

··· 중간 생략 ···

▼ 그림 13-29 에포크 198번째에서 생성된 이미지　　▼ 그림 13-30 에포크 199번째에서 생성된 이미지

0·1번째 에포크에서 생성된 이미지는 노이즈 그 이상의 의미를 갖지 않습니다. 하지만 100번째 에포크에서는 이미지의 형태가 보이지만 여전히 이미지 주위에 노이즈가 많은 것을 볼 수 있습니다. 그리고 마지막 199번째 에포크에서는 노이즈가 많이 없어지면서 좀 더 선명한 이미지를 보여 줍니다.

이번에는 생성자와 판별자의 오차에 대한 변화를 그래프로 살펴보겠습니다.

코드 13-33 생성자와 판별자의 오차 확인

```python
plt.figure()
losses_g = [fl.item() for fl in losses_g]
plt.plot(losses_g, label='Generator loss')
losses_d = [f2.item() for f2 in losses_d]
plt.plot(losses_d, label='Discriminator Loss')
plt.legend()
```

다음 그림은 생성자와 판별자에 대한 오차를 시각적 그래프로 표현한 결과입니다.

▼ 그림 13-31 생성자와 판별자에 대한 오차

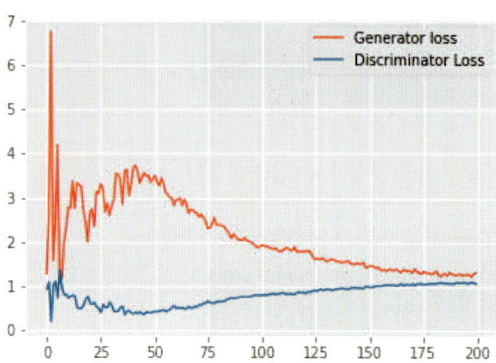

처음 몇 에포크 동안 생성자의 오차는 증가하고 판별자의 오차는 감소하는 것을 볼 수 있습니다. 이러한 증상이 나타나는 이유는 학습 초기 단계에 생성자는 좋은 가짜 이미지를 생성하지 못하기에 판별자가 실제 이미지와 가짜 이미지를 쉽게 구분할 수 있기 때문입니다. 하지만 학습이 진행됨에 따라 생성자는 진짜와 같은 가짜 이미지를 만들며 판별자는 가짜 이미지 중 일부를 진짜로 분류합니다. 따라서 그림과 같이 생성자의 오차가 감소하면 판별자의 오차는 증가합니다.

앞의 이미지를 하나씩 쪼개서 확인하고 싶다면 다음 코드와 같이 실행하면 됩니다. 생성된 열 개의 이미지를 보여 줍니다.

코드 13-34 생성된 이미지 출력

```python
fake_images = generator(torch.randn(b_size, nz).to(device))
for i in range(10):
    fake_images_img = np.reshape(fake_images.data.cpu().numpy()[i],(28, 28))
    plt.imshow(fake_images_img, cmap='gray')
    plt.savefig('../chap13/img/fake_images_img' + str(i) + '.png')
    plt.show()
```

다음 그림은 생성된 열 개의 이미지가 출력된 결과입니다.

▼ 그림 13-32 첫 번째 생성된 이미지

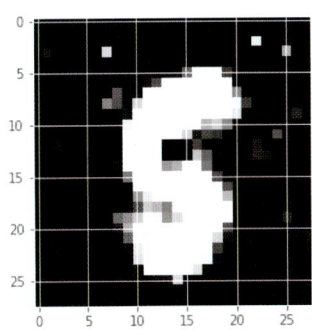

▼ 그림 13-33 두 번째 생성된 이미지

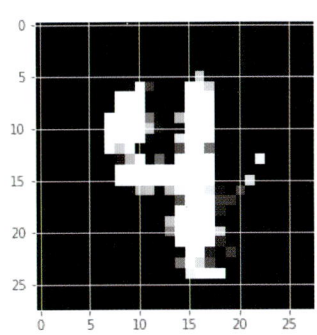

··· 중간 생략 ···

▼ 그림 13-34 아홉 번째 생성된 이미지

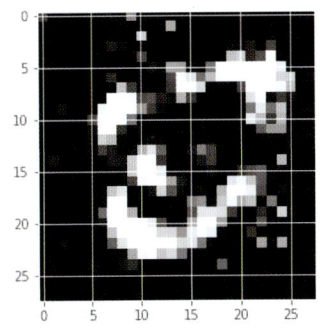

▼ 그림 13-35 열 번째 생성된 이미지

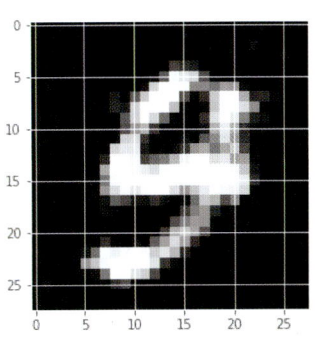

코드 13-32와 같이 에포크를 사용하여 학습 횟수를 늘리면 더 선명한 결과를 얻을 수 있습니다.

13.4 GAN 파생 기술

GAN은 생성자와 판별자가 서로 대결하면서 학습하는 구조이기 때문에 학습이 매우 불안정합니다. 생성자와 판별자 중 한쪽으로 치우친 훈련이 발생하면 성능에 문제가 생겨 정상적인 분류(진짜 혹은 가짜 분류)가 불가능합니다. 이러한 제약을 해결한 모델이 DCGAN(Deep Convolutional GAN)입니다. 이름에서도 알 수 있듯이 DCGAN은 GAN 학습에 CNN을 사용하는 것입니다.

GAN과 DCGAN이 가짜 이미지 생성을 위해 임의의 노이즈 값을 사용했다면 cGAN(convolutional

GAN)은 출력에 어떤 조건을 주어 변형하는 모델입니다. 즉, GAN이 임의의 노이즈로 무작위 이미지를 출력한다면, cGAN은 시드 역할을 하는 임의의 노이즈와 함께 어떤 조건이 추가됩니다. 조건이 추가되고 데이터 훈련 과정에서 인간이 통제할 수 있게 되면서 실제 이미지와 가깝거나 원래 이미지에 없던 문자열 태그 등도 넣는 것이 가능해졌습니다.

또한, CycleGAN이라는 것도 있습니다. CycleGAN은 사진이 주어졌을 때 다른 사진으로 변형시키는 모델입니다. 예를 들어 말을 얼룩말로 변환하는 것이 가능합니다. 참고로 CycleGAN은 PIX2PIX라는 원리를 이용하는데, 이 부분은 CycleGAN에서 자세히 다루겠습니다.

그럼 DCGAN을 먼저 살펴보겠습니다.

13.4.1 DCGAN

DCGAN은 GAN과 동일하게 입력된 이미지를 바탕으로 그것과 매우 유사한 가짜 이미지를 만들고, 이를 평가하는 과정을 반복하여 실제와 매우 유사한 이미지를 생산하는 학습법입니다. 따라서 DCGAN 역시 생성자와 판별자 네트워크 두 개가 서로 적대적으로 학습하는 구조입니다.

생성자 네트워크

생성자는 임의의 입력을 받아들여 판별자에서 사용할 수 있는 이미지 데이터를 생성하며, 출력은 64×64가 됩니다. 임의의 입력으로 주어지는 노이즈 데이터는 '가로×세로' 형태가 아니기 때문에 입력 형태를 '가로×세로'로 변경(reshape)해야 합니다. 형태가 변경된 입력은 합성곱층으로 넘겨진 후 이미지 형태의 출력을 위해 분수-스트라이드 합성곱(fractional-strided convolution)을 사용하여 출력 값을 키웁니다.

▼ 그림 13-36 DCGAN 생성자

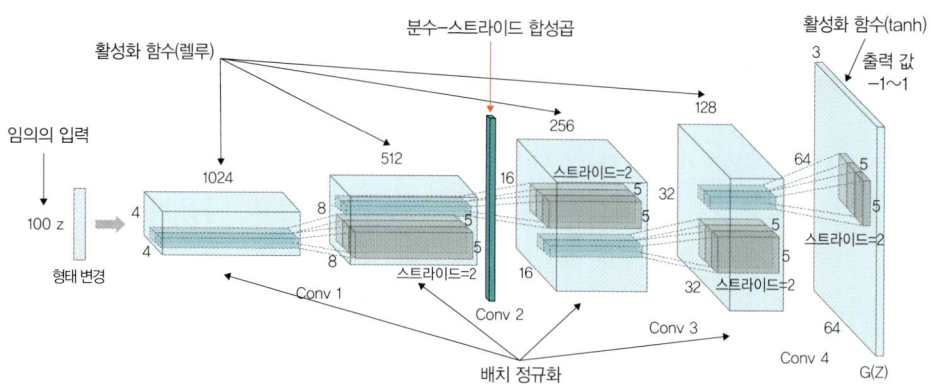

생성자 네트워크 특징은 다음과 같습니다.

- 풀링층을 모두 없애고, 분수-스트라이드 합성곱을 사용합니다.
- 배치 정규화(batch normalization)를 이용하여 네트워크의 층이 많아도 안정적으로 기울기를 계산할 수 있도록 했습니다. 단 배치 정규화를 모든 계층마다 추가할 경우 안정성이 떨어지는 문제가 있으므로 최종 출력층에서는 사용하지 않았습니다.
- 활성화 함수는 렐루(ReLU)를 사용하며, 최종 출력층에서는 하이퍼볼릭 탄젠트(tanh)를 사용합니다.

판별자 네트워크

판별자 네트워크는 64×64 크기의 이미지를 입력받아 진짜 혹은 가짜의 1차원 결과를 출력합니다. 활성화 함수로 리키렐루(LeakyReLU)를 사용하며, 최종 출력층에서는 시그모이드 함수를 사용하여 0~1의 값을 출력합니다.

▼ 그림 13-37 DCGAN 판별자

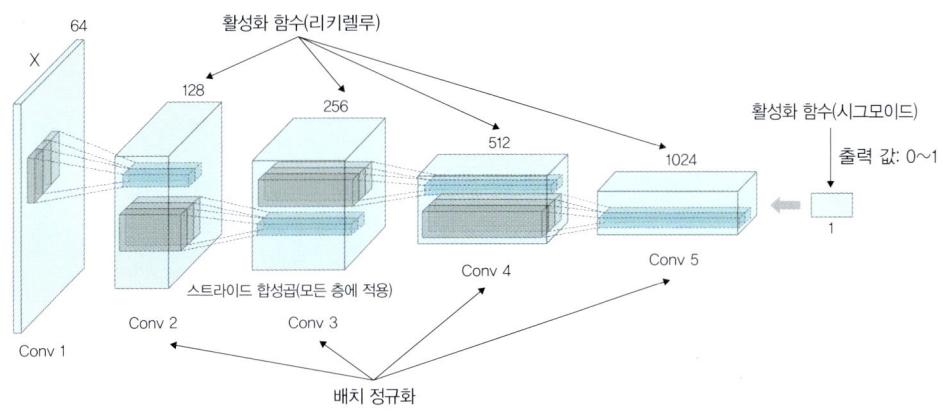

즉, 판별자 네트워크 특징은 다음과 같습니다.

- 풀링층을 모두 없애고, 스트라이드 합성곱을 사용합니다.
- 배치 정규화를 이용하여 네트워크의 층이 많아도 안정적으로 기울기를 계산할 수 있도록 했습니다. 단 생성자 네트워크와 마찬가지로 배치 정규화를 모든 계층마다 추가하면 안정성이 떨어지는 문제가 있으므로 최초 입력층에서는 사용하지 않았습니다.
- 활성화 함수는 리키렐루를 사용하며, 최종 출력층에서는 시그모이드를 사용합니다.

> Note ≡ **스트라이드 합성곱과 분수-스트라이드 합성곱**
>
> 판별자 네트워크에서 사용하는 스트라이드 합성곱은 합성곱에 단순히 스트라이드를 적용한 것이라고 생각하면 됩니다. 이때 스트라이드(stride) 값을 1 이상의 정수로 사용하면 풀링과 마찬가지로 출력 크기를 줄일 수 있습니다. 예를 들어 다음 그림과 같이 스트라이드 합성곱을 이용하여 2×2 크기의 특성 맵을 추출할 수 있습니다.
>
> ♥ 그림 13-38 스트라이드 합성곱
>
>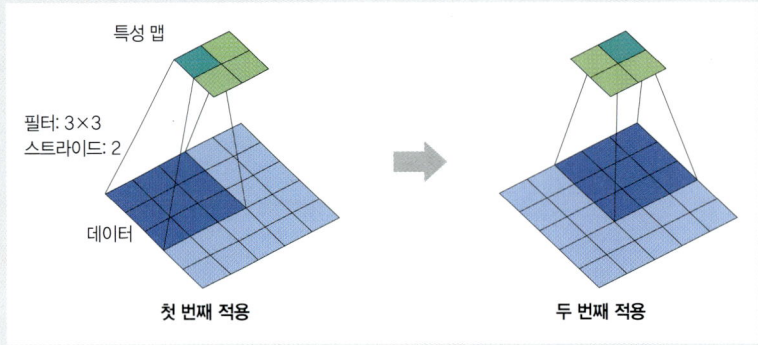
>
> 생성자 네트워크에서 사용하는 분수-스트라이드 합성곱은 스트라이드 값을 1보다 작은 분수를 사용하여 출력 크기를 키웁니다. 예를 들어 특성 맵의 크기를 키우려면 2×2 크기의 특성 맵(다음 그림의 빨간색 박스 안의 파란색 부분)의 각 원소 사이와 바깥 부분에 모두 패딩(0)을 넣어 준 상태에서 3×3 필터로 합성곱을 수행하면 됩니다.
>
> ♥ 그림 13-39 분수-스트라이드 합성곱
>
>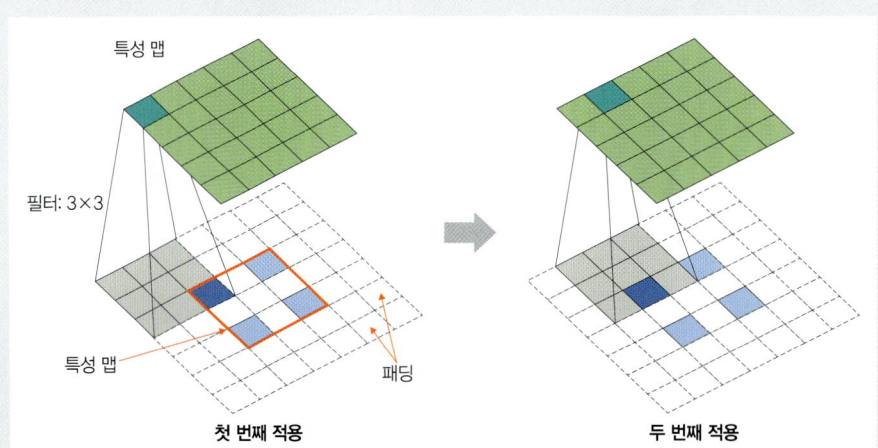
>
> 그럼 왜 생성자 네트워크에서는 분수-스트라이드 합성곱을 사용하고, 판별자 네트워크에서는 스트라이드 합성곱을 사용할까요? 생성자 네트워크에서는 노이즈를 입력으로 받아 훈련 데이터셋의 이미지와 같은 해상도를 갖는 이미지를 생성해야 하기 때문에 공간을 확장시켜야 하는 분수-스트라이드 합성곱이 필요합니다. 반면 판별자 네트워크는 실제 이미지와 생성자가 생성한 이미지 사이에서 어떤 이미지가 진짜인지 판별해야 하기 때문에 각 이미지의 특성을 추출할 수 있는 합성곱 연산을 수행합니다. 그리고 이때 스트라이드 합성곱을 사용하면 특성을 잘 추출할 수 있습니다.

13.4.2 cGAN

cGAN은 GAN의 출력에 조건을 주어 통제하려는 시도에서 만들어졌습니다. 기존 GAN은 노이즈 벡터를 받아들여서 출력을 만들어 내는데, 이때 사람이 통제할 수 있는 부분이 없었습니다. 그렇다면 통제는 왜 필요할까요?

GAN을 이용하면 입력 이미지와 유사한 출력 이미지가 생성되었습니다. 그런데 입력 이미지에 새로운 객체를 추가하거나 이미지에 자동으로 문자열 태그를 붙이고 싶다면 어떻게 해야 할까요? 기존 GAN 기술을 이용할 때는 불가능했습니다. 하지만 cGAN을 이용하여 조건을 변경한다면 이 모든 것이 가능합니다.

cGAN 원리를 좀 더 자세히 살펴보겠습니다.

기본적으로 GAN 원리와 비슷하지만, 다음 그림과 같이 생성자와 판별자에 조건을 입력하는 부분에서 차이가 있습니다.

▼ 그림 13-40 cGAN 원리

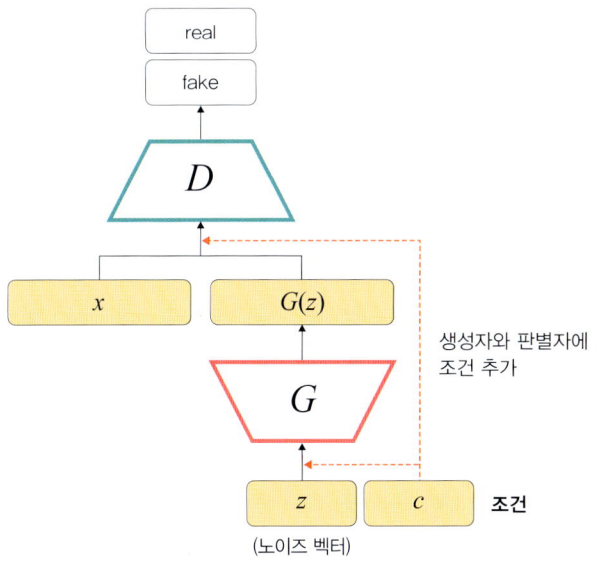

예를 들어 MNIST 데이터셋을 사용하여 데이터를 훈련시킨 후 숫자 1을 출력한다고 합시다. 이때 생성자에 노이즈 벡터와 더불어 그것을 뜻하는 조건 C(Condition C)(예 [0,0,1])를 넣어 줍니다. 물론 판별자에도 조건 C([0,0,1])가 추가되어야 합니다.

이러한 방식으로 생성자와 판별자에 조건이 추가되면서 이미지에 대한 변형(기존 이미지에서 변형된 이미지를 생성)이 가능하게 됩니다.

13.4.3 CycleGAN

GAN과 DCGAN은 랜덤 노이즈를 입력으로 하므로 무작위 데이터가 생성되기 때문에 원하는 결과를 얻기 어려운 문제가 있습니다. 이러한 문제를 해결하는 방법으로 PIX2PIX가 있습니다.

PIX2PIX

PIX2PIX는 임의의 노이즈 벡터가 아닌 이미지를 입력으로 받아 다른 스타일의 이미지를 출력하는 지도 학습 알고리즘입니다. 따라서 PIX2PIX를 학습하려면 입력을 위한 데이터셋과 PIX2PIX를 거쳐서 나올 정답 이미지가 필요합니다.

▼ 그림 13-41 PIX2PIX

PIX2PIX의 훈련 역시 생성자와 판별자 네트워크를 이용하는데, 하나씩 살펴보겠습니다.

생성자 네트워크

PIX2PIX의 생성자 네트워크는 일반적인 생성자의 구조와 조금 다릅니다. 입력과 출력이 모두 이미지이기 때문에 전체적으로 크기가 줄어들었다가 다시 커지는 인코더-디코더의 구조입니다. 크기가 줄어드는 인코더에서는 입력 데이터의 특징을 찾아내고, 크기가 다시 커지는 디코더에서는 이미지를 생성하는 역할을 합니다. 출력층의 활성화 함수는 하이퍼볼릭 탄젠트로 -1~1 사이의 값을 갖습니다. 그렇기 때문에 입력 또한 -1~1 사이의 값으로 변경해서 사용해야 합니다.

▼ 그림 13-42 PIX2PIX 생성자

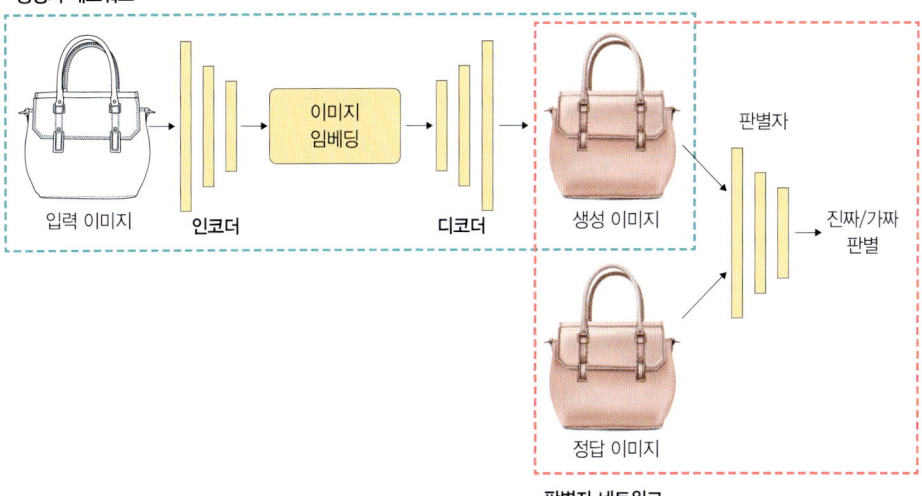

판별자 네트워크

판별자 네트워크는 DCGAN과 마찬가지로 스트라이드가 2인 합성곱층으로 구성되어 있습니다. 하지만 뒤의 두 계층은 스트라이드가 1인 밸리드 합성곱(valid convolutional)[9]을 이용하여 최종적으로 30×30 형태의 데이터를 출력합니다. 일반적인 GAN 모델의 출력이 0~1 사이의 스칼라인 것과는 차이가 있는데, 출력에서 차이가 있는 이유는 판별자를 이미지의 각 부분별로 진행하기 위해서입니다. 즉, 판별자는 이미지를 통째로 진짜인지 아닌지 판별하는 것이 아니라 이미지의 각 부분이 진짜인지 아닌지 판별합니다. 이 과정에 따라 좀 더 디테일한 부분에 집중한 이미지를 판별할 수 있습니다.

또한, PIX2PIX의 훈련을 위한 손실 함수는 다음과 같습니다.

$$L_{cGAN}(G,D) = E_{x,y}[\log D(x,y)] + E_{x,y}[\log(1-D(x, G(x,z)))]$$

이때 생성자는 판별자를 속이는 것 말고도 생성한 이미지가 정답(입력 이미지)과 같아야 하는 과제가 있습니다. 이를 위해 PIX2PIX에서는 L1 손실 함수(L1 loss)[10]를 사용하며 수식은 다음과 같습니다.

---

9 합성곱층에 패딩을 적용하지 않은 것입니다.
10 실제 값과 예측 값 사이의 차이(오차)에 대한 절댓값을 구하고, 그 오차들의 합을 구합니다.

$$L_{L1}(G) = E_{x,y,z}[\|y-G(x,z)\|_1]$$

따라서 L1 손실 함수가 추가된 최종 손실 함수는 다음과 같이 수정하여 사용됩니다.

$$G^* = \arg \min_G \max_D L_{cGAN}(G,D) + \lambda L_{L1}(G)$$

CycleGAN

PIX2PIX가 강력한 모델이기는 하지만 데이터 쌍이 필요하다는 단점이 있습니다. 예를 들어 다음 그림의 PIX2PIX 모델처럼 신발의 외곽선(에지)만 표현된 이미지에서 완전한 신발 이미지를 생성하고 싶다면, 신발의 외곽선(에지) 이미지(x_i)와 신발 이미지(y_i)에 대한 데이터 쌍이 필요합니다.

▼ 그림 13-43 PIX2PIX와 CycleGAN

그런데 이러한 데이터 쌍의 이미지를 구하는 것이 쉽지 않습니다. 예를 들어 흑백 이미지를 컬러 이미지로 변경하고 싶다면 동일한 그림에서 채색의 유무만 다른 이미지 두 개가 필요한데, 이러한 데이터를 얻기 어렵기 때문에 PIX2PIX 모델을 사용하기가 쉽지 않습니다. 따라서 쌍(paired)을 이루지 않는 이미지(unpaired image)로 학습할 수 있는 방법이 필요한데, 이때 사용하는 것이 CycleGAN입니다.

그럼 이제 CycleGAN을 자세히 살펴보겠습니다.

CycleGAN은 하나가 아닌 두 개(G, F)의 생성자를 갖습니다.

생성자 G는 이미지 X를 이미지 Y로 변환하며, 생성자 F는 이미지 Y를 다시 이미지 X로 변환합니다. 이때 D_X와 D_Y는 각각 이미지 X와 Y를 위한 판별자입니다. 따라서 생성자 G는 D_Y에 대한 적대적 학습을 하며, 생성자 F는 D_X에 대한 적대적 학습을 합니다.

▼ 그림 13-44 CycleGAN의 생성자 두 개

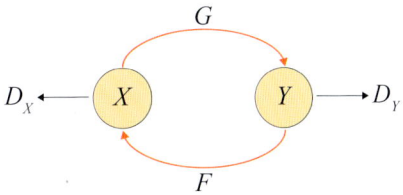

그림 13-45와 같이 생성자 G는 조랑말 이미지 X를 얼룩말 이미지 Y'로 바꾸어 주며, 생성자 F는 얼룩말 이미지 Y'를 조랑말 이미지 X'로 바꾸어 줍니다. 이때 $G(X)$는 조랑말 이미지 X가 생성자 G를 통해 변환된 이미지가 되며, 함수 적용 결과는 얼룩말 Y'가 됩니다. X가 얼마나 X'와 가까운지는 L1 손실 함수를 사용해서 계산합니다. 또한, $F(Y')$는 얼룩말 이미지 Y'를 생성자 F를 통해 조랑말 X'로 변환합니다. 즉, CycleGAN에서는 $G(X)=Y'$에 대한 생성자, Y' 값을 다시 X'로 복원하는 $F(Y')=X'$에 대한 생성자와 이 값을 판별하는 판별자(D_Y, D_X)가 추가되어 총 네 개의 네트워크를 사용합니다. 이때 $X→Y'$, $Y'→X'$로 연결되는 것을 순환 일관성이라고 합니다. 다음 그림은 $X→Y'$, $Y'→X'$로 연결되는 동작 과정을 보여 줍니다. $X→Y'$를 정방향 일관성(forward consistency)이라고 하며, $Y'→X'$를 역방향 일관성(backward consistency)이라고 합니다.

▼ 그림 13-45 CycleGAN의 순환 일관성

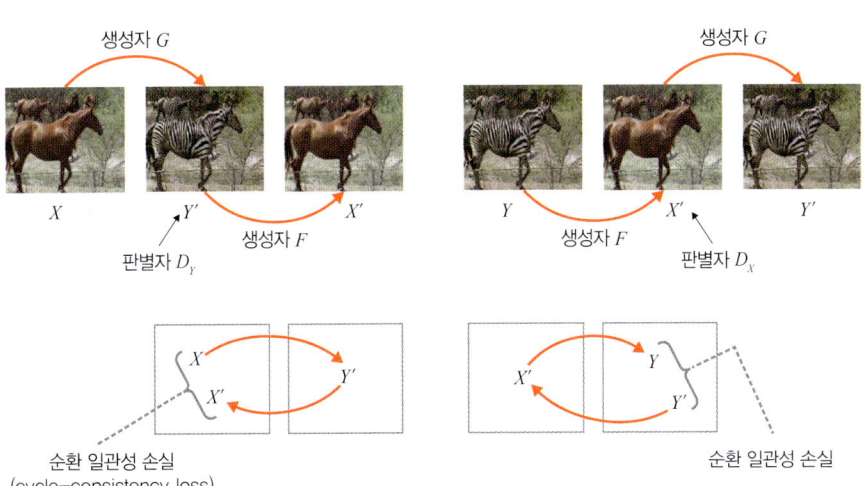

또한, 이때 사용되는 순환 일관성 손실 함수($L_{cyc}(G, F)$)의 수학적 정의는 다음과 같습니다.

$$L_{cyc}(G,F) = E_{x \sim P_{data}(x)}[\| F(G(x)) - x \|_1] + E_{y \sim P_y(x)}[\| G(F(y)) - y \|_1]$$

$G(x)$로 나온 y 값을 다시 $F(y)$를 통해 원본 이미지로 복원하고, 마찬가지로 $F(y)$로 나온 x 값을 다시 $G(x)$를 통해 y로 복원하는 원리를 이용해서 전체 손실에 대한 함수를 정의하면 다음과 같습니다.

$$\begin{aligned} L(G,F,D_X,D_Y) &= L_{GAN}(G,D_Y,X,Y) \\ &+ L_{GAN}(F,D_X,X,Y) \\ &+ \lambda L_{cyc}(G,F) \end{aligned}$$

따라서 CycleGAN의 최종 목표는 다음 수식을 푸는 것이라고 할 수 있습니다.

$$G*F* = \arg \min_{G,F} \max_{D_x,D_Y} L(G,F,D_X,D_Y)$$

지금까지 학습한 CycleGAN을 정리하면 다음과 같습니다.

CycleGAN은 PIX2PIX처럼 생성자 하나, 판별자 하나를 사용하는 대신 생성자 둘, 판별자 둘을 사용합니다. 따라서 CycleGAN은 이미지 X에서 이미지 Y로 변환하는 것뿐만 아니라 역방향으로도 변환이 진행됩니다. 그리고 생성자를 학습할 때는 손실 함수 L_{cyc}를 사용합니다. 즉, CycleGAN은 PIX2PIX와 다르게(PIX2PIX 모델 학습은 L1 손실 함수에 의존적이므로 상대적으로 GAN 손실 함수의 역할이 작음) GAN 손실 함수가 핵심적인 역할을 하기 때문에 더 유연하게 이미지를 변환할 수 있습니다.

부록

A.1 코랩
A.2 캐글

A.1 코랩

A.1.1 코랩이란

책에서는 주피터 노트북을 이용하여 실습을 진행했습니다. 책의 예제는 CPU나 GPU에서 모두 실행 가능합니다. 더불어 요즘 많이 사용하는 코랩에서 예제 파일을 실행하는 방법을 간단히 알아보겠습니다.

코랩(Colab)의 정식 명칭은 Colaboratory이지만 줄여서 Colab이라고 부릅니다. 코랩을 사용하면 웹 브라우저에서 파이썬을 작성하고 실행할 수 있습니다.

▼ 그림 A-1 구글 코랩

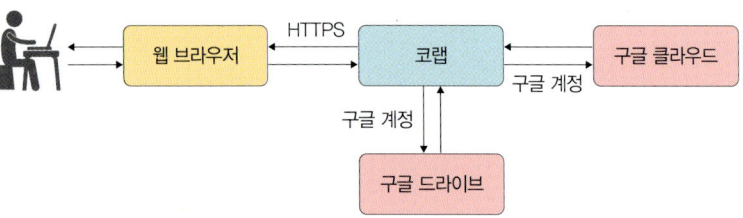

코랩을 사용하는 이유는 다음과 같습니다.

- 무료입니다.
- 머신 러닝/딥러닝을 사용할 수 있는 별도의 환경 설정이 필요하지 않습니다.
- 클라우드 환경으로 여러 명이 동시에 수정할 수 있습니다.
- GPU를 손쉽게 사용할 수 있습니다.

하지만 단점도 있으므로 주의하여 사용해야 합니다.

- 세션 시간에 제약이 있습니다.
- 세션 시간이 만료되면 작업하던 데이터가 유실됩니다.

참고로 클라우드에 올려서 사용할 수 없는 데이터(예 개인 정보가 포함된 데이터)가 있기 때문에 사용하기 전에 확인이 필요합니다.

A.1.2 코랩에서 예제 파일 실행

책의 예제 파일을 코랩에 업로드하여 실행해 보겠습니다.

1. 구글 웹 사이트에 접속한 후 계정을 생성합니다. 이미 계정이 있다면 이 과정은 생략합니다.

    ▼ 그림 A-2 구글 계정 생성

    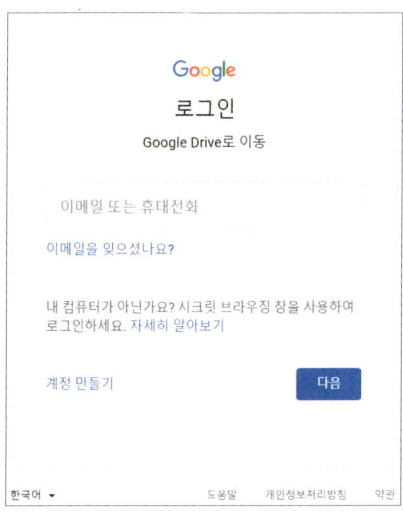

2. 코랩 웹 사이트에 접속한 후 **새 노트**를 클릭합니다.

    https://colab.research.google.com/

    ▼ 그림 A-3 새 노트 시작

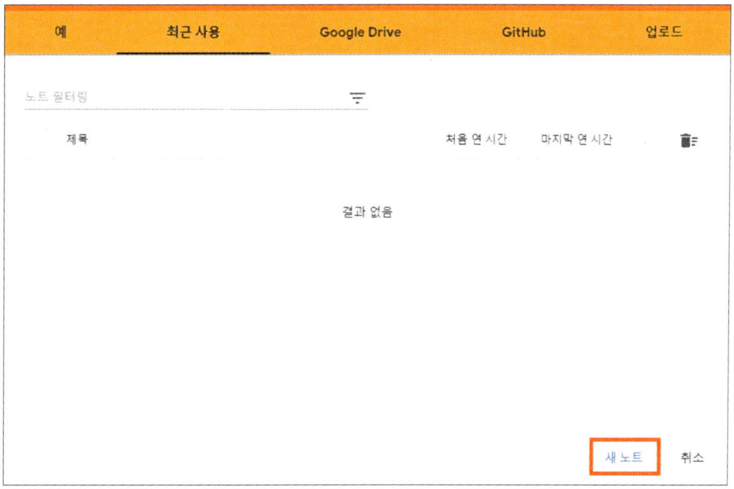

3. 다음 코드를 입력하여 파이토치 버전을 확인합니다. ▶ 실행 버튼을 클릭하거나 [Shift]+[Enter]를 눌러 실행합니다. 결과가 나오면 책의 버전과 맞는지 확인해 주세요.

▼ 그림 A-4 파이토치 버전 확인

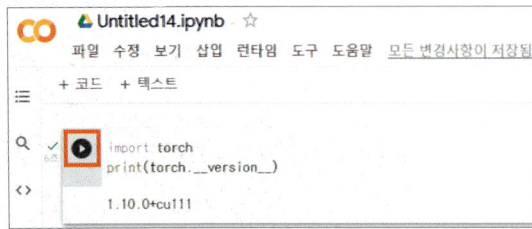

4. **파일 > 노트 > 노트 업로드**를 선택합니다.

▼ 그림 A-5 노트 업로드 선택

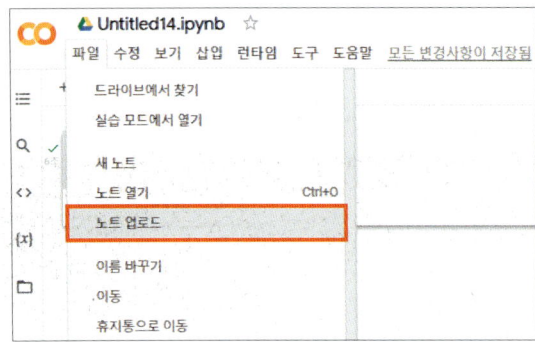

5. 다음 창이 뜨면 **파일 선택**을 클릭하여 업로드할 파일을 선택하면 됩니다. 3장 예제 파일을 선택하겠습니다.

▼ 그림 A-6 업로드할 예제 파일 선택

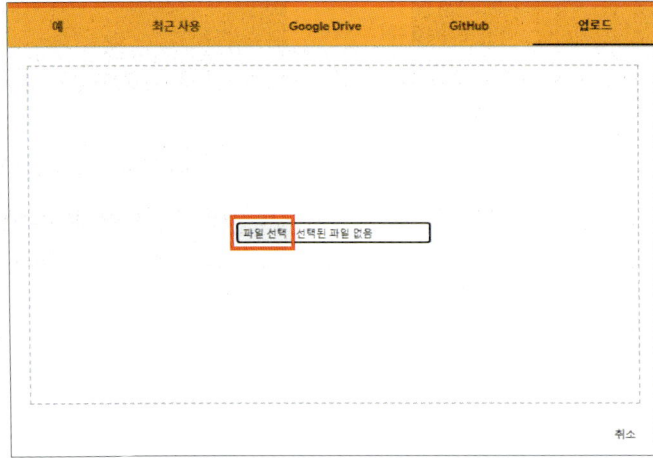

6. 다음과 같이 3장 예제 파일을 불러왔습니다.

▼ 그림 A-7 업로드한 예제 파일 확인

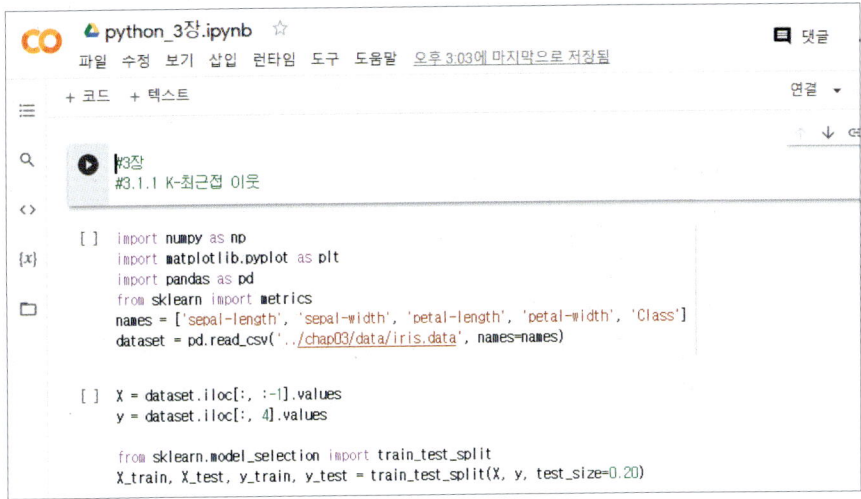

7. 지금은 파이썬 파일만 불러온 것입니다. 필요한 데이터셋들을 업로드해야 합니다. 데이터를 불러오는 코드가 나오면 다음과 같이 수정합니다. 자세한 설명은 '코랩에 데이터를 업로드하는 두 가지 방법' 노트를 참고하세요.

수정 전

dataset = pd.read_csv('../chap03/data/iris.data', names=names)

수정 후

```
from google.colab import files # 데이터 불러오기
file_uploaded = files.upload() # 데이터 불러오기
dataset = pd.read_csv('iris.data', names=names) # 경로를 수정해야 합니다.
```

8. 코드를 실행하면 다음과 같이 **파일 선택**이 나타나는데, 이것을 클릭합니다.

▼ 그림 A-8 업로드할 데이터 파일 선택

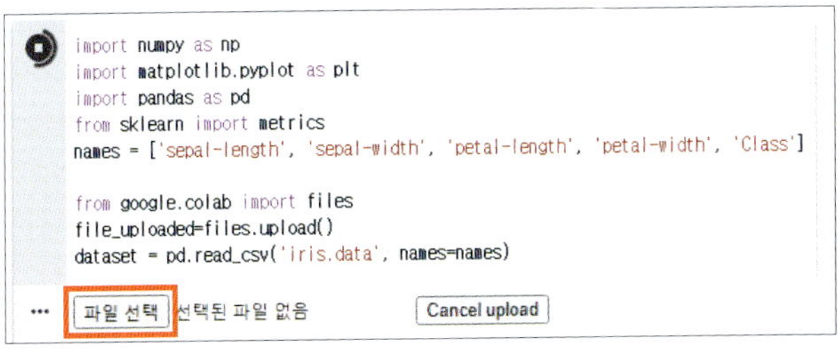

```
import numpy as np
import matplotlib.pyplot as plt
import pandas as pd
from sklearn import metrics
names = ['sepal-length', 'sepal-width', 'petal-length', 'petal-width', 'Class']

from google.colab import files
file_uploaded=files.upload()
dataset = pd.read_csv('iris.data', names=names)
```

[파일 선택] 선택된 파일 없음   Cancel upload

9. 사용할 iris.data 파일을 선택하면 다음과 같이 코랩에 데이터가 업로드됩니다.

▼ 그림 A-9 데이터 파일이 업로드된 상태

```
import numpy as np
import matplotlib.pyplot as plt
import pandas as pd
from sklearn import metrics
names = ['sepal-length', 'sepal-width', 'petal-length', 'petal-width', 'Class']

from google.colab import files
file_uploaded=files.upload()
dataset = pd.read_csv('iris.data', names=names)
```

파일 선택 iris.data
- **iris.data**(n/a) - 4551 bytes, last modified: 2020. 8. 16. - 100% done
Saving iris.data to iris.data

코랩에서는 GPU도 무료로 제공합니다. GPU를 사용하고 싶다면 **런타임 > 런타임 유형 변경**을 선택한 후 **하드웨어 가속기** 옵션에서 GPU를 설정하면 됩니다.

▼ 그림 A-10 GPU 설정

다음 코드를 실행하면 GPU를 사용할 수 있도록 설정해 줍니다. 하지만 책에서 확인할 수 있듯이 해당 코드는 GPU 사용만을 위한 것은 아니므로 GPU 사용을 위해 코드를 따로 수정할 필요는 없습니다.

```
import torch
device = torch.device('cuda:0' if torch.cuda.is_available() else 'cpu')
# 혹은
cuda = True if torch.cuda.is_available() else False
```

▼ 그림 A-11 GPU 사용 설정

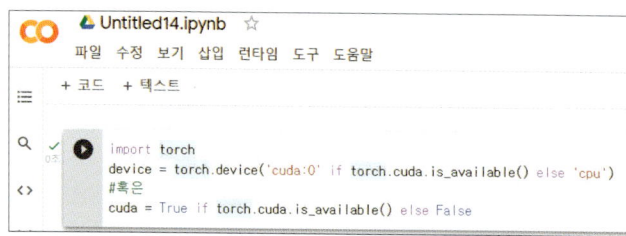

Note ≡ **코랩에 데이터를 업로드하는 두 가지 방법**

코랩에 데이터를 업로드하는 방법은 다음과 같이 두 가지입니다.

▼ 그림 A-12 코랩에서 데이터를 호출하는 방법

❶ 사용자 PC에서 파일 업로드하기
```
from google.colab import files
file_uploaded=files.upload()
```

❷ 구글 드라이브에서 파일 업로드하기
```
from google.colab import drive
drive.mount('/content/drive/')
```

• **사용자 PC에서 파일 업로드하기**

1. 다음 코드를 입력합니다. 데이터를 불러오는 코드입니다.

```
from google.colab import files
file_uploaded = files.upload()
```

2. **파일 선택**이 나타나면 필요한 파일을 클릭하여 업로드합니다.

▼ 그림 A-13 사용자 PC에서 파일 업로드

```
import numpy as np
import matplotlib.pyplot as plt
import pandas as pd
from sklearn import metrics
names = ['sepal-length', 'sepal-width', 'petal-length', 'petal-width', 'Class']

from google.colab import files
file_uploaded=files.upload()
dataset = pd.read_csv('iris.data', names=names)
```
··· [파일 선택] 선택된 파일 없음 [Cancel upload]

3. 데이터가 업로드되면 경로가 바뀌므로 꼭 다음과 같이 코드의 데이터 경로를 수정해야 합니다.

수정 전

```
dataset = pd.read_csv('../chap03/data/iris.data', names=names)
```
⬇
수정 후

```
dataset = pd.read_csv('iris.data', names=names)
```

◐ 계속

• **구글 드라이브에서 파일 업로드하기**

1. 구글 드라이브에 폴더를 만들고 필요한 데이터를 업로드합니다.

2. 다음 코드를 입력하여 실행합니다. 구글 드라이브와 연결하는 코드입니다.

```
from google.colab import drive
drive.mount('/content/drive/')
```

3. 다음과 같이 Google Drive 파일에 액세스하도록 허용하시겠습니까?라는 문구가 나옵니다. **Google Drive에 연결**을 누릅니다.

▼ 그림 A-14 구글 드라이브와 연결

4. 그러면 계정 선택 화면이 나오는데 '자신의 계정을 선택'한 후 액세스 허용 메시지가 표시되면 **허용**을 누릅니다.

▼ 그림 A-15 계정 선택 및 액세스 허용

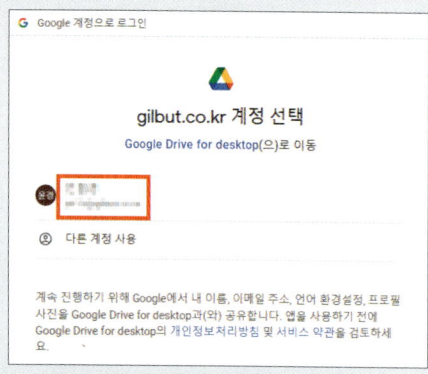
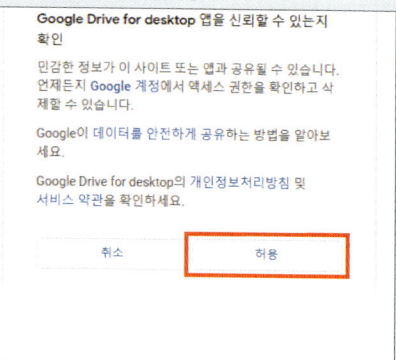

5. 구글 드라이브에 제대로 연결되면 다음과 같이 Mounted at /content/drive/ 메시지가 출력됩니다.

▼ 그림 A-16 구글 드라이브와 연결

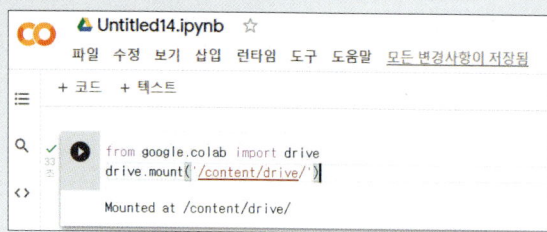

○ 계속

6. 그러고 나서 왼쪽 폴더 아이콘을 클릭하여 원하는 데이터 파일을 선택한 후 마우스 오른쪽 버튼을 눌러 **경로 복사**를 선택합니다.

▼ 그림 A-17 데이터 파일 선택 및 경로 복사

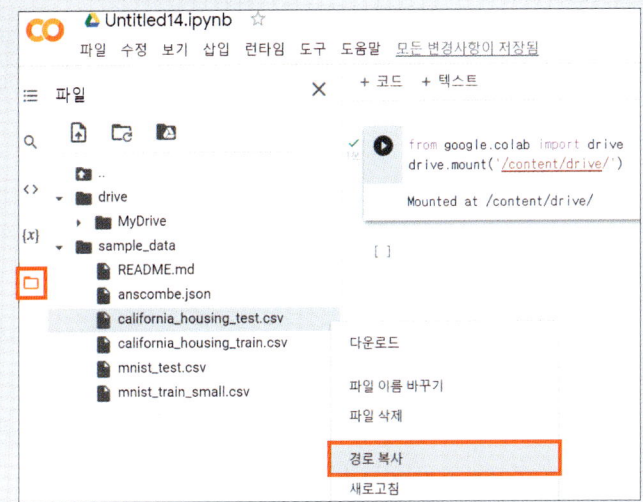

7. 복사한 경로로 코드의 데이터셋 위치를 수정한 후 실행합니다.

▼ 그림 A-18 코드에서 데이터셋 경로 수정 후 실행

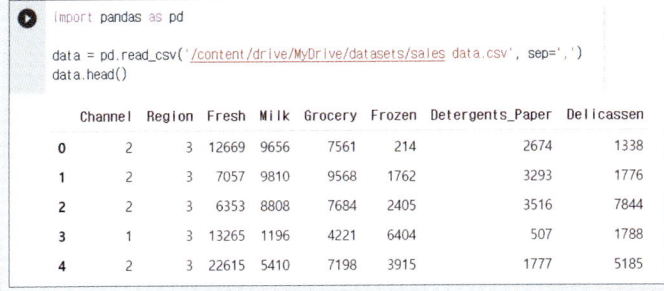

Note ≡ **코랩에서 필요한 라이브러리를 설치하려면?**

코랩에서 필요한 라이브러리는 다음과 같이 설치할 수 있습니다.

    !pip install pandas

A.2 캐글

캐글(Kaggle)은 데이터 사이언스 경진 대회 플랫폼입니다. 즉, 개인, 기업, 단체가 제시한 문제와 함께 데이터를 분석하는 대회입니다. 또한, 머신 러닝 혹은 딥러닝을 연습하는 좋은 플랫폼이기도 합니다.

A.2.1 캐글이란

캐글은 전 세계적인 데이터 사이언스 경진 대회 플랫폼입니다. 기업 및 단체에서 데이터와 해결 과제를 등록하면 데이터 과학자들이 이를 해결하는 모델을 개발하고 경쟁하며, 우승자에게는 상금과 명예가 주어집니다. 캐글이 사람들의 관심을 받게 된 이유는 다른 사람과 코드를 공유할 수 있기 때문입니다. 다른 사람의 코드를 수정하고 변형해서 좀 더 효율적인 코드를 만들 수 있다 보니 지식 범위를 넓힐 수 있는 소통 창구 역할을 하고 있습니다. 또한, 초보자도 쉽게 데이터를 사용하여 분석 결과를 도출할 수 있도록 튜토리얼(tutorial)을 제공합니다.

캐글에서 경진 대회에 참여하려면 사용자 PC의 주피터 노트북 대신 캐글에서 제공하는 노트북을 사용해야 합니다.

캐글에서 제공하는 노트북은 몇 가지 장점이 있습니다.

- 작성된 코드를 바로 제출하고 점수를 확인할 수 있습니다.
- 생성된 코드를 서버에 저장해 줍니다.
- 사용자 PC에 환경 구성을 위한 기본 패키지들을 설치할 필요가 없습니다. 캐글에서 제공되는 노트북에는 기본적인 패키지들이 설치되어 있습니다.
- GPU 자원을 '무료'로 사용할 수 있습니다.

A.2.2 캐글 시작

1. 캐글 웹 사이트에 접속합니다.

    https://www.kaggle.com/

▼ 그림 A-19 캐글 웹 사이트

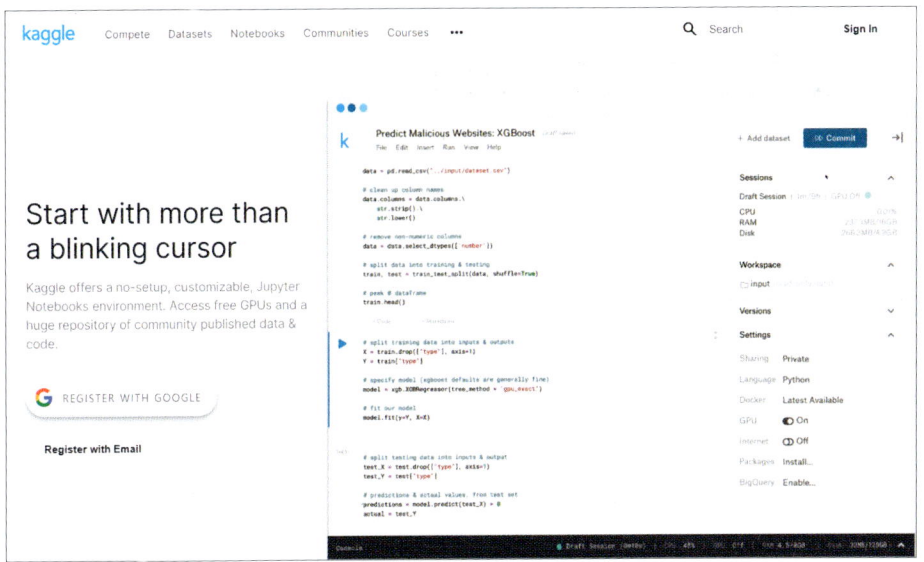

2. 다음과 같이 회원 가입 화면이 보입니다. 앞서 구글 계정을 생성했기 때문에 구글 계정을 이용합니다.

▼ 그림 A-20 구글 계정을 이용한 회원 가입

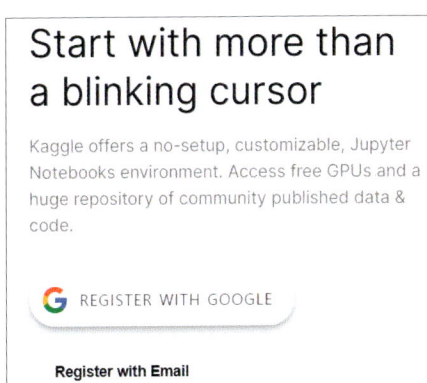

3. 회원 가입 후 로그인하면 다음 화면이 나옵니다.

▼ 그림 A-21 로그인 화면

4. **Compete**를 선택하여 참여할 문제를 찾습니다. 오른쪽에 $100,000처럼 달러가 표시된다면 상금이 걸려 있고, 달러가 표시되지 않는 것은 초보자가 학습 용도로 사용하기 좋은 문제들입니다. 여기에서는 'Jane Street Market Prediction'을 클릭합니다.

▼ 그림 A-22 참여할 경진 대회 목록 찾기

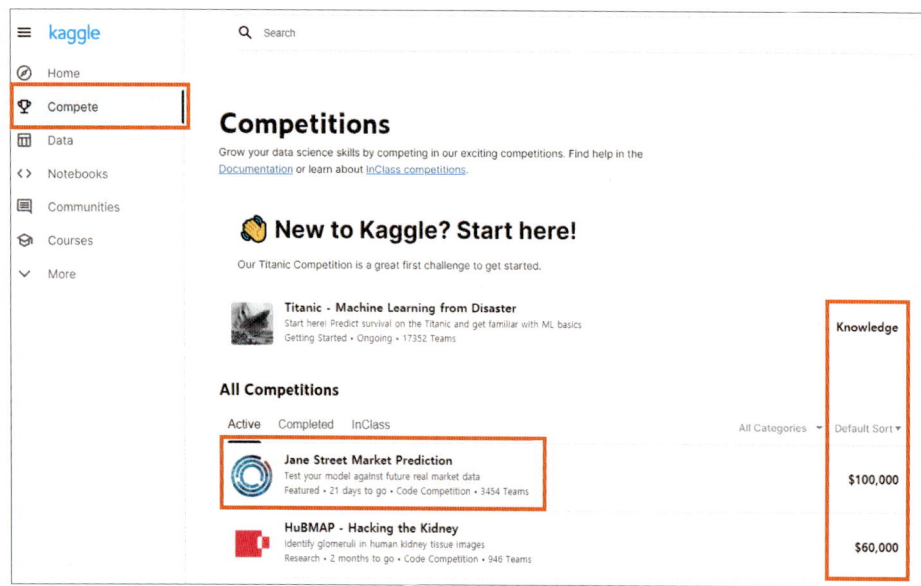

5. 'Jane Street Market Prediction'에 참여하기 위해 **Join Competition**을 클릭합니다.

   ▼ 그림 A-23 경진 대회 참여

6. 규칙을 이해했는지 확인하는 팝업 창이 뜨는데, **I Understand and Accept**를 클릭합니다.[1]

   ▼ 그림 A-24 참여할 경진 대회의 규칙 확인

   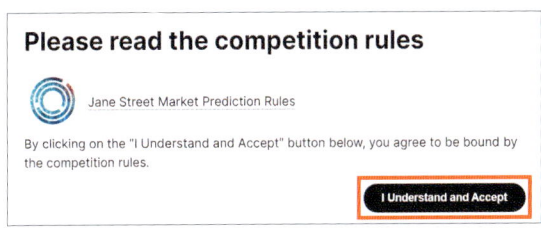

7. **Overview**를 클릭하여 주어진 문제의 목표를 확인합니다. Evaluation에서는 평가 방법을 확인할 수 있습니다.

   ▼ 그림 A-25 참여할 경진 대회 목표 확인

   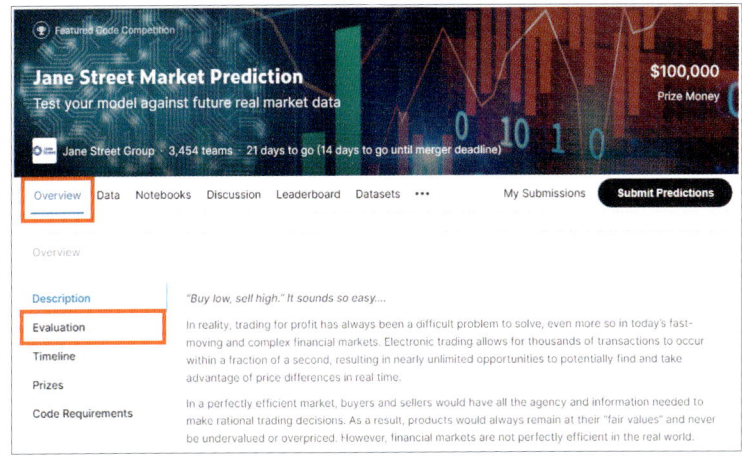

---

1 모바일 인증 창이 뜬다면 간단히 핸드폰 문자 인증을 진행하면 됩니다.

8. Evaluation에서 제출 파일들도 확인합니다.

▼ 그림 A-26 참여할 경진 대회 평가 방법 확인

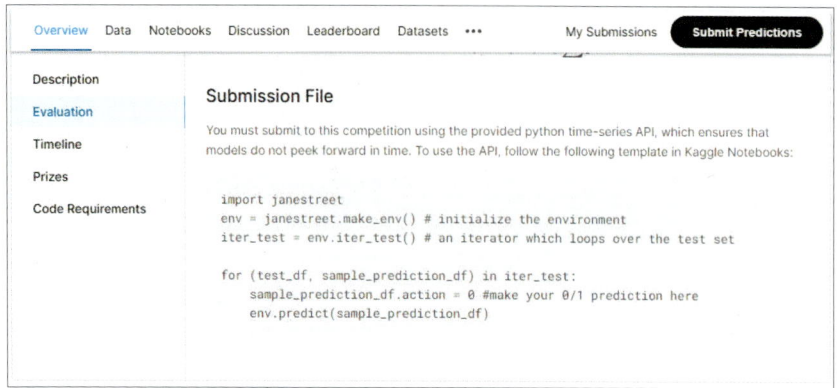

9. 문제와 제출해야 할 파일을 확인했으면 실제로 코드를 작성합니다. 코드 작성을 위해 먼저 Data를 클릭하고 데이터셋을 확인합니다.

▼ 그림 A-27 참여할 경진 대회 데이터셋 확인

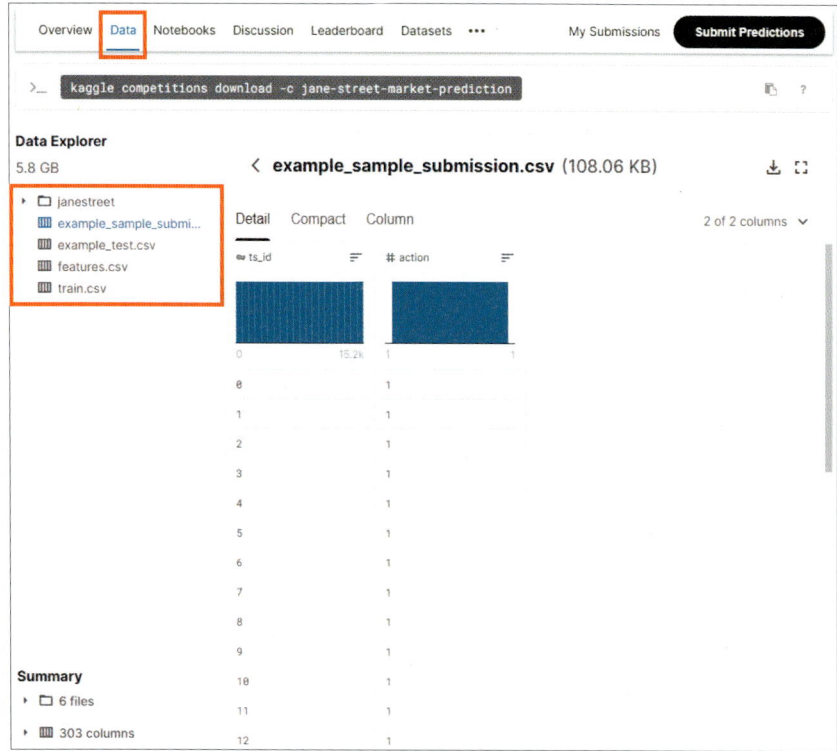

10. 코드를 작성하려면 Notebooks > New Notebook을 차례대로 클릭합니다.

▼ 그림 A-28 경진 대회 참여를 위한 노트북 생성

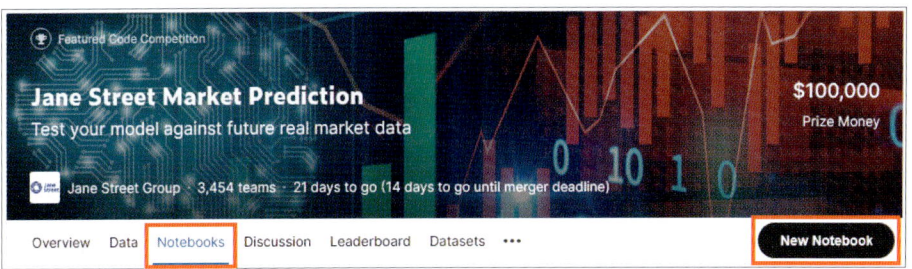

11. 새 노트북이 실행되면 다음과 같이 코드가 주어집니다. 이를 실행하면 데이터셋에 대한 .csv 파일의 경로를 출력해 줍니다.

▼ 그림 A-29 데이터셋 경로 확인

```
[1]:
# This Python 3 environment comes with many helpful analytics libraries installed
# It is defined by the kaggle/python Docker image: https://github.com/kaggle/docker-python
# For example, here's several helpful packages to load

import numpy as np # linear algebra
import pandas as pd # data processing, CSV file I/O (e.g. pd.read_csv)

# Input data files are available in the read-only "../input/" directory
# For example, running this (by clicking run or pressing Shift+Enter) will list all files under the input directory

import os
for dirname, _, filenames in os.walk('/kaggle/input'):
    for filename in filenames:
        print(os.path.join(dirname, filename))

# You can write up to 20GB to the current directory (/kaggle/working/) that gets preserved as output when you create a version using "Save & Run All"
# You can also write temporary files to /kaggle/temp/, but they won't be saved outside of the current session

/kaggle/input/jane-street-market-prediction/example_sample_submission.csv
/kaggle/input/jane-street-market-prediction/features.csv
/kaggle/input/jane-street-market-prediction/example_test.csv
/kaggle/input/jane-street-market-prediction/train.csv
/kaggle/input/jane-street-market-prediction/janestreet/competition.cpython-37m-x86_64-linux-gnu.so
/kaggle/input/jane-street-market-prediction/janestreet/__init__.py
```

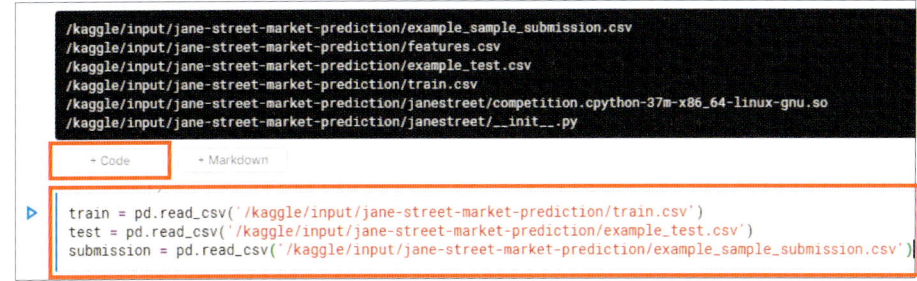

12. + Code를 클릭한 후 이렇게 출력된 데이터 경로를 그대로 복사하여 다음과 같이 판다스(Pandas)로 호출해서 사용합니다.

▼ 그림 A-30 데이터셋 경로를 복사하여 사용

```
/kaggle/input/jane-street-market-prediction/example_sample_submission.csv
/kaggle/input/jane-street-market-prediction/features.csv
/kaggle/input/jane-street-market-prediction/example_test.csv
/kaggle/input/jane-street-market-prediction/train.csv
/kaggle/input/jane-street-market-prediction/janestreet/competition.cpython-37m-x86_64-linux-gnu.so
/kaggle/input/jane-street-market-prediction/janestreet/__init__.py

+ Code    + Markdown

train = pd.read_csv('/kaggle/input/jane-street-market-prediction/train.csv')
test = pd.read_csv('/kaggle/input/jane-street-market-prediction/example_test.csv')
submission = pd.read_csv('/kaggle/input/jane-street-market-prediction/example_sample_submission.csv')
```

13. 코드 작성이 완료되었다면 다음 경로에 파일을 저장합니다(그림의 파일은 예시 용도로 실제 노트북 코드와는 무관한 submission.csv 파일을 저장했습니다).

▼ 그림 A-31 완성된 코드 저장

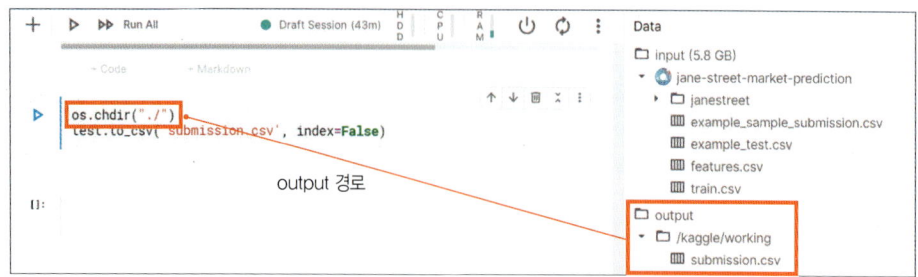

14. 이제 파일을 제출해 봅시다. ❶처럼 'Settings' 항목에서 인터넷 접근(internet access)을 비활성화(disable)한 상태로 두고, ❷처럼 버전을 저장합니다(인터넷 접근이 활성화된 상태이면 파일 제출이 불가능합니다).

▼ 그림 A-32 제출을 위한 버전 저장

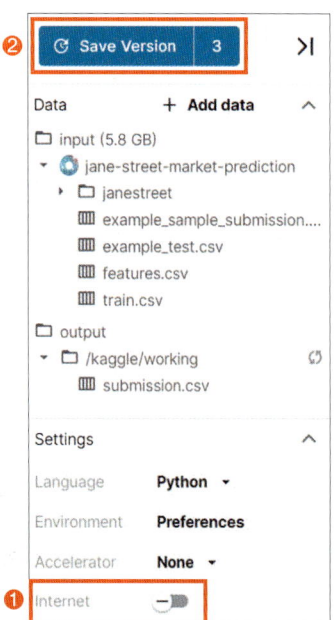

15. 코드가 완성되었다면 파일을 제출하기 위해 왼쪽 메뉴에서 Jane Street Market Prediction을 선택하여 메인 화면으로 돌아간 후 Submit Predictions를 클릭합니다.

▼ 그림 A-33 노트북 파일 제출

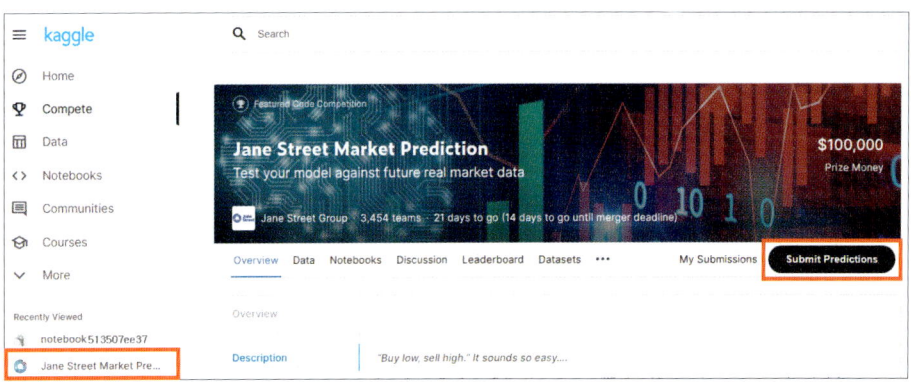

16. 그러면 다음과 같이 제출한 파일을 실행하고 점수(score)를 결정하겠다는 내용이 담긴 화면이 나옵니다. Submit을 누르면 경진 대회 참가가 완료됩니다.

▼ 그림 A-34 파일 확인 후 제출

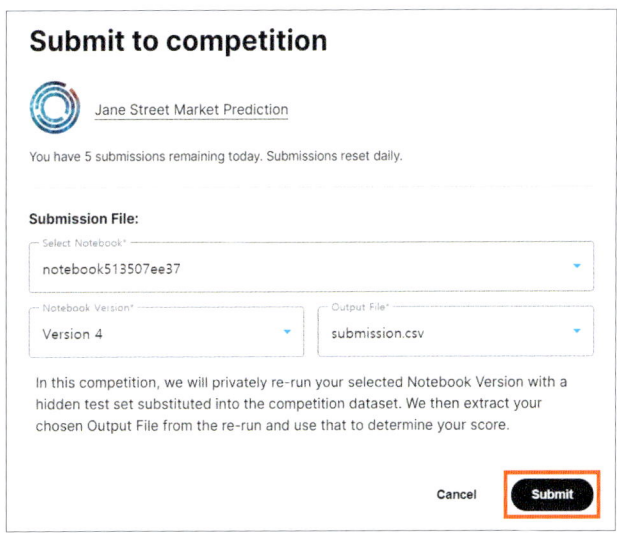

마무리

지금까지 딥러닝과 파이토치에 대한 기초적인 내용을 배웠습니다. 책에서는 딥러닝에서 배워야 할 많은 부분을 다루는 대신 깊이 있는 내용은 다루지 않았습니다. 많은 내용을 학습하느라 고생하셨습니다.

새로운 지식을 추상적으로 학습하면 이해하기 어려운 경우가 많습니다. 이러한 어려움을 해소하고자 가능하면 많은 예제를 다루었습니다. 하지만 예제들은 딥러닝 원리를 이해하는 용도로 사용해야지 코드에 집중하여 학습하면 응용이 어려울 수 있습니다. 반드시 딥러닝 모델에 대한 개념과 원리를 이해하는 용도로 코드를 활용하기 바랍니다.

딥러닝 기초 학습이 완료되었기 때문에 다음 단계의 학습을 진행해야 합니다. 다음은 딥러닝 심화 학습을 위해 필요한 부분입니다.

관심 있는 분야 정하기

딥러닝은 크게 시계열 데이터 분석, 컴퓨터 비전 및 강화 학습에 대한 연구로 나눌 수 있습니다. 물론 두루두루 잘할 수 있으면 좋겠지만, 시간은 한계가 있고 기술은 하루가 다르게 발전하고 있습니다.

따라서 개인적으로 관심이 있거나 회사에서 진행하는 프로젝트 주제에 맞는 딥러닝 모델을 선택하여 꾸준히 학습하는 것이 좋습니다.

지속적인 관심 갖기

딥러닝 책을 집필하고 있는 이 시점에도 수많은 논문이 쏟아져 나오고 있습니다. 시중에 출간된 도서들을 보는 것도 좋지만, 출간되기까지는 시간이 걸립니다. 따라서 발표되는 논문들을 실시간으로 반영하기는 어렵습니다.

책은 기본적인 개념을 익히는 데만 사용하고, 그 개념을 확장하고 응용하는 데는 꾸준하게 논문들을 살펴보는 것이 중요합니다. 또한, 기본적인 개념을 익힌 후에는 심화 학습을 위해 분야(예 시계열 분석, 컴퓨터 비전 등)별로 집중해서 다룬 도서를 선택해서 보길 권장합니다.

활용 능력 키우기

딥러닝이 존재하는 이유는 데이터 분석입니다. 즉, 딥러닝 기술 자체가 중요한 것이 아니라 데이터를 분석하는 도구로 사용해야 하는 것입니다. 따라서 주변에서 수집할 수 있는 데이터를 딥러닝 기술을 이용하여 실제로 분석해서 결론을 내리는 연습을 많이 해야 합니다.

이론에 머물러 있는 지식은 죽은 지식과 같습니다. 다양한 데이터를 수집하고, 딥러닝 기술을 적용하여 의미 있는 결론을 도출하는 과정을 많이 했을 때 '나 자신'의 지식과 경험으로 남을 수 있습니다.

딥러닝을 이용하면 인간 생활의 많은 부분이 바뀐다고 합니다. 아마 앞으로는 더 많은 부분이 바뀌겠죠. 이 책을 학습하는 여러분은 바뀔 세상에서 혜택을 보는 수혜자가 아니라 그 세상을 이끌어 갈 리더가 될 수 있을 것입니다.

이 책과 함께 세상의 리더가 될 여러분에게 행운이 가득하길 기원합니다.

감사합니다.

찾아보기

A

Adadelta 155

Adagrad 154

Adam 157

AlexNet 269

AND 게이트 138

AR 361

ARIMA 362

ARMA 362

Atrous 합성곱 356

AutoRegressive 361

AutoRegressive Integrated Moving Average 362

AutoRegressive Moving Average 362

B

BERT 587

bias 142

BPTT 373

C

CBOW 550

cGAN 723

corpus 507

CUDA 447

cuDNN 447

CycleGAN 724

D

DataLoader 047

DCGAN 723

DeepLabv3/DeepLabv3 355

DF 546

E

entropy 102

exhaustive search 344

F

F1-스코어 087

fashion_mnist 데이터셋 179

Faster R-CNN 347

Fast R-CNN 346

G

GAN 683

Gensim 518

Gini index 103

global minimum 055

GoogLeNet 311

GPU 034, 446

greedy 344

GRU 417

GRUCell 371

H

homogeneity 101

I

IDF 546
IMDB 데이터셋 374
impurity 101
inception 311
IQR 534

J

JIT 컴파일러 039
Just In-Time 039

K

K-최근접 이웃 091
K-평균 군집화 119
KoNLPy 512

L

LDA 518
LeNet-5 246
linear 099
localization 352
local minimum 055
LSTM 030
LSTMCell 371

M

MA 361
matplotlib 070
metrics 055

MobileNet 032
Momentum 155
Moving Average 361

N

n-그램 555
NLTK 511

O

OpenCV 202
OR 게이트 139

P

PCA 128
PIL 230
PIX2PIX 728
poly 099
PSPNet 354

R

random forest 107
R-CNN 343
ResNet 312
ResNet18 211
return 641
RMSProp 155
RNN 367
RNNCell 371
RoI 풀링 346

S

scikit-learn 070
seaborn 070
seed 344
segmentation 344
seq2seq 568
skip-gram 553
statsmodels 라이브러리 363

T

TF 546
TF-IDF 546
torchtext 375

U

uncertainty 101
U-Net 352

V

VGG 032
VGGNet 284

W

WCSS 616
weight 142

X

XOR 게이트 140

ㄱ

가우시안 분포 463, 628
가우시안 혼합 모델 628
가우시안 RBF 커널 099
가중치 142
가중합 142
가치 642
가치 이터레이션 655
가치 함수 642
강화 학습 023, 638
객체 186
객체 인식 341
결정 경계 095
결정 트리 101
계절 변동 360
계층 050
공간 피라미드 풀링 345
공변량 변화 465
과소적합 444
과적합 026, 149, 443
군집 031, 118
규제화 462
그래프 241
그래프 신경망 241
그래프 합성곱 네트워크 240, 242
그래프 합성곱층 243
글로브 031, 559
기댓값 649
기울기 소멸 464
기울기 소멸 문제 143
기울기 폭발 464

ㄴ

네스테로프 모멘텀 156
네트워크 토폴로지 444
노이즈 125

ㄷ

다대다 369
다대일 368
다운 샘플링 173
다이나믹 프로그래밍 646
다중 선형 회귀 113
다층 퍼셉트론 140, 684
다항식 커널 099
단순 선형 회귀 113
단어 벡터 375
단어 집합 375
단어 토큰화 524
데이터로더 047
독립 변수 107
동기화 다대다 370
동적 신경망 035
드롭아웃 149
디버깅 037
디코더 564
딥러닝 018, 140
딥 큐-러닝 658

ㄹ

래핑 371
랜덤 포레스트 107
랭커스터 528
레지듀얼 312
레지듀얼 분기 327
레퍼런스 박스 348
로지스틱 회귀 107
루트 평균제곱법 117
리드아웃 243
리키렐루 725
리턴 641
리플레이 메모리 659

ㅁ

마르코프 결정 과정 645
마르코프 보상 프로세스 641
마르코프 체인 639
마르코프 특성 639
마르코프 프로세스 639
마진 096
말뭉치 507
망각 게이트 394, 418
매직 커맨드 706
맷플롯립 712
머신 러닝 018
명시적 방법 683
모델 021, 050
모듈 050

모멘텀 155
몬테카를로 646
몬테카를로 트리 탐색 674
문장 토큰화 523
미니 배치 경사 하강법 151
미세 조정 기법 032
밀도 기반 군집 분석 125

ㅂ

바운딩 박스 344
바운딩 박스 회귀 347
바이어스 142
발전 654
배치 027
배치 경사 하강법 152
배치 정규화 081, 464
백업 다이어그램 651
밸리드 합성곱 729
버트 587
벡터 035
벨만 기대 방정식 647
벨만 최적 방정식 652
변형 오토인코더 683, 695
병목 블록 314
병목층 684
보간법 355
볼츠만 머신 161
분수-스트라이드 합성곱 724
분할 344
불규칙 변동 360

불순도 101
불용어 507
불확실성 101
블록 313, 564
비선형 함수 143
비지도 학습 023

ㅅ

사분위수 범위 534
사이킷런 518
사전 학습 모델 032
상태 638
상태-가치 함수 645
상태 전이 662
상태 전이 확률 639
상태 전이 확률 행렬 640
샘플링 683
생략된-BPTT 373
생성 네트워크 684
생성 모델 682
생성자 709
생성(자) 모델 682
서포트 벡터 머신 095
선택 674
선택적 탐색 343
선형 보간법 355
선형 커널 099
선형 회귀 113
설명 가능한 CNN 229
셀 395

소프트 마진 096

손실 재구성 684

손실 함수 027, 054, 729

수상돌기 025

수용 영역 356

수축 경로 353

순도 101

순전파 148

순환 변동 360

순환 신경망 030, 160

순환 일관성 731

스무딩 546

스트라이드 168

스트라이드 합성곱 725

슬라이딩 윈도우 342

시간 차 학습 647

시냅스 025

시드 344

시멘틱 분할 351

시뮬레이션 675

시퀀스 레이블링 568

심층 신경망 028, 140, 158

심층 신뢰 신경망 162

ㅇ

아다그라드 154

아다델타 155

아담 157

알엠에스프롭 155

암시적 방법 683

앙상블 445

앵커 348

양방향 RNN 434

양선형 보간법 355

어간 추출 507, 527

어텐션 564

어텐션 스코어 566

업데이트 게이트 419

업 샘플링 350

에이전트 638

에포크 선택 027

엔트로피 102

엘보 그래프 617

역방향 일관성 731

역전파 029, 148, 675

연산 그래프 037

연쇄 법칙 225

오토인코더 683

옵티마이저 027

완전연결층 176

완전 탐색 344

완전 합성곱 네트워크 349

우도 108

워드 임베딩 031

워드투벡터 031, 548

원-핫 인코딩 147

유닛 380

은닉층 141

이동 평균 361

이미지 분할 349

이상치 096
이진 분류 027
인셉션 032, 311
인스턴스 091
인지 네트워크 684
인코더 564
인코딩 375
일대다 368
일대일 368
임베딩 542
입력 게이트 394
입력층 141

ㅈ

자기 조직화 지도 630
자기 회귀 361
자기 회귀 누적 이동 평균 362
자기 회귀 이동 평균 362
자연어 처리 506
잠재 공간 683
잠재 벡터 685
재현율 086
적대적 생성 신경망 708
전달 함수 142
전역 최소점 055
전이 639
전이 학습 032, 200
정규화 250, 462, 530
정밀도 086
정보 획득 102

정책 645
정책 발전 655
정책 평가 654
정확도 086
제한된 볼츠만 머신 161
조기 종료 482
종속 변수 107
중단 없는 기울기 397
지니 계수 103
지도 학습 023
지역 최소점 055
지역화 352
지표 055

ㅊ

차원 축소 118
채널 167
체인룰 225
최대우도법 108
최대 풀링 173
최소제곱법 108
최적의 가치 함수 652
최적의 상태-가치 함수 653
최적의 행동-가치 함수 653
최적화된 정책 652
추세 변동 360
축삭돌기 025
축삭말단 025
출력 게이트 396
출력층 141

ㅋ

카운터 벡터 544
캐글 026
커널 트릭 099
커널/필터 168
컨텍스트 벡터 566
코퍼스 507
콜백 함수 487
큐-러닝 655
큐-테이블 657
큐-함수 655
크로스 엔트로피 027
클래스 187
클러스터링(범주화) 023

ㅌ

타깃 큐-네트워크 659
탐욕 알고리즘 344
탐험 657
텐서 034-035
텐서보드 703
토치비전 048
토큰 507, 572
토큰화 375, 507
토픽 모델링 518
튜닝 587
트랜스포머 564, 587
특성 맵 168
특성 스케일링 462
특성 추출 021, 032, 157

ㅍ

파라미터 027
판별자 709
판별(자) 모델 682
패스트텍스트 554
패치 352
평가 654
평균 제곱 오차 027
평균 풀링 173
포터 528
표제어 추출 527
표준화 463
풀링층 173
품사 태깅 508

ㅎ

하드 마진 096
하이퍼파라미터 027
학습률 감소 485
학습률 스케줄러 055
할인율 642
함수 187
함수적 접근 학습 647
합성곱 신경망 029, 159
합성곱 & 역합성곱 네트워크 350
행동 638
행동-가치 함수 646
행렬 035
형태소 517
혼동 행렬 105

확률적 경사 하강법 151-152

확장 675

확장 경로 353

환경 638

활성화 함수 027, 142

활용 657

회귀 090

후보군 419

후보 영역 342, 344

희소 연결 312

희소 표현 542

히트 맵 350

번호

1D 합성곱 176

2D 합성곱 177

3D 합성곱 177